경계의 섬, 오키나와

기억과 정체성

이 책은 학술진흥재단 기초학문육성 지원사업(2004-072-BM3040)의 지원으로 제작되었습니다.

오키나와 미군기지의 정치사회학 제2권

경계의 섬, 오키나와

기억과 정체성

정근식 · 주은우 · 김백영 편저

논형

경계의 섬, 오키나와: 기억과 정체성

편 저 정근식 · 주은우 · 김백영

초판 1쇄 인쇄 2008년 8월 11일
초판 1쇄 발행 2008년 8월 15일

펴낸곳 논형
펴낸이 소재두
편 집 최주연, 김현경
표 지 이승우

등록번호 제2003-000019호
등록일자 2003년 3월 5일
주 소 서울시 관악구 봉천2동 7-78 한립토이프라자 5층
전 화 02-887-3561
팩 스 02-887-6690

ISBN 978-89-90618-77-1 94910
값   33,000원

한국에서 오키나와를 연구한다는 것, 더구나 미군기지를 연구한다는 것의 의미는 무엇일까? 한국에서의 오키나와 연구는 단지 우리에게 익숙하게 된 '지역연구'의 하나라고 말하기도, 또 곧바로 한국과의 '비교연구'를 위한 것이라고 말하기도 쉽지 않다.

내가 처음 오키나와를 방문했던 1999년, 과거 류큐왕국의 궁성이었던 슈리성을 관람하러 갔다가 입구에 서 있는 '수례지문'을 보면서, 그리고 중국과 일본의 사쓰마번 양쪽에 지배를 받았던 역사가 공간적으로 표현된 궁성 내부 구조를 보면서, 이제는 불타버린 우리의 '숭례문'을 매개로 하여 중화체제란 무엇이었던가를 생각했던 적이 있다. 다른 한편으로 2005년 미군헬기가 추락한 오키나와 국제대학의 건물 벽면을 보면서 한국의 평택을 떠올렸고, 한국과 오키나와를 관통하고 있는 전후 동아시아체제란 무엇인가를 생각하지 않을 수 없었다.

이 책은 현재 우리가 살고 있는 동아시아를 분석하고 연구하는 '방법으로서의 오키나와'에 주목하면서 만든 공동연구의 성과다. '방법'으로서의 오키나와라는 말에는 두 가지 문제의식이 녹아 있는데, 그 중 하나는 각각의 개별 국민국가를 넘어 동아시아 전체를 사고의 대상으로 고려한다는 것이다. '중화체제', '일본제국체제', 그리고 전후 '냉전체제'로 이어지는 역사적 과정에서 동아시아 각 지역의 관련양상을 현재적 관점에서 바라본다는 것, 그것은 우리와 동아시아를 새롭게 접근하려는 노력의 출발이었다. 다른 한편으로 '방법'으로서의 오키나와라는 관점 속에는 미래에 대한 전망이 들어 있다. 동아시아의 현재의 지배질서 뿐 아니라 미래의 전망을 위해서 미군기지 문제는 더 없이 좋은 사고의 매개물이 된다. 한국과 동아시아의 평화와 진보에 대한 대안적이고 능동적인 구상을 위해서는 반드시 오키나와 문제를 경유해야 하기 때문이다.

2004년부터 2년간 한국학술진흥재단의 기초학문육성 지원사업의 일환으로 시작하여 서울대학교 사회발전연구소의 동아시아연구센터에서 진행한 '오키나와 미군기지의 정치사회학'이라는 제목의 최종 연구결과를 출간한다. 우리 연구팀은 연구결과를 우선 학술지에 발표하여 검증을 받고, 이를 기초로 각자 자신의 논문을 수정하여 단행본으로 묶기로 하였다. 이리하여 총 29편의 논문을 두 권의 책으로 묶게 되었으며, 한 권은 "기지의 섬", 다른 한 권은 "경계의 섬"이라는 제목으로 편집하였다.

원래 오키나와에 대한 보다 종합적이고 본격적인 연구를 할 필요가 있다는 구체적인 제안은 서울대학교 사회학과의 임현진 교수와 인류학과의 전경수 교수께서 하셨다. 그래서 서울대학교 사회발전연구소에서 젊고 유능한 연구자들을 조직하게 되었는데, 최초의 연구계획서 작성과정에서는 이제 박사학위를 끝내고 오스트레일리아에서 연구하고 있는 박순열의 도움이 컸다.

우리 연구팀은 사회학자들을 중심으로, 역사학, 문화인류학, 국제정치학, 행정학, 여성학 등 다양한 분야의 연구자들이 합류하여 구성되었다. 여기에는 본래 일본의 역사나 사회를 전공하는 연구자들도 있지만, 새롭게 오키나와에 대한 관심을 가지고 참여한 분들도 있었다. 특히 최근에 박사학위를 받고 본격적인 연구활동을 시작하는 젊고 유능한 분들이 많이 참여하여, 공동의 현지조사를 바탕으로 서로를 격려하고 때로는 서로를 비판하면서 각자의 문제의식을 깊고 넓게 확장해갔다. 우리 연구팀은 2년간 모두 세 차례의 오키나와 현지 방문조사를 실시했고, 필요에 따라 개별적인 조사를 추가로 실시하였으며, 격주로 세미나를 가졌다. 또한 세 차례 이상의 국제심포지엄 또는 워크숍을 실시하였다. 1차 연도에는 이지원 박사가, 2차 연도에는 김백영 박사가 공동연구의 원활한 진행을 위한 조정 역할을 맡았다.

2005년 2월에 있었던 우리 연구팀의 첫 번째 오키나와 방문은 리쓰메이칸(立命館)대학의 서승 선생 덕분에 짧은 시간에 많은 결실을 거둘 수 있었다. 당시 서승 선생이 주도적으로 이끌던, 일본과 한국의 대학생들이 함께 하는 동아시아 평화인권캠프가 오키나와에서 열렸는데, 우리는 이 캠프에 참여하여 오키나와의 역사와 현실, 고통을 생생하게 배울 수 있었고, 학자와 평화운동가, 예술가를 비롯해서 이런 기회가 아니면 만나기 어려웠을 많은 오키나와 사람들을 만날 수 있었다. 이 자리를 빌려 서승 선생께 다시 한 번 감사드린다.

오키나와 현지조사 과정에서 우리는 많은 오키나와 현지 연구자들 및 문화인들과 교류할 기회를 가졌다. 이들은 우리 연구팀을 진심으로 환영해 주었으며, 우리 연구팀의 어설픈 문제의식이 성숙할 수 있도록 조언을 아끼지 않았다. 류큐대학의 나미히라 츠네오(波平恒男) 교수, 오키나와대학의 야카비 오사무(屋嘉比收) 교수를 비롯하여, 히가 토요미츠(比嘉豊光), 신조 이쿠오(新城郁夫), 토리야마 준(鳥山淳), 미야기 기미코(宮城公子), 치바나 쇼이치(知花昌一) 등 여러 분들과 함께 한 진지하고 즐거웠던 시간들을 결코 잊지 못할 것이다. 또한 우리 연구팀은 오키나와의 여성운동을 소개해 준 우라사키 시게코(浦崎成子), 다카자토 스즈요(高里鈴代), 후지오카 요코(藤岡羊子) 씨를 비롯하여, 오키나와의 반기지 투쟁을 명료하게 소개해 준 오키나와대학의 아라사키 모리테루(新崎盛暉) 교수, 공문서관의 타카라 벤(高良 勉) 씨에게도 큰 도움을 받았다. 헤노코를 비롯한 오키나와의 푸른 바다와 섬들에서 생명, 인권, 평화의 마음을 품고 군사기지에 맞서 싸우던 노인들, 그리고 킨정에서 미군기지와 함께 살아가던 주민들의 목소리도 우리 연구의 바탕이 되었다.

우리 연구팀이 도쿄외국어대학의 나카노 도시오(中野敏男) 교수가 이끄는 전후(戰後) 동아시아 연구팀과 인연을 맺어 지적인 교류를 할 수 있었던 것은 더없는 행운이었다. 우리는 이분들과 함께 여러 차례 지적 교류를 하였는데, 특히 연구의 초창기부터 끝날 때까지 나카노, 나미히라, 야카비 선생은 우리 연구팀에 많은 도움을 주었다. 이들은 2005년 5월에 우리 연구팀이 서울대에서 개최한 학술심포지엄("동아시아 속의 오키나와", 5.13~14)과 2006년 1월 류큐대학에서 개최한 학술워크숍("동아시아와 오키나와", 1.23)에 모두 참여하여 발표 및 토론을 맡아주었다. 또한 2005년 11월 서울대학교에서 우리 연구팀과 도쿄외국어대학 연구팀이 공동으로 주최하여 "계속되는 동아시아의 전쟁과 전후: 오키나와전, 제주 4·3사건, 한국전쟁"이라는 주제의 심포지엄(11.17~20)을 가졌고, 2006년 6월 도쿄 외국어대학의 학술워크숍(6.17~18)에도 우리를 초대하여 토론을 하였다. 이 과정에서 우리는 오키나와 연구에 대한 다양한 연구경향과 서로 다른 맥락을 배웠다. 이 분들의 귀중한 발표와 토론, 따뜻한 격려가 우리 연구팀 모두에게 엄청난 지적 자극이 되었음은 두말할 나위가 없다. 더욱이 나미히라 선생과 야카비 선생은 이 책의 두 번째 권에 수록될 글도 보내주셨다. 이 자리를 빌려 나카노 선생을 비롯한 도쿄외대 연구팀의 모든 성원에게 따뜻한 인사와 감사를 드린다.

연구책임자로서 이번 오키나와 미군기지에 관한 연구가 나에게 특별히 소중했던 것은 앞으로 우리 학계를 이끌고 나갈 훌륭한 젊은 연구자들과 함께 공동의 연구작업을 했다는 점이다. 특히 박사학위를 막 끝내고 전문적인 연구자의 길을 걷기 시작한 젊은 연구자들은 자기 나름대로의 관심과 의욕에 넘쳐

전체적인 문제의식을 공유하기가 쉽지 않은 것임에도 불구하고 성실하면서도 열정적인 자세로 공동연구에 임했고, 공동의 문제의식을 심화시켰다. 이들 모두 자신의 박사학위 논문 이후 오키나와 연구를 통해 학자로서의 능력과 자세를 다시 한 번 가다듬은 셈이어서 얼마나 뿌듯한 자부심을 느끼는지 말로 표현할 수가 없다. 또한 우리 연구팀의 연구보조원들은 대부분 대학원 박사과정에 재학 중이어서 모두가 학업에 정진하느라 무척 바빴지만, 이 공동연구에 적극 참여해주었다. 나는 이들에게 단순한 연구보조를 넘어서서 각자의 관심에 따라 연구를 진행해보라는 약간은 무리한 주문을 했지만, 모두 이를 잘 따라주고 훌륭한 논문들을 작성해주었다. 이들의 학문적 발전을 계속 지켜보는 것도 앞으로 큰 즐거움이 될 것이다.

연구결과를 정리하면서 서울대 대학원의 현윤경과 이경미의 수고에 대한 감사를 빼놓을 수 없다. 이들은 모두 일본에서 수학한 후 서울로 유학을 온 학생들로, 우리 연구팀의 오키나와 현지조사를 위한 준비, 통역 및 번역, 대학원생들의 일본어 지도 등 많은 일을 하였다. 우리 연구팀의 성원들은 이 두 사람에게 진 빚을 너무나 잘 기억하고 있다. 책의 최종 편집과정에서는 김민환과 정영신 두 사람의 힘이 매우 컸다. 우리 연구팀의 연구규모가 컸기 때문에 연구결과를 체계적으로 정리하고 편집하는 일은 만만치 않은 작업이었다. 이 두 사람은 연구와 정리 작업 모두에서 우리 연구팀의 보이지 않는 자산이었는데, 공동 편자들과 함께 이들의 헌신적인 작업이 없었다면 이 책은 제대로의 모습을 갖추기 어려웠을 것이다. 더구나 정영신은 우리 공동연구의 결과물인 이 책의 출간에 맞춰 아라사키 모리테루 교수의 『오키나와 현대사』를 한국어로 번역·출간하였는데, 아라사키 교수가 펴낸 『또 하나의 일본, 오키나와이야기』(역사비평사, 1998)와 더불어 독자들이 오키나와를 이해하는 데 있어서 꼭 필요한 길잡이가 될 것으로 믿는다.

나는 지난 2년에 걸친 공동연구기간에 격주로 개최한 연구모임의 뜨거운

열기와 이후 1년 이상의 정리기간에 보여준 연구진의 진지함을 생각할 때마다 공동연구의 보람과 가치를 다시 한 번 절실히 느끼게 된다. 우리 연구팀과의 인연으로 최종 연구결과의 출판에 힘을 보태준 남기정 교수, 임종헌 박사, 그리고 미국 카톨릭대 정치학과의 여인엽 교수에게 이 자리를 빌려 감사를 표한다. 또한 평택의 대추리·도두리 현지답사를 이끌어주었을 뿐 아니라, 주한미군과 미군기지 문제에 있어서 우리 연구팀의 충실한 길잡이가 되어 준 주한미군범죄근절운동본부의 고유경 씨에게도 감사의 마음을 전하고 싶다.

마지막으로 어려운 출판계의 상황에도 불구하고 우리 연구의 출판을 기꺼이 맡아 준 논형출판사의 소재두 사장에게 감사드리며, 오키나와 연구의 의미를 이해하고 우리 연구팀이 2년간 별다른 어려움 없이 연구에만 전념할 수 있도록 지원해준 학술진흥재단의 관계자들께도 진심으로 감사의 뜻을 표한다.

2008년 5월 1일

정근식

차례

1부. 동아시아 근현대사 속의 류큐와 한반도

4부. 오키나와의 정체성: 우치나와 일본 사이에서

오키나와 미군기지의 정치사회학 제1권

기지의 섬, 오키나와: 현실과 운동

1권 목차

일러두기

1. 외래어 표기는 한글맞춤법 통일안의 외래어 표기법을 따랐다.

단, 오키나와 인명·지명 표기의 경우 역사적·문화적 독자성을 고려하여 일부 원음표기로 수정 반영하였다.

예) 나미히라 쓰네요→나미히라 츠네오, 긴→킨, 지비치리가마→치비치리가마

2. 한글로 번역된 외국인 저자의 단행본이나 논문이 인용될 경우, 기존의 단행본이나 논문에서 사용된 저자 이름의 한글표기가 한글맞춤법통일안의 외래어표기법과 다르거나 잘못 표기되었을 경우 바꾸어 표기하되, 참고문헌에서 원어를 병기한다.

예) 아라사끼 모리테루. 1998.『또 하나의 일본, 오끼나와 이야기』. 역사비평사.

→아라사키 모리테루(新崎盛暉). 1998.『또 하나의 일본, 오키나와 이야기』. 역사비평사.

   高里鈴代: 다카사토 스즈요→다카자토 스즈요

3. 전근대 시기의 류큐왕국·오키나와 관련 인명과 지명의 경우 정확한 원음 확인이 어려워 한자음을 그대로 표기하였다.

예) 채온(蔡溫), 향상현(向象賢), 임세공(林世功), 향덕굉(向德宏), 아나패손저(我那覇孫著), 상태(尚泰)왕, 국왕 상태구(尚泰久)

지난 2006년 1월 필자는 한국학술진흥재단의 지원을 받아 2년째 연구를 수행하는 중이던 '오키나와 미군기지의 정치사회학' 연구팀의 일원으로서 두 번째로 오키나와를 방문했다. 류큐대학의 나미히라 츠네오(波平恒男) 교수님 덕분에 우리 일행은 깨끗하고 훌륭한 설비가 갖추어진 류큐대학 연구자교류시설(50주년기념관)에 여장을 풀 수 있었고, 곧이어 자료조사와 인터뷰, 학술심포지엄 등이 정신없이 꼬리를 문 강행군의 일정이 이어졌다.

그러던 중 하루는 다른 연구팀원들과 따로 떨어져 필자 혼자 나하(那覇)시를 돌아다니게 되었다. 일을 마치고 날이 어둑해진 뒤에야 시외에 위치한 류큐대학으로 돌아가기 위해 버스 터미널에 도착한 필자는 류큐대학 방면 버스에 오르다 내심 놀라고 말았다. 운전기사가 백인 젊은이였던 것이다! 비록 '기지의 섬' 오키나와에 있었지만, 백인 버스기사를 만난 것은 전혀 예상 밖의 일이었다. 게다가 그에게 영어로 말을 건넨 필자는 다시 놀라고 말았다. 그는 영어를 할 줄 몰랐던 것이다! 그 백인 운전기사는 오키나와에서 태어나 지금까지 오키나와 바깥으로 나가본 적이 없다고 했다. 여기가 오키나와니까 그가 필시 미국인이거나 미국계 젊은이일 것이고, 그러므로 아마 영어가 더 편할 거라 생각한 필자의 지레짐작 또한 완전히 빗나가고 만 것이다.

어쨌든 그 버스기사의 친절한 안내 덕분에 류큐대학 숙소로 편안히 돌아올 수 있었지만, 내가 보기엔 분명히 백인인데 정류장에 설 때마다 내리는 승객에게 일본어로 감사의 인사를 건네는 말쑥한 제복 차림의 그 버스기사의 모습은 오키나와의 현실과 관련하여 새삼 많은 것을 생각하게 했다. 오키나와현이 미군기지 때문에 치러야 하는 또 다른 역사적 비용이라고 찰머스 존슨이 지적한 1만여 명의 '혼혈아'의 존재가 괜히 머릿속에 떠오르기도 하고, 오키나와의 고단한 역사와 탈식민주의적 상황이 낳은 독특한 혼성성(혹은 혼종성, hybridity)의 문화가 새삼 가슴에 와 닿기도 하면서, 밤이 깊어진 캠퍼스를 걸어 올라가던 내내 필자는 혼자만의 감상에서 벗어날 수 없었다.

만약 오키나와의 문화를 혼성성 또는 혼종성의 문화로 특징짓는다면, 그것은 곧 오키나와가 '경계의 섬'이라 말하는 것이기도 하다. 어떤 본질적인 핵심 또는 정수에 의해 정의되는 닫힌 정체성들과 통일적인 단위체(실체)들을 동요시키고 해체하고 부정하는 혼성성은 그런 닫힌 정체성들을 구분 짓고 통일된 단위체들을 구별 짓는 명확해 보이는 경계들을 뒤흔들고 경계들을 가로지르며 그러한 경계선상에서 유희하는 문화적 특성이다.

오키나와의 혼성적인 문화를 보여주고 오키나와를 경계의 섬이라 일컫게 해주는 사실은 많다. 무엇보다 오키나와는 물리적·지리적 의미에서도 경계의 섬이다. 일본 규슈(九州) 남쪽 맨 밑에서 타이완에 이르는 약 1300km 해상에 활처럼 연결된 수많은 섬들이 류큐호(琉球弧) 혹은 류큐열도를 이루며, 오키나와는 이 류큐열도에 위치한다. '오키나와'는 이 류큐열도에서 규슈에 가까운 순으로 오스미 제도와 아마미 제도를 제외한 행정구역상의 '오키나와현'을 의미하기도 하고(이 경우에는 오키나와 제도—게라마 제도를 포함한—를 비롯

하여 야에야마 제도와 미야코 제도 및 센카쿠 제도와 다이토 제도를 포함한다),
그 중에서도 특히 '오키나와 섬'(오키나와 본도)을 의미하기도 하며, 또 오키나
와 섬과 그 주변의 섬들로 이루어진 '오키나와 제도'를 의미하기도 한다. 그런데
오키나와 본도와 그 주변 섬들은 거리상으로 보아 대체로 정확히 일본 본토와
중국 사이에 위치하며, 특히 오키나와현에 속한 미야코 제도와 야에야마 제도
는 오히려 일본 본토보다 타이완과 훨씬 더 가깝게 위치하고 있다(미야코 제도
에 속한 요나구니지마(与那国島)는 타이완과 거의 잇닿아 있다).

바로 이런 경계적 위치 덕분에 오키나와는 본토 일본과는 다른 아열대의
자연 경관을 연출해내며, 이것이 '기지의 섬' 오키나와와 나란히 공존하는 '관
광의 섬' 오키나와 이미지가 구축되는 토대를 제공한다. 미군기지의 현존이라
는 유사성 때문에 우리의 관심을 끈다는 점 외에 오키나와가 우리에게 가장
잘 알려진 이미지, 그리고 본토 일본인들에게 오키나와가 가장 잘 알려진 이미
지는 바로 이 관광의 섬 이미지인데, 이 이미지 자체는 오키나와의 지리적·
자연적 경계성 덕분에 조성될 수 있는 이미지다. 관광의 섬, 리조트의 섬 오키
나와 이미지는 무엇보다 '푸른 바다, 푸른 하늘'로 집약되는 아열대성 기후와
자연 풍경에 기초하기 때문이다.

그러나 경계의 섬 오키나와의 혼성적 문화는 단지 이러한 지리적·자연적
요인뿐만 아니라, 아니 그보다도 훨씬 더 오키나와의 고단한 역사에 기인한
다. '관광의 섬'과 병존하는 '기지의 섬' 이미지가 이미 오키나와의 지난했던
고통의 역사를 웅변해주고 있다. 그러나 오키나와가 지나온 고단한 역사는
그것에 한정되지 않는다.

류큐열도는 옛날부터 본토 일본과는 구별되고 조선이나 중국 등 인근 동
아시아 국가들과도 구별되는 독자적인 류큐문화권을 형성하고 있었다. 류큐
의 정치세력들은 15세기 경 최초로 통일왕조를 이루어 류큐왕국을 건설하는
데, 이들은 이미 14세기부터 중국과 진공무역과 책봉의 관계를 맺었고, 중국

의 명 왕조 시대에는 자신의 유리한 지리적 입지에 기초하여 일본과 조선 및 동남아시아 여러 나라들과의 중개무역을 통해 번성하고 있었다. 14세기에서 17세기에 이르는 '대무역 시대' 류큐왕국의 경제적 번영과 문화적 광휘의 역사는 오늘날 오키나와인들 사이에서 가장 널리 환기되는 자랑스러운 과거이며, 아열대 자연과 더불어 수많은 관광객들을 끌어 모으는 문화적 관광자원이기도 하다. 2차 세계대전 막바지 미군의 공습에 의해 파괴되었다가 1992년 일본 '복귀' 20주년 기념사업으로 재건된, 나하의 높은 언덕 위에서 시내와 항구를 굽어보는 슈리성(首里城), 그리고 뱀가죽으로 몸통을 감싼 현악기 산신(三線)과 독특한 춤과 민요, 민속주 아와모리(泡盛) 등 류큐의 전통적인 민속문화는 이 찬란했던 류큐왕국의 기억을 전한다.

그러나 류큐왕국은 일본이 조선과의 전쟁을 마친 직후인 1609년 규슈 사쓰마번(薩摩藩)에게 정복당함으로써 도쿠가와(德川) 막부 통치하의 일본과 중국에 동시 종속된 가운데 사쓰마의 정치적 지배와 경제적 수탈에 시달리다가, 근대국가의 기틀을 다져나가던 메이지 정부에 의해 1879년 결국 일본의 한 현으로 완전히 복속되었다(이른바 '류큐 처분'). 처음에 '구습온존' 정책으로 큰 변화를 겪지 않던 '오키나와현' 주민들의 삶은 그러나 일본 제국주의의 팽창 정책이 본격화되는 속에 소위 '생활개선'과 황민화 교육의 강화, 현 바깥으로의 노동력 이주와 '소철지옥(ソテツ地獄)'으로 대표되는 궁핍과 경제적 황폐화 등으로 점철되었다. '대일본제국'의 이러한 지배는 1944년부터 본격화된 징집과 체계적인 전쟁동원으로 이어졌고, 결국 오키나와는 1945년 일본 영토에서 벌어진 유일한 지상전이자 2차 대전 중 가장 치열했던 전투의 현장이 되고 말았다. '철의 폭풍(鉄の暴風)'이라 불리는 오키나와 전투는 정규군보다 민간인이 훨씬 더 많이 희생된 전투라는 특징을 갖는데, 인구의 1/4 이상이 희생당한 것으로 알려진 오키나와 주민들은 일본군이 강요한 '집단자결' 등에 의해 미군에 의한 것보다 더 많은 희생자를 낳는 비극을 겪었다. 그러나 일본

군부와 쇼와 천황에게 있어 오키나와는 어디까지나 본토 방위와 '국체' 보존을 위한 '사석(捨石)'에 불과할 뿐이었는데, 연합군에 항복한 후 천황은 맥아더에게 미군이 오키나와를 군사 점령하여 일본을 방위해줄 것을 요청하는 이른바 '오키나와 메시지'를 전함으로써(1947년) 다시 한 번 오키나와를 버렸다.

오키나와 전투는 오키나와 역사에서 가장 외상적인 사건이며 가장 논쟁적인 기억의 자리다. 무엇보다 류큐왕국이 사라진 이래 상당한 정도 주민들 스스로의 자발적인 동화 노력이 이루어졌고, 15년 전쟁기에 어느 곳보다 충실한 황민화 교육이 실시되었으며 전 주민이 체계적으로 전쟁에 동원되었던 오키나와에서, 바로 그 황민화 교육과 전쟁동원의 결과로서 수많은 민간인 희생자들이 발생했고 다름 아닌 일본군에 의해 학살이 이루어지고 집단자결이 강요되었다는 사실이 '대일본제국'의 지배의 경험과 오키나와 전투의 기억을 더 외상적인 것으로 만든다. 이 외상적 기억들은 '강제적 집단자결'의 현장으로서 유명한 요미탄(読谷)촌의 치비치리가마(チビチリガマ)를 비롯한 섬 전역에 산재한 동굴들과 주민들이 동원되어 건설된 방공호와 진지들의 잔해, 전장에 동원된 어린 학도대들의 비극적 죽음을 추념하는 '히메유리의 탑(ひめゆりの塔)', 마부니 언덕과 평화의 초석이 공존하는 평화기념공원에 이르기까지 오키나와의 풍경 곳곳에 깊은 자국과 흔적들을 남겨놓았다. 이 기억들은 너무나 고통스러운 그만큼 오키나와의 현재적 삶의 틀과 직결되기 때문에, 또한 킨조 미노루(金城実)의 작업장 마당을 가득 메운 조각들이나 사키마미술관(佐喜眞美術館)의 벽에 상설 전시된 마루키 이리(丸木位里)·마루키 토시(丸木俊) 남매 화가의 대형 그림 「오키나와전도」(沖縄戦の図, 1984)에서처럼 산 자들이 시도하는, 재현할 수 없는 것을 재현하려는 '숭고' 미학적이면서도 제의적인 실천의 대상이 된다.

오키나와를 '태평양의 요석(Keystone of the Pacific)'이라 부르며 그 지정학적·군사전략적 가치를 충분히 인식하고 있던 미국은 샌프란시스코강화조약(1951년)을 통해 오키나와에 대한 일본의 '잠재주권(residual sovereignty)'

을 인정하는 가운데 오키나와에 대한 배타적인 '시정권(施政權)'을 행사하게
되었다. 이로써 일본 본토와 달리 오키나와는 여전히 미군정의 지배 아래 남겨
져 미국의 군사'기지의 섬'이 되어 갔다. 오키나와에 대한 미국의 계속적인
점령을 용인한 대가로 일본은 미일상호방위조약과 미국의 핵우산 아래서 경
제적 번영의 길을 걸어갔지만, 오키나와인들은 표현과 결사의 자유와 같은
기본권이 제약 당하고, 기지건설을 위해 토지를 강제수용 당하는 등 재산권의
행사가 실질적으로 박탈되었으며, 기지건설과 훈련으로 인한 환경파괴와 소
음공해, 그리고 살인과 성폭행 등 인종차별적인 미군범죄 등 온갖 모욕과 고통
을 감내해야 했다. 미국의 베트남전쟁 실패와 냉전질서의 해빙 무드, 미일안
보체제의 재편 등 국내외 정세의 변화와 20여 년 이상의 줄기찬 오키나와인들
의 저항에 힘입어 1972년 오키나와는 마침내 일본으로 반환되었다. 그러나
'오키나와 문제'는 근본적으로 변한 것이 없어, 일본 전 국토의 0.6%에 지나지
않는 오키나와현은 여전히 일본 주둔 미군기지의 약 75%를 짊어지고 있다.

　이러한 '기지의 섬' 오키나와는 그 자체가 '경계의 섬' 오키나와를 의미한
다. 미군기지를 둘러싼 높고 견고한 담장과 울타리는 그 자체가 이질적인 힘과
문화에 직면하고 그것들과 충돌하는 경계이기 때문이며, 미군이라는 외국 군
대가 주둔한 기지 시설들은 주권의 공백 지대이기 때문이다. 기지의 경계는
오키나와의 공간을 심하게 변형시켰고 오키나와의 풍경에 자신을 선명하게
각인시켰다. 오키나와에서 미군기지는 현 전체 면적의 10~11%, 오키나와 본
섬 면적의 20%를 차지할 정도로 광대하다. 이 때문에 기노완(宜野灣)시에서
는 중심에 위치한 넓은 후텐마(普天間) 공군기지를 둘러싸고 도넛 모양의 기
형적인 시가지가 형성되어야만 했고, 오키나와 본섬을 남북으로 관통하는 고
속도로는 어쩔 수 없이 미군기지 자체를 가로질러 건설될 수밖에 없었다. 오키
나와에서 미군기지를 찾을 게 아니라 미군기지 사이에서 오키나와를 찾으라
는 말은 결코 단순한 수사가 아닌 것이다. 또, 아름다운 풍광의 미군 휴양지를

뜻하는 '동양의 파타고라스(Oriental patagoras)'란 곧 술과 폭력과 성매매로 얼룩진 기지 주변 지대를 뜻하는 것이기도 하다. 'A사인'으로 상징되는 기지촌은 미국 문화와 일본 문화, 류큐 문화가 충돌하는 동시에 그 어디에도 완전히 귀속되지 않는 문자 그대로 혼성적인 문화가 만개하는 경계지다. 그러나 미군 기지의 현존은 사실상 오키나와 전체를 이런 의미에서의 거대한 문화적 경계지로 만든다. 이를테면 일본 본토와는 달리 철도가 아니라 자동차 도로를 중심으로 발달한 오키나와의 교통망이나 도시의 외곽 지대에서 심심찮게 볼 수 있는 넓은 주차장을 갖춘 미국식 쇼핑센터들은 '일본이면서도 일본이 아닌' 오키나와, 이질성들이 조우하는 문화적 접촉지대로서의 오키나와를 공간적으로 또 일상적으로 환기시켜준다.

'관광의 섬' 오키나와는 1972년 일본으로의 복귀/반환 이후 집중적으로 조성된 이미지다. 그것은 근본적으로 본토에서의 관광산업 육성과 서비스산업 성장의 과정을 그대로 복사해놓은 과정의 산물이었지만, 오사카 만국박람회(1970년)를 모델로 삼아 1975년 개막된 오키나와 국제해양박람회, 군사도로에서 해변 관광도로로 변신한 58번 국도, 그리고 전국 어느 현보다 집약적으로 건설된 수많은 리조트들은 오키나와의 이미지를 국민국가 역사에서의 '비극의 섬'과 '기지의 섬'이라는 어두운 이미지에서 푸른 '관광의 섬'이라는 밝고 건강한 이미지로 탈바꿈시켰고, 매년 일본 전국에서 300만 명 이상의 여행객이 찾게 만들었다. 또 1990년대 본토의 에스닉 붐은 오키나와의 민속 문화가 각광을 받게 했고, 이에 따라 '노래와 춤의 섬', '장수와 휴식의 섬' 이미지가 조성되었다. 이렇게 여행과 소비주의에 의해 형성된 오키나와 이미지와 그런 이미지를 구현하는 관광지의 공간들은 경계지 오키나와 문화의 혼성성을 한층 더 강화할 뿐만 아니라, 기지를 비롯한 오키나와의 정치적 현실, 오키나와의 역사적 경험과는 유리된 포스트모더니즘적이기까지 한 풍경들을 만들어낸다.

그러나 앞에서도 언급했듯이 오키나와의 '조국 복귀'는 결코 '오키나와 문제'의 근본적 해결을 가져오지 않았다. '기지의 섬'이라는 현실은 말할 것도 없고, 그 동안 누적된 오키나와의 경제적 후진성을 본토 수준으로 끌어올리고자 한 현 정부와 중앙정부의 오키나와 진흥개발계획을 비롯한 각종 정책과 인프라 건설에도 불구하고 오키나와는 여전히 일본의 가장 가난한 현으로 남아있다. '기지'와 '공공사업'과 '관광'으로 집약되는 오키나와 경제는 오히려 일본 중앙 정부의 재정 보조와 토지보상금 및 본토 자본에 대한 의존성을 심화시키는 결과를 낳았을 뿐이다. 또, 눈부신 태양과 푸른 하늘, 푸른 바다, 그리고 백사장을 뛰노는 건강한 청춘남녀의 이미지는 기지의 현존을 가리고 오키나와 젊은이들이 맞닥뜨리는 출구 없는 현실의 무거움을 덜기에는 역부족이다. 마찬가지로 '노래와 춤의 섬', '장수와 휴식의 섬'을 상징하는 건강한 할머니 이미지 역시 결코 오키나와 근·현대사의 비극을 지워낼 수 없다. 오히려, 일본 정부가 재정보조금과 기지사용료를 오키나와가 기지의 현실을 감수하도록 만드는 당근이나 조종 지렛대로만 이용하면서 오키나와를 오키나와인들의 소망과는 상관없이 일방적으로 미일동맹의 발판으로 유지하고자 하는 한, 또 오키나와 전투로 대표되는 비극의 역사를 규명하고 그 책임을 분명히 할 의지가 없는 한, 밝디밝은 그 오키나와 할머니는 어느 순간 억압과 차별과 배신으로 점철되어온 일본 - 오키나와 관계의 역사를 환기시키는 유령 같은 존재로 변할지도 모르는 일이다.

이와 같이 오키나와의 역사와 현실은 오키나와를 다수의—적어도 류큐/오키나와와 일본과 미국의—상이한 문화가 만나고 부딪치면서 새로운 혼성적 문화를 창출해내는 경계지대로 만든다. 즉, 오키나와를 경계의 섬으로, 그 문화와 현실을 혼성적인 것으로 정의할 수 있다면, 오키나와의 그러한 경계성과 혼성성은 무엇보다 오키나와를 자신의 내부식민지로 삼았던 일본 제국주의의 역사, 그리고 오키나와를 미국과 일본의 이중식민지로 위치시켰던 전후 미일동맹의 역사에 기인한 것이다.

여기서 주의할 것은, 이러한 혼성성을 야기하는 류큐/오키나와 문화나 일본 문화, 또 미국 문화가 결코 일괴암적인 동질성의 문화들이기만 한 것은 아니라는 것이다. 예컨대 류큐/오키나와 문화만 하더라도, 오키나와 본섬 및 오키나와 제도와 미야코 제도나 야에야마 제도 등 다른 섬들 사이에는 결코 무시할 수 없는 차이들이 존재한다. 이러한 문화 내적 이질성들 또한 경계의 섬 오키나와의 혼성성을 더욱 강화한다.

게다가 오키나와 근현대사에서 오키나와인들이 내적으로 단일한 보조를 취해온 것도 결코 아니다. 다른 곳에서와 마찬가지로 오키나와에서도 당연히 여러 다른 이견들과 세력들이 충돌해왔다. 예를 들면 오키나와 전투 당시 동굴 방공호('가마')에 몸을 숨겼던 오키나와인들은 집단자결의 갈림길에서 제국의 전쟁에 적극적으로 참여한 경험이 있느냐 없느냐에 따라 전혀 다른 결과를 낳았다. 또, 미군의 지배하에서 많은 사람들은 일본으로의 복귀를 염원했지만 또 상당수 사람들은 '조국복귀'를 앞두고 오키나와의 완전독립을 주장하기도 했다. 우리 연구팀이 오키나와를 처음 방문했던 2005년 2월 당시에는, 후텐마 공군기지를 대체할 헤노코(辺野古) 헬리포트 기지 건설을 반대하는 플래카드가 현청사 앞을 감싸고 있었지만, 헤노코 해안 주민들이 듀공과 함께 하며 해상에서 기지 건설 반대 농성을 하고 있는 그 때에 인접 나고(名護) 시에서는 기지 건설 촉진대회가 열리기도 했다.

그러므로 '경계의 섬' 오키나와의 문화적 특성을 탐구하고 오키나와의 정체성을 발견하려면, 오키나와의 문예비평지 『Edge』의 편집자이자 전방위 비평가인 나카자토 이사오(仲里効)가 자신의 사진집 『라운드 보더(ラウンド・ボーダー, Round Border)』에서 말하고 있는 것처럼, '복수의 경계들'을 가로질러야 한다. 그리고 그 복수의 경계들은 나란히 병렬되어 있는 것이 아니라 복잡하게 중층적으로 교차하고 뒤얽혀 있을 것이다. 식민지―내부식민지, 이중 식민지―로서 헤쳐 온 오키나와의 고단한 역사, 그리고 현대 오키나와의

탈식민지적, 혹은 여전히 식민지적인 현실이 오키나와의 문화적 조건을 그렇게 만들었고 또 만들고 있기 때문이다.

현재 오키나와가 치열한 문화적 정치의 장으로서 주목받는 것은 많은 부분 이러한 복잡한 경계성과 혼성성에 기인한다. 그런데 오키나와 문화의 경계적 성격과 혼성적 성격이 오키나와의 역사와 현실의 산물이라면, 그 역사와 현실이 또한 동아시아의 역사와 현실과 맥락을 같이 한다는 점 역시 주목해야 할 것이다. 오키나와의 역사는 말할 것도 없이 현재 동아시아의 군사적·정치적·경제적·문화적 구도를 낳은 동아시아 전체 역사의 일부다. 하지만 더 적극적으로 살펴보면, 오키나와의 역사는 동아시아 근현대사의 흐름에서 매우 중요한 고리들에 위치하고 있음을 알게 된다. 류큐왕국의 폐지/오키나와현의 설치는 일본의 근대국가 체제를 완성시키고 일본 제국주의를 출범시켰으며, 바로 이런 역사적 과정 때문에 류큐/오키나와는 일본의 근대국가 건설이 출발부터 제국주의 기획에 의거한 것이었음을 알려준다. 또, 오키나와 전투와 미군의 오키나와 점령은 미일안보체제를 출범시켰을 뿐만 아니라, 한국을 최전방으로 하는 아시아 전역에 걸친 냉전체제가 건설되는 출발점, 나아가 전 세계에 걸친 미국의 군사전략체제 구축의 기초 역할을 했다.

이런 점에서 오키나와에 대한 우리의 관심은 한국이나 오키나와나 모두 많은 미군기지가 있다는 표면적인 공통점이나 오키나와 전투에서의 주민학살과 제주도 4·3 항쟁을 병치시킬 수 있듯이 양자 모두 극단적인 국가폭력을 경험했다는 역사적 경험의 유사성 등에 대한 관심을 넘어서는 보다 심층적이고 근본적인 것이 될 수밖에 없다. 일본 제국주의의 지배 및 전쟁 동원의 역사, 그리고 한국전쟁과 베트남전쟁의 경험 등에서 단적으로 알 수 있듯이 오키나와의 근현대사와 한국의 근현대사는 근본적으로 서로 연관되어 있는 것이다.

이런 측면에서 우리는 자연히 오키나와의 혼성적인 문화적 풍경을 구성하는 여러 경계들 가운데에서 한국 근현대사와 관련된 경계들에도 주목하게

된다. 다른 경계들을 구성하는 요소들과 마찬가지로 한국 근현대사와 관련된 기억의 흔적들 역시 오키나와의 풍경에 아로새겨져 있는데, 이 역시 사태가 단순하지만은 않다. 오키나와 본섬 남단에 위치한 오키나와현 평화기념공원 어귀에 위치한, 박정희 유신정권이 세운 '한국인위령탑' 앞에 설 때, 그리고 나하에서 배로 1시간가량 걸려 도착하는 도카시키섬(渡嘉敷島)에서 한국인 '군위안부'(일본군 성노예)들을 위로하여 조성된 '아리랑위령비(アリラン慰霊のモニュメント)'를 돌아볼 때, 우리는 오키나와의 근현대사와 연관된 한국 근현대사의 기억의 조각들을 이어 붙이는 작업 역시 결코 간단하지 않은 문제임을 새삼 깨닫게 된다.

이 책『경계의 섬, 오키나와: 기억과 정체성』은 글의 서두에 언급되었듯이, 한국학술진흥재단의 연구비 지원을 받아 수행된 '오키나와 미군기지의 정치사회학' 연구의 결과다. 연구 결과는 두 권의 책으로 출간되며, 이 책은 그 가운데 둘째 권에 해당한다. 이 연구의 맥락과 의미는 1권의 '서장'에서 서술되어 있기 때문에 여기서는 생략한다. 1권인『기지의 섬, 오키나와: 현실과 운동』이 미군기지를 중심으로 오키나와 사회의 현실과 사회운동, 일본과의 관계 문제 등을 조망하는 15편의 논문들로 구성되어 있다면, 2권인 이 책을 구성하는 논문들은 지금까지 논의한 오키나와의 혼성적인 사회·문화적 특성을 '기억의 정치'와 '정체성의 정치'를 중심적인 의제로 삼아 여러 방면에서 접근하여 살펴보고 있다. 사회학, 인류학, 법학, 정치학, 역사학, 지역학 등 다양한 분과학문 출신 연구자들의 학제적 연구작업의 결과인 이 14편의 논문들은 동아시아 근현대사, 오키나와 전투, 지역과 공간, 정체성 등의 네 가지 큰 주제별로 나뉘어 수록되었다.

1부 "동아시아 근현대사 속의 류큐와 한반도"는 '류큐 처분'에서부터 오키나와 전투에 이르는 오키나와 근대사를 동아시아 근현대사의 맥락에서 고찰하

고 한반도의 근현대사와의 연관관계를 탐색하는 5편의 논문으로 이루어져 있
다. 이 논문들은 대체로 류큐왕국이 오키나와‘현’으로서 일본에 병합되던 시기
와 오키나와 전투 전후 시기를 구체적인 논의의 대상으로 삼으면서 한반도와
의 관계 및 동아시아의 큰 맥락에서 오키나와에 대해 생각한다.

1장 「오키나와 근대사를 생각한다: 동아시아의 맥락에서」(나미히라 츠
네오)는 근세 류큐의 역사와 사회에 대한 설명에서부터 시작하여, 류큐의 일
본 병합과 저항운동, 청일전쟁을 전환점으로 한 오키나와 사회의 변형 등 오키
나와 근대사가 시작되는 과정을 동아시아 국제질서의 맥락과 연결시켜 설명
함으로써 오키나와 문제의 기원을 동아시아 근대사의 맥락에서 보는 틀을 제
공하고, 그 연장선에서 한국/조선사의 시각에서의 접근을 요청한다.

2장 「일본의 류큐 병합과 동아시아 질서의 변동: 한반도와의 정치적 관계
를 중심으로」(강상규)는 류큐 병합과 오키나와 탄생이 조선의 정치적 상황에
미친 영향을 동아시아 국제정치 질서의 변동을 통해 고찰한다. 이 논문에 따르
면, 일본의 류큐 병합은 중국 중심의 세계질서 패러다임을 근본적으로 동요시
켰으며, 이로 인한 중국의 위기의식이 조선에 대한 간섭의 심화로 이어지게
함으로써 동아시아 갈등의 축을 조선으로 이동시켰다.

3장 「'류큐처분'기 류큐 지배층의 자국인식과 국제관」(박훈)은 일본이
류큐를 병합할 당시 류큐 지배층이 자기 나라와 국제질서를 보았던 관점을
통해 근대 오키나와의 정체성을 고찰한다. 논문은 일본의 류큐왕국 부활운동
을 살펴보면서, 류큐 지배층이 류큐가 소국이며 중국의 영향력 아래 있었음을
인정하면서도 류큐의 지리적 위치의 중요성을 인식하고 자치의 역사를 강조
했으며 중국과의 관계를 자신의 정체성 정치에 유리하게 활용했음을 밝힌다.

4장 「한국 근현대사와 오키나와: 상흔과 기억의 연속과 단절」(신주백)은
오키나와와 한국 근현대사의 관계를 오키나와로 건너간 조선인/한국인들의
역사를 통해 살펴보고 있는데, 식민지 시대 일본이 조선인 노무자들을 오키나

와 전투에 동원한 방식과 전후 귀환 상황 및 동아시아 군사동맹망 속의 비공식적 관계를 검토하고, 유신정권이 북한과의 체제경쟁 속에 조선인 전쟁희생자들에 대한 기억과 위령을 정치적 목적으로 이용한 것을 비판한다.

5장 「오키나와전에서의 주민학살의 논리」(야카비 오사무)는 오키나와 전투 당시 주민학살 과정과 논리를 일본군의 방첩대책을 중심으로 검토하고, 오키나와전의 주민학살과 관동대지진 당시 조선인 학살 및 '4·3' 당시 제주도민 학살의 비교를 통해 국민/비국민 구분에 따른 주민학살과 빨갱이 사냥의 주민학살이 동일한 구조를 가짐을 밝히며, 1940~50년대 전장, 점령, 부흥의 동시중층적 혼재성에 대한 동아시아 피점령자의 시점을 강조한다.

2부 "전쟁의 경험과 기억의 정치"에서는 오키나와 역사에서 가장 외상적인 사건이라 할 수 있는 오키나와전투를 둘러싼, 혹은 그것과 연관된 기억의 정치를 다루고 있다. 그 기억의 정치의 장은 다양한 영역에 걸쳐 펼쳐지고 있는데, 그 지형 또한 단순하지 않다. 제2부를 구성하고 있는 세 편의 논문은 각각 전쟁 동원의 경험, 한센병자들이라는 '주변 속의 주변인', 그리고 기념공간이라는 상이한 영역들에서 전개되어온 기억의 정치의 지형도를 그려내고 있다.

6장 「'죽음'으로의 동원과 이에 대한 저항 가능성: 오키나와 '집단자결' 사례를 중심으로」(강성현)는 오키나와전투 당시 집단자결들이 가진 복합적 면모에 주목할 것을 요청한다. 이 논문은 기존연구 검토 및 치비치리가마와 시무쿠가마의 사례 분석을 통해 가해와 피해, 강제와 자발이 상호연속성을 이루고 있음을 밝히고, 전쟁 체험이 아니라 이민 체험을 가지고 있던 주민들은 집단자결에 저항했음을 지적하며 폭력에 저항하는 가능성을 찾는다.

7장 「오키나와 한센병사에서의 절대격리체제 형성과 변이: 미군정의 영향을 중심으로」(정근식)는 창설 이후 전쟁과 미군정, 일본 복귀를 경험하면서 절대격리체제와 상대적 격리체제의 경계를 넘나든 오키나와 국립요양원 애락원의 독특한 경로가 일본의 한센병사와 국가배상소송에서 갖는 의미를 검토하고,

애락원의 기념물 분석을 통해 천황제 국가주의와 국제적 우애주의, 소수자인권 우선주의의 미묘한 결합과 긴장이 여기에 투영되어 있음을 검토한다.

8장 「일본 군국주의와 탈맥락화된 평화 사이에서: 오키나와 평화기념공원을 통해 본 오키나와전 기억의 긴장」(김민환)은 공간을 통해 재현되는 기억의 정치를 분석한다. 오키나와평화기념공원은 전쟁을 낭만화하여 기억하는 야스쿠니적 방식이 재현된 공간과 평화를 낭만화하여 기억하는 히로시마적 방식이 재현된 공간으로 분할되어 있으며, 논문은 원래 야스쿠니적 방식에 도전하려던 공간 계획이 축소·굴절되어 히로시마화되어 버렸다고 주장한다.

3부 "지역문화와 공간 형성"은 3편의 논문을 통해 점령과 미군기지가 오키나와 지역사회와 문화, 그리고 도시 공간의 형성에 미친 영향을 사례 분석을 통해 제시한다. 이 3부를 구성하고 있는 3편의 논문에서 분석과 설명의 대상이 되는 지역은 각각 나하시, 요미탄촌, 킨정(킨초, 金武町)으로서 모두 오키나와 본섬에 소재한 지역들이다. 오키나와에서 제일 중심적인 도시이자 현청 소재지인 나하는 오키나와 본도 남단에 위치하며, 요미탄촌은 중부 약간 이남의 서쪽, 그리고 킨초는 오키나와 본도 중부 동해안에 위치해 있다. 나하시는 현재 슈리성도 포함하고 있으며 역사적으로 오키나와 경제와 행정의 중심지였고, 요미탄촌은 미군이 오키나와 본섬에 최초로 상륙한 지점의 하나이고 기지 반환투쟁으로 유명한 곳이며, 킨초 역시 캠프 한센과 기지촌으로 유명한 대표적인 미군기지 소재지의 하나다. 그러므로 이 세 지역에 대한 사례연구들은 오키나와 본도에 한정되었다는 한계에도 불구하고 오키나와의 역사와 미군기지의 현존이 오키나와의 공간 문화에 미친 영향을 균형 있게 잘 보여줄 것이라 생각된다.

9장 「오키나와 도시공간의 문화적 혼종성: 나하시 국제거리의 역사성과 장소성」(김백영)은 나하시의 대표적인 관광의 거리인 국제거리를 관광지구, 업무지구, 시마공동체지구 등의 세 가지 장소성 개념, 또한 가로형성, 주거지화, 관광상품화 등의 세 가지 분석적 차원, 그리고 류큐왕국 시기, 제국 일본 통치기, 전후 미군정 통치기, 본토 복귀 이후 시기 등 네 개의 역사적 단계에 따라 분석하여 오키나와 도시 공간의 두드러진 문화적 혼종성이 오키나와의 역사적 경험의 산물임을 보여주고 있다.

10장 「미군기지 내에서의 농촌자치와 지역문화: 요미탄촌의 사례」(임경택)는 요미탄촌을 사례로 미군기지가 농촌지역에 미친 영향과 그 속에서 공동체 자치의 가능성을 탐색한다. 요미탄촌은 일명 '코끼리 우리'로 통하는 미군의 소베 통신기지와 반전지주 치바나 쇼이치(知花昌一)의 투쟁, 미군용지 내에 지은 커다란 규모의 촌청사 등으로 유명한 곳이다. 이 논문은 요미탄촌의 기지 반환투쟁과 문화촌 만들기로서의 지역자치를 특히 부각시킨다.

11장 「촌락공유지의 변천 과정을 통해 보는 지역사: 오키나와 킨 지역의 사례」(진필수)는 오키나와의 전통적 촌락공동체인 '시마(シマ)사회'의 경제적 기초가 오키나와 특유의 촌락공유지에 있음을 검토하고, 킨 지역의 촌락공유지 소마야마(杣山)의 존재 양태가 미군과 일본 정부, 오키나와 중심부 정치권력 등 촌락공동체를 둘러싼 외부 권력들의 변화와 그 역학관계에 따라 결정되어온 과정을 역사적으로 추적한다.

4부 "오키나와의 정체성: 우치나와 일본 사이에서"는 3편의 논문들이 각각 역사, 정치, 대중문화라는 세 측면에서 오키나와의 정체성 문제를 다룬다. '우치나(うちな)'는 오키나와인 자신들이 '야마토(やまと)'라 부르는 일본 본토와 대비하여 오키나와를 부르는 명칭이다. 오키나와인들은 자신들을 '우치난추(うちなんちゅ: 沖縄人)', 본토 일본인을 '야마톤추(やまとんちゅ: 大和人)'라 부른다. 그런데 오키나와의 역사는 대부분의 오키나와인들로 하여금 스스로를 일본인인 동시에 일본인과 구별되는 오키나와인으로 정의하게 만든다. 오키나와는 한편으로 자신의 역사적·문화적 특수성과 차이를 인정받기 위해 투쟁하는데, 이 투쟁의 전선은 한편으로는 미국의 권

력과 군사력에 대해서 다른 한편으로는 본토 일본에 대해서 그어진다. 하지만 이와 동시에 오키나와인들은 본토에 대해 완전한 일본인으로서의 시민권을 인정받기 위해 투쟁한다. 따라서 오키나와의 정체성은 일본과 구별되는 오키나와와 일본으로서의 오키나와, 즉 우치나와 일본 사이에서 끊임없이 진동하고 있다 할 수 있다.

12장 「동화론과 오키나와 아이덴티티: 오타 초후(太田朝敷)의 동화주의를 중심으로」(박훈)는 근대 초기 오키나와의 중요한 지식인·언론인인 오타 초후의 동화주의를 검토한다. 같은 필자가 쓴 3장과 자매편이라 할 수 있는 이 논문은 오타 초후를 비롯한 오키나와 지식인들의 동화주의가 오키나와의 발전을 목표로 해 근대화를 지향하는 입장이었으며, 일본에의 동화를 지향하는 과정에서 새로운 오키나와의 정체성 자체가 형성되었다고 주장한다.

13장 「근대국가와 시티즌십: '류큐인'에서 '일본인'으로」(최현)는 오키나와인들이 일본 국민으로서 시티즌십을 획득해가는 과정을 류큐 처분과 일본 편입, 미군정 시기, 일본 복귀 이후의 세 시기를 통해 역사적으로 고찰한다. 이 논문은 오키나와의 일본화가 성공적이었다고 평가하는데, 그 이유를 상대적으로 일찍 이루어진 류큐 병합이 류큐의 독자적인 근대화를 처음부터 차단한 점, 시티즌십에 의한 근대적 권리와 혜택의 긍정적인 경험 등에서 찾는다.

14장 「섬의 시선: 영화와 오키나와의 자기 정체성」(주은우)은 오키나와에서 오키나와인들에 의해 만들어진 영화들을 분석함으로써 오키나와 스스로가 형성하고 있는 자기 정체성과 그 재현 방식을 추적하고 있다. 오키나와전투를 기억하고 전하려는 '1피트 운동', 성공한 대중상업영화 「나비의 사랑」, 그리고 작가주의 영화 「몽환류큐·츠루헨리」를 시선과 동일시, 과거에 대한 기억이라는 견지에서 검토하면서, 오키나와에서 영화가 치열한 정체성 정치의 장이 되고 있음을 보여준다.

'경계의 섬' 오키나와의 문화적 혼성성(혼종성)은 따라서 오키나와가 치열한 문화적 정치의 장이며, 또한 오키나와 문화가 치열한 기억의 정치, 정체성 정치의 장임을 의미한다. 오키나와의 고단한 근현대사, 그리고 오키나와가 기지를 핵심 고리로 미국 및 일본 본토와 맺고 있는 현실적 관계가 이 문화적 정치의 장을 틀 짓지만, 섬 전체의 투쟁과 조국복귀운동 및 최근의 반기지 운동에 이르기까지 오키나와인들 자신의 투쟁과 문화적 저력은 그 장의 지형과 틀 자체를 변형시켜왔다.

오키나와인들의 이러한 투쟁에서 특히 돋을새김 되고 있는 것이 평화의 메시지이다. 오키나와 전투에서 사망한 사람들의 이름을 국적에 상관없이 모두 새겨 넣고 포용하려 하는 오키나와 평화공원의 '평화의 초석'에 의해 제일 잘 상징될 이 오키나와의 평화주의는, 비록 낭만화되고 탈맥락화되어 히로시마화되거나 자본이나 내셔널리즘에 의해 포섭될 위험에 시달릴지라도 오키나와의 비극적인 역사적 경험과 기지의 현실이라는 현재적 아픔에 의해 뒷받침되기 때문에 쉽게 무화되지 않는 강한 힘을 가지고 있다. 또한 바로 그 역사적 경험과 현재적 아픔이 많은 오키나와 평화운동가들에게 동아시아와 세계적 맥락으로 고통의 공유를 넓혀나갈 수 있는 능력을 부여해주는 원천일 것이다. 집단학살과 강제적 집단자결의 현장 치비치리가마 앞에 새겨진, 세계를 향해 평화를 기원하는 메시지("チビチリガマから世界へ平和の祈りを")처럼 말이다.

류큐대학의 나미히라 츠네오 교수님과 오키나와대학의 야카비 오사무(屋嘉比収) 교수님은 2005년 2월 나하시에서 처음 만난 이래 우리 연구팀의 연구 과정에 많은 도움을 주셨을 뿐만 아니라 이 책에 두 분의 글을 싣는 것도 흔쾌히 허락해주셨다. '책머리에'에서도 이미 두 분에 대한 감사를 표현하고 있지만, 이 자리를 빌려 다시 한 번 감사드리고자 한다. 뿐만 아니라 두 분은 2006년 11월 한국을 방문했을 때 미군기지 확장을 위한 철거에 반대하여 투쟁하던 평택 대추리 주민들과 천막농성을 함께 하며 눈물을 흘리시기도 했다(오키나와의 사진작가 히가 토요미츠(比嘉豊光) 씨와 도쿄외국어대학의 나카노 도시오(中野敏男) 교수께서도 그 자리에 함께 했다).

역으로, 우리가 오키나와를 방문했을 때, 그리고 오키나와의 역사와 현실에 대해 조금의 지식이라도 갖고 있을 때 오키나와의 그 수려한 풍경이 예사롭게 보이지 않고 오키나와가 왠지 친근하게 다가오는 것 역시 이렇게 고통을 공유하는 공감의 가능성 때문일 것이다. 아픔을 나눌 수 있는 공감의 가능성, 그리고 오키나와가 쉽게 제주도와 오버랩되고 오키나와의 역사가 한국 현대사와 오버랩되는 것, 그것은 바로 우리가 동아시아의 역사를 공유하고 있다는 증거일 것이다.

2008년 4월
주은우

1부

동아시아 근현대사 속의
류큐와 한반도

1장

오키나와 근대사를 생각한다

· 동아시아의 맥락에서1)

나미히라 츠네오

1. 머리말

오키나와의 근대는 일본 메이지 국가가 강권적으로 오키나와를 통합한 '류큐 처분'과 함께 시작되었다. 그 때까지 수백 년간 오키나와는 '류큐왕국'이라는 독립 된 소국가를 형성하여 일본의 역사와는 구별되는 독자적인 역사를 영위해 왔다.

오키나와 사람들이 이러한 독자적인 역사를 얘기할 때는 15세기부터 16 세기 전반까지의 대교역 시대가 자주 증거로 거론된다. 즉 널리 동아시아와 동남아시아 각지와 평화리에 교역과 교류를 행했다는 사실이다. 그런 사실을 웅변하는 기념비라 할 수 있는 것이 1458년에 주조된 '만국진량(萬國津梁)의 종(鐘)'인데, 그 명문(銘文)에는 이 '비무(非武)의 나라'2)의 이념을 다음과 같이 밝히고 있다.

---

1) 이 글은 '오키나와 미군기지의 정치사회학' 연구팀의 중간발표 국제심포지엄 「동아시아와 오키나 와문제」(2005년 5월 13-14일, 서울대학교 멀티미디어동·교수학습개발센터)에서 발표한 글이다.
2) 역주—군사력을 갖추지 않은 것을 류큐의 특색으로 보고 이를 칭하는 말.

류큐국은 남해에 있는 좋은 땅으로, 삼한(三韓, 즉 조선)의 빼어남을 모아 놓았고, 대명(大明, 즉 중국)과 밀접한 관계(輔車)에 있으면서 일역(日域, 즉 일본)과도 떨어질 수 없는 관계에 있다. 류큐는 이 한 가운데에 솟아난 낙원(蓬萊島)이다. 선박을 운행하여 만국의 진량(津梁, 가교)이 되고, 외국의 산물과 보배는 온 나라에 가득하다.

슈리성(首里城)3) 정전(正殿)에 걸린 이 종이 주조된 15세기 중반 무렵 류큐는 위의 명문에 나온 것처럼 조선과 중국, 일본을 포함해 아시아 각지와 평화로운 교류를 맺고 있었다. 그러나 여기서 다룰 주제는 이러한 교류사가 아니라 오히려 평화적 교류의 조건을 박탈당한 오키나와가 아시아에서 분리되어 가는 근대에 대한 고찰이며, 오키나와 근대사, 그 초기적 형성의 국면과 조건을 동아시아 근대사의 문맥 속에 자리매김하면서 재고해 보는 것이다.

2. 근세의 류큐/오키나와

근세 이후의 류큐/오키나와사의 획을 긋는 커다란 분기점으로는 다음 네 가지의 역사적 사건 및 연도를 들 수 있다.

① 1609년 사쓰마번의 류큐 침략
② 1879년 '류큐 처분'
③ 1945/52년 일본의 패전/대일강화조약 발효
④ 1972년 일본 영토로의 재편입

---

3) 역주―류큐왕국의 도성.

이 네 가지 사건 가운데 ② '류큐 처분'이란 1879년의 '폐번치현(廢藩置縣)',4) 즉 류큐/오키나와의 일본으로의 강권 병합을 가리킨다. 이 용어는 원래 메이지 정부가 사용한 고유 명사였으나 1972년에 오키나와가 일본 영토로 재편입된 이후에는, 1952년의 대일강화조약 체결에 따라 오키나와가 일본 영토에서 떨어져 나아간 사건(③)을 포함한 다른 세 가지 사건을 언급할 때에도 자주 사용된다.

사쓰마번이 류큐를 침략한 1609년(①) 이후 류큐는 독립된 왕국의 체제를 유지하기는 했으나 시마즈 씨(島津氏)5)의 '부용(附庸)'6)이 되어 사쓰마번의 지배하에 놓이게 된다. 하지만 한편으로 동시에, 나중에 다시 언급하겠지만, 류큐는 청(중국)과도 조공 책봉 관계에 있었고 ②의 '류큐처분' 때까지 '중화질서' 체제하의 조공국이었다(그러한 미묘한 관계를 가리켜 '일청양속(日淸兩屬)'7)이라고도 하지만 이는 오해를 불러일으키기 쉬운 용어임에 유의해야 한다).

사쓰마번의 류큐 침략의 계기가 되었던 것은 도요토미 히데요시(豊臣秀吉)의 조선 침략이었다. 1591년에 시마즈 요시히사(島津義久)8)는 조선 침략을 위한 병력 동원을 추진하고 있던 도요토미의 명령이라 하여 류큐에 군량미를 요구했다. 류큐는 그 요구액의 반은 공출하고 나머지 반은 시마즈 씨에게 빌어서 바쳤지만 그 상환을 게을리 했다. 또한 1603년에 에도 막부가 성립된 뒤에는 시마즈 씨로부터 막부 개설을 축하하는 사절 파견을 독촉받았지만 이 또한 무시했다. 시마즈 씨는 이러한 것을 구실로 막부의 승인하에 류큐를 침략, 지배하게 된 것이다.

---

4) 역주―근세의 번 체제를 중앙 정부 직속의 현 체제로 바꾼 메이지 초기의 정치 개혁으로, 일본 본토에서는 1871년까지 완결되었다. 류큐에서는 1879년의 폐번치현을 통해 중앙 정부로의 류큐 편입이 확정된다.
5) 역주―사쓰마번의 번주.
6) 역주―종주국의 보호와 지배를 받는 종속국.
7) 역주―일본과 중국 둘 다의 지배하에 놓여 있음을 뜻하는 전통적인 표현.
8) 역주―당시의 무장. 시마즈 씨 16대 당주로서 규슈 일대를 통일했으나 1587년에 도요토미에게 항복했다.

3. 류큐왕국의 사회 구성

오늘날 오키나와 사람들은 류큐왕국을 종종 '비무(非武)의 나라'라고 부른다. 이러한 표현이 적절한지 아닌지는 차치하더라도 류큐왕국이 현저하게 '무위(武威)'가 결여된 소왕국이었던 것은 분명하다. 이 나라의 지배계급은 오키나와어로는 '유캇추', 공식적인 표현으로는 '사무레(士)'로 불렸다. 류큐왕국의 특징 중 첫 번째는 이 사무레 계급의 성격이 일본의 사무라이, 즉 무사와는 상당히 달랐다는 데 있다. 류큐의 사무레는 칼을 차지 않았고 무사라기보다는 문사(文士)로서 중국의 사대부(혹은 조선의 양반)에 가까운 존재였다.

두 번째 특징은 사무레 계급, 즉 지배계급의 수가 총 인구에 비해 상당히 많았다는 것이다. 일본의 무사 계급이 인구의 몇 퍼센트에 지나지 않았던 것에 반해 류큐의 사무레 계급은 인구의 4분의 1정도나 되었다.

세 번째 특징은 그러한 지배계급의 생활을 지탱했던 농민 계급에 관련된 것인데, 그들이 경작하는 토지가 (연공의 기본 단위인 마을의) 공유제하에 놓여 일정한 연한이 차면 경작지가 바뀌었다는 것이다(지와리제도, 地割制度).

이러한 사회 구성하에서 생산력의 향상은 쉽지 않았고 농민 계급에 대한 착취도 심했는데, 사무레 계급의 생활 또한 대체로 궁핍했다. 사쓰마번의 지배와 착취는 이런 조건하에서 가해진 것이었다. 상녕왕(尙寧王)[9] 이후 국왕과 삼사관(三司官)[10]은 취임시에 시마즈 씨에 대한 충성을 맹세해야 했다. 류큐의 당시 수확량은 대략 10만 석으로 그 중 약 1할을 사쓰마번에 연공으로 납입해야 했다.

---

9) 역주―1589년부터 1620년까지 재위한 류큐왕.
10) 역주―류큐왕국의 재상직.

4. 근세 동아시아의 국제질서

　　오키나와의 근대를 둘러싼 논의로 넘어가기 전에 근세 즉 일본 에도 시대의 동아시아의 국제질서에 대해서 말해두고자 한다.

　　주지하는 바와 같이 15세기부터 19세기에 걸쳐 동아시아에는 '중화질서', 즉 중국(명→청)을 중심으로 하는 '화이(華夷)'이념에 기초한 국제질서가 형성되어 있었다. 류큐는 조선과 마찬가지로 그 중화질서 체제하의 중요한 조공국이었다. 1372년에 명의 부름(招諭)에 응해 류큐의 중산왕(中山王)이 조공한 이래, 류큐와 중국과의 조공책봉 관계는 500년에 걸쳐 지속되었다.

　　한편 일본은 이러한 중화질서 체제로부터 대체로 거리를 두고, 에도 시대에는 이른바 '쇄국'정책을 취하게 된다. 물론 근래에는 이 '쇄국'을 재평가해야 한다는 연구도 많이 나오고 있다. 그러한 연구의 선구자 중 한 사람인 로널드 토비는 『근세 일본의 국가형성과 외교』(Toby, 1991)에서 조선 - 쓰시마번과 류큐 - 사쓰마번이 일종의 유비적인 관계에 있었다는 흥미로운 지적을 하고 있다.

　　에도 시대의 일본은 쓰시마번의 소오 씨(宗氏)를 통해 조선과, 사쓰마번을 통해 류큐에서 중국으로 열려 있었다(그 밖의 개항구로는 나가사키, 마쓰마에번 등이 있었다). 조선 통신사가 일본/에도로 왕래한 것처럼 류큐도 '에도 노보리(江戶上り)'라는 사절을 파견하고 있었다. 다만, 조선과 에도 막부는 '항례(抗例)'(대등)·'교린(交隣)'의 관계에 있었던 데 반해, 류큐는 막번 체제하의 일개 번주에 불과한 시마즈 씨에게 종속되었다는 큰 차이가 있었던 것은 두말 할 나위도 없다(이를 일러 막번 체제하의 '이국(異國)'이라 하기도 한다).

　　그런데 이러한 동아시아 국제 관계는 일본의 메이지유신을 계기로 일변한다. 도쿠가와 막부에서 조정으로 권력이 옮겨가고 폐번치현으로 쓰시마번도 사쓰마번도 철폐되었다. 이에 따라 메이지 정부는 싫든 좋든 조선 및 류큐와의 관계 재편이라는 과제에 직면하게 되는데, 주지하는 바와 같이 조선과의

관계에서는 국서의 '서계 문제(書契問題)'에서 '정한론'이 주창되고 또 류큐와
의 관계에서는 류큐 표류민의 피살 사건을 구실로 '타이완출병'을 거쳐 최종적
으로는 '류큐 처분'이라는 강권 병합책을 취하게 된다. 타이완 문제, 류큐 문제,
조선 문제는 서로 밀접하게 관련되면서 메이지유신 시기 일본 외교 재편의
시금석이 되었으며 동아시아의 장래를 암시하는 시련으로 다가온 것이다.

5. '류큐처분'

　류큐는 폐번치현 이후에도 가고시마 현의 관할하에 있었는데 곧 그 처우
를 둘러싼 문제가 정부 내에서 제기되어, 대장대보(大藏大輔) 이노우에 가오
루(井上馨)[11]는 류큐의 내국화를, 외무성 및 좌원(左院)은 류큐왕의 책봉에
의한 양속(兩屬)의 명확화를 건의했다(그 외에 야마가타 아리토모(山縣有朋)
도 독자적인 안을 제시했다).
　메이지 정부는 1872년(메이지 5년) 가고시마 현을 통해서 류큐에 '유신경
하사'의 파견을 독촉했고 류큐 사절 일행이 도쿄로 오자 국왕 상태(尙泰)를
"번왕(藩王)으로 삼고 화족(華族)과 동등한 지위를 부여한다"는 내용의 소(詔)
를 내렸다. 외무성 건의안대로 천황에 의한 상태(尙泰)의 '번왕 책봉'(류큐 측
에서는 '번왕어청(藩王御請)'이라고 한다)이 이루어져 양속의 명확화가 꾀해
졌던 것이다. 정부 내에서 이러한 일련의 정책을 주도한 것은 당시의 외무경
소에지마 다네오미(副島種臣)였다(일반적으로 메이지 초기 일본의 대아시
아 외교는 '만국공법' 논리에 따라 청나라를 정점으로 하는 전통적 '화이질서'
=조공 책봉 체제를 무너뜨리는 것을 목표로 했다고 하지만 소에지마 외교
시기에는 아직 두 가지 논리가 병행되고 있어, 소에지마는 조선 국교 문제에서

11) 역주―막말의 존왕양이 운동에 참가 후 메이지 정부의 요직을 거치고 이후 원로가 된 정치가.

도 청나라·조선 간의 종속관계 즉 '책봉 체제' 논리를 이용하려 했다).

소에지마는 '타이완 문제'에서도 출병을 획책했는데, 당사자인 소에지마와 사이고 다카모리(西鄕隆盛) 등이 하야한 '메이지 6년 정변(정한론 정변)' 후에는 오쿠보 도시미쓰(大久保利通)에게 권력이 집중되었다(이른바 '오쿠보 정권'). 1874년(메이지 7년)의 '타이완출병'은 바로 그 '오쿠보 정권'하에서 강행되었다.

청나라로 하여금 타이완출병을 "일본국 속민(屬民) 등의 피살에 대한 자위('보민의거(保民義擧)')"로 묵인케 하는 데 성공한 오쿠보는 다음 해인 1875년(메이지 8년) 외무대승(外務大丞) 마쓰다 미치유키(松田道之)를 류큐에 파견해 청나라와의 통교 단절과 번정(藩政) 개혁 등을 요구했는데, 류큐는 이에 대해 애매한 태도를 보이며 집요하게 저항했다.

1879년(메이지 12년) 1월 내무성에서 류큐 문제를 담당한 마쓰다는 다시 류큐에 와서 1875년에 요구했던 사항을 준수할지에 대한 확답을 류큐에 마지막으로 요구한 뒤, 같은 해 3월에는 '처분관'의 자격으로 경찰·군대를 거느리고 류큐로 건너가 무력을 배경으로 상태(尙泰)왕에게서 슈리성을 넘겨 받고 폐번치현을 선포했다. 말하자면 국법 위배에 대한 처분·처벌로서 번왕 지위를 박탈하고 류큐를 폐번하여 오키나와현을 설치한 것이다.

6. 저항 운동으로서의 도청(渡淸)/탈청(脫淸) 행동

메이지 정부의 일방적인 병합 정책에 대해 무력이 없었던 류큐왕국의 고관과 일반 사무레 계급은 필사적으로 비폭력 저항을 시도했지만 결국은 일본의 실효 지배가 진행되는 것을 지켜볼 수밖에 없었다(소극적 저항과 불복종은 그 후도 오래 지속되었다). 그러한 가운데 유일하게 그들이 기대를 했던 것이 중화질서의 종주국인 청나라에 의한 구원, 구국이었다. 1876년(메이지 9년) 이후 청나라의 구원을 바라고 많은 류큐인/오키나와인이 청나라에 건너갔다. 이러한 사람들(이른바 '탈청인(脫淸人)')의 구국청원 활동에 대한 자세한 내용에 대해서는 니시자토 요시유키(西里喜行)의 최근 일련의 연구를 참조하기 바란다.

'류큐 처분' 다음 해인 1880년(메이지 13년), 일본과 청나라 사이에 '분도(分島) 개약(改約) 문제'가 부상해서, 류큐 분할이 거의 타결되었다는 얘기를 듣고 '탈청인' 중 한 사람인 임세공(林世功, 名城里之子親雲上)은 보통 수단으로는 청나라 조정의 뜻을 움직일 수 없다고 하며 스스로 목숨을 끊었다. 죽기 전에 그는 다음과 같은 시를 남겼다.

> 예로부터 충효를 다한 사람이 몇이나 될고
> 나라를 걱정한 지 이미 5년이 되었구나
> 한번 죽어 사직을 건지길 바라노니
> 부모님은 형제에게 의지하시겠지

그런데 임세공의 죽음에 대해, 오키나와 출신으로 메이지 시대에 신교육을 받고 도쿄에서 대학교수가 되어 『상태후록(尙泰侯錄)』(1924년)을 지은 히가시온나 간준(東恩納寬惇)은 다음과 같이 쓰고 있다.

생각컨대 우리나라는 오랫동안 무사(武事)를 폐하고 오로지 사대의 예를 갖춰 미봉적으로 평화를 유지하는 것을 국시로 해왔다. 이 때문에 지기(志氣)가 쇠하고 안일을 탐하며 소강(小康)을 즐기는 습성이 생겨 순국 같은 것은 거의 바랄 수 없게 되었다. 그리하여 국가흥폐의 위기에 처하여도 다른 나라에 구원을 청하거나 하지 결단하는 바가 없이 단지 일시적으로 사태를 호도하는 것을 능사로 삼아왔다. 이 때문에 남에게 핍박당하게 되면 울면서 도움을 청하는 우를 범해왔다 …… 이때 홀로 사명의 책임을 지고, 정부사절(正副使節)들이 태연이 백년하청하고 있는 때에 하급관리의 몸으로 대의명분을 위해 죽었다. 아아! 임세공은 류큐 말기 한사람의 지사이도다. 그 성패를 논할 수는 없다. 그럼에도 만일 그 명분의 근본이 잘못 됐다 한다면, 아아! 무슨 말을 할 수 있을까?(『히가시 온나 간준 전집』 제2권, 440페이지)

7. 폐번치현 후의 오키나와 사회

메이지 정부는 오키나와 치현 이후에도 구래의 관습을 그대로 두는 것을 기본정책으로 삼아 교육을 제외한 다른 부분에 대해서는 급격한 개혁을 실시 하지 않았다. 그러한 현정(県政) 초기의 오키나와 사회에 대해 오타 초후(太田 朝敷)는 다음과 같이 말하고 있다.

폐번치현 처분으로 정치상의 권력이 현 사람들의 손에서 멀어진 것은 따로 설명 할 필요도 없는데, 그렇다면 사회 세력은 어떠했나 하면 오늘과는 달리 관헌의 압력이 구석구석까지 미치던 시대였기 때문에 오키나와현 사람들은 자신의 향토 임에도 마치 식객의 입장에 놓인 것과 마찬가지였다. 각 마기리(間切)12)에서는 모두 구제(舊制)가 그대로 존속되었다고는 하나 일개 말단 관리일지라도, 심지 어는 일개 상인일지라도 그들이 내지인이라면 조심조심 대응하는 등 물질적 생 활은 크게 안 바뀌었어도 정신적인 영향은 상당히 컸다. 전에 약술한 대로 현정 초기에는 대부분 옛 번의 제도를 그대로 답습했으므로 오키나와현이라고 간판이 바뀌어도 그 내용은 번정(藩政) 시대와 큰 차이가 없었다. 신구의 차이점을 굳이 지적하자면 위정자가 직접 방언으로 시달하던 것이 일본어(大和口)로 통역을

---

12) 역주—류큐왕국 시대의 행정구분. 1908년에 폐지되었다.

통해서 의사를 전달하기 시작한 것 정도였다 할 수 있다. 이렇게 말하면 대수롭지 않은 것 같지만 이러한 차이로 인해 우리 현민이 받은 영향은 결코 적지 않은 것이다.(『沖繩縣政五十年』1932년, 49~50쪽)

오타의 이 글에는 당시의 사회 상황뿐만 아니라 오키나와의 근대가 이미 처음부터 안고 있는 어려움과 고뇌가 담겨져 있다. '식객의 입장'에서 벗어나 '자신의 향토'의 주인이 되기 위해서는 '사회적 세력'(그리고 약간이나마 '정치상의 권력')을 획득하고 회복하는 것이 불가피했다. '동화'론으로 유명한 오타의 문필 활동과 '공동회 운동(公同會運動)'[13]은 그러한 배경에서 이해되지 않으면 안 될 것이다.

"위정자가 '일본어(大和口)'로 통역을 두고 의사를 시달하게 되었다"는 문장에는 '국민국가' 형성과정에 있던 일본에서 중앙과 오키나와 간의 문화 거리의 정도, 오키나와인이 일본인이 되는 과정에서 넘어야 할 어려움의 정도가 암시되고 있음은 말할 필요도 없다.

8. 전환점으로서의 청일전쟁

조선에 대한 종주권 강화를 도모하던 청나라와, '만국공법' 논리에 의존하면서 조선에 대한 영향력을 강화하려고 하던 일본은, 1894년 갑오농민전쟁을 계기로 전쟁에 돌입했고, 강화조약을 통해 타이완을 획득한 일본은 '식민지제국'으로의 걸음을 내딛었다.

'류큐 처분'으로부터 15년, 일본화가 기존사실처럼 차곡차곡 진행되어 가

---

13) 역주―류큐의 마지막 왕 상태의 자식들이 중심이 되어 일으킨 운동으로, 왕손들이 오키나와 지사직을 세습할 것을 주장.

는 가운데 오키나와에서도 친일파인 '개화당'이 서서히 증가해 청일전쟁 시기에는 친중파인 '완고당(頑固黨)'과 격렬하게 반목하기도 했지만, 청일전쟁 후에는 구국출사(救國出師)라는 청나라에 대한 기대도 환멸로 바뀌었고, 구세대 사람들도 일본국가의 우산 아래서 살아갈 수밖에 없는 현실을 받아들이게 되었다.

메이지 정부의 오키나와 통치는 한편으로는 구세대, 구지배계급에 대한 융화책으로 구래의 관습(舊慣)을 존치하는 것을 원칙으로 하면서, 다른 한편으로 신세대 일본인의 육성을 위해 학교 교육의 도입과 보급에 예외적으로 힘을 쏟았다. 그러나 현정 초기의 수학율은 비교적 완만한 성장 곡선을 보이는데 그쳤다. 하지만 청일전쟁 후에는 큰 폭으로 증가되어 동화·황민화 교육도 본격화되었는데, 여기에는 오키나와 내부로부터의 동화론, 오키나와인 교원에 의한 동화교육도 크게 관여하고 있었다.

한편, 청일전쟁 후에는 구래의 관습, 제도를 개혁하는 기운도 서서히 높아졌다. 1899년부터 1903년에는 구제도 개혁의 근간을 이루는 '토지정리'(일본본토의 '지조 개정'에 대응)가 실시되었다. 또한 그 전 해인 1898년에는 징병령이 시행되어 러일전쟁에 오키나와인 군인도 동원되는 등 제도개혁과 그 전제조건의 정비가 한층 진행되었다.

9. 맺음말: 오키나와 근대사의 재검토

일본의 '전후 역사학'이 1950년대부터 1960년대에 걸쳐 확립되고 융성했다고 한다면, 오키나와 근대사 연구는 이것을 배우면서 1960년대 후반부터 1970년대에 걸쳐 그 골격이 만들어졌다(『沖繩県史』, 金城正篤, 西里喜行, 安良城盛昭 등의 연구). 이때는 마침 '복귀 운동'(일본 영토로의 재편입 운동)이 활발한 시기였거나 혹은 그 분위기와 영향이 현저히 남아 있는 시대였다는 점에 더욱 유의할 필요가 있다고 생각한다. 여기서는 오키나와인=일본인의 등식이 자명하게 받아들여졌고 역사 연구의 실천에서도 여러 정치적 배려가 의식적, 무의식적으로 작용했다고 볼 수 있다. 참고삼아 당시의 오키나와 교육사를 다룬 연구에서 한 구절을 인용하겠다.

> 오키나와는 원래 본질적으로는 본토와 동일 민족이며 동일 문화권에 있으면서도 오랫동안 일중양속(日中兩屬)의 역사를 지녔을 뿐 아니라, 본토와 멀리 떨어진 지리적 관계로 인해 그 문화, 사회, 언어, 습속 등 현상면에서 본토와는 상당히 동떨어진 양상을 지니고 있기에 본토 사람들에게 오키나와 현민은 마치 최근에야 일본에 들어온 이민족처럼 오해받았다(安里彦紀, 1973: 머리말).

우리는 이 문장에서 엿보이는 시대적 제약이 오늘의 연구에 여전히 영향을 주고 있다는 점을 눈 여겨 볼 필요가 있을 것이다.

근년의 류큐/오키나와사 연구에 대해 언급하자면, 류큐의 '근세사' 연구는 큰 진전을 보았지만, '근대사' 연구는 여전히 저조하거나, 정체 상황에 있으며, 새로운 발표가 있다고 하더라도 30년 전 연구 성과의 재탕인 것 같은 인상을 주는 것이 많은 듯하다.

이 정체 상황을 돌파하기 위해서는 동아시아의 문맥에서 재고하는 시점, 혹은 한국/조선사의 시각에서 일단 일본 - 오키나와 관계를 상대화시켜서 보는 것이 중요하다고 생각한다. 그렇기 때문에 한국에서의 오키나와 연구의 진전에 깊은 기대를 거는 바다.

번역자: 최은석(국민대 일본학과 박사과정)

■ 참고문헌

· 1차 자료

1. 오키나와 현청 및 오키나와 현 소속 지방자치 단체 발행 자료

『沖繩縣政五十年』, 1932.

『沖繩縣史』.

2. 자료집 및 전집

東恩納寬惇, 1978. 『東恩納寬惇全集』 2. 第一書房.

· 2차 자료

1. 일문 단행본 · 논문

金城正篤 外. 2005. 『沖繩県の百年』. 東京: 山川出版社.

金城正篤. 1978. 『琉球処分論』. 沖繩タイムス.

西里喜行 編輯. 1987. 「琉球國請願書集成-原文, 読下し, 譯註, 解說(1)(2)」. 『琉球大學敎育學部紀要』
　　　　30-1, 31-1,2.

西里喜行. 1981a. 『沖繩近代史研究』. 沖繩時事出版.

西里喜行. 1981b. 『論集沖繩近代史』. 沖繩時事出版.

西里喜行. 1982. 『近代沖繩の寄留商人』. 那覇: ひるぎ社.

西里喜行. 1986. 「前近代琉球の自己意識と國際意識」. 『地域からの國際交流』. 硏文出版.

西里喜行. 1987. 「琉球救國運動と日本, 淸國」. 『沖繩文化硏究』 13. 東京: 法政大學沖繩文化硏究所.

西里喜行. 1989. 「李鴻章と向德宏-琉球分島問題をめぐって」. 『琉中歷史關係論文集』.

西里喜行. 1992. 「琉球處分と樺太·千島交換條約」. 『アジアのなかの日本史 Ⅳ, 地域と民族』. 東京:
　　　　東京大學出版會.

西里喜行. 2005. 『淸末中琉日關係史の研究』. 京都大學出版會.

安良城盛昭. 1980. 『新沖繩史論』. 那覇: 沖繩タイムス社.

安里彦紀. 1973. 『沖繩の近現代敎育』. 亞紀書房.

2. 영문단행본 · 논문

Toby, Ronald. 1991. *State and Diplomacy in Early Modern Japan: Asia in the Development
　　　　of the Tokugawa Bakufu*. Stanford University Press.

2장

일본의 류큐 병합과 동아시아 질서의 변동

· 한반도와의 정치적 관계를 중심으로[1]

강상규

1. 머리말

　오키나와는 동아시아의 동남쪽에 위치한 류큐열도 가운데 가장 큰 섬으로서 현재 일본의 가장 남단에 위치한 현(沖繩縣)의 명칭이다. 하지만 오키나와지역에는 19세기 후반까지만 해도 중국적 세계질서(=천하질서=중화질서=화이질서)에 적극적으로 참여하면서 '비무장의 섬'으로서 독특한 정체성을 간직해오던 류큐왕국(琉球王國)이 존재하고 있었다. 류큐왕국은 서세동점(西勢東漸)의 위기상황 속에서 부국강병과 문명개화를 표방하던 일본의 메이지 정부에 의해 강제로 병합(류큐 병합, 일본에서는 이를 '류큐 처분'이라고 일컫는다)되고 말았고, 이후 류큐왕국은 동아시아 역사의 아련한 기억 속으로 영영 사라지게 된다. 통시적으로 류큐왕국이라는 역사 속의 기억과 일본의 한 행정구역으로서의 오키나와현이 겹쳐지는 것은 이러한 사연에서 연유하는 것이다.

---

[1] 이 글은 역사문화학회에서 간행하는 『지방사와 지방문화』(제10권 1호, 2007년)에 게재된 글을 일부 수정한 것이다.

오키나와에는 현재 일본 주둔 미군이 일본 내에서 배타적으로 사용하는 시설의 대부분(약 75%)이 집중되어 있다(찰머스 존슨, 2003: 76). 이러한 사실은 오키나와가 동아시아 국제정치의 긴장된 현실의 한복판에 놓여 있으며, 그런 만큼 한반도의 상황과도 긴밀하게 연관되어 있음을 극명하게 드러내 준다. 따라서 이 장에서는 오키나와가 동아시아에서 갖는 독특한 위상을 역사적으로 거슬러 올라가 검토하면서 특히 일본의 류큐 병합이 국제정치적으로 갖는 의미를 한반도의 입장에서 고찰 분석하고자 한다. 오키나와를 역사적, 지정학적 문맥에서 이해하기 위해서는 오키나와현의 전사(前史) 곧 동아시아에서 류큐왕국이 갖는 독특한 위상과 그것의 해체과정에 대한 국제정치적 고찰이 필수적이라고 생각되기 때문이다. 아울러 동아시아에서 오키나와가 갖는 현재적인 의미를 중층적으로 검토하는 데도 도움이 될 뿐만 아니라 한반도와 오키나와의 정치적 상관관계를 역사적으로 심도 있게 논의하는 데도 중요한 의미를 가질 것이기 때문이다.

19세기 동아시아의 국제관계에서 류큐 병합은 대단히 중요한 의미를 가지는 사건이었다. 그럼에도 불구하고 류큐 병합에 관한 본격적인 국내 연구는 거의 찾아볼 수 없다. 양수지(2002), 박훈(2005)의 논문은 예외적이라고 할만하다. 하지만 전자는 류큐 병합이 이루어지게 되는 정치적 외교적 상황의 경과에 관해 비교적 소략하게 다루고 있을 뿐이며, 후자는 병합에 대한 류큐 지배층 내부의 저항과 아이덴티티 문제 등에 관한 논의가 주를 이루고 있어 당시의 국제정치적 역학관계에 대한 고찰이라고 하기는 어렵다.

반면 류큐 병합에 관한 일본 측 연구는 상당히 많이 축적되어 있다. 다만 일본 측의 연구는 불가불 일본의 류큐 병합이 갖는 일본 국내적인 의미에 논의가 집중되어 있어 상대적으로 국제정치적 접근이 취약하다는 느낌을 받게 된다. 한편 오키나와 측에서 나온 연구들을 보면 일본의 류큐 병합에 관해 보다 비판적 관점을 견지하고 있을 뿐 아니라 국제정치적 시각이 상대적으로 강조되고 있다는 점에서 흥미롭지만, 한반도 정황과의 상관관계에 주목하는 시각은 거의 찾아볼 수 없다는 점에서 아쉬움을 남긴다. 최근의 연구 중에 예외적으로 류큐 병합의 국제정치적 의미를 본격적으로 조명하려는 작업도 나오고 있지만, 중국과 일본, 류큐왕국의 삼자 간의 관계에 관한 고찰에 머무르고 있다는 점에서 기존의 틀을 크게 벗어나지는 않는 것으로 생각된다(西里喜行, 2005).

하지만 흔히 간과되는 것과는 달리 일본에 의한 류큐왕국의 병합은 거대한 전환기적 상황에 놓여 있던 동아시아 상황 그리고 당대의 한반도 정황을 이해하는 데도 대단히 중요한 의미를 갖는 국제정치적 사건이었다. 왜냐하면 일본이 류큐왕국을 병합하는 일련의 과정이 진행되었던 1870년대의 상황은 다름 아닌 사대교린(事大交隣)의 전통적인 중화질서가 조약체제(treaty system)라는 '새로운 국가 간의 교제 및 교섭방식'에 따라 내부적으로 재편되는 과정(1871년의 청일수호조규 체결, 1873년의 '정한론(征韓論)' 논쟁, 1874년 일본의 타이완출병, 1876년 조일수호조규의 체결, 1879년의 일본의 류큐 병합 완료)과 겹쳐질 뿐 아니라 1880년을 전후한 한반도 정치적 상황의 격변, 요컨대 1880년과 81년 조선 정부의 개화정책 추진, 즉 2차 수신사 김홍집의 파견, 『조선책략』의 전래, 통리기무아문 설치, 미국과의 조약체결 추진, 조사시찰단의 파견, 영선사 파견과 그에 따른 위정척사론의 전개와 임오군란(1882년 6월), 그리고 다시 진행되는 개혁 조치와 여러 우여곡절 끝에 나타난 갑신정변(1884년 10월) 등과도 시기적으로나 내용적으로 긴밀히 맞물려 있다고 생각되기 때문이다.

일찍이 도야마 시게키(遠山茂樹, 1914~) 등은 19세기 후반 한중일 삼국의 양극 분해 현상을 근대의 세계와 동아시아 그리고 동아시아 삼국 간의 상호관계로 설명하면서, 제국주의 전야의 '조선 문제'야말로 국내 모순의 배출구이자 동아시아 국제관계의 핵심이었으며, '조선 문제'를 축으로 하여 동아시아상의 통일적 파악이 가능하다는 흥미로운 관점을 제시한 바 있다(遠山茂樹, 1963;

Nish, Ian H., 1966; 尹健次, 1995). 이러한 지적이 타당한 것이라면, 류큐 병합의 국제정치적 의미를 이해하는 것과 '조선 문제'의 부상(浮上)이라는 국제정치적 사건 간의 깊은 연관관계가 논의되지 않는 것은 기존의 일본 측 연구의 간과하기 어려운 한계라고 하지 않을 수 없을 것이다. 뿐만 아니라, 한국 외교사라는 관점에서 보더라도 19세기 후반 동아시아 국제관계가 변동하는 과정에서 이른바 '조선 문제'가 핵심적인 이슈로 부상하게 되는 경위를 이해하기 위해서는, 다름 아닌 류큐 병합이 이루어지게 되는 정치적 경위 및 맥락 등과 함께 그것의 국제정치적 파장에 관한 이해가 불가피하다고 해야 할 것이다.

본고는 이러한 문제의식에 입각하여 당시 동아시아에서 나타났던 주요한 사건들을 하나하나 개별적으로 이해하기 보다는 상호 간에 서로 연동되어 진행되었던 측면에 주목하면서 류큐 병합의 한반도에서의 정치적 파장을 고찰해 보려고 한다. 논의 순서는 우선 국내외의 기존연구에 입각하여 류큐왕국의 중화질서 내부에서의 위상을 간략하게 살펴보고, 메이지유신 이후 류큐 병합이 진행되는 과정을 검토해 보기로 하겠다. 그리고 이러한 기반 위에서 류큐왕국의 해체가 동아시아 질서가 변동하는 과정에서 특히 한반도 '안과 밖'의 정치적 상황 변화와 어떻게 맞물리게 되는지 이와 관련된 일차 자료들을 이용하여 분석해 보겠다.

2. 전통적인 중화질서와 류큐왕국의 위상

류큐열도와 한반도가 속해 있는 동아시아 지역은 오랜 세월에 걸쳐 역사적으로 구성된 독특한 정치적, 사회적 경험과 문명의식을 공유하고 있었다. 그런 만큼 동아시아 지역을 구성해 온 질서는 오늘날 우리에게 친숙한 서구의 근대국제질서와는 대단히 다른 성격을 갖고 있었다. 국가 '간'의 관계도, 그리고 중화질서에서 하나의 행위 주체로서 국가가 갖는 의미도, 그리고 국가와 개인의 관계라고 하는 것도 근대국제질서의 그것과는 차이가 있었던 것이다.

천하질서 혹은 중화질서란 기본적으로 개인 간의 관계를 규율하는 예(禮)에 기반한 위계적 원리를, 천하를 구성하는 복합적 행위 주체 간의 관계로까지 확대하여 적용한 일종의 이념적으로 상상되어진 세계라고 할 수 있다. 여기서 예라고 하는 것은 사람이 반드시 지켜야 할 행동규범이라는 좁은 의미에서 시작하여 귀천이나 상하의 구별, 나라의 법제, 나라 사이의 관계, 모든 사물의 통일된 법칙 등을 지칭하는 매우 넓은 의미를 함축하는 개념이다. 이러한 이념 체계로서의 중화주의는 춘추전국시대에 성립된 이래 각 지역의 국가들에 의해 편의적으로 활용되다 이민족의 지배를 탈피하고 한족(漢族)에 의해 명이 성립(1368)된 이후 보다 체계적으로 확립되어 가는 양상을 보이게 되며, 막강한 중국의 정치적 문화적 권위와 군사력에 의해 보호되고 유지 지속되어 나가게 된다.

전통적인 중화질서의 국가 '간' 관계에서 사대나 사대자소(事大字小, 큰 것을 섬기고 작은 것을 품어준다), 혹은 일시동인(一視同仁, 편벽되지 않게 모든 이들을 한결같은 인의 마음으로 돌본다)의 원리가 강조되었던 것도 이처럼 예를 중시하는 중화질서의 성격에서 비롯되는 것이었다. 한반도의 대외관계의 원리가 흔히 '사대교린'으로 표현되었던 것이나 중화질서 내부에 근대국제질서처럼 외교를 전담하는 부서가 없고 사실상의 외교업무를 중국의 예부(禮部)나 조선의 예조(禮曹)가 담당한 것도 이러한 이유에서였다. 중화질서의 이념은 현실정치 공간에서 군사적 기반에 의해 지탱될 수 있었던 것임에도 불구하고 기본적으로는 문화주의적 성격이 강한 것이었다. 거기에는 예치(禮治)나 덕치(德治)라고 불리는 보편적인 통치이념이 추구되고 있었고, 이러한 통치이념에 기초한 천하관념이 중화 이외의 세계의 이질적 요소를 포섭하고 있었다.

한편 조공(朝貢)과 책봉(冊封)은 중화질서를 현실적으로 지탱하는 주요한 제도가 되었다. 주변국은 정해진 때에 문명과 문화의 중심으로 간주되는 중국에 조공을 드렸으며, 이에 대해 중국은 우수한 문물과 아울러 이른바 '문명표준(standard of civilization)'을 제공하며 주변국의 군주를 책봉하였다. 이러한 제도는 대체로 중국과 주변국 양측 모두에게 정치적 권위와 체제의 정당성을 강화시켜주는 효과를 갖는 것이었을 뿐만 아니라, 일정한 한계 내에서 국가 간의 교역관계를 가능케 하는 기능을 하기도 했던 것이다(강상규, 2006; 김한규, 2005).

류큐가 중국에 처음으로 조공을 바치기 시작한 것은 1372년의 일로 이때 류큐는 세 개의 구역으로 나뉘어 있었다. 이 세 곳의 지배자들을 중산왕, 남산왕, 북산왕(中山王, 南山王, 北山王)이라 불렀는데, 이를 통합하여 류큐왕국이라는 하나의 통일왕국이 성립된 것이 바로 1429년의 일이었다. 한반도의 이른바 여말선초(麗末鮮初)의 시대에 해당한다. 류큐는 명(明)에게 조공을 바치고 책봉을 받게 되면서 그 권위를 배경으로 하여 동아시아의 중계무역국으로서 약 150여년에 걸쳐 이른바 류큐의 '대교역(大交易)시대'로 일컬어지는 번영기를 맞이하게 된다. 이처럼 류큐왕국의 번영이 가능할 수 있었던 데는 동아시아와 동남아시아 지역을 연결하는 류큐의 독특한 지정학적 위상이 큰 역할을 했기 때문일 것이다(赤嶺誠紀, 1988; 浜下武志, 2000). 한편 이때 명으로부터 받은 문화적 영향은 류큐의 사상과 습속, 문화 등에 지대한 영향을 주었고 명에서 유학하고 돌아온 유학생들은 류큐 사회의 중추적 역할을 담당하였다(外間守善, 1986).

이러한 류큐의 번영은 당시 중화질서의 주변에 머물러 있던 일본열도의 권력자들에게 강한 관심과 간섭을 초래하게 만들었다. 그중에서도 지리적으로 가장 가까운 곳에 위치하던 일본 규슈(九州) 남부 사쓰마번(薩摩藩)의 간섭이 특히 심했는데, 이들은 1609년 마침내 에도 막부의 허락을 얻어 류큐를 침공하기에 이르렀다. 사쓰마번의 3000명의 병사를 태운 100여 척의 배가 류큐를 공격하면서 왕을 비롯한 주요 가신들이 사쓰마에 인질로 끌려가는 사태가 벌어졌고 이로 인해 사쓰마번의 지배하에 놓인 류큐왕국은 중국과 일본 양쪽에 조공을 드리는 이른바 '양속(兩屬)체제'로 불리는 독특한 상황에 놓이게 된 것이다(Sakai, 1968).

이때부터 류큐왕국에서는 상업적, 문화적인 중국의 영향력은 지속되면서도 일상적인 정치적 영향력은 일본 쪽으로 크게 기울어지게 되는 일종의 '기묘한 균형' 상황이 전개되게 된다. 주목해야 할 사실은 이 시기의 일본이 류큐왕국에 대한 실질적인 영향력을 강화하려 하면서도 밖으로는 류큐가 일본과는 다른 나라(異國)라는 점을 기회 있을 때마다 강조하려 했다는 점이며, 중국에서도 류큐가 중국황제의 권위에 복종하고 중화세계를 지탱하는 위계제도와 격식을 존중하는 한 류큐와 일본의 관계에 개입하려고 하지 않았다는 점이다. 사쓰마가 류큐왕국에 대해 이런 특수한 관계를 바랐던 것은 중국무역을 행하기 위한 탈출구로서 류큐를 이용하기 위한 실리적인 이유에서였으며 그런 만큼 류큐와의 특수한 관계가 중국 측에 알려지지 못하도록 정치적으로 세심한 주의를 기울였다(Ta-tuan Ch'en, 1968).

한편 전통적인 중화질서의 변동은, 주지하는 것처럼 서구 제국주의의 물리적 공세가 시작된 아편전쟁(1839~1842)으로부터 시작되었다고 할 수 있을 것이다. 아편전쟁으로 인해 체결한 남경조약(1842)은 서구제국과의 불평등조약의 원형이 되었으며, 이후 거듭되는 전쟁에 따라 텐진조약(1858)과 베이징조약(1860) 등으로 이어지면서 중국은 조약체제라는 국가 간의 새로운 패러다임 속으로 발을 디디게 된다.

이무렵 네덜란드 국왕 윌리엄 2세(1792~1849, 재위기간 1840~1849)의 서한과 관련된 에피소드는 본 장의 주제와 관련하여 매우 흥미로운 사실을 전해준다. 내용인즉 다음과 같다. 나가사키(長崎)를 통해 그 동안 일본과 각별한 관계에 있던 네덜란드 국왕은 아편전쟁이 일어나고 얼마 후인 1844년, 당시 쇄국을 고집하고 있던 일본의 미래를 걱정하여 막부에 서한을 보낸다. 네덜란드 국왕은 서한에서 산업혁명 이후의 유럽정세의 변화와 아시아에의 진출 상황을 설명하고 아편전쟁의 정황 등을 거론하면서 개국의 결단을 내릴 것을 권유하게 된다(丸山眞男 外篇, 1990: 3~10). 이에 대해 막부에서는 네덜란드 국왕의 개국 권고를 거절하게 되는데, 그 명분은 요컨대 "선조들로부터 전해오는 법(祖法)에 따르면, 일본은 통신국(通信國)과 통상국(通商國)을 두게 되어 있는데, 이미 통신국으로서 조선과 류큐국이, 통상국으로서 네덜란드와 중국이 존재하고 있기 때문"(田中彰, 1990)이라는 것이었다. 아베 마사히로(阿部正弘, 1819~1858)의 이러한 논의는 중화질서의 주변에서 조선과 류큐국, 중국과 네덜란드를 바라보는 일본 정계의 시각이 명료하게 반영된 것이어서 주목된다.

아편전쟁을 전후하여 류큐국에 접근하는 구미열강의 함선도 점차 증가하고 있었다. 그중에서도 프랑스는 가장 먼저 류큐국에 개국할 것을 요구해왔고, 류큐 당국에서는 가능한 한 문제를 일으키지 않으려는 의도로 소극적인 답변으로 일관하였다. 이러한 와중에 1853년 5월 조약체결을 목적으로 일본으로 향하던 페리(Matthew Perry, 1794~1858)가 류큐의 나하(那覇)항에 들어왔는데, 그는 일본과의 교섭이 실패할 경우에는 류큐국을 점령할 계획을 세우고 있었다. 1854년 일본과의 조약 체결에 임하는 미국 측의 조약 초안에는 류큐국의 나하항도 개항 예정지의 하나로 거론되었는데, 일본 막부 측에서는 류큐가 멀리 떨어져 있어 자국이 다룰 수 없는 나라라고 하면서 이를 거부하였다. 하지만 미일조약교섭을 계기로 막부로서는 외국과의 외교교섭에서 류큐의 '소속'을 어떻게 설명해야 할지 이를 더 이상 회피할 수 없는 외교적 문제라고 인식하게 된다. 한편 미일화친조약 체결에 성공한 페리는 류큐와도 교섭을 진행하여 1854년 7월 11일 수호조약을 맺었으며 이후 류큐국은 프랑스(1855),

네덜란드(1859)와도 차례로 조약을 체결함으로써 구미 근대국제질서 체제와
도 인연을 맺게 되었다(西里喜行, 2005: 146~152).

3. 동아시아 국제관계의 변동과 일본의 류큐왕국 해체의 정치과정

중화질서의 변동이 아편전쟁이라는 외부로부터의 충격에서 시작되었
다면, 동아시아 삼국 간의 관계 변동은 메이지유신이라는 일본 국내의 정치변
동을 기점으로 본격적으로 진행되기 시작했다고 할 수 있다. 그리고 그 변동이
심상치 않은 파문을 일으킬 것임은 메이지 정부가 조선과의 양국 관계를 개편
하려는 방침을 결정하고 이를 조선 측에 전달하는 과정에서부터 드러났다.
일본 측이 지참한 국서에는 예를 중시하던 기존의 교린관계에서 엄격하게 통
용되던 방식들을 크게 수정하는 내용들이 담겨 있었고 조선 측에서는 일본의
이러한 자의적 변경이 지금까지의 방식과는 다른 것인 만큼 수용할 수 없다고
하여 이를 거부하였다. 조선은 교린관계가 작동하기 어려워진 시대적 맥락을
제대로 인식하지 못한 채 기존의 중화질서의 패러다임 속에서 상황을 판단하
여 대응하였던 것이었고, 일본은 새로운 근대국제질서의 패러다임을 임의로
해석하여 자신의 논리를 막무가내로 과도하게 밀어 붙였다고 할 수 있다. 결국
양국의 입장은 합일점을 찾지 못하고 평행선을 달리게 되었고 이는 양국 간의
깊은 갈등의 씨앗이 되었다. 이 사건은 얼마 후 일본에서 이른바 '정한론(征韓
論)'이 비등하게 되는 하나의 중요한 빌미가 되었는가 하면, 조선에서는 일본
과 서양 오랑캐가 한통속이라는 '왜양일체론(倭洋一體論)'의 이미지가 생기
는 중요한 계기로 작용하게 된다(김용구, 2001).

반면 일본과 중국관계는 외형상으로는 비교적 순탄하게 새로운 패러다
임으로 갈아타는 듯 했다. 이를 보여주는 것이 바로 1871년 일본과 중국의 수호

조약(청일수호조규) 체결이었다. 이것은 중화문명권 내부의 국가 간 관계가 기존의 패러다임과는 분명히 다른 형식으로 전개될 것임을 가시적으로 드러낸 사건이었으나, 양국 간의 조약체결은 별다른 문제를 야기하지 않고 비교적 원만하게 진행되었다. 여기에는 대체로 다음과 같은 배경이 존재하고 있었다. 청대 이후 동아시아 질서에서 조선은 중국과 사대관계, 일본과 교린관계로 이어져 있었던 반면, 중국은 일본과의 공식적인 국가관계가 존재하지 않았고 양국 간에는 일본의 나가사키에 체류하던 중국 상인을 통한 사적인 통상관계만이 존재할 뿐이었다. 따라서 일본은 교린관계에 있던 조선과, 중국 및 일본 양국에 조공을 드리는 류큐왕국과의 관련 속에서 중화질서의 주변부에 존재하고 있었던 것이다. 그러므로 일본과 조선 간에는 교린관계의 제도나 관례가 엄격히 확립되어 있어 이를 해체하는 것이 어려운 반면, 일본과 중국 양국 간에는 기존의 심리적이고 문화적인 틀 외에는 어떠한 제도적인 구속도 존재하지 않았고 더욱이 양국 모두 서구 열강들과 이미 조약관계를 맺고 있었으므로 현실적인 필요에 따라서는 '조약' 관계라는 새로운 방식의 교섭이 상대적으로 쉽게 가능할 수 있었던 것이다.

하지만 이러한 양국 관계의 변화는 동아시아 국제질서 전체에 파문을 일으켰다.[2] 그중에서도 기존의 중화질서하에서 여전히 중·일 양국에 양속 체제

---

2) 청국과 일본 간의 수호조규체결은 당시 조선에도 그 내용이 알려지게 된다. 당시의 분위기를 이해하기 위해서 우선 연행사절이 이에 관해 귀국하여 국왕에게 보고하는 장면을 소개하면 다음과 같다. (『일성록』 고종9년[1872] 4월 4일), 고종: 떠날 때 이미 언급한 대로 과연 상세히 사정을 살피고 돌아왔는가? 정사 민치상(閔致庠, 1825~1888): 다른 사정이 있는지는 제가 잘 모르겠습니다만, 지난 가을에 양이(洋夷)들이 왜인(倭人)들을 꾀어 와서 중국과 더불어 교역할 것을 요구하여 이미 문서로 약속했으며, 장차 교역을 행하게 된다고 합니다. 고종: 그렇다면 중국은 장차 왜인들을 어떻게 접대하게 되는가? 민치상: (왜는) 이미 신하로서 복종하는 나라가 아니므로 왜인들을 신하라고 일컫지 않을 것이라고 합니다. …… 이 보고가 있은 후 국왕은 이 문제에 관해 관심을 갖게 되고 서장관으로 중국에 다녀온 박봉빈(朴鳳彬)을 따로 불러 이와 관련된 질문을 보다 구체적으로 다시 반복 확인하게 된다.(『일성록』 고종9년4월30일), 고종: "양이가 왜인들을 끌어들여 중국과 더불어 장차 교역을 하리라고들 하던데 과연 그러하던가? …… 왜가 본래 중국에 신하로서 복종하는 나라가 아니어서, 청은 왜와 교역을 하겠다는 약속을 금지나 통제, 혹은 반대하지 않는 것인가? ……" 조선 국왕 고종은 서장관 박봉빈을 접견한 바로 그날(1872년 4월30일)에 당시 조선

를 견지하고 있던 류큐왕국의 위상 설정이 재고되는 것은 불가피한 상황이었고, 그런 점에서 류큐왕국은 동아시아 질서변동의 바로미터와 같은 것이었다. 이때 메이지 정부는 기회를 놓치지 않고 류큐왕국을 일본에 배타적으로 귀속시키려는 조치를 취하게 된다. 그러나 처음부터 메이지 정부가 류큐에 대한 하나의 완결된 구상을 가지고 있었던 것은 아니었다. 그러면 일본 정부에 의해 류큐왕국이 해체되는 과정을 좀 더 자세히 살펴보도록 하자.

1867년 10월, 주지하는 바와 같이 15대 쇼군이던 도쿠가와 요시노부(德川慶喜, 1837~1913)가 대정봉환(大政奉還)을 행함으로써 도쿠가와 막부는 붕괴된다. 이후 메이지 정부는 이른바 '왕정복고의 대호령'을 발표하였고 여러 저항에도 불구하고 1869년 6월에는 판적봉환(版籍奉還)을, 그리고 71년 7월에는 폐번치현(廃藩置県)을 단행함으로써 각 지역의 번주들에 의해 여전히 장악되어 있던 지배력을 실질적으로 해체하고 명실 공히 중앙집권적인 국가체제를 형성하게 되었다. 이처럼 폐번치현 조치를 통해 기존의 사쓰마번은 가고시마현(鹿児島県)이 되었고, 이로 인해 류큐국은 자연히 가고시마현의 지배하에 놓이게 된다. 일본이 폐번치현을 단행하는 과정에서 이처럼 류큐국을 폐번치현의 대상으로 삼지 않은 데는 앞에서 살펴본 바와 같이 류큐국이 중국과 조공 - 책봉관계에 놓여 있을 뿐만 아니라 1850년대에 일부 구미국가들과 이미 조약관계를 수립하고 있었던 사정 등으로 인해 일본 측의 판단이

최고의 대외관계 전문가일 뿐만 아니라 자신이 가장 신뢰하던 신하 박규수(朴珪壽, 1807~1876)를 차기 연행사절의 정사(正使)로서 임명하여 중국의 상황을 살피고 돌아오도록 지시를 내린다. 이후 고종은 여러 차례의 연행사절단의 보고를 거치는 동안 다양하고 적극적인 질문을 통해 서양열강과 서양화한 일본이 세력을 확산시켜가고 있음을 강하게 의식하게 되었고, 또한 중국이 조선으로서는 여전히 가장 중요한 나라이기는 하지만 이미 현실적으로 세계의 중심이 아니라는 사실을 인식하게 된다. 이로 인해 고종은 당시 대원군이 주도하는 조선의 배외(排外)정책이 시대적인 대세를 무시한 것으로서 현실적으로 조선이 점점 고립되는 방향으로 대외정세가 전개되어가고 있다는 위기의식과 불만을 동시에 갖게 되었고, 고종의 이러한 상황판단은 대외정책의 새로운 방향전환과 아울러 친정(親政)의 필요성을 강하게 느끼게 하는 중요한 계기들이 되었다. 강상규 (2006: 150) 참조.

조심스러울 수밖에 없었던 정황과 관련되어 있다(『沖繩県史』 1卷, 135쪽). 이러한 와중에서 앞서 언급한 중국과의 수호조약의 체결(1871년 9월 13일, 비준은 1873년 4월 30일)은 동아시아 질서가 내부에서 조용하지만 분명하게 변동하고 있음을 보여주는 사건이 아닐 수 없었고, 이는 전통적인 중화질서하에서 중·일 양국에 대하여 양속 체제를 견지하던 류큐왕국의 위상 설정에 불가피하게 변동이 있을 수밖에 없음을 의미하는 것이기도 했다.

그런데 이때 마침 타이완 동남부에 표착한 류큐국의 미야코지마(宮古島) 사람들이 타이완 현지인들에 의해 54명이 살해되는 타이완사건(1871년 11월)이 발생하게 되면서, 메이지 정부 내에서는 이 사건을 계기로 류큐의 중·일 양국에 대한 양속 상태를 해소하고 류큐를 일본에 전적으로 귀속시켜야 한다는 논의가 일어나기 시작한다. 이에 따라 메이지 정부는 이에 관한 해결방안으로 외무성의 건의안을 수용하여 류큐 정부에 유신을 축하하는 사절단을 파견할 것을 요구하였고, 1872년 9월 류큐왕국의 유신경하사(慶賀使)가 도쿄에 도착하게 된다. 그러자 메이지 정부는 9월 14일에 곧장 류큐'국'을 폐지하고 그 대신에 류큐'번'을 설치하였으며 류큐 국왕 상태(尚泰, 1843~1901)를 류큐 '번'의 왕으로 삼으면서 일본의 화족(華族)으로 임명하는 조치를 취했다. 또한 류큐왕국의 주요 관직에 대한 임명권도 메이지 정부가 장악하고 말았다. 이것은 류큐왕국이 예전처럼 사쓰마번(폐번치현 이후에는 가고시마현)의 관할하에 놓여 있는 것이 아니라, 사실상 메이지 정부의 직할령이 된 것을 의미하는 것이었다. 그리하여 메이지 정부는 1850년대에 류큐국이 구미제국(미국, 프랑스, 네덜란드)과 체결한 조약을 인계하였고, 부지불식중에 류큐국은 일본 외무성의 관할하에 놓이게 되었던 것이다.

그러면 1871년 이후의 류큐국에 대한 일본 측 조치에 대해 류큐 당국은 어떠한 반응을 보였을까. 의외로 류큐는 사태의 심각함을 느끼지 못하고 있었다. 사쓰마번에서 빌린 돈에 대한 변제가 면제되었는가 하면, 메이지 정부로부터의 지원금도 들어왔다. 그리고 청국과의 조공무역에 대한 사쓰마번의 간섭이 없어져 류큐 당국은 과거와는 달리 이익을 독점할 수 있게 되었다는 낙관적인 계산을 했던 것이다.

한편 메이지 정부는 류큐가 일본의 영토라는 국내적 조치를 취한 이후 청국 측에 타이완사건의 책임을 추궁하게 되었는데, 이에 대해 청국이 '타이완은 중국의 정령과 교화가 미치지 않는 화외(化外)의 지역'이라고 답하자 1874년 5월, 메이지 정부는 타이완에 군대를 출병하게 된다. 여기에는 대외적으로 청에 대한 외교적 주도권을 확보하면서 류큐 귀속 문제를 해결하려는 의도와 아울러 대내적으로 메이지 정부의 탄생 이래 일본 정부에 심각한 위협이 되고 있던 불평사족(不平士族)의 관심을 해외로 돌리려는 정치적 의도가 담겨 있었다. 즉 일본의 타이완 침공은 류큐 귀속 문제에 대한 외교적 주도권을 선점하려는 시도인 동시에 전년도에 일본 정계를 팽팽한 대립국면으로 몰고 갔던 '정한론' 논쟁의 연장선상에 위치하는 사건으로서 메이지 정부가 국내외의 중첩된 문제를 동시에 해결하려는 전략적 의도하에 이루어진 국제정치적 사건이었던 것이다(金城正篤, 1978: 321~325).

메이지 정부는 청국이 타이완출병에 대해 항의하자 앞서 소개한 '타이완은 중국의 정령과 교화가 미치지 않는 화외(化外)의 지역'이라는 청국의 타이완에 대한 언급을 상기시키며 강경한 태도를 보이게 된다. 결국 영국의 조정하에 청국은 50만 냥의 배상금과 함께, '타이완의 선주민들이 일본국의 속민(屬民)을 살해하였으므로 일본국 정부는 이 죄를 묻기 위해 이들을 정벌하였으며, 이는 인민을 보호하기 위한 정당한 행위였다'는 조문을 교환하게 된다. 이로써 메이지 정부는 청국이 류큐민을 일본인으로 인정한 것이며, 이는 류큐가 일본의 영토임을 청국도 인정한 것이라는 근거로 해석하였다(我部政男, 1992). 이처럼 류큐 문제는 거대한 문명사적 전환기 동아시아 국가 '간' 관계의 패러다임이 전환하는 과정에서 발생한 타이완사건이라는 불행한 사건을 빌미로 메이지 신정부가 국내외 문제를 정치적으로 해결하려는 과정에서 구체적으로 부상하게 되었던 것이다.

1874년 메이지 정부는 청국과의 타이완출병교섭에 앞서 류큐번을 외무성 관할에서 내무성 관할로 이관시켰다. 이것이 류큐 문제를 국제적 문제가 아닌 사실상 국내문제로 치환하려는 의도에서 비롯된 것임은 말할 필요도 없을 것이다. 메이지 정부는 1875년 내무대승(內務大丞)에 발탁된 마쓰다 미치유키(松田道之, 1839~1882)를 '류큐처분'관의 자격으로 류큐에 파견하여 청과의 조공, 책봉관계의 정지 및 일본 연호의 사용 등 일본의 제도를 도입하도록 밀어붙였다. 이에 대해 류큐 측에서는 뒤늦게 국가존망에 관련된 문제로 인식하고 반발하는 움직임이 나타나게 되는데 일본은 종래의 양속 체제하의 왕국의 정체(政體)를 바꾸는 일은 영원히 없으리라는 언질을 주면서, 재판권과 경찰권을 차례로 접수하였고, 1879년에는 마쓰다 미치유키를 군, 경관 등과 함께 류큐에 파견하여 3월 27일 '류큐번'을 폐하고 '오키나와현'을 세우게 된다. 이처럼 450여 년간 지속되던 류큐국은 메이지 정부의 폐번치현의 단행이라는 형식으로 붕괴되었던 것이다(金城正篤, 1978; 紙屋敦之, 2003).

일본의 류큐 병합은 이처럼 1879년의 어느 날 갑자기 감행된 사태가 아니었다. 일본에 의한 류큐왕국의 해체 과정은 몇 차례의 단계를 거치면서 치밀하게 진행되었으며, 예측 가능한 반발과 갈등의 소지는 가급적 사전에 봉쇄되는 양상을 띠고 있었다. 예컨대 타이완사건 발생 이후 일본이 중·일 양국에 조공을 행하던 류큐국을 배타적으로 통합하려는 입장을 견지하게 되면서 1872년 갑자기 류큐국에 '시대착오적'인 느낌을 주는 '번(藩)'이라는 명칭을 부여했다. 여기서 '시대착오적'이라는 표현을 쓴 것은 71년도에 이미 '번을 폐하고 새로 현을 세운' 폐번치현 조치가 취해졌는데도 불구하고, 메이지 정부가 류큐 '국'에 대해 뒤늦게 류큐'번'을 설치한 것은 류큐가 바야흐로 중앙집권화되어 가던 일본의 명실상부한 영토라고 명확히 규정되었을 때 나타날 수 있는 중국 측과의 갈등과 류큐국 내부의 저항 등을 사전에 차단하려는 치밀한 계획 없이는 생각하기 어려운 것이다. 즉 메이지 정부는 '국제적' 분쟁으로 비화할 수밖에 없는 류큐 문제를 교묘하게 '내정' 개혁의 문제 혹은 '지방' 제도의 개혁 문제로 환원시켜 가면서 애매하게 분쟁의 여지를 흐리게 하는 방식으로 류큐를 병합해 나갔던 것인데, 이러한 일본의 의도가 오늘날까지 사용되고 있는 '류큐처분'이라는 용어 안에 그대로 배어있음을 간과해서는 안 될 것이다(森宣雄, 2000).

하지만 류큐 병합이 일본 측이 의도한대로 순조롭게 완료된 것만은 아니었다. 이러한 사태를 청은 중화질서체제의 중대한 위기라고 간주하고 있었고 류큐당국의 관계자들 중에는 일본에의 귀속에 대해 저항하며 청국에 밀항하여 중국의 보호를 요청하는 인물들도 계속해서 나오고 있었다. 일본의 행위에 대한 국제적 시선도 우호적인 것은 아니었다. 이 문제는 결국 미국의 전 대통령 그랜트(Ulysses S. Grant, 1822~1885, 재임기간, 1869~1877)가 조정에 나서게 되면서 류큐열도를 분할하는 방향으로 진전되는 듯 보였다. 이때 일본은 류큐열도 중에서 타이완에 가까운 미야코(宮古)와 야에야마(八重山) 두 섬을 청국에 할양하는 대신에 1871년의 중일수호조규를 개정 혹은 거기에 추가하는 형태로 최혜국대우의 규정을 넣음으로써 구미국가처럼 중국 내륙에의 통상권을 획득하려는 입장을 드러냈다. 요컨대 일본 측은 이른바 '분도(分島)' 문제와 개약(改約) 문제를 하나의 세트로 연동시킴으로써 류큐 문제를 중국 내지에서의 통상권 획득의 발판으로 삼으려는 태도를 견지하였던 것이다. 이에 대해 청국 측은 류큐열도를 세 개로 분할하려는 입장을 가지고 교섭에 임하게 되었는데 일본 측의 희망대로 교섭이 타결되는 듯 하다가 청국 내에 일본 측의 의도를 경계하는 분위기가 강화되면서 결국 조약의 정식조인은 이루어지지 않고 더 이상의 진전 없이 지지부진한 양상을 띠게 되었다(西里喜行, 2005).

4. 중국 측의 태도변화와 '조선 문제'의 부상

1870년대에 나타난 청일수호조규, 일본 내부의 '정한론' 논쟁과 조일수호 조규의 체결, 그리고 '류큐 문제'의 대두와 일본의 일방적인 병합 등의 일련의 사건은 동아시아의 정치변동이 본격적으로 시작되었으며, 중화질서의 주변 부에 위치하던 일본이 이러한 정치변동을 주도할 것임을 강력하게 시사해주 는 것이었다. 그리고 그것은 일본의 근대국가 형성과정이 단순히 하나의 민족 국가의 탄생을 의미하는 것이 아니라 제국건설의 형태를 띠고 배타적이면서 도 팽창적으로 진행되고 있음을 예고하는 것이기도 했다.

한편 전쟁과 내란 등으로 '안과 밖'의 위기에 몰려있던 중국은 1860년대 이래 '자강(自強)'의 기치 아래 양무운동을 전개하면서, 전통적인 방식대로 조선의 내정과 외교 문제에 간여하려 하지 않고 있었다. 하지만 1870년대 이래 중국은 러시아와 일리 문제, 프랑스와 월남 문제, 일본과 류큐 및 타이완, 조선 문제로 긴장관계에 놓이게 되었고, 류큐와의 관계가 단절되면서 중국의 위기 의식은 보다 가시화된 형태로 첨예하게 드러나기 시작한다. 이러한 중국의 위기감의 심화는 조선에 대한 간섭과 압박의 심화, 곧 기존의 조청관계가 '변 질'되어 나타날 가능성을 강하게 내포한 것이었다. 그러면 중국 측 위정자들의 위기의식이란 대체로 어떠한 내용을 담고 있었을까. 류큐 병합으로 인한 중국 측 위정자들의 위기의식의 심화와 그로 인한 조선에 대한 압박정책으로의 전 환은 매우 중요하므로 그 내용을 구체적으로 살펴보자.

일본의 류큐 병합 이후 중국 측의 위기의식이 반영된 것으로서 특별히 주목되는 문서가 다름 아닌 북양대신 이홍장(李鴻章, 1823~1901)이 일본의 류큐 병합 직후에 조선 측의 고위관리 이유원(李裕元, 1814~1891)에게 보낸 서신이다. 사실 이홍장은 1876년 조일수호조규가 체결되는 시점을 전후해서 부터 이유원에게 여러 차례 서한을 보내, 조선의 배외(排外)정책이 일본 및 서양열강과의 대립을 격화시킬 수 있음을 경고하고 조선이 새롭게 대외관계를 정립해 나갈 것을 권고하고 있었다.[3] 좀 더 부언하면 이홍장의 서한은, 대체로 일본 측의 류큐 병합(1879년 4월)을 전후하여, 그 이전까지는 반러시아 - 연일본(反露連日)의 관점에서 조선이 일본과의 수호조규를 준수하면서 일본과의 관계를 긍정적이고 적극적으로 강화해갈 것을 권고해 온 반면, 그 이후로는 일본에 대한 경계심이 증폭되어 반(反)러일과 연(連)구미론의 관점에서 서양국가들과 동맹관계를 맺어나갈 것을 화이론적 명분론이 아닌 새로운 패러다임, 즉 '만국공법'에 근거하여 설득하려 하고 있다(Lin, T.C., 1935; 권석봉, 1986; 송병기, 1975; 김정기, 1993; Kim, Key-Hiuk, 1994; 茂木敏夫, 1997). 류큐 병합 직후에 날아온 이홍장의 서한은 류큐 병합으로 드러난 일본의 침략성을 다음과 같이 강조하고 있다.

일본은 근래 서양제도를 숭상하여 허다한 것을 새로 만들면서 벌써 부강해질 방도를 얻었다고 스스로 말합니다 …… 그 강토가 서로 바라보이는 곳이 북쪽으로는 귀국(=조선)이고 남쪽으로는 중국의 타이완이니 더욱 주의해야 할 것입니다. 류큐국도 역시 수백 년의 오랜 나라며 일본에 죄를 지었다는 소리를 들어본 적이 없는데도 올봄에 갑자기 병선을 출동시켜 그 나라 왕을 몰아내고 영토를 먹어버리고 말았습니다 …… 저 일본이 사기와 폭력을 믿고 고래처럼 들이키고 누에처럼 먹어들어 갈 것만 생각하고 있다는 것은 류큐국을 멸망시킨 한 가지 사실만으로도 명확하게 드러납니다 …… (『승정원일기』 고종16年7月9日(辛巳 條);『龍湖閒錄』4卷, 23冊, 「直隷總督文淵閣大學士 李鴻章抵橘山李相國書」; 『清季中日韓關係史料』 2: 368, 문서번호 309-2).

---

3) 사실상 조선 정부와 청의 실력자 이홍장이, 사적인 서신 교환이라는 비공식적인 형식과 경로를 통해, 조선의 대외정책에 관해 의견을 교환한 것은, 기존의 조청관계에 있어서 조선의 내정과 외정에 간섭하지 않았던 관례 때문이었다. 이홍장과 이유원의 서신교환에 관해서는, 原田環 (1981), 原田環(1987) 참조.

이홍장 서한의 전체적인 논지는 기존에 존재하던 러시아의 영토 침탈 위험뿐 아니라, 이제 일본이 강력한 위협적 존재로 부상했다는 것을 기본 전제로 하면서, 요컨대 다음과 같은 논리하에 구성되어 있었다.

'작금의 세계정세는 역사상 초유의 위기상황으로서 조일조약의 체결은 조선이 이러한 세계적 대세로부터 결코 자유로울 수 없음을 반영한 것이다. 이러한 위기에 대비하려면 군사력을 구비해야 하는데 문화를 숭상해온 반면 경제력이 취약한 조선으로서는 빠른 시일 내 이를 성취하기가 현실적으로 어렵다. 따라서 이이제이(以夷制夷)적 관점에서 구미제국을 활용하지 않으면 안 된다. 서양의 만국공법 질서에 의하면 조약을 통해 강대국과 약소국들은 서로 공존한다(强弱相維). 조약을 체결한 국가들은 만일의 사태가 발생하면, 질서를 깨는 존재를 함께 응징하기 때문에 이러한 공존이 가능한 것이다. 이는 터키나 벨기에, 덴마크 등의 경우를 통해 명백히 확인할 수 있다. 따라서 조선이 더 이상의 위기에 노출되기 전에 신속하게 구미국가와 '조약' 관계를 맺은 다음 통상도 하고 점차 군사력도 정비해나가면 일본이나 러시아의 위협으로부터 조선의 안전을 확보할 수 있다. 조선은 정사와 법령을 집행하는 데 있어 스스로 주관하는 나라이므로 중국이 이처럼 중대한 문제에 관여할 수 있는 입장은 아니지만, 중국과 조선은 한 가족과 같은 사이이고 조선의 안전이 곧 중국의 안전에 직결되므로 이러한 계책을 권유하는 것이니, 국왕과 조정의 신하들이 이에 대해 깊이 논의하고 대책을 강구해야 한다'는 것이었다.

그러나 이처럼 이홍장이 화이론적 명분론이 아닌 만국공법에 의거하여 서양제국과의 조약관계를 권유하였다고 해서, 조선이 만국공법 질서로 완전히 귀속되는 것을 의도한 것은 아니었음에 특별히 주목하지 않으면 안 된다. 왜냐하면 중국의 만국공법 수용상의 특징을 고찰하는 다른 연구에서 이미 지적된 바와 같이, 요컨대 청국의 입장에서 국가평등 관념에 입각한 만국공법 질서의 전면적인 수용이란 결국 기왕의 중국적 세계질서의 해체를 의미하는 사태로 이어지는 것이기 때문이다(강상규, 2006: 104~105). 따라서 이홍장의 의도는 전략적 요충지인 조선의 위정자들에게 어디까지나 이이제이에 의한 '현상유지책'의 차원에서 만국공법을 활용할 것을 권유함으로써 중화질서와 공법질서의 절충과 동거를 모색하였다고 할 수 있다. 잘 알려진 바와 같이, 이로부터 일 년 후 조선에 전해진『조선책략』에서 '친(親)중국'이 강조된 데는 바로 이러한 정치적 사상적 맥락이 배경으로 존재하고 있었던 것이다.

류큐 병합으로 인한 중국 측 위정자들의 위기감이 역으로 조선에 대한 압박정책으로 나타날 수 있음은 초대 주일공사 하여장(何如璋, 1838~1891)의 「삼책(三策)」(1880년 5월경)과 「주지조선외교의(主持朝鮮外交議)」(1880년 12월경)에서 보다 분명하게 드러난다. 하여장이 총리아문에 건의하기 위해 황준헌(黃遵憲, 1842~1905)을 시켜 작성하게 한 「삼책」의 요지는 이런 것이었다. 즉 '조선을 청의 군현(郡縣)으로 삼는 것이 최선의 상책(上策)이며, 조선에 대신을 파견하여 내정과 외교를 주관하도록 하는 것이 중책(中策)이다. 그리고 조선이 외국과 조약을 체결하도록 하면서 조약문에 청의 지시에 의한 것임을 밝혀 조선이 청의 '속국'임을 분명히 하여 유사시 간섭할 소지를 만드는 것이 하책(下策)'이라는 것이다(송병기 편역, 2000). 여기서 청의 군현을 운운하는 대목은 다분히 일본의 류큐 병합 방식을 의식한 것으로 생각되며, 그 전체적인 내용이 일본의 '류큐처분' 방식을 모방한, 말하자면 청의 '조선처분'의 전략 모색이라는 느낌을 준다.

일단 「삼책」은 총리아문에 의해 수용되지 않았다. 하지만 하여장은 조선의 밀사 이동인(1849~1881)을 통해 조선국왕이 미국과 수교할 뜻을 갖고 있음을 연락받게 되자 이를 총리아문과 이홍장에게 보고하고 「삼책」의 내용을 좀 더 완곡하게 수정 보완하여 「주지조선외교의」를 작성, 이를 다시 건의하게 된다. 그 내용은 대체로 다음과 같은 것이었다.

'조선 일국은 아시아의 요충에 위치하고 있어 조선이 위태로우면 중국의 형세는 날로 급해지게 된다. 아시아에 있어 조선은 유럽에서의 터키와 같이 반드시 다투게 마련인 지역인 것이다. 조선은 중국의 거의 군현과 다름없는 곳이었다. 따라서 조선에 주차판사대신(駐箚辦事大臣)을 설치하여 무른 내정과 외국과의 조약을 모두 중국에서 주재하는 것이 가장 상책이라 할 수 있다. 하지만 그것이 지금 용이하지 않으므로 조선이 서구국가들과 통상하게 하는 것은 불가피하다. 그러나 지금 조선이 스스로 조약을 체결하도록 허락하면 다른 나라들이 조선이 자주국임을 인정하는 것이 되어 중국의 속국이란 이름은 사라지고 말 것이다. 따라서 외교에 능한 자를 조선에 보내 대신 조약을 체결하는 것을 주재하고 조선이 중국의 속국이라는 것을 분명히 하면서 조약의 내용이 훗날 문제가 되지 않도록 조종하는 것이 중요하다. 만일 그것이 용이치 않다면 조선이 중국 정부의 명을 받아 조약을 체결한다는 것을 조약 앞부분에 표기하도록 하는 것도 방법이다. 조선은 청의 국기를 사용하고 양국 간의 왕래무역을 허가하며 조선이 유학생을 중국에 보내 새 문물을 익히게 해야 한다. 오늘날 시국이 바뀌어 사태가 변하였으므로 중국이 조선을 대하는 데도 옛 제도를 바꾸어야만 한다(中央硏究院近代史硏究所 編, 1972: 439~442; 송병기 편역, 2000: 111~116).

여기에는 앞으로 동아시아 국제관계의 핵심이 '조선 문제'가 될 것임이 분명히 드러난다. 류큐 병합으로 인한 중국 위정자들의 위기의식이 역으로 중국으로 하여금 조선을 압박하게 하였을 뿐만 아니라 가능하다면 '류큐처분'의 청국판이라고 할 수 있는 일종의 '조선 처분' 즉, 만국공법적 의미에서 조선의 중국에 대한 속국화를 진지하게 고려하게 하였던 것이라고 할 수 있다. 「주지조선외교의」는 이홍장과 총리아문에 의해 정책으로 바로 채택되지 않았다. 하지만 이러한 하여장의 제안들이 이후 청이 대조선 정책을 추진하는 과정에서 실질적으로 크게 반영되고 있었음은 임오군란 이후 조선을 둘러싼 동아시아 국제관계의 전개과정을 조금만 깊이 살펴보더라도 쉽게 드러나는 일이다.

5. 류큐왕국의 해체와 조선 정치의 상관관계

1870년대 동아시아 질서가 안으로부터 변동하고 있을 무렵, 조선 조정에서도 류큐의 상황에 대해 아주 초보적인 수준에서나마 조금씩 관심을 보이기 시작하고 있었다. 예컨대 연행사절의 구두보고를 청취하면서 국왕 고종(1852~1919, 재위기간 1863~1907)이 던지는 다음과 같은 질문들은 앞서 언급한 이홍장의 서신이 조선 조정에 전달되기 이전 조선 측의 류큐 상황에 대한 이해수준을 짐작케 해준다.

가) 상(=고종)께서 이르기를, "서양 오랑캐가 작년에 류큐국에 갔으나 뜻을 이루지 못하고 돌아갔다고 하는데 과연 그러한가?"(『승정원일기』 고종9년(1872) 4월 30일).

나) 상께서 이르기를, "류큐국 사신이 4월에 북경에 도착해서 6월에 돌아갔다고 하였는데, 인물과 복색이 우리나라와 거의 같다고 하였다. 과연 그러하던가? …… 상께서 이르기를, "류큐국은 본시 우리나라가 개국한 초기에 조공을 바쳤던 나라다. 지리적으로 어느 나라와 가까운 것인가?"(『승정원일기』 고종10년(1873) 8월 13일).

다) 상께서 이르기를, "안남과 류큐도 (중국에) 들어와 조공을 드리던가?"(『승정원일기』 고종12년(1875) 11월 29일).

라) 상께서 이르기를, "류큐국이 지금은 중국을 섬기지 않고 왜국(倭國)을 섬긴다고 하는데, 과연 그러한가?" 하니 정사 조익영이 아뢰기를, "들은 바로는 과연 그러합니다"하였다. 상께서 이르기를, "류큐국이 중국을 섬기지 않는 것은, 전적으로 서양과 왜국이 교활하게 속임수를 쓰기 때문으로 그들의 침노를 견디지 못하여 그런 것인데, 중국도 거두지 아니하고 방치해 둠으로 해서 이 지경이 되었

으니 매우 한탄스럽다" 하니 조익영이 아뢰기를, "이 나라가 바다 가운데 섬나라가 되어서 왜국과는 인접해 있고 중국과는 거리가 멉니다. 그래서 이러한 일이 있는데도 (중국이) 그대로 두고 문제 삼지 않는 듯합니다"라고 하였다(『승정원일기』 고종15년(1878) 11월 28일).

위의 내용을 보면, 조정의 최고위층에서는 중국에 다녀온 연행사절을 통해 류큐국의 상황에 관해 대체적인 내용을 접하고 있었으며, 조공체제를 비롯한 전통적인 중화질서가 서서히 동요되고 있음을 국왕이 불안하게 지켜보고 있음이 드러난다. 이러한 사실들을 고려해 볼 때, 전술한 바 있는 1879년의 류큐 병합을 계기로 북양대신 이홍장이 조선 측에 보낸 서한에 대한 이유원의 답신 내용은 무척 흥미로운 것이 아닐 수 없다. 그 내용을 확인해 보기로 하자.

태서공법(泰西公法)에는 이유 없이 남의 나라를 빼앗거나 멸망시키지 못하도록 되어 있기 때문에, 러시아와 같은 강국으로서도 귀국(=중국)에서 군대를 철수하였다고 하니, 혹시 우리 나라가 타국의 침략을 당하는 경우에도 여러 나라에서 공동으로 규탄하여 나서겠습니까? 한 가지 의심스럽고 석연치 않은 점이 있습니다 …… 터키를 멸망의 위기에서 건져준 것으로 보아서는 만국공법이 믿을 만하다고 하겠지만, 멸망한 류큐국을 일으켜 세우는 데 만국공법이 실행되지 못하는 것은 무엇 때문입니까? 또한 일본 사람들이 횡포하고 교활하여 여러 나라를 우습게보고 방자하게 제멋대로 행동해도 만국공법을 적용하지 못하는 것은 왜 그런 것입니까? 벨기에와 덴마크는 사마귀처럼 작은 나라로서 여러 큰 나라들 사이에 끼어 있지만 강자와 약자가 서로 견제함으로써 지탱된다고 하셨는데 류큐국은 수백 년 된 나라면서도 지탱하지 못하였으니, 그것은 여러 나라와 격리되어서 만국공법이 미치지 못했기 때문에 그런 것입니까?(『승정원일기』 고종16년(1879) 7월 9일).

요컨대 이홍장의 권고는 조선의 조정에서 공식적으로 수용되지 못하고 있었다. 그런데 여기서 이유원이 이홍장의 권고처럼 구미국가들과 조약을 맺고 만국공법에 의지한다고 하는 것이 조선으로서 신뢰하기 어려운 방책임을 입증하는 구체적인 사례로서 일본의 '류큐 병합'의 경우가 반복해서 거론되고 있는 점에 특별히 주목할 필요가 있어 보인다. 이것은 류큐 병합이 조선의 국정책임자들에게 조선이 새로운 만국공법 질서에 적극적으로 참여하는 것이 부적절하다는 명확한 사례로 인식되고 있었음을 의미하며 그만큼 구미국가와의 조약체결에 대한 부정적 이미지와 견해를 심어 놓았다는 것을 의미하는 것으로 생각되기 때문이다. 그러나 이유원의 답서에 나오는 것처럼 조선 측에서 이홍장의 권고를 그냥 쓸데없는 논의라고 거부하고 배척하고 말았던 것은 아니었다. 국왕의 다음과 같은 발언들은 당시의 정황을 짐작케 해준다.

상께서 이르기를, "지난 번 황력재자관(皇曆賷咨官)의 수본(手本)을 보니, 류큐 국왕이 왜에게 잡혀서 (중국의) 이홍장과 예부에 구원을 청한 일까지 있었으나 끝내 구원하지 못하였다 하니, 대국(＝중국)의 유약함을 또한 알 수 있다. 그 사실을 상세히 탐지하여 오라" 하였다(『승정원일기』고종16년(1879) 11월 7일).

근래 일본의 동태가 갈수록 교활하게 변해가고 있다 …… 이는 가히 여우가 호랑이 위세를 빌린 것이라고 할만하다. 대체로 왜인(倭人)들은 양이(洋夷)의 법을 배워 그에 의지하여 위세를 부리니 실로 통탄할 일이다 …… 중국 또한 아라사(俄羅斯 ＝러시아)를 강국이라 하는 것을 보면 북측에 대한 근심이 남측으로부터의 근심보다 더욱 커서 마음이 놓이지 않는다(『승정원일기』고종 17년(1880) 1월 23일).

이것은 조선의 정책결정자 중 국왕을 비롯한 일부 정치세력이 이 문제를 단순히 외면하기 보다는 보다 구체적인 상황파악 위에서 진지하고 신중하게 검토하려는 입장을 갖고 있었음을 의미하는 것이다. 실제로 국왕은 이홍장의 서한에 대한 이유원의 거절 서한이 보내진 지 얼마 후 비밀리에 이용숙(李容肅, 1818~?)을 이홍장에게 보내 톈진 등에서 청의 군사기술 등을 배울 수 있는 지 그 가능성을 타진해 보고 있었다(中央硏究院近代史硏究所 編, 1972, 文件番號327: 394~396).

한편 제2차 수신사 김홍집(金弘集, 1842~1896)을 파견한 것 자체가 고종이 일본의 조선침략 가능성을 확인하기 위한 목적이 일차적으로 강했음을 보여준다. 김홍집이 국왕에게 하직인사를 올리고 일본으로 떠나는 장면에서 고종은 "왜와 통호한 지가 이미 300년이 되었지만 정상(情狀)이 예로부터 교활하여 근일에는 비록 전과 다르다고는 하나 갈수록 헤아리기 어렵다 …… 지난번 수신사 김기수(金綺秀, 1832~?)가 갔을 때 왜정(倭情)을 헤아릴 수 없다고 하였는데, 지금은 더욱 심한 것 같다"면서 일본의 정세를 꼼꼼히 파악하고 돌아올 것을 거듭 당부하고 있다(『승정원일기』 고종 17년 5월 28일).

이것이 류큐 병합을 염두에 두고 나온 것이라는 사실은 김홍집이 수신사 역할을 수행하고 돌아와서 국왕에게 구두보고 하는 자리에서 확인이 가능하다. 귀국 이후 김홍집이 보고하는 내용을 보면, 일본에 조선을 침략할 의지가 있는지 여부가 보고 내용의 핵심 중 하나임을 알 수 있다. 김홍집은 국왕에게 '일본은 조선 침략의 의지가 없는 것 같다'면서 보고를 시작한다. 이에 대해 국왕은 그러한 근거가 무엇인지를 꼬치꼬치 물으며, '정한론'에 관한 논의가 정말 진정되었는지 등에 관해서도 확인하고 '류큐국이 그 사이에 나라를 회복하였는지'를 묻고 있다. 이에 대해 김홍집은 "이 일은 거리낌이 있어 한 번도 사람들에게 묻지 않았으나, 전하는 말로는 이미 나라를 폐하여 (일본의) 현으로 삼았다고 한다"고 대답하고 있다(황준헌, 송병기 편역, 2000: 187;『승정원일기』 고종 17년 8월 28일).

당시 조선의 정치적 상황은 김홍집이 제2차 수신사로 일본에 가서 하여장과 대담하는 과정(1880년 7월 21일)에서도 잘 드러난다. 즉 하여장이 앞서 언급한 이홍장의 서한에 대한 조선의 공론(公論)을 묻자, 김홍집은 "근일의 정세에 비추어 소국을 위한 계책을 주신 데 온 나라가 감송하고 있으나, 조야의 기풍이 단지 상도(常道)를 지키는 것을 바르다고 여기기 때문에 하루아침에 나라를 열 수 없는 실정"이라고 답변하고 있다(송병기 편역, 2000: 131). 지금까지 언급한 사례들은 당시 고종의 견해가 이유원 명의의 조선 측 거절서한과는 다른 것이었으며, 아울러 류큐 병합이 조선의 국정책임자들에게 어떤 식으로든 간과하기 어려운 영향을 주었음을 보여주는 사례라고 할 수 있을 것이다.

1881년 12월 4일 미국과의 조약체결 문제를 논의하기 위해 영선사(領選使)로 청국에 파견된 김윤식(金允植, 1835~1922)은 이홍장에게 전달한 밀서에 당시 조선의 정황에 관해서 보다 구체적으로 밝힌 바 있다. 그 요지는 '일본과의 조약 이후로도 모든 사람들이 교린할 필요도 없고 군사적으로 대비할 필요도 없다고 주장하고 있다. 그러나 국왕은 조선의 고립이 오래 지속되기 어렵다는 것을 알고 교린이나 병사들에 대한 훈련 같은 허다한 일들을 남몰래 시행하였으며, 통리기무아문을 설치하는가 하면, 젊은 인재들에게 외국어와 병술을 익히게 하였으며 이들을 천진에 보내어 새로운 기술을 배우도록 하였다. 그러나 국왕의 뜻을 따르는 사람은 소수에 불과하니 국론을 주도하는 형국을 이루지 못하고 있다'는 것이었다(김윤식,『金允植全集』「上北洋大臣李鴻章書」辛巳冬在保定府時, 2: 296~301 ;『淸季外交史料』「直督李鴻章奏朝鮮陪臣金允植密陳該國王議商外交情形相機開導摺」 附屬文書, 光緒7年12月4日, 1, 496~497).

요컨대 1880년과 81년의 조선 정부의 개화정책 추진, 즉 제2차 수신사 일행의 일본 파견과 개혁 전담기구로서의 통리기무아문의 설치, 미국을 비롯한 구미국가와의 조약체결 추진 그리고 대규모 조사시찰단(朝士視察團)과 영선사의 파견 등이 이루어질 수 있었던 데에는 류큐 병합과 그로 인한 국가 안위에 대한 불안감과 위기의식이 적지 않게 작용하였음을 알 수 있다. 이후 조선 정부의 개혁정책 추진이나 위정척사운동이 팽팽한 정치적 긴장관계 속에서 전개되어가는 사정은 주지하는 바와 같으므로 여기서는 다시 재론하지 않는다.[4]

다만 이 글을 작성하기 위해 당시의 관련된 일차자료들을 검토하면서 흥미롭게 생각했던 내용을 언급하고 넘어갈까 한다. 그것은 다름이 아니라 일본의 류큐 병합이라는 국제정치적 사건에 대해 조선의 정치세력들이 주로 관심을 기울이고 주목했던 측면이 자신의 정치적 입장에 따라 크게 달랐을 뿐만 아니라 하나의 흥미로운 경향성이 발견된다는 사실이다. 즉 국왕을 비롯한 개혁세력은 앞서 살펴본 바와 같이 류큐국의 해체를 반면교사로 삼아 국권의 중요성과 변통의 필요성을 호소하려는 점에서는 대체로 공통되지만,[5] 김옥균(金玉均, 1851~1894)과 같이 중국에 대해 비판의식이 강한 인물은 류큐국이 병합되었는데도 불구하고 중국이 아무 것도 하지 못하는 무기력한 존재임을 강조하기 위해 류큐 병합을 인용하고 있고,[6] 반면 김윤식과 같은 친중국적

---

4) 이에 관해서는, 강상규, 2006: 「고종의 대내외 정세인식과 대한제국 외교의 배경」, 한영우외 『대한제국은 근대국가인가』, 푸른역사, 151~161쪽을 참고할 수 있다.

5) 「한성주보」의 다음과 같은 기사내용도 기본적으로 이러한 맥락에서 읽을 수 있을 것이다. "琉球近事: 일본이 류큐를 멸망시킨 뒤에 국왕의 권속(眷屬)을 일본에 구류시켰으므로 사직이 폐허가 되었고, 산하가 무너졌다. 전일 고(故) 상태왕(尙泰王)의 세자가 휴가를 얻어 본국에 돌아가 다시 인민들을 만나 방성대곡하니, 백성들이 슬퍼했다고 한다. 그러나 일본이 두려워서 감히 세자에게 부종(附從)하여 반정(反正)하지 못하고 있다. 중국에 흑당(黑黨)이 있는데 일부 사람들은 여기에 의지하는 경향이 매우 많다. 그러나 옛 임금을 잊을 수가 없어 지난해에는 몇 몇 사람들이 모두 일을 일으키려 했지만 사기(事機)를 주밀하게 하지 못한 탓으로 모두 일본 정부에 구속되었다고 하니 가련한 일이다." 「한성주보」 1886년 8월 30일자(제26호)의 外報. 번역본, 804쪽.

6) "이제 조선을 위하여 생각하건대, 청국은 본래 족히 믿지 못할 것이오, 일본도 또한 그러하여 이 두 나라는 각기 자기 유지하기에도 여력이 없는 모양이온데 어떻게 다른 나라를 도울 수가 있겠습니까. 근년에 청국의 안남, 류큐를 타국이 점령하여도 청국이 감히 한마디 저항을 시도하지 못하였나이다 …… 그런즉 장차 밖으로는 널리 구미각국과 신의로써 친교하고 안으로는 정략을 개혁하여 우매한 인민을 가르치되 문명의 도로써 하고 상업을 흥기하여 재정을 정리하고 또 병력을 양성함도 어려운 일이 아니오니 과연 능히 이와 같이 하면 영국은 거문도를 도로 내놓을 것이요 기타 외국도 또한 침략의 생각을 멈추게 될 것입니다." ("김옥균의 지운영 사건에 대한 공개장", 「東京日日新聞」(1886.7.9), 민태원(1947: 73~74)) 하지만 여기서 언급하는 김옥균의 논의는 사실 새로운 것이 아니었다. 「한성순보」 등에서 청국이 변경을 잃어가는 과정에서 무기력했음은 이미 지속적으로 언급된 바 있으며, 이러한 사실은 본문에서 언급한 바와 같이 국왕도 잘 알고 있는

인물은 류큐 병합을 통해 일본과의 정치적 연합이 대단히 위험한 발상이라는 사실에 주목하고 있다는 것이다.[7]

아울러 부언해두고 싶은 사실은 예상과는 달리 위정척사론자들이 작성한 상소문 등의 자료에 류큐 병합에 대한 언급이 눈에 띄지 않았다는 점이다.[8] 이러한 사실은 류큐 병합의 경우가 전통주의자들에게 일본의 침략성을 확인해주는 결정적인 근거로 작용하여 위정척사론자들의 논거가 되었을 것이라는 논문 구상단계의 최초의 예상과는 달리 류큐 병합이 당대의 일반 유자(儒者) 지식인의 차원에서는 거의 알려지지 않은 것이 아닌가 하는 의구심을 갖게 한다. 즉 최고 정책결정자 수준에서는 중대한 문제로 인식되고 있었음에도 불구하고, 일반 전통주의자들이나 위정척사론자들이 이러한 문제를 진지하게 고민했던 흔적은 적어도 현재 남아있는 문서로는 거의 확인이 되지 않았다. 거대한 변환의 시기에 정치세력 간에 이처럼 정보의 격차가 컸다고 하는 것은 정치적 소통을 어렵게 하고 현실적으로 정치적 갈등과 분열을 조장하는 중요한 요인으로 작용하여, 한반도의 유연한 정치적 대응과 국내 역량의 결집을 한층 어렵게 하였을 것으로 생각된다.

사실이었다.

7) 『윤치호일기』에 의하면 갑신정변이 실패로 돌아간 직후, 병조판서 김윤식은 미국공사 푸트(Lucius H. Foote, 福德, 1826~1913)를 방문하여 다음과 같이 언급하고 있다. "김옥균, 박영효 등의 주된 뜻은 정권을 장악하여 우리나라를 일본에 부속시켜 중국을 배반하려는 것으로서 마치 류큐와 동일한 계책이었다. 어찌 모질고 한스럽지 않은가." 즉 김윤식은 류큐국 해체의 사례를 통해 갑신정변 주도세력이 믿을 수 없는 일본의 힘을 이용하여 조선을 위기에 빠뜨리려 했다고 비판하고 있음을 확인할 수 있다. 『국역 윤치호일기』 1884년 12월 20일자(음력 11월 4일자), 218쪽.

8) 여기서 검토한 위정척사론자, 혹은 전통주의자의 상소문은 다음과 같다. 병조정랑(兵曹正郞) 유원식(劉元植)의 상소(80년 10월 1일), 허원식(許元栻)의 상소(80년 12월 17일), 이준선(李駿善)의 상소(80년 12월 28일), 이만손(李晩孫) 등의 영남만인소(81년 2월 26일), 황재현(黃載顯)의 상소(81년 3월 23일), 홍시중(洪時中)의 상소(81년 3월 23일), 김진순(金鎭淳)의 상소(81년 3월 24일), 홍재학(洪在鶴)의 상소(81년 윤7월 6일), 신섭(申㰠)의 상소(81년 윤7월 6일), 백낙관(白樂寬)의 상소(82년 5월 4일), 황현의 『매천야록』 등.

6. 맺음말

지금까지 살펴본 바와 같이, 중화질서의 변동이 아편전쟁이라는 외부로부터의 충격에서 비롯되었다면, 동아시아 삼국 간의 구체적인 관계 변동은 메이지 유신이라는 일본 국내의 정치변동을 기점으로 본격적으로 가시화되었다고 할 수 있다. 1870년대에 나타난 청일수호조규, 일본내부의 '정한론' 논쟁과 조일수호조규의 체결, 그리고 '류큐 문제'의 대두와 일본의 일방적인 병합 등의 일련의 사건은 동아시아의 정치변동이 본격적으로 시작되었으며, 중화질서의 주변부에 위치하던 일본이 이러한 정치변동을 주도할 것임을 강력하게 시사해주는 것이었다. 그리고 그것은 일본의 근대국가 형성과정이 단순히 하나의 민족국가 탄생의 의미를 넘어 제국건설의 형태를 띠고 배타적이면서도 팽창적으로 진행되고 있음을 예고하는 것이기도 했다. 일본의 메이지 신정부는 중화질서의 가장 약한 고리에 해당하는 류큐왕국을 기점으로 거대한 전환기 동아시아 질서의 재편을 모색하였던 것이다.

일본에 의한 류큐왕국의 해체과정은 몇 차례의 단계를 거치면서 치밀하게 진행되었으며, 예측 가능한 반발과 갈등의 소지는 가급적 사전에 봉쇄되었다. 메이지 정부는 '국제적' 분쟁으로 비화할 수밖에 없는 류큐 문제를 교묘하게 '내정' 개혁의 문제 혹은 '지방' 제도의 개혁 문제로 환원시켜 가면서 분쟁의 여지를 애매하게 흐리게 하는 방식으로 류큐를 병합해 나갔으며, 병합 이후에는 중국 내지에서의 통상권 획득을 위하여 중국 측과 류큐를 분할하려는 계획을 추진하기도 하였다. 이처럼 일본에 의한 류큐 병합은 서세동점 이후 동아시아 국가 간 권력정치의 양상이 구체화되는 과정에서 나타난 중대 사건으로서 기존의 중화질서가 근간에서부터 변동하였으며 아울러 더욱 큰 폭으로 변화할 것임을 시사하는 국제정치적 사건이었다.

이러한 일본의 일련의 류큐 병합 과정은 중국 측의 위기의식을 급격하게 심화시켜 놓았고, 중국의 위기감의 심화는 조선에 대한 간섭과 압박의 심화, 즉 기존의 전통적인 조청관계의 '변질'로 나타날 조짐을 보이고 있었다. 본문에서 살펴본 것처럼 일본의 류큐 병합 이후 나타난 중국 측 위정자들의 권고와 자기 내부의 문건들에는 기존의 중화질서 패러다임이 근간에서부터 동요되고 있으며, 조선은 향후 동아시아 국가 '간' 패러다임 변환의 핵심적 이슈가 될 것이라는 전망과 함께 조선에 대한 압박이 어떠한 방식으로 이루어져야 할 것인지가 진지하게 논의되고 있었다.

일본의 류큐 병합은 중국의 위기감을 자극하여 동아시아에서의 국제적 갈등을 고조시켰고 이후 동아시아 갈등의 핵심고리는 본격적으로 '조선 문제'로 이전되게 된다. 조선의 입장에서 보면, 류큐 병합의 시점을 기점으로 하여 점차 제국주의 시대의 삼중적 압박(구미열강 - 중국 - 일본)에 놓이게 되었으며, 국내적으로는 정책결정자들의 위기의식이 고조되면서 이에 대한 해법을 놓고 정치적 모색과 갈등이 급격하게 상호 상승하는 상황이 연쇄적으로 나타나게 됨을 확인할 수 있었다. 이러한 사실은 1870년대 진행된 류큐 병합과 1880년대 나타난 조선 정부의 개혁추진과 국제정치적 맥락에서의 '조선 문제'의 부상이 서로 긴밀히 연동되어 진행된 것임을 보여준다고 할 수 있을 것이다. 아울러 일본은 근대국가를 수립하는 과정에서 전통적인 중화질서에서 스스로 자국의 '통신국(通信國)'이라고 일컬었던 류큐와 조선을 압박하고 병합하면서 제국으로 치닫는 모습을 보여주게 되었다.

■ 참고문헌

· 1차 자료
1. 오키나와 현청 및 오키나와 현 소속 지방자치 단체 발행 자료
『沖繩縣史』.

2. 자료집 및 전집
『承政院日記』高宗代
『龍湖閒錄』4卷
『日省錄』高宗代
『淸季外交史料』
黃遵憲, 송병기 편역. 2000. 『개방과 예속: 대미수교관련 수신사 기록(1880) 초』. 단국대학교.
김윤식. 『金允植全集』.
윤치호. 2001. 『윤치호 일기』1. 연세대학교 출판부.
『明治文化資料叢書』第四卷(琉球処分). 1962. 風聞書房.
Wheaton, Henry. 1836. *Elements of International Law*, London & Philadelphia의 6th edition,
        Little, Brown & Company, Boston, 1855, Martin, W.A.P., 丁韙良 漢譯.『萬國公法』(北
        京: 1864)(아세아문화사, 1981); 重野安繹譯.『和譯萬國公法』(鹿兒島藩刊. 1870); 大築拙
        藏. 1882.『惠頓氏萬國公法』洋裝1冊.
中央硏究院近代史硏究所 編. 1972.『淸季中日韓關係史料』.
芝原拓自外篇. 1988.『近代日本思想大系 12: 對外觀』. 岩波書店.
丸山眞男外篇. 1990.『日本近代思想大系 1: 開國』. 東京: 岩波書店.

3. 기타 자료
日本外務省. 1965.『日本外交史辭典』. 東京

· 2차 자료
1. 한글단행본 · 논문
강상규. 2006.「19세기 동아시아의 패러다임 변환과 한국: '예의'와 '부강'의 상극적 긴장」.『사회와
        역사』71호.
강상규. 2006.「고종의 대내외 정세인식과 대한제국 외교의 배경」. 한영우 외.『대한제국은 근대국
        가인가』. 푸른역사.
강상규. 2006.「중국의 만국공법 수용에 관한 연구」.『동양철학』25집.
구선희. 1999.『한국근대 대청정책사연구』. 혜안.
권석봉. 1986.『청말 대조선정책사연구』. 일조각.
권혁수. 2000.『19세기말 한중관계사연구: 이홍장의 조선인식과 정책을 중심으로』. 백산자료원.

김용구. 2001. 『세계관 충돌과 한말외교사, 1866~1882』. 문학과지성사.

김용구. 2006. 『세계외교사』. 서울대학교 출판부.

김정기. 1993. 「청의 조선정책(1876~1894)」. 『1894년 농민전쟁연구: 농민전쟁의 정치·사상적 배경』. 역사비평사.

김한규. 2005. 『천하국가: 전통시대 동아시아 세계질서』. 소나무.

박훈. 2005. 「류큐처분기 류큐지배층의 자국인식과 국제관」. 『역사학보』 186집. 역사학회.

송병기. 1985. 「19세기말 연미론서설: 이홍장의 밀함을 중심으로」. 『근대한중관계사연구: 19세기 말의 연미론과 조청교섭』. 단국대학.

양수지. 2002. 「"류큐왕국의 멸망: 왕국에서 오키나와 현으로」. 『근대 동아시아 국제관계의 변모』. 혜안.

찰머스 존슨(Johnson, Charlmers A.). 이원태·김상우 역. 2003. 『블로우백』. 서울: 삼인.

쟝팅푸. 1933. "Sino-Japanese Diplomatic Relations 1870~1894". *The Chinese Social and Political Science Review*, Vol. XVII. 김기주/김원수 역. 1990. 『청일한외교관계사』. 민족문화사

하우봉·손승철 외. 1999. 『朝鮮과 琉球』. 아르케.

2. 일문 단행본·논문

金城正篤. 1978. 『琉球処分論』. 沖縄タイムス.

東アジア近代史學界 編. 1997. 『日清戰爭と東アジア世界の變容』上·下. ゆまに書房

藤間生大. 1987. 『壬午軍亂と東アジア世界の形成』. 春秋社.

藤村道生. 1986. 『日清戰爭:東アジア近代史の轉換點』. 岩波新書.

茂木敏夫. 1997. 「李鴻章の屬國支配觀: 1880年前後の琉球·朝鮮をめぐって」. 『中國: 社會と文化』 2号.

尾佐竹猛. 1932. 『近世日本の國際觀念の發達』. 東京: 共立社.

梶村秀樹. 1992. 『梶村秀樹著作集 第1卷: 朝鮮史と日本人』. 明石書店.

梶村秀樹. 1993. 『梶村秀樹著作集 第2卷: 朝鮮史の方法』. 明石書店.

浜下武志 編. 1999. 『世界歷史20卷 = アジアの近代』. 岩波書店.

浜下武志. 2000. 『沖繩入門: アジアをつなぐ海域構想』. ちくま新書.

森宣雄. 2000. 「琉球は「処分」されたか」. 『歷史評論』.

西里喜行. 2005. 『清末中琉日關係史の研究』. 京都大學出版會.

我部政男. 1979. 『明治国家と沖繩』. 三一書房.

我部政男. 1992. 「日本の近代化と沖繩」. 『近代日本と植民地1ー植民地帝国日本』. 岩波書店.

外間守善. 1986. 『沖繩の歷史と文化』. 中公新書.

遠山茂樹. 1963. 「東アジアの歷史像の檢討ー 近現代史の立場から」. 『歷史學研究』 281號. 이후 『遠山茂樹著作集』第4卷(東京: 岩波書店. 1992)에 재수록.

原田環. 1997. 「朝·中'兩截體制'成立前史: 李裕元と李鴻章の書簡を通して」. 『朝鮮の開國と近代化』. 廣島:溪水社.

尹健次. 1995. 「戰後歷史學のアジア觀」. 岩波講座日本通史別卷 『歷史意識の現在』. 岩波書店.

赤嶺誠紀. 1988. 『大航海時代の琉球』. 沖縄タイムス社.

田中彰. 1990. 「黑船來航から岩倉使節団へ」. 『日本近代思想大系 1: 開国』. 岩波書店.

紙屋敦之. 1997. 『大君外交と東アジア』. 吉川弘文館.

紙屋敦之. 2003. 『琉球と日本・中国』. 山川出版社.

坂野正高. 1970. 『近代中國外交史研究』. 岩波書店.

3. 영문단행본 · 논문

Fairbank, J.K. & Liu, Kwang-Ching(eds.). 1980. T*he Cambridge History of China Vol. 11 Late Ch'ing, 1800~1911. Part II*. Cambridge. Cambridge Univ. Press.

Hsu, Immanuel C.Y.. 1960. *China's Entrance into the Family of Nations: The Diplomatic Phase, 1858~1880*. Cambridge. Harvard University Press.

Kim, Key-Hiuk. 1980. *The Last Phase of the East Asian World Order: Korea, Japan and the Chinese Empire, 1860~1882*. Berkeley. Univ. of California Press.

Kim, Key-Hiuk. 1994. "The Aims of Li Hung-chang's Policies toward Japan and Korea, 1870~1882". Samuel C. Chu & Kwang-Ching Liu(eds.). *Li Hung-chang and China's Early Modernization*. New York. Armonk.

Lin, T.C.. 1935. "Li Hung-chang: His Korea Policies, 1870~1885". *Chinese Social and Political Science Review*, Vol.19, No.2.

Malozemoff, Andrew. 1958. *Russian Far Eastern Policy 1881~1904: With Special Emphasis On the Causes of the Russo-Japanese War*. Berkeley and Los Angeles. Univ. of California Press.

Nish, Ian H.. 1966. "Korea. Focus of Russo-Japanese Diplomacy. 1898~1903". *Asian Studies,* Vol.IV. No.1.

Sakai, Robert K.. 1968. "The Ryukyu islands as a fief of Satsuma" in Fairbank, J. K. ed.. *The Chinese World Order: Traditional China's Foreign Relations*. Cambridge. Harvard Univ. Press.

Ta-tuan Ch'en. 1968. "Investiture of Liu-Chiu Kings in the Ch'ing Period" in Fairbank, J. K. ed.. *The Chinese World Order: Traditional China's Foreign Relations*. Cambridge. Harvard Univ. Press.

3장

'류큐처분'기 류큐 지배층의 자국인식과 국제관[1]

박훈

1. 머리말

현대 '한국인', '일본인'이 '한국인', '일본인'이라는 확고한 내셔널 아이덴
티티를 갖고 있는 데 비해, 일본국에 편입되어 일본열도 최남단의 오키나와열
도에 살고 있는 '오키나와인'들은 매우 복잡한, 다층적인, 변동하는 아이덴티
티를 갖고 있다. 말할 것도 없이 이것은 그들이 겪어온 역사적 과정의 산물이
다. 14세기 류큐왕국이 성립한 이래 그들은 명과 조공책봉관계를 맺어왔고,
17세기 초(1609) 사쓰마번의 침입 후에는 그 지배와 청과의 조공책봉관계를
동시에 수용하면서도 독자적인 왕국을 유지했다.

19세기 후반 류큐 지배층[2]의 강력한 저항에도 불구하고, 류큐왕국이 메
이지 정부에 의해 멸망하고 오키나와현이 설치(1879)된 이후에는 한편에서
는 '차별을 피하기 위한 필사적인 동화노력'이 계속되었고, 다른 한편에서는

---

[1] 이 글은 역사학회에서 간행하는 『역사학보』(186권, 2005년)에 게재된 것을 일부 수정한 것이다.
[2] 류큐왕국에는 안지(按司), 소지토(總地頭), 와키지토(脇地頭), 헤이시(平士) 등의 가격(家格)을
갖는 집단이 지배계층을 이루고 있었다.

그럼에도 불구하고 '완전한 일본인'이 되지 못하는 오키나와인들의 고뇌가 축적되어갔다. 일본의 황민화 정책을 내면에까지 수용하여 미군과의 전쟁에서 '천황폐하 만세'를 부르며 전사해갔지만 일본 정부는 오키나와를 '사석(捨石)'으로 여겨 본토방위를 위한 지구전·소모전의 대상으로 취급했고, 패전 후에는 오키나와인의 의사를 묻지도 않고 미국에 '할양'하였다(1952년 샌프란시스코강화조약 발효). 미국의 지배하에서 그들은 미국인도, 일본인도, 오키나와인도, 류큐인(琉球人)도 아닌 상황에 처했다. 1972년 오키나와는 '조국' 일본에 반환되었지만 일본국 영토의 0.6%에 불과한 이 섬은 일본 주둔 미군기지의 75%를 떠안고 있고 오키나와현 전체 면적의 11%, 본도(本島)면적의 20%가 미군기지로 뒤덮여있는 '일본 아닌 일본'으로 존재해 오고 있다.

일본에 편입된 지 1세기를 훌쩍 넘었지만 오키나와인은 아직도 그들 고유의 언어, 풍습, 성(姓), 음식·술을 갖고 있고 한국인이냐 일본인이냐고 물으면 일본인이겠지만, 일본인이냐 오키나와인이냐는 물음 앞에는 오키나와인이라고 대답하게 되는 상황에 놓여 있는 것이다.

현대 '한국인', '일본인'은 그 역사적 과정에서 성립한 확고하고 획일적인 내셔널 아이덴티티 때문에 이를 상대화시키고 역사적 산물의 하나로 인식하는 데 매우 서툴다. 또 내셔널 아이덴티티의 다양성(variation)에 대한 시야도 넓게 열려있다고 보기 어렵다. 이런 문제를 고구하는 데 위와 같은 상황에 놓여 있는 오키나와는 매우 적절한 소재라고 생각한다.

필자는 근대 이후 100여 년간의 오키나와인의 아이덴티티를 검토·분석하는 작업을 구상하고 있는데, 본고에서는 그 첫 단계로 '류큐처분'기(1870년대 중반~1880년대 중반)에 일본에 저항했던 류큐왕국 지배층의 자국인식과 그들이 국제질서 속에서 류큐왕국을 어떻게 위치지우고 있었는가, 그리고 그러한 인식의 특징은 무엇인가를 살펴본다. 지금까지 '류큐처분'에 관한 연구는 많이 이루어져왔고3) 당시 류큐 지배층의 동향과 의식이라는 문제도 연구자들의 관심을 끌어왔다.[4] 필자는 그 중에서도 특히 류큐 지배층이 류큐의 독자성을 어떻게 인식했고, 당시의 국제관계 속에서 류큐 문제를 어떻게 위치지우고 있었는가를 중점적으로 검토하고자 한다. 이 지배층의 저항인 류큐왕국 부활운동이 실패로 끝난 후, 특히 청일전쟁 이후 오키나와의 주류를 점한 동화주의 사조와 비교해 볼 때 '류큐처분'기 지배층의 인식은 상당한 차이가 있으며 이른바 '오키나와 내셔널리즘'을 생각할 때도 이것은 반드시 검토해야 할 문제라고 생각한다.

이를 위해 필자는 주로 두 가지의 사료를 이용했다. 하나는 '류큐 처분'을 막기 위해 청으로 망명한 사람들이 청 정부, 특히 이홍장, 좌종당 등 당시의 실권자들에게 올린 청원서들이다(西里喜行編輯, 「琉球國請願書集成: 原文. 読下し.譯註.解說(1)(2)」, 『琉球大學教育學部紀要』30-1, 31-1, 31-2, 1987, 이하 『청원서』로 약칭). 망국이라는 절박한 상황에서 지배층들이 청에 대해 자

---

3) 패전후 일본학계에서 '류큐처분'에 대한 연구는 현실적, 정치적 관심과 긴밀히 맞물리면서 전개되어왔다. 즉 미군정을 철폐시키고 '조국 일본'에 복귀하기 위한 운동이 전개되어가는 중에, '류큐처분'을 민족통일이라는 관점에서 보고, 이를 역사발전의 방향과 일치하는 진보적인 것으로 평가하는 관점이 주류였다. 이는 '류큐처분은 일종의 노예해방'이라고 한 전전 이하 후유(伊波普猷)의 인식과 기본적으로 궤를 같이하는 것으로, 논자에 따라 그 과정이 강제적, 폭력적, 또는 침략적이었다는 점을 지적하기도 하지만 그간의 연구경향은 위와 같은 기본인식에서 크게 벗어나지 않는다고 생각한다. 伊波普猷, 比嘉春潮, 仲原善忠, 新里惠二, 井上淸, 下村富士男 등 전전, 전후의 연구에 대한 개괄은 我部政男(1979) 1장을 참조할 수 있다.
'류큐처분'에 대한 연구는 1970년대까지는 활발하게 전개되어 왔으나, 70년대 말 '류큐처분'을 오키나와 반환 문제와 오버랩시키면서 이를 긍정적 또는 부정적으로 평가한 가베 마사오(我部政男, 1979), 金城正篤(1978)의 간행 이후 80년대에는 소강상태를 보이고 있다(沖縄歴史研究会, 1991). 이는 젊은 연구자들이 이 시기보다는 전근대, 특히 근세기에 집중되었기 때문이다. 80년대 초반에 간행된 니시자토 요시유키(西里喜行, 1981a; 1981b), 하야네 테루오(比屋根照夫, 1982) 등도 주로 70년대에 발표된 논문을 수록한 것들이다. 이와 같은 현상은 1972년 오키나와가 일본에 반환된 이후 일본에 대한 실망감과 다시금 떠오른 오키나와의 정체성 문제가 대두하면서, 60, 70년대 '조국복귀'라는 현실적 관심에 규정받은 '류큐처분'의 연구자세가 한계에 봉착하고, '류큐처분'이라는 연구테마 자체를 기피하게 된 것이 아닌가 생각한다. 한편 니시자토 요시유키(西里喜行, 1986) 3절에서 전근대 류튜의 아이덴티티에 대해 언급하고 있다.
이 시기에 관련된 한글논문으로는 김광옥(1994)과 양수지(1993)의 글이 있다. 한편 미국의 오키나와 점령정책과 일본의 만주국정책을 비교한 임성모의 글(2003)이 있다. 한국에서 오키나와연구는 민속학을 중심으로 이뤄져왔는데, 그 상황에 대해서는 최인택(1999), 그리고 『한림일본학연구』제6집(2001)이 오키나와특집으로 꾸며져 있다. 그밖에 오키나와 미군기지와 관련된 연구들이 있다.
4) 니시자토 요시유키(西里喜行)은 이 방면의 대표적인 연구자로 본 연구도 그에 의거한 바가 많다.

기를 어떻게 주장했으며 당시의 국제질서 속에서 류큐왕국을 어떻게 인식하고 있었는가를 잘 알 수 있는 사료다. 그럼에도 불구하고 이 사료집을 본격적으로 분석한 글은 그다지 없는 것 같다(赤嶺守, 1987; 赤嶺守, 2001). 또 하나의 사료는 『류큐견문록(琉球見聞錄)』(喜舍場朝賢, 1977)이다. 기본사료 중의 하나인 『류큐처분(琉球處分)』(『明治文化資料叢書』第四卷, 1962)이 메이지 정부의 류큐처분관(琉球處分官)인 마쓰다 미치유키(松田道之) 측의 기록인데 비하여, 이 사료는 류큐왕국 최후의 국왕인 상태(尙泰)의 측근이 실제로 목격한 '류큐처분' 과정을 상세하게 기록하고 있는 일급 사료다.[5] 이 사료에는 특히 마쓰다 미치유키(松田道之)에 대해 왕국수뇌부인 삼사관(三司官)들의 반론이 자세히 소개되어 있기 때문에 류큐 지배층이 일본과의 관계 속에서 자국을 어떻게 인식하고 있었는가를 잘 보여주고 있다.

이 사료들의 분석을 통해서 류큐 지배층의 자국인식을 살펴보고, 청일양국과의 관계 속에서 류큐왕국을 어떻게 위치지우고 있었는가를 검토하는 것이 본고의 목적이다. 이것은 일본에 편입된 이후 오키나와인의 아이덴티티 변용을 이해하는 데 중요한 재료가 될 것으로 기대한다. 이하에서는 우선 '류큐처분'의 과정과 이에 맞선 류큐 지배층의 왕국복구운동의 경위에 대해 개괄적으로 서술하겠다.

2. 류큐왕국 부활운동의 경위: 혈판서약과 걸사운동

먼저 '류큐처분' 이전 류큐왕국의 역사에 대해 약술하기로 한다. 현 오키나와열도는 오랫동안 국가성립을 보지 못하다가, 14세기에 들어서 오키나와 본도에 중산(中山), 산북(山北), 산남(山南)의 세 국가가 출현하였다.[6] 명을

---

5) 이 사료의 의의에 대해서는 波平恒夫(2001) 참조.

건국한 홍무제는 1372년 양재(楊載)를 파견하여 입공을 요구했는데, 중산왕 찰도(察度)(1350년 즉위)는 이에 응하여 대통력(大統曆)을 하사받고, 이어서 나머지 두 왕도 책봉되었다. 이후 류큐는 메이지 정부가 '류큐처분'을 단행하기까지 명, 청의 주요 조공국 중 하나였다. 1429년 중산왕 상파지(尙巴志)는 산북, 산남을 멸망시켜 오키나와 본도를 통일하고, 북단의 아마미제도(奄美諸島)에서부터 남단의 사키지마(先島, 미야코 제도와 야에야마 제도)까지 영향력을 미쳤다. 이후 류큐왕국은 주지하는 것처럼, 중국·일본·조선·동남아시아 각국과 해상교역을 활발히 벌여 번영을 구가하였다.

그러나 일본열도에 도쿠가와 막부 중심의 막번 체제가 형성된 직후인 1609년 규슈 남부지역의 사쓰마가 류큐를 침공하여 점령했다. 사쓰마는 류큐 국왕 상녕(尙寧)을 가고시마로 끌고 가고, 1611년에는 류큐에 근세 일본의 독특한 토지정책인 검지(檢地)를 실시하여 류큐왕국의 석고(石高)를 8만 9086석으로 정하였으며, 그 중 1/10을 사쓰마에 바치게 하였고, 류큐와 중국과의 교역에서 나오는 이익의 상당부분을 갈취하였다. 또한 사쓰마는 번(藩)의 역인(役人)을 류큐에 주재시켜 왕국을 감시하게 하였고, 1621년부터 국왕의 즉위는 시마즈 씨의 승인을 받도록 했다. 류큐는 매년 사절을 가고시마에 보내야했고, 쇼군(將軍)의 즉위와 류큐 국왕 즉위 때에는 에도에 각각 경하사(慶賀使), 사은사(謝恩使)를 파견케 하였다.[7]

이후 류큐왕국은 명·청과 사쓰마(또는 그를 통해 에도막부)에 함께 조공하는 이른바 '중일양속 체제(中日兩屬體制)'하에 놓이게 되었고, 그 상태에서 근대를 맞이하게 되었다. 1879년의 '류큐처분'은 바로 이 양속 체제를 부인하

---

6) 이하 전근대 류큐왕국에 대해서는 安里進(1992), 高良倉吉(1987), 高良倉吉(1980), 高良倉吉(1989), 村井章介(1988), 하우봉 등(1999), 양수지(1994) 등을 참조.
7) 조선통신사가 1610년에서 1764년에 걸쳐 총 12회 에도에 파견된 데 비해, 류큐사절단은 1610년부터 1850년에 걸쳐 경하사 10회, 사은사 11회 파견되었으나 그중 3회는 양자가 중복되므로 총 18회 파견되었다(安里進 外, 2004: 145~147).

고, 이를 '일본전속체제(日本專屬體制)'로 바꾸려는 시도였던 것이다.

메이지 일본은 폐번치현을 단행한 이듬해인 1872년 류큐를 번으로 삼았다.[8] 1874년에는 류큐의 어민과 타이완의 원주민사이의 분쟁을 구실로 타이완에 군대를 파견하여 청과 조약을 맺었는데, 이 가운데 타이완의 생번(生蕃)이 '일본국속민'에 함부로 해를 가했으며, 생번을 토벌한 일본의 행동은 '보민의 의거'라는 문구를 삽입하는 데 성공하였고, 이듬해인 1875년에는 내무성 대승(大丞)인 마쓰다 미치유키(松田道之)를 류큐에 파견하여 류큐합병에 본격적으로 착수하였다. 마쓰다는 청에 대한 진공(進貢)을 정지시키고, 메이지연호 사용을 강제하는 등 류큐의 '일본 전속'을 위한 조치들을 시행하는데, 류큐인들은 이 중 진공정지의 철회를 요구하며 일본에 반항하기 시작했다. 그러나 일본 정부는 류큐인들의 반발을 무릅쓰고, 1879년 마침내 류큐번을 폐지하고 오키나와현을 두어 일본의 한 행정구역으로 완전히 편입하였다(소위 '류큐처분').

류큐 지배층은 이 조치를 수용하지 않고 다양한 방법으로 저항하였는데, 국내에서는 현청사무를 비롯해 일본인에 대해 협조를 거부하고, 이를 맹세하는 혈판서약(血判誓約)운동, 국외에서는 청에 대해 류큐를 구원하기 위한 파병을 요청하는 걸사(乞師)운동, 일본 정부에 대해서는 '류큐처분' 철회를 요구하는 운동을 전개했고, 유럽공사들을 상대로 청원도 시도하였다. 이하에서는 기존의 연구성과에 의존하면서[9] 류큐왕국 복구운동을 개관하고, 이를 필자의 시각에서 분석해보도록 하겠다.

마쓰다 미치유키가 류큐에 와서 청과의 관계단절을 요구하자, 류큐왕국의 수뇌부인 삼사관들은 마쓰다의 숙소가 있는 나하를 빈번히 드나들며, 그와 격론을 벌였다.[10] 마쓰다와의 담판이 급박하게 돌아가자 삼사관들은,

---

8) 이 조치에 대해서 류큐인들은 반항하지 않고 공순(恭順)의 자세를 보였다.
9) 류큐왕국부활운동에 대해서는 각주 3)의 연구서들이 자세히 언급하고 있고, 그 외 『오키나와현사(沖繩縣史)』 2(1970) 참조. 논문으로는 니시자토 요시유키(西里喜行, 1987; 1989), 伊藤昭雄(1987) 참조.

슈리 15촌의 사인(士人)에게 영을 발하여, 각 학교에 모여 산조공(三條公)(三條實美─인용자, 이하 동일)과 마쓰다 대승의 서한을 열람케 하고 또 마쓰다와 문답이 있을 때마다 이것을 알려주었다. 각 촌의 사인 등은 고지가 있으면 한 촌마다 수십 명의 노장(老壯)이 달려와 모여서 주야 없이 평의분분(評議紛紛)하여 소란스러웠다. 삼사관은 또 영을 발하여 의견협의를 하여 결정된 바를 제출토록 했다. 사인 등이 협의했으나 달리 건의한 바도 없고 다만 여러 관리의 의향을 살펴 오로지 (일본)정부의 명령을 고사해야한다고 결정하여 각 촌의 건의서를 제출했다(『琉球見聞錄』: 79).

이처럼 왕도인 슈리의 지배층을 중심으로 일본에 대한 저항여론이 형성되기 시작했다. 류큐 지배층의 반대에도 불구하고 일본 정부는 나하항을 봉쇄하여 청과의 왕래를 중지시키고, 마침내 1879년 류큐번을 폐하고 오키나와현을 둔다는 이른바 '류큐처분'을 강행했다. 국왕(1872년 류큐번 설치 이후로 공식 직함은 번왕) 상태는 마쓰다의 압력을 견디지 못하고 이 해 8월 8일, 9월 7일 사민(士民)에 대해 일본 정부의 지시를 준봉(遵奉)할 것을 명령했다. 치현에 반대했던 지배층, 특히 강경파인 구천당(龜川黨)[11]의 지배층은 상태의 준봉서가 하달되는 것을 막으려고 100여 명이 슈리성에 몰려와서 삼문(환회, 구경, 계세)을 막고, 서원 및 근습서(近習署)에 모여 준봉명령의 취소를 요구했다. 또 삼사관들이 번왕의 답서를 마쓰다에게 전달하기 위해 나하에 있는 일본 정부 내무성출장소로 출발하자, 각 촌의 사인들이 나하로 달려갔다. 나하 쿠메촌(久米村)의 사인들도 합세해 수백 명이 쿠메촌 남가(久米村南街)에서 삼사관 등을 억류하여, 그들은 하는 수 없이 슈리성으로 귀환했다(『琉球見

---

10) 이들은 주로 서한으로 논쟁을 벌였는데 그 전말이 『류큐견문록(琉球見聞錄)』에 상세히 나와 있다.
11) 삼사관을 배출하는 구천가(龜川家)를 중심으로 강한 친청 성향을 보였던 집단이다.

聞錄』: 82~83). 그러나 결국 류큐 정부는 치현 조치를 받아들였고, 8월12일 삼사관 지성친방(池城親方) 등 5명의 고관이 마쓰다와 함께 도쿄로 출발하였다. 그전에 이미 도쿄로 끌려간 국왕 상태는 1879년 10월에 부천친방(富川親方)에 보내 서간을 보내 패배를 선언했다(『琉球見聞錄』: 115쪽).

그러나 왕국이 망하고 국왕이 준봉명령을 내렸는데도, 류큐 지배층의 저항은 더욱 거세졌다. 치현이 되자 슈리, 나하를 비롯해, 많은 마기리(間切)[12]의 역인들은 출근을 거부했고, 각 역장(役長)들도 모두 폐호(閉戶)하여 현 당국의 포달(布達)에 응하는 자가 한명도 없었다. 이에 대해 마쓰다는 그들에게 고유(告諭)하여 "지금 그대들의 거동을 살펴보니, 이는 새로운 현이 어떠한 직무를 명령하더라도 굳게 이를 거절하기로 하고, 만약 이에 따르는 자가 있으면 친척은 이를 나무라고, 친구는 이를 몰아세워 물러나게 하려는 폭려가악(暴戾可惡)의 행위이다"라고 비난하고, "이렇게 되어 모든 관직을 내지인이 맡게 되면 류큐인은 흡사 아메리카의 토인이나 홋카이도의 아이누처럼 될 것이다"라며 현에 협조하라는 압박을 가했다(『琉球見聞錄』: 136~137).

류큐 지배층은 출근 거부와 현정에 대한 비협조에 머무르지 않고 슈리를 중심으로 혈판서약운동을 벌여 내부의 결속을 다졌다.

> 매일 중성전(中城殿)에 모여 모든 관리는 마쓰다의 명령을 거절하고 나라 안이 인심일치하여 의(義)를 지킬 방법을 논의했다. 또 각촌 지배층은 각 학교에 집합했다. 그리고 각 촌의 유력한 자 4명씩을 선발하여 국학(國學)에 모이게 하고, 마쓰다와의 응답내용 및 그가 시행하는 바를 일일이 알려주었다. 또 지조를 굳건히 하고 단체를 결성하여 일본의 명을 따르지 않고 청국의 원병을 기다릴 것을 내명(來命)했다. 이로써 사족들은 격앙분노하여 일본의 명령을 받들어 관록을 받는 자는 목을 쳐 용서하지 않는다, 만약 일본의 탄압을 당해 의롭게 죽는 자가

---

12) 류큐왕국은 지방을 마기리로 크게 구분하고 각 마기리 밑에 촌을 두었다.

있으면, 함께 돈을 내어 그 처자를 무휼구조(撫恤救助)할 것이라는 서약서를 만들어 사람마다 연서날인하게 했다. 세 지방, 각 마기리(間切: 지방행정단위—인용자) 관리들도 이같이 서약을 체결했다(『琉球見聞錄』: 114).

이처럼 수도인 슈리를 중심으로 한 서약운동은 마기리, 촌 등 지방에까지 확대되었다. 각 촌의 지배층은 주로 학교를 중심으로 모여 시국을 의논하였고, 대표를 슈리의 국학에 파견하여 마쓰다와 삼사관 사이에서 진행되는 협상에 관한 정보를 공유하려고 하였다. 이들은 단결을 강화하기 위해 서약서를 만들어 연서날인하게 하였는데, 그 내용은 류큐의 사민이 야마토인(일본인)과 교제하거나 함께 연회를 여는 것을 금하였고, 야마토 기관에 취직하거나 그들과의 정보교환, 물품수수도 금지한다는 것이었다. 만일 이를 어길 경우는 본인을 참수할 뿐 아니라 가족들에게까지 형벌을 내린다는 상당히 강압적인 것이었다.[13] 이 혈판서약운동은 1879년 류큐가 오키나와현으로 된 이후에도 지속되었다.

이 혈판서약운동을 주도했던 지배층의 목적은 사민으로 하여금 일본편입을 반대하는데 일치시킨 다음, 청의 원병을 기다리는 것이었다. 류큐왕국은 조직화된 무력을 거의 갖고 있지 않았기 때문에 일본과의 협상이 실패로 끝난다면, 선택은 그것뿐이었다. 마쓰다가 류큐로 온 이듬해인 1876년 국왕 상태는 향덕굉(向德宏: 幸地朝常)을 청에 파견하여, 이미 1874년 진공사로 청에 파견되어 체재하고 있던 국두친방(國頭親方: 毛精長)과 함께 청에 접촉을 시도하게 했다. 이때부터 약 10년간에 걸쳐 청군 파병요청('걸사운동')이 길고도 지루하게 펼쳐진다. 청과의 접촉은 처음에는 류큐관(館)이 있는 복주(福州)에서 이뤄졌으나 왕국이 망하고 치현이 이뤄졌다는 소식에 접하자,[14] 이들은

---

13) 『오키나와현사(沖繩県史)』 2권 153~155쪽에 서약서 몇 점이 게재되어있다.
14) 파병청원운동을 하는 류큐 지배층은 어떤 루트를 통해 류큐에 관련된 정보를 얻었을까. 『청원

톈진과 베이징으로 진출하여, 당시 청정부에서 외교를 담당하고 있던 이홍장에게 직접 탄원을 행하였다.[15]

청은 류큐 문제에 대해 적극적인 관심을 보이지 않다가 치현이 되자, 일본 정부에 이를 항의하는 한편 협상에 나섰다. 청과 일본은 분쟁의 해결책으로서 류큐열도 분할안을 교섭하기 시작했다. 그 내용은 오키나와 본도 이북은 일본이 차지하고, 그 이남의 사키지마(미야코 제도와 야에야마 제도)에 류큐왕국을 존속시켜 청과의 조공책봉 관계를 유지한다는 것이었다. 양측의 교섭 끝에 1880년 10월 '류큐처분' 조약이 타결되었다. 그 내용은 사키지마를 청국령으로 하고 동시에 청일수호조규를 개정하여 일본에 청국내지통상권과 최혜국 대우를 인정한다는 것이었다.

서』를 분석해 본 결과 다음과 같은 루트가 확인되었다. '주일법사관 마겸재(馬兼才)의 내신(來新)'(『청원서』2: 45)같은 공식외교관으로부터의 정보, 표류를 가장한 류큐의 밀항선에 의한 것, 복건 상인이 류큐왕국 세자 상전(尙典)의 밀서를 도쿄에서 가져왔다는 데서 알 수 있는 것처럼 화상(華商)에 의한 정보(이는 '왜로부터 오는 화상'이라고 해서 『청원서』1: 123에서도 확인된다), 미국 영사로부터 서보(西報)를 얻어 보았다고 한 것처럼 영자신문(『청원서』1: 89쪽) 등이었다.

15) 이들의 반일감정은 매우 격렬했다. 청에 대한 청원서이므로 일본을 나쁘게 묘사하려는 사정을 감안해도 다음과 같은 청원서의 표현들은 이를 보여주고 있다. "왜노는 성격이 표랑(豹狼)하고 탐욕이 지칠 줄 모른다"(『청원서』1: 124). "어찌 알았겠는가. 일본인이 한연(悍然)하여 잘 살피지 않고 마침내 감히 흉위(凶威)를 맘대로 부리면서 쳐들어와 수백 년 번신의 사(祀)를 멸했다", "살아서는 일본국의 속인이 되는 것을 원치 않고, 죽어서는 일본국의 속귀가 되는 것을 원치 않는다"(『청원서』1: 85).

이는 청일양국에 대한 호칭에서도 나타나는데 일본에 대한 청원서에는 일본을 황국, 청을 지나라고 하고 있는 데 대해서, 청에 대한 청원서에는 청을 천조(天朝), 중국(中國), 중조(中朝)(『청원서』1: 104)로 칭하나, 일본에 대해서는 일본이라고 주로 칭하면서도 왜 또는 왜국을 빈번하게 사용하고 있고, 일본땅을 왜역(倭域)(『청원서』2: 41), 천황을 왜왕(『청원서』1: 123). 일본인을 왜인, 왜노(『청원서』1: 106)라고 칭하는 경우도 발견된다. 참고로 유럽국가에 대한 청원서에서는 청을 대청국, 프랑스를 대법란서국(大法蘭西國), 미국을 대합중국(大合衆國), 네덜란드를 대하란국(大荷蘭國)이라고 국명앞에 '大'자를 붙이고 있는데 반해 일본은 그저 '일본' 또는 '일본국'에 그치고 있다.

한편 이들은 일본이 류큐에서 학정을 행하고 있다고 주장하여 파병의 정당성을 강화하려고 했다. 즉 일본의 학정을 당해 "첫째로 종사가 폐허로 되었고, 둘째로 국주, 세자가 도쿄로 잡혀갔다. 이어서 백성은 그 독학(毒虐)을 받고 있다"는 것이다(『청원서』1: 110, 92쪽에서도 같은 주장이 보인다). 또한 일본 내정의 혼란(『청원서』1: 114; 『청원서』1: 117), 특히 1881년 발생한 메이지 14년의 정변을 과장해 일본이 이런 혼란 속에 있기 때문에 청이 파병을 하더라도 일본이 확고한 대응을 하지 못할 것임을 주장하기도 했다(『청원서』1: 123)

그러나 이 분할안에 대해 류큐 사족의 대다수는 반발했다. 1880년 9월 18일 모정장(毛精長) 등은 총리아문에 서한을 보내 반대의 뜻을 분명히 하고 류큐왕국 전토의 회복을 위해 일본에 원정군을 파견해 줄 것을 거듭 요청했다. 이어 1880년 11월 향덕굉(向德宏) 등과 함께 파병청원운동을 벌이던 류큐사족 임세공(林世功)은 북경에서 자결하였다.[16] 류큐인들의 강경한 반발에 이홍장은 마침내 자세를 바꾸고, 이를 계기로 청 정부 내에서는 재차 조약조인 가부논쟁이 벌어져 1881년 3월 청 황제는 조약조인의 연기와 재교섭을 명령했다.

류큐분할안이 불발로 끝난 후 1882년 동아시아 정세는 새로운 국면으로 접어들었고(西里喜行, 1981: 3~11), 이에 따라 류큐의 운명도 갈림길을 맞았다. 청은 베트남을 식민지화하려는 프랑스에 맞서 종주권을 주장하며 전쟁을 시작했고, 조선에서 임오군란이 발생하자 군대를 투입하여 이를 진정시켰다. 파병청원운동을 하던 류큐인들에게 이는 청의 정책전환을 의미하는 것으로 받아들여졌고, 류큐파병을 실현할 호기로 받아들여졌다. 특히 베트남에 파견되기 위해 좌종당(左宗棠)의 군대가 복건성에 주둔하게 되자, 그 맞은 편인 류큐에도 파병할 것을 간절히 호소했다. 류큐 지배층은 전통적인 중화체제에서 류큐는 베트남, 조선과 함께 충실한 조공국이었음을 강조하면서, 다른 나라들과 불공평하게 대우하는 것에 대해 항의하였다. 그러나 이들의 노력에도 불구하고 청은 조선과 베트남 문제에만 골몰할 뿐 류큐에 파병할 움직임은 전혀 보이지 않았다.

그러는 사이 1884년 8월 도쿄에 인질로 잡혀있던 상태는 류큐에 일시 귀국하게 되었는데, 그는 류큐사민에 대해 일본 정부에 공순할 것을 요청하였다. 이를 계기로 류큐왕국 부활운동은 쇠퇴해지기 시작했다. 그러나 1880년대 후반이 되어도 청으로의 망명자는 끊이지 않았다.[17] 결국 1895년 청일전쟁

---

16) 임세공(林世功)에 대해서는, 上里賢一(2000)을 참조.
17) 이 망명자들 중 상당수는 밀무역을 하기 위해 표류를 위장하여 청으로 건너간 자들이었다는

에서 청이 패배한 후 이런 움직임은 종막을 고했다.

그렇다면 이 류큐왕국 부활운동의 성격은 어떻게 규정할 수 있을까. 위에서 살펴본 바와 같이 류큐 지배층은 일본의 치현 조치에 강력하게 반발하였고, 치현이 실현된 후에도 청에 대하여 '복국', '복군'을 줄기차게 탄원하였다(赤嶺守, 2001, 170~175). 이는 류큐왕국의 존속을 목적으로 한 것이었고, 외교적으로는 기존의 양속 체제의 유지를 주장하는 것이었다. 그리고 이 기존체제를 무너뜨리려고 하는 일본 정부에 강한 반감을 보이고 있었다. 그러나 이들에게는 새로운 시대에 류큐왕국을 어떻게 끌고 나갈 것인가에 대한 비전이 결여되어 있었다고 할 수 있다. 이에 따라 이 운동을 지배세력의 기득권을 유지하기 위한 것으로 평가하는 견해도 존재한다. 실제로 강력한 반일세력이었던 구천당의 일인이 만일 일본이 지배하게 되면 "단지 학식 있는 자만 관에 올라 녹을 받고 우리 가문은 쇠퇴하여 자손은 동뇌(凍餒)하는" 사태가 벌어질 것이라고 했다든가, "일청양국의 관계를 유지하여 오랫동안 문벌자격을 유지하고 싶다. 일본일속으로 된다면 세습의관의 계급은 모두 없어질 것"이라고 했다는 것은 그 한 면을 엿보게 한다. 즉 당시 메이지 정부가 추진하던 신분제폐지 정책이나, 능력위주의 인재등용 정책이 류큐에도 실시될 경우, 대대로 유지되어 오던 지배사족의 기득권은 크게 위협받을 것이 분명했다.[18]

한편 왕국부활운동의 성격을 이해하기 위해서는 농민층을 위시한 민중이 이에 대해 어떤 태도를 취했는가 하는 점이 중요하다. 이를 알 수 있는 사료는 매우 제한되어 있으나 농민층이 대대적으로 참여한 흔적은 많지 않다. 당시 일본 관리들의 보고서도 "각촌 인민의 심정에 있어서는 본방(本邦)의 정치

_____

지적이 당시부터 있어왔다. 특히 1890년 일본 정부가 관세법을 시행하여 도청을 엄격하게 제한하자 '망명자' 수가 증가했다는 지적도 있다(西里喜行, 1992: 194).

18) 我部政男(1992) 참조. 류큐사족 사회에는 안사(按司), 총지두(總地頭), 협지두(脇地頭), 평사(平士) 등의 가격(家格)이 있었다. 왕자의 2남 이하, 안사의 2남, 총지두, 협지두의 장남은 관작을 세습했다. 안사의 삼남, 총지두, 협지두의 2남 이하는 세습하지 못한다. 하위관직은 시험을 쳐서 임명되고 훈공에 의해 승진도 이루어졌으나 고위관직은 대체로 세습되었다.

를 희망하는 경황이 있으나 번소역인(番所役人)의 위세에 억눌려 있고, 또 후일의 독책(督責)을 우려해 쉽사리 이를 제창하지 못하는 상황"이라며 류큐 사족층의 가렴주구에 시달린 농민들은 오히려 일본의 신정을 선호한다는 점을 자주 지적하고 있다(「島尻地方鎭撫巡廻復命書」, 我部政男, 1992, 114에서 재인용).

그러나 한편으론 농민층의 동요를 우려하는 보고도 발견된다. 즉 망명 류큐인을 묵인하면 "본래 무지몽매한 사민에게 각종 유언비어가 무한히 퍼지게 될"것이며, 국내에서는 사족층들이 "우민을 선동하여 그들의 정부에 경도할 염려"(我部政男, 1992, 112~113쪽서 재인용)가 있다는 등 농민층이 사족에 동조하려는 움직임도 감지되었던 것이다. 실제로 미야코지마에서는 사민들이 친일적인 인물을 린치한 산시이사건이 발생하여 농민층에도 반일적 감정이 존재했음을 보여주고 있다(我部政男, 1979, 8장). 또한 상인, 향농으로부터 편지가 향덕굉(向德宏)에게 전달되었다는 데서도 알 수 있듯이 파병청원운동에도 민중층의 간여가 확인된다(『청원서』 1: 85쪽).

즉 류큐왕국 부활운동은 지배층을 중심으로 벌어졌고, 그들의 기득권옹호의 측면도 지적할 수 있다. 민중의 대거 참여는 없었으나 부분적으로 민중이 관련된 사례도 확인된다. 왕국의 지배층이 조직적으로 민중을 운동에 끌어들이려고 한 뚜렷한 움직임이 있었다고 하기는 어려우나, 메이지 정부의 현청은 민중이 지배층의 운동에 동요하는 것을 계속 경계하고 있었다. 그러나 이 운동을 지배층 - 민중이 연계한 것으로 보는 데는 무리가 있을 것으로 생각된다.

이 운동을 주도한 지배층은 강한 왕국복구의 의지는 갖고 있었으나, 그 내용은 전통적인 지배체제의 유지와, 그것을 지탱해주었던 외교체제인 '양속(兩屬)'의 지속이었다. 그들이 새로운 국가모델인 국민국가를 지향했다거나, 그에 기반한 주권국가 간의 국제체제를 구상한 흔적은 찾아보기 어렵다. 이런 면에서 이 운동은 문자 그대로 '복구(復舊)'였다. 그러나 그 과정에서 그들이 보여준 반일의식은 강렬한 것이었고, 그 과정에서 류큐인, 류큐왕국에 대한 정체성을 드러내었다. 그런데, 왕국부활운동이 끝난 지 불과 십 수 년 만에 '오키나와현인' 스스로에 의해 일본에의 동화가 강력하게 추진되었고, 이 운동과 그 속에서 드러난 정체성은 부정의 대상이 되어갔다.

3. 류큐 지배층의 자기인식

'류큐처분'기 류큐 지배층의 자기인식을 살펴보기에 앞서 전근대시기에 류큐인들이 어떠한 자기인식을 갖고 있었는가에 대해 간략히 살펴보기로 한다.[19] 앞서 언급한대로 15세기에 들어 '삼산'을 통일한 중산왕의 류큐왕국은 중국·일본·조선 뿐 아니라 동남아시아의 각국과 활발한 무역을 전개하여 부와 국제적 지위를 마련했다. 1458년 국왕 상태구(尙泰久)의 명령으로 제작되어 슈리성 정전에 걸린 동종의 명문에는 이런 류큐국의 자신감이 반영되어 있다.

> 류큐국은 남해에 있는 좋은 땅으로, 삼한(三韓, 즉 조선)의 빼어남을 모아 놓았고, 대명(大明, 즉 중국)과 밀접한 관계(輔車)에 있으면서 일역(日域, 즉 일본)과도 떨어질 수 없는 관계에 있다. 류큐는 이 한 가운데에 솟아난 낙원(蓬來島)이다. 선박을 운행하여 만국의 진량(津梁, 가교)이 되고, 외국의 산물과 보배는 온 나라에 가득하다.

이를 보면 전근대 류큐인은 동아시아 주요국가들 사이의 지리적 요충지에 류큐가 위치해있고, 그에 기반하여 활발한 무역을 통해 번영을 이룩하고

---

19) 이하 특별히 주기하지 않는 것은 니시자토 요시유키(西里喜行, 1986)에 의한 것이다.

있다는 자기 이미지를 갖고 있음을 엿볼 수 있다. 이같은 지리적 감각은 근세에 유행한 '당은 차산(差傘), 일본(大和)은 말발굽, 오키나와는 침선(針先)'이라는 속담에도 이어진다(西里喜行, 1986: 158). 이처럼 류큐인이 자기를 인식할 때 항상 주변국들을 의식하면서 그들과의 관계를 염두에 두었다는 점을 주목할 필요가 있다. 주변국들을 의식한다는 것은 류큐인들의 약국의식과 연결되는 것인데 이미 전근대시기에도 이런 의식은 명확히 존재했다. 즉 전근대 류큐의 지식인 채온(蔡溫)은 세계 여러 나라를 상국상단(上國上段)에서 하국하단(下國下段)까지 9등급으로 나누고, 류큐를 하국하단에 위치시키면서 국가의 분력(分力)을 잘 생각하여 정도를 행해야 한다고 주장하였다(西里喜行, 1986: 170). 이 같은 약국의식은 양속 체제와 결부되어 자연스레 청과 도쿠가와 일본에 대한 의존의식이 형성되었다.[20]

그렇다면 '류큐처분'기 류큐 지배층의 자기인식은 어떠했는가. 먼저 류큐지배층은 류큐왕국을 소국, 약국이라고 인정하고 있다. 그들은 자신의 왕국에 대해 "소국은 탄환지지(彈丸之地)"(『청원서』1: 82)라며 청, 일본에 대해서뿐 아니라 네덜란드 등 유럽 각국에 대해서도 스스로를 소국이라고 자칭하고, 상대국에 대해서는 대국이라고 호칭하고 있다.[21] 일본의 '류큐처분'에 맞서

---

[20] 『회안일기(喜安日記)』에 따르면 사쓰마 침공 직전 류큐 내부에서는 일본을 조부, 중국을 조모로 여기는 파와, 류큐는 당에 속한 나라로 일본과는 별도의 나라라고 주장하는 파가 갈려 있었다. 이 중 친일적인 경향의 흐름은 이후 향상현(向象賢), 채온(蔡溫)등으로 계승되어 갔다, 내정개혁을 위해 사쓰마와의 대립을 가능한 한 완화시키고자 했던 향상현은 언어면에서 일류동조론(日琉同祖論)을 역설하였고, "이 나라에 사람이 처음 살게 된 것은 일본으로부터 건너온 것임은 의심의 여지가 없다 …… 오곡도 사람과 같은 시기에 일본에서부터 건너온 것"이라고 하였다. 또한 채온(蔡溫)의 발안으로 작성되어 1732년 포달된 일종의 수신교과서인 『어교조(御教條)』모두의 일절에서 채온(蔡溫)은 류큐가 천손 씨가 개국한 나라이며, 정법, 예식 등이 갖춰져 있지 않고, 병란으로 혼란스러웠으나 사쓰마의 지배 이후 상하만민이 안도하게 되었다는 인식을 보이고 있다. 그러나 그렇다고 해서 근세 이후 류큐인이 아이덴티티를 포기한 것은 아니었다. 채온은 일본과의 친화성을 인정하면서도 각국은 언어용모, 의복예절 등이 다른데, 이를 같게 만들려는 것은 무모한 것이라며 류큐의 아이덴티티를 고집했고, 근세 들어 류큐인들은 향상현(向象賢)이 1650년에 『중산세감(中山世鑑)』, 채온이 1701년에 『중산세보』, 1745년에 『구양회기(球陽會記)』를 쓰는 등 역사서편찬에 열성을 보였다(西里喜行, 1986: 165~179).

싸우지 못한 것에 대해 그들은 "현재 전국의 군신사서(君臣士庶)는 감심굴복 (甘心屈服)하지 않겠다고 맹세하고 있지만, 유약한 소방(小邦), 본디 무비(武備)가 없기 때문에 병위(兵威)에 협박당해, 국주는 하는 수 없이 성 밖으로 퇴출하여 나라 전체가 크게 놀랐습니다"(『청원서』1:85)라고 하고 있고, 또 '류큐처분' 과정에서 류큐 국왕 상태(尙泰)가 별다른 저항도 없이 도쿄에 인질로 가는 것을 감수하고, 왕호를 바꾸고, 메이지 정부로부터 화족 종삼품의 직을 받은 것에 대해서도, "폐국 원래 무비가 없어 일본에 대항하기 어렵게 때문에 잠시 굴복하여 몸을 욕되게 하여, 위로는 폐국의 한 가닥 명맥을 연장하고, 아래로는 폐국 백성의 생령을 보전하기 위한 것이었습니다. 결단코 마음으로부터 용인하여 왜령에 굴종한 것은 아닙니다"(『청원서』1:89)라고 하고 있다. 즉 류큐는 국토가 협소한 소국이며, 게다가 무비가 전혀 갖춰져 있지 않은 약국이라고 인정하고 있는 것이다.

그 지리적 위치에 대해서도 '고현(孤縣)', '고립(孤立)'이라는 말을 자주 쓰는 데서도 알 수 있듯이 월남이나 조선에 비해 해상에 격절되어 있다는 자기 인식을 보이고 있다. 그런데 재미있는 것은 서양열강이 동아시아에 빈번하게 출입하게 되고, 더욱이 청불전쟁이 벌어지자, 류큐 지배층은 류큐열도가 갖는 전략적인 중요성을 강조하기 시작했다는 점이다.

폐국이 비록 바다 바깥에 고현하고 있다 해도, 복건성 ·타이완으로부터 폐국의 속도인 팔중산(八重山), 태평(太平), 고미(姑米), 마치(馬齒)섬[22]의 산들을 거치

---

21) 『청원서』1:81. 뒤에서 언급하는 대로 류큐 지배층은 조선, 월남 등 조공국에 대해서는 '여국(與國)'이라는 표현을 쓰며, 운명공동체적인 존재로 묘사하고 있다. 그러나 이들에 대해서 '대국'이라든가 국명 앞에 '대'자를 붙이는 용례는 이 당시에는 보이지 않는다. 대청, 대일본은 물론 유럽국가에 대해서도 '대하란국(네덜란드)', '대합중국(미국)', '대법란서국(프랑스)' 등의 표현을 쓴 것과 비교하여 흥미로운 현상이다. 한편 류큐 지배층은 네덜란드 등의 공사에 보낸 이 서한에서 '대청국'과 류큐국과의 깊은 종속관계를 강조한 반면, 양속 체제에 대한 언급은 없이 '일본'과의 관계를 단지 원래 "사쓰마와 왕래가 있었다"라고만 말하고 있다.
22) 태평(太平)은 미야코지마(宮古島), 고미(姑米)＝쿠메지마(久米島), 마치(馬齒)섬의 산들＝게

면 곧바로 류큐에 도달하므로, 실은 중국과 기맥이 관통합니다. 외양(外洋)의 각국이 중국과 왕래하려 할 때도 모두 폐국의 바다를 통과합니다. 도광(道光)연간에 네덜란드인이 폐국에 와서 운천(運天: 류큐 본도 북부)의 땅을 사려고 한 적이 있습니다. 그 의도를 살피건대 아마 항구를 만들어 유럽각국의 선박을 불러 모아 교역하는 곳을 만들려고 했던 것일 겁니다. 일본인이 폐국을 점거한 것도 그 이익을 독점하려고 했기 때문입니다 …… 폐국 남쪽의 속도들은 타이완과 겨우 400리 떨어져 있습니다. 만일 일본이 여기에 병력을 주둔시켜 세력을 펼친 다면 곧바로 타이완의 환이 될 뿐 아니라, 프랑스가 이와 내통한다면 월남과 중국 남쪽 해안에 크게 세력을 얻어 큰 낭패를 볼 것입니다(『청원서』 2: 276).

(류큐) 북쪽의 오시마(大島) 등 몇 개의 섬은 일본 선박이 류큐에 왕래할 때 편리를 얻을 수 있는 곳이며, 또 외양의 각국이 일본의 고베, 오사카 등지로부터 복주. 광동 등지로 왕래할 때 항로로 삼는 곳입니다(『청원서』 2: 254).

류큐가 각국 교역의 중심이 될 지리적 이점이 있다는 인식은 앞에서 본대 로 전근대에도 있었으나, 그 때문에 서양이나 일본이 류큐에 와서 항구를 설치 하거나 혹은 점령하려고 하는 것이라고 그들은 보았다. 조공체제하에서 중국 은 직접 류큐의 지리적 이점을 이용한 무역에 개입하지 않았기 때문에 류큐왕 국에게 이는 하늘이 주신 혜택이었으나, 지금은 그 지리적 이점을 탈취하려고 하는 외부세력 때문에 오히려 왕국의 운명이 위태해진 것이었다. 더욱이 류큐 의 지리적 위치는 군사적으로도 대단히 중요한 의미를 갖는 것이었다. 만일 일본군이 여기에 진주하여 월남의 프랑스 세력과 연결된다면 타이완은 물론, 월남, 중국남부 해안도 안보상 큰 위협을 받게 될 것이었다.[23] 이처럼 청불전

라마제도(慶良間諸島).
23) 류큐열도의 이 같은 군사전략적 중요성이야말로 메이지 일본이 청과의 충돌을 감수하면서까

쟁과 프랑스 - 일본 연계 가능성을 배경으로 하여 류큐 지배층은 류큐열도의 무역적 중요성 뿐 아니라, 군사전략적 의미를 강조하며 청에 대해 파병을 요청했던 것이다.

한편, 류큐는 소국·약국이며 스스로를 지킬 무비도 없는 처지여서 국제적으로 헤게모니국가의 질서에 포섭되어 있기는 했지만, 국내적으로는 개국 이래 오랫동안 자치를 해왔다는 자치의식이 확고하게 자리잡고 있었다. 청에 대한 조공의 중지를 강요하는 마쓰다에 대해 류큐의 최고관리들인 삼사관은 "우리 번(류큐)은 옛날에는 황국(일본)·지나·조선·샴·자바국 등과 교통하기는 했으나 어느 쪽에도 복속한 적은 없"(『琉球見聞錄』: 26)었는데, 명 홍무제 이래 조공책봉체제에 들어가 중국의 보호와 성원하에서 "건국을 하고 고래로 풍습의 예악형정(禮樂刑政)에 관해 자유불기(自由不羈)의 권리를"(『琉球見聞錄』: 21) 가져왔다고 주장하고, 만약 조공을 안 하면 오히려 이 권리마저 구속될 것이라고 항변하였다. 즉 류큐왕국 건국 이전에는 일본과 청을 비롯한 주변의 국가들과 교류는 했으나 어느 나라에도 복속하지 않았다고 주장하고 있는데, 이는 마쓰다가 류큐는 류큐국 건국 이전부터 일본의 판도에 속해 있다고 주장하고 있는 것과 대조적이다.

그리고 건국한 후에는 중국의 보호와 원조를 받기는 했으나 내정에 관해서는 누구에게도 구애되지 않아 왔다고 하여 확고한 자치의식을 표방하였다. 따라서 마쓰다가 류큐도 일본의 각 번들처럼 취급할 것이라는 방침에 대해서는 "우리 번은 바다 가운데 고립하고 있기는 하나 개벽 이래 일국의 명분을 세워왔고, 황국·지나에 속하긴 했어도 고맙게도 왕위책봉을 받아 번제(藩制)도 나라사정에 맞추고 민심에 따라 체재를 세워 수백 년 간 변함이 없었습니다 …… 일국의 명분, 왕호(王號) 등이 있어 외람되오나 이전의(폐번치현 전의)

지 류큐를 차지하려고 했던 이유고, 마찬가지로 훗날 미국이 'key stone(요석)'으로서 장기간 확보한 원인이기도 하다.

내지의 각 번과는 다릅니다"(『琉球見聞錄』: 26)라고 반박했다. 즉 일본과 지나에 양속해 왔다는 것은 인정하면서, 류큐국이라는 하나의 국가로서 인정받아왔고 중산왕이라는 왕호도 갖추어왔으므로, 도쿠가와 시대의 각 번들과는 경우가 다르다는 것이다.

류큐 지배층의 이 같은 자치의식은 일본에 뿐 아니라, 청이나 유럽국가들에 대해서도 일관된 것이었다. 네덜란드·프랑스·청의 도쿄주재 공사들에게 보내기 위해 작성한 탄원서에서, 그들은 류큐가 오랫동안 중국의 외번으로 지내온 것을 말한 후에 "다만, 국내의 정령은 자치를 허락받았습니다"(『청원서』1: 81)라고 했고, 또한 "폐국은 작지만 스스로 일국을 이루고 있고, 대청국의 연호를 준용하지만 대청국의 천은이 고후하여 자치를 허락 받았습니다"(『청원서』1: 81)라고 하여 외교적으로는 종속하고 있으나 국내정치는 독자적으로 행해왔음을 천명했다. 류큐왕국이 1609년 이래 사쓰마의 간섭을 줄곧 받아왔음을 고려할 때, 류큐의 지배층이 일본 정부를 향하여 이러한 '자치'·'일국'의식을 주장하였다는 것은 주목할 만하다고 할 수 있다.

다음으로 살펴볼 것은 류큐왕국 판도 전체에 대한 일체의식이 어느 정도 였는가 하는 점이다.[24] 전근대국가의 지역 간 의식 격차, 중앙에 대한 각 지역의 일체의식은 현재 국민국가에 살고 있는 인간들이 생각하는 것보다 훨씬 심각했을 터인데, 류큐왕국의 경우는 일본이나 조선보다 더욱 심했을 가능성이 높다. 이것은 주요 섬들이 바다로 격절되어 있다는 점, 이로 인해 언어를 비롯한 풍습상에 이질성이 강했다는 점, 슈리왕부가 각 섬들에 대해서는 물론 오키나와 본도 내에서도 슈리와 여타 지역을 심하게 차별했다는 점 등에 그 원인이 있는 것으로 보이나, 어쨌든 '류큐처분'기에도 류큐왕국의 지식인들은 모든 섬들을 하나로 묶을 수 있는 '류큐 내서널리즘'의 형성에 실패하였다. 슈리와 나하인들 사이에서조차 심각한 대립의식이 존재하고 있었고, 그 대립

---

24) 이 문제에 대해서는 니시자토 요시유키(西里喜行)의 여러 연구를 참조했다.

의식은 때때로 슈리를 제압하기 위해 일본의 지배를 환영하는 형태로까지 표출되었던 것이다.

여기서는 지역의 구성원들을 통해 그런 지역적 의식의 격차, 대립의식을 살펴보려는 것이 아니고, 류큐왕국 부활운동을 주도한 슈리의 지배층의 의식에 초점을 맞춰 검토하려는 것이다. 류큐왕국의 슈리왕부는 사쓰마의 지배하에 있던 북쪽의 아마미 제도를 제외한 오키나와 본도, 미야코지마, 야에야마 제도 등 3개의 주요 도서군을 행정적으로 장악하고 있었다. 류큐 지배층은 "폐국은 전 왕조인 명 홍무 5년에 성(誠)을 다하여 중국에 입공했습니다. 야에야마, 미야코 등 두 섬도 또한 왕화(王化)를 흠모하여 폐국에 입공하여 오랫동안 폐국이 관할하였으므로 모두 천조가 비호하는 가운데에 있습니다"(『청원서』2: 290)라며 이들이 류큐왕국의 관할임을 천명했다.

본도의 지배층 외에 속도의 관리나 지배층이 류큐왕국 부활운동에 참여한 것은 몇 가지 예를 확인할 수 있다.

외딴 섬의 한 관리[25]가 군민이 일본의 학정을 만난 것을 아프게 생각하고, 목격심상(目擊心傷)했기에 발분하여 복건에 왔습니다. 또 듣건대 미야코지마의 관리들이 얼마 안 있어 또 복건에 오려고 하고 있고, 나머지 각 속도도 모두 일본에 굴복하지 않는다고 합니다. 위로는 내지(류큐 본도)로부터 아래로는 외도에 이르기까지 적개심을 갖고 함께 원수로 대하며, 천조가 일본을 정벌하고 류큐를 구원할 것을 바라는 것이 큰 가뭄에 비를 바라는 것보다 더욱 절실합니다. 만약 또다시 시일을 끈다면 단지 국주에 대해서 면목 없을 뿐 아니라 외도관민에 대해서도 면목이 없을 것입니다(『청원서』2: 290).

---

25) 1883년 7월 표류를 구실로 복건에 와서 소식을 전한 야에야마의 관리 헌영연(憲英演)을 지칭한다(『청원서』2: 290).

여기서 류큐 지배층은 야에야마와 미야코지마 등 속도들의 관리들도 일본의 '류큐처분'에 반발하여, 속속 복건으로 탈출하고 있으며 본도로부터 외도에 이르기까지 류큐 전역이 일본의 지배에 극력 반대하고 있음을 강조하여, 全류큐의 단결과 일치를 주장하고 있는 것이다. 또 1882년 청국에 표류한 야에야마 출신의 아나패손저(我那覇孫著)는 1년여의 복주 체재 중에 향덕굉(向德宏)의 영향을 받아 정치적으로 눈떠 '류큐인'으로서의 자기인식을 획득, 국내에서 구국운동을 전개하고자 복건당국에의 '청원서' 사본을 휴대하고, 83년 10월 몰래 야에야마에 돌아와 복주에 원조미 등을 보낼 것을 요청하기도 했다.

이 같은 류큐 지배층의 류큐 전역에 대한 일체의식은 1장에서 언급한 청일 간의 류큐열도 분할지배안이 논의되자, 적극적으로 표출되기 시작한다.

일본이 류큐 땅을 삼분하여 그 중 둘을 류큐에 환급한다든가, 또는 속도를 나눠주어 왕을 세워 류큐로 삼는다든가 하는 얘기가 있습니다. 모정장(毛精長) 등은 서한을 보고 놀라움을 금치 못했습니다. 엎드려 생각하건대 폐국에는 3부(본도 내의 도고(島尻). 중두(中頭). 국두(國頭)를 말함, 즉 류큐 본도를 의미)가 있습니다. 동서길이가 넓은 곳이라고 해도 수십 리에 불과하고, 남북길이는 400리도 채우지 못합니다. 그 밖에 36도(島)가 있습니다. 그 중 8개 도는 이미 명 만력 연간에 왜가 점거했습니다(1609년 사쓰마가 북부 아마미 제도를 점령한 것을 가리킴). 현재는 38도(28도의 잘못)가 있지만 모두 바다 가운데의 권석(拳石)으로 궁황이 특히 심하고 토지 또한 척박하며, 물산은 적고, 인호는 희소합니다. (그래서) 일체의 의복, 기물은 삼부에 그 공급을 바라고 있습니다. 무릇 3부 28도를 갖고 나라를 세우는 것도 힘들거늘 하물며 땅을 쪼개고 섬을 나누면 대체 무엇으로 나라를 세우겠습니까. 이미 나라를 세우는 데 부족하다면 이름은 존(存)이라고 해도 어찌 망(亡)과 다름이 있겠습니까(『청원서』 1: 107).

(본도는 땅도 조금 크고 물산도 조금 많은데 이 본도를) 만약 또한 일본에 점거당해 겨우 남쪽 변경의 2도를 돌려받을 뿐이라면 땅은 극히 척박하고 산출도 거의 없어 이 땅의 주민은 자급하기가 어려울 것입니다. 더욱이 수도를 여기에 세우면 무엇으로 위로 천조에게 조공을 바치고 또한 국용에 쓰고 민생을 충족시키겠습니까(『청원서』 1: 116).

즉 류큐의 땅은 원래 협소하고 산물 또한 빈약한데, 나아가 이를 분단한다면 자립조차 할 수 없을 것이라는 것이다. 여기서 그들이 분도를 반대한 이유는 주로 남변의 2도(미야코지마, 야에야마지마)를 가지고는 경제적으로 자립할 수 없다는 것이다. 그러나 이홍장이 일본과의 교섭에서 언급한대로 슈리왕부가 있는 류큐 본도를 일본에 빼앗긴다는 점이 분도안을 받아들일 수 없는 큰 이유였을 것이다.

류큐 지배층은 단지 분도안에 반대했을 뿐 아니라, 1609년 사쓰마에 빼앗긴 아마미제도의 반환을 청에도 일본에도 요구했다. 특히 청에 대해서는 좌종당(左宗棠)이 류큐 문제를 처리할 때 그 반환을 주선해주도록 요구하고 있다(『청원서』 2: 275). 즉 분도안을 받아들이기는커녕, '실지회복'까지 요구했던 것이다. 이처럼 류큐 지배층은 왕부가 있는 류큐 본도 뿐 아니라 북으로는 아마미 제도에서부터 남으로는 야에야마 제도에 이르기까지를 자국의 영역으로 여기는 확고한 의식이 있었던 것을 확인할 수 있다.

4. 국제관계 속의 류큐왕국의 위치에 대한 인식

망국의 위기를 맞은 류큐의 지배층은 청과 일본을 상대로 숨가쁜 외교전을 전개한다. 그것은 국제질서 속에서 류큐왕국이라는 존재에 대한 자기확인과정이기도 했다. 그러나 청을 상대로 할 때와 일본을 상대로 할 때의 논리는 크게 달랐다. 청을 상대로 할 때는 전통적인 중화질서, 즉 조공책봉체제 속에서 류큐가 성실하고도 충성스런 멤버였음을 누차 확인하면서, 조공국이 위기에 처한 이때에 종주국인 청이 응분의 구원을 할 것을 요청하고 있다. 반면 일본을 상대로 할 때는 청에 대한 성실한 조공국임과 동시에 일본에 대해서도 신속한 존재, 즉 양속 체제의 정당성을 전면에 내세우며 일본에 대한 전속을 거부하고 있다.

위에서 언급한대로, 1609년 사쓰마의 류큐침략 이래 류큐의 국제적 위치는 이른바 양속 체제하에 놓여져 있었고, 류큐인들도 이를 류큐왕국이 생존할 수 있는 하나의 국제질서로 받아들였다. 그러나 이 양속 체제는 류큐와 일본이 인정한 것이었지 청이, 적어도 공식적으로는, 인정한 것은 아니었다. 류큐와 일본도 양속 체제의 성립을 청에게 인정받으려고 하질 않고, 오히려 은폐했던 것이다. 다시 말하면 류큐왕국은 청과는 조공책봉체제, 일본과는 양속 체제라는 이중의 국제관계 속에서 생존을 꾀하여 왔던 것이다.

따라서 '류큐처분'기 류큐 지배층이 류큐왕국의 국제적 위치를 말할 때, 듣는 상대에 따라 전혀 다른 두 개의 논리를 구사하고 있는 것은 당연한 일이었다. 즉 청에 대해서는 조공책봉체제의 가장 충실한 구성원으로서의 류큐왕국, 메이지 일본에 대해서는 양속 체제하에서만 생존을 도모할 수 있는 류큐왕국이라는 논법을 동시에 쓰고 있는 것이다. 동아시아에서 자국의 국제적 위치, 또는 문화적 위치에 대해 대외적인 논리와 대내적인 논리가 달라지는 경우는 종종 있었으나,[26] 전혀 이질적인 두 가지 대외적인 논리를 동시에 구사하여 자국의 위치를 설명하는 예는 관견(管見)의 한에서는 매우 드문 것이 아닌가 생각된다.

류큐 지배층의 주장은 요컨대, 청에 대해서는 전통적인 조공책봉체제가

---

26) 베트남, 조선의 소중화주의가 대표적인 예일 것이다.

파괴되려 하고 있는데도 청이 방관하고 있다는 항의이고, 메이지 일본에 대해서는 수백 년 간 잘 유지되어 온 양속 체제를 굳이 변혁하려고 하는 데에 대한 반항이었다는 점에서 새로운 국제질서의 태동에 대한 철저한 반발, 즉 기존 국제질서의 철저한 옹호였다라고 평가할 수 있을 것이다.

이하에서는 류큐 지배층이 류큐왕국의 국제적 위치를 설명할 때 쓴 두 가지 논법에 대해 좀 더 자세히 살펴보고, 나아가 타이완사건, 청불전쟁, 임오군란, 갑신정변 등 동아시아 국제질서의 동요를 그들이 어떻게 받아들였는지를 살펴보기로 한다. 이를 위해 필자는 '류큐처분'기에 청으로 망명하여 이홍장 등 청의 유력자들에게 구원을 요청한 류큐 지배층의 탄원서와, '류큐처분'을 강행하려고 하는 류큐처분관 마쓰다, 메이지 정부와 류큐국왕, 류큐 지배층 사이에 오간 서신들을 분석하고자 한다.

1) 조공책봉체제 속의 류큐에 대한 인식

류큐왕국은 명이 건립된 직후인 1372년 명 사신 양재(楊載)를 맞이해 조공을 하기 시작한[27] 이래 명청대에 걸쳐 충실한 조공국이었다. 명청교체기에는 남명정권들에게 조공을 하다 1663년 청의 책봉을 받아들이고, 2년 1공[28]을 허가받아 활발한 조공활동을 전개했다. 이같은 사실에 기반하여 류큐 지배층은 "폐국은 옛날 명 홍무 5년에 판도에 예속되고 나서, 천조(청조) 건국 초에 제일 먼저 공순을 행하고 관(款)을 넣어 성(誠)을 다했고, 대대로 성세의 회유를 받아 …… 대청회전에 각준하여 2년 1공하여 감히 기를 어긴 적이 없었습니다(『청원서』 1: 85)"라며 류큐왕국이 조공책봉체제의 가장 오래고도 충실한 멤버였음을 강조했다.

---

27) 정식으로 책봉된 것은 1407년 사소(思紹) 때.
28) 진공선을 맞아들인다는 명목으로 접공선을 파견하였기에 실제로는 1년1공.

이어 류큐인들은 조공책봉체제제하에서 류큐왕국이 청의 속번, 병번, 외번임을 강조하였다. "폐국은 천조의 병번으로서, 대대로 공직을 수행해왔고, 대대로 왕작을 받아 누누이 홍은을 받고……(『청원서』1: 78)" "중국의 외번이 된 이래 지금에 이르기까지 500여 년 동안 변함이 없었습니다(『청원서』1: 81)"라거나 "엎드려 생각하니 폐국은 누대에 걸쳐 위로부터 책봉을 받아 오랫동안 외번 노릇을 해왔고 국주로부터 신민에 이르기까지 천조의 적자가 아닌 자가 없습니다(『청원서』1: 92)"라고 한 것이 그것이다. 이처럼 류큐 지배층은 수 백 년 동안 조공책봉체제제하의 의무를 충실히 수행한 것을 강조함으로써, 청에 대한 청병의 권리를 주장할 수 있었던 것이다. 그런데 재미있는 것은 류큐 지배층은 일본의 류큐 침탈이 류큐의 안위에만 국한되는 것이 아니라 조공책봉체제 전체의 와해로 이어질 것이라는 논법을 구사하고 있는 점이다.

가만히 생각컨대 일인이 처음 화를 일으킨 것은 우선 타이완에서 그 단을 시작하고, 이어서 폐국에 그 학정을 행하였으며, 마침내 조선에 그 폭력을 행사하였습니다. 그리고 프랑스도 월남을 침략하였습니다. 이들은 모두 천조의 적자로서 그 차독(茶毒)을 만난 것입니다 …… 만약 그 횡행하는 것을 그냥 둔다면 …… 수백 년의 국맥이 끊길 뿐 아니라 그 화가 더욱 심해질지 알 수 없는 일입니다(『청원서』2: 279).

일본에 의한 류큐(1879), 타이완(1895), 조선합병(1910)이라는 그 후의 역사경과를 상기할 때 이들의 주장은 정확했다고 할 수 있다. 나아가 류큐인들은 타이완에서 시작한 일본의 침략은 류큐, 조선을 거쳐 결국은 중국남쪽 각성의 해안에 이를 것이라고 경고했다(『청원서』2: 254). 또한 그들은 일본이 서구열강, 특히 이 시기에는 프랑스와 제휴하여 그들의 앞잡이, 또는 조역이 되어 중국 중심의 국제질서 중화체제를 와해할 것이라는 점을 지적했다.

일본이 어찌 단지 폐국과 같은 한 구석의 땅을 갖고자 할 뿐이겠습니까. 그 마음은 저절로 큰 것을 찾게 될 것입니다. 대개 외이(外夷)의 해도는 중국 소속의 류큐·조선·월남 및 타이완·내지와 가깝고 서로 통하기 때문입니다. 교활하게도 전쟁을 벌이려고 하는 자가 있다면 반드시 일본이 그 앞잡이가 될 것입니다. 프랑스가 월남과 전쟁을 하고 있는데 일본이 이를 돕고 있는 것이 그 증거입니다(『청원서』 2: 276).

당시 청불전쟁이 벌어지고 있던 상황에서 류큐인들은 "광서11년(1885) 일본의 사신이 프랑스로 가서 몰래 중국을 멸망시키고, (프랑스와) 통호할 것을 의논했(『청원서』 2: 251)"다며 프랑스와 일본의 연대를 의심하고 있었다.[29]

이처럼 일본을 조공체제의 이방인으로 규정하고, 나아가 서구열강과 내통할 국가로 지목하고 있는 데 비해, 조공체제하의 국가들에 대해서는 강한 '여국(與國)'의식을 보이고 있다. "폐국 바다 바깥에 고립하고 있다고는 하나 원래 조선·월남과 함께 천조의 속국이 되어 대대로 조공을 해왔습니다(『청원서』 2: 268)"라는 전제하에 류큐 문제를 단지 청-류큐국의 문제로 보는 것이 아니라 조공체제하에 있는 주요국가들('여국')의 운명에도 관계되는 것으로 포착한 것이다. 청이 군대를 파견하여 일본을 물리치고 류큐를 회복시키면 "단지 폐국의 군민이 영원히 성조무강의 덕을 받들 뿐 아니라, 여국도 또한 함께 광천화일(光天化日) 밑에서 편안하게 될 것(『청원서』 2: 271)"이며, 특히 류큐 문제를 잘 처리하면 월남 문제도 잘 해결될 것이라고 주장하였다(『청원서』 2: 253). 그리하여 일본이 다스려진다면, 단지 류큐 군신이 황은헌덕을

___

29) 청불전쟁 당시 프랑스가 일본에 청국에 대한 공동전선결성 제안이 있었는데, 일본은 이에 대해 수용도 거절도 하지 않는 태도를 취했다(『沖繩県史』 15: 363~366). 그러다가 1884년 조선에서 일어난 갑신정변에 적극개입함으로써 결과적으로 프랑스를 측면에서 지원하는 역할을 했다(『청원서』 2: 275, 주2).

받들 뿐 아니라, "일본의 기패(欺悖)의 뜻도 다시는 감히 싹트지 못하여, 태국 · 조선 · 월남 · 타이완 · 경주(해남도)도 또한 황국의 판도로서 영원히 굳어질 것"[30]이라는 것이다.

마침내 청불전쟁으로 좌종당의 군대가 류큐의 맞은 편인 복건성에 진주하자, 류큐인들은 이를 류큐파병을 실현할 절호의 기회로 보고, 청군의 향도역(嚮導役)을 자임하고 나섰다. 향덕굉(向德宏) 등은 광서11년(1885) 독판복건군무(督辦福建軍務) 좌종당(左宗棠)에게 올린 상서에서,

다행히 복건에 병력을 파견하셨고 폐국은 그 관할하에 있으니, 병륜선 2, 3척을 파견하여 우선 폐국에 가서 일인을 문죄할 것을 간구합니다. 폐국, 유약하다고는 하나 인민이 오랫동안 적개심을 갖고 모두 원수같이 여기고 있습니다. 왕사가 류큐국경에 하림하는 것을 보면 스스로 반란을 일으켜 죽음을 무릅쓰고 앞에서 내달려 일본인을 남김없이 구축하여 국경 밖으로 쫓아낼 것입니다(『청원서』 2: 279).

만약 군사를 일으켜 죄를 물을 수만 있다면, 폐국을 향도로 삼으소서. 제(向德宏)가 선봉을 맡아 일본이 감히 그 흉완을 떨치지 못하게 할 것을 청합니다. 저는 일본국의 지도 · 언어 · 문자를 자세히 알고 있으므로 선봉에서 힘을 발휘하여 불구대천의 분노를 씻기를 원합니다. 아니면 병력을 폐국에 나누어주어 일본을 막아내게 한다면, 이는 옛날 명 홍무7년에 신 오정에 명하여 연해의 병을 이끌고 류큐에 와서 방어하게 한 고사와 같습니다. 일본으로 하여금 감히 틈을 엿보지 못하게 한다면 폐국의 관민, 천조의 병위를 우러러 의지하여 반드시 힘을 합치고

---

30) 청일간의 류큐분할안에 항의하여 북경에서 자결한 임세공(林世功)은 북경에서 '고려공사' 박규수, 강문형, 성이호와 만나 시를 교환하는 가운데 조선을 가리켜 '대려(帶礪)의 동맹'이라는 표현을 쓰고 있다(上里賢一, 2000: 63).

맘을 같이하여 일본병을 남김없이 국경 밖으로 쫓아낼 것이니 저절로 이기게 될 것입니다(『청원서』 2: 281).

즉 청이 파병만 해주면 일본의 학정에 신음하는 류큐인들은 내응하여 청군을 맞아들이고, 함께 일본군을 쫓아낼 것이며, 이 때 일본에 대한 정보를 축적하고 있는 류큐인들이 큰 도움이 될 것이라는 것이다. 나아가 이들은 구체적인 군사작전까지도 언급하고 있다.

병륜선을 파견하여 폐국에 앞장서 일본의 죄를 토벌해 주신다면, 폐국의 해도가 매우 간난하기는 하나, 수도에 숙습한 자를 복건성에 오게하여 인도하게 할 것입니다. 육지는 슈리의 성곽은 지세가 높이 솟아있고, 성벽이 매우 견고하며 현재 일본인이 점거하고 있다고는 해도, 일본병사는 1, 2백 명에 불과하니 미리 간원을 파견하여 입성시켜 남김없이 성에서 쫓아내버릴 것입니다. 인민은 오랫동안 일본의 학정에 시달리고 있어, 적개심을 갖고 원수처럼 여기고 있으므로 목숨을 바쳐 따를 것입니다. 만일 일본의 륜선이 속속 도착하여 구원을 하려 한다면, 일본국내는 텅 비어 있을 것이므로, 중국이 상해·천진 등지로부터 곧바로 출격해 무방비상태의 일본을 공격하면 될 것입니다(『청원서』 2: 275).

즉 복건성에서부터 류큐를 공격하는 것과 상하이 또는 텐진에서 일본 본토로 직접 출격하는 두 가지 공격루트까지 제시하고 있다.[31]
류큐사족의 이같은 애원에도 불구하고 청은 좀처럼 파병하려 하지 않았

---

31) 이 중 후자의 구상이 결국 한반도를 무대로 약 10년 후에 현실화된 것이다(청일전쟁). 결국 이 전쟁에서 청이 패하자 류큐왕국부활운동도 완전히 막을 내리게 된다. 재미있는 것은 이때 청의 무관들 사이에서도 일본과 개전할 것을 주장하면서 1881년 8월에 군대를 양쪽으로 나누어 한쪽은 곧바로 류큐로 진항시키고, 또 한쪽은 육로로 조선을 통해 일본을 공격해야 한다는 주장도 있었다(『沖繩県史』 15: 325). 어쩌면 류큐인들과의 교감이 있었을 가능성도 배제할 수 없다.

다. 당시 조선에서 일본과, 베트남에서 프랑스와 대결하고 있던 청으로서는 류큐까지 신경 쓸 여력이 없었던 것이다. 청은 이미 1882년 이래 베트남에서 프랑스군과 대치하고 있었고, 조선에도 1882년 임오군란, 갑신정변의 발발로 두차례 군대를 파견하고 있었다. 이에 류큐 지배층의 불만은 높아갔다.

프랑스를 정벌하기 위해 복건성에 임하니 덕위가 미쳐 프랑스의 야심을 저절로 막을 것입니다. 일본인이 폐국 및 조선을 마음대로 잠식하고 있으니, 프랑스가 월남을 삼키려고 하는 것입니다. 그런데 조선·월남은 모두 보호를 받았으나, 폐국은 공순을 바친 지 200여 년이 되는데도, 하루아침에 일본에 멸망되어 버렸습니다. …… 황상의 광덕, 월남을 덮은 굉은을 폐국에도 미치게 하시어 프랑스를 정토한 천병을 이동시켜 일인을 토벌하실 것을 바랍니다(『청원서』 2: 283).

그들은 일본인이 류큐와 조선에서 마음대로 행동하기 때문에 프랑스가 월남에 욕심을 갖게 되었다고 하여, 일본의 류큐 침탈이 중화질서를 동요시킬 단서가 될 것이라고 경고했던 자신들의 주장을 상기시키면서, 조선과 월남은 위기에 처하자, 청이 군대를 파견하여 보호해 주었으나, 200여 년 동안 충실한 조공국인 류큐는 청의 구원을 받지 못해 멸망해 버렸다고 개탄하고 있다. 이어서 월남에서 프랑스와 싸운 청군을 류큐로 이동시켜 줄 것을 애원하고 있다.

1885년 일본 정부는 갑신정변 후의 조선 문제를 매듭짓기 위해 이토 히로부미를 북경에 파견하여 이홍장과 회담케 했다. 조선에서 일본이 횡포를 부리게 된 것은 청이 류큐 문제에 적절히 대처하지 못했기 때문으로 주장해왔던 류큐인들에게 북경에서 청과 일본사신이 조선 문제를 놓고 회담한다는 것은 류큐 문제의 해결을 호소할 수 있는 절호의 기회였다.

들건대 월남은 포위가 풀리고 법이는 강화를 요구했다고 하며, 조선의 일은 일본의 사자가 이미 북경에 와있다고 합니다. 한번 천위를 떨치면 일을 이루는 것이 어렵지 않은 것입니다. 그러나 폐국은 아직도 어떻게 처리될지를 모르고 있으니 …… 지금 일본의 사신이 북경에 와서 조선의 일을 논할 때 폐국의 일도 함께 논의해주실 것을 청합니다(『청원서』2: 268).

그리고 이어 여국인 조선과 함께 충실히 병한(屛翰)의 임무를 다해왔는데도 조선과 류큐에 대한 태도의 형평성에 문제가 있다며, 류큐를 소홀히 할 경우 왜인의 오해를 초래해 더욱 큰 재앙을 부를 수 있음을 경고했다.

(조선과 같이 병한의 임무를 다해 왔는데도) 조선에 일이 있을 때는 두 번씩이나 군사를 파견하여 난을 진정시켜 주셔서, 그 나라는 위험했으나 다시 안전해졌습니다. 폐국은 재난을 입은 지 이미 오래 되었는데도 아직 구원을 받지 못하고 있으니, 왜인이 의논하길 천조가 이미 류큐를 버려 돌아보지 않는다고 생각하고, 점점 횡포한 짓을 맘대로 하여 화환이 점점 커질 것을 깊이 우려합니다(『청원서』2: 260).

그러나 청은 끝내 그들의 청원을 들어주지 않았고, 결국 청군의 류큐파병은 이뤄지지 않았다. 이후에도 류큐 지배층의 청원은 이어졌으나, 도쿄에 체류하던 전국왕 상태가 오키나와에 귀국하여 공순의지를 천명하자, 류큐부활운동과 청원운동은 급격히 약화되기 시작했다.

이상에서 살펴본 것 같은 중화세계의 일원으로서의 자기인식은 단지 청병파병을 실현시키기 위한 대청외교적 논리만은 아니었음은 류큐 지배층의 다수파인 구천당이 국왕에게 올린 상서에서도 확인할 수 있다. 이 상서는 청이나 일본을 상대로 한 것이 아니기 때문에 류큐 지배층의 본심을 잘 살필 수 있는 자료이다. 마쓰다가 류큐에 와서 청에 대한 진공정지를 요구하여 혼란스럽던 1875년 8월 구천당계열의 지배층은 왕에게 올릴 상서를 작성하여 회람한 뒤 서명을 받은 후 국왕에게 제출하려고 하였다. 결국 제출에는 이르지 못했지만 그 내용은 다음과 같다. 즉 중화세계에서 제후가 천자를 섬기는 것은 천지의 대의이며 불발의 국전으로 바꿀 수 없는 것이다. 우리 "류큐는 중화의 진사해우(辰巳海隅)에 벽거하고 있음에도 황공하게도 천조가 번국으로 봉해주시고, 그 위광으로써 지금껏 일본보다도 친절하게 예우해주어 다른 나라로부터 피해도 입지 않았"다는 것이다. 지금 일본의 위협이 있기는 하나 그렇다고 청과의 관계를 끊는 것은 "도둑이 협박한다고 해서 이를 막을 방도를 다해보지 않고, 아들이 아비를 버리고 신이 임금을 돌아보지 않는 것과 같으니 불충불효의 죄를 피하기 어렵"다고 주장했다(『琉球見聞錄』: 87). 즉 적어도 구천당계열의 인사들은 지금까지 보아온 『청원서』에 나타난 류큐 인식과 궤를 같이한다고 말할 수 있다.

이상 주로 류큐 지배층이 청에 대해서 자국이 오랜 기간 동안 충실한 조공책봉체제의 구성원이었음을 강조했다는 것을 살펴보았고, 이런 인식은 왕국 내부의 상서에서도 그대로 확인된다는 점을 지적했다. 그런데 이러한 자기인식은 일본 정부에 대해서도 그대로 주장되었다. 양속 체제를 청에 대해 공공연하게 주장할 수 없었던 것과는 달리, 류큐는 이 같은 조공책봉체제 속의 류큐왕국에 대한 인식을, 물론 양속의 한 축이라는 의미에서이긴 하지만 일본에 대해서도 거리낌 없이 주장했다. 즉 일본에의 전속을 요구하는 마쓰다의 주장을 반박하는 서한에서 "우리 류큐는 먼 바다 가운데 고립해 있고, 국토가 편소미약하여 스스로 보존할 수 없었는데", 청의 판도 내에서 보호성원을 얻어 나라를 유지해 왔고, 청으로부터 누대에 걸쳐 은혜를 입어 "그 은의는 하늘과 같습니다. 어찌 은을 잊고 의를 저버려 조공을 끊을 수 있겠습니까(『琉球見聞錄』: 21)"라며 중국에 대한 의리와 조공체제하의 류큐의 위치에 대해 분명히 하고 있다. 즉 류큐 지배층의 의식 속에서 조공책봉체제와 양속 체제라는 두 가지의 국제질서는 아무런 문제없이 양립할 수 있는 성질의 것이었다.

2) 양속 체제 속의 류큐에 대한 인식

앞에서 서술한대로 일본 정부 내무성 대승 마쓰다는 1875년 나하에 부임한 이래, 류큐를 일본의 한 현으로 편입시키기 위해 진력했다. 이를 위해 일본 측은 한편으론 위협을 가하는 한편, 다른 한편으론 류큐 편입의 정당성을 다양한 각도에서 주장하였다. 특히 '류큐처분'의 과정에서 삼사관 등 류큐의 최고 당국자들과 서한으로 장기간에 걸쳐 논쟁을 벌이는데, 이 속에는 일본 측의 류큐관[32]이 잘 나타나있다. 먼저 이를 살펴보기로 하고, 이에 대해 류큐 측은 어떤 입장을 보였는지를 검토해보기로 한다[33].

일본 측은 류큐가 일본의 판도임을 증명하는 증거로서 모두 16개조를 제시했다. 즉, ① 지맥이 연결되어 있다, ② 일본인종이다, ③ 상기(上記) 및 육국사(六國史) 등 기타 여러 서적에 적혀있다, ④ 조공과 조세를 거둬왔다, ⑤ 일본 화폐를 통화로 사용하고 있다, ⑥ 언어문자가 비슷하다, ⑦ 반은 가고시마현이 관할하고 있다, ⑧ 지금까지 사쓰마의 관청이 설치되어 왔다, ⑨ 오늘날 군대를 두고 있다, ⑩ 국용(國用)이 모자랄 때는 보조해 주어왔다, ⑪ 권농, 형사 등 기타 정교를 펼쳤다, ⑫ 신제가 불교와 같고, 그 사문의 본사가 또한 내지에 있다, ⑬ 중흥의 국왕[34]은 일본인황(日本人皇)의 후손이다, ⑭ 일본의 번병이다, ⑮ 일본의 국기를 사용한다, ⑯ 번내 난민을 위해 원수를 토벌하고

---

32) 당시 일본 내부에는 청과의 마찰우려, 경제적인 코스트 문제를 들며 류큐 병합을 반대하는 주장(左院, 大隈重信)과 국경획정, 국방상의 이유를 들어 병합을 찬성하는 주장(井上馨, 山縣有朋)으로 나뉘어 있었다. 특히 좌원(左院)의 경우 류큐는 일본과 여러 가지 면에서 이질적인 존재라며 상태에게 화족의 지위를 부여하는 데 반대했다. 민간에서도 논자에 따라, 신문에 따라 다양한 의견이 존재했다(『對外觀』日本近代思想大系12, 1988: 제5장).
33) 이 부분은 小熊英二(1998, 29~34)를 부분적으로 참조했다.
34) 미나모토노 다메토모(源爲朝)의 아들이라고 하는 순천왕(舜天王)을 가리킨다.

청국정부로부터 무휼은(撫恤銀)을 받아 주었다[35] 등이다. 이중에서 특히 ①, ⑧, ⑨, ⑪항 등은 만국공법에 비춰 봐도 정당하다는 것이다(『琉球見聞錄』: 44~45). 마쓰다는 이중에서 인종, 언어, 풍습의 유사성을 강조하며 일본과 류큐는 한 민족이라는 점을 강조했다.

류큐의 인종은 골격과 체격이 우리 사쓰마 인종(薩摩人種)이다. 그 풍속은 우리나라 고대의 풍취를 가장 많이 갖고 있다. 그러나 세상의 변천에 따라 다른 곳과의 교제에 의해 자연히 변한 것도 있어서 일청양국의 풍의가 섞인 점도 있다. 그 언어 중 단어에 있어서는 교류로 인해 자연히 변화한 것도 있지만 우리나라 고언(古言), 가마쿠라 말(鎌倉言), 사쓰마 말(薩摩言)이 많고 중국어가 약간 섞여있다. 원래 이 류큐 인민은 오로지 살마와 지나 사이를 왕래하여 내지의 여러 곳에는 오지 않았다. 그중 쿠메촌(久米村)에는 실제로 명의 인종이 이주한 적도 있다. 그런데도 우리나라의 언어가 많을 뿐 아니라 그 고언이 남아있는 것은 우리나라의 인종이라는 하나의 증거다. 어조, 어음, 어장은 교류한다고 해서 저절로 변하는 것이 아니다. 그 중 어조는 배운다 하더라도 변화할 수 없다. 그런데 이 류큐인민의 어조를 들어보면 완전히 우리나라의 어조이고 어음은 살마의 어음이다. 어음(어장의 오기인 듯)은 명사를 위에 쓰고 동사를 밑에 쓰는데 이것은 우리나라 언어라는 가장 현저한 증거다. 이처럼 명백한 증거가 있다. 이런 이유로 지리·인종·풍속·언어 등에 대해 논해 보아도 우리나라의 판도라고 할 수 있는 것이다(『琉球見聞錄』: 57~8).

한편 마쓰다는 역사적인 경위를 장황하게 언급하면서, 류큐의 역사적인 연원이 일본과 같다는, 훗날 '일류동조론(日琉同祖論)'의 원형이 될 만한 주장을 폈다. 이하 마쓰다의 역사인식에 대해 다소 길지만 검토해보기로 한다. 그

---

35) 타이완출병을 말한다.

에 따르면 류큐국은 일본의 천손 씨의 조상인 상국신인이 개국한 곳이다. 그러나 태고 적의 일은 학자들의 소관이지 관리가 담판하는 데 필요한 것은 아니라며, 상고의 일은 일단 접어두고 중고 이후에 대해서만 논한다. 추고 천황 때 남양제도 사람들이 처음으로 내조(來朝)했고, 효겸 천황 때 이르기까지 조공이 끊이지 않았다. 에이만(永万) 원년(1165)에 이르러 원위조가 류큐에 와서 대리(大里) 안사(按司)의 여동생을 취하여 존돈(尊敦)을 낳았으니 이가 곧 순천왕(舜天王)이고, 지금의 왕은 그 후예다. 분지(文治) 3년(1187)에 시마즈 다다히사(島津忠久)를 사쓰마(薩摩), 오즈미(大隅), 휴가(日向) 3주의 수호 겸 남해 12도의 지두로 임명했는데, 분추(文中) 원년(1372)에 이르러 명의 주원장이 양재(楊載)를 보내 조공하도록 하였다. 가키쓰(嘉吉) 원년(1441)에 아시카가 요시노리(足利義敎)는 시마즈 다다쿠니(島津忠國)가 반란을 평정한 공로를 사서 류큐국을 가봉(加封)해주었다. 이후 류큐왕들은 아시카가 요시마사(足利義政), 도요토미 히데요시 등에 계속 조공했고, '정한의 역(임진왜란)' 때에는 병부를 히젠국 나고야(肥前國 名古屋)에 보내었다. 경장 14년(1609)에 이르러 시마즈 이에히사(島津家久)가 토벌한 끝에 완전히 예속되어 조세를 납부하고, 살관(薩官)을 두었으며, 요론(與論) 이북의 5도는 사쓰마(薩摩)의 직할로 되었다. 이후 국왕의 습봉, 장군의 계승 때마다 막부에 입조했다(『琉球見聞錄』: 59~60).[36]

이상이 마쓰다, 즉 메이지 정부의 공식적인 역사인식이었다. 즉 류큐국은 천손 씨의 조상이 개국한 국가이지만, 이것은 상고의 일이므로 일단 접어둔다

---

36) 물론 당시 일본에 이런 류의 '일류동조론'만 있었던 것은 아니다. 예를 들면 1870년대 초, 류큐왕국을 번을 삼으면서 다른 다이묘들과 마찬가지로 류큐국왕 상태에게도 화족의 칭호를 주어야한다는 주장에 대해, 左院은 청국은 '아동맹국', "류큐국주는 류큐의 인류로 국내의 인류와 동일하게 혼간할 수는 없다"며 인종적으로 일본인종과 다르다고 지적하고, 지금까지대로 양속 상태를 유지할 것을 지지했다(西里喜行, 1992: 182). 그러나 정부의 방침이 류큐 병합 쪽으로 확고하게 정해지자 이같은 일류동조론이 우세해졌다. 그리고 이에는 오키나와 지식인들도 적극적으로 동조했다. 이에 대해서는 小熊英二(1998) 12장 참조.

하더라도, 류큐는 추고 천황 때부터 일본에 복속한 이래 줄곧 일본에 조공해왔고, 사쓰마의 침공 이후에는 조세를 걷고 관청을 설치하는 등 지배의 밀도가 한층 강화되었다는 것이다. 명 이래 중국에 조공한 것은 유명무실한 것이고, 당시 일본이 이것을 견책하지 못한 것은 잘못이지만, 당시는 전국시대로 전쟁으로 소란스러웠기 때문에 다스릴 겨를이 없었기 때문이라는 것이다. 여기서 주목되는 것은 류큐가 명에 조공한 1372년 이전에 이미 일본에 복속되어 있었다는 점을 강조하고 있는 것이다. 이것은 후술하는 것처럼, 1372년까지는 주변 각국과 교류는 했으나 어느 국가에도 복속하지 않았다고 주장하는 류큐인들의 역사인식과 차이를 보이는 것이다. 이같은 주장은 당시 내무경이었던 오쿠보 도시미치도 공유하고 있었는데,[37] 이처럼 일본은 류큐처분기를 전후하여 이미 훗날 '일류동조론'의 근간이 될 만한 근거와 논리를 상당한 정도로 축적하고 있었고, 정부 당국자들까지도 이를 숙지하고 있었음을 알 수 있다. 이처럼 메이지 정부는 역사적, 인종적, 언어적 근거를 들어 류큐가 일본의 판도임을 주장했고, 따라서 '류큐처분'은 정당하다고 역설했던 것이다.[38]

그렇다면 이에 대해 류큐 지배층은 어떻게 대응했을까. 먼저 국왕 상태가

---

37) 오쿠보는 1877년 청국의 초대주일공사로 도쿄에 온 하여장(何如璋)이 류큐가 청의 판도에 속해있음을 주장하자, 원명천황 때 류큐민에게 위계를 하사하여 조공케 하였고, 이후 남도(南島)는 태재부가 관할하는 바가 되었다고 했다. 황제인 미나모토노 다메토모(源爲朝)가 도주의 여동생과 결혼하여 낳은 아들이 순천왕(舜天王)이며, 현 국왕인 상태도 그 혈통에 속한다. 문자도 동일한데, 이것은 源爲朝가 전한 것이며, 언어도 일본과 어원이 같다. 풍습 면에서도 종교는 신도이고, 연회 등의 의식도 오가사하라류(小笠原流)로 일본과 비슷하다. 특히 중국과는 달리 의자에 앉지 않고 바닥에 앉아 먹는 것이나, 식탁에서 사람마다 쟁반 하나씩을 차지하는 것 등 역시 류큐가 일본의 한 지류임을 말해주는 것이라고 오쿠보는 주장했다(『琉球見聞錄』: 106~108).

38) 한편, 일본 측은 또한 류큐가 청과 다른 점을 열거하며 청과의 관계를 경시했다. 즉, 지맥이 청국과 연결되어 있지 않은 점, 정교를 시행한 적이 없는 점, 관청을 설치하지 않은 점, 병사를 주둔시키지 않은 점, 인종이 같지 않은 점, 조세를 걷지 않은 점, 언어문자가 같지 않은 점, 제전이 동일하지 않은 점 등이다. 나아가 청국은 류큐 인민이 타이완 원주민에게 폭살 당했을 때 방관했고, 타이완정벌을 의거라고 하여 일본 정부에 무휼은(撫恤銀)을 준 것, 시마즈 이에히사(島津家久)가 류큐를 정벌했을 때 이를 알고도 추궁하지 않은 것, 사쓰마가 오시마(大島)등 북쪽의 5도를 점령했는데도 묵인 한 것, 임진왜란 때 류큐가 일본을 위해 히젠 나고야(肥前名古屋)에 병부를 지원했는데도 견책하지 않은 점 등이 열거되었다.

이 문제에 관해 마쓰다에게 보낸 서한을 검토해보자.

> 우리 번(류큐국)은 옛날에는 정체와 여러 예식들이 갖추어지지 않았고, 또 여러
> 면에서 부자유스러웠었는데, 황국(일본)·지나에 속하게 되어 양국의 지휘를
> 받아 점점 정체도 잘 정비되고, 번이 필요로 하는 물품도 양국에 의지하여 조달하
> 였습니다. 그 외에도 인휼을 입어 실로 황국·지나의 은혜는 다 말할 수 없습니다.
> 진실로 양국은 부모의 나라로 번 전체가 구석구석에 이르기까지 받들고 있고
> 만세동안 변함없이 충의를 다하고 싶은 마음입니다(『琉球見聞錄』: 24).

상태는 일본, 중국에 속했을 때와 그 이전의 역사를 구분하면서 류큐가 일본,
중국에 속하게 되면서부터 문물이 발전하기 시작했다고 말하고 있다. 이것은
추고조부터 일본의 지배를 받았다는 일본 측의 주장과는 상당히 다른 것이다.
앞에서 언급한대로 북경에서 청원운동을 하던 사람들은 "우리 번(류큐)은 옛날
에는 황국(일본)·지나·조선·샴·자바국 등과 교통하기는 했으나 어느 쪽에도
복속한 적은 없었다(『琉球見聞錄』: 26)"라고 좀 더 분명하게 언급하고 있다.
　　또한 일본 측은 류큐와 중국과의 관계가 실질을 수반하지 않은 유명무실
한 것이라고 했으나, 위의 인용문에서 상태는 일본과 함께 중국을 '부모의 나
라'라고 함으로써 일본 뿐 아니라 중국과도 뗄 수 없는 관계임을 강조하였다.
역사적인 경위 뿐 아니라 지리·풍속·언어면에서 봐도 류큐는 청일 중간에
있어서 "지리의 기맥이 양국에 연속되어 있고, 인종 풍속도 양국에 비슷하며
언어는 평상시 교류가 빈번하므로 황국과 닮았다. 그러나 이것을 가지고 어느
한쪽에 연유한다고는 말하기 어렵다"고 하여 일본 측의 주장을 반박했다. 전
형적인 양속의 주장이다.[39]

---

39) 연호를 양용했다는 점도 양속의 증거로 제시되었다(『琉球見聞錄』: 24). 실제로는 류큐왕국은
주로 중국 연호를 사용했고, 일본과의 서신에만 일본 연호를 사용하였다.

여기서 한걸음 더 나아가 향덕굉(向德宏)은 이홍장에게 제출한 보고서에서 류큐의 종교·풍속·언어는 일본과는 다른 독자적인 것으로 문자도 가나문자만 사용하고 있는 것이 아니라, 한자·한문을 다용하고 있는 등 일본과의 차이점을 강조했다(西里喜行, 앞의 논문, 206).

사실 일본과의 공통점을 강조하느냐, 차이점에 무게를 두느냐는 1609년 사쓰마 침공을 전후해서부터 류큐인 아이덴티티의 중요한 계기로 작용해왔다. 이에 대해서는 정통적인 교설(敎說)없이 현실적인 역관계와 이해관계에 따라 신축적으로 변용되어 왔다고 할 수 있다. 예를 들어 향상현(向象賢)·채온(蔡溫) 등은 사쓰마와의 긴장관계를 해소하고 내정개혁을 단행하기 위해 일본과의 연고를 강조하기도 했던 것이다. '류큐처분'기에는 일본의 왕국멸망기도를 극복하기 위해 일본과 류큐와의 차이가 강조되면서, 국제관계면에서는 양속 체제를 주장하면서도 청과의 관계를 두드러지게 부각시켰던 것이다.

5. 맺음말

류큐 지배층은 류큐왕국이 소국이고 약국이며 무비가 갖춰져 있지 않은 나라로 인정하면서도, 류큐열도의 전략적 위치의 중요성을 누구보다도 인식하고 있었다. 즉 일본 오사카, 고베에서 중국의 복주와 광동으로 가는 길목으로 무역의 길목임을 강조했고, 군사적으로도 타이완과 가까워 류큐의 운명이 타이완과 중국 남동부 해안의 그것과 무관하지 않음을 강조했던 것이다.

그들은 또 자국의 속국적인 위치와 중일양국의 영향력을 인정했지만, 그럼에도 불구하고 류큐가 누대에 걸쳐 자치를 행해왔다는 점을 강조했다. 즉 명 홍무제 이래 중국의 질서 아래 편입되어 있기는 하나 그 풍습과 예약형정에 관해서는 자유불기의 권리를 갖고 있다고 주장했다.

또한 언어·인종·풍습면에서 류큐인과 일본인의 차이를 강조하여 류큐의 독자성을 강하게 의식하고 있었음을 보여주고 있다. 이것은 당시의 메이지 정부가 강조하던 '일류동조론'에 대한 비판이었다.

류큐왕국의 지배층은 자국의 국제적 위치에 대해서는 두 가지의 논리를 구비하고 있었다. 즉 중화질서의 충실한 일원으로서의 류큐와 양속 체제하의 류큐다. 그리고 이 두 가지 자기규정을 상황에 따라, 또는 상대방에 따라 번갈아 사용했던 것이다. 다중의 아이덴티티를 갖고 그 사이에서 동요하며, 경우에 따라 아이덴티티를 변용하는 이러한 태도는 그 이후 오키나와인에게도 계승되는 점이다.

청일전쟁에서 청의 패배에 따라 더 이상 청의 지원을 기대할 수 없게 된 상황에서 오키나와에서는 오키나와인에 의해 강렬한 일본과의 동화 움직임이 벌어진다. 그리고 류큐왕국과 사족 층은 백성의 희생 위에서 기득권유지에만 연연한 세력으로 부정된다. 그와 함께 그들의 자치의식과 일본과의 차이의식도 부정되게 된다. 오키나와의 대표적 지식인인 이하 후유는 일본과의 일체성을 강조하면서 내정개혁을 단행했던 향상현(向象賢)·채온(蔡溫)을 류큐 역사상의 위인으로 상찬하며 일본화와 근대화를 추구했다. 그렇다면 청일전쟁 후의 이런 움직임도 역시 상황에 따라 변용하는 류큐인 독특의 다중적 아이덴티티라는 개념으로 포착할 수 있는 것인가. 이런 문제를 이해하기 위해서는 메이지 정부의 신식 교육을 받고 성장한 오키나와의 신지식인들이 자신들의 아이덴티티를 어떻게 규정지으려고 했는가 하는 점을 검토해야 할 것이다. 이를 앞으로의 과제로 남겨두고자 한다.

■ 참고문헌

· 1차 자료

1. 오키나와 현청 및 오키나와 현 소속 지방자치 단체 발행 자료

『沖繩縣史』.

2. 자료집 및 전집

喜舍場朝賢. 1977. 『琉球見聞録』復刻版. 東京: ぺりかん社.

『明治文化資料叢書』第四卷(琉球処分). 1962. 東京: 風聞書房.

· 2차 자료

1. 한글단행본 · 논문

김광옥. 1994. 「근대개항기 일본의 류구 · 조선정책」. 『港都釜山』 11.

양수지. 1993. 「琉球왕국의 멸망: 왕국에서 오키나와현으로」. 『근대동아시아 국제관계의 변모』. 혜안.

양수지. 1994. 「조선유구관계연구: 조선전기를 중심으로」. 한국정신문화원 한국학대학원 박사학위논문.

임성모. 2003. 「제국의 교차로:만주국-오키나와 비교서설」. 『동아시아 비교와 전망』. 동아대 동아시아연구소.

최인택. 2000. 「한국에 있어서의 오키나와 연구의 과제와 전망」. 『일본학연보』 제9집.

하우봉 · 손승철 외. 1999. 『朝鮮과 琉球』. 아르케.

『한림일본학연구』 16. 2001. 「오키나와 특집」 논문들.

2. 일문단행본 · 논문

我部政男. 1979. 『明治国家と沖縄』. 三一書房.

我部政男. 1992. 「日本の近代化と沖縄」. 『近代日本と植民地1ー植民地帝国日本』. 東京: 岩波書店.

金城正篤. 1978. 『琉球処分論』. 沖縄タイムス.

沖縄歴史研究会. 1991. 「沖縄史研究の現状と課題」. 『歴史評論』 500.

西里喜行 編輯. 1987. 「琉球國請願書集成-原文,読下し,譯註,解説(1)(2)」. 『琉球大學教育學部紀要』 30-1. 31-1.2.

西里喜行. 1981a. 『沖縄近代史研究』. 沖縄時事出版.

西里喜行. 1981b. 『論集沖縄近代史』. 沖縄時事出版.

西里喜行. 1986. 「前近代琉球の自己意識と國際意識」. 『地域からの國際交流』. 研文出版.

西里喜行. 1987. 「琉球救國運動と日本,淸國」. 『沖縄文化研究』 13. 東京: 法政大學沖縄文化研究所.

西里喜行. 1989. 「李鴻章と向德宏-琉球分島問題をめぐって」. 『琉中歴史關係論文集』.

西里喜行. 1992. 「琉球處分と樺太・千島交換條約」. 『アジアのなかの日本史 IV, 地域と民族』. 東京:

東京大學出版會.

比屋根照男. 1982.『自由民権運動と沖縄』. 研文出版.

赤嶺守. 1987.「脱淸人の歎願書について-琉球復舊運動硏究への視座」.『第一屆中國域外漢籍國際 學術會議論文集』. 臺北: 聯經出版社.

赤嶺守. 2001.「請願書中'脱淸人'的國家構想」.『琉球認同與歸屬論爭』. 臺北: 中央硏究院東北亞區域 硏究.

波平恒夫. 2001.「喜舎場朝賢と『琉球見聞錄』」.『政策科學國際關係論集』 4.

安里進. 1992.「琉球王國의 形成」.『アジアのなかの日本史 IV, 地域と民族』. 東京大學出版會.

高良倉吉. 1980.『琉球の時代』. 東京: 筑摩書房.

高良倉吉. 1987.『琉球王國の構造』. 東京: 吉川弘文館.

高良倉吉. 1989.『琉球王国史の課題』. 那覇: ひるぎ社.

安里進 外. 2004.『沖繩県の歷史』. 山川出版社.

村井章介. 1988.『アジアのなかの中世日本』. 東京: 校倉書房.

伊藤昭雄. 1987.「琉球處分と琉球救國運動-脱淸者たちの活動を中心に」.『橫浜市立大學論叢』 38-2, 3.

上里賢一. 2000.「詩文から見る林世功の行動と精神」.『日本東洋文化論集』 6.

小熊英二. 1998.『「日本人」の境界』. 東京: 新曜社.

4장

한국 근현대사와 오키나와
· 상흔과 기억의 연속과 단절1)

신주백

1. 머리말

　오늘날 한국인 가운데 오키나와를 기억하는 사람 대부분은 관광지로서
오키나와를 기억할 것이다. 오키나와는 일본의 한 지역인데다 변방이기 때문
이기도 하겠지만, 우리와의 무역관계 등에서 그다지 주목받는 지역이 아니기
때문이기도 하다. 더구나 오키나와는 우리와의 오랜 역사적 관계가 미미했던
네나 단절의 경험이 더 컸던 공간이었다.

　관광지로서의 오키나와가 아니라 한국과의 역사적 관계라는 측면에서
이 공간이 우리의 주목을 끌기 시작한 것은 대략 1990년대 초반부터였다. 한국
의 시민운동 영역에서 일제강점기 강제동원문제 등을 중심으로 한일 간의 과
거청산 문제를 본격적으로 제기하고, 4·3사건의 동아시아적 의미를 찾는 과정
에서 1945년 이후 국가에 의해 자행된 폭력과 인권침해 문제가 우리 사회에서
본격적으로 부각되기 시작한 시기가 바로 이즈음이었다. 그리고 이들 문제를

---

1) 이 글은 한국민족운동사학회에서 간행하는 『한국민족운동사연구』(제50권, 2007년)에 게재된
것을 일부 수정한 것이다.

학문적 영역에서 본격적으로 다루기 시작한 것은 1990년대 후반 즈음부터 였다.[2]

하지만 오키나와의 구체적인 역사 속에서 한국근현대사와 연관된 한국 인의 삶을 조망하려는 연구는 21세기에 들어 와서야 시작되었다.[3] 물론 1980 년대에 운노 후쿠주와 권병탁이 강제동원된 조선인 군부(軍夫)에 관해 글을 발표하여 그들이 오키나와에서 어떤 고생을 했는지 규명했지만, 두 사람의 성과물에는 군부 이외의 조선인에 관한 언급이 없을 뿐만 아니라 식민지 조선 인의 강제동원사와 연관된 분석이 없다(권병탁, 1982; 海野福寿・權丙卓, 1987; 海野福寿, 1988). 선행 연구의 빈 부분을 채운 연구자는 강정숙과 우라사 키 시게코(浦崎成子)다. 강정숙은 군부들의 동원과정과 구체적인 실체를 『선 박군(오키나와)유수명부(船舶軍(沖縄)留守名簿)』와 당사자들의 증언을 토 대로 진실을 정리하였고, 우라사키는 오키나와 일본군 '위안부'의 현황과 동원 과정, 생활실태를 분석하였다(강정숙, 2005; 浦崎成子, 2000).

본 논문의 2절에서는 선행연구에서 규명하고 정리한 사실을 바탕으로 새롭게 재해석하는데 치중하겠다. 예를 들어 군부의 동원이 당시 전체 강제동 원사에서, 그리고 일본군 '위안부'의 동원이 실제 일본군의 움직임과 어떤 연 관이 있었는지를 정리하겠다. 또한 한국근대사와의 연관성만이 아니라 일본 군대 및 오키나와주민과의 관계 곧, 오키나와 현지의 사정에서 군부와 위안부 의 동원이 어떤 의미를 갖는지도 분석하겠다. 더불어 이들이 언급하지 않은 다른 동원에 대해서도 간략히 언급하며 오키나와로 동원된 전체상을 정리하 는 데 기여해 보겠다.[4]

---

2) 대표적인 보기로 다음 두 책을 들 수 있다. 제주4・3연구소 엮음(1999); 동아시아 평화인권 한국위원회/정근식・하종문 엮음(2000). 문제의식의 출발점은 다르지만, 조선시대와 오키나와의 역사적 관계를 종합적으로 다룬 연구서도 이즈음 출판되었다(하우봉 외, 1999).
3) 1990년대까지 한국에서 이루어진 오키나와에 관한 연구로는 최인택(2000)의 논문 참조.
4) 다만, 본고에서도 문서상으로 증명되지 않은 채 상식화되어 버린 1만 명이란 조선인 동원 숫자를 명확히 하지 못함으로써 강제동원의 전체상을 제대로 그려내지 못하였다. 이는 선행 연구자들이

한편, 한국현대사와 오키나와와의 관계를 알 수 있는 선행연구는 없다. 예를 들어 1945년 오키나와전투 이후 조선인의 수용소 생활과 귀국 과정, 1945년 이후 한국과 오키나와는 어떤 연관이 있었는지 알 수 있는 연구는 없다. 왜냐하면 일본 본토 또는 오키나와 현지의 연구자들은 최근까지도 오키나와의 역사 속에서 조선인의 흔적을 찾는데 기본적으로 관심을 두지 않았기 때문이다.[5] 한국인 연구자들 역시 한국현대사에서 오키나와는 어떤 의미가 있는지 거의 관심을 두지 않았다. 심지어 최근 귀환 문제에 관한 연구가 집중적으로 발표되고 있는 데도, 오키나와에 징용 당한 조선인의 귀환과정을 밝힌 논문은 없다.[6]

이 글의 3절에서는 포로수용소의 생활에서부터 1972년 오키나와가 일본에 복귀되기 이전까지, 4절에서는 그 이후부터 1975년 '한국인 위령탑'이 건립될 때까지의 한국현대사와 오키나와의 관계를 각각 정리하겠다. 3절은 한국인의 귀환과정과 오키나와 미군정 측 자료가 많이 부족하지만 파편적인 자료를 모아 구성하겠으며, 4절은 민단과 조총련의 오키나와 조직 결성에 참가한 두 사람의 증언자료[7]와 2006년에 공개된 외교통상부의 외교문서를 가지고 완성해 보겠다.

맺음말에서는 강제동원사의 측면에서 노동력 동원을 재음미하면서 한국근현대사와 오키나와의 관계를 연속과 단절의 측면에서 언급하겠다.

느꼈던 어려움인 자료의 부족 때문인데 본고에서도 자유롭지 못했음을 미리 밝혀 둔다.

5) 예를 들어 최근 출판된 오키나와전에 관한 두 권의 대중적인 성과 속에서도 조선인의 역사는 여전히 소외되고 있다. 『沖縄戦の歴史』, 2004; 『沖縄を深く知る事典』, 2003.

6) 예를 들어 일본, 하와이와 동남아시아의 귀환과정을 언급하거나, 귀환에 관한 연구사를 정리할 때 오키나와로부터의 귀환과정에 관한 언급이 없다(李淵植, 2004; 張錫興, 2003). 또한 『한국근현대사연구』 25(2003)에는 「특집: 해방 후 해외 한인의 귀환과 역사상」에서 7편의 논문이 수록되어 있는데, 오키나와로부터의 귀환과정에 관한 연구는 없다. 이렇게 된 기본적인 원인은 오키나와로부터의 귀환에 관한 자료가 부족하기 때문이다.

7) 민단 관계자인 김동성은 1960년대에, 조총련의 박수남은 1972년에 각각 오키나와로 이주하였다. 더불어 미리 밝혀 두는 점은, 서술의 편의상 귀환까지는 조선인, 그 이후는 한국인이란 명칭을 사용하겠다.

2. 식민지 조선과 오키나와전투

1) 오키나와에서의 전쟁준비

미군은 1944년 1월에 필리핀의 루손섬, 2월에 이오지마(硫黃島)를 각각 점령하였다. 도쿄의 대본영은 이미 1월에 항공기지를 건설하는데 중점을 둔 「천호 제1호작전」을 발령했지만, 이오지마가 점령되자 오키나와가 다음 전투장이라고 판단하였다. 대본영은 오키나와의 방비를 담당할 제32군 사령부를 1944년 3월 22일에 창설하고, 오키나와에 여러 개의 항공기지를 건설하는 등 항공작전 준비에 가장 중점을 둔 「10호작전준비요강」을 확정하였다. 제32군의 지상병력은 주로 항공기지를 방위하면서 함선정박지를 엄호하는 것이 임무였다(防衛廳防衛硏修所戰史室, 1968: 26~28).

1944년 4월 하순 비행장을 건설하기 위한 부대가 오키나와에 속속 도착하였다. 비행장 건설에는 오키나와 주민들도 많이 동원되었다. 학생을 포함하여 오키나와 주민에 대한 노동력 동원은 이때부터 본격화하였다. 5월 초부터 8월까지 근로봉사대를 제외하고 징용된 사람이 3만 7840명으로 1인당 평균 10일씩 노동한 셈이었다(林博史, 2001: 29).

1944년 6월 11일 미군이 사이판에 상륙하면서 전황은 일본에 더욱 불리해져만 갔고, 일본군은 7월 7일 사이판에서 조직적인 저항을 포기하였다. 이즈음 대본영은 오키나와에 대규모 병력을 배치하기로 결정하였다.[8] 새로운 병력으로 오키나와 밖, 특히 만주와 중국의 북부지역에 주둔하고 있던 제9, 24, 28, 62사단 등이 제32군에 편입되었는데, 거의 대부분 1944년 7, 8월에 오키나

---

8) 이때 부산은 이동부대의 대기장소였다. 예를 들어 대본영은 1944년 6월 20일 제9사단 주력을 비롯하여 관동군 소속 부대가 부산 부근에서 출동 명령이 내려질 때까지 대기하고 있도록 지시하였다(防衛廳防衛硏修所戰史室, 1968: 48).

[그림 4-1] 오키나와전투 직전 일본군의 오키나와 본도 배치도

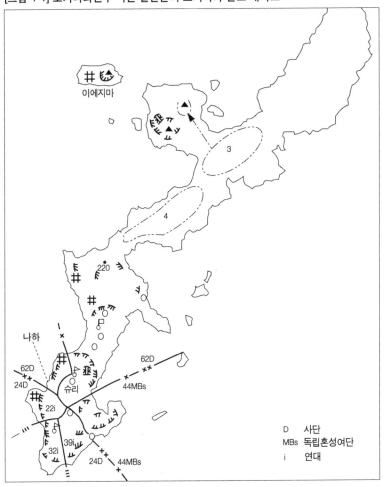

와의 여러 섬에 상륙하였다. 1945년 4월 오키나와전투 당시 일본군 주력 부대였던 이들 부대의 오키나와 배치는 9월 말까지 완료되었다(防衛廳防衛硏修所戰史室, 1968: 106~109). 오키나와전투가 일어나기 직전 미군의 상륙이 예상되는 오키나와 본도(本島)의 남부지역을 중심으로 집중 배치된 일본군 집결 현황을 간략히 정리하면 [그림 4-1]과 같다.

새로 배치된 부대가 항공기지를 건설하고 오키나와전투에 대비하는 진지를 구축하는 데 우선 투입되면서 오키나와에서의 전쟁준비에 가속도가 붙기 시작하였다. 특히 진지구축에 더 비중을 두려는 제32군 사령부의 의견과 달리 도쿄의 대본영이 가장 심혈을 기울였던 비행장 건설은 10월 상순경까지 기본적으로 완료되었는데, 모두 15개 비행장이 건설되었다(大城將保, 1999: 96).[9]

2) 오키나와전투에 동원된 조선인

일제강점기 오키나와에 관한 조선어 신문의 보도를 보면 거의 대부분이 태풍에 관한 기사뿐이다. 식민지 조선인이 그곳에서 어떻게 활동했는지에 관한 기사는 없다. 기사거리가 될 만큼 오키나와의 조선인에 관한 삶이 주목받지 못했기 때문일 것이다. 그럼에도 불구하고 많지는 않지만 소수의 사람들은 경제적 동기 등으로 오키나와에 거주하였다. 예를 들어 1943, 1944년경 이리오모테지마(西表島)의 탄광에 조선인 광부 26명이 있었다(經濟局工鑛課, 1956). 이들 가운데는 해방 후에도 귀국하지 않고 현지에 거주하는 사람도 있었는데, 함석윤이 그런 경우다(「東亞日報」 1966.1.18; 武茂憲一, 1969).

이들 이외에 오키나와 본도에서 상업 등에 종사하는 조선인도 있었다. 나고(名護)에 거주하며 시계점을 운영한 곤도 후쿠조(權藤福藏)의 증언에 따르면, 1930년 조선호조회(朝鮮互助會)가 발족되었는데 회원 수는 많을 때 40~50명 정도에 이르렀다. 이들은 나하(那覇)에서 1년에 한 차례씩 연회를 하며 친목을 도모하였다(福地曠昭, 1986: 22).[10]

오키나와에 거주하는 조선인이 본격적으로 늘어난 것은 대본영에서 미

---

9) 아마미제도 등 가고시마현 소속은 제외한 숫자이다.
10) 權藤福藏은 증언 당시 78세였다.

군과의 오키나와전투를 대비한 1944년부터였다. 조선인은 다양한 이유로 오키나와에 동원되었다. 예를 들어 미야코지마(宮古島)에 주둔했던 제28사단의 복원자료에 따르면, 1945년 10월 30일 현재 복원된 조선인은 축성 제4중대 32명, 제5중대 31명, 보병 제3연대 13명, 그리고 특별수상근무 제101중대 379명으로 모두 458명이었다(福地曠昭, 1986: 84~85). 이처럼 진지구축과 물자 운반 등을 주로 했던 특별수상근무대 이외에도 많은 조선인이 부대 시설물의 건축과 수리 등을 주로 하는 축성부대와 같은 노무부대, 그리고 소수이지만 전투부대에 징병된 사람도 있었다. 현존하는 자료로는 조선인 전투부대원에 관한 기초적인 현황조차 파악하기 어렵지만, 학병을 포함하여 징병자들은 오키나와 주둔 부대에 직접 배치된 경우보다 만주 등지로 배치되었다가 부대의 이동에 따라 오키나와까지 온 경우가 대부분이었을 것이다.[11]

현재까지 밝혀진 바에 따르면, 오키나와전투에 동원된 조선인의 현황을 가장 확실히 알 수 있는 유일한 문헌자료가 특설수상근무 제101~104중대에 관한 자료다. 이 부대에 관해서는 각종 회고록과 일본군 관련 자료가 남아 있어 그 실체를 비교적 자세히 확인할 수 있다.[12]

그러면 우선 특설수상근무 제101~104중대에 관해 다음 [표 4-1]과 같이 간략히 정리해 두자.

4개의 노무부대는 1944년 7월 상순경 집중적으로 동원되었다. 1944년 6월 미군이 사이판에 상륙하고, 전투가 일본군에 불리해지고 있는 상황 곧, 사이판전투 이후 다음 전투장소는 오키나와일 수밖에 없다는 대본영의 판단과 관련이 깊은 동원이었다.

---

11) 조선인 징병자가 소집영장을 받아 입대하기 시작한 것은 1944년 9월부터였다. 따라서 1944년 7,8월에 오키나와로 이동한 부대에는 특별 지원병 출신의 조선인 병사 몇 명이 여러 중대에 흩어져 배치되었겠지만 극히 소수였을 것이다.
12) 본고에서는 강정숙이 선행연구에서 정리한 통계와 증언자료를 바탕으로 다양한 분석을 시도해 보겠다.

[표 4-1] 오키나와 조선인 군부

통칭명	부대명	편성지 및 일시	상륙 일시 및 소재지
球8884	특설수상근무 제101중대	대구 44.7.10	44.8.12 미야코지마
球8885	특설수상근무 제102중대	대구 44.7.11	44.8.21 아마미제도 (12월 오키나와 본도로)
球8886	특설수상근무 제103중대	대구 44.7.12	44.8.21 오키나와 본도
球8887	특설수상근무 제104중대	대구 44.7.13	44.8.21 오키나와 본도

비고: 상륙 날짜와 소재지 이동은 제32군 잔무 정리반에서 작성한
「在沖縄本島(含本島周邊小島) 部隊轉用一覽表(46.10.10)」참조.
출전:『船舶軍(沖縄)留守名簿』.

강정숙의 분석에 따르면, 4개 중대의 징용 조선인은 명부상으로 보면 2865명 가운데 81명을 제외하고 모두 경상북도 거주자였다. 그들 가운데 일부가 고향 집에서부터 대구의 집결지까지 이동하는 과정에서 탈출한 사실을 고려하면 2865명 이상에게 영장이 발부되었음을 알 수 있다.[13] 일본은 이들을 군부(軍夫)라고도 불렀으며, 엄밀히 말해 일반 징용과 다른 군속징용으로 간주하였다.

그런데 필자가 주목하고 싶은 것은 숫자가 아니라 특정 지역 출신자들을 한꺼번에 동원하여 특정 동원지로 보내는 동원방식이다. 명부에 나오는 경상북도 출신자 가운데 대구부(大邱府) 사람은 10명뿐이며, 나머지는 모두 농촌에 거주하던 사람들이었다.

지배자로서 일본은 몇 가지 점에서 유리한 동원방식이라고 보고 이 방식을 채택했다고 보아야 한다. 첫째, 농촌지역 거주자를 집중적으로 징용한 점은 일제가 필요로 하는 징용자는 힘든 노동을 감당할 수 있는 사람들이어야 한다는 판단과 무관하지 않을 것이다. 둘째, 도시와 달리 분산된 농촌 지역의 거주자를 특정 지역을 중심으로 한꺼번에 대규모로 동원했던 것은 인적 자원의 파악과 장악, 그리고 행정의 효율적 집행이란 측면에서도 적극 고려했기 때문일 것이다. 셋째, 급박해지고 있는 전황에 신속히 대비하면서도 오키나와

---

13) 탈출한 사람들에 대한 사실은 김원영(1978: 67~68, 73)에서도 확인할 수 있다.

라는 먼 곳까지 동원하기 위해 더욱 속전속결로 일을 처리해야만 했을 것이므로 일본으로서는 이와 같은 동원방식을 크게 선호했을 것이다. 넷째, 조선의 노동력이 점차 부녀화, 유년화, 노령화되어 가면서 고갈되어 가고 있던 현실(김민영, 1995: 224~225)에서 양질의 인적 자원을 확보하기 위한 일본 나름의 대처였을 것이다.

군대의 힘을 빌려 특정 지역의 거주자만을 대규모로 동원하여 특정 지역에 집중 배치하는 동원방식은 특히 세 번째 및 마지막 이유와 관련하여 1945년으로 갈수록, 달리 말하면 전황이 불리해져 본토결전의 시간이 다가올수록 일본이 선호한 동원방식이었다. 1944년 중반을 경과하는 시점에서 특별수상근무 제101~104중대와 같은 동원방식은 이미 식민지 조선에서 유일한 사례가 아니었을 것이다. 다음 '3) 강제동원사에서 특설수상 근무대의 의미'에서 자세히 검토하겠지만, 이와 같은 동원방식은 일본 스스로 통치력의 한계를 드러내는 행위이기도 하였다.

그러면 다시 특설수상근무 제101~104중대에 대해 검토해 보자. 강정숙의 논문에 나오는 연령대별 인원분포를 참조하여 분석해 보면, 군속들의 나이는 1900년생부터 1927년생까지 분포되어 있지만, 징용 대상자 가운데 16세에서 40세에 이르는 사람을 우선 징용하려는 일본 측의 의도 때문에 대부분 1914년부터 1923년 사이의 출생자였다(강정숙, 2005: 201~202).[14] 반면에 1944, 45년도 징병의 주요 대상자인 1924, 25년생은 '13명'에 불과하였다. 일본은 조선인을 대상으로 첫 징병을 실시하기 위한 신체검사를 진행하고 있는 상황에서 아직까지 조선인 병력 자원을 건드리지 않았던 것이다.

---

14) 강정숙이 작성한 '[표 4] 특설수상근무대 연령별 구성'에 따르면, 이 사이에 태어난 사람만 2867명이다. 그런데 전체 징용 인원은 2865명이다. 차이가 나는 연유를 잘 모르겠지만, 출생연도별 정확한 숫자는 다시 계산해 보아야 할 것이다. 다만, 본고에서는 경향을 알고 싶어 이 통계를 인용한 것이기 때문에, 필자의 논지에 큰 지장이 없다고 판단하여 강정숙의 논문에 나오는 '[표 4]'의 통계를 합산하였다.

그런데 김원영의 진술에 따르면, 징용자들은 대구의 제24부대 곧, 보병제 80연대보충대[15]에 집결하여 간단한 교육을 받고 부산, 시모노세키, 가고시마 등지를 거쳐 오키나와로 갔다. 그들은 제24부대에 집결한 이후부터 일본군의 3·3제 부대편제방식에 따라 통제당하며 동원되었다. 예를 들어 104중대의 『진중일지』에 따르면 1개 중대는 소대원이 210명 전후인 3개 소대로 편성되었으며, 소대는 분대원이 70명 정도인 3개 분대로 구성되었다(本部町史編纂委員會 編, 1979: 1104~1115). 중대의 운영도 각 중대의 중대장과 소대장, 보충병 등 모두 일본인 군인을 중심으로 이루어졌다. 일본인 군인의 숫자는 조선인 노무대원들을 지휘할 수 있을 정도의 인력만으로 한정되었다. 이들은 중대원의 대략 10% 정도를 차지하였다. 조선인들은 형식상 민간인 신분으로 징용되었지만 실제로는 군속으로 징용되었으며, 특설수상근무대라는 노무부대로 재편되어 총은 소지하지 못했지만 군인처럼 취급당하였다.

특설수상근무대원으로 오키나와에 동원된 조선인은 주야 2교대로 근무하거나 밤낮을 가리지 않고 노동해야 했으며(朴壽南, 1991: 176), 심지어 미군의 포탄이 날아오는 전투 중에도 탄약을 나르는 등 목숨을 내놓고 인간 이하의 노동을 강요받았다(김원영, 1978: 127~128).[16] 그렇다고 고된 노동을 한 대가로 식량 등 배급을 잘 받은 것도 아니었다(第2次大戰時沖繩朝鮮人强制連行虐殺眞相調査團, 1972: 24~25). 그들은 미군의 폭격보다 기아와 고된 노동이 더 힘들었을 정도였다. 더구나 조선인이라는 멸시와 차별까지 받았으며, 학살당한 경우도 비일비재하였다. 고립된 섬인 오키나와에는 도망칠 공간도 없었다.

---

15) 오키나와로의 동원과정을 설명하는 여러 편의 논문, 증언자료 또는 회고록에서는 제24부대라는 말이 자주 나온다. 그러나 그것이 어떤 의미인지를 설명한 글은 없다.
일본은 1940년 8월 대외 방첩을 위해 그동안 사용해 오던 부대명칭을 사용하지 않고 이와 같은 방식의 통칭명을 사용하기로 결정하였다. 1941년 8월 조선군사령부는 조선군의 임시동원 편성을 완성할 때 대구에 주둔하고 있던 보병제80연대, 그리고 나중에 그 부대의 보충대 명칭을 '조선제24부대'로 통칭하도록 결정하였다. 같은 제20사단 소속인 보병제78연대와 그 부대의 보충대도 '조선제22부대'라 불렀다.
16) 김원영은 1945년 6월 15일 밤의 상황을 회고하였다.

[그림 4-2] 오키나와의 일본군 위안소

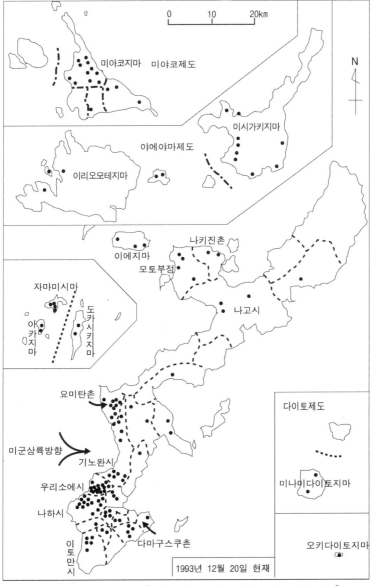

備考: 浦崎成子,「沖繩戰と軍'慰安婦'」, 金富子・宋連玉 編輯責任,『'慰安婦'
戰時性暴力の實態』, 綠風出版, 2000, 99쪽.
原典:「沖繩県慰安所マップ(1992.8)」,『第5回'全國女性史研究交流のつどい'第1分科會-
沖繩爭と女性-'慰安所マップ'が語るもの』, 1994.

오키나와에서 힘든 생활은 연명한 조선인은 이들만이 아니었다. 일본군 '위안부'도 있었다.[17] 이들은 일본군이 급격히 늘어나는 1944년 7월 이후 오키나와에 왔다. 중국에 주둔하고 있던 부대가 이동하면서 운영하고 있던 위안소도 함께 옮겨온 경우, 급속한 부대 증강에 따라 부족한 일본군 '위안부'를 조선, 타이완, 일본 등지에서 직접 동원된 경우도 있었다.[18] 조선에서 오키나와로 동원된 조선인 여성들은 전라도와 부산에서 많이 왔다고 한다(福地曠昭, 1986: 122). 1992년 조사에 따르면, 부대의 이동에 따라 위안소도 옮겼으므로 중복된 경우도 있고 확인이 어려운 경우도 있지만, 130여 곳의 위안소 가운데 조선인 여성이 있었다고 확인된 곳은 41개소였다(浦崎成子, 2000: 98, 112).[19] 앞의 [그림 4-2]에서 알 수 있듯이, 일본군 '위안소'는 군 병력이 집중된 오키나와 본도의 남부지역을 중심으로 군대가 있는 모든 곳에 있었다.

3) 강제동원사에서 특설수상근무대의 의미

선행연구에서는 특설수상근무대와 특설육상근무대가 야전근무대의 구성 부분인지, 아니면 서로 다른 부대인지를 놓고 의견 차이가 있다. 전자와 같은 견해는 쓰카자키(塚崎昌之)에 의해 제기되었고, 후자의 경우는 히구치(樋口雄一)가 주장하는 견해다(樋口雄一, 2001; 塚崎昌之, 2005).[20] 필자가 보기에 쓰카사키의 주장이 맞다. 쓰카사키도 인용한 「군령육갑 제37호 야전근무대본부·육상·수상근무중대임시동원요령(軍令陸甲 第37號 野戰勤務隊本部·陸上·水上

---

17) 전반적인 상황은 浦崎成子(2000) 참조.
18) 직접 동원된 경우는 조선에서 직공 모집인 줄 알고 응모했다가 미야코지마에서 위안부로 생활한 사례를 들 수 있다(「어느 女子挺身隊員의 恨맺힌 事緣」, 『鎭魂』: 154~166)).
19) 애초 오키나와 주둔 일본군은 1개 위안소에 15명, 1개 연대에 2개의 위안소를 설치하는 것을 기준으로 대략 500여 개의 위안소를 둘 계획이었다(山川泰邦, 1984: 333). 山川泰邦은 도쿄의 경찰부 특고과에서 근무하다 1944년 7월부터 나하경찰서 감독 경부로 근무한 사람이다.
20) 1945년 병사노무동원의 전체적인 현황에 대해서는 신주백(2003)의 제2장 참조. 이 논문은 조성윤 엮음, 『일제 말기 제주도의 일본군 연구』(보고사, 2008)에 대폭 수정되어 수록되어 있다.

勤務中隊臨時動員要領) 1945.3.3)」에 따르면(『軍令綴』 6에 편철된 문헌 자료),
제33, 38야전근무대에는 육상과 수상 근무중대가 함께 편성되었으며, 제35야
전근무대와 제39야전근무대는 각각 수상과 육상 근무중대로만 구성되었
다.[21] 이 가운데 제35, 38야전근무대는 조선군관구사령부에서 편성한 중대로
만 구성된 부대였다.

　　여기에서 더 깊이 검토해야 할 사실은 야전근무대와 위에서 언급한 특설
수상근무 제101~104중대, 그리고 1945년 3월 26일자로 조선군관구사령부에
임시편성 명령이 내려진 제1특설근무대(10개 중대)가 어떻게 다르냐는 점이
다. 즉 '특설'이란 말이 붙은 경우는 어떤 경우냐이다.

　　1945년 3월에 하달된 임시편성 명령에 따르면 조선인 야전근무대원은
"1944년 징집병 중 지조가 확실하고 되도록 국어 이해능력이 충분한 자를 충용
하는 것으로 한다"고 되어 있다(『軍令綴』 6). 그런데 현실에서는 이처럼 양질
의 병사를 확보하기 어려웠다. 오히려 당시 야전근무대를 편성하는 과정은
다음 두 가지 사항을 고려하며 보아야 한다. 즉 1944년도 현역 징병자들은
1944년 9월부터 12월 사이에 이미 부대 배치가 완료되었다는 점, 그리고 1945
년도 징병 대상자 가운데 현역병 판정을 받은 조선인은 3월부터 징병되었다는
점이다.

　　1945년 3월 3일자 임시편성명령에 따라 편성된 조선인 야전근무대원은
'징집병' 곧, 주로 제1보충역 등일 가능성이 높다. 예를 들어 제36, 37야전근무
대는 1945년 3월 20일자로 편성되었다. 제36야전근무대는 경성의 야포 제26
연대보충대에서 7개의 육상근무중대로, 제37야전근무대는 평양사단보병 제
1보충대에서 10개의 육상근무중대로 각각 편성되어 전자는 제주도, 목포, 추
자도와 같은 남해안 섬에, 후자는 부산과 마산 사이에 배치되었다(『昭和27年3

---

21) 추론한 것이기는 하지만 정혜경도 필자처럼 구분해서 보아야 한다는 입장을 취하고 있다(정혜
경, 2006: 226).

月 南鮮部隊槪況表』: 512~513). 이에 비해 1944년 7월에 편성된 특설수상근무
제101~104중대원들은 거의 대부분 징병 대상자들이 아니었다. 그래서 '특설'
이었다. 달리 말하면 야전근무대에 '특설'수상근무중대 또는 '특설'육상근무
중대가 편성된 경우는 없었다.[22]

    그렇다면 야전근무대의 임시편성 명령이 하달된 시기와 비슷한 1945년
3월 16일자의 임시편성명령에 따라 경성의 조선군관구사령부에서 편성한
후 제주도에 배치된 '제1특설근무대'를 어떻게 보아야 하는가. 제1특설근무
대는 경성사관구사령부 소속의 경성사단보병 제1, 2보충대 이외에도 포병보
충대, 공병보충대, 치중병보충대에서 책임지고 1945년 4월 30일 또는 5월 10
일자로 특설근무제4중대부터 제13중대까지 편성한 부대였다. 각 중대원은
650명 전후였으며, 조선인 대원은 적게는 590명에서 많게는 603명까지 배치
되었다(『昭和27年3月 南鮮部隊槪況表』: 524~525). 식민지 조선에 거주하는
재향군인 가운데 소집된 일본인 군인은 2개 중대를 제외하고 중대별로 10%
를 넘지 않았다.[23]

    식민지 조선에서 제1특설근무대에 이어 제2, 3의 특설근무대가 편성된 사
례는 없었는데, 이 부대가 기존의 야전근무대와 달리 '특설'이라는 이름으로 편
성된 이유는 정확히 알 수 없다. 다만 분명한 사실은 조선인 대원들 모두 징병된
사람들이라는 점이다. 즉 조선군관구사령부가 동원한 사람들이라는 사실이다.

    이처럼 1945년에 조선인을 대상으로 한 야전근무대와 제1특설근무대는
병사노무동원의 일환으로 편성된 것이었으며, 같은 '특설'이어도 1944년도와
1945년도의 경우는 대상자가 달랐다. 그렇지만 군대에서 통제하고 직접 운영

---

22) 樋口雄一는 이 차이를 구분하지 못하였다(樋口雄一, 2001: 104). 필자도 히구치가 인용한 자료
들을 보았는데, 그는 서로 다른 지시문건에 나온 내용 곧, 야전근무대와 특설근무대의 편성에
관한 명령서를 구분하지 않고 보았다.
23) 야전근무대 소속의 수상근무중대의 중대장은 大尉였는데 비해, 특설근무대 소속의 대장은
대위였지만 중대장은 중위 또는 소위가 맡았다. 중대원은 전자가 670명, 후자가 650명이 각각
편성 기준이었다(『昭和15年 陸支機密大日記 第5冊第5号 2/3』;『軍令綴』6).

했다는 점에서는 같았다. 이들은 항만에서 각종 군수물자의 하역 및 운반, 진지구축, 비행장 건설 등과 같은 고된 노동을 감당해야만 했던 노무부대 내지는 총알받이였다는 점에서도 같았다.

일제강점하 강제동원사에서 볼 때, 특설수상근무 제101~104중대의 편성은 민간인에 대한 대규모 강제동원으로부터 보충역을 포함한 모든 징병 대상자를 대규모로 동원하는 시기로 전환하는 초기에 이루어진 동원이었다. 그리고 1945년도는 병사노무동원이 주요한 동원방식이었다. 따라서 모집 - 관알선 - 징용이라는 강제동원의 시기구분 이외에 병사노무동원이란 새로운 동원방식을 취한 일제강점하 강제동원사의 시기로 자리매김 할 필요가 있다.

그렇다고 일본이 병사로서 노무동원 된 조선인을 황국신민으로서의 자질이 충만한 존재로 보았던 것도 아니었다. 본토결전을 서둘러 준비해야 했지만, 본토에서 전투를 벌일 수 있는 기초적인 준비조차 되어 있지 않은 현실에서 일본인만으로 구성된 대규모 노동력을 집중적으로 동원할 수 없었으므로 조선인을 동원한 것에 불과하였다. 오키나와에 동원된 특설수상근무 제101~104중대는 그러한 상황에서 적용된 시범케이스 또는 초기 사례였다.

3. 전후에 잊혀진 오키나와, 기억 속에 잠복당한 상처

1) 수용소 생활과 귀환 직후의 관계 단절

미군은 1945년 3월 26일 게라마열도(慶良間列島)에, 4월 1일 오키나와 본도에 상륙하였다. 6월 19일 우시지마(牛島) 제32군사령관이 예하 부대에 통일적 지휘가 어려우니 각자 전투하도록 최후의 명령을 하달함으로써 제32군의 조직적 전투는 종료되었다. 패잔병들의 저항은 계속되었지만 그가 23일자살함으로써 오키나와전투는 사실상 끝났다. 조선인과 일본군을 수용한 수용소는 조직적 저항이 끝나기 이전부터 미군의 점령지에 설치되기 시작하였다.

수용소가 처음 만들어졌을 때는 조선인과 일본인이 분리되지 않은 채 생활하였다. 하지만 두 민족 간에 얽힌 지배와 피지배의 역사적 관계와 오키나와전투 과정에서 더 악화된 민족감정으로 충돌이 자주 일어나 민족별로 분리 수용되었다. 여러 섬에 있던 조선인들은 일단 야카수용소(屋嘉收容所)에 3000명, 야게나수용소(屋慶名收容所)에 1600명이 수용되었다. 야카수용소(屋嘉收容所)로 합류하기 전 자마미수용소(座間味收容所)에 있던 일부 특설수상근무대원들은 희망에 따라 하와이로 이송되었다(海野福寿·權丙卓, 1987: 223).

조선인 남성들은 수용소 내에만 있어야 했던 일본군과 달리 외부로 나가 미군이 점령한 곳을 청소하는 등 노동에 동원되기도 하였다. 조선인 여성들도 같은 수용소에 수용되었는데, 이들 가운데 일부는 미군의 간호부로 일하거나 미군을 상대로 매춘을 하였다. 8월 15일 일본이 항복을 선언하자 수용소의 조선인들은 '대한독립 만세', '조선독립 만세'를 외치며 기쁨을 누렸으며, 위안회도 열었다. 그들은 8월 15일 이전에도 매일 오락회를 여는 등 전승국의 국민처럼 수용소에서 생활하였다(海野福寿·權丙卓, 1987: 224~225; 福地曠昭, 1986: 271).

수용소 내에서의 일본군인과 조선인의 입장도 완전히 역전되어 특설수상근무 제101~104중대원을 노예처럼 부려먹던 일본군에 대한 보복이 행해졌다. 예를 들어 조선인 포로들은 일본군 포로병과 미군 헌병이 보는 가운데 아카지마(阿嘉島)의 해상정진제2전대장이었던 노다(野田義彦) 소좌가 자신들에게 했던 대로 두 발을 묶고 모래 위를 끌고 다녔다(福地曠昭, 1986: 272~273). 반면에 오키나와인에 대해선 친근감을 갖고 상대하였다. 일본인들로부터 받왔던 차별에 대해 공감해 왔기 때문일 것이다.

수용소에 있던 조선인은 1945년부터 귀환하였다. 미군정의 정보보고서에서 오키나와에 있던 조선인의 귀환을 처음 확인할 수 있는 것은 1946년 2월 26일~27일자에 수집된 정보보고서다. 보고서에 따르면, 류큐에서 1379명이 귀환함에 따라 그때까지 모두 1586명이 귀환했다고 나온다(『美軍政情報報告書』 2: 91). 여기에서 207명의 인원이 차이가 난다. 그것은 1945년 11월 150명의 일본군 '위안부' 등을 포함한 귀국자 때문일 것이다. 왜냐하면 1945년 11월 오키나와 미군정부가 '150명'의 "조선인 '위안부'"를 조선으로 환송하였다고 연합국군총사령부(GHQ)에 보고했기 때문이다(『자료집 종군위안부』: 450~451). 이 배는 1946년 1월 8일~9일 사이에 104명의 류큐인을 태우고 나하로 되돌아갔다.[24] 오키나와의 미군정과 한국의 미군정에서 각각 작성한 통계에 따르면 귀환한 한국인은 1947년 말까지 1755명이었다(『琉球占領報告(昭和21.7~22.6)』: 277).[25]

김원영은 오키나와의 수용소에서 이송된 조선인이 500여 명 정도라고 회상하였다(金元榮, 1992: 145). 하와이의 수용소 사람들은 1946년 1월부터 인천으로 귀국했는데, 1946년 10월까지 하와이에서 귀국한 사람은 2646명이었다(『美軍政情報報告書』 12, 372). 500여 명도 이들의 일원이었을 것이다.

남는 사람도 있었다. 박수남의 증언에 따르면 1972년 조총련의 첫 조사에서 귀국하지 않고 오키나와에 거주한 조선인은 모두 '7명'이었다(「박수남증

---

24) 이에 대한 추론은 『미군정정보보고서(美軍政情報報告書)』 1: 526 참조. 한국에서 오키나와인이 귀국한 사실은 1945년 10월 15일까지 274명이었던 것으로 확인된다(『美軍政活動報告書』 4: 10). 오키나와로 돌아간 오키나와인은 최종적으로 316명이었다(『琉球占領報告(昭和21.7~22.6)』: 277). 일본 본토와 분리된 귀국 절차를 밟은 재조 오키나와인은 대개 교원과 경찰로 파견된 사람들이었다(「김동성증언자료(2006.1.23)」).

25) 1946년 9월 19일자 「G-2 WEEKLY SUMMARY」에는 1586명으로 나오는데, 10월 31일자부터 1755명으로 나오는 것으로 보아, 9월 말~10월 사이에 169명이 귀환한 것을 추측할 수 있다(『美軍政情報報告書』 12: 268). 다만, 수용소 수용 인원과 귀국자 사이에 큰 차이가 있는데, 그 원인은 규명하지 못했다.

언자료(2006.1.26)」). 이들은 크게 두 부류였다. 오키나와전투가 벌어지기 이전부터 오키나와에서 생활했던 사람과 일본군 '위안부'로 동원되었다가 귀국하지 않은 사람이 바로 그들이다. 가령 1930년, 1931년, 1937년에 각각 오키나와로 건너 온 박씨, 이씨, 권씨의 경우 오키나와에서 결혼도 하고 사회에 동화되어 살아갔으므로 귀국하지 않았다(福地曠昭, 1986: 290~291). 또 군부로 와서 귀국하지 않은 사람도 한 사람 있었다고 한다(「박수남증언자료(2006.1.26)」).[26] 일본군 '위안부'로는 3명의 여성이 있었는데, 오키나와인과 결혼한 사람, 배봉기 할머니처럼 귀향해 보아야 반겨 줄 사람이 없어 포기한 사람 등이었다(「박수남증언자료(2006.1.26)」). 요컨대 귀국하지 않고 거주한 사람들은 조선인으로서의 정체성을 갖고 자신들만의 연계망을 형성하며 살지 않았다.

이로써 떠난 자와 남은 자 모두 가슴 속에 오키나와에 관한 아픈 기억을 담고서 남은 자는 그 사회에 동화되어서, 떠난 자는 다른 세상에서 과거를 묻어 둔 채 단절된 듯이 살아가기 시작하였다.

2) 동아시아 군사동맹망 속에서 복원된 비공식 관계

미국은 세계적인 차원에서 냉전체제가 형성되어 가고 있는 와중인 1949년에 중국이 공산화된 동아시아의 현실을 방치할 수 없었다. 또 이듬해 한국전쟁에 참전하면서 위협이 존재하는 지역에서 적으로부터의 공격을 억제하기 위해 미군의 존재가 얼마나 중요한지를 자각하였다. 특히 미국은 오키나와의 공군기지가 한국전쟁에서 중요한 역할을 수행하면서 동아시아에서 오키나와의 전략적 가치를 새삼 확인하였다. 미국 공군 입장에서 오키나와는 소련의 쿠릴열도에서 바이칼호수, 그리고 중국 전역과 동남아시아까지를 공중 급유

---

26) 마쓰모토(松本)란 성을 가졌던 조선인 군부는 오키나와 여성과 결혼하여 살았다.

없이 폭격이 가능한 권역으로 포함시킬 수 있는 곳에 위치하였다(Eldridge, 2003: 8. 243~254).

미국은 한국전쟁의 와중인 1951년에 일본과 미일안전보장조약을 체결하여 새삼 확인한 일본의 전략적 가치를 제도적으로 보장하면서 동아시아의 반공망을 만들어가기 시작하였다. 미국은 1953년 한국전쟁 와중에 한미상호방위조약을 체결하였고, 이듬 해 타이완과 상호방위조약을 체결하였다. 또한 1952년에 호주와 ANZUS, 1955년에 동남아 국가들과 SEATO라는 집단방위조약을 각각 체결하였다. 요컨대 오키나와는 이들 군사동맹망의 한 중간 지점에 있는 곳으로서 중국과 소련에 대한 전진기지였다.

오키나와의 한국인 사회는 미국이 동아시아의 군사동맹망을 적극적으로 만들어 나가며 그 거점으로 오키나와가 위치 지워지기 시작하면서부터 다시 형성되기 시작하였다. 동아시아의 군사동맹망이 완성되는 1950년대 중반경부터 1972년 오키나와가 일본에 복귀되기 이전까지 이곳에 이주한 한국인들의 현황을 정리하면 아래 [표 4-2]와 같다.

1955년경부터 미군 관계 취업 및 특수기술자, 유엔군사령부의 방송 관계자들을 중심으로 한국인 거주자가 생겨났다(「동아일보」 1985.3.22). 위의 [표 4-2]에서처럼 일시 방문자와 군요원이 많은 비중을 차지한 사실에서 알 수 있듯이 많은 한국인이 미군과의 관계 때문에 오키나와를 방문하였으며 정주(定住)를 목적으로 방문한 사람은 드물었다. 특히 1966년부터 한국인 이주자가 크게 늘어났는데, 일시 방문자와 '청부업자의 피고용인', '기술 입역자' 등 일 때문에 일시 체류하는 사람이 대부분이었다. 이들 가운데 상당수는 미군의 원유탱크 공사를 위해 고용되는 등 미군의 시설지 공사 때문에 오키나와에 온 사람이었다(「김동성증언자료(2006.1.23)」). 군사적 관계를 매개로 이어져 오고 있던 한국과 오키나와 사이의 인적 교류가 1965년 한국과 일본의 공식적인 외교관계의 수립을 계기로 더 늘어난 것이다.

[표 4-2] 오키나와 거주 한국인의 거주 목적과 이주자의 변화

연도/내역	총계	공용	일시방문자	상용입역자	기술입역자	청부업자의 피고용자	영주자	군요원	기타
1955	9		8						1
1959	27		13				3	11	
1960	42		12	2	1		11	16	3
1961	52		15	1	2		11	23	
1962	67		17	1	5	2	12	30	
1963	92		28	1	5	3	13	42	
1964	85		24	1		1	16	41	2
1965	97		46	1		2	16	30	2
1966	139	2	60	1	11	19	13	31	2
1967	155		84	1	17	12	12	27	2
1968	144	2	81	1	18	8	12	20	2
1969	166	5	95	2	27	5	12	18	2
1970	203	3	36	2	5	4	8	20	125

[표 4-3] 한국과 오키나와의 교역관계(단위: 1000달러)

	1966	1967	1968	1969	1970	1971
수입	76	45	187	105	3,734	8,146
수출	1,173	1,183	774	1,588	1,757	2,696

출전: 영사1과, 「'오키나와'반환 후 상주 공관 설치문제에 관한 연구 검토(안)(1972.1.24)」,
『재외공간 설치: 나하(오키나와, 일본) 영사관, 1971~73』: 34, 36, 38.

　　오키나와 거주자 가운데 특히 주목되는 이주자는 '군요원'이었다. 한국인 군요원은 유엔군사령부의 방송 관계자 곧, 미국의 소리방송(AVO)에서 대북 한국어 방송에 관여한 사람들로서 '미국 제7 심리작전부대' 등 미군부대에 근무하였다.[27] 이 부대의 한국인들은 월남전쟁 때 위조지폐를 만들어 교란작전에 참가하거나 오키나와의 반기지투쟁이 열리는 집회장소에 미군 대신 참가하여 탐지활동을 벌이기도 하였다.[28] 또한 한국군의 정보장교와 정훈장교, 그리고 공군조종사 등이 와서 훈련을 받았지만, 위의 [표 4-2]에서 언급한 군요원의

---

27) 이 부대는 1978, 79년경 해산되었다고 한다. 해산 당시 한국인은 15명이 있었는데, 7명이 오키나와에 거주하였고, 8명은 미국으로 가 재교육을 받았다(「김동성증언자료(2006.1.23)」).
28) 외모에 그다지 차이가 없었기 때문에 미군 대신에 파견되었다(「김동성증언자료(2006.1.23)」).

통계에 이들도 포함되었는지 여부는 확인하지 못하였다.[29]

한국의 군요원은 필리핀, 일본, 타이완 다음으로 많았다. 예를 들어 1969년의 경우 필리핀인 354명, 일본인 34명, 타이완인 39명이었다(『琉球統計年鑑』: 1969: 47). 추후 더 조사해 보아야겠지만, 미국을 중심으로 중국 및 북한과 직접 대결하며 동북아에서 반공망을 형성하고 있던 나라들에서 많은 요원이 파견되었음을 알 수 있다.[30]

다음에는 한일협정 이후인 1966년부터 한국과 오키나와 사이의 수출입 관계를 정리한 [표 4-3]을 통해 경제관계를 확인해 보자.

한국과 오키나와의 대외무역은 일본과 무관하게 독자적인 관계였는데, 1958년 수출계약이 체결되면서부터 시작되었다(「동아일보」 1958.12.22). 위의 [표 4-3]에서 알 수 있듯이 무역액이 1970년에 급속히 늘어났다.[31] 1970년 한국은 오키나와에 수출한 전체 액수의 74.05%를 과실, 야채류, 설탕 등 제1차 산업제품으로 채웠다. 반대로 우리는 오키나와로부터 광물성원료와 윤활유 등을 비롯하여 비식용원재료와 기계류 및 운반용 기기류 등을 수입하였다. 특히 1970년 오키나와에서 수입한 전체 액수의 83.04%가 미군기지를 매개로 한 광물성 원료와 윤활유 제품이 차지할 정도였다.[32]

교역관계의 비중을 보면, 오키나와의 대외무역은 일본, 미국, 영국, 타이완이 큰 비중을 차지한데 반해 한국은 그다지 높지 않았다. 마찬가지로 한국의 1971년도 수출액이 10억 6800만 달러였던 점을 고려할 때 한국의 입장에서도 오키나와와의 교역은 비중이 높지 않았다.[33]

---

29) 군요원에 관한 이상의 내용은 「김동성중언자료(2006.1.23)」를 인용한 것이다.
30) 다만, 한일협정이 체결된 1965년을 기점으로 41명에서 30명으로 군요원의 숫자가 감소하고 1968년에는 20명으로 더 줄어든 원인을 밝힐 수 없었다.
31) 1965년까지의 통계는 확보하지 못하였다.
32) 1972년 오키나와가 일본에 복귀된 후에도 오키나와 미군의 석유비축기지에서 나오는 유황은 한국에 수출되는 중요한 물품이었다(「김동성중언자료(2006.1.23)」).
33) 그 원인의 하나는 쿼터제 때문이었다(「김동성중언자료(2006.1.23)」).

그래서 해방 후 한국과 오키나와의 관계를 무역관계를 중심으로 설명하기는 어렵다. 오히려 한국과 오키나와의 관계는 앞서 언급한 인적 교류의 측면을 보더라도 1945년 이전과 마찬가지로 군사적 측면을 기본적으로 벗어날 수 없었다. 요컨대 해방 후 오키나와는 동아시아의 군사적 반공전선의 중심지이자 반공이념을 확대 재생산하는 중심지였다. 한국과 오키나와의 관계도 동아시아 반공망 속의 군사적 연계라는 측면에서 보아야 한다.

한국근대사와 오키나와는 1945년 8월까지 지배와 피지배는 정치적 현실과 일본의 침략전쟁이란 군사적 현실 때문에 밀접한 연관이 있었지만, 일본의 패전과 한국의 독립을 계기로 급속히 단절되었다. 이 단절을 지속시킨 것은 세계적 차원의 냉전구도였다. 그리고 미군에게 있어 오키나와의 전략적 위상과 한반도의 분단이 과거사를 둘러싼 단절의 역사를 더욱 길게 그리고 깊게 잠복시켰다. 반면에 한국과 미국의 군사적 동맹 때문에 두 지역의 새로운 군사적 관계는 미약하게나마 유지되었다.

4. 경쟁과 배제의 분단체제 속에서 표피적으로 재생된 기억

1972년 5월 오키나와는 일본의 영토로 복귀되었다.[34] 복귀 직후 오키나와 현청에 외국인으로 등록한 한국인은 253명이며, 그 이외에 군속 약 50명, 미군 병사의 부인 등 미군 가족 약 700여 명을 합쳐 대략 1000여 명의 한국인이 오키나와에 거주하였다(『재외공간 설치-나하(오키나와, 일본) 영사관, 1971~73』: 80).[35] 여전히 미군병사의 부인으로 기지 내에 거주하는 한국인 여성이 많은

---

34) 1957년 1월 한국정부는 오키나와의 일본 귀속에 반대하였다. 그 해 4월 사이공에서 열린 아주 반공대회에서 이승만 정부는 필리핀, 타이완의 관계자들과 함께 오키나와의 자치를 요구하였다 (「동아일보」 1958.1.14, 4.8, 7.2)
35) 이 자료는 2006년 외교통상부에서 공개한 외교문서의 일부다.

등 미군 관계자들이 많았다.36) 이 점은 다른 해외지역 한인사회와 비교되는 오키나와 한인사회만의 독특한 구성이었다. 이곳에는 1973년 3월 15일 후쿠오카총영사관 관할의 주나하영사관이 설치되어 1995년 8월 4일 폐쇄될 때까지 오키나와현의 한국 관련 문제를 전담하였다.

그렇다면 많지 않은 재일한국인이 거주하는 곳에 박정희의 유신 정부가 굳이 영사관을 설치한 이유는 무엇일까.37)

유신 정부는 교민에 대한 "여권 및 사증 등 영사 사무의 신속한 처리", "대외 문화활동의 강화", "조총련계 및 북괴의 침투공작 저지", "민단의 조직 활동 강화", "안보문제와 관련한 현지 사정의 신속한 보고", "수출시장의 개척", "출장경비의 절약"을 위해 나하에 영사관을 설치해야 한다고 보았다(『재외공관 설치: 나하(오키나와, 일본) 영사관, 1971~73』: 29~31). 여기에서 우리가 특별히 주목해야 할 이유는 '조총련계 및 북괴의 침투공작 저지'와 '안보 문제와 관련한 현지 사정의 신속한 보고'에 관한 부분이다. 관련 내용을 인용해 보면 아래와 같다.

자료 1) 오키나와 주민은 이해 부족에 기인한 것이기는 하나 대개 한국이나 북괴에 대해 차별감각 없는 태도를 보이고 있으므로 이러한 실정은 조총련 및 북괴의 침투 가능성을 용이하게 하는 소지를 주게 되는 것인 바, 올바른 한국관을 인식시켜 줌으로써 북괴와 조총련의 침투공작을 저지해야 할 것임. 현재 북괴는 조총련을 통하여 유구대학에 많은 간행물을 재공하고 있으며 현재 노조 사무실 내에는 조선문제연구소를 설치하고 있음.

자료 2: 오키나와에는 미군의 중요 군사기지가 많으며 同島가 앞으로도 계속 지역

---

36) 미군 병사의 부인 가운데 오키나와재일한국인민단(1970.11.28)의 부인회에 열성적으로 참여하는 사람도 있었지만, 대부분 한인사회의 움직임에 큰 힘이 되지 못하였다(「김동성중언자료(2006.1.23)」).
37) 더구나 애초 일본 외무성조차 영사관 개설에 소극적이었다(『재외공관 설치: 나하(오키나와, 일본) 영사관, 1971~73』: 106). 나하영사관은 1980년대 후반에 한 차례 폐쇄된 적이 있었다.

내의 안전보장에 기여하게 될 것을 고려할 때 아국의 안보와도 관련이 있는바, 현지에 상주공관을 두어 변동하는 현지사정을 수시로 본국정부에 보고하게 할 필요가 있음(『재외공관 설치-나하(오키나와, 일본) 영사관, 1971~73』: 30~31).

이로부터 8개월이 지난 1972년 9월 12일 주후쿠오카 총영사관이 본국에 보낸 '주나하(오키나와) 영사관 설치의 필요성'에서는 "안보 문제와 관련한 현지 상황의 신속한 보고", "수출시장 개척", "여권 사증 등 영사사무의 신속한 처리", "민단조직 활동 강화와 조련계 침투공작 저지"를 영사관 설치의 이유로 들고 있어, 우선순위에 약간의 변화가 있음을 확인할 수 있다. 즉 미군의 동향, 특히 한반도의 안전과 직접 연관이 있는 오키나와 미군기지의 동향에 관한 정보 수집의 필요성이 특별히 부각되고 있는 것이다.

물론 영사관 설치와 미군기지는 직접 연관이 없다. 그렇지만 거기에 북한이란 존재를 대입하면 이야기는 달라진다. 위에서 언급한 두 보고서에서도 알 수 있듯이 나하 주재 한국영사관을 설치하려는 이유 가운데 빠지지 않고 등장하는 것이 '북괴'라는 존재다.

사실 조총련은 1972년 5월부터 오키나와에 활동가를 파견하여 활발한 활동을 벌였다. 그들은 '2차대전시 오키나와조선인강제연행학살진상조사단'의 이름으로 활동하며 본고에서도 인용한 『2차대전시오키나와조선인강제연행학살진상조사단보고서』를 출판하는 한편,[38] 오키나와 거주 한국인들의 현황을 조사하였다. 조총련은 9월 6일 오키나와현본부를 결성하였으며, 이즈음 49명을 조직원으로 확보하였다. 또한 조총련은 진상조사단 활동을 벌이는 과정에서 일본인 노동운동 조직 곧, 오키나와현과 시의 공무원 노조 등과 긴밀한

---

38) 조사단은 1972년 8월 15일부터 9월 5일까지 활동했는데 4명의 조총련 관계자와 4명의 일본인 변호사로 꾸려졌다. 주일 한국대사관에서는 진상조사단의 보고서에 대해 "다소 과장된 점과 정치 선전을 고려한 것은 사실이나 신빙도가 높은 것"이라고 평가하였다(『'오키나와' 한국인 위령탑 건립, 1974~75. 전3권(V.1 1974)』: 11).

연계성도 확보해 갔다.[39] 그 결과 오키나와현의 공무원 등 400여 명이 평양을 방문하기도 하였다.[40] 복귀 직후만 하더라도 조총련의 오키나와현 조직은 재일한국인민단 조직에 비해 일본인들과 더 밀착하면서 오키나와사회에 영향력을 확대하는 등 조직구성과 활동방향에서 상당히 달랐던 것이다.

결국 나하 주재 한국영사관의 설치는 1972년 오키나와가 일본에 복귀하고, 1969년 닉슨독트린 이후 요동치고 있던 동북아 정세, 예를 들어 닉슨독트린으로부터 시작되는 주한미군의 철수와 오키나와 미군의 1/3 감축, 중국과 일본이 수교하고 미국과 중국이 관계를 회복하고 있는 현실에서 차후에 어떤 일이 일어났을 때 오키나와의 조총련이 미군기지 등과 관련된 '책동'을 일으켜 유사시 미군기지에서 능숙하게 대응할 수 없게 만드는 등 한국의 안보불안을 가중시킬지도 모른다는 판단과 깊은 연관이 있었다. 달리 말하면, 군사안보를 둘러싸고 북한과 적대적인 체제우월경쟁을 벌이는 것이 영사관 설치의 가장 커다란 이유였으며, 오키나와에 거주하는 한국인의 안전과 편의도모, 경제적 이해는 그 다음 순위였다. 한국과 오키나와의 역사가 공식화되기는 했지만, 과거의 역사적 상처는 전혀 문제되지 않은 채 여전히 당면한 군사적 정치적 고려가 우선이었던 것이다.

오키나와에 영사관을 설치한 직후 유신 정부가 오키나와에서 가장 주목했던 점은 조총련의 동향이었다. 영사관 설치의 이유이기도 했지만, 복귀 직후부터 한국과 오키나와의 특수한 역사적 관계 곧, 오키나와전투와 관련된 한국인 강제동원자들의 희생문제가 조총련의 움직임과 관련하여 전면에 부상했기 때문이다.

---

39) 진상조사단이 조사할 때만 해도 좌파운동을 하고 있던 일본인들조차 오키나와전투에 동원된 한국인의 징용 문제, 희생 문제에 대해 아무런 문제의식을 갖고 있지 않았다. 오히려 진상조사단이 조사 작업을 벌이는 와중에 이들을 설득하면서 생각이 바뀌기 시작했다고 한다. 그 이유 가운데 하나가 오키나와인들은 본토인들의 차별 때문에 반기지 투쟁과 생존권 투쟁, 복귀 운동에 관심을 집중했기 때문이다(「박수남증언자료(2006.1.26)」).
40) 「박수남증언자료(2006.1.26)」

먼저 그 과정을 간략히 정리해두자. 유신 정부는 조총련에서 파견한 오키나와 조선인 강제연행 학살 진상 조사단의 활동을 주목하기도 했지만, 진상 조사단의 활동 이후 조총련에서 벌인 위령탑을 건설하기 위한 모금활동을 특히 주목하였다. 주일한국대사관은 1974년 3월 양구섭 참사관을 오키나와에 파견하여 조총련의 위령탑 건립을 위한 모금활동 등을 조사하였다. 그의 조사에 따르면 "북괴의 위령탑 건립계획"은 사실이며, 이를 위해 "위령탑 건설기금 모금을 하고 있"지만 그 구체적인 계획은 아직 파악하지 못하였다(『'오키나와' 한국인 위령탑 건립, 1974~75. 전3권(V.1 1974)』: 11).

유신 정부는 첫 조사 이후 주일대사관을 통해 모두 네 차례에 걸쳐 오키나와 현지를 조사했으며, 오키나와 해양국제박람회의 개회일인 1974년 7월 20일 이전에 위령탑을 완공하려는 의도도 갖고 있었다. 하지만 1974년 4월 17일 오키나와 조총련 본부의 반대성명(「沖繩タイムス」 1974.4.18)과 일본인 좌파 조직들의 반대 활동, 재정 마련의 어려움 등으로 약간 주춤하였다. 그러던 중 1974년 6월 박정희 대통령의 특별 지시로 유신 정부에서 10만 달러를 제공하기로 한 결정이 계기가 되어 위령탑을 건설하려는 움직임은 탄력을 받기 시작하였다. 비록 토지구입 등의 어려움이 있었지만, 공식명칭인 '한국인 위령탑'은 1974년 11월 마부니(魔文仁)에 매입한 630평의 땅 위에 이듬 해 4월 9일 착공되어 8월 14일 준공되었다. 위령탑의 제막식은 보건사회부장관이 참석한 가운데 9월 3일에 거행되었다.[41] 위령탑 건설에 들어간 예산은 모두 8000만 엔이었다.

그러면 이제 유신 정부가 '한국인 위령탑'을 건립하려고 했던 동기를 좀더 자세히 살펴보자.

---

[41] 본고에서는 위령탑에 대한 분석을 목적으로 하지 않기 때문에 자세히 언급하지 않겠으며, 위령탑의 부지선정, 기념탑 등 조형물의 제작과정, 그리고 제막식과 전체 예산 등 자세한 내용은 『'오키나와' 한국인 위령탑 건립, 1974~75. 전3권(V.2 1975)』; 『'오키나와' 한국인 위령탑 건립, 1974~75. 전3권(V.3 자료)』에 있는 내용으로 대신하겠다.

유신 정부가 위령탑 건설에 적극적이었던 이유는 1974년 3월에 작성된 첫 번째 조사보고서의 '건의 사항'에 잘 나타나 있다.

> 7. 건의 사항. 오키나와에서 희생된 아국인의 정확한 수는 파악할 수 없으나 전문 연구자들의 의견에 의하면 적어도 1만 명 전후가 희생된 것으로 사료됨으로 조총련 이 위령탑을 건립하기 전에 상기 6항에 열거한 지역(가카스, 마부니, 나하시 공동묘 지, 나하시 외국인 묘지—인용자) 중 택일하여 위령비를 건립하는 것이 좋을 것으로 사료됨(『'오키나와' 한국인 위령탑 건립, 1974~75. 전3권(V.1 1974)』: 13~14).

위의 건의사항을 통해 조총련이 위령탑을 건립하기 이전에 위령비를 건 설해야 한다는 커다란 부담감을 대사관 관계자들이 갖고 있었음을 확인할 수 있다. 달리 말하면, 유신 정부는 강제동원 된 조선인의 죽음에 대한 진상조사 와 보상, 그리고 위령 문제를 연동하여 고민하는 과정에서 위령탑 건설문제를 제기한 것이 아니라 북한과의 대결이라는 정치적 동기에서 이 문제를 제기한 것이다.

반북적인 동기가 위령탑 건립의 가장 직접적인 동기였다는 사실은 아래 와 같은 또 다른 기록에서 더욱 선명히 확인할 수 있다.

> 정부에서 입수한 정보에 의하면 북괴는 혁신세력이 강한 오키나와에서 2차 대전 중 희생된 한국인 위령탑 건립을 추진 중이라고 하는 바, 정부에서는 이를 저지하 여 오키나와에 북괴 및 조청련의 침투를 방하는 한편, 북괴보다 먼저 위령탑을 건립함으로써 우리 대한민국의 정통성과 유일합법 정부임을 과시하려는데 동 위령탑 건립목적이 있음(『'오키나와' 한국인 위령탑 건립, 1974~75. 전3권(V.1 1974)』: 186).[42]

---

42) 1974년 8월 26일에 열린 비문작성자문위원회의 첫 번째 회의기록이다. 비문작성자문위원회

요컨대 더욱 치열해지고 있던 남북한 간의 체제 우월경쟁 곧, 경쟁 속에서 상대를 배제하고 자신만의 정당성을 획득하려는 태도가 한국 정부로 하여금 위령탑 건립에 적극 뛰어들게 만든 가장 큰 이유였다. 사실 1972년 7·4남북공동성명이 채택되는 등 남북관계가 화해국면으로 접어든 것처럼 보였지만, 실제 남북한 정권은 남북관계의 주도권을 장악하고 상대방을 제압하려는 의도를 숨기지 않았다. 그리하여 1973년 유신 정부가 평화통일 원칙을 천명하는 6·23선언을 발표하자, 북한도 조국통일 5대강령을 발표하는 이면에서 1972년 5월부터 땅굴을 파기 시작하였다.

위령탑 문제가 남북한의 적대적 대결과정에서 승리의 결과물로서 자리매김 된 현실에서 오키나와전투에 강제로 동원되었다가 희생된 사람들에 대한 배려는 크게 고려될 수 없었다. 유신 정부로서는 위령탑 건립에 들어가는 비용 등을 일본 정부에서 부담하도록 하려면 시간이 지체되고, 그 사이에 '북괴'가 움직여 위령탑 건립 움직임이 좌절된다면 오키나와에서 북한의 영향력이 부식되는 것을 저지할 수 없게 된다는 점이 더 중요하였다. 유신 정부는 "시간을 다투는 정치적인 목적" 때문에 한국이 직접 위령비를 건립하기로 결정한 것이다(『'오키나와' 한국인 위령탑 건립, 1974~75. 전3권(V.1, 1974)』: 117).

당시 치열했던 남북한간의 체제우월경쟁이란 분단 현실이 있었음을 부정할 수 없지만, 보다 더 큰 문제는 유신 정부가 당시 오키나와에서 정확히 몇 명의 조선인이 희생되었는지 조사할 의지도 없었으며, 일본 정부에 공식적인 해명을 요구할 의사도 없었다는 점이다. 그렇지 않았다면 유신 정부 스스로 위령탑을 건립한 이후 이와 같은 문제점을 개선하기 위해 노력했을 것이다.

이와 더불어 유신 정부의 안이한 역사인식도 문제였다. 애초 유신 정부는 위령탑의 건립지를 오키나와전에서 사망한 일본 군인을 위한 '국립오키나와전전몰자묘원'의 입구에 해당하는 앞쪽에 세우려 하였다. 하지만 오키나와현

는 곽상훈, 이선근, 이병도, 이은상, 최영희, 김영권, 신정섭이 위원이었다.

정부는 위령탑 예정지가 이미 공원화 계획을 확정해 둔 곳으로 녹화작업이 끝났기 때문에 승낙해 줄 수 없다며 신청 즉시 불허 결정을 내렸다(『'오키나와' 한국인 위령탑 건립, 1974~75. 전3권(V.1, 1974)』: 204). 때문에 오키나와평화공원의 정문 건너편에 있는 지금의 장소에 건립할 수밖에 없었다.

여기서 문제는 유신 정부가 가해자이자 침략자인 일본군의 위령공간에 그들로 인해 죽은 한국인을 위령하는 기념시설을 지으려 했다는 점이다. 달리 말하면 한국인 스스로 피해자와 가해자를 하나의 공간에서 함께 위령하려 했다는 점이다. 일본 스스로 나서서 과거사를 반성하고 책임지려는 자세를 가지고 있지 않으며, 그렇다고 피해자 입장인 한국이 가해자인 일본을 용서하겠다는 접근법을 취하고 있지도 않으면서 정치적 목적을 위해 위령탑 건립을 그냥 서둘렀던 것이다. 그 때문에 뚜렷한 학문적 근거도 없이 '1만 여 명'의 희생자가 발생했다고 비문에 기록해 두는 잘못도 범하였다. 유신 정부의 인식과 행동은 이념과 분단체제에 함몰된 '죽은 자를 이용'한 정치일 뿐이었다. 동시에 국적과 적아를 구분하지 않고 모든 전몰자를 평등하게 기억한다는 일본식 평화주의 곧, 일본인들의 교묘한 합리화에 함몰될 뻔한 접근법이었다.

5. 맺음말

이상으로 오키나와의 역사가 한국 근현대사와 어떻게 연결되어 왔는가를 살펴보았다.

오키나와는 태평양전쟁 당시 일본 본토 가운데 유일하게 전투가 벌어진 곳이었다. 조선인은 그곳에서의 본토 결전을 위해 노동자원으로 또는 전투병력, 아니면 일본군 '위안부'로 동원되었다. 특히 노동수단의 하나로 대규모 동원이 실시되었는데 그들은 진지구축, 비행장 건설, 군대 숙소 건축 등 힘든 노동을 강요당하면서도 비인간적인 대우를 받았다.

하지만 조선인의 대규모 동원과 고된 동원과정을 방증할 만한 문헌자료가 충분히 남아 있지 않다. 현재까지 노무부대로 동원된 조선인의 현황을 확실히 증빙해 주는 자료는 특설수상근무 제101~104중대에 관한 것이다.

특설수상근무중대원은 징병제에 해당되지 않는 연령대의 사람들이 대부분이었지만, 동원된 순간부터는 일본군의 통제를 받았다. 그들은 징병의 대상자가 아니었기 때문에 징용과 같은 민간동원이었지만 일본군의 통제를 받은 군속이었으므로 '특설' 노무부대원이었다.

특설수상근무중대와 같은 동원방식과 동원목적은 1945년 들어 현역 징병 대상자만이 아니라 제1보충병 판정을 받은 사람 등까지 무차별적으로 동원할 때 활용되었다. 이는 본토 결전이란 급박한 전황에 신속히 대응하고, 양질의 우수한 노동력이 바닥남으로써 한계점에 도달한 징용제도의 문제점을 극복하기 위한 일본 나름대로의 대처방식이었다. 달리 보면 1945년도는 징용이 아니라 병사노무동원 시기였던 것이다. 일본은 새로운 동원방식을 1945년 3월경부터 본격적으로 실행하였다. 따라서 특설수상근무중대를 편성하는 것과 같은 동원방식은 그 전초전이었으며, 한국인 강제동원사의 측면에서 볼 때 모집－'관알선'－징용이란 동원방식에서 징병을 통해 노동력을 대규모로 동원하던 방식으로 바뀌는 시기에 시도된 노무동원방식이었다고 규정할 수 있다.

오키나와의 노무부대에서 근무한 조선인들은 혹독한 노동을 강요당하였다. 그들은 일본군의 자의적인 판단으로 언제든지 죽임을 당할 수 있는 운명이었고, 전투 현장에서 총알받이의 역할을 강요받기도 하였다. 그들에게 노동 그 자체가 천황을 위한 충성스러운 백성의 모습을 체현한 것으로 주입되었지만, 노동현장에서는 조선인으로서의 차별을 뼈저리게 느낄 수 있는 기회는 비일비재하였고, 전투 현장에서는 죽느냐 사느냐의 문제뿐이었다. 달리 말하면 내선일체의 허구성 곧, 문명동화 과정에서 민족동화를 실현한다는 거짓 주장을 체험한 곳이 오키나와였다.

동화의 허구성을 체험한 조선인은 철저히 일본을 부정하는 행동을 표출하였다. 수용소에서 일본군에 대한 보복성 처벌이 바로 그것이다. 또 '1만여 명'이 오키나와로 동원되었지만, 많은 사람이 죽고 귀국하여 오키나와에는 겨우 7명만이 거주하게 된 현실이 이를 말해준다.

전후 초창기 오키나와에서 한인사회가 형성될 수 없었던 내적인 이유도 이러한 역사적 현실과 깊은 연관이 있다. 더구나 한인사회는 전후 냉전체제하 미국 중심의 동아시아 군사동맹망과 반공망 속에서 오키나와 지역이 차지하는 군사전략적 위치라는 대외적 요인 때문에도 형성되기 어려웠다.

그렇다고 한국과 오키나와의 관계가 완전히 단절된 것은 아니었다. 곧 끊어질 것 같은 아주 가느다란 끈처럼 관계가 유지되고 있었기 때문이다. 그 중심에 오키나와 미군기지가 있었다.

1970년대까지 오키나와에 거주한 한국인은 군요원으로 근무하거나 군사훈련을 받으러 온 사람, 미군의 가족, 그리고 미군 관련 시설지 공사를 위해 고용된 사람 등 대부분 미군기지와 직간접적으로 관련된 사람이었다. 무역관계 속에서 두 지역 간의 관계사가 형성된 것이 아니었고, 정주(定住)를 목적으로 이주한 사람이 많지 않았기 때문에 오키나와 한인사회는 형성될 수 없었다. 결국 한국과 오키나와를 연결시키는 역사적 관계는 전후에 사실상 단절되었지만 냉전체제하 군사적 관계를 매개로 끈을 잡고 있었던 것이다. 달리 말하면 한국인은 오키나와전투와 조선인의 대규모 동원이란 역사적 경험 속에서 조선인으로서 겪은 고통의 상흔을 드러낼 기회 자체를 원천적으로 차단당한 채 냉전체재하에서 잠복된 기억을 강요받았다.

1972년 오키나와가 일본에 복귀된 이후, 유신 정부는 북한과의 체제우월 경쟁에서 '북괴'를 배제시켜 승리해야 한다는 차원에서 미군기지가 있는 오키나와에 영사관을 설치함으로써 한국과 오키나와의 관계를 공식화하였다. 한반도의 분단과 냉전체제의 지속은 한국과 오키나와의 관계를 식민지 조선 시기 때와 마찬가지로 여전히 군사적이고 정치적으로만 연결시켰던 것이다. 두 지역 간 관계사의 연속지점은 바로 여기이다.

두 지역 간 관계가 냉전과 분단, 안보 때문에 공식화되었으므로 역사적 상흔과 잠복당한 아픈 기억은 소외될 수밖에 없었다. 이를 가장 극명하게 보여주는 사례가 1975년에 건설된 '한국인 위령탑' 문제다. 유신 정부가 위령탑을 세운 가장 큰 이유는 오키나와전투 때 희생된 사람들을 위령하기 위해서가 아니었다. 북한의 영향력을 차단하는 데 주된 목적이 있었다. 달리 말하면 남북한 체제 경쟁 속에서 상대방을 배제하려는 정치적 상징물로서 위령탑이 건설된 것이다. 그래서 유신 정부는 한국인의 위령공간을 만드는 과정에서 가해자와 피해자를 정확히 구분하려는 의식도 없이 위령탑 건설을 서둘렀으며, 가해의식을 희석화 시키고 책임을 회피하며 과거 사실을 숨기고 합리화하려는 일본식 평화주의에 함몰될 수도 있다는 문제의식도 없이 위령탑 건설지를 물색하기도 하였다.

조총련 역시 적대적 입장에서 이 문제에 접근하였다. 그러므로 '한국인' 위령탑 건설 문제는 경쟁과 배제의 (비)대칭적 남북관계사가 역사의 진실과 화해를 가로막았던 또 하나의 사례다.

결국 냉전체제하 남북 분단과 남북한 간의 체제우월경쟁이 '한국인 위령탑'을 건설하는 과정에서 제기될 수 있는 여러 문제점을 덮어버렸다. 한국인 위령탑 건설은 독립 이후 한국인이 상처받으며 잠복 당했던 기억을 그대로 드러내면서 치유 받을 수 있는 기회조차 우리 스스로 막아버리는 결과를 초래하였다. 오늘날 한국인 위령탑은 방문자들에게 그때의 역사적 사실을 간략히 전달해 주는 기념물에 불과하다. 무엇을 어떻게 기억하며 기념해야 하는가를 정확히 알려주는 위령공간으로서 제 역할을 하고 있지 않다. 한국인 위령탑은 우리의 역사적 상흔을 표피적으로만 재생하고 있는 정치적 기념물인 것이다.

■ 참고문헌

· 1차 자료

1. GHQ 문서 및 기타 미군정 자료

주 오키나와 미군정부 활동보고서(1945.11.23)」. 편집해설 吉見義明, 원문 번역 金淳鎬.『자료집
　　　종군위안부』. 서문당. 1993.

米國民政府. 1972.「琉球列島出入管理令」, 南方同胞援護會 編.『沖繩復歸の記錄』. 東京: 南方同胞
　　　援護會.

『琉球占領報告(昭和 21.7-22.6)』.

『美軍政情報報告書』 2-12. 1986. 日月書閣.

『美軍政活動報告書』 4. 1990. 원주문화사.

2. 일본군 자료

本部町史編纂委員會編. 1979.『本部町史』.

「中支那船舶資材廠, 碇泊場司令部水上勤務中隊臨時編成並第74次復員要領同細則の件(1940.10.2
　　　6)」.『昭和15年 陸支機密大日記 第 5 冊第 5 号 2/ 3』.

「軍令陸甲 第37號 野戰勤務隊本部, 陸上, 水上勤務中隊臨時動員要領(1945.3.3)」.『軍令綴』 6.

「陸亞機密 第131號 野戰勤務隊本部, 陸上, 水上勤務中隊臨時動員要領規定ノ件達(1945.3.3)」.『軍令
　　　綴』 6.

「軍令陸甲 第42號 獨立混成第107, 108旅團等臨時動員要領(1945.3.16)」.『軍令綴』 6.

留守業務部第3課.『昭和27年3月 南鮮部隊槪況表』.

3. 오키나와 현청 및 오키나와 현 소속 지방자치 단체 발행 자료

『琉球統計年鑑』. 1955, 1959~1970.

4. 기타 자료

「김동성증언자료(2006.1.23)」

「박수남증언자료(2006.1.26)」

『재외공간 설치-나하(오끼나와, 일본) 영사관, 1971~73』(한국외무부)

『'오끼나와' 한국인 위령탑 건립, 1974~75. 전3권(1974)』(한국외무부)

韓國人慰靈塔奉安會. 1978.『鎭魂』.

『沖繩を深く知る事典』. 2003. 日外アンシエーッ.

『東亞日報』

『沖繩タイムス』

· 2차 자료

1. 한글단행본 · 논문

강정숙. 2005. 「日帝 末期 朝鮮人 軍屬 動員: 오키나와로의 連行者를 中心으로」. 『史林』 23.

권병탁. 1982. 『게라마열도』. 영남대출판부.

김민영. 1995. 『일제의 조선인노동력수탈 연구』. 한울.

김승렬 · 신주백 외. 2005. 『분단의 두 얼굴』. 역사비평사.

김원영. 1978. 「어떤 韓國人의 沖繩生存手記」. 『鎭魂』. 韓國人慰靈塔奉安會.

동아시아 평화인권 한국위원회/정근식 · 하종문 엮음. 2000. 『동아시아와 근대의 폭력』 1 · 2. 삼인.

신주백. 2003. 「1945년 한반도에서의 본토결전 준비」. 『역사와 현실』 49(조성윤 엮음. 『일제말기
        제주도의 일본군 연구』. 보고사. 2008).

이연식. 2004. 「解放直後 朝鮮人 歸還研究에 對한 回顧와 展望」. 『韓日民族問題研究』 6.

작자미상. 1978. 「어느 女子挺身隊員의 恨맺힌 事緣」. 『鎭魂』. 韓國人慰靈塔奉安會.

장석흥. 2003. 「해방 후 귀환문제 연구의 성과와 과제」. 『한국근현대사연구』 25.

정혜경. 2006. 「조선인 군노무자」. 『조선인 강제연행』. 선인.

제주4 · 3연구소 엮음. 1999. 『동아시아의 평화와 인권』. 역사비평사.

최인택. 2000. 「한국에 있어서의 오키나와 연구의 과제와 전망」. 『일본학연보』 제9집.

2. 일문단행본 · 논문

Robert D. Eldridge. 2003. 『沖繩問題の起源』. 名古屋大学出版会.

金元榮. 1992. 『朝鮮人軍夫の沖繩日記』. 三一書房.

大城將保. 1999. 「第32軍の沖繩配備と全島要塞化」. 『沖繩戰研究』 II. 沖繩県敎育委員會.

武茂憲一. 1969. 「沖繩の朝鮮人たち」. 『朝鮮研究』. 1969.11 · 12.

朴壽南. 1991. 『アリランのうた─オキナワからの證言』. 靑木書店.

福地曠昭. 1986. 『哀号 朝鮮人の沖繩戰』. 月刊沖繩社.

山川泰邦. 1984. 「活氣みなぎる朝與議公園」. 『群星』. 沖繩エッセイストクラブ.

安里進 外. 2004. 『沖繩県の歷史』. 山川出版社.

林博史. 2001. 『沖繩戰と民衆』. 大月書店.

第2次大戰時沖繩朝鮮人强制連行虐殺眞相調査團. 1972. 『第二次大戰時沖繩朝鮮人强制連行虐殺眞
        相調査報告書』.

塚崎昌之. 2005. 「朝鮮人徵兵制度の實態」. 『在日朝鮮人史研究』 34.

樋口雄一. 2001. 『戰時下朝鮮の民衆と徵兵』. 總和社.

浦崎成子. 2000. 「沖繩戰と軍'慰安婦'」. 金富子 · 宋連玉 編輯責任. 『'慰安婦'戰時性暴力の實態』. 綠風
        出版.

海野福寿. 1988. 「朝鮮人軍夫の沖繩戰」. 『駿台史學』 73. 明治大學.

海野福寿 · 權丙卓. 1987. 『恨 朝鮮人軍夫の沖繩戰』. 河出書房新社.

5장

오키나와전에서의 주민학살의 논리[1)]

야카비 오사무

1. 들어가며

    오키나와전에 관한 인식으로 지금까지 다음과 같은 논점이 지적되고 있다. 하나는 '오키나와전은 오키나와 근대의 총결산'이라는 인식이고, 다른 하나는 '오키나와전은 총동원체제의 극한'이라는 인식이다. 전자는 근대 일본 국가의 오키나와에 대한 차별적 편견이라는 역사 속에서, 그 차별로부터 벗어나기 위하여 일본국가에 동화하여 공순(恭順)해진 오키나와 근대사의 총결산으로서 오키나와전의 비극이 있었다고 자리매김하여 해석하는 인식이다. 후자는 오키나와전을 총력전체제의 극한으로 파악하여, 특히 전쟁 완수를 위해 동원한 군대의 논리에 초점을 맞춘 인식이다. 이 두 가지 논점은 오키나와전을 인식하는 해석으로 상반된 것이 아니라, 상호 중첩되고 결합되어 오키나와전

---

1) 이 글은 '오키나와 미군기지의 정치사회학' 연구팀의 중간발표 국제심포지엄 「동아시아와 오키나와문제」(2005년 5월 13~14일, 서울대학교 멀티미디어동·교수학습개발센터)에서 발표된 글이다. 이후 가필·수정된 글이 「오키나와전에서의 병사와 주민: 방위대원, 소년호향대, 주민학살」이라는 제목으로 『岩波講座 アジア·太平洋戦争5 戦場の諸相』(岩波書店, 2006年)에 수록되었으므로, 관심 있는 분들은 일본 측 자료도 아울러 참조해주시기 바란다.

에 대한 인식을 형성하고 있다.

전자의 '오키나와전은 오키나와 근대의 총결산'이라는 인식에 대해서는 두 가지 면이 지적되고 있다. 하나는 오키나와인에 대한 일본 군부의 역사적 편견이다. 예컨대 메이지, 다이쇼, 쇼와 시대 내내 있어 왔던, 오키나와인에 대한 일본 군부의 소견으로서는 다음과 같은 지적들이 명시되고 있다.

본현(오키나와) 일반의 군사사상은 불충분함. 본현의 군사사상이 유치하고 국가사상이 박약하다는 것은 결국에는 징병을 기피하고, 툭하면 병역의 대의무를 면하려는 자가 많은 데서 볼 수 있음(메이지 43년도 『沖縄警備隊區徵募槪況』. 밑줄은 인용자. 이하 동일).

황실 국체(皇室國體)에 관한 관념, 철저하지 않음. 진취의 기성(氣性)이 결핍되고, 우유부단, 의지가 심히 박약함. 지둔(遲鈍), 유장(悠長)하여 민첩하지 않음. 군사사상이 결핍되고, 군사라는 것을 좋아하지 않음(部外秘 『沖縄県の歴史的關係及人情風俗』, 다이쇼 11년 12월 沖縄連帶區司令部).

소위 '데마고기'가 많은 토지인 탓에 관하(管下) 전반에 걸쳐 군기밀보호법에 의한 특수지역으로 지정되어 있는 등 방첩상 극히 경계를 요하는 지역임에 비추어보아, 군 자체에서 이런 종류의 위반자가 나오지 않도록 할 것(쇼와 19년도 石兵團會報綴 『62사단』 제49호).

이상의 사료에서 단적으로 드러나는 바와 같이, 오키나와 주민에 대한 일본 군부의 편견이나 차별적 인식은 오키나와전의 비극을 낳은 요인이 되었다고 지적되고 있다.

그리고 이러한 일본 군부에 의한 오키나와 현민에 대한 차별적 편견에 대하여, 그러한 편견이나 차별로부터 벗어나기 위하여 오키나와 측으로부터 일본에 동화되어 '훌륭한 일본인이 된다'라는 오키나와 근대사 전체에 걸쳐 존재하는, 일본에의 동화와 공순의 역사의 총결산이 오키나와전의 비극으로 이끌었다는 지적이 그 또 하나의 측면이다. 이 지적의 배경에는 오키나와 근대사를 관통하여 존재하는 일본에의 동화와 공순의 역사에 대한 오키나와 자신의 비판적인 역사인식이 놓여 있다.

후자의 '오키나와전은 총동원체제의 극한'이라는 인식은, 이른바 오키나와전에 있어서 군민일체화(軍民一體化)의 상황을 보여주며, 특히 군대의 논리에 초점을 맞추어 강조하고 있다.

이하 이 글에서는, 오키나와전에 있어서 주민 학살의 논리에 대하여, '오키나와전은 오키나와 근대의 총결산'이라는 전자의 인식을 발판으로 삼아, 다른 한편의 '오키나와전은 총동원체제의 극한'이라는 인식에 대하여 주로 논의해 보고자 한다. 이를 위해 먼저 오키나와 수비군의 설치와 오키나와 주민의 전력화(戰力化)의 경위를 개관하고, 이어서 일본군의 방첩대책과 그 논리에 대하여 논하며, 마지막으로 주민 학살의 논리에 대하여 고찰할 것이다.

2. 오키나와 수비군과 오키나와 주민의 전력화

오키나와 섬을 중심으로 한 서남 제도(諸島)는 구마모토(熊本) 진대(鎭台)[2] 오키나와 분견대나 징병사무를 다루는 연대구(連隊區)사령부가 상주했을지언정, 1941년까지는 군사적으로 완전히 공백지대였다. 일본 본토의 현(縣)들과는 다른 역사를 가진 오키나와는 징병령도 본토에 비해 20여 년 정도 늦게 시행된, 향토부대가 없는 유일한 현이었다. 하지만 1941년 8월부터 10월

---

2) 역주—메이지 시대 전기의 육군 최대 편제 단위.

에 걸쳐서 오키나와 섬 나카구스쿠(中城)만과 이리오모테(西表)만 등에 육군 요새가 건설됨에 따라 소규모 포병부대가 남동 제도에 주둔케 되었다. 그 후 미군이 남태평양 및 동남아시아로 진격함에 따라 오키나와 근해에서도 미군 잠수함의 출몰에 의한 수송함의 피해가 연달아 일어났고, 남서 제도에서도 기존 비행장의 확장, 정비나 항공기지의 신설이 추진되었다. 대본영은 전국 (戰局)이 급변함에 따라 새로운 정책방침을 책정하여, 1944년 3월에 제32군을 신설하여 오키나와 수비군으로 주둔시켰으며, 주민을 군사 동원하여 비행장 건설과 지구전을 위한 진지구축에 착수했다.

한편 군부는 1942년(쇼와 17) 10월에 재향군인 및 국민군의 소집을 규정한 '육군방위소집규칙'을 시행했다. 그 규정은 현역병 이외의 청장년 남자를 군사 동원하여 실제로 전력화하는 것에 역점을 두고 제정되었다. 이후 동 규정의 개정에 따라 법령상의 개념으로서 국민병이 재향군인의 카테고리에 들어가게 되었으며, 이에 방위소집의 주체가 되는 재향군인의 개념이 넓어지게 된다. 구체적으로는, 오키나와 및 남방 제도에서는 1944년 6월에 학생을 포함한 17세부터 19세까지의 청년 남자가 병적(兵籍)에 편입되어 주로 비행장 건설을 목적으로 제1차 소집되었다. 나아가 17세부터 45세까지의 제2국민병 전반의 병적 편입도 실시되었는데, 제2차(동년 10월부터 12월), 제3차(1945년 1월부터 3월) 소집에서는 각 부대가 정규 수속을 밟지 않고 규정을 일탈하여 연령을 확대하는 등 자의적으로 소집했던 사례도 적지 않게 나왔다. 소집된 상당수의 방위대원은 진지 구축 및 탄약 운반 등 군부(軍夫) 대용으로 사역됐지만, 개중에는 전력(戰力)으로 직접 전장에 투입되었던 대원도 많았다. 또 군 중앙부 및 재향군인회의 지도와 요청에 의해 1944년 7월 중순에는 오키나와 전역에 걸쳐 재향군인회 방위대가 편성되었는데, 이 구상은 남방 제도에서 실시된 '병보(兵補)제도'를 모방했던 '방위대' 구상과 관련이 있다는 지적도 제기된다. 더욱이 일본 본토에서는 1945년 3월에

각의에서 결정되어 오키나와전 말기인 6월 말에 법제화되었던 의용대 계획 구상도, 오키나와에서는 2월 시점에 이미 실행되고 있었다. 다마키 사네아키(玉本眞哲)는 오키나와의 주민 전력화(전투임무와 후방 근무)의 중심조직으로서 재향군인회와 의용대는 일본 본토에서 본토결전 계획이 준비되고 있었던 단계의 국민동원 계획과, 육군이 남방점령 지역에서 실시했던 주민 전력화와의 관련 속에서 파악해야 한다고 지적하고 있다. 학도병이나 의용병을 포함한 방위소집병이 오키나와 현지에서 징병된 총 수는 약 2만 5천 명이라 하며, 이 중 60%에 상당하는 1만 3000명이 전사했다. 오키나와전에 종군했던 일본군 병사 중에서 정규 군인과 군속 및 현지에서 소집된 방위대원을 포함하여 오키나와 출신자는 전체의 3분의 1을 차지했다고 하는데, 이러한 사실에서도 오키나와전에서의 현지동원이 얼마나 철저히 이뤄졌는지를 확인할 수 있을 것이다.

3. 일본군의 방첩대책과 그 논리

'군민일체'라는 전의고양(戰意高揚) 이념을 견지함에 있어서 특히 강조된 것이, 시국인식에 바탕을 둔 '방첩관념의 철저'라는 과제였다. 본토 결전을 위한 출혈지구전으로 자리매김된 오키나와전에서 '방첩관념의 철저'는 군대식 상의하달 방식으로 지방행정기관→민상회(民常會)→인보(隣保)조직을 통해 철저하게 수행되었다. 일례로 1941년 5월과 1942년 7월에 전국적으로 개최된 방첩주간에서는, 주민에 대해 거국일치의 신념을 강고하게 하여 장기전에 대비하는 전시생활의 쇄신·단속이 강조되었고, 전국(戰局)에 대비한 비밀전 책동의 방지, 즉 스파이 방첩이 말단 상회(常會)에서의 엄수사항으로 철저히 주지되어 있었다.

1944년 3월에 오키나와 수비군 제32군이 배치되어 주민동원에 의한 본격적인 비행장 건설과 진지구축을 한층 더 가속화하자 방첩의 대상은 전국(戰局) 비밀전에 대한 책동 방지뿐만 아니라 지역주민의 행동으로까지 넓혀졌다. 이들 군사시설이 좁은 면적의 오키나와 섬에 급속하에 구축·건설되었기 때문에, 군민혼재(軍民婚材)의 와중에 군사시설과 민간시설의 경계가 애매해졌고, 군의 기밀이 주민에게 알려지는 사태도 있을 수 있다는 우려가 생겼기 때문이다. 이 때문에 비밀누설방지책으로 군과 민의 영역분리를 철저히 하기 위해 '술물(術物)의 직접주위', '진지구축지역', '진지시설 주변의 마을', '연안지방' 등 4개 지역으로 나누고, 첩보방지를 위한 출입자의 금지 및 제안에 관해서 도표로 설명하고 있다.

그런데 오키나와 수비군 제32군 사령관 우시지마 미쓰루(牛島滿)는 1944년 8월 31일자 훈시에서 "군이 주둔하는 남서 제도의 땅은 반드시 그 운명을 결정지을 결전의 회전장(會戰場)"이며 오키나와는 "실로 황국의 흥폐를 두 어깨에 짊어진 요위(要位)"라는 것을 지적하고, "현지자활에 철저해야 할 것", "지방관민으로 하여금 기꺼이 군의 작전에 기여하고 더 나아가 향토를 방위하도록 지도할 것"이라고 설파했다. 그리고 이 때문에라도 "방첩에 엄히 주의해야 할 것"이라고 지적하고, 방첩대상은 군에 멈추지 않고 오키나와 주민도 대상이라고 강조하고 있다. 여기서도 짐작할 수 있듯이, 오키나와에 주둔했던 제32군은 "현지자급주의하에서 작전 전개의 모든 면에서 지역주민의 협력을 받으면서도 다른 한편 군민협력이 밀접하게 되면 될수록 역으로 군기 누설의 대상으로서 주민을 경계"하고 있었다는 것이 지적되고 있다. 가베 마사오(我部政男)에 의하면(我部政男, 1981; 我部政男, 2001), 일본군의 오키나와 주민 대책은 당초부터 모순되는 두 가지의 과제를 안고 있었다. 하나는 협애한 섬 지역인 오키나와 내에서 주민의 협력을 어떻게 이끌어 낼 것인가 하는 것이고, 다른 하나는 그런 상황 아래에서 군사기밀을 어떻게 지켜낼 수 있는가 하는 것이다. 그러나 이 글 앞부분에서 본 일본군의 오키나와 주민관에서처럼, 일본군은 오키나와 주민이 국가의식 및 황민의식이 희박하다고 하여 주민을 거의 신용하지 않았다. 신용할 수 없는 오키나와 주민을 전력화하여 활용해야만 했던 일본군은, 군사기밀이 누출되는 것을 극력 경계하면서도 주민의 협력을 이끌어 내야 했던 것이다. 그와 같은 상황 아래서 일본군은 오키나와 주민에 대해 '스파이 혐의'를 두고 있었다.

현재 오키나와전에서 일본군에 학살당한 주민 수는 약 3백 수십 명으로 발표되고 있다. 그러나 이 숫자는 과거 간행된 시정촌사(市町村史) 등의 전쟁 체험기록집에서 확인되는 숫자일 뿐이고, 최근 간행된 시정촌사에서 새로운 주민학살의 실상이 밝혀진 사례도 적지 않다. 전쟁이 끝난 지 60년이 지난 지금에도 그 전체상은 아직도 드러나지 않고 있다고 할 수 있다.

또 일본군에 의한 오키나와 주민에 대한 '스파이 혐의'를 고찰할 때 결코 간과할 수 없는 것은, 오키나와 주민으로 협력자를 조직해서 방첩대책으로서 주민 서로를 감시시켜, 스파이 혐의를 고발하게 하는 조직을 형성하고 있었다는 점이다. 호향대(護郷隊)의 하부조직으로 '국토대(國土隊)'로 불렸던, 오키나와 섬 북부에서 조직된 방첩, 치안, 첩보대책의 주민 측 협력기관에는, 그 지역의 경찰, 경방단, 재향군인회 방위대, 익찬회장년단 등에 소속된 유력자 이름이 줄줄이 나온다. 일본인 병사가 오키나와 주민을 역사적이고 차별적인 편견에 의해 학살했던 사례도 다수 보고되고 있지만, 오키나와 출신자가 3분의 1을 차지했던 일본군이 오키나와 주민 협력자를 이용하여 이들로 하여금 주민들을 감시·고발시켜 '스파이 혐의'로 학살했던 사례도 소수이긴 하나 보고되고 있다.

4. 주민 학살의 논리

주민학살의 논리를 생각하기에 앞서, 참고로 다른 두 개의 역사적 사례에 관해 언급해 두고 싶다. 하나는 관동대지진 당시의 조선인 학살이다. 최근 새로운 사료의 발굴도 있고 해서 연구가 두드러지게 진전되고 있다. 현재 확인되고 있는 바, 관동대지진에서 학살된 조선인이 약 6000명 이상, 중국인이 약 700명 이상이나 된다고 한다. 마쓰오 쇼이치(松尾章一)에 의하면(松尾章一, 2003), 재일조선인, 중국인의 대량학살을 일으킨 최대의 요인은 군대가 주둔하여 모든 치안을 장악한 계엄령하의 전시 상황이었다 한다. 따라서 제1의 가해책임자는 군대와 경찰이라는 것이 되는데, 일반 민중에 의해 조직된 자경단 또한 가해자였다. 자경단에는 우익적인 재향군인, 청년단의 사상적 영향이 크며, 그들에게 이끌린 민중의 유언비어의 발생이 학살을 증대시켰다. 오늘날의 연구에서는 조선인이나 중국인에 대한 유언비어가 사실무근이라는 것이 명백해지고 있다. 그 유언비어의 발생 원인은 대지진으로 조선인 폭동에 대한 기우를 안게 된 민중의 두려움이었고, 근인(近因)은 평소의 기우가 현실화될 수 있다는 불안감이었다. 그리고 관동대지진 당시 유포된 유언비어를 보면 "피난자, 그 외 왕래가 극히 붐비던 이상상황에서 내지인과 조선인 집단의 구별이 곤란해졌기 때문에, 언어가 불명료한 자는 조선인이라고 간주하고 집단으로 움직이는 피난민은 곧 '불령선인(不逞鮮人)' 집단이라 속단하며, 조선인 노동자가 고용주에 인솔되어 작업장에 가는 것을 조선인 단체의 내습이라고 오판하는 사례가 적지 않았다"(松尾章一, 2003)고 지적되고 있다.

특히 내지인과 조선인의 구별이 곤란해졌기 때문에 언어가 불명료한 자를 조선인으로 간주하였다는 경험은 관동대지진 시기의 오키나와 출신자에게도 동일하게 나타났던 것으로 알려지고 있다. 당시 가이조샤(改造社)에 근무하고 있던 오키나와 출신자인 히가 순초(比嘉春潮)에 따르면, 관동대지진 직후에 사투리가 강한 오키나와인은 '말씨가 약간 다르잖아'라며 자경단에 에워싸여 구타당하거나 강제적으로 '기미가요'를 불러야 했던 사례를 지적하고, 상경해있던 오키나와인 중에도 희생자가 있었음을 진술하고 있다. 이러한 사실로부터 관동대지진의 소요시에 폭력을 가하는 구별의 기준으로서, '말씨'가 중요한 표상으로서 판단 기준이 되었던 것이 확인되고 있다.

또 다른 역사적 사례는 제주 4 · 3사건 당시의 제주도 주민 학살이다. 제주 4 · 3사건에서는 약 3만 명 이상의 제주도 주민이 학살되었다고 한다. 김성례에 의하면 (金成禮, 2001), 제주 4 · 3학살의 피해자인 제주도민 여성의 경험은, 국가가 주민을 '빨갱이'로 인종화(racialization)하고 성적(性的)으로 대상화(sexualization)하여, 국가폭력이 성정치의 기예(technology of sexual politics)로 가시화된 구체적 사례라고 한다. 그리고 국가폭력이 정당화되는 과정에서 근대국가의 '생의 정치(bio-politics)'가 필연적으로 '죽음의 정치(thanatopolitics)'를 동반한 이율배반적인 특성을 갖는다는 푸코의 지적을 인용하면서 다음과 기술하고 있다. "여기서 '죽음의 정치'는 국가가 주민의 삶을 관리하고 조직하기 위한 '생의 정치'의 일면이며, 또 주민에 대한 국가폭력과 살상은 이러한 생의 정치 논리에 의해 합리화된다. 주민의 삶을 인수하는 것을 임무로 하는 권력은 지속적인 조정과 교정의 기제로서 주민의 국민 혹은 시민으로서의 자격을 정하여 평가하고 등급을 짓는 기준화(regulation)를 실시한다". 그리고 이에 이어서, 대한민국에 있어서 기준화는 '반공주의'였다고 지적하고 있다. 즉 '반공주의'에 의한 '빨갱이 사냥'인 것이다.

또한 타이완의 2 · 28사건으로부터 백색테러에 이르는 시기에서도 '빨갱이 사냥'이 있었고 그와 병행해서 일본협력자에 대한 숙청, '일본어 사냥'이 있었다고 지적되고 있다('일본어 사냥'과 '빨갱이 사냥'은 표리관계였다는 지적도 있다).

그러면 오키나와전에서의 일본군에 의한 주민학살에 있어서, 어떠한 기준화가 있었던 것일까? 일본군에 의한 주민학살의 거의 대부분은, 전술한 것처럼 스파이 혐의로 붙잡혀 학살, 처형당했다. 여기에서는 오키나와전에서의 일본군에 의한 주민학살의 전형적인 하나의 사례를 살펴보기로 하자.

향토사가인 시마부쿠로 젠파쓰(島袋全發)는 오키나와전 말기에 오키나와섬 북부 쪽으로 피난하던 중에 스파이 혐의를 받아 처형 직전에 석방된 체험을 했다. 피난 가던 곳에서 '영어'를 할 수 있다는 것 이외의 어떠한 근거도 없는 채, 누군가에 의해 북부에서 유격전을 전개하고 있던 부대(향호대)에 통보되어 스파이 혐의가 씌워졌다. 시마부쿠로 부부에게 스파이 혐의를 씌워 엄격한 조사를 하여 양손을 뒤로 단단히 묶고 두 사람의 얼굴을 때려 자백을 강요한 것은 오키나와 출신의 학도병으로서 황국의식이 철저하게 심어져 있던 소년부대원이었다. 전술한 바와 같이, 스파이 혐의의 이유는, '국어가 아닌' 영어를 이해하고 있다는 것이었다. 그 배경에는 일본군이 오키나와 주민을 '비(非)국민'으로서 인종화하고 그 기준화의 표상으로서 '비일본어', '비국가어' 사냥이 있었다고 말할 수 있다. 그것은 '방언'사용이라는 것보다, '비국가어', '비일본어'를 사용하는 '비국민'으로서의 오키나와 사람들에 대한 국가적 폭력의 표출이었다고 할 수 있다. 김성례의 지적을 빌어 바꿔 말하면, 오키나와전에서는 국가가 오키나와 주민을 국어인 일본어를 상용하지 못하는 '비국민'으로 인종화했던 것이다.

하지만 오키나와전에서 있어서는, '비국어사냥'은 있었지만 '빨갱이 사냥'은 확인되지 않고 있다. 그것은 무엇 때문인가? 오키나와전에 있어 주민학살이 주로 오키나와 출신자를 포함한 일본군의 손에 의해 오키나와 주민이 스파이 혐의가 씌워져 처형되고 있었기 때문인 것으로 보인다. 물론 적대국 군대로서 미국 병사가 가시화되어 있었으나, 오키나와 주민이 학살된 직접적인 현장에는 미군은 부재하였고(물론 교전 중이라는 억압은 있지만), 일본군이 오키나와 주민과 혼재하고 있었기 때문이다. 거기에 있는 것은 '일본 국민'으로서의 등급을 나누는 기준화로서의 '국체(国體)'이며, '국체'라는 천황의 국민국가를 짊어진 황군으로서의 일본군의 폭력이다. 그렇기 때문에 '국체'로부터 일탈하는 오키나와 주민의 '비국민성'이나 '비국어'인 '비일본어'를 사용하는 오키나와 주민이 배제되게 되었던 것은 아닐까?

오키나와에서 '반공주의'로서의 '빨갱이 사냥'이 나타난 것은 오키나와전에서가 아니라, 미군이 오키나와를 '점령'하에 둔 1950년대였다. 미군정부에 의해, 세나가 카메지로(瀬長龜次郎)로 대표되는 정치가, 노조의 활동가나 일본복귀운동의 담당자이던 교직원회에 대해 반공 캠페인에 의한 탄압이 가해졌던 것이다. 당연한 일이지만 미군 점령하의 오키나와에서는 황군으로서의 일본군은 존재하지 않고, 오키나와에 주둔하고 오키나와 주민과 혼재해 있었던 것은 '반공주의'로서의 미군의 존재였다. 거기서 미군 점령하의 1950년대 오키나와에 나타난 것이 오키나와 주민에 대한 '반공주의'로서의 '빨갱이 사냥'이었던 것이다.

이는 우리들로 하여금 두 가지 논점에 관해 주의를 기울이게 한다. 하나는 '빨갱이 사냥'에 의한 주민학살의 배후에 미군의 존재가 있다는 점이다. '반공주의'에 의한 '빨갱이 사냥'의 광풍이 불어 닥친 제주 4·3학살의 배후에 미군의 존재가 있으며, 타이완 2·28사건의 백색테러의 배후에도, 더욱이 미군 점령하의 1950년대의 오키나와도 역시 그러하다. 미군의 존재와 '빨갱이 사냥'의 의미는 다시금 물어야만 될 테마가 아닐까. 또 하나는 전장(戰場), 점령, 부흥이 시간의 흐름에 따라 나타나는 것이라고 받아들이는 것은 점령자의 시점이며, 피점령지에서는 전장, 점령, 부흥이 동시중층적으로 혼재하고 있었다는 점이다. 예컨대 지금까지 오키나와 근현대사에서는 오키나와전의 '전장'이 끝나고 미군에 의한 '점령'과 '부흥'이 행해졌다고 시계열적으로 해석되어 왔다. 그러나 일본 본토의 점령과 다른 오키나와 점령의 특징의 하나가

'교전 중의 점령'(아마카와 아키라, 天川晃)이었다는 지적이 이미 나왔듯이, 오키나와전 기간에도 오키나와 섬 남부에서 미군과 일본군 사이의 조직적인 전투가 있을 때 이미 중북부에서는 점령이나 부흥이 시작되고 있었다는 사실이 확인되고 있다. 오키나와 주민에게 전장, 점령, 부흥이란 무엇을 가리키는가? 즉, 피점령자로서의 오키나와 주민의 입장에서 말하자면, 전장, 점령, 부흥은 시계열적으로 나타나는 것이 아니라, 전장, 점령, 부흥은 동시중층적으로 혼재하는 것이라고 파악하는 편이 낫지 않을까? 오키나와 주민의 입장에서 보면, 오키나와전에서 '비국민'이라는 기준화에 의해 '비일본어 사냥'이 행해지던 논리와, 미군 점령하의 1950년대의 오키나와에 있어서 '반공주의'에 의한 '빨갱이 사냥' 논리란 지배자의 논리로서 다른 것이 아니라 같은 것으로서 파악될 수 있을 것이다. 그렇게 생각해 보면 오키나와 주민에게 1940년대부터 1950년대라는 시대는, '전전'의 일본군에 의한 점령으로부터 '전후'의 미군에 의한 점령으로 바뀐 것에 불과하다. 우리는 전장, 점령, 부흥이 동시중층적으로 혼재하고 있는 1940년대부터 1950년대라는 시대를, 한국이나 타이완 등 동아시아 피점령자의 시점으로부터 다시금 천착할 필요성에 직면하고 있는 것은 아닌가?

번역자: 최은석(국민대 일본학과 박사과정)

■ 참고문헌

·1차 자료

1. 일본군 자료

大城将保編. 1987. 『十五年戦争極秘資料集 第三集 沖縄秘密戦に関する資料』. 不二出版.

·2차 자료

1. 일문단행본·논문

我部政男. 1981. 『近代日本と沖縄』. 三一書房.

我部政男. 2001. 「沖縄 戦中·戦後の政治社会の変容」. 天川晃·増田弘編. 『地域から見直す占領政策』. 山川出版.

玉木真哲. 1985. 「戦時沖縄の防衛隊に関する一考察」. 『琉球の歴史と文化』. 本邦書籍.

玉木真哲. 1986. 「沖縄戦像再構成の一課題」. 『球陽論叢』. ひるぎ社.

玉木真哲. 1987a. 「戦時防諜のかなた」. 『琉球·沖縄』. 雄山閣出版社.

玉木真哲. 1987b. 「戦時沖縄の防諜について」. 『沖縄文化研究 1 3』. 本邦書籍.

大城將保. 1999. 「第32軍の沖縄配備と全島要塞化」. 『沖縄戦研究』 II. 沖縄県教育委員會.

地主園亮. 2001. 「沖縄県民の戦場動員と第32軍の防諜対策」. 『史料編集室紀要 第26号』. 沖縄県教育委員會.

金成禮. 2001. 「国家暴力と性の政治学」. 『トレイシーズ 2』. 岩波書店.

松尾章一. 2003. 『関東大震災と戒厳令』. 吉川弘文館.

山田昭次. 2003. 『関東大震災時の朝鮮人虐殺』. 創史社.

徐勝 編. 2004. 『東アジアの冷戦と国家テロリズム』. 御茶の水書房.

国場幸太郎. 2004. 「1950年代の沖縄」. 徐勝 編. 『東アジアの冷戦と国家テロリズム』. 御茶の水書房.

何義麟. 2003. 『二·二八事件』. 東京大学出版会.

何義麟. 2005. 「台湾戦後初期における日本語新聞, 雑誌の流通と管理」(台湾東海大学日文系. 2005 年国際シンポジウム「台湾·韓国·沖縄で「日本語」は何をしたのか」 報告論文).

2부

전쟁의 경험과 기억의 정치

6장

'죽음'으로의 동원과 이에 대한 저항 가능성

· 오키나와 '집단자결'의 사례를 중심으로[1]

강성현

1. 들어가며

1982년 6월 25일 일본 문부성은 83년 4월부터 사용할 역사교과서에 대해 81년에 검정한 내용의 일부를 공개했고, 일본 언론은 이를 일제히 보도했다. 그 중 일본의 중국 '침략'을 대신해 '진출'이라는 용어를 사용하고, 난징대학살을 왜곡하려고 시도한 것이 문제가 되었다. 이에 중국과 한국, 북한을 비롯해 동남아시아의 여러 나라들이 일제히 항의했고, 일본의 '교과서 문제'는 국제적인 문제가 되었다.

일본 국내 역시 '교과서 검정 문제'의 파동이 오키나와현을 중심으로 확산되었다. 교과서에서 '오키나와 주민학살' 내용이 삭제되었기 때문이다. 이에 오키나와현 의회와 주민들은 반발했고, 이러한 흐름은 오키나와 학살의 실상에 대한 기술을 요구하는 운동으로 발전했다. 그리고 이는 이에나가 사부로(家永三朗)의 교과서 소송 공방으로 정점을 이루었다. 특히 88년 2월 오키나와

---

1) 이 글은 5 · 18연구소에서 발행하는 『민주주의와 인권』(제6권 1호, 2006)에 실린 글을 일부 수정한 것이다.

출장 법정과 그 후 도쿄 법정에서는 "'집단자결'인가, '주민학살'인가?"를 둘러싼 공방이 전개되면서 '군대의 논리'와 '민중의 논리'가 대결하는 양상을 띠었다(大城將保, 1994; 石原昌家·大城將保·保坂廣志·松永勝利, 2002). 이때부터 집단자결의 본질과 성격에 대한 규명이 본격적으로 요청되었고, 집단자결이 권력에 의해 강제된 측면을 연구하는 흐름들이 형성되기 시작했다. 집단자결 역시 일본군에 의한 강제된 학살이기 때문에 기본적으로 주민학살이라는 당시 원고 측의 설명을 더욱 발전시킬 필요가 있었던 것이다.

그러나 최근 두 개의 논리 모두가 집단자결에 이르는 과정을 지나치게 단순화하고 있다는 비판적인 문제의식이 제기되고 있다. 즉 '자발적인 옥쇄로서의 집단자결(voluntary collective suicide as gyokusai)'과 '강제적인 주민학살로서의 집단자결(compulsory group suicide as gyakusatu)'이라는 입장 모두 목적론적으로 파악하고 있기 때문에, 일부 오키나와 주민들이 '집단자결(syuudan ziketu)'이라는 죽음으로 동원되는 과정과 그 성격의 복잡한 실상을 은폐 혹은 외면하고 있다는 것이다. 대표적으로 노마 필드(1995), 도미야마 이치로(2002), 야카비 오사무(屋嘉比收, 2000; 2005)의 논의가 이에 해당한다.

도미야마와 야카비의 연구는 공통적으로 집단자결에 대한 기억, 집단자결의 실상, 집단자결에 이르는 과정과 성격의 문제를 다루고 있다. 사실 집단자결을 어떻게 기억할 것인가의 문제는 집단자결의 실상 조사와 그 구조 및 메커니즘에 대한 이해를 요구하고, 다시 역으로 실상과 구조 및 메커니즘에 대한 규명은 집단자결의 본질과 성격을 새롭게 규정해 '공식 기억'에 대해 '상기(想起)'[2]하는 작업으로 나아가게 된다. 앞서 언급한 교과서 검정 소송과 공방 역시 그렇게 진행된 바 있다. 따라서 세 가지 주제의 연구는 매우 상호의존

---

2) 호미 바바에 따르면, 상기(remembering)란 내적 성찰이나 회고처럼 평온한 행위가 결코 아니다. 오히려 그것은 현재라는 시대에 새겨진 정신적 외상에 의미를 부여하기 위해서 조각난 과거를 다시 일깨워(re-membering) 구축한다고 하는, 고통을 수반하는 작업이다(도미야마 이치로, 2002[1995], 131에서 재인용).

적이며, 분명히 구분되어지는 성질의 것이 아니다.

이 글 역시 이러한 상황을 충분히 감안하면서 집단자결에 대한 연구사, 특히 기존 연구의 내용 중 집단자결에 이르는 과정과 그 성격의 문제에 한정해 검토하려고 한다. 기본적으로는 도미야마와 야카비의 논의를 따라가지만, 미진한 부분에 있어서는 비판적으로 보완하고자 한다. 이를 위해 노마 필드 (1995)와 하야시 히로후미(林博史, 1992; 2001)의 논의 역시 추가적으로 검토할 것이다. 두 연구는 공통적으로 '민중의 논리'의 입장에서 '집단자결'을 '강제적인 주민학살로서의 집단자결'로 바라보지만, 집단자결에 이르는 과정에서 가해와 피해, 자발과 강제성이 어둡게 맞물려 작용한 결과 참극이 발생했음을 주목하고 있기 때문이다.

그런데 주목할 만한 사실은 오키나와 일부에서 집단자결이라는 '죽음'으로의 동원에 저항했던 사례가 있다는 것이다. 그 곳에는 오키나와 주민들의 특정한 이민 체험이 존재했다. 이와 관련해 마찬가지로 도미야마와 야카비의 논의를 비판적으로 검토할 것이다. 더 나아가 두 논의의 이해와 설명을 극복할 가능성에 대해 탐색하고, 오키나와 학살과 동아시아에 편재하는 학살에 대한 본격적인 연구를 위한 예비적인 문제설정과 가설들의 가능성을 고려해 볼 것이다.

2. 기존 연구에서의 쟁점들

1) '자결'인가, '강제적 학살'인가

자결의 형태를 띤 민간공동체 혹은 군민잡거 단위의 집단사는 1945년 오키나와 곳곳에서 발생했을 뿐만 아니라 사이판, 필리핀, 만주 등 일본제국주의의 지배하에 있던 지역에서도 있었다. 오키나와에서는 주로 게라마제도(慶

良間諸島)의 도카시키시마(渡嘉敷島), 자마미시마(座間見島), 게루마시마(慶留間島) 순으로, 그리고 오키나와 본도 요미탄촌(読谷村)의 치비치리가마와 남부의 동굴과 참호, 문중묘 등지에서, 이에지마(伊江島)와 쿠메지마(久米島)를 비롯한 본도 주변의 여러 섬들에서 집단자결이 발생했다(林博史, 2001: 158~84). 이러한 집단자결에는 주로 수류탄이 동원되었고, 그 밖에도 쥐약, 청산가리와 같은 독약이나 돌, 농기구, 면도칼, 식칼 심지어 삶을 연명하기 위한 접시, 냄비, 솥 따위의 온갖 도구들이 모두 이용되었다(沖縄県平和祈念資料館, 2001: 72; 노마 필드, 1995, 76).

그런데 이와 같이 자결의 형태를 띤 집단사가 왜 발생했고, 어떤 과정을 거쳐 진행되었는가? 이 물음에 대한 답을 구하는 과정은 소위 집단자결의 본질과 성격을 규명하는 것과 일맥상통하는 작업일 것이다.

집단자결에 대한 기존 논의들은 '군대의 논리'와 '민중의 논리'가 대결하는 양상으로 전개되었다(大城將保, 1994: 10). 그리고 두 개의 논리 모두 "자발인가, 강제인가?"와 "가해인가, 피해인가?"라는 구도 아래에서 집단자결의 성격을 단순화한 채 논의를 전개하고 있다.

극우를 포함한 일본의 보수적 내셔널리스트들은 당시의 집단사가 '자발적인 정신의 발로'에 의해 이루어진 것으로 파악하면서 '옥쇄(玉砕)'[3]의 성격을 갖는 집단자결이었다고 주장한다. 예를 들어 이에나가의 교과서 재판에 정부 측 증인으로 나온 소설가 소노 아야코(曽野綾子)는 오키나와인들의 죽음을 그들 "스스로 선택한 장거(壯擧)"라고 주장하면서 자결을 윤리적으로 미화하고 있다(도미야마 이치로, 2002: 36, 276; 노마 필드, 1995: 78).

뿐만 아니라 일본군에 의한 주민학살은 거의 미미했고, 학살이 있었더라

---

3) '옥쇄(玉砕)'는 글자 그대로 옥처럼 아름답게 부서짐을 의미한다. 노마 필드에 따르면, '천황폐하 만세'를 외치며 명예로운 죽음을 택하는 일본인의 몸이 부서져 흩어지는 보석처럼 아름답다고 말하는 이 어법은 아마도 벚꽃이 지는 광경의 비유이기도 할 것이다. 'ぎょく'는 또한 천황의 몸과 관계되는 접두어이기도 하다(노마 필드, 1995: 72~3).

도 일부 군인의 잘못된 판단으로 인한 비극으로 축소하고 있다. 그런데 이러한 보수적 내셔널리스트들의 주장에서 흥미로운 점은 '일부 잘못된 군인'을 도조 히데키(東條英機)로 대표되는 육군으로 연결해 이들을 전범 가해자로 만들고, 천황을 포함한 나머지 일반 일본인은 전쟁의 피해자로 연출하는 상황이다. 이러한 논리 속에서 스스로를 원폭의 피해자로 호명한 일본인은 오키나와의 비극을 자기 일처럼 애통해 하며 피해자의 위치를 점한 채 자신이 가해자였음을 망각한다. 그리고 이 망각은 단절된 것처럼 보이는 전전(戰前)의 내셔널리즘을 연장하고 있다(도미야마 이치로, 2002: 109).

이에 반해 사학자 이에나가 사부로를 비롯해 학살을 오키나와 민중의 입장에서 연구해 온 학자들은 '일본군에 의한 강제적인 집단사'였다고 논박한다. 생명을 끝내는 일을 자기가 결정해 스스로의 손으로 수행했더라도, 그 자기-결정은 강제력이 작동하는 상황에서 이루어진 것이기 때문이라는 것이다. 그 강제력을 구성하는 요소로 황국신민화 교육, 군관민의 공생공사 사상, 귀축영미 공포, 고립된 섬의 지리적 상황, 공동체 규제력 등을 들고 있다(林博史, 1992: 85; 노마 필드, 1995: 76). 이들은 옥쇄의 논리로 미화된 집단자결의 허구성을 반박하기 위해 당시 방위대가 옥쇄했던 실상과 그 이유를 분석하면서(林博史, 2001: 243~69) '와전(瓦全)'[4]에 주목했다. 즉 오키나와인들이 내 몸, 내 가족의 보전을 우선했다는 증거를 가지고 나온 것이다. 교과서 파동이 있던 당시에 오키나와의 한 신문사에서 연재된 "내 생명이 보배다"라는 기사는 이러한 분위기를 단적으로 보여준다(屋嘉比收, 2005).

이러한 입장은 일본군 가해자 대 오키나와인 피해자의 구도를 전제로 한 것이었다. 즉 오키나와인 피해자라는 '민중의 논리'에서 일본군은 동굴이나

---

4) '와전(瓦全)'의 사전적 의미는 옥이 못되고 안전하게 기와로 남는 것을 의미한다. 옥은 부서져도 가치를 인정받는 데 반해, 기와는 온전해도 하찮고 가치 없다는 의미에서 '와전'의 삶을 정의나 절개를 무시하고 구차하게 목숨을 이어가는 것으로 비유된다. 그러나 전장에서 생활했던 오키나와인들은 '옥쇄'를 '본토'의 입장에서 미화해 이용하는 것으로 이해하고 있다.

문중묘에 피난해 있던 주민들의 식량을 강탈해 아사(餓死)시키고, 심지어 그들을 내쫓았으며, 스파이로 몰아 학살하는 또 다른 가해자였지, 결코 '우군(友軍)'이 아니었다. 또한 집단자결 역시 일본군에 의한 주민학살과 동일한 것이었다. 왜냐하면 일본군과 동거한 주민들은 귀축인 미군에 포로가 되어 수치를 당하지 말고 군민이 공생공사 하도록 강요되었고, 이는 황민화 교육이 뒷받침되었기에 가능했다는 것이다.

2) 집단자결의 '가해와 피해의 중층성'

최근 오키나와의 집단자결 문제를 재검토하면서 가해와 피해, 자발과 강제의 양자택일을 극복하고자 시도한 연구들이 있다. 이 연구들은 공통적으로 요미탄촌의 치비치리가마(チビチリガマ)와 시무쿠가마(シムクガマ)를 사례로 분석하고 있다.[5]

기존 연구들에 따르면, 치비치리가마는 오키나와 곳곳에서 발견되는 천연 종유동(鐘乳洞)의 하나로 엄청난 미군의 폭격과 집중 포화(鐵風, Iron Storm)를 피해 요미탄촌 주민들이 피난해 있던 곳이었다. 미군이 오키나와 중부인 요미탄촌에 무혈상륙한 4월 1일 동굴에는 139명의 주민들이 있었고, 미군이 동굴에 접근해오자 그 중 83명이 자결했다. 거기에서 약 1㎞ 떨어진 시무쿠가마에는 약 1000여 명의 주민들이 있었다. 그런데 그 동굴의 주민들은 모두 미군에 투항해 포로가 되어 살아남았다. 그렇다면 두 동굴 사이의 어떠한 차이가 정반대의

---

5) 가마(ガマ)는 어둡고 움푹 들어간 동굴로 오키나와 자연경관 곳곳에 점점이 박혀있으며 전쟁기간에는 방공소 등으로 사용되었다. 가마로 피신해 간 오키나와 주민들은 여기에서 '강제적 집단자결'의 희생자가 되기도 했다.
치비치리가마는 1983년 히가 헤이신(比嘉平信), 시모지마 데즈로(下嶋哲郎), 지바나 쇼이치(知花昌一)의 인내와 노력으로 그 전모가 밝혀졌고, 오늘날까지 여러 사람들에게 소개되고 있는데, 여기서는 노마 필드(1995), 지바나 쇼이치(知花昌一, 1996), 하야시 히로후미(林博史, 2001)를 주로 참조했다. 시무쿠가마의 사례에 대해서는 야카비(屋嘉比收, 2000)의 글을 참조.

결과를 가져왔을까? 대조적인 귀결을 가져온 주민들의 전쟁 체험은 무엇인가?

치비치리가마의 139명 중에는 중국 출병 경험이 있는 재향군인과 중국 전선에 동행한 종군간호사가 있었다. 동굴 밖에 미군이 투항을 권고하며 압박하는 상황에서 이들은 동굴 안의 주민들에게 일본군이 중국에서 저질렀던 잔악한 만행에 대해 발언했고, 미군 역시 자신들을 잔인하게 처리할 것이 분명하므로 자결하도록 유도했다. 전시동원체제 아래에서 '귀축영미'에 대한 인식을 주입받고, 이를 내면화했던 주민들은 삶과 죽음의 선택 경계에서 극심하게 동요했다.[6] 동굴 입구에 불을 지르고, 불을 다시 끄는 혼란스러운 동요는 이를 반증해준다. 그러나 상황은 급격히 악화되었다. 종군간호사가 자신의 가족들을 불러 모아 독약을 주사했고, 이 과정에서 동굴 안은 극단적인 혼란 상태에 빠졌고, 누군가 다시 동굴 입구에 불을 질러 집단자결을 유도했다. 연기가 삽시간에 동굴 안으로 퍼졌고, 질식의 고통은 일부 주민들을 동굴 밖으로 뛰쳐나가게 했다. 극단적인 고통 속에서 조건반사적으로 행한 본능적인 행동이었다. 결국 그 과정에서 83명이 죽었는데, 그 중 12세 이하가 41명(15세 이하 기준 47명)이었다. 스스로 자결을 판단하고 선택할 수 있는 나이는 아니었다(林博史 2001: 158~9; 노마 필드, 1995: 73).

야카비는 여러 증언들을 분석하면서 치비치리가마의 집단자결의 경우 일본군의 일원으로서 중국에 출정한 가해자로서의 체험이 결국 주민들을 집단자결로 이끌었다고 말하고 있다. 일본군과 일본 국민으로서 오키나와인이 중국, 더 나아가 동아시아 지역에서 행한 가해자 체험이 오키나와 전쟁과 학살에서의 피해자 체험으로 연결된다는 것이다. 그가 "오키나와전에서 주민의 전쟁 체험은 '가해'와 '피해'라는 완전히 다른 두 개의 상모(相貌)를 내포하면서 동아시아의 전쟁 체험으로 연결되어 있다"고 말하면서 '가해와 피해의 중층성'에 주목한 것도 이러한 이유에서다(屋嘉比收, 2000: 119~121).

---

6) 남자들은 장갑차로 깔아뭉개거나 화염방사기로 불태워 죽이고, 여자들은 강간해 죽일 것이라는 오키나와 주민들의 생각은 이를 잘 보여준다.

이와 관련해 후지이 다케시는 가해와 피해의 연속성을 설명할 때 몇 가지 고려될 바가 있다고 지적했다. 즉 그에 따르면 가해체험이 피해체험으로 이어졌다는 것의 의미는 '보복'을 두려워하는 심성이 '자결'의 원인이 되었다고 풀어 말하면서, 이러한 심성이 작용하기 위해서는 먼저 일본군과의 심리적 일체화가 이루어져야 한다고 강조했다.[7] 후지이에 따르면, 일본군에 입대해도 차별을 받았던 그들의 의식은 오히려 '목격자'로서의 의식이었으며, 종군간호부였던 여성들 또한 직접적인 가해자라기보다는 목격자 또는 공범자로서의 전쟁을 경험했을 것이다. 이런 의미에서 그는 '자결'을 가능하게 한 요소는 반전된 '가해자 의식'뿐만 아니라 압도적인 폭력 앞에서의 무력감을 경험한 것이라고 제기했다. 이는 분명 중국 등지에서 수많은 학살 만행을 저질렀으면서도 뻔뻔하게 살아남은 일본군이 적지 않다는 것을 생각할 때, 공범자로서 폭력을 목격하는 경험 또한 심각한 영향을 미치는 것이 아닐까 하는 점에서 매우 시사적인 지적이라고 생각한다.

그러나 자발성과 강제성이 맞물려 작용하고 있음을 지적하는 야카비의 논의는 가해와 피해의 중층성에 대한 설득력 있는 설명과 달리 다소 추상적이다. 그는 치비치리의 경우를 잠정적으로 '강제적 집단자살(compulsory group suicide)'이라는 용어로 포착하고 있는데, 노마 필드가 설명했던 '강제'와 '자살'이 한 용어에 동거하고 있는 형용모순의 역설적 상황을 드러냄으로써 집단자결의 자발성과 강제성이 하나의 두 가지 이면임을 강조하고 싶은 듯 보인다. 그러나 그것이 전부다(屋嘉比收, 2000: 119).

[표 6-1]은 지금까지 이 글에서 검토했던 집단자결에 대한 기존 연구의 입장을 군대의 논리, 민중의 논리, 최근의 입장으로 구분하고, 이들 사이에서 쟁점이 되었던 여러 내용들을 자발/강제와 가해/피해의 구도로 구분해 정리한 것이다.

---

7) 후지이 다케시는 「제주 4·3 58주년 전국학술대회: 4·3과 제노사이드」(2006년 4월 1일, 제주시 열린정보센터 대회의실)에서 이러한 내용으로 토론하였다.

[표 6-1] '집단자결'에 대한 기존 연구의 입장

입장	자발/강제	가해/피해
군대의 논리	스스로 선택한 '壯擧'이자 '玉碎'	미군 가해자 vs.일본군·오키나와인 피해자 cf. 일부 '자질 없는' 일본군 존재
민중의 논리	일본군에 의한 '강제적인 집단학살' '자기-결정'이라 하지만 강제력이 작동하는 상황	일본군 가해자 vs.오키나와인 피해자
최근의 입장 (야카비 오사무)	'강제적 집단자살' 강제와 자살이 한 용어에 동거하고 있는 형용모순의 역설적 상황, 이에 대한 분석적인 설명은 없음	'가해와 피해의 중층성' 일부 오키나와인(재향군인과 종군간호사)의 전쟁 체험이 집단자결을 유도

본인이 생각하기에 강제(강요)와 자발(동의)의 연속성에 대한 야카비(와노마 필드)의 설명은 가해와 피해의 연속성에 대한 설명의 비중만큼 보다 보완될 필요가 있다. 집단자결에 이르는 과정에서 강요와 동의 혹은 강제와 자발이 어떻게 상호작용하면서 진행되었는지에 대해 설명을 보강할 필요가 있어 보인다. 이는 집단자결의 구조와 메커니즘 해명에 핵심적이다.

3. 집단자결의 가해와 피해, 강제와 자발의 상호연속성

우선 하야시 히로후미의 논의에 주목해보자. 우선 그는 오키나와의 지역집단을 다음과 같이 유형화하고 그 집단의 구조를 분석한 바 있다.

① 촌장, 구장, 조합장, 순사, 학교장 등의 촌의 지도층[8]
② 재향군인, 방위대원(17세~45세) 등 군대경험자
③ 경방단 등 조직된 소년들(17세 미만)

---

8) 부인단체의 여성 간부 일부도 여기에 포함된다.

④ 일반 어른들(대부분 여성)

⑤ 노인들

⑥ 아이들

그는 각 집단의 역할을 기술했는데, 일반적으로 ①과 ② 집단이 집단자결을 주도하고, ③ 집단이 이를 지지하며 실행에 옮겼고, ④와 ⑤ 집단은 대체로 ①과 ② 집단의 의사결정에 반대하지는 않았지만 적극적으로 따르지도 않았고, ⑥ 집단은 스스로 의사결정하지 못한다고 논의했다(林博史, 2001: 185).

집단자결이 발생했던 오키나와 곳곳에는 이들 6개의 유형화된 집단이 일본군과 함께 섞여 있었거나 혹은 일본군이 없더라도 군의 행위성을 대신하는 ①과 ②의 오키나와인 집단이 존재했다. 치비치리의 경우에 일본군과 ① 집단은 없었지만, ② 집단이 대신해 집단자결을 유도했다. 그런데 왜 ② 집단은 일본군의 강제력이 직접적으로 작동하지 않는 상황에서 집단자결을 시도했고, 더 나아가 다른 집단들마저 죽음으로 동원하려고 했는가? 그리고 왜 ③ 집단은 이를 지지했고, 어떻게 자결 실행을 보조할 수 있었는가?

도미야마의 논의를 함께 참고하면서, 하야시가 유형화해 분류하고 있는 각 집단에 대해 자세히 살펴보자(林博史, 2001: 185~193; 도미야마 이치로, 2002: 75~89).

우선 ② 집단의 행위성을 가해와 피해의 상호연속성 차원에서 설명할 필요가 있다. ②는 오키나와가 전장화될 가능성이 커짐에 따라 오키나와 32군 사령부에 의해 전장 동원의 지도층으로 새롭게 편입된 집단이었다. 이들은 결과적으로 보았을 때, 옥쇄를 명령했던 전진훈(戰陣訓)[9)]에 가장 충실히 이행한 집단으로 볼 수도 있는데, 사실은 그들이 겪은 특정 '체험'의 내용에 주목해

---

9) 전진훈은 군인칙유(軍人勅諭)의 전장판이었는데, '살아서 포로가 되어 치욕을 당하지 말고 죽어서 죄과의 오명을 남기지 말라'는 부분이 절대화되어 대량의 집단자결의 비극을 초래했다.

야 한다. 즉 이들의 대부분은 중국이나 동남아전선에서 일본군과 함께 잔학한 만행을 자행하거나 혹은 이를 목격한 재향군인과 종군간호사들이었다. 때문에 이들은 전쟁에서 일본군이 저지른 만행이 자신들에게 돌아올 것이라고 생각했고, 방위대와 호향대에서 혹은 스스로 의용대를 결성해 끝까지 싸웠다. 결국 이들은 오키나와전 막바지에 이르러 내몰린 동굴에서 자결했고, 더 나아가 동굴에 함께 있는 모든 사람들의 자결을 유도했던 것이다. 그러나 17~45세 사이의 남성들로 소집된 방위대는 재향군인이나 종군간호사와 달리 자결을 통한 옥쇄를 거부하고 와전한 경우도 있었다.[10)]

다음으로 이전에 가해의 경험이 없던 ③ 집단의 행위성을 강제와 자발의 상호연속성 차원에서 설명해보자.

③은 대부분 17세 미만의 소년들로 구성되었는데, 이들은 '15년 전쟁'[11)] 시기에 교육을 받은 세대로 황민화 교육에 가장 큰 영향을 받은 집단이며, 교육수준이 높은 집단이었다. 앞서 설명했던 재향군인처럼 군과 전쟁 체험은 없었지만, 이들은 ① 집단이 주도했던 생활개선운동에서 요구되는 여러 생활도덕과 규율들을 내면화했고, 이 과정에서 이들이 '열등한 오키나와'가 아닌 '문명화되고 강력한 일본'과 동일시할 수밖에 없었음은 물론이다. 때문에 이들은 전시동원체제 하에서 매우 강력하게 전개된 황민화 교육이 요구했던, 천황을 위해 목숨을 기꺼이 버릴 수 있는 집단이 될 수 있었다. 언제든 죽음으로 동원될 수 있는 전장의 군율을 새긴 주체로서 스스로를 구성했던 것이었다.[12)] 이렇게 볼 때 주체 구성에

---

10) 하야시는 방위대가 옥쇄를 거부했던 이유에 대해 별도의 장을 할애해서 분석하고 있다(林博史, 2002: 230~269).
11) '만주사변', '상해사변', '일지사변', '대동아전쟁'의 명칭은 15년 동안 단편적인 몇 번의 전투가 있었던 것처럼 보이게 하는 효과를 발휘한다. 더 나아가 이 기나긴 전쟁 시기를 중국과의 전쟁과 미영 연합국과의 전쟁으로 이분화해 일본은 중국이 아닌 연합국에 패한 것으로 왜곡시키려는 의도마저 있는 것으로 보인다. 이에 이에나가 사부로는 '15년 전쟁'이라는 개념을 사용해 1931년부터 1945년에 걸친 하나의 연결된 전쟁으로 인식할 것을 제안하고 있다(鶴見俊輔, 2005: 146~147).
12) 1930년대 이후 더욱 강력하게 전개되었던 오키나와어 사용 금지와 '표준어' 사용은 평시의 규율이 전시의 군율로 이어졌음을 보여주는 대표적인 사례다. 왜냐하면 전시동원체제에서, 특히

있어 강제와 자발은 '제로섬'적인 것이 아니다. ③은 전적으로 생활개선운동과 황민화 교육의 대상이자 강제된 피해자였다기보다는 어떤 의미에서 자발적인 주체이자 가해자인 성격도 갖는 집단이라고도 생각해 볼 수 있다.13) 따라서 이들은 주로 학도대와 경방단에 조직되어 전쟁에 죽창을 들고 참가했고, 악화된 전황에서 자신들이 피신해있던 동굴 근처로 미군이 다가왔을 때 죽창을 들고 돌격해 싸우자고 선동했으며, 여의치 않자 집단자결 실행을 보조할 수 있었다.

④와 ⑤는 대부분 소학교 정도의 교육수준을 가진 집단으로 ①, ②, ③의 의사결정에 저항하지는 않았지만, 집단자결 결정과 같은 생사의 문제에 있어서는 당시의 상황과 분위기, ②, ③ 집단의 행위성에 많은 영향을 받았고, 주로 본능적으로 행동했다. ⑥과 함께 오키나와 전쟁과 학살에서 가장 피해가 큰 집단이었다.

마지막으로 치비치리가마에는 없었지만, ③ 집단의 행위성에 매우 큰 영향을 끼쳤던 ① 집단의 행위성에 대해서도 살펴보자. ①은 군과 일체화된 지도층으로 '15년 전쟁' 이전 평시에는 생활개선운동을 통해 오키나와인의 황민화 및 본토 동화를 주도했던 집단이다. 이 엘리트 집단은 '15년 전쟁' 시기, 특히 태평양전쟁 이후에는 군과 함께 전시동원체제의 지도층으로 이전의 규율을 군율로 확대해갔으며, 오키나와전쟁 시기에는 미군의 포로가 되는 것을 치욕으로 생각하고 군관민의 공생공사를 천명으로 여기면서 전장에 나아갔다. 그러나 ③ 집단과 달리 이들 모두가 자결한 것은 아니었다. 오키나와의 전장에서 평시 생활개선운동의 규율을 군율로 확대하는 데 일조했던 이 지도층은

전시에서 오키나와어 사용은 방첩 문제와 결부되면서 스파이의 표지가 되었기 때문이다. 다시 말하면 오키나와어 사용은 미군(삐라)·조선인과의 접촉만큼이나 위험한 일이었고, 오키나와어 사용 금지와 관련한 군율이 엄격하게 지켜질 수 있었던 것은 단순하게 위로부터 강제되어 아래에서 내면화한 결과라기보다는 사용 금지를 도덕적 실천으로 삼은 수많은 주체들이 있었기 때문이다. 이와 관련해 자세한 논의는 도미야마(2002: 48~49)를 참조할 것.
13) 이들이 일본군에 의해 선전되는 귀축영미와 여러 왜곡된 내용들을 추호의 의심도 없이 믿었던 것은, 단순히 주입받은 결과라기보다는 이들이 군율을 생활도덕으로 삼은 주체였기 때문이라고 생각할 수 있다.

군과 일부 주민들의 감시의 시선이 거꾸로 자신을 향하고 있음을 느꼈을 때, 그래서 자신들이 '스파이'로 지목되었을 때,[14] 군율로부터 이탈해 일본군과 함께 하지 않았다. 스파이로 몰린 일부 지도자는 잔혹하게 학살당했다. 살아남은 이들 중 일부는 귀축영미에 투항하면 잔혹한 죽음을 당할 것이라는 일본군의 거짓 선전과 이에 대한 공포를 극복하고, 미군에 투항하기도 했다. 투항을 수치로 알고 있었지만, 이들의 수치심은 수용소에서 같은 고학력 엘리트를 발견하는 순간에 경감하거나 소멸했고, 곧 미군에 협력하게 되었다.[15] 더 나아가 일부는 일본군에 대한 저항운동을 조직하기도 했다.

결론적으로 집단자결이라는 죽음으로의 동원에 이르는 길을 이해하기 위해서는 가해와 피해, 강제와 자발의 상호연속성 차원에서 위 집단들의 행위성과 행위들 간의 상호작용을 분석적으로 설명할 필요가 있다. 치비치리가마의 참극을 간단한 예로 들면, 집단자결이라는 최종적인 행위 결정에 큰 영향을 끼친 것은 ② 집단의 행위성이었으며, 이에 큰 영향을 끼친 요소는 중국전선에서 겪은 가해자로서의 전쟁 체험이었다. 그리고 동굴 안에서 ②집단의 주도적인 행위성은 생사 경계에서 본능적으로 갈등하고 있던 ④, ⑤집단의 일부를 '죽음'으로 몰아넣었다. 전시동원체제하 생활개선운동의 감시 대상이자 주체

---

14) 당시 여러 회고록에 따르면, 스파이의 표지는 수상한 자, 조선인, 오키나와인, 오키나와어 사용처럼 소위 '도덕적 범죄'와 관련된다고 추정되는 범주고, 다른 하나는 이민 경험, 미군과의 접촉처럼 '도덕적 범죄'와는 직접적으로 관련이 없는 범주다. 평시 생활개선운동을 감시·지도했던 오키나와 지도자들은 오키나와가 전장화되는 과정에서 역으로 감시받게 되고, 더 나아가 스파이로 몰리게 되었다. 그 이유는 바로 이민경험과 미군과의 접촉 때문이었다. 오키나와에서 출세는 곧 교육이라는 생각이 팽배해 있었고, 오키나와의 대다수 엘리트들은 그들의 부모가 이민을 가서 송금해준 학자금으로 중등교육을 받았고, 그렇게 해서 지도층이 될 수 있었던 것이다. 도미야마는 이를 두고 "지도자가 감시·지도한 '도덕적 범죄'가 '스파이'로 이어지고, 그 '스파이'가 이번에는 지도자 자신을 엄습했다"고 말한 바 있다(도미야마 이치로, 2002: 80~81). 당시 오키나와현 모토부(本部) 국민학교의 교장이었던 데루야 다다히데의 사례는 이를 뒷받침해준다(같은 책, 111~117).
15) 이는 그들의 수치심이 단순히 전진훈(戰陣訓)에 기인할 뿐만 아니라 자신이 소속집단인 엘리트 지도자층에 대해서 품은 감정이기도 했음을 말해준다. 이런 엘리트 지도자의 수치심은 재향군인과 다를뿐더러 소속집단 이외의 지도자로부터 감시·지도받고 있던 일반 주민과도 달랐다(도미야마 이치로, 2002: 83).

인, 그리고 엄격한 황민화 교육 속에서 전시 규율 및 군율을 체득하고 있던 ③ 집단의 행위성이 ② 집단의 집단자결 유도를 뒷받침했음은 물론이다.

이제 다시 노마 필드의 말을 재음미할 수 있다. 오키나와의 수많은 치비치리가마의 비극은 "강요(강제)와 동의(자발), 가해와 피해성이 어둡게 맞물려서 작용"한 결과 발생한 것이었다.

4. 집단자결에 저항하는 가능성: 전쟁 체험과 이민 체험의 대조적 귀결

그런데 만약 그 때 치비치리가마에서 집단자결을 유도했던 ② 집단의 재향군인과 종군간호사의 체험과는 전혀 다른 차원의 체험이 있었다면, 그래서 집단자결 유도 행위가 아닌 다른 행위가 배태될 수 있었다면, 집단자결이라는 파국은 면할 수 있지 않았을까? 이미 몇몇 연구자들이 주목하고 있듯이, 그 가능성을 보여주는 체험과 이에 근거한 행위는 시무쿠가마에서 찾아볼 수 있다.

앞서 언급했듯이, 치비치리가마에서 약 1km 떨어진 시무쿠가마에는 약 1000여 명의 주민들이 피난해 있었다. 그리고 이 주민들 중에는 하와이 이민을 통해 아메리카 사회의 생활을 체험하고 귀향한 두 명의 사람이 있었다. 치비치리와 마찬가지로 미군이 시무쿠에 접근했을 때, 동굴에 있던 몇몇 청년들이 미군으로의 돌격을 부르짖었고, 동굴 안의 분위기는 일시에 긴장감이 가득한 상태로 변했다. 그러나 이민 체험이 있던 두 사람이 나서서 분위기를 반전시켰다. 투항하면 미군이 죽이지 않을 것이라고 마을 사람들을 설득했던 것이다. 그리고 동굴 밖으로 나가 미군과 교섭해 1000여 명의 주민들의 목숨을 구했다. 이 두 명은 미국 하와이 사회에서 꽤 긴 기간 이민 생활(한 명은 5년, 다른 한 명은 25년)을 했고, 이러한 이민 체험에 비추어 일본과 일본군을 비판하는 위험한 언동을 해왔다. 그리고 태평양전쟁이 시작되었을 때 일본과 일본군을 자극하고 비판하는 비국민적 발언을 했고, 마을 사람들 역시 그 두 명을 비국민으로 인식하고 있었다(屋嘉比收, 2000: 122). 촌 주민들로부터 '비국민'으로 인식되었던 두 명이 많은 주민들을 구한 셈이었다.

이렇게 볼 때 시무쿠에서 발견되는 이민 체험은 치비치리의 재향군인과 종군간호사의 전쟁 체험과 대조를 이루고 있다. 즉 시무쿠의 1000여 명의 모든 주민들이 생존할 수 있었던 이유는 두 사람이 개인적인 자질이 훌륭하고 미군과 교섭할 수 있는 영어 가능자였기 때문이라기보다는 보다 근본적인 아메리카 이민 체험과 이에 근거한 비국민으로서의 행위성 때문이었다. 야카비가 이러한 이민 체험으로 오키나와가 일본 국가로부터 해방되었다고 평가하는 것도 이러한 이유에서다(屋嘉比收, 2000: 122).

실제 시무쿠가마의 경우 이외에도 해외 이민 체험이 있는 주민의 비국민적 행위 때문에 집단자결이라는 파국을 피한 사례들이 종종 있다.[16) 그런데 여기서 크게 두 가지 의문이 남는다. 하나는 오키나와가 전장 동원으로 휩쓸리는 가운데 어떻게 아메리카 이민을 체험했던 두 명의 비국민이 살아남을 수 있었을까 하는 점이다. 일본군에 의한 오키나와인 학살에서 가장 많은 비중을 차지하는 것 중 하나가 스파이 처형과 관련한다. 그럼에도 아메리카 이민을 체험한 두 명의 주민이 스파이로 몰려 학살되지 않고 살아남아 1000여 명의 마을 주민을 집단자결로부터 구할 수 있었던 것은 매우 극적이지만, 여러 정황들을 궁금케 하는 대목이다. 더욱이 이런 상황이 시무쿠가마에 한정된 것이 아니라 오키나와 곳곳에 있었다는 것을 감안하면 말이다.

다른 하나는 이민 체험의 내용이 어떻게 일본의 비국민으로서의 행위성을 가능하게 했는가와 관련한다. 전전(戰前) 오키나와인의 해외 이민 체험이 대다수를 이루었던 남양군도에서의 이민 체험의 내용을 보면 비국민으로서

---

16) 야카비는 시무쿠가마 이외의 사례들을 하야시(1992)의 글을 재인용하면서 밝혔다(屋嘉比收, 2000: 125).

의 행위성이 어떻게 배태, 발현되었는지가 의심스러울 정도로 아메리카의 이민 체험과는 다른 위치에 서 있는 것처럼 보인다.

이와 관련해 오키나와인의 '내남양(內南洋)'[17] 이민 체험을 사례로 분석한 도미야마의 논의를 살펴보자. 그의 논의에 따르면, 오키나와인들은 일본인과 일본 식민지의 선주민 카나카(カナカ)[18] 사이에서 '일본인 되기'를 지향했다. 역으로 말하면, 본토 일본인과 선주민 카나카로부터 오키나와인들은 일종의 '내지인 카나카' 혹은 '저팬 카나카'로 인식되었고, 따라서 식민경영자인 본토 일본인과는 매우 차별적인 대우를 받았기 때문이었다. 이런 상황에서 오키나와인들은 생활개선운동을 통해 '저팬 카나카'로부터 탈출하려고 시도했다. 즉 남양군도의 식민지 경영을 뒷받침했던 차별적 노무관리로부터 탈출하고 동시에 지도자 '일본인'을 지향했던 것이다.[19] 도미야마는 이 과정에서 일상생활의 향상을 염원하는 오키나와인의 마음속에 슬그머니 '제국의식'이 침투해 들어왔으며, 오키나와인 내부에 지도받아야 할 타자의 존재가 구성되었다고 말한다. 다시 말하면 '저팬 카나카'로부터의 탈출에서 연출되는, 지도받아야 할 '도민(島民)'은 남양군도의 선주민으로만 국한되지 않고, 일본의 식민지인들을 포함해 생활개선에 의해 불식되고 있던 오키나와 자신도 해당되며, 일본인은 이들을 타자로 삼아 성립되었고, 생활개선 속에서 오키나와인들은 자기 내부에서 불식해야할 타자를 구성했다는 것이다. 이러한 오키나와인의 일본인 되기의 이민 체험은 오키나와 전장에서의 옥쇄로 연결된다(도미야마 이치로, 2002[1995]: 57~72).

---

17) 여기에서 '내남양'은 남양군도, 즉 미크로네시아(괌, 길버트 군도는 제외)를 의미한다. 그리고 필리핀과 인도네시아는 '외남양'으로 불리었다. 이렇게 볼 때 남양군도는 안에서 바깥으로 '대동아공영권'을 향해 남진하기 위한 거점으로 존재했던 것이다(도미야마 이치로, 2002: 57).

18) 폴리네시아어로 '사람'을 의미하지만 여기서는 차모로와 함께 미크로네시아의 원주민 혹은 선주민을 가리키는 말이다.

19) 이런 의미에서 생활개선운동은 위로부터의 관제운동이라기보다 오키나와인들 자신의 운동으로서 전개되었다고 이해해야 한다(도미야마 이치로, 2002: 71).

이렇게 보면 내남양(미크로네시아)에서의 이민 체험은 집단자결의 파국을 막은 아메라카 이민 체험과 매우 이질적인 것으로 보인다. 이 차이를 어떻게 사고해야 할 것인가? 한 가지 추론해 볼 수 있는 가정은 '누구의' 이민 체험이 중요한 것이 아니라 '어느 지역에서의' 이민 체험이었는지가 중요하지 않을까 하는 점이다. 일본 이민의 대다수를 차지한 오키나와인들은 세계 곳곳에 나가 있지만, 그 체험과 이에 기반한 행위성은 이민한 지역에 따라 다른 양상을 보인다. 즉 미크로네시아에서 오키나와인들은 생활개선운동을 통해 성공자와 지도자로의 일본인을 지향했고 그 결과 스스로를 불식하고 지도받아야 할 타자로 구성, 옥쇄로 나아갔던 데 반해, 아메라카, 특히 하와이에서 오키나와인들은 미국인의 차별 속에서, 그리고 일계 이민사회의 최상층을 차지하는 '내지인'의 차별 속에서 하와이 선주민과 우호와 신뢰관계를 쌓아 그 사회에 융화되어 갔다. 하와이 이민 체험의 이러한 내용이 있었기에 시무쿠가마에서 비국민으로 불렸던 두 명의 하와이 이민 체험자는 동굴에 있는 마을 사람들에게 일본인이 아닌 오키나와인임을 설득시킬 수 있었던 것이 아닐까? 스스로가 일본인이 아닌 오키나와인임을 자각하는 것, 이는 오키나와 사람들이 자신의 내부에 불식해야 할 타자를 구성한 것으로부터 벗어나 옥쇄를 거부할 수 있다는 것을 의미한다.[20] 그리고 더 나아가 천황의 항복 선언 이후에도 오키나와에서 계속되는 일본군의 저항을 오키나와인 스스로 무장하여 토벌하자는 움직임으로 나아간다.[21]

이러한 가능성을 필리핀 이민 체험에서도 발견하려는 야카비의 논의를 마지막으로 살펴보자. 필리핀으로 이민한 오키나와인은 현지인으로부터 '오트로

---

20) 다양한 전장의 모습을 정리하기는 쉽지 않지만, 생사의 경계를 앞에 두고 오키나와어의 세계가 떠오른다는 것은 매우 시사적이다. 받아들이기 힘든 군의 명령이 내려진 뒤 오키나와어를 구사하여 그 상황을 모면한 방위대원, 자결명령이 떨어지자 갑자기 튀어나온 "리카시만카이(자, 마을로 돌아가자)"라는 오키나와어, 투항하자는 상담과 설득에 사용된 오키나와어, 일본군을 비방하는 오키나와어 대화. 전장에서 오키나와어는 그야말로 저항의 담론으로 등장했던 것이다(도미야마 이치로, 2002[1995]: 82).

21) 이와 관련해 도미야마는 쿠메섬의 농업회장이었던 요시하마의 일기(吉濱日記)에 주목한다 (도미야마 이치로, 2002[1995]: 86~7).

하촌(オートロハボン, 다른 일본인)'으로 불리면서 일본 본토 출신자와 구별되었다. 이러한 상황에서 필리핀의 오키나와인들은 일본 본토 출신자로부터 차별받고 억압받았던 감정을 동일한 처지에 놓인 현지인과 공유하면서, 우호와 신뢰관계를 쌓아 필리핀 사회에 융화되었고, 그 결과 전후에도 오키나와인은 현지인들로부터 보호받았고, 우호관계는 지금까지 계속되고 있다. 야카비는 이와 같은 필리핀 이민의 특징을 지적하면서 이민했던 사회에 융화되어 거기에서 체험했던 생활의 경험지(經驗知)를 살려 시무쿠가마에서 참극을 막은 두 명의 비국민의 체험과 행위성과 유사하다고 논의하고 있다(屋嘉比收, 2000: 123).

5. 나오며: 요약 및 과제

'옥쇄'의 논리로 집단자결을 미화하는 '군대의 논리'에 대응해, '민중의 논리'는 집단자결이 '강제적인 집단자결'의 성격을 띠고 있으며 강제력의 요소들로서 황민화 교육, 군민 공생공사, 귀축영미, 공동체 규제력, 고립된 지리적 상황 등을 제시한 바 있다. 이러한 주장 속에서 '민중의 논리'는 "'강제적 집단자결'—'오키나와 민중 피해자화'"를 쌍으로 하는 굳건한 내러티브를 만들어냈다.

그러나 역으로 "위 강제력의 요소들이 작동하는 오키나와 곳곳의 공간에서 모든 주민들이 집단자결했는가?"라는 질문을 던져보면, '민중의 논리'의 취약점이 드러난다. 최근의 연구들이 주목하고 있는 치비치리가마의 사례에서 알 수 있듯이, 집단자결에 이르는 과정은 매우 복잡했다. 야카비는 이 점을 누구보다도 잘 포착하고 있다. 그는 일부 오키나와인들의 전쟁 체험, 특히 중국과 동남아 전선에서의 가해 체험이 집단자결을 유도했음을 잘 분석했다. 그러나 그것이 집단자결의 길로 왜 치닫게 되었는가에 대한 해답의 전부는 아니었다. 강제와 자발의 상호연속성 차원에서 집단자결로의 또 다른 길을 분석, 설명할 필요가 있었다. 본인이 이 글에서 경방단, 학도대 등에 조직된 17세 미만 청년들의 행위성을 중심으로 여러 유형의 집단들을 분석하는 데 많은 부분을 할애한 이유기도 하다. 결론적으로 본인은 집단자결의 자발성과 강제성, 가해성과 피해성이 하나의 두 가지 이면에 가깝고, 이 사이에 뫼비우스의 띠 같은 연속성이 있음을, 그리고 그 연결고리로 어떤 행위성을 가능케 하는 '체험'의 내용이 있음을 확인했다.

그 '체험'의 내용이 전쟁 체험이 아닌 이민 체험—그것도 남양군도가 아니라 하와이나 필리핀 같은 특정한 지역의 이민 체험—은 집단자결로의 길에 저항할 수 있었다. 이는 함의하는 바가 매우 크다. 왜냐하면 죽음으로의 동원을 예비하는 여러 요소들과 구조가 존재한다 하더라도 이를 상쇄하는 요소들이 동시에 존재한다면, 그 결과는 파국으로 치닫지 않는다는 사실을 의미하기 때문이다. 폭력을 예감하고 그것에 저항하는 가능성, 이는 오키나와의 집단자결의 사례에만 해당하는 것이 아니라 동아시아의 다양한 유형의 '민간인 학살'의 사례에도 중요한 시사점을 제공해준다.

즉 우리는 일본과 미국이라는 제국의 파장 안에서 발생했던 동아시아의 수많은 민간인 학살을 별개로 다루는 것이 아니라 연속적으로 파악할 수 있어야 한다. 그것이 앞으로의 연구과제가 될 것이다. 동아시아 역사에서 민간인 학살의 흔적은 도처에 존재한다. '난징대학살', '오키나와 주민학살', '타이완 2·28', '제주 4·3', 그리고 한국전쟁 전후의 수많은 민간인 학살들의 이름만으로도 그 증거는 충분하다. 그리고 현재 이러한 사건들은 그 장소와 시간에 고정되어 별개로 다루어지고 있다. 그러나 본인은 '동아시아에서 계속되는 전쟁과 학살'이라는 문제의식 아래에 이 사건들을 연속적으로 관통하는 심층의 학살 메커니즘과 구조를 탐색해야 한다고 생각한다.

구체적인 일례를 들면, 특히 오키나와와 제주 사이에 가교를 놓을 필요가 있다. 실제 오키나와와 제주에는 수많은 자연동굴과 인공동굴이 널려 있고, 이 동굴에 새겨진 군사적 경험과 그 과정에서 겪은 학살의 참극은 거의 똑같다고 생각될 정도로 많은 것들을 공유하고 있다. 본토 방어를 위해 오키나와와 제주도에서 진행된 일본군의 전쟁 준비에 주목하는 일부 연구자들은 그 유사성을, 특히 '옥쇄작전'을 지적하면서 일본의 '무조건 항복'이 없었다면 제주도는 제2의 오키나와가 되었을 것이라고 지적하고 있다. 그나마 이렇게 지옥 문턱에서 생환한 것도 3년의 유예를 둔 것에 불과했다. 일본군에 의해 준비되었던 한라산의 산악진지와 무기 등은 '4·3' 이래 무장유격대에 의해 사용되었고, 이는 제주도민 3만 명 이상이 학살되는 참극으로 귀결되었다.

이와 같은 연속성에도 불구하고 대부분 기존 연구들은 '오키나와전 - 주민학살(집단자결 포함)'과 '제주 4·3사건 - 민간인 학살'을 별개의 것으로 다루고 있다. 이는 오키나와와 제주 사이에 동지나해를 사이에 두고 있는 공간적 거리 이상으로 '전전(戰前)'과 '전후(戰後)'라는 시간적 '단절'이 자리하기 때문이다. 특히 양 섬의 본국인 일본과 한반도(조선반도)와 관련해 그 '단절'이 더더욱 심화될 수밖에 없었다. 왜냐하면 일본 본토에서는 1945년을 전후로 일본 사회가 질적인 변화를 이루어냈다는 '전후체제'라는 관점이 큰 힘을 발휘했고, 한반도에서는 1945년 '8·15'를 전후로 조선이 식민지사회에서 '해방사회'로 탈바꿈했다는 관점이 강력했기 때문이다. 분명 이러한 측면이 있음에도 불구하고 '단절'만이 지나치게 강조되었기 때문에 '전전'에서 '전후'로 계속되는 연속적인 측면들은 외면되었던 것이다.

최근 일본의 국수주의적인 우경화 경향이 대두되면서 '전후체제' 관점에 대한 비판이 제기되고, 한반도에서 냉전구조의 문제를 파악할 때 식민지적 조건이 단지 유산과 잔재라는 한 변수에 그치는 것이 아니라 냉전구조의 또 다른 꼬불꼬불한 지층임을 강조하는 비판적 연구들이 한 흐름으로 형성되고 있다. 이 글 역시 이러한 흐름 안에 있다. 시공간적으로 한정하자면 이 글은 분명 오키나와전 과정에서 발생한 집단자결을 다루고 있지만, 그 바탕에 깔린 문제의식은 이러한 오키나와의 경험을 오키나와 혹은 일본의 경험으로 한정시키는 것이 아니라 한반도 및 동아시아라는 역사적 공간 속에서도 파악할 수 있어야하지 않을까.

■ 참고문헌

· 1차 자료

1. 오키나와 현청 및 오키나와 현 소속 지방자치 단체 발행 자료

沖繩縣平和祈念資料館. 2001. 『沖繩縣平和祈念資料館 綜合案內』.

2. 기타 자료

韓國人慰靈塔奉安會. 1978. 『鎭魂』.

· 2차 자료

1. 한글단행본 · 논문

노마 필드(Field, Norma). 박이엽 역. 1995. 『죽어가는 천황의 나라에서』. 창작과비평사.

도미야마 이치로(富山一郎). 임성모 역. 2002. 『전장의 기억』. 서울: 이산.

쓰루미 슌스케(鶴見俊輔). 최영호 역. 2005. 『전향: 전시기 일본정신사 강의 1931~1945(轉向: 戰時期 日本精神史 講義 1931~1945)』. 논형.

호사카 히로시(保坂廣志). 2004. 「오키나와戰의 기억과 기록」. 『琉球大學法文學部紀要』 제14호.

2. 일문단행본 · 논문

大城將保. 1986. 「座間見島集団自決事件に關する隊長手記」. 『沖繩史料編集所紀要』 제11호.

大城將保. 1994. 『改訂版 沖繩戰: 民衆の眼でとらえる戰爭』. 高文研.

嶋津与志. 1977. 「慶良間諸島の慘劇: 集團自決の意味するもの」. 『青い海』 No.62.

藤原彰 編著. 1987. 『沖繩戰: 国土が戰場になったとき』. 青木書店.

林博史. 1992. 「集團自決の再檢討: 沖繩戰の中のもうひとるの住民像」. 『歷史評論』 No.502.

林博史. 2001. 『沖繩戰と民衆』. 大月書店.

上羽修. 1999. 『ガマに核まれた沖繩戰』. 草の根出版會.

石原昌家 · 大城将保 · 保坂廣志 · 松永勝利. 2002. 『爭點 · 沖繩戰の記憶』. 社會評論社.

屋嘉比收. 2000. 「'ガマ'が想起する沖繩戰の記憶」. 『現代思想』 2000年 6月号. 青土社.

屋嘉比收. 2005. 「沖繩と東アジア: 戰爭を語り直す視點」. 동아시아와 오키나와 강연회. 那覇: 2월.

木隆三. 1989. 『證言記錄 沖繩住民虐殺: 日兵逆殺と美軍犯罪』. 新人物往來社.

佐知花昌一. 1996. 『焼きすてられた日の丸: 基地の島, 沖繩読谷から』. 新泉社.

3. 영문단행본 · 논문

Yonetani, Julia. 2003. "Contested Memories: Struggles over War and Peace in Contemporary Okinawa". Glenn D. Hook and Richard Siddle eds.. *Japan and Okinawa: Structure and Subjectivity.* London and New York. Routledge Curzon.

7장

오키나와 한센병사에서의 절대격리체제 형성과 변이

· 미군정의 영향을 중심으로[1]

정근식

1. 세 개의 기념물

오키나와에 있는 일본 국립 한센병 시설인 애락원(愛樂園)에는 아오키(靑
木惠哉), 정명(貞明) 왕후, 스코어브랜드(Scorebrand)라는 세 인물의 기념물들
이 있다. 아오키는 애락원이 일본의 국립요양소가 되기 이전, 오키나와 한센병
선교의 중심인물이고, 정명왕후는 전전(戰前)의 '일본형' 한센 정책을 구성하고
있는 상징인물이며,[2] 스코어브랜드는 미군정기인 1949년부터 1952년까지 애
락원의 재건과 의료정책에 큰 영향을 미친 미국인이다. 이 기념물들을 단지 애
락원의 역사를 보여주는 주요 인물들을 기념하는 상징물로 보고, 서로 다른 인
물들에 관한 기억이 공존하고 있다고 생각하면서 지나칠 수도 있지만, 이들의
시간적 '질서'에 주목하게 되면 그냥 지나칠 수 없는 의문에 부딪치게 된다.

---

1) 이 글은 한국사회사학회에서 간행하는 『사회와 역사』(통권 제73집, 2007년 봄호)에 게재된
것을 수정·보완한 것이다.
2) 한센 정책에서의 '일본형 격리'는 강제격리, 강제노동, 징벌, 학살, 강제단종, 강제낙태, 이들이
일체를 이루는 절대격리체제로 후지노 유타카는 정의하였다(藤野豊 2006: 11). 필자는 여기에
천황제 이데올로기라는 한 가지 요소를 덧붙여야한다고 본다.

[그림 7-1] 애락원 내의 주요 기념물과 위치

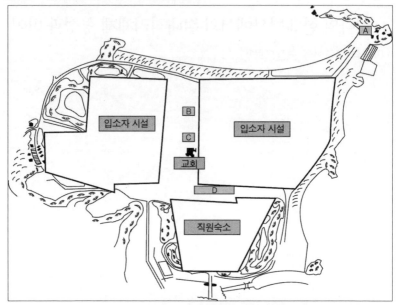

A: 아오키(靑木惠哉) 기념물, B: 정명(貞明)왕후 어가비
C: 스코어브랜드(Scorebrand) 기념물, D: 애락원 사무본관.

애락원의 연대기로 본다면, 방금 언급한 순서대로 각각의 기념물이 세워졌을 것이라고 생각하기 쉽다. 그런데 이들을 기념하는 기념물들을 자세히 살펴보면, 우선 한 인물의 기념물이 하나가 아니라 여러 개이며, 각각의 조성 시기가 연대기적 질서를 따른 것이 아니라는 것을 알게 된다. 기념물의 조성, 또는 조성된 기념물의 파괴나 재구성의 질서를 재현의 질서라고 말한다면 기념물의 시간적 질서는 기념 대상이 활동한 시기나 사건 발생의 시간을 나타내는 연대기적 질서와 재현의 질서로 구분되는 셈인데, 애락원의 기념물은 이 두 개의 질서 사이에 현저한 차이를 갖고 있다. 이런 차이는 왜 발생하는가. 이 질문이 이 글을 쓰게 된 하나의 단서가 된다.

이런 단서에 또 다른 질문을 덧붙인다면, 1998년부터 2001년까지 지속된 일본의 한센병 국가배상소송을 통하여 국가가 과거의 절대격리제를 지탱한

라이예방법이 한센인의 인권을 침해한 잘못을 인정하고 사죄와 함께 배상을 한 사실과, 과거의 절대격리제와 떼려야 뗄 수 없는 관계를 지닌 천황제 관련 기념물의 관계에 관한 것이다. 국가의 잘못된 정책에 대한 사죄와 배상에도 불구하고, 이와 불가분의 관계에 있는 천황제의 상징물은 그대로 존재하고 있는데, 이런 현상을 어떻게 설명해야 하는가.

일본의 주변부로서의 오키나와의 근현대 사회사가 주로 1945년의 오키 나와전의 경험과 27년간 지속된 미국의 직접 지배를 포함한 미군기지 문제를 중심으로 연구되어 왔다면, 이들은 주로 일본 본토와는 구별되는 오키나와의 특수한 경험을 강조하도록 하는 주제들이었다. 오키나와 한센병사 연구는 한편으로는 이와 동일한 맥락에서 미군정의 영향을 강조하는 방향에서 이루 어질 수 있지만, 다른 한편으로는 '주변 속의 주변인'이라는 좀 더 복잡한 차원 에서 오키나와 문제를 사고하도록 하며,3) 좀 더 민감하게 일본 본토와 오키나 와의 관계를 다루게 한다. 미국 지배하 류큐 정부가 실시한 일본 본토와는 다른 정책 때문에 오키나와 한센병사는 최근 매우 논쟁적인 주제가 되었다. 핵심적 인 쟁점은 오키나와의 한센병 정책이 본토의 절대격리형 통제로부터 벗어난 것인가, 여전히 여기에 포섭되는 약간의 변이로 취급되어야하는 것인가다. 이 문제는 최근의 국가배상 소송의 핵심 쟁점이었고 법학적 연구대상이었다.

오키나와 한센병 정책의 중심 거점인 애락원의 역사와 여타의 일본 국립 요양소와의 차이를 강조하는 입장은 과거 애락원의 원장이면서 오키나와 한 센병사에 관한 많은 연구를 한 사이가와 가쓰오(犀川一夫)의 연구들(1993; 1999)에서 잘 나타난다. 사이가와는 본토와는 달리 오키나와에서 미군정은 1958년부터 재택치료와 사회복귀를 허용했다는 점을 강조하였다. 이런 시각

---

3) 이와 유사한 연구 주제가 오키나와 본섬과 주변의 여러 작은 섬들 간의 관계다. 오키나와의 역사에서 오키나와가 일본의 주변부임을 강조하다 보면, 오키나와 본섬 중심의 시각에 빠질 수 있다는 점을 류큐대의 나미히라 츠네오(波平恒男) 교수가 일깨워주었다.

은 애락원 창설 50주년기념지(1989)에 잘 나타나 있는데, 여기에서는 미군정기의 정책이 천황제의 영향에 관한 자료들과 함께 자세히 기록되었다.

이에 반하여 이런 차이에 대한 강조가 오키나와 한센병사에서 가장 큰 '오해'를 낳고 있다고 보고, 일본 본토와 오키나와의 '공통의 피해'를 강조하는 연구들이 국가배상소송 이후 이루어지기 시작했다. 구마모토를 중심으로 진행된 한센병자 강제격리에 대한 국가배상소송에서 오키나와 출신자들이 원고단에 많이 포함되었고, 이들은 자신들도 국가의 배상대상이 된다는 것을 증명해야 했다. 이들은 일본의 국립 한센병요양소들이 약간의 지역별 차이를 제외하고는 동일한 법적 제도적 틀에 놓여 있어서 운영원리나 요양소문화가 동일하다고 주장하였다. 최근의 오키나와 한센 정책에 관한 가장 중요한 연구 성과로 간주되는 모리가와 야스타카(森川恭剛, 2005)와 후지노 유타카(藤野豊, 2006)의 연구4)는 이런 관점을 충실히 반영하고 있다. 이들은 모두 1998년부터 진행된 구마모토 재판과 이후의 '검증회의'에 참여하면서 오키나와 한센병사를 다시 정리하였다.5)

나는 이런 두 가지 대립되는 시각을 애락원에 있는 기념물의 재현의 질서에 주목하여 평가한다면, 후자가 좀 더 타당하다고 생각한다. 세 가지 기념물 중에서 가장 중요한 것은 역시 천황제 국가주의를 상징하는 '어가비(御歌碑)'의 숨은 역사다. 그러나 세 가지 기념물들의 재현의 질서에서 애락원의 당국이나 입원자들은 각각 어떤 입장을 차지하고 있었는가를 질문한다면, 단호한 이분법적 평가를 넘어서는 어떤 설명이 필요하다고 생각한다. 이 글에서는 일단 애락원의 연대기적 질서와 상징물의 재현의 질서를 충실히 기술하면서 이들 간의 관계를 살펴볼 것이다. 기존의 연구와는 달리 기념물 분석을 통한

---

4) 그는 일본의 오키나와 한센 정책은 문명과 야만이라는 틀을 오키나와에 적용하는 내적 오리엔탈리즘에 바탕을 두고 있다고 보았다.
5) 검증회의에 관한 자료는 內田博文(2006), 熊本日日新聞社(2004)를 볼 것.

사회문화적 접근이 강조될 것이다.

이와 함께 언급할 것은 오키나와의 한센병사 연구는 일본 본토와의 차이의 문제를 넘어서서 타이완이나 한국과의 비교를 자극한다는 점이다. 한센병사를 동아시아적 범위에서 다룰 경우, 한편으로는 일본 본토, 제국 일본의 내국 식민지, 그리고 외부 식민지라는 일련의 스펙트럼 속에서 나타나는 차이와, 그 차이에도 불구하고 공통적으로 나타나는 특성을 포착해야 하며(정근식, 2002), 또한 동시에 이 지역에서 전개된 일본의 '국립 요양소'와 서양 선교사들의 요양소 간의 협조적 경쟁관계(정근식, 1997)를 주목할 필요가 있다는 점을 언급하고 싶다. 오키나와의 경우는 동아시아에서 전개된 선교사 프로젝트와 실제 미군정 집행정책의 차이를 볼 수 있는 사례다. 일본에서 선교사들의 한센 사업이 국가의 한센 정책에 미친 영향에 관해서는 매우 소홀하게 취급되어왔지만, 아라이 에이코의 연구(荒井英子, 1996)나 이가이 다카아키의 연구(猪飼隆明, 2005a; 2005b)는 예외적이다.

나는 애락원을 2001년 2월 처음 방문했고, 2002년 오키나와 한센병의 실태에 관한 세미나에 참여하였다. 2006년 1월 19일 다시 애락원을 방문하여 입원자들의 증언집 편집사무국 스지(辻央) 씨의 친절한 안내로 애락원을 답사하였다.[6] 이 글을 위한 기초 자료는 애락원 자치회 50년사(1989), 오키나와 나예방협회 35년사, 애락원 자치회에서 출간한 증언집의 자료편(2006), 후지노가 편집한 자료집(2004) 등이다. 애락원 입원자자치회 부회장 무카에사토(迎里竹志) 씨와의 면담도 중요한 자료가 되었다.

애락원에는 2006년 1월 현재 316명의 원생들이 생활하고 있는데, 이들의

---

6) 그는 주요 기념물과 과거의 흔적들에 관한 설명을 하였는데, 여기에는 아오키, 스코어브랜드, 정명왕후 3인에 대한 각각의 기념물과 함께 과거의 애락원의 경계를 나타내는 담과 면회실, 그리고 전시기 미군 공습흔적과 원생들이 파놓은 방공호들이 포함되었다. 이어 애락원 퇴소자모임인 오키나와 유우나(ゆうな)협회 간부들과 1월 20일과 25일 두 차례 면접을 하였으며, 26일에는 오키나와 한센병사의 전문가인 류큐대학의 모리가와 교수를 만나 오키나와 한센 정책의 특징에 관한 의견을 교환하였다. 도움을 준 분들께 감사드린다.

평균 연령은 76세다. 직원은 340명으로 이 중 의사 13명, 간호원 106명, 보조원 122명 등이다. 환자 수 대비 직원 수는 1.1명 꼴인데, 이는 본토의 국립요양소에 비해 적은 것이라고 한다.

2. 애락원의 창설과 전쟁경험

1) 아오키의 노력

오키나와 한센병 정책의 현장인 애락원은 그 기원을 구마모토에 있는 영국성공회 선교사 한나 리델이 운영한 회춘병원(回春病院) 출신의 아오키의 전도활동에 두고 있다.[7] 그는 1927년부터 오키나와 한센병 환자들에 대하여 전도활동을 하기 시작하였는데, 이를 기초로 하여 1938년에 현립 요양소가 되었으므로, 애락원은 본토의 국립 요양소들과는 창설과정이 다르다.[8] 애락원 50년사(1989)는 애락원의 역사를 쿠니가미(國頭) 애락원 설립기, 전시체

---

7) 일본에서 최초로 전국 한센병 조사를 실시했던 1904년 당시, 오키나와의 한센병자는 645명이었다. 1907년 3월 일본의 라이예방법이 제정되었을 때 오키나와 환자는 709명으로, 이는 오키나와가 일본 본토보다 3배 정도의 환자밀집지역임을 의미하는 것으로 그만큼 가난한 지역이었다. 이 당시 오키나와에 요양소를 만드는 것이 논의되었으나 적당한 장소를 찾지 못하여 실패했으며, 1910년부터 1929년 규슈요양소에서 분리될 때까지 규슈요양소에 수용된 오키나와 환자는 45인이었다. 오키나와의 한센병에 대해 많은 관심을 갖고 움직인 것은 구마모토에서 회춘병원을 운영하고 있던 영국성공회 선교사 한나 리델이었다. 1915년 리델은 회춘병원에서 일하던 요네바라(米原) 목사를 오키나와에 파견하여 한센병자들의 실태를 조사하였고, 1926년부터 목사를 파견하여 매년 전도를 하기 시작하였다. 1927년 2월 말에는 아라토(荒砥) 목사와 함께 환자출신인 아오키를 파견하였다.
8) 일본의 사립요양소는 한국의 경우에 비해 비중이 적었지만, 역사적으로 먼저 설립되어 일본의 한센 정책에 큰 영향을 미친 것은 동일하다. 1931년 나예방법이 제정된 이후 사립요양소는 점차 국립요양소의 보조기관 또는 부속기관이 되었다. 일본 정부의 입장에서 보면, 국립요양소 시설이 확충되면서 사립요양소의 가치가 떨어졌다. 일부는 전쟁기간에 폐쇄되고 여기에 입원해있던 환자들이 국립요양소로 이동 수용되었다. 원장 또한 외국인으로부터 일본인으로 대체되었다. 이에 관해서는 猪飼隆明(2005a; 2005b), 보이드(Boyd, 1996) 참조.

제기, 미국통치기, 류큐정부시대, 본토복귀기로 구분하였다.[9] 이와는 달리 모리가와는 제1기를 오키나와현이 나예방에 관한 시행세칙을 정한 1910년부터 시작하여, 제2기를 구주요양소에서 분리되어 오키나와지역에서 절대격리 정책이 시작된 1927년부터, 제3기는 일본군이 관여하여 대규모 강제격리가 시작된 1944년, 제4기는 격리정책이 미군정부하에서 이루어진 1945년부터, 제5기는 라이예방법이 적용된 1972년부터 이 법이 폐지된 1996년까지라고 보았다(森川恭剛, 2005: 92). 후자는 전자에 비해 미군정기를 한 시기로 다룬 반면, 애락원 설립 전의 시기를 세분하여 다루었는데, 이는 오키나와의 한센병 정책의 특수성보다 일본적 보편성에 중점을 두었기 때문이다.

아오키는 1927년 오키나와에 들어와 본격적인 한센병자들에 대한 전도 활동을 하기 시작하면서, 각 지역에 흩어져있는 부랑환자들에게 공동 주거시설을 만들 것을 설득하였다. 아오키의 활동에 대해 오키나와의 주민들은 상당한 반발을 보였지만, 당시 오키나와에서는 일본 본토와는 달리 불교의 영향력이 적었으므로 성공회의 선교가 수용된 측면이 있다. 그의 활동이 일본 정부에 어느 정도 영향을 주었는지 분명하지 않지만, 1929년 오키나와에 공립 나요양소인 보양원(保養院)을 만드는 문제가 본격적으로 논의되었는데, 이 때 보양원 설립 예정지였던 나고(名護) 주민들은 이를 강력히 반대하였다. 당시 킨(金武) 지역에는 격리 부락이 존재하고 있었다. 1928년 아오키는 리델의 지시에 따라 킨을 방문하여 토지를 구입하고 부랑환자들을 모아 살 수 있도록 하는 계획을 세웠다. 이외에도 오키나와에는 여러 곳에 소규모 격리집단들이 있었다. 아오키는 1931년 아와지(屋我地)시마의 북단, 오도하라(大堂原)에 약 3000평의 토지를 구입하여 부랑환자들을 모아 함께 살도록 조치하였다.

1931년 오키나와현에서는 다시 공립 요양소를 만들 계획을 세우고 아라시야마(楓山)의 산지를 예정지로 결정했는데, 이듬해에 주민들이 대규모 반

---

9) 이하에서 별다른 출전 표시가 없이 1989년으로 표기한 경우 그 출전은 이 50주년기념지이다.

대시위를 하였다. 아오키는 이 사건을 보면서 자신이 구입한 아와지의 토지를 보양원부지로 현 당국에 제공할 것을 생각하게 되었다.[10) 1935년 10월 가고시마에 호시스카(星塚) 경애원이 설립되어 오키나와의 129명의 환자가 수용되었다. 그 해 12월 아오키는 환자들과 함께 다시 아와지에 상륙하여 주민들과의 협상 아래 이곳에 자리잡는 데 성공하였다. 1936년 미쓰이(三井)보은회의 도움으로 이곳에 오키나와 나선교회(MTL) 상담소를 세우는 작업을 시작하였다. 1937년 5월, 이렇게 만들어진 오키나와 나선교회 상담소는 아오키와 그의 일행 15명과 새로운 환자 25명, 총 40명으로 출발하였다.

1938년 2월, 새로운 건물이 준공되면서, 이 상담소는 요양소가 되었으며, 현립 쿠니가미 애락원으로 명명되었다. 아오키는 애락원에서 환자대표가 되었다. 3월에는 호시스카 경애원의 의무과장이던 시오누마(塩沼英之助)가 초대 원장으로 부임하였다. 시오누마는 아오키와 종교적 사제관계를 맺고 있었고 안과의사였다. 그러나 애락원의 개원기념일은 이보다 늦은 11월 10일로 결정되었다. 이 11월 10일은 원래 1932년 정명 왕후가 한센병자들을 위로하기 위해 어가를 썼다는 날로, 일본의 국립요양소의 한센병자들은 이 날을 은혜(御惠)의 날로 기념하는 등 천황제 이데올로기에 의해 깊게 침윤된 기념일이었다. 애락원은 이 날을 개원기념일로 삼아 환자수용의 일정을 잡았다. 이는 중일전쟁 발발 이후의 전시체제의 움직임을 반영하고 있다. 개원 당시 애락원의 입원자는 323명이었다. 애락원의 공식적인 창설은 일본의 라이예방법에 의한 강제수용이 실시된다는 것을 의미했다. 이 때 수용된 환자들은 야에야마(八重山)의 환자들이었다. 개원식은 왕후와 천황이 있는 도쿄를 향한 요배로 시작되었다.

---

10) 아오키는 환자들과 함께 비밀리에 이 지역을 점거하고 경찰의 보호 아래 이 지역을 요양소의 근거지로 삼으려고 하였다. 일본의 나환자선교회(MTL)도 이들을 지원하였다.

2) 국립요양소화와 어가비

현립 요양소 애락원은 최초의 정원이 250명이었지만, 실제로는 315명이 수용되어 정원 초과 상태로 출발하였다. 애락원을 형성한 최초의 입원자들은 대부분 아오키의 영향 아래에 있던 성공회 신자들이었고, 이들은 오랜 기간의 부랑생활을 경험했기 때문에 국가에서 자신들의 생활을 책임진다는 사실을 기꺼이 받아들였다. 그러나 개원 당시에 새롭게 수용된 대부분의 입원자들은 경찰에 의해 강제수용된 환자들이었다. 이들은 성공회적 문화와 전쟁기의 총동원 문화가 혼합된 수용소 생활을 하였다. 예배당의 종소리에 깨어 기미가요 제창과 국기게양, 어가제창, 황거요배, 황은에 대한 감사, 라디오체조, 예배당에서의 기도로 일과를 시작하였다. 아침식사 후에는 치료와 작업이 이루어졌다. 작업은 농사일, 매점, 양계, 양돈, 대공, 세탁, 이발, 취사 등이었는데, 여성 환자는 재봉과 치료 조수 등의 역할도 했다(1989: 85). 작업은 강제노동이라기보다는 상호부조적이었다. 노동의 경우, 병사청소, 취사, 야채재배, 양돈 등의 노동활동이 있었고, 이를 자치회에서 담당했으며, 소정의 임금이 지불되었다.

요양소의 운영은 '구라(救癩)'의 관점에 입각해 있었다. 시오누마 원장은 대가족주의를 내세워 1939년 초, 입원자 총대, 각사 사장, 각 작업주임, 학원교사, 청년단장 등을 임명하고 작업위로금을 지급했으며, 직원을 선생으로 호칭하였다(1989: 95). 그러나 시오누마 원장은 환자 입원시에 입소자로부터 입원서약서를 받았는데, 이 내용에는 사후 시체를 해부연구를 위해 사용하는 데 동의한다는 내용이 포함되어 있었고, 이것이 환자들의 불만의 표적이 되었다.[11] 개원당시 입소자들은 크게 감사하는 집단과 불평불만 집단으로 구분되

---

11) 이 규정은 소록도 갱생원의 환자심득과 동일하다. 그러나 환자 대표로 1939년에 입원한 부회장의 증언에 따르면, 소등시간은 10시로 규정되어 있었으나 맹안료에는 소등시간제가 적용되지

어 있었다(1989: 96).[12] 전자는 환자 대표로 있는 아오키와 부랑생활을 경험한 초기 성원들이었고 후자는 주로 강제수용된 집단들이었다.

1940년에 접어들면서 애락원의 분위기가 변하기 시작했다. 1940년 6월 사장(舎長)선거에서 나선교회 출신의 아오키파와 다카호우(高峰)가 이끄는 일심회파 간의 치열한 경쟁이 있었고, 선거결과에 불만을 품은 일심회는 스트라이크를 감행하였다. 그는 후에 결국 퇴원 처분되고 특고경찰의 감시대상이 되었다. 1941년 7월 1일, 현립 쿠니가미 애락원은 국립요양소가 되었다. 정원도 450명이 되어 확장공사를 시작하였다.

1941년 12월에 시작된 태평양전쟁으로 애락원은 전시체제로 전환되기 시작했다. 식량사정이 악화되기 시작하였다. 이런 변화는 우선 종교정책에 반영되었다. 애락원의 초기 종교는 서로 다른 교파가 병존하고 있었다. 일본 기독교회나 성공회 등에서 선교활동을 하였다. 그러나 이들의 활동을 일본의 특고형사들이 '스파이 혐의'로 취조하기 시작했으며, 1940년부터 일본관헌의 기독교탄압이 격화되었다. 1941년 2월, 성공회가 운영한 구마모토의 회춘병원이 해산되었다. 1942년 애락원의 기독교신자들은 핫도리(服部) 목사의 지도하에 광성회라는 모임을 만들었는데, 1944년 핫도리 목사가 일본군에 의해 징용당했고, 광성회도 해산되었다.

전황이 점차 불리하게 전개되기 시작한 1943년 2월 13일, 애락원에는 최초의 상징적 기념물이 만들어졌다. 오키나와의 고등여학교 학생들이 기부금을 걷어 정명왕후의 어가를 새긴 어가비를 건립하였다. 이 어가비는 전전 일본 한센병 정책에서 천황제가 어떻게 관련을 맺는가를 보여주는 핵심적인 상징물로 일본의 지배하에 있던 식민지의 국립요양소에 모두 건립된 것이었다.

않았다. 기상시간 규정은 없었고, 점호를 받은 기억도 없다. 이런 점은 소록도의 일상생활 시간표에 비해 완화된 것이다.

12) 1938년 개원당시, 입소자 위문차 방문한 오키나와 경찰부장에게 다카호우(高峰)라는 한 환자가 단도직입적으로 강제수용의 책임자가 경찰부장인가, 원장인가를 질문하면서 항의하였다.

그런데 이 어가비가 애락원 내부의 동력보다는 외부의 자원동원으로 이루어졌다는 사실을 인지할 수 있다. 초대 원장과 환자들은 성공회와 기독교의 영향으로 천황제의 철저한 신봉자는 아니었던 듯하다.[13]

1944년 2월 시오누마 원장이 호시스카 경애원 원장으로 전임되고, 2대 원장으로 하야타(早田皓)가 부임하였다. 그는 일본 본토에서 진행되고 있던 무라현(無癩縣)운동을 오키나와에 적용시켜 오키나와의 재택환자나 부랑환자를 모두 요양소에 수용하는 것을 목표로 하여 애락원을 운영하였다 (1989:111). 그는 당시 진행되던 불리한 전황에 따라 일본군이 대대적으로 오키나와로 이동하던 시기에 원장이 되었기 때문에 한센병 정책의 초점을 여기에 맞추었다. 당시 일본군은 10만 명이 오키나와에 주둔했으며, 14개소에 비행장 신설 등의 공사를 시작하고 있었다. 원장은 애락원의 입소자들에게 필요한 식량이 부족하게 되자, 6월 1일 처음으로 일종의 자치동원조직인 익찬회를 조직하였다.[14] 이 익찬회는 다카호우를 총대로 하여 인사부, 교육부, 작업부, 식량부를 두고 원장의 명령을 집행하는 기구가 되었다.[15] 점차 권력이 이 익찬회로 집중되면서 익찬회는 입원자통감부로 불렸다. 애락원 당국은 이 조직을 통해 식량증산과 강제저축을 실시하였다. 부족한 물자를 메우기 위한 자급체제로 식량증산정신대도 만들었다. 하야타 원장은 일련종 신도로 성공회신자였던 아오키를 냉대하였으며, 1944년 말에는 선교사와의 편지를 구실로 하여 그에게 스파이혐의로 씌워 학원교사의 직위에서 추방하여 굴(壕)에 격리시켰다. 환자들의 장의도 기독교식으로부터 불교식으로 바꾸었다.

하야타 원장은 애락원의 입원자조직을 전시체제화하면서, 동시에 1944

---

13) 애락원에는 소록도와는 달리 신사가 없고, 강제적인 신사참배도 없었다. 소록도 갱생원에서 이루어진 원장동상건립과 참배는 일본 국립요양소에서는 보이지 않는 식민지적 특성이다.
14) 일본에서 대정익찬회는 1940년 10월 조직되기 시작하였는데, 1941년 1월 오키나와 지부가 만들어졌다.
15) 다카호우는 1942년 3월 말에 재입원하여 1944년 익찬회의 총대가 되었다. 이것은 애락원의 환자 통제와 동원의 방식이 완전히 전환되었음을 의미한다.

년 6월 오키나와 군사령관과 협의하여 수용하지 않은 한센병 환자들을 대대적으로 조사하여 수용하기 시작하였다. 군에 의한 수용은 겉으로는 설득에 의한 방식을 채택한다고 했으나 실제로는 강제수용이었다. 일본군이 대대적으로 부랑환자를 단속하여 입원시켰으며, 이를 '환자사냥'이라고 표현했다. 이로 인해 수용환자는 450명에서 900여 명으로 급증하였다.

3) 전쟁 경험과 방공호

애락원의 전쟁경험은 방공호 구축과 개축공사로 시작되었다. 1943년 9월 일본군의 패퇴가 잇따르자 원장은 방공호를 파는 계획을 만들어 직원과 입원자들을 경쟁시켜 호를 완성하였다. 하야타 원장이 부임한 이후 방공호의 엄폐공사를 시작하였다. 오키나와는 1944년 4월부터 나하 상공에 미군 정찰기가 날아왔고, 6월에는 기타큐슈에 나타나 폭격기가 처음으로 기총소사를 한 상태였다. 증언에 따르면, 방공호 엄폐공사가 시작되면서 원생들은 '이제 살게 되었다'고 말했다. 자신이 피할 곳을 스스로 마련한다는 원칙으로 원생들과 직원들이 각각 작업을 진행하였다. 굴은 애락원 주변의 언덕에 만들었는데, 길게 연결된 것이었고, 입구는 50개 정도였다. 그곳의 지질은 지상 1m 정도가 각종 조개껍질들이 많이 섞여 있는 퇴적층이었는데, 일하는 과정에서 두 가지 변화가 발생하였다. 하나는 호파기 공사에 동원된 사람들에게 인센티브를 주기 위해 배급식량을 더 많이 공급했는데 이는 곧 공사에 참여하지 않은 중증 환자들에게 분배될 물자가 적게 공급되는 것을 의미했다. 이 때문에 영양 부족으로 인해 병이 악화되고 많은 사망자가 생겨났다. 둘째는 공사과정에서 돌출된 조개껍질 등에 의해 피부의 상처가 발생하거나 더 악화되었다. 전쟁으로 인해 적절한 소염제가 부족했기 때문에 이 또한 많은 사망을 불러일으키는 원인이 되었다. 6월부터 11월까지의 사망자는 25명에 이르렀다.[16] 생명을 보존하기 위해 만든 방공호 때문에 죽지 않아도 될 수많은 환자가 생명을 잃었다. 입원자들에게 굴은 생명을 보호하는 것이 아니라 오히려 생명을 앗아간 것으로 의미가 변화되었다.

1944년 10월 10일 아침 미군에 의한 대공습이 이루어졌다. 입소자들은 경계경보 발령에 따라 대피하였다. 미군의 공습은 10차례 정도 이루어졌고, 애락원은 치료동, 병동, 예배당 등 주요 건물 8동이 전소되고, 기타 주거동이 반파되었다. 다행히 인명피해는 많지 않아 2~3명이 파편으로 부상을 당한 정도였다. 당시 일본군도 큰 피해를 입어 비행장건설공사가 중지되고 대신 지하 진지구축으로 작전이 변경되었다. 이 공습으로 인해 환자들이 두려움에 떨게 되자 오키나와 사범학교 음악대가 위문공연을 하였는데, 이 학생들은 이 무렵 철혈근황대(鐵血勤皇隊)를 조직하여 오키나와전에 참전하였다가 대부분 전사했다. 당시 일본군은 이런 미군의 공습에도 불구하고 인근 해전에서 일본군이 승리했다는 보도를 반복하여 주민들의 동요를 막으려했다. 입소자들은 가족들의 안부를 근심하였고, 이 때문에 밤에 도주를 하는 자가 거의 100명 이상이 되어 출입문을 봉쇄하기도 하였다.

미군의 공습이 있고 난 후 복구공사가 개시되었지만, 미군에 의한 공습이 1945년 초부터 계속 이어졌다. 1945년 2월경에는 매일 10시경 공습이 이루어졌다. 애락원의 주택구조가 장옥이었던 관계로 미군이 이를 군사시설로 오인하여 폭격하고 기총소사를 하였다고 한다. 1945년 4월 22일까지 애락원의 건물 65동 중 절반 이상 파괴된 것은 58동이었다. 그러나 기총소사에 의한 피해보다 방공호 공사와 복구공사는 더 큰 피해를 가져왔다. 오랜 기간의 방공호 생활은 전염병인 이질의 발생을 불러 왔다. 영양부족과 소염제등의 약품부족에 전염병이 더하여 무려 270여 명이 전쟁 중에 사망하였다.

---

16) 애락원의 자세한 일지가 애락원 교육부에 의해 1944년 6월 19일부터 1947년 8월까지 작성되었고, 이것이 애락원 50년사의 126~131쪽에 실려 있다.

전쟁은 원생들에게 뿐 아니라 일반인들의 영양을 악화시켜 한센병 환자를 다수 발생시켰다. 나와 면접을 한 애락원자치회의 부회장도 13세 때 전쟁을 경험했는데, 자신은 "전쟁을 겪지 않았다면, 한센병자가 되지 않았을 것"이라고 말하였다.

[그림 7-2] 애락원의 방공호와 기념물 표지판(1997)

3. 미군 점령하의 애락원

1) 미군정 초기의 기념물의 변화

애락원은 1945년 4월 23일 미군에 의해 처음으로 점령되었다. 약 3개월간 방공호에서 생활하던 입소자들은 해방되었다. 미군은 오폭에 대해 양해를 구하면서 휴대용 식량을 제공함으로써 애락원 접수업무를 시작하였다. 미군이 정식으로 애락원을 접수한 것은 5월 23일이다. 미군은 당시 본토공략 준비를 하면서 남부전선의 우지시마(牛島)병단과 최후의 전투를 전개하고 있었다. 미군은 애락원의 자치회 간부와 협의하여 완전자치제를 실시하였다.

미군이 처음 애락원에 모습을 나타내고 얼마 되지 않아 일어난 상징적 사건이 어가비의 철거다. 하야타 원장은 4월 말경에 어가비를 철거하여 요양소의 북쪽 해안에서 배로 실어내 바다 밑으로 빠뜨렸다. 어가비를 배로 실어낼 때 하야타 원장은 비를 향해 합장하고 머리를 조아렸다는 증언이 있다(1989: 149). 이 어가비의 철거는 미군이 원장에게 명령하여 이루어진 것이다. 그러나 이후 이 사실은 비밀에 부쳐지고 사실과는 다른 '이야기'가 만들어지게 된다. 즉, 입원자들 스스로 미군에 의해 이 어가비가 더럽혀질 것을 우려하여 철거하였다는 것이다.

미군은 1945년 6월 23일 오키나와전 종결과 함께 오키나와의 행정권을 장악하였다. 1945년 가을부터 식량사정이 크게 악화되었다. 점차 애락원에서 도주하는 자들이 증가하였다. 이 중에는 가족들의 안부 때문에 고향으로 가는 입소자들도 많았다. 이렇게 되자 오키나와 주민들 사이에서 무단외출자에 대한 비난이 증가하였다. 1946년 2월 8일 미국군정부는 군지령 제115호를 포고하여 전쟁으로 흩어진 한센병자나 신환자를 요양소에 강제수용하는 격리정책을 취하고, 3월 8일에는 한센병 요양소 출입제한령을 발포하였다. 미군은 애락원 입구에 바리케이드를 치고 도주자를 막았다. 미군도 일본군과 마찬가지로 환자들을 강제수용하는 정책을 취했는데, 이는 치안유지와 함께 미군에 대한 감염우려가 컸기 때문이다(藤野豊, 2006: 171). 선교사들이 표방한 요양소 운영원리와 실제로 미군정이 집행한 정책은 큰 차이가 있었다. 미군의 노력에도 불구하고 1946년에 도주자가 183명이나 되자, 미군은 1947년 2월, 입원자자치회에 도주자는 사형에 처한다는 고시를 보냈다. 상황은 여전히 불안정하였다. 애락원의 입소자들이나 간부들은 잔류한 일본군을 도와준다는 혐의도 받았다. 이 때문에 1946년 원장이 교체되었다. 3대 원장은 이에사카(家坂幸三郎)이었다. 그는 미야코의 국립요양소인 남정원(南靜園)에서 근무한 적이 있는 기독교 신자였다.17)

　　미군의 정책은 이런 강제적 측면과 함께 회유를 병행하는 것이었다. 파괴된 시설을 재건하기 위한 공사를 시작하고, 식량과 자재를 원조하였다. 1946년 4월 23일, 오키나와 지역에서 아마미, 오키나와, 미야코, 야에야마에 별도의 군도정부가 성립하였다. 이런 상황에서 1946년 말에는 타이완 낙생원(樂生院)에 있던 일본인 원생들이 일본이나 오키나와로 귀환하였고, 1947년에는 본토의 각 국립요양소에 수용되어 있던 오키나와 출신 환자들 218명이 애락원으로 귀환하였다. 이들을 수용하기 위하여 5월부터 9월까지 소규모 간이주택들이 많이 건설되었다. 1947년 8월, 전쟁기에 원내 질서를 주도한 '입원자통감부'로 불린 익찬회가 공애회(共愛會)라는 자치조직으로 대체되었다. 자율적 규제기관으로서 징벌심의회가 기존의 원장의 징계검속권을 대체하였다. 또한 전쟁 중에 해체된 기독교신자들의 모임이 부활하고 일본기독교연맹이 사제를 파견하였다. 1948년 미국성공회에서도 오키나와의 아오키 이하 70명의 성공회신도를 위하여 사제를 파견하면서 애락원의 교회관리권을 둘러싼 긴장이 발생하였다. 결국 1951년 애락원은 미국성공회 하와이교구 관할의 오키

---

17) 남정원은 애락원과는 달리 천리교의 영향이 크다.

나와성공회로 귀속되었다.

필자가 면접한 입원자들은 전전과 전후의 가장 큰 차이로 식량이 풍부해졌다는 점을 들었다. 1940년대 후반에도 식량은 부족했지만 전쟁기에 비하면 나아진 편이었다. 1948년 3월, 미군정하에서 애락원은 스미스 미군 공중위생부장에 의해 부지가 크게 확장되었다. 이에사카 원장은 1949년 3월 애락원에 프로민치료를 도입하였다.[18] 프로민을 처방하려면 환자들은 좋은 체력을 필요로 했고 이를 위해 적절한 영양공급이 필요했다.

1949년 여름에 불어 닥친 태풍으로 애락원 시설이 큰 피해를 입은 상황에서, 9월 미군 공중위생부장으로 취임한 스코어브랜드는 프로민치료를 적극 지원하면서, 애락원 부흥계획을 세워 식량배급과 함께 파괴된 애양원 시설 복구에 노력하였다. 또한 인근 주민들에게 프로민 치료를 통한 한센병의 완치를 하와이 몰로카이섬의 상황을 들어 계몽하면서, 한센병자의 강제수용이나 격리정책을 개선할 것을 주장하였다. 그러나 그는 1952년 상관에 의해 해임되어 이 해 8월 독일로 귀환하였다.[19]

미군정에 의한 애락원의 재건은 스코어브랜드를 매개로 상징화되었다. 그는 독일에서 시민들의 기금을 모금하여 전쟁기에 공출되어 없어진 종을 만들어 1953년 애락원에 기증하였다. 종루에는 '희망과 자신의 종'이라고 새겼는데, 이는 프로민으로 한센병이 완치될 수 있다는 사실을 강조하는 것이었다. 이 기념물은 애락원에서 두 번째 만들어진 기념물이자 외국의 지원에 힘입은 것이다. 입원자자치회는 이 종이 있는 언덕을 스코어브랜드공원으로 명명했다. 어가비가 사라진 상징적 기념공간을 이 종이 메운 셈이다. 오키나와 한센병 정책에서의 미국의 개입 또는 세계의 한센병 정책에서 나타나는

---

18) 일본의 국립요양소에서 프로민은 1946년 나가시마 애생원(愛生園)에 최초로 도입되었다. 일본의 프로민 생산은 1948년부터로 이때부터 본격적으로 프로민을 각 요양소에 보급하였다.
19) 그는 원래 1933년 나치반대운동을 하다 미국으로 이주한 독일인이었다.

국제적 휴머니즘이나 우애주의가 애락원에 기념물로 형상화되었다고 말할 수 있다. 1978년 11월, 입원자자치회는 개원 40주년 기념으로 그의 흉상을 건립하였다.

[그림 7-3] 희망과 자신의 종(1953) 그리고 스코어브랜드 흉상(1978)

2) 류큐 정부하에서의 한센병 정책

오키나와는 1952년 4월 1일 오키나와 군도(群島) 정부에서 류큐 정부로 변하였다. 애락원도 류큐 정부의 관할이 되면서 명칭을 오키나와 애락원으로 개칭하였다. 류큐 정부는 우선 애락원의 시설을 항구적 건축물로 바꾸는 작업을 실시하였다. 미군은 오키나와를 군사기지화하면서도 간접통치를 하였는데, 이 통치기구가 류큐 정부였다. 이를 통해 오키나와인들의 지지를 받는 데 노력하였고, 이런 정책이 애락원 원장 임명에서 잘 드러난다.[20] 류큐 정부로 넘어오기 직전인 1951년 12월, 제4대 원장으로 오야도마리(親泊康順)가 취임했는데, 그는 최초의 오키나와 출신 원장이다. 그는 약자 중심의 원 운영을 해나갔다(1989: 239).

애락원의 역사에서 큰 쟁점의 하나가 전전과 전후의 연속과 단절의 문제, 그리고 본토와 오키나와의 공통점과 차이에 관한 것이다. 이는 일본 본토의 한센병 정책이 기본적으로 강제격리제도의 지속과 국립요양소체제의 유지로 요약이 된다면, 오키나와는 이로부터 얼마나 멀어졌는가의 문제이기도 하다. 주지하다시피 일본에서는 1953년 전전의 나예방법이 라이예방법으로 개정되었으나 절대격리체제는 그대로 유지되었다. 이 시기에 오키나와는 어떤 상황이었는가. 류큐 정부의 자료에 따르면, 1953년 1월, 원내 산아금지규정을 그대로 준수할 것을 통고하였다. 남성에게는 단종수술, 임신 여성은 추방하는 조치를 취했다(藤野豊 編, 2004: 287). 필자가 면접한 퇴소자모임의 회장은 1953년 입원했는데 당시 직원들이 모두 마스크와 긴 장화를 사용했다고 증언

---

20) 2006년 1월, 필자의 애락원 방문시 환자자치회 회의실에는 전 원장 10명의 사진들이 걸려 있었다. 첫 눈에 알아볼 수 있는 것은 역대 원장 중에 미국인이 없다는 사실이었고, 둘째로는 류큐 정부하에서 애락원의 원장들이 오키나와 출신이라는 사실이었다. 요미탄촌의 의회의원으로 오랫동안 반전지주 운동을 해온 치바나 쇼이치 씨는 애락원 원장의 일본인 임명 정책은 오키나와 차별의 한 예라고 말했으나 일반 입소자들은 별다른 의견이 없었다.

하였다. 부회장은 당시 가운(요보기), 모자, 마스크, 긴 장화등을 사용했고 이들을 소독하는 것을 자주 보았다고 증언하였다. 직원지대와 환자지대는 벽과 철책으로 구분되어 있었고, 출입금지였다. 애락원 입원자 사회에서는 세계를 '사회와 병원'으로 명확히 구분하였고, 원내에서만 사용하는 은어가 발전했다.[21] 이것이 1950년대에도 그대로 유지되었다.[22]

중요한 변화는 1960년대 초반에 발생하였다. 필자가 면접한 애락원 자치회 부회장도 이와 연관하여 몇 가지 증언을 하였다. 첫째, 류큐 정부하에서 원장의 징계검속권이 없어졌다. 1960년경에 감금실의 기능이 사라졌다. 둘째, 정관수술과 출산금지 조항은 1955년경까지 지속되었다. 정관수술은 4대 원장 때까지는 있었으나 5대 가와미쓰(川滿) 원장하에서 폐지되었다. 이 시기에 우생수술이 없어진 이유는 수술에 대한 관념의 변화 때문이 아니라 새로운 환자가 거의 발생하지 않았기 때문이다. 이 정관수술은 사전수술이 아니라 임신사실이 밝혀지면 행하는 사후수술로 이행되었다. 여성의 낙태수술도 종종 있었다. 원래 정관수술은 결혼조건으로 실시하였으나 혼전 임신이 많아지면서 점차 사후수술이 된 것이다. 당시 애락원은 남녀별 분리거주를 원칙으로 하면서 생활상의 교류는 허용된 상황이었다. 본토와 비교한다면 성별격리거주는 동일하나 상호 방문의 자유가 달랐다. 자녀 출산은 여전히 금지되었지만 혼란한 상황에서 도망하여 출산하고 다시 돌아온 사례가 있었다. 1972년까지 이발, 세탁 등도 원생들이 스스로 하였다.

원생들의 증언에 따르면, 류규 정부 시절, 애락원에서 원장과 미국인과의 관계는 별로 의식하지 못한다. 또한 원장이 일본 본토 출신인가 오키나와인인

---

21) 예컨대 애락원(병원)에 간다는 표현을 얀바루(山原)에 간다고 표현하였다. 오키나와어로 '나환자'는 '군챠', 미야코어로는 '궁까'라고 불렀다. 대부분 이를 지칭할 때 말로 표현하지 않고 '굽은 손가락'으로 지칭했다. 일반인들은 '겐코쟈(健康者)'였다.

22) 신체규율은 관행과 의식의 차원에서 존재하였다. 환자가 원장집에서 식사하는 것은 1982년에 허용되었다. 애락원은 10년전부터 직원과 원생들이 공용식당을 사용한다.

가에 관해서도 그다지 주목하지 않았다. 그러나 본토 출신 원장과 환자의 소통에서는 미묘한 차이가 있었다. 1930년대 황민화교육 이후 일본어가 오키나와에서 강제로 사용되기 시작했지만, 입원자 중에는 일본어를 듣기는 하나 말하지 못하는 경우도 많았다. 입원자들조차 각자 사용하는 오키나와 방언들이 여러 개여서 서로 알아듣지 못하는 경우가 많았다.

그러나 입원자자치회의 임원이나 증언채록 연구진에 따르면, 류큐 정부와 미군정 사이에 보이지 않는 대립이 있었다. 첫째, 오키나와의 환자발생율이 본토보다 10배에 달할 정도로 훨씬 높고, 전쟁으로 시설이 많이 파괴된 상태에서, 미군정이 여러 위문품(생활물자, 어린이 장난감, 약품, 식량) 등을 제공하였지만, 류큐 정부는 보다 많은 재건비용을 미군정에 요구하였다. 저변에 흐르는 긴장이나 갈등의 한 단면이 애락원 입원자 명의의 일본 후생성에 보내는 격차시정 탄원서다. 이 탄원서는 1953년 1월 17일에 작성되었는데, 일본을 '조국'으로 부르면서 전원(轉園), 의료진, 주택, 경제생활, 의류침구, 문화시설, 오락시설 등의 개선이 필요하니 도와달라는 내용이었다(1989: 207~210).

둘째, 미군정은 한센병 정책에서 새로운 정책을 시도한 반면, 류큐 정부는 전전의 정책을 답습하려는 경향이 있었다. 1960년대 퇴소정책에서도, 미군정은 퇴소를 허가한 반면, 류큐 정부는 이에 비협조적이었다. 일본 본토와 애락원의 한센병 정책의 가장 큰 차이는 오키나와에서 외래 치료, 재택치료가 도입되었다는 점이다. 또한 피부치료도 오키나와에서 먼저 도입되었다. 류큐 정부하에서 이루어진 한센병 정책 중에서 가장 획기적인 것이라고 거론되는 것이 1961년 8월 21일에 공포한 '류큐 한센씨병 예방법'이다. 이 정책을 도입하려는 움직임은 1959년에 형성되었다. 당시 미국민정부 공중위생부장 마샬 대령은 한센병 대책에서 외래치료 제도를 도입할 수 있다고 발언하였는데, 이를 계기로 여론이 찬성론과 시기상조론으로 나뉘어 논쟁을 벌였다. 애락원 원장 오야도마리는 화학요법의 발전으로 외래치료가 가능하다는 찬성론을 폈다. 이런 맥락에서 본토와는 다른 '한센씨병 예방법'이 오키나와에서 성립하였고, 이 법령에 의해 1962년 6월 재택치료가 개시되었다. 이 법을 제정할 당시 이 법이 새로운 병명 채택, 재택 치료, 지정병원에의 입원제 등의 진보적 측면을 많이 갖고 있었지만, 또 많은 부분이 구체제적 요소, 즉 '명령입소', 입원 강제, 취업 금지 등의 조항을 담고 있어서 이런 내용을 수정해야 한다는 요구가 있었다.

이 법은 사회복귀를 위한 직업교육을 바탕으로 하고 있다. 애락원에서는 1960년, 사회복귀 희망자들 중 남성에게는 자동차 강습, 여성에게는 양재 강습을 시켰다. 미군은 애락원 입원자가 퇴원하여 시설을 나가면 미군기지에 고용할 것을 약속하였다. 류큐 정부에서 1962년 2월, 이들을 정부설립 병원이나 보건소 작업원으로 고용하였고, 이후에도 주로 운반작업과 공사시설에서 일하도록 조치하여, 이를 통해 약 100여 명이 사회로 복귀하였다. 1964년 6월에는 사회복귀자들을 지원하기 위한 '후보호지도소'가 개설되었다.

'류큐 한센씨병 예방법'이라는 일본 본토와는 다른 법령의 제정, 치료퇴원과 사회복귀 제도의 실시는 단지 류큐 정부가 '선진적'이어서 채택한 것이 아니라 당시의 애락원의 과밀상황이 이를 강제하도록 했다는 견해도 있다. 1959년 말 현재 애락원의 입원자는 947명으로 정원 초과와 물자 부족에 시달렸다. 따라서 일부에서는 재택 치료와 사회복귀제도를 취하지 않을 수가 없었다는 의견도 있었다(1989: 262). 애락원의 열악한 시설은 일본 본토의 개선된 국립요양소시설에 대비되면서 더욱 두드러지게 되었다. 요양소 시설 뿐 아니라 1인당 생활원호금이나 식량비의 차이가 상당했고, 신체장애자들에 대한 지원도 큰 차이가 있었다. 애락원 입소자들은 이를 계속 일본 정부나 류큐 정부에 어필하고 있었다.

류큐 정부의 재택치료정책을 평가절하하는 견해는 당시의 세계적인 한센병 정책의 변화로부터의 상대적 지체를 염두에 둔 것이다. 1953년 류큐 정부는 미군 및 가족에 대한 한센병 감염위험성 여부를 필리핀의 레오날드 우드 기념재단에 의뢰하였는데, 이미 별 문제가 없다는 진단을 받았다. 또한 세계 보건기구는 1950년대 중반에 격리법이 더 이상 필요하지 않고 재택치료가 가능하다는 의견을 채택하게 되었는데, 류큐 정부는 이런 세계적 인식의 변화를 알고 있었음에도 불구하고 당시 오키나와에서 격화되던 미군기지 건설 반대운동 때문에 외면했다(藤野豊, 2006: 193). 1963년 6월에도 류큐 정부가 '발견환자의 수용 강화' 지시를 내리고 있다는 점에 주목하여 후지노는 이 시기의 오키나와 한센병 정책의 특징을 재택치료와 사회복귀로 규정하는 것보다는 재택치료와 격리정책의 병존이라고 하는 것이 옳다고 보았다(藤野豊, 2006: 200).

1972년 오키나와가 일본으로 반환되기 직전인 1971년 11월, 애락원에는 오키나와 한센병사의 주요 인물 중 하나인 아오키의 송덕비가 세워졌다. 그는 1950년대 이후 줄곧 애락원에서 성공회 전도사로 활동하였다. 성공회에서는 1953년 애락원 내에 교회를 짓고, 1957년 정식으로 환자 출신인 아오키를 전도사로 임명하였고, 1963년에는 역시 환자출신인 도쿠다(德田祐弼)도 전도사로 임명하였다. 아오키는 1969년 3월 사망하여 애락원장 겸 오키나와 성공회 교구장으로 장례를 치렀다. 그의 사후 애락원 자치회는 곧바로 아오키가 전후 기도했던 굴을 기념하는 표지판을 만들었고, 2년 후에는 '오키나와 구라의 선구자'로 그를 자리매김하면서 송덕비를 세웠다. 아오키의 송덕비 건립은 애락원의 기념비의 역사에서 보면, 정명왕후 어가비, 스코어브랜드 기념비 이후 세 번째의 중요한 기념행위였지만, 이것이 가능했던 것은 1960년대 중반의 입원자들의 고양된 권리의식이 있었기 때문이라고 생각한다. 즉, 입원자들의 권리의식과 관련하여 1965년에 중앙등록제와 투표권문제가 제기되었는데 이 과정에서 입원자들의 주장이 관철되었다. 중앙등록제는 병자에 대한 차별과 편견이 강한 상태에서 비밀누설로 인권침해가 이루어질 가능성 때문에 입소자들이 강력하게 반대하여 취소되었다. 투표권 문제는 1965년말의 아와지촌장 선거 후 '촌제연구동지회'가 이 촌장선거에 애락원 입소자를 제외하려는 움직임을 보이자 이에 반발하여 취소시킨 사건이다.

[그림 7-4] 아오키 기도의 굴 기념표지판(1969), 송덕비(1971) 및 흉상(2005).

3) 국립요양소로의 복귀와 어가비 재건

오키나와는 1972년 5월 15일 다시 일본의 한 현이 되었다.[23] 애락원도 다시 후생성 관할의 국립요양소가 되었다. 오키나와의 일본 복귀 후 왕실관계자의 애락원 방문이 부쩍 증가하였다. 1973년 11월, 등풍(藤楓)협회의 총재였던 고송궁(高松宮)의 방문이 있었고,[24] 이어 정명왕후 어가비를 재건하는 의식이 1974년 11월에 거행되었다. 1975년 7월에는 황태자 부부가 오키나와 해양박람회에 참석하는 길에 애락원을 방문하였다.

애락원이 다시 일본의 국립요양소가 된 것을 상징하는 사건은 미군진주와 더불어 철거된 어가비를 다시 세우는 것이었다. 새롭게 조성된 어가비는 성화대 모양으로 "오키나와 구라의 불"을 상징한다고 주장하였다. 이 어가비는 등풍협회의 알선에 의한 기부금으로 조성되었으며 단풍공원(楓の園)과 함께 조성되었다. 제막식에는 국왕의 가족 및 다수의 관료, 관계자들이 참석하였다. 흥미로운 것은 과거의 어가비 철거의 맥락에 관한 설명이다. 즉, 1945년 4월에 이루어진 어가비 철거를, 미군에 의한 지시가 아니라 "미군 병사에 의한 불경한 행위를 염려한 하야타 원장이 어가비를 운천항 입구의 해저에 묻었다"고 표현하였다(1989: 298). 또한 "애락원에서는 오키나와전의 미군상

---

23) 오키나와의 현대사에서 가장 아이러니컬한 것은 1972년의 미국의 오키나와 반환 또는 '일본으로의 복귀'다. 1945년의 오키나와전에서의 오키나와인들의 대규모 희생은 오키나와가 제국 일본에 속한 대가였다. 일본이 오키나와에서 실시한 황민화는 수많은 집단희생을 낳았다. 그럼에도 불구하고 오키나와는 일본으로 복귀했다. 흔히 이를 오키나와에서 진행된 '조국복귀운동'의 결과로 해석하지만 오키나와인들 모두가 일본을 조국으로 인식했던 것은 아니다. 일부에서는 이 복귀는 일본의 평화헌법을 전제로 한 것이었다고 주장한다. 무엇보다도 일본과 오키나와간의 경제적 격차의 심화가 '조국복귀운동'의 근거에 놓여 있었다.

24) 등풍협회는 등나무와 단풍나무를 상징으로 사용하고 있는 한센병 단체로 모두 일본의 왕실 문장을 사용한 것이다. 고송궁은 정명왕후의 셋째 아들로, 한센병 정책에서 황실의 덕을 베푼 것으로 상징화된 정명왕후의 유지를 받들어 1947년 등풍협회를 설립하여 총재로 30여 년간 활동하였다. 그러나 한센병 배상소송 이후 한센병력자들의 반 천황제 인식이 커지면서 등풍협회는 해산하였고, 이를 기념하는 맥락에서 명명된 전생원의 한센병 역사관도 명칭을 바꾸었다. 단풍은 쇼와 천황비의 문장이었으며, 1937년부터 1938년 사이에 묘목이 일본 전국의 공사립 요양소에 분배되었다.

륙을 맞아 미군의 불경한 취급을 두려워하여 입원자가 정명왕후의 어가비를 바다 깊은 곳에 묻는 슬픈 일이 있었는데, 그 때문에 전국의 요양소에서 애락원만이 어가비가 없고, 그것을 알게 된 고송궁이 어가비 건립에 힘을 다하면서

[그림 7-5] 재건된 어가비(1974)와 공원

질부궁(秩父宮)의 자필로 어가비를 1974년 11월 완성하였다"(1989: 311)고 썼다.

이런 설명방식은 "당시 철거작업을 담당한 청년 입원자가 미군이 하야타 원장에게 철거하라는 지시가 있었다"는 증언(1989: 149)과는 다른 것이며, 일본으로의 복귀라는 변화한 상황에서 어가비 재건을 정당화하는 것이다.

애락원 50주년 기념지에는 당시 "애락원 입소자는 어가비를 보고 일본복귀를 실감하여 기뻐했다"(1989: 311)고 표현했는데, 이는 좀 더 검토되어야 한다. 실제로 국립요양소로의 복귀에 대한 입소자의 반응은 어떠했는가. 표면적으로는 복귀 이전에 본토의 요양소와 애락원의 격차가 여러 번 지적되었고, 복귀 직전 여러 차례 일본 정부에 대해 지원을 요청하는 자료들이 많이 남아 있다는 점에서, 입원자들 사이에는 본토의 요양소와 애락원의 격차를 좁힐 수 있다는 기대가 컸다는 것을 알 수 있다. 그러나 이런 태도는 일방적인 것은 아니었고 약간의 이중적 태도도 있었다. 애락원의 퇴소가능성이라는 장점은 복귀 후에는 강조되지 않았다. 증언에 따르면, 다시 국립 요양소가 되면 경제적 대우가 나아질 것이라는 기대가 컸지만, 과거의 억압적 체제로 후퇴한다는 두려움도 있었다. 애락원의 국립요양소화 직후 애락원에서는 격차시정운동이 꾸준히 전개되었다. 애락원에서는 본토의 요양소와 비교하여 의료진 및 시설 등에서 큰 차이가 있다는 점이 강조되었다.[25] 또한 입소자들은 전국한센씨병환자협의회에도 가입하여 이들의 지원을 받았다.

이와 함께 애락원의 입원자 사이에 존재하는 '사이가와 효과'라는 용어도 생각해볼 필요가 있다. 이것은 제8대 원장 사이가와에 대한 입원자들의 높은 신뢰 때문에 이 어려운 시기를 무난히 넘길 수 있었다는 현상을 지칭한다.[26]

---

25) 당시 직원 1인당 환자수는 본토는 3.5명인 데 비해 애락원은 5.3명이었고, 작업상여금은 본토 요양소가 1인당 월평균 4697엔인 데 비해 애락원은 366엔이었다.

26) 그가 부임하여 처음 개선하고자 한 것은 애락원 직원들의 근무태도였다. 일본으로의 복귀 직전인 1971년 오키나와에서는 총파업이 있었고 애락원 직원 중 일부가 여기에 가담하였는데, 사이가와는 이들에게 처벌을 하려고 하여 직원들과 갈등을 빚었다. 입소자들은 직원들이 자신들을 위한 봉사에 전력을 다하여야 한다는 맥락에서 원장을 지지하였다.

즉, 당시 입원자들 사이에서는 전전의 국립요양소 시기의 억압과 고난에 대한 기억 때문에 다시 국립요양소가 된다는 것에 대한 우려가 있었는데, 이런 우려를 감소시켰던 것이 이른바 '사이가와 효과'였다. 사이가와 원장은 나가시마 애생원에서 14년간 재직하다가 1960년에 퇴직한 후, 타이완에서 한센병 치료에 종사하다가, 1965년 세계보건기구 서태평양지역 한센병 전문관으로 일했다. 그는 1971년 제8대 애락원 원장으로 부임하였다. 그는 이후 1987년까지 16년간 원장으로 재직하면서 애락원의 국립요양소로의 복귀를 이끌어갔다. 우선 본토 복귀와 함께 사이가와 원장은 정신병동과 감금실을 철거하였다. 이어 시설정비, 입원자 처우개선, 직원의 자질향상과 개선, 의료체제의 확립, 그리고 무엇보다도 재택치료제도의 추진에서 현저한 공로가 있었으며, 한센병에 대한 편견타파를 위한 계몽활동에도 많은 노력을 하였다(1989: 322~323). 사이가와 원장이 본토의 국립요양소와는 달리 재택치료를 비롯한 개방적 제도들을 적극 도입할 수 있었던 것은 세계보건기구에서의 경험 때문이었다.

그러나 그가 이런 개방적 측면만을 가진 것은 아니다. 앞에서 언급한 천황제의 그림자가 다시 애락원에 짙게 드리우는 여러 사건들은 모두 그의 원장시절에 이루어진 것이다. 그는 국제적 감각을 갖춘 한센병 전문가이지만, 크게 보면 미쓰다 겐스케(光田健補)를 추종하는 '구라' 노선의 추종자다. 구라사상은 요양소가 곧 천국이라는 생각에 기초하였다. 결국 사이가와는 한센병 관리에서 일본적 노선과 국제적 노선의 절충점에 존재하였다고 말할 수 있다. 국립요양소로의 복귀 후에도 애락원에서는 퇴소가 계속 가능했지만, 사이가와 원장은 전통적 구라노선을 따라 퇴소에는 소극적인 반면, 재택치료에 열심이었다고 평가된다. 그는 재활치료를 위한 직원을 고용하지 않았다.

4. 국가배상소송과 그 이후

1) 국가배상소송에서의 쟁점

일본에서 절대격리를 규정했던 라이 예방법이 1996년 폐지된 이후 1998년부터 이 법의 위헌 국가배상청구소송이 구마모토 지방재판소에서 진행되었다. 2001년 5월 11일 이루어진 판결에서 재판부는 강제수용에 의한 인권침해, 요양소 내의 인권침해, 편견과 차별의 조장, 명예훼손과 모욕, 사회와의 단절의 책임이 국가에 있다는 것을 명확히 하였다. 이 소송에 참여한 원고 589명 중 337명이 오키나와 출신이었다.

구마모토 소송에서 오키나와와 관련된 핵심쟁점은 1945년부터 1972년까지의 애락원에 대한 역사적 평가, 특히 1961년 제정된 '류큐 한센씨병 예방법'에 의해 피해가 경감되었으므로, 이에 대한 배상은 불필요한가라는 문제였다. 이 소송에서 피고 측인 국가는 적어도 1978년까지는 일본의 국립요양소가 실질적으로 개방정책으로 전환하였다고 주장했는데, 이에 반해 원고들은 격리정책에 의해 차별과 편견이 조장되어 '사회에서 평온하게 살 권리'를 박탈당했다고 주장하였다. 피고 측은, 오키나와에서는 1960년대에 재택치료가 행해졌고, 복귀 후에 다시 본토의 라이예방법의 적용대상 지역이 되었으나 오키나와진흥개발특별조치법에 의한 특수사정이 적용되어 재택치료가 유지되었다는 사이가 원장의 견해(1999: 247~250)에 입각하여 논리를 전개한 반면, 원고 측은 '류큐 한센씨병 예방법'도 일본의 라이예방법과 같은 격리규정을 갖고 있었고, 1962년부터 10년간 신규입소자도 연인원 420명에 달했다(森川恭剛, 2005: 5)는 점을 강조하였다. 기본적으로 두 법이 기본체계가 같을 뿐 아니라 전자는 후자에도 없는 '공중과 접촉의 기회가 많은 장소에의 출입금지'라는 인권침해적 조항까지 있었다고 주장하였다. 결국 원고들은 오키나와의 재택치료가 '인적 물적으로 빈곤한 상태에서 일반보건의료로부터 떨어져 나온 특별법에 기초한 예외적 조치'라고 주장하였다(森川恭剛, 2005: 6).

후지노는 오키나와에서 본토보다 일찍 재택치료가 실시되고 치료 퇴원과 사회 복귀가 이루어져 오키나와의 한센병 환자가 받은 피해는 본토보다 가볍다는 판단은 허구라고 보았다. 오히려 1958년까지의 오키나와의 한센병 정책은, 오키나와전에서 승리한 미군의 점령지 류큐에서의 노골적인 식민지주의의 발로라고 보았다. 그는 이 시기까지 미군이 미군장병들의 감염을 우려하여 강제격리 정책을 계속했다는 사실에 주목하여, 이 시기는 일본의 오키나와 차별관과 미국의 식민지주의가 중층화된 가운데 오키나와 주민이 방치된 기간이며, '일본과 미국에 의한 이중 차별 정책을 상징하는 것'(藤野豊, 2006: 202)으로 해석하였다.

이와 유사한 맥락에서 모리가와는 일본 본토와 오키나와의 '공통의 피해'를 법률적으로 증명하기 위하여 '구라'의 관점과 '인권존중의 관점'이 어떻게 다른가를 설득력 있게 제시하였다. '구라'의 관점이란 절대격리의 현장인 요양소를 차별과 편견 등 세상의 박해로부터 한센병자를 보호 구제하는 기구라고 보는 것으로, 이는 요양소가 외부세계의 법률이 통용되지 않는 치외법권 지역임을 인정하는 것과 연결되어 있다(森川恭剛, 2005: 12). 그는 1938년 애락원이 '오키나와 구라의 전당'으로 세워졌으며, 이 때 형성된 절대격리체제가 전후 오키나와에 승계되어 '공통의 피해'를 역사적으로 집적시켰다고 보았다 (森川恭剛, 2005: 7).

애락원 입소자들이 일본 정부를 상대로 소송을 제기하기 훨씬 이전에도, 일본 정부를 상대로 과거의 피해 문제를 제기한 적이 있었다. 본토 복귀 전인 1968년 10월, 일본의 후생상(園田直)이 오키나와의 복지사정을 시찰하러 온 적이 있었는데, 이 때 입원자자치회장은 '23년 전의 고통스러운 과거'를 떠올리면서, 원조를 증액하여 본토와의 격차를 없애달라는 요청을 하였다. 이 때

제기한 요구 중의 하나는 "전쟁 중에 그리고 전후에 무리한 노동으로 신체장애가 생기고 퇴원이 불가능하게 된 453명에 대하여 재해보상금이나 위로금(見舞金)을 지급할 것"을 요구한 것이다(1989: 291). 피해의 기본적인 원인을 과거 국립요양소 시기의 강제격리와 강제노동에서 찾는 논리가 국가배상소송에서 원고 측의 논리로 재생되는 것이다.

국가배상소송 이후 일본에서 사회 복귀가 증가했는데, 오키나와에서도 사회복귀제도가 더 활성화되었다. 애락원 퇴소자는 사회복귀준비금을 받았다. 1973년 이전에는 퇴소하는 경우 1인당 150달러를 받았다. 사회복귀제가 도입된 1973년 이후 2001년까지는 사회복귀 준비금 없이 복귀시켰다. 국가배상소송이 이루어진 2001년 이후 사회복귀시 준비금으로 250만 엔씩 지급하고 있다. 동시에 1973년부터 2001년까지 사회복귀한 사람들에게 사회복귀준비금을 소급하여 지급하였다. 2006년 현재, 애락원 입원자는 수여금이라는 이름으로 매월 8만 5000엔씩 수령하는 반면, 사회복귀자는 고령자나 장애자 관계없이 생활급여로 매월 17만 엔씩 수령한다. 소송 이후 퇴소자는 '신규'로 26만 엔씩 수령한다.

사회복귀자들은 주로 택시운수업과 일용노동에 종사하였다. 근래에 사회복귀자들은 과거보다 훨씬 더 다양한 직업에 종사하고 있다. 1976년 사회복귀자 교류협력모임인 오키나와 퇴소자회가 조직되었으며 이는 일본 전체를 통해 최초였다. 본토의 퇴소자회는 국가배상소송시 재판에 참여하기 위해 요양소별로 조직되었다. 2003년 오키나와의 사회복귀자는 500명 이상이 되었는데,[27] 이중 회원으로 활동하는 사람은 국가배상소송 중이었던 2001년경에 100명 남짓이었고, 2006년 1월 현재 80명 정도다. 사망에 의한 자연감소와 함께 사회수용도가 높아지면서 모임의 필요성이 줄었기 때문이다.

---

27) 이것은 사회복귀자 모임의 증언에 따른 것이다. 그런데 애락원 50년지에 따르면 애락원에서 1998년까지 퇴원한 사람은 859명이었다.

사회복귀자들의 절반 이상이 자녀를 두고 있다. 국립요양소 입원자의 경우 정계수술로 자녀를 가질 수 없었으나 사회복귀자는 자녀를 가질 수 있었고, 과거에 수술을 받은 자 중 일부는 소수지만 복원수술을 받은 경우도 있다. 일본 전체에 사회복귀자들의 모임이 있는데, 이 모임들은 지역별 독립조직들로, 국가배상소송에 주도적으로 참여하였다.

오키나와에서는 일찍이 퇴소자들을 위하여 나하 시내에 별도의 건물을 마련했다. 1985년 이 건물을 부수고 새로 아파트형 건물로 신축했다. 현재 이 건물은 퇴소자들의 숙소 겸 오키나와 유우나(ゆうな)협회의 사무실로 사용되고 있다. 국가배상소송 이후 오키나와 라이예방협회도 바뀌었다. 이 협회는 1958년 11월 창립되었다. 1972년 오키나와가 일본에 반환되었을 때 이 협회는 등풍협회 오키나와현 지부를 겸하면서 일본 정부의 위탁사업을 계속하였다. 1981년 8월 이 협회는 오키나와현 한센병예방협회로 개칭하였으며, 1985년에는 유우나 등풍센터를 개설하였다. 2001년 6월 오키나와현 유우나 등풍협회로, 2004년 4월 명칭에서 '등풍'을 삭제하고 오키나와현 유우나협회로 개칭하였다. 이를 반영하여 1986년 4월 제정된 회칙이 2003년 2월과 2005년 10월에 각각 개정·시행되었다.

필자가 유우나협회의 임원들과 인터뷰를 하면서 오키나와와 본토의 한센 정책의 차이를 질문했을 때, 그들은 두 가지를 언급하였다. 첫째, 시설의 측면에서 보면, 입원자당 직원의 비율을 주목해야 한다. 애락원의 경우 환자당 직원수는 1.1명꼴인데, 본토의 국립요양소는 대체로 1.6명꼴이다. 시설운영면에서의 차이를 오키나와인들은 차별이라는 시각으로 말한다. 애락원의 예산은 오키나와현에서 편성하고 있으나 예산부족 때문에 매년 예산을 짤 때 후생성에 애락원의 예산 증액을 요구하고 있다. 둘째, 오키나와에는 태풍이 많기 때문에 애락원 건물이 콘크리트로 된 건물이 많고, 목욕시설이 본토에 비해 열악하다. 이는 오키나와의 문화적 요인이기도 하고, 또 미군의 영향이

기도 하다. 정치문화적 요인들이 본토와의 차이를 만들었지만, 국가배상소송을 거치면서 이들은 본토의 한센병력자 및 한국이나 타이완의 병력자들과의 심리적, 물질적 연대를 강하게 인식하게 되었다.[28]

2) 명예회복과 한계

1996년 라이예방법이 폐지되고, 또 2001년 구마모토 소송에서의 승소, 그에 뒤이은 국가배상 후 애락원 원생 및 퇴소자들은 명예회복작업에 착수하였다. 1997년에는 전쟁기의 입원자들의 집단적 수난의 상징인 방공호를 단장했고, 2000년에는 희망의 종 기념비가 세워졌으며, 2005년에는 다시 아오키의 흉상을 그의 송덕비 옆에 세웠다. 보다 의미 있는 명예회복작업은 자신들의 생애사를 매우 귀중한 역사적 경험으로 간주하여 이를 채록 정리하는 작업이고, 다른 하나는 은폐되고 지워진 자신들의 사회적 이름을 회복하는 작업이다.

2005년 12월 28일 오키나와 전쟁기에 태어난 사람들의 모임('1期1會の集い') 모임에서 오키나와현 한센병증언집 편집사업에 40만 엔의 기부금을 제공하였다.[29] 이에 대한 답례로 애락원자치회 부회장이 2006년 1월 17일자 『오키나와타임즈』에 오키나와현 한센병 증언집의 진행상황을 기고하였다. 이 기사에 따르면, 한센병증언집 편집사업은 오키나와 애락원과 미야코 남정원의 자치회가 기획하여 2002년부터 청취조사를 개시하였다. 증언청취는 자원봉사자를 모집하여 실시하였고, 조사원은 입소자 한 명 한 명의 집을 방문하여

---

28) 사회복귀자들은 필자와의 인터뷰에서 한국의 해방 후 격리가 일본 정부의 책임이라는 것을 인정하면서 한국 소록도 소송을 성원하였다. 사회복귀자모임의 전 회장은 한국의 한센병자들의 "격리는 일본 정부의 책임이며, 한국 정부가 일본 정부에 이에 대한 보상을 요구하면 좋겠다"는 말을 하였다. 문제해결을 위해서는 한국 정부의 적극적인 활동이 필요하다는 것이다.
29) 이 모임의 회장은 新本博司이고, 회원은 1200여 명이다.

전시 중의 비참함과 사회의 차별과 편견, 입원 후의 고통 등 한마디로 빼지 않고 기록하였다. 약 4년간에 걸친 조사에서 증언자는 애락원에서 187명(재원자 316명), 남정원에서 72명(재원자 112명)이었다. 두 요양원 자치회에서는 2005년부터 편집사무국을 두고 애락원 4명, 남정원 3명의 사무국원을 배치하였다. 이들은 방대한 증언기록을 글로 정리하고 검증하면서 증언집 발간을 준비하고 있는데, 이 기회에 증언 뒤에 있는 피해의 실태를 명확히 하는 자료도 수집하는 작업을 개시하여 오키나와현 복지보건부 건강증진과나 오키나와현 공문서관, 전국의 한센병 요양소에 협력을 구하여 다수의 귀중한 자료를 발견하였다. 그래서 2006년 3월 『오키나와현 한센병 증언집: 자료편』을 발간하였고, 역사편은 2007년 여름에 발간할 예정이다. 이런 일련의 사업에 대하여 오키나와현은 2005년부터 보조금을 지급하고 있다.

한센병력자들의 인권회복의 출발은 이들의 사회적 존재 또는 현존을 인정받는 일이다. 이것은 주로 본명이나 얼굴을 회복하는 작업으로 연결된다. 다른 지역에서도 그렇지만, 과거에 오키나와에서는 한센병자들에 대한 차별이 심하여 출신지나 본명을 모두 숨기고 살았다. 입원자 사회에서 통용되는 이름은 대체로 가명이었다. 또한 사회의 가족들도 자신의 가족구성원이 한센병자라는 사실이 밝혀지는 것을 꺼렸다. 그 때문에 이들이 사망한 후 유족을 찾기가 어렵다. 최근에 자신들의 지워진 이름을 회복하려는 움직임이 생겨났다. 그 단적인 예가 오키나와 평화공원의 '평화의 초석'의 각명사업이다. 여기에는 오키나와전에서 사망한 사람들의 이름이 새겨져 있다. 그러나 희생자들의 이름 중에 애락원 원생들의 이름은 새겨지지 않았다. 아무도 유족 중에서 이를 요구한 사람이 없었다. 한센병자의 오명은 사후까지 지속되었다.[30]

---

30) 이와는 다른 맥락에서 '평화의 초석'에 각명되지 않은 집단이 강제동원되었다가 희생된 조선인들이다. 이들은 일본이나 한국 정부 모두의 무성의로 명단이 확보되지 않았기 때문이다. 오키나와

그런데 애락원자치회 부회장의 증언에 따르면, 국가 보상이 있은 후 한 희생자의 유족이 애락원에 유골을 돌려 달라고 요구했다. 시설 입원자들은 유골반환요구를 인권 개선의 희망적 현상으로 간주하였다. 한센병자들에 대한 격리는 사회 뿐 아니라 가족으로부터 시작되었기 때문이다. 자치회에서는 한센병력자들이 유골로나마 귀가할 수 있도록 사회적 환경을 조성하기 위해 노력하고 있다. 이를 계기로 평화공원에 한센인 희생자들의 이름을 새기는 작업이 시작되었다. 애락원 입원자 중에서 총 270여명이 전쟁 중에 사망했는데, 2004년 이 중에서 55명을 새기고, 2005년에는 2명을 새겼다. 그러나 이들의 출신지는 애락원이라는 명칭 대신, 애락원이 있는 행정구역의 명칭이 사용되었다. 각명 작업은 매우 더디고 또한 각명율 또한 낮은 상태로 머물러 있다.

[그림 7-6] 평화공원의 한센인 각명비(2005)

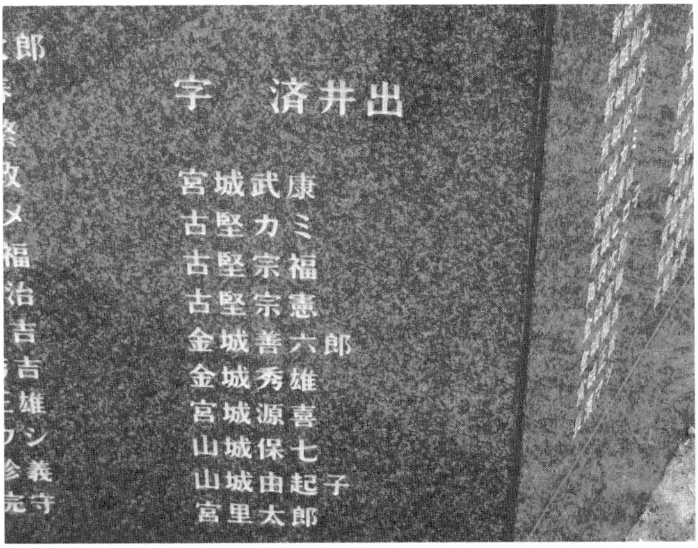

전에서 조선인은 만 명 이상 희생되었으나 각명된 인원은 수백 명 뿐이며, 그나마 남북으로 분단된 상태로 각명되어 있다.

5. 애락원의 역사에 대한 기억과 기념에 대한 평가

애락원은 일본의 국립요양소이므로 본토의 시설과 공통된 특성을 갖고 있지만, 동시에 그것이 오키나와에 소재한다는 이유 때문에 몇 가지 다른 특성들을 가지고 있다. 애락원은 강제격리를 위한 시설이었지만, 설립과정, 종교, 문화적 배경이 본토의 요양소와는 다르다. 애락원은 본토의 요양소들과는 달리 2차 세계대전을 직접 경험하였다. 입원자치회의 전통도 길고 강했다. 사회문화적 측면에서 보면, 입소자가 비교적 좁은 지역사회 출신으로 국한되어 있고, 가족 친족적 유대가 강하여 입소 후에도 연결망이 완전하게 절연되지 않는다. 사회적 차별은 강하나 익명성이 보장되지 않는다.

이런 특성은 맥락에 따라 다르게 해석될 수 있다. 1972년 일본으로의 복귀를 전후하여 애락원은 본토와의 격차가 강조되었다. 1990년대에는 기독교의 영향이나 미군정의 영향 등 오키나와의 독특한 경험을 중시하여 그 차이점, 또는 진보성이 부각되었다. 그러나 1998년 이후 전개된 일본 정부를 상대로 한 국가배상소송에서는 오키나와의 애락원도 일본의 국립요양소의 하나며, 본토의 국립요양소와의 '공통의 피해'가 강조되었다. 이런 '공통의 피해'를 산출한 핵심적 요인은 천황제에 침윤된 일본형 절대격리제다.

국립요양소로서의 오키나와 애락원에 대한 검토는 일본 본토에 있는 요양소들과의 차이 뿐 아니라 소록도 갱생원의 식민지성을 다시 생각하게 한다(정근식, 1997). 양자 모두 기본적으로는 절대격리체제였다는 점에서 '공통의 피해'를 확인할 수 있지만, 요양소의 규모, 시설확대의 방식, 환자-직원 비율, 규율과 통제의 엄격성, 사상통제 등의 측면에서 무시할 수 없는 차이가 있다.

지금까지 검토한 애락원의 역사적 특성에 기초하여 처음에 제기한 애락원의 기념물들의 의미를 다시 해석해볼 필요가 있다. 애락원의 기념물은 3명의 인물을 중심으로 형성되어 있다. 그런데 이들에 대한 기념물들은 한번에

[표 7-1] 기념물들의 조성시기와 의미

기념물	중심활동기	건립/재구성	상징의 의미
아오키 송덕비 흉상	1938년 이전	1971 2005	설립의 기념 입원자들의 동료의식
정명왕후 어가비 공원	1938~1944	1943(1945 철거) 1974(재건)	황실 은혜 일본 또는 국립요양소로의 복귀
희망과 자신의 종 스코어브랜드 흉상 희망의 종 기념비	1949~1952	1953 1978 2000	미군정 기념 치료약 보급 국제적 우의
피난 방공호	1944~45	1997	환자들의 고난
평화공원 각명비	1944~45	2004~2005	전쟁희생 입원자 추모 및 이름 찾기

만들어진 것이 아니라 한번 만들어진 후 시간적 격차를 두면서 다시 만들어졌다. 연대기적 질서와 기념물로 나타나는 재현의 질서는 서로 다르며, 후자는 매우 복잡하고 중첩되어 있다.

오키나와 한센병자들에게 성공회를 처음 선교하고 이들의 집단적 거주 시설을 처음 조직했던 아오키를 기념하는 기념물은 1969년 기도의 굴의 기념 표지판을 시작으로, '국립요양소로의 복귀' 직전인 1971년에 애락원의 출발지인 북단에 송덕비가 세워졌다. 2001년 이후 절대격리정책에 대한 국가의 배상이 이루어지면서, 2005년 아오키의 흉상이 기존의 송덕비 옆에 건립되었다. 아오키에 대한 기념은 주로 입원자자치회가 주도하였는데, 두 번째 만들어진 기념물은 국가배상소송 이후의 높아진 입원자의 권리의식 및 연대의식의 산물이다.

일본에서 한센병력자들의 목소리는 오랫동안 침묵당해 왔다. 이 때문에 일본 본토의 국립요양소에는 입원환자를 기념하는 기념물을 좀처럼 찾아보기 어렵다. 애락원의 경우 1971년의 아오키 기념비와 함께 2005년에 다시 그의 흉상이 세워진 것은 침묵으로부터 소리내기(voicing)로 옮아가는 현상의 선두에 애락원이 있음을 보여주는 것이다.[31] 이런 소리내기는 '라이예방법'이 폐지된 이듬해인 1997년 집단적 고난의 상징인 방공호를 단장하면서 시작되었고, 국가배상 승소 이후 최근에는 애락원과 남정원 원생들의 증언집 출판, 오키나와 평화공원에서의 애락원 출신 사망자의 이름 새기기로 이어졌다. 물론 이들의 소리내기의 장은 처음에는 원내에서 이루어지다가 점차 '사회'에서도 이루어지는 양상을 보인다.

애락원에서 가장 흥미로운 기념물은 정명왕후의 어가비다. 이것은 제국 일본의 영역에 있던 국립 요양소에 공통적으로 존재했던 상징이다. 1938년 현립으로 출발한 애락원은 1941년 일본의 국립요양소가 되었다. 전쟁수행 중에 일본 왕실의 한센 정책에 대한 관심을 상징하는 정명왕후의 어가비가 세워졌다. 이 어가비는 미군의 상륙에 따라 철거되어 바다에 은닉된 후, 오키나와가 일본으로 복귀한 직후인 1974년에 다시 새롭게 만들어져 세워졌다. 중요한 것은 재건시에 최초의 어가비의 철거과정에 관한 설명이 사실과 달리 이데올로기적으로 해석되었다는 사실이다. 이 기념물과 기념공원은 국가의 사죄가 있었음에도 불구하고 2006년 현재 그대로 남아 있다. 소록도와 타이완 낙생원에 있던 어가비도 비의 표면의 내용은 바뀌었으나 장소와 형태를 그대로 유지한 채 지금도 남아 있다는 점을 감안한다면, 일본에서 천황제와 관련된 기념물은 국가의 사죄와 배상보다 더 길고 넓은 시공간적 맥락에 서 있는 셈이다.[32]

스코어브랜드와 관련된 기념물은 오키나와가 오랫동안 미군의 점령과 지배하에 있었다는 것을 보여준다. 스코어브랜드는 전쟁 후 애락원의 재건과 새로운 치료제의 보급을 상징하는 인물이다. 그에 관련한 기념물은 오키나와

---

31) 소록도에서도 이와 유사하게 1945년에 학살된 희생자들을 추모하는 비가 건립되었다.
32) 흥미롭게도 구마모토의 회춘병원이나 대로원 등 서양 선교사들의 요양원시설 또는 기념관에는 일본의 국립요양소보다 천황제적 기념물들이 많이 남아 있다. 이것은 입원자자치회의 인권의식과 관계가 있다고 생각된다.

전후 '부흥'의 현실이나 맥락을 말해준다. 또한 국제적 연대 또는 우애주의가 지속적으로 작용한다는 점을 1978년과 2000년에 만들어진 흉상과 기념비가 보여주고 있다.

역사적 기억의 재현으로서의 기념물은 기본적으로 현재적 평가에 의존하지만 동시에 한번 만들어진 기념물은 영속성을 가진다. 재현의 질서는 한편으로는 과거에 대한 현재적 평가의 누적이면서 동시에 기억과 평가의 부침을 보여준다. 이들은 모두 애락원의 역사적 매듭들을 표현하고 있으나 연대기적 시간의 질서로부터 벗어난 재현의 질서 속에 위치해 있으며, 재현의 질서는 오키나와의 반전(反轉)의 역사에 의해 규정되었다. 크게 보면 오키나와는 전쟁에 의해 미군에 의해 점령당했다가 일본에 '복귀'한 한 번의 반전, 그리고 일본에서 라이예방법이 폐지된 1996년 이후 전개된, 한센병자들의 강제격리정책에 대한 일본 정부의 공식사죄와 보상이라는 또 한 번의 반전을 경험하였다. 이 두 번의 반전이 연대기적 질서와 재현의 질서의 차이를 만들어냈다. 최초의 반전은 천황제적 국가주의를 중심으로 이루어진 것이지만, 두 번째의 반전은 소수자의 인권의식을 중심으로 진행되었다.

우리는 재현의 질서 속에서 심층적인 집합의식을 읽을 수 있다. 애락원의 기념물들이 말하는 것은 오키나와의 주변성에서 우러나오는 모순적 공존이다. 이들은 천황제 국가주의와 소수자인권 우선주의, 그리고 국제적 우애주의를 대변하면서 하나의 공간에서 미묘하게 결합되어 있다. 어가비의 철거와 재건을 둘러싼 기억의 왜곡은 특히 천황제 국가주의와 소수자인권 우선주의의 긴장과 균열의 틈을 보여준다. 이런 균열은 최근 들어 좀 더 확대되고 있다. 국가배상소송 후 국가의 사죄와 인권의식의 고양은 어쩔 수 없이 일본의 한센병 정책에 깊숙이 개입해온 천황제의 그림자를 지우는 방향으로 작용하였다.33) 황실의 한센 정책 개입의 이데올로기적, 조직적 통로였던 등풍협회가

---

33) 일본 한센병 정책의 핵심 이론가이자 주도자였던 미쓰다 겐스케의 경우 국가로부터 훈장을

해산되었고, 도쿄 전생원에 있는 고송궁기념 한센병자료관의 명칭도 바뀌고 있다. 이런 명칭의 변화는 오키나와 유우나협회에도 반영되었다. 오키나와 애락원의 어가비는 존재하고 있지만, 여기에도 미묘한 변화가 일어나 2005년에 제작된 애락원의 안내책자에는 이에 관한 설명이 빠졌다. 이런 균열의 조짐은 일본 사회 전체의 변화라기보다는 한센병력자 사회에 국한된 것으로 보이지만, 이들의 높아진 인권의식이 앞으로 어떻게 기념의 문화에 작용할지는 좀 더 지켜보아야 할 사항이다.

■ 참고문헌

· 1차 자료
1. 자료집 및 전집
國立療養所沖繩愛樂園入園者自治會. 1989. 『命ひたすう-療養50年史』. 沖繩愛樂園.
宮古南靜園入園者自治會. 2001. 『創立70周年記念誌』. 宮古南靜園.
沖繩愛樂園. 1968. 『開園30周年記念誌』.
沖繩愛樂園自治會. 2005. 『靑木惠哉 銅像除幕式記念』.
沖繩県ハンセン病證言集編集總務局. 2006. 『沖繩県ハンセン病證言集 資料編』. 沖繩県愛樂園自治會.

· 2차 자료
1. 한글단행본 · 논문
정근식 외. 2005. 『한센인 인권실태조사』. 국가인권위원회.
정근식. 1997. 「식민지적 근대'와 신체의 정치」. 『사회와 역사』 51. 한국사회사학회.
정근식. 2002. 「동아시아 한센병사를 위하여」. 『보건과 사회과학』 12. 한국보건사회학회.

2. 일문단행본 · 논문
內田博文. 2006. 『ハンセン病檢證會議の記錄』. 明石書店.
稻福盛輝. 1995. 『沖繩疾病史』. 第一書房.
藤野豊 編. 2004. 『近現代日本ハンセン病資料集成「戰後編」7』. 不二出版.

받았는데, 그에 대한 병력자들의 평가도 사뭇 달라졌다. 과거에 그에 대한 존경심이 상당했는데, 이제 그런 존경은 많이 철회되었다.

藤野豊. 2006.『ハンセン病と戰後民主主義』. 岩波書店.

犀川一夫. 1989.『門は開かれて』. 東京: みすず書房.

犀川一夫. 1993.『沖繩のハンセン病疾病史-時代と疫學』. 沖繩県ハンセン病豫防協會.

犀川一夫. 1998a.「沖繩のハンセン病對策」. 永盛 肇 外 編.『沖繩の歴史と醫療史』. 九州大學出版會.

犀川一夫. 1998b.『中國の古文書に見られるハンセン病』. 沖繩県ハンセン病豫防協會.

犀川一夫. 1999.『ハンセン病政策の變遷』. 沖繩県ハンセン病豫防協會.

成田稔. 2004.「わか國の癩對策における隔離の時代的變遷」.『歴史評論』656. 校倉書房.

日弁連法務研究財團. 2005.『ハンセン病問題に關する檢證會議 最終報告書(要約版)』.

猪飼隆明. 2005a.『性的隔離と隔離政策』. 熊本出版文化會館.

猪飼隆明. 2005b.『ハンナ リデルと回春病院』. 熊本出版文化會館.

中村文哉. 1997.「沖繩におけるハンセン病問題. 移住と社會的ネトワク-沖繩県今歸仁村を事例
　　にして」.『立命館大學人文科學研究所紀要』68.

川口與志子. 2000.『沖繩ハンセン病70年の痛み』. 東京: 文藝社.

靑木惠哉. 1972.『選ばれた島』. 東京:新教出版社.

沖繩楓の友の會 編. 1999.『ハンセン病回復者手記』. 沖繩県ハンセン病豫防協會.

荒井英子. 1996.『ハンセン病とキリスト教』. 岩波書店.

みやこ・あんなの會 編(2000).『戰爭を乗り越えて-宮古南靜園からの證言』.

3. 영문단행본·논문

Boyd, J.. 1996. *Hannah Ridell-An English Woman in Japan*. Rutland and Tokyo. Charles E.
　　Tuttle Company.

8장

일본 군국주의와 탈맥락화된 평화 사이에서

· 오키나와 평화기념공원을 통해 본 오키나와전 기억의 긴장1)

김민환

1. 머리말

　　보통의 경우, 조성된 지 오래된 기념공원이나 기념관 등은 그 존재가 너무나 익숙해져 버려서 처음 그것이 만들어질 때의 의견불일치나 갈등 등은 묻히게 된다. 무엇을 기념할 것인지, 어떻게 기념할 것인지, 최초로 기념하고자 한 사람들이 누구인지 등은 단순히 '연혁'으로만 전해져서 기념공원이나 기념관 등이 세워지는 과정의 '정치학'들이 사라져버리는 것이다. 그리고 기념공원이나 기념관 등은 과거에 있었던 사건을 '있었던 대로' 묘사하고 전승하는, 그리하여 후세에게 과거의 사건을 객관적으로 교육하는 공간이라고 간주되기 쉽다.

　　그러나 과거의 사건을 순수하게 객관적으로 묘사하는 기념공원이나 기념관은 존재하지 않는다. 거기에는 기념될 것들과 잊혀져야 할 것들 사이의 '선택과 배제'의 문제가 개입되어 있고, 특정한 묘사방식을 '선택'하는 문제

---

1) 이 글은 5 · 18연구소에서 발행하는 『민주주의와 인권』(제6권 1호, 2006)에 실린 글을 일부 수정한 것이다.

또한 함축되어 있다. 즉, 과거에 존재했던 역사적 사건에 대한 '해석'의 문제가 필연적으로 개입되는 것이다. 이런 관점을 확인할 경우, 기념공원이나 기념관을 바라볼 때 중요한 것은 그 공간에서 무엇이 기념되고 있느냐 하는 것보다는 무엇이 기념되지 않느냐 하는 질문이며, 기념되는 것과 기념되지 않는 것이 어떤 식으로 결합되어 있느냐 하는 질문일 것이다. 특정 역사적 사건이 어떤 사회적 힘의 그물망 속에서 어떻게 특정한 방식으로 기념되는가를 파악하는 것은 결국 그 과정들이 진행되는 당시 사회의 모습을 파악하는 것이기 때문이다. 기념공원이나 기념관 설립을 둘러싼 '기억의 정치'[2]를 매개로 특정한 사회를 이해하기, 결국 이것이 최근 기념(commemoration)을 둘러싼 여러 연구들이 지향하는 바인 것이다.[3]

이 글도 기본적으로 이런 지향을 수행하고자 한다. 이 목적을 수행하는 데 있어 오키나와 평화기념공원은 특히 유리한 소재다. 왜냐하면 이 평화기념공원은 만들어진지 얼마 되지 않아 탄생 시기의 '기억의 정치'의 양상이 곧바로 드러나는 공간이며, 그 쟁점도 비교적 명확해서 오키나와 평화기념공원을 둘러싼 사회적 갈등 양상도 손쉽게 추론할 수 있기 때문이다.[4] 그래서인지 이

---

2) '기억의 정치'라는 용어의 용례에 대해서는 김민환(2003)을 참조할 것.
3) 이런 식의 문제의식에 기반한 연구는 수적으로도 매우 증가하고 있을 뿐만 아니라 소재적인 측면에서도 다양해지고 있다. 그러나 이런 연구들을 특정한 방식으로 정리하여 소개하기란 매우 힘들다. 왜냐하면 이런 연구들은 기본적으로 아주 구체적인 하나하나의 대상들을 소재로 하여, 그 소재와 관련되는 매우 특별한 쟁점들을 강조하고 있기 때문이다. 즉, 다루고 있는 소재의 수만큼의 쟁점이 제기될 수 있으므로 이들을 모두 정리하기란 어쩌면 불가능할지도 모른다. 가령, 영(Young, 1993)은 여러 나라의 홀로코스트 기념비들을 분석하면서, 각 나라별로 홀로코스트 문제가 어떻게 기억되고 있으며, 어떤 문제가 논란이 되고 있는지를 밝혔고, 길리스(Gillis, 1994)와 맥도널드(Mcdonald, 1998)는 여러 박물관과 기념관을 소재로 하여 민족정체성, 소수자(minority) 문제, 인종 문제, 성(gender) 문제 등이 어떤 식으로 각 박물관과 기념관과 얽혀 있는지를 추적하고 있고, 홀로(Holo, 1999)는 스페인의 민주화가 박물관에 어떤 영향을 미쳤는지를 검토하고 있다. 또한 정호기(2002)는 한국의 민주화운동 관련 기념공간을 소재로 원초적 사건의 해석을 둘러싼 갈등, 재현공동체의 존재유무와 활동방식의 문제, 재현방식 등의 쟁점들을 살펴보고 있다.
4) 오키나와 평화기념공원에서 행해지는 기억의 정치를 분석하는 방법은 크게 두 가지인 것 같다. 하나는 외적인 방법이다. 이 방법은 오키나와 평화기념공원을 다른 형태의 기념공원들과 비교하

문제를 다룬 글들도 이미 여러 편 발표된 바 있다(屋嘉比收, 2000; 다카지마 노부요시, 2001; 屋嘉比收, 2002; 石原昌家・大城将保・保坂廣志・松永勝利, 2002; Figal, 2003; Yonetani, 2003; 保坂廣志, 2004; 조성윤, 2005). 그러나 이런 기존의 연구들은 크게 두 가지의 문제가 있는 것 같다.

우선, 앞에서 언급한 기존의 연구들은 오키나와 평화기념공원에서 진행 되는 기억의 정치의 양상을 크게 야스쿠니적인 것과 오키나와적인 것의 대립 으로 파악하고 있다. 사실, 오키나와 평화기념공원의 공간적 구성 자체가 이 미 이 지점을 잘 보여주기 때문에 기본적으로 이런 시각은 옳은 것이다. 본 논문에서도 기본적인 갈등의 축은 바로 이 지점이라고 간주할 것이다. 그러나 오키나와적인 것을 야스쿠니적인 것과의 대립만으로 파악하면 또 하나의 대 립축이 있다는 사실을 지적할 수 없다. 그것은 일본 내에서 오키나와와 마찬가 지로 평화를 전면에 내걸고 있는 히로시마 평화박물관과의 대립축이다. 본문 에서 살펴보겠지만, 어쩌면 이것이 주목해야 할 가장 중요한 대립축일는지도 모른다. 현재에도 물론 중요하지만 시간이 흐를수록 더욱 중요해질 것이기 때문이다.

다음으로 오키나와 평화기념공원을 둘러싼 기억의 정치의 문제를 다루 는 기존의 연구들은 이 문제를 일본 대(對) 오키나와 혹은 일본 속의 오키나와 라는 관점 속에서 다루거나, 미국이라는 변수만을 추가하여 다루었던 것 같 다.5) 그러나 한국의 연구자가 이 문제에 접근했을 때 만약 이런 관점만을 취한

여 큰 틀에서 오키나와 평화기념공원의 특징을 파악하는 것이다. 다른 하나는 내적인 방법으로 오키나와 평화기념공원 자체에 좀 더 충실하게 접근하는 방법이다. 즉, 평화기념공원 내의 공간구 조의 배치와 시기에 따른 변화, 각종 기념조형물의 설립시기, 설립주체 및 조형적 특징, 비문의 내용, 평화기념자료관의 전시내용 및 방법 등을 면밀한 방법론을 통해 검토하는 것이다. 외적인 방법은 오키나와 평화기념공원에서 이루어지는 기억의 정치의 내용을 넓은 틀에서 조망하는 데 유리하며, 내적인 방법은 오키나와 평화기념공원을 꼼꼼하게 분석하는 데 유리하다. 이 공간에 대한 분석이 완성되려면 이 두 가지 방법이 유기적으로 결합되어야 하지만 본 논문은 일단 외적인 방법에 치중해서 전체적인 그림을 그리는 데 주력할 것이다. 내적 방법에 의한 분석은 별도의 다른 논문에서 이루어질 것이다.

다면 아무런 연구의 의의가 없을 것이다. 그렇기 때문에 이 글에서는 동아시아라는 보다 큰 틀 속에서 이 문제를 바라보는 것은 어떤 의미가 있는지를 염두에 두고 접근할 것이다. 동아시아라는 틀 속에서 오키나와의 평화기념공원을 둘러싼 기억의 정치를 사유한다면 의외로 그것이 우리와 동떨어져 있는 문제가 아닐 수 있음을 깨닫게 될 것이다.

2. 오키나와 평화기념공원의 현황

오키나와 평화기념공원은 오키나와 본도(本島)의 남부 이토만시(糸滿市) 마부니(摩文仁)에 위치해있다. 마부니는 수면에서 약 100m 정도 솟아있는 절벽인데, 이곳에서 태평양을 향해 뻗어 있는 오키나와의 그 유명한 푸른 바다와 하얀 파도를 내려다보면 그 아름다움에 숨이 막힐 듯하다. 그러나 이곳은 오키나와전(戰) 당시 오키나와 방어선을 담당하던 일본군이 미군의 상륙작전에 밀려 마지막으로 쫓겨 온 곳이고, 당시 총지휘관이었던 우시지마(牛島) 중장과 그의 참모장이 1945년 6월 23일 할복자살을 한 곳이기도 하다. 이런 역사적 배경 속에 오키나와 평화기념공원이 이곳에 자리 잡고 있다.

오키나와 평화기념공원은 크게 두 영역으로 구성되어 있다. 하나는 국립 오키나와전몰자묘원(國立沖縄戰沒者墓苑)을 중심으로 일본의 각 현(縣)이

---

5) 이 문제는 사실 글의 독자로 누구를 상정하고 있느냐 하는 것과도 밀접한 관련이 있을 것이다. 오키나와 평화기념공원과 관련해서 일본어로 쓰인 논문들(屋嘉比収, 2000; 屋嘉比収, 2002; 石原昌家·大城将保·保坂廣志·松永勝利, 2002)은 대체로 일본 본토 대(對) 오키나와 혹은 일본 속의 오키나와라는 관점에서 쓰여진 반면, 영어로 쓰인 논문들(Figal, 2003; Yonetani, 2003)은 일본과 오키나와 이외에 미국이라는 또 하나의 변수가 고려되고 있다. 한편, 한국어로 쓰였거나 한국의 독자들을 상정하고 쓴 논문들(다카지마 노부요시, 2001; 保坂廣志, 2004; 조성윤, 2005)은 오키나와 평화기념공원을 한국에 소개하고 이것이 한국과의 관련 속에서 어떤 함의가 있는지를 조심스럽게 언급하고 있다.

자기 현 출신으로 오키나와 전투에서 사망한 사람들을 추모하기 위해 세운 위령탑들이 '영역원로(靈域園路)'라는 길을 따라 늘어서 있는 영역이다([그림 8-1]의 오른쪽 부분, 이하 '영역 1'로 지칭). 이 길의 끝이자 언덕의 정점에는 할복자살한 우시지마(牛島)와 그의 참모장을 추모하기 위해 세워진 '여명의 탑(黎明之塔)'이 서 있다.

다른 한 영역은 오키나와현이 주도적으로 건립을 주도한 곳이다([그림 8-1]의 왼쪽 부분, 이하 '영역 2'로 지칭). 이 영역은 크게 두 부분으로 구성되어 있다. 하나는 '평화의 초석(平和の礎)'이고, 다른 하나는 '오키나와현 평화기념자료관'이다. 평화의 초석은 전쟁 때 죽은 사람의 이름이 새겨져있는 각명비

[그림 8-1] 오키나와 평화기념공원 배치도

출처: 오키나와 평화기념공원 공식 팸플릿, 공간분할은 필자에 의한 것.

(刻銘碑)이다. 물결모양의 검은 색 화강암 벽이 호(弧, arc) 모양을 이루어 조금씩 확대되는 형식으로 되어 있다. 미국 워싱턴의 베트남전 참전기념비(the Wall)에서 영감을 받았지만,[6] 베트남전 참전기념비가 베트남에서 희생당한 미국인의 이름만 새겨져 있는 반면 평화의 초석에는 오키나와전(戰)에서 희생된 모든 사람의 이름이 국적에 상관없이, 또 민간인이냐 군인이냐의 구분이나 전쟁가해자와 피해자의 구분도 없이 새겨져 있다는 차이가 있다.[7] 그리고 새로운 희생자가 발견되면 언제든지 그 이름을 새겨 넣을 수 있는 공간도 마련되어 있어 매년 여기에 이름이 추가되고 있다. 평화의 초석은 해안 부분의 절벽 정상 부근에 건립되어 부서지는 파도를 조망하도록 되어 있는데, 그 파도가 평화의 잔잔한 물결이기를 바란다는 바람이 담겨져 있고, 그 모습 역시 조용히 물결치는 모습으로 형상화되고 있다(沖繩県平和祈念資料館, 2001).

'오키나와현 평화기념자료관'은, 1975년에 건립된 시설이 노후화됨에 따라 이를 새로이 신축할 필요성이 제기되어 2001년 4월에 새로 개관을 한 전시 공간이다(保板廣志, 2004: 213). 원래 크기의 9배 규모로 증축된 이 평화기념 자료관은 평화의 초석과 마주하고 있고, 평화의 초석과의 연계 속에서 건축되었다. 평화의 초석이 추념의 장소이고 평화의 상징으로서 기능한다면, 기념자료관은 전쟁의 비합리성과 야만성이 전시될 배움의 장소로서 기능하다고 한다(Yonetani, 2003: 192).

이것 말고도 평화기념공원에는 '오키나와현 평화기념당(沖繩県平和祈念堂)'이나 '한국인위령탑'도 존재한다. 이것들은 평화기념공원 전체에서 보면 '영역 1'과 '영역 2' 양쪽에서 모두 일정하게 분리되어 있는 인상을 준다.[8]

---

6) 베트남전 참전기념비에 관해서는 와그너 - 파시피시 외(Wagner-Pacifici & Schwartz, 1991)를 참조할 것.
7) 이름을 새길 사람을 선별하는 데 있어서 국적은 중요한 기준이 아니지만, 실제로 이름은 국적별 혹은 출신지별로 새겨져 있다.
8) 그런 면에서 보면, 오키나와 평화기념공원은 어쩌면 크게 세 구역으로 구성되었다고 볼 수도 있을 것이다. 「영역 3」으로 지칭될 수 있을지도 모르는 이 두 공간은 특별한 주목을 받지 못하고

평화기념당은 1978년 10월에 개관된 12m 높이의 탑 모양의 건축물이며, 내부에는 미술관이 있어 평화기념당의 이념에 동의하는 일본 미술가들의 작품이 전시되고 있다(沖縄県平和祈念資料館, 2001).

한국인위령탑은 1975년 9월 3일에 세워졌는데, '한국인위령탑(韓國人慰靈塔)'이라는 글씨는 박정희가 썼으며, 비문의 글은 이은상이 지은 것으로 되어 있다(한국인위령탑봉안회, 1978). 이 위령탑이 오키나와 평화공원 내에 존재하는 다른 여러 위령탑과 어떤 관계에 있는지, 또 그 위치는 어떤 의미를

[그림 8-2] 여명의 탑

있는 듯 하며, 그렇기에 나머지 두 영역과 비교했을 때 그 의미가 명시적으로 드러나 있지 않은 것 같다. 한편, 조성윤(2005)은 평화기념당을 '영역 1'과 기본적으로 동일한 공간으로 간주하여, 평화기념당과 '영역 1'이 '영역 2'를 포위하고 있다고 해석하고 있는데, 필자의 판단으로는 평화기념당에 너무 큰 의미를 부여하고 있는 것 같다. 오히려 평화기념당과 한국인위령탑은 서로 대립되는 두 영역 사이에서 소외되어 있다고 보는 것이 좋을 것이다.

[그림 8-3] 군인들의 이름만 새겨진 '용혼의비'

[그림 8-4] 평화의 초석과 그 뒤의 오키나와현 평화기념자료관

갖는지는 아직 확실하게 밝혀지지 않고 있다. 다만, 피갈(Figal, 2003: 79~81)은 이 위령탑의 비문에서 강조되고 있는 (일본군에 의한) '학살'이라는 단어가 '영역원로(靈域園路)'를 따라 존재하는 일본의 각 현이 세운 위령탑들의 비문의 내용(일본군 전사자의 찬미)과 갈등을 빚을 가능성에 주목하고 있다. 또한 오랫동안 히로시마 평화공원 외부에 존재할 수밖에 없었던 히로시마 원폭피해 한국인희생자추모비의 사례와 관련하여 이 위령탑의 위치가 갖는 의미를 해석한다. 즉, '영역 1'의 공간은 일본인만의 공간이기 때문에, 한국인이라는 이질적인 존재는 '영역 1'의 외부에 존재할 수밖에 없지 않았냐는 것이다. 그러나 이러한 해석은 추측일 뿐 확실한 것은 아니기 때문에 향후 더 많은 조사가 이루어져야 할 것이다.[9]

3. 오키나와 평화기념공원이 내포한 오키나와전 기억의 긴장

지금까지 오키나와 평화기념공원이 공간적으로 어떻게 구성되어 있는지를 살펴보았다. 언뜻 살펴보는 것만으로도 오키나와 평화기념공원은 이질적인 두 개의 영역이 서로 대립하고 있다는 사실을 확인할 수 있다. 확실히 구분되는 이 두 개의 영역이 각각 의미하는 바는 무엇일까? 혹은 서로에게 부여하는 의미는 무엇일까? 이 질문은 오키나와전(戰)을 어떻게 기억할 것인가 하는 문제와 직접 관련되어 있다.

오키나와전은 1945년 3월 26일 미군의 게라마(慶良間)제도 공략부터 개시되어, 4월 1일 오키나와 본토 상륙, 그리고 6월 23일 제32군 우시지마 사령관의 자결로 공식적으로 종결되었다.[10] 이 전투에서 미군은 상륙군 18만여 명을

---

9) 한국인위령탑 건립에 대해서는 이 책에 실린 신주백의 글을 참조할 것.
10) 매년 6월 23일은 오키나와현(県)의 공식기념일인 '위령의날(慰靈の日)'이다. 오키나와가 일본

투입하였고, 일본군 수비대는 7만 7000명 정도였다고 한다(保板廣志, 2004: 209). 3개월 동안 지속되는 전투에서 일본은 패배를 당하였지만, 원래 이 전투는 일본에게는 승산이 없는 전투였다고 보는 것이 일반적이다. 즉, 오키나와는 일본 본토를 지키기 위한 방파제에 지나지 않았던 것이다. 일본군은 미군을 오키나와에 하루라도 오래 잡아두는 것을 최선의 방안으로 염두에 두었는데, 이를 위해 오키나와 주민들이 강제로 전장에 동원되었다. 이 과정에서 일본어를 하지 못하는 오키나와 사람들은 미군의 간첩으로 간주되어 사살당하는 경우가 있었고, 일본군에 의한 집단학살도 자행되기도 했다(保板廣志, 2004: 210). 또한 '강제적 집단자살'[11]로 인해 다수의 주민이 사망하였다. 오키나와 전(戰)과 관련되어 사망한 사람의 수는 24만 명이 넘는 것으로 추정된다. 이들을 어떻게 기억할 것인가 하는 질문에 대한 서로 다른 대답이 오키나와 평화기념공원 내에 존재하는 두 개의 영역인 것이다.

1) 대립축 1: 일본 군국주의와의 긴장

(1) 야스쿠니적인 방식: 전쟁의 낭만화

일본에서 2차 세계대전을 기념하는 방식은 크게 두 가지인 것 같다. 하나는 야스쿠니(靖国)적인 방식이고, 다른 하나는 히로시마(広島)적인 방식이다. 야스쿠니적인 방식에 대해서는 일본 내부에서나 주변국가들에서 많은 비판이 쏟아져 나와 있어[12] 굳이 이 글에서 자세히 다룰 필요가 없다고 생각한

에 '복귀'된 후인 1974년 현의 조례에 의해 그렇게 정해진 것이다. 그러나 9월까지도 비공식적인 전투는 계속되었고, 6월23일 이후에도 많은 사람들이 전쟁 관련 행위에 의해 희생되었다. 평화의 초석에는 9월에 사망한 사람의 이름도 새겨져 있다. 이런 측면에서 보면 6월 23일을 '위령의날'로 제정한 것은 문제가 있어 보인다. 한편, 1989년 이 '위령의날'의 존재에 불만을 품은 우익 인사들에 의해 이 기념일이 없어질 위기에 처하기도 했다. 이 때 다수의 현민들이 '위령의 날' 존속을 위해 노력했고 그 결과 여전히 이 날은 오키나와현의 공식기념일로 남아있게 되었다.
11) '강제적 집단자살'이라는 용어는 노마 필드에게서 따온 것이다. '강제적 집단자살'의 문제를 이해하려면 노마 필드(1995)의 제1부를 참조할 것.

다. 다만 야스쿠니적인 방식은 전쟁을 낭만화하는 방식이라고 정리해두자.

이 방식은 전쟁을 긍정찬미하고 미화(美化)하는 동시에 전사자들을 국가를 위해 생명을 바친 고귀한 존재로 신격화한다. 여기에는 전쟁책임의 문제가 고려될 어떠한 여지도 없다. 또한 전쟁과 전사자들을 찬미하기 때문에 전쟁의 피해자들은 가시화되지 않는다. 가시화되지 않는 전쟁의 피해자들에는 일본 내의 민간인 피해자들, 예를 들면 오키나와의 민간인들뿐만 아니라 일본의 침략으로 피해를 입은 아시아 각국의 민중들도 포함된다. 아시아 각국의 민중들이 배제되기 때문에 이 방식은 철저하게 일본중심적 방식이며 일본을 벗어난 곳에서는 어떠한 동의를 구하기 힘든 방식이다.

히로시마적인 방식에 대해서는 뒤에서 자세히 검토할 것이다.

(2) 오키나와 평화기념공원의 야스쿠니적인 공간

오키나와 평화공원 내의 '영역 1'[13]은 명백하게 야스쿠니 신사와 거의 같은 역할을 하는 공간이다.[14] 이곳은 기본적으로 일본인만을 위한 공간이며, 그 중에서도 일본을 위해 목숨을 바친 '황군(皇軍)'만을 위한 공간이다. 이를 가장 잘 알 수 있는 것은 위령탑들이 존재하는 방식이다. '영역 1'의 위령탑들 중에는 직접적으로 특정 부대원을 위한 위령탑들이 다수 존재한다. 주로 살아남은 '전우'들에 의해 세워진 이 위령탑은 동료의 죽음을 일본적인 맥락 속에서 기억하려는 의지의 표현인 것이다. 그리고 앞에서도 지적했듯이, 일본 각 현(県)이 자기 현 출신의 사람들 중 오키나와에서 사망한 사람들을 추모하는 위

---

12) 야스쿠니 문제에 대한 최근의 훌륭한 비판서로는 다카하시 데쓰야(高橋哲哉, 2005), 고야스 노부쿠니(子安宣邦, 2005) 등이 있다.
13) '영역 1'이 어떤 과정을 통해 조성되었는지에 대해서는 조성윤(2005: 93~96)을 참조할 것.
14) 앞에서 언급한 많은 연구자들이 실제로 이곳을 설명할 때 '야스쿠니화(靖国化)'라는 용어로 설명하기도 한다. 여기에 대한 저항도 오키나와에서는 오랜 역사를 갖고 있다. 오키나와 평화기념 공원이 '야스쿠니화'되는 것에 저항하기 위해 의식적으로 쓴 책 중 대표적인 것이 아라사키 모리테루 외(新崎盛暉·大城将保·高嶺朝一·長元朝浩·山門健一·仲宗根将二·金城朝夫·安里英子·宮城晴美, 1997)이다. 이 책의 1판이 나온 것은 1983년이었다.

령탑들을 '영역 1'에 세웠다. 그런데 먼 오키나와까지 와서 죽은 다른 현 출신의 사람들은 대부분 군인이었고 민간인은 거의 없다고 해도 무방하다. 따라서 이 위령탑들은 전적으로 당시 일본군이었던 사람들을 위한 위령탑인 것으로 파악해도 별 무리가 없을 것이다. 이 위령탑들의 비문을 내용별로 조사한 어떤 보고서에 따르면(靖国神社國營化反對沖縄キリスト者連絡會, 1983: 17~21), 이 기념탑들의 비문은 대개의 경우 '전쟁이나 전사자들을 긍정찬미하고 낭만화'하거나 '애국우국(愛國憂國)의 심정'을 표출하는 내용을 포함하고 있다. 우시지마 사령관과 그의 참모장의 할복을 애국심과 군인정신의 진정한 발로로서 찬미하는 '여명의 탑'이 '영역 1'의 정점에 서 있는 것도 같은 맥락이라고 이야기할 수 있다(조성윤, 2005: 94; Figal, 2003: 74). 이와 같이 '영역 1'은 오키나와전을 '조국수호전쟁'이라는 맥락에서 기억해야 한다는 일본 군국주의의 시각이 철저하게 관철되는 곳으로서, 일본군에 의한 피해자들은 철저하게 가려져 있다고 할 수 있다. 당연히 일본군에 의해 직간접적으로 피해를 입은 사람들의 관점에서 보면 너무나 불편한 장소일 수밖에 없다.

2) 야스쿠니적인 방식에의 도전 및 굴절

'영역 1'이 보여주고 있는 시각에 도전하기 위해 조성된 것이 '영역 2'이다. 앞에서도 이야기했지만, '영역 2'는 크게 '평화의 초석'와 '오키나와 평화기념 자료관'이라는 두 부분으로 구성되어 있다.

'영역 1'의 공간이 전쟁을 찬양하고 일본의 군국주의에 아첨하는 것이라고 비판하면서 오타 마사히데(大田昌秀)[15] 전(前) 현지사(県知事)는 평화공

---

15) 오타 전(前) 지사는 오랫동안 기지반대, 평화운동에 노력해 온 대학의 연구자로 기지가 없는 평화로운 오키나와를 만든다는 공약을 내세워 지사에 당선되었다. 1995년 미군의 소녀 성폭행 사건 이래 지역주민의 압도적인 지지를 받으면서 오카지사는 미군의 기지 사용을 위한 대리서명을 거부하는 등의 활동을 하였다. 오타 전 지사의 기지 사용 대리서명 거부와 이와 연관된 반(反)

원 내의 다른 어떤 기념비와는 다른 형태의 기념비를 만들겠다고 천명하였는데, 그것이 바로 1995년 오키나와 전투 종전 50주년 기념일에 맞춰 세워진 평화의 초석이었다. 앞에서도 이야기 했지만, 이곳은 일본을 위해 죽은 군인 이외에도 오키나와전에서 사망한 미군, 오키나와 민간인, 한국인, 타이완인 등 모든 전쟁 희생자를 추모하는 공간으로서 기획되었던 것이다. '영역 1'에서는 존재감이 없던 사람들을 가시화하고 있다는 점에서 '영역 2'의 평화의 초석은 의미를 갖는다고 할 수 있다.

'영역 2'의 오키나와 평화기념자료관도 '영역 1'의 관점에 도전하기 위해 만들어진 공간이다. 이 평화기념자료관은 1975년에 공식적으로 개관했다. 그러나 1975년에 처음 개관될 때는 이 평화기념자료관은 '영역 1'의 관점을 그대로 수용했다고 한다(Yonetani, 2003: 194). 입구에는 일장기와 우시지마 중장의 전신사진이 걸려있었고, 우시지마에게 헌정된 시도 같이 전시되었다. 자료관의 이런 관점에 화가 난 다양한 평화운동 집단과 연구자들은 현(県)의 회와 현(県)정부에 즉시 항의했고, 결국 현(県)정부는 다른 방식으로 평화기념자료관을 만들기로 결정했다. 결국 2년 후인 1977년, '영역 1'의 관점과는 완전히 다르게 만들어진 평화기념자료관이 대중들에게 공개되었다. 개조된 자료관은 군(軍)문서, 선전 포스터, 전쟁 경험에 관련된 생생한 구술자료가 전시된 거대한 어두운 방 등으로 유명했다(Yonetani, 2003: 194). 이 구술자료들을 자세히 읽어 보면, 전사자들을 영웅시한 야스쿠니적인 설명과는 반대로, "야마톤추16) 병사들조차 죽을 때 '텐노오헤이카 반자이(천황폐하만세, 天皇陛下萬歲)'를 외치지 않았다(노마 필드, 1995: 101)"는 사실을 배울 수 있게 된다고 1993년 이 곳을 방문한 노마 필드는 기록하고 있다.

기지 투쟁에 대해서는 오타 마사히데(大田昌秀, 2000)를 참조할 것.
16) '야마톤추(大和人)'는 오키나와 사람들이 일본 본토의 사람들을 지칭하는 말이다. 여기에 반해 오키나와 사람들이 자신들을 지칭하는 말은 '우치난추(沖縄人)'이다.

원래의 평화기념자료관은 그 구조에 있어 전시와 자료보관 능력에 있어 심각한 한계가 있었다. 그래서 오타 전(前) 지사는 1995년에 오키나와 평화기념자료관을 새로 만드는 기본 계획을 발표했다. 물론 평화기념자료관의 증축은 평화의 초석 건립과 공간적 조화에 있어서나 그 지향에 있어서나 동일한 지평을 갖고 있는 것이었다. 증축된 평화기념자료관은 과거의 자료관이 보여주는 정신을 유지하며, '오키나와 전투의 진실'이 '생략 없이' 묘사될 수 있는 시설을 만드는 것이 그 핵심이었다(沖縄県平和祈念資料館, 2001). 새로운 자료관에는 '전쟁에 이르게 되는 역사적 과정', '아시아 태평양 지역 나라들의 역사', '아시아 국가들에게 고통을 안긴 일본의 전쟁책임에 대한 고려' 등도 전시될 수 있도록 할 예정이었다(石原昌家・大城将保・保坂廣志・松永勝利, 2002: 49~59; Yonetani, 2003: 193~195). 그리고 이런 전시 기획을 했던 사람들은 일본의 전쟁책임을 염두에 두고 있었을 뿐만 아니라, 더 나아가 오키나와 사람들이 입은 전쟁피해라는 것도 오키나와 사람들이 일본의 전쟁행위에 동조하여 다른 아시아 사람들에게 피해를 입힌 것이 부메랑처럼 되돌아온 것이라고 인식하고 있었다.[17]

그러나 현재는 원래 계획대로 전시되지 않고 있다. 그 이유는 오타 전(前) 현지사의 후임인 자민당 계열의 이나미네(稲嶺惠一) 현(現) 현지사(県知事)

---

[17] 야카비 오사무(屋嘉比収, 2000)는 오키나와전 당시 오키나와 주민들이 집단적으로 도피했던 시무쿠(シムク)가마와 치비치리(チビチリ)가마에서 일어났던 차이를 설명하면서 이점을 분명히 하고 있다. 시무쿠가마로 도피했던 마을주민들은 대부분 살아남았던 것에 반해, 치비치리가마로 도피했던 마을주민들은 '집단자결'로 대부분 사망했다. 시무쿠가마에는 하와이로 농업 이민을 갔다가 되돌아온 마을 주민이 있었는데, 이 사람이 동굴 안의 주민들을 미군에게 투항하도록 설득해서 모두 목숨을 건질 수 있었다. 반면, 치비치리가마에는 중국에 파견되었다가 돌아온 병사 1명과 간호사 1명이 주민과 같이 있었는데, 이 두 사람은 과거 자신들이 중국에서 민간인 포로를 잡아서 전부 죽여버렸던 경험을 갖고 있었다. 그들은 만약 자신들이 미군의 포로가 되면 과거 자신들이 했던 것처럼 전부 죽임을 당할 것이라고 주민들에게 이야기하였고, 미군에 의해 죽기 전에 스스로 목숨을 끊는 것이 좋다고 협박하여 마을 주민들 대부분을 '집단자결'하도록 한 것이었다. 치비치리가마의 비극은 결국 가해자의 편에서 다른 아시아 사람들을 학살한 일본의 죄가 부메랑처럼 되돌아 온 것이라는 것이다.

가 원래 예정된 전시계획을 바꾸려는 시도를 했고 일부가 그대로 관철되었기 때문이다.

이나미네 지사가 변경을 시도한 내용 중 가장 노골적인 것은 2차 대전 당시 일본이 아시아에서 수행했던 역할과 관련 있는 것이었다. 이나미네 지사와 그의 지시를 받은 현(県)당국은 '영화를 통해 본 일본의 침략'이라는 섹션 전체를 지우라고 명령했다. 여기에는 난징대학살 장면, 731부대가 저지른 만행, 싱가포르에서 일본군에 의해 살해된 사람들의 유해 발굴 모습 등이 포함되어 있었다. 일본에 반대하는 대중운동과 관련된 역사적 문헌들과 자료들, 그리고 한국의 저항운동을 기념해서 발행된 기념우표 등도 철수되었으며, '위안부' 관련 자료들, 영토분쟁과 관련된 자료들도 제외되었다(石原昌家·大城将保·保坂廣志·松永勝利, 2002: 133~150; Yonetani, 2003: 195~199). 일본의 전쟁책임을 전면에 내세우는 이 전시내용이야말로 일본의 다른 어떤 전쟁 관련 기념관에서도 찾아보기 어려운 것이어서, 만약 이 부분이 변경되면, 오키나와 평화기념자료관 증축사업의 핵심적인 내용이 사라지게 되는 셈인데, 실제로 그렇게 되어버렸다.

오키나와 주민들의 반발을 가장 많이 산 부분이자 전시내용을 변경했다는 사실이 알려지게 된 계기가 되었던 것은 가마(ガマ)[18]에서 진행된 사건을 보여주는 복원모형을 변경한 일이었다. 이 복원모형은, 아이의 울음 때문에 미군에 의해 발각될까 두려워한 일본군 병사가 오키나와인 어머니에게 그 자식을 죽이라고 협박하면서 총을 어머니에게 겨누고 있는 장면을 묘사하도록 되어 있었다. 그러나 이 평화기념자료관의 운영을 맡은 위원 중 한 사람이 어느 날 자료관을 방문했을 때, 그는 병사가 더 이상 총을 갖고 있지 않았고

---

18) 가마(ガマ)는 어둡고 움푹 들어간 동굴로 오키나와 자연경관 곳곳에 점점이 박혀있으며 전쟁기간에는 방공소 등으로 사용되었다. 가마로 피신해 간 오키나와 주민들은 여기에서 '강제적 집단 자결'의 희생자가 되기도 했다.

단순히 동굴에 숨어서 가족을 쳐다보고 있는 것으로 변해있음을 알게 되었다 (石原昌家・大城将保・保坂廣志・松永勝利, 2002: 150~161; Yonetani, 2003: 197~198; 保坂廣志, 2004: 215~217). 이 사실이 언론에 알려지자, 오키나와 현민은 현(県)당국에 강하게 항의를 하였다. 이후 부지사의 사과 이후 기념관 운영위원회는 총을 복구하는 데 성공했다. 그러나 총이 직접 아이의 어머니를 겨누지 않도록 총의 각도를 약간 낮추도록 하는 데에는 동의할 수밖에 없었다 (Yonetani, 2003: 199).

전후 미군 점령을 묘사하는 부분에서도 많은 변화가 있었다. 우선, 현당 국은 아시아-태평양 지역의 평화 유지를 위한 미군의 역할이 전시 내용에 포함 되어야 한다고 주장했다. 또한 오키나와에서 일어난 사건 사고 중 미군이 관련 된 사고보다는 그렇지 않은 사건 사고가 더 많았다는 사실을 설명하는 전시를 해야 한다고 주장하기도 했다(Yonetani, 2003: 197). 이런 주장은 지금까지도 미군기지의 존재 때문에 고통받고 있는 오키나와 사람들에게는 받아들여지 기 어려운 것이었다. 그래서 마치 타협처럼 미군의 존재 자체가 배경처럼 처리 되어 사실상 지워져버린 것처럼 되어버렸다.

이나미네 지사가 이런 식으로 전시내용을 변경하라는 지시를 내린 이유 는 "사실이기는 하지만 너무 반일(反日)적이어서는 안 된다. 오키나와도 일본 의 현(県) 가운데 하나에 지나지 않기 때문에 일본 전체의 전시에 관해서 생각 하지 않으면 안 된다"(屋嘉比收, 2000: 115에서 재인용)는 것이다. 즉, '야스쿠 니화(靖国化)'되어 있는 '영역 1'의 관점과 완전히 상반되는 관점을 취할 수는 없다는 것이 그의 입장이었던 것이다.

글의 서두에서도 이야기했지만, 이 사건을 연구한 많은 연구자들은 이나 미네 지사의 이런 변경 시도를 '야스쿠니화'라는 관점에서 파악한 듯 하다. 그렇지만 이 글은 이나미네 현지사(県知事) 중심의 보수 세력들은 이 공간을, 감히 노골적으로 야스쿠니화 할 시도는 하지 못한 채, 히로시마적인 것으로

만들 시도를 했다고 주장하고 싶다. 즉, 전시내용 변경 시도는 '야스쿠니화'가
아니라 '히로시마화'라고 파악해야만 새로운 대립축이 등장했다는 사실과 그
것의 의미를 잘 이해할 수 있을 것이다.

3) 대립축 2: 탈맥락화된 평화주의와의 긴장

(1) 히로시마적인 방식: 평화의 낭만화

야스쿠니적인 방식에 대해서는 일본 내에서나 주변국가에서 많은 비판
들이 있었지만, 히로시마적인 방식에는 상대적으로 비판적 성찰의 시선이 덜
던져졌던 것 같다.

많은 연구자들이 2차 세계대전 당시 일본의 히로시마와 나가사키에 원자
폭탄이 투하된 이후 일본 사람들은 스스로를 전쟁의 피해자로 생각한다는 사
실을 지적한 바 있다(Hein & Selden, 1997; Dower, 1999; Buruma, 2002; 리자
요네야마, 2004). 특히 히로시마의 경우, 도시 곳곳에 남아있는 원자폭탄에
의한 눈으로 확인할 수 있는 피해가 '평화' 담론에 결합되어 일본인들로 하여금
희생자 의식에 젖어들게 하여, 일본이 아시아-태평양 지역에서 수행한 침략자
로서의 역할을 비판적으로 성찰하지 못하게 하는 기능을 담당하고 있다는 점
은 강조될 필요가 있다. 이 점이 가장 잘 드러나는 곳이 히로시마 평화공원
내의 히로시마 평화박물관이다.

히로시마 평화박물관에서는 일본 침략의 역사에 대한 전시내용을, 일본
내의 대부분의 다른 박물관과 마찬가지로, 찾아볼 수 없다. 일본 국공립 박물
관에 나타나는 "전쟁의 비전시(非展示)"(千野香織, 2002: 231)라는 이러한 현
상에 대해 1987년 히로시마 지역의 평화운동가 그룹이 도전한 일이 있다고
한다.[19] 이들은 히로시마 평화박물관에 일본 침략의 역사에 대한 기록도 전시

---

19) 히로시마 평화박물관의 전시방식에 대한 히로시마 내부의 성찰에 대해서 주목할 필요가 있다.

하라는 청원을 하였는데, 이 청원은 각하되었다(이안 부루마, 2002: 136). 부루마(Buruma)가 히로시마 평화박물관을 방문했을 당시 평화박물관 관장이었던 가와모토 요시타카는 '침략자 코너'를 설치하라는 제안을 거부한 이유에 대해 다음과 같이 말했다.

여기에 그런 것을 설치할 수는 없습니다. 침략자들은 도쿄에 앉아 있었으니까요. 우리의 유일한 목표는 1945년 8월 6일에 무엇이 일어났는지 보여주는 것입니다(이안 부루마, 2002: 137에서 재인용).

이 발언은 역사적 맥락이 제거된 평화라는 것이 얼마나 위험할 수 있는가를 보여주는 발언이다.[20] 이 글에서는 역사적 맥락이 제거된 히로시마 평화박물관식의 평화를 '낭만화된 평화'라고 지칭하고자 한다.

평화를 낭만화하는 히로시마 평화박물관식의 방식은 야스쿠니적인 방식과 비교했을 때 다음과 같은 특징을 갖는다.

우선 야스쿠니적인 방식과는 반대로 전쟁이나 전사자들을 긍정하거나 찬미하지 않는다. 이것은 엄청난 전쟁피해를 입은 히로시마의 입장에서 보면 당연한 것일 수도 있다. 그러나 야스쿠니적인 방식과 동일하게 전쟁책임의 문제는 전혀 고려되지 않는다. 전쟁의 역사적 맥락이 완벽하게 제거된 채 '1945년 8월 6일에 어떤 일이 일어났는지'에만 관심을 집중하기 때문이다. 그리고 전쟁의 피해자들을 가시화하고 있기는 하지만 이때 가시화되는 피해자들은 역시 일본인 그 중에서도 히로시마사람들일 뿐이다.[21] 즉 히로시마의

여기에 대해서는 미즈모토 가즈미(2003)를 참조할 것. 그리고 현재의 히로시마가 있기까지의 다양한 논쟁과 갈등에 대해서는 요네야마(Yoneyama, 1998)를 참조할 것.

20) 태평양전쟁 시기 동안 히로시마가 담당한 군사적 역할을 정확히 할 필요가 있다. 당시 히로시마는 일본군 제2군사령부가 있던 곳으로 결코 전쟁과 무관한 곳이 아니었다. [그림 8-5]에서 볼 수 있듯이 현재도 그런 측면이 강하다.

21) 히로시마의 한국인 피폭자 위령비가 히로시마 평화기념공원 안으로 옮겨진 것도 비교적 최근

전쟁 피해자들을 오키나와의 전쟁 피해자들이나 아시아의 다른 전쟁 피해자와 분리시키고 있는 것이다. 이점은 야스쿠니적인 방식과 동일한 것이다. 결국 야스쿠니적 방식과 히로시마적 방식은 모두 전쟁책임의 문제에 대해 침묵하고 있으며, 지극히 일본적인 방식이라는 점에서 공통적이다. 따라서 이 두 가지 방식은 분명히 차이가 있는 방식이지만, 대립적인 방식은 아니다.

히로시마 평화방물관식의 낭만화된 평화와, 야스쿠니 신사나 오키나와 평화공원 내의 '영역 1'에서 볼 수 있는 낭만화된 전쟁 사이의 거리는 과연 얼마나 될까?[22] 그 거리가 그렇게 멀지 않음을 잘 보여주는 것이 [그림 8-5]이다. [그림 8-5]는 '평화의 도시' 히로시마 주위에 현재 미국과 일본의 군사기지가 얼마나 집중되어 있는가를 잘 보여준다. 히로시마 평화박물관은 현재의 이런 군사화의 위험에 대해서도 역시 침묵하고 있는 것이다.

(2) 오키나와 평화기념공원의 히로시마적인 공간

오키나와 평화기념공원의 야스쿠니적인 '영역 1'에 대해 도전하고자 계획되었던 것이 '영역 2'였다. 그러나 앞에서 살펴본 것처럼, '영역 2'의 핵심적인 부분인 평화기념자료관의 전시내용 중 상당 부분이 원래의 계획에 비하면 축소되었다. 그래서 결과적으로, 현재 '영역 2'의 대부분은 비록 야스쿠니적인 '영역 1'과는 확실하게 구분되지만, 대립된다고는 결코 말할 수 없는 히로시마적인 공간으로 변해버렸다.

평화기념자료관뿐만 아니라 평화의 초석도 그 운명이 변해버렸다고 할 수 있다. 평화의 초석은 처음부터 평화기념자료관과 한 쌍으로 기획된 것이었다.

의 일이다. 한국인 피폭자에 대해서는 이치바 준코(2003)를 참조.
22) 일본 도쿠야마(德山)시의 카이텐(回天)기념관은 낭만화된 전쟁과 낭만화된 평화가 거의 일치함을 명확히 보여주는 공간이다. 이 기념관에는 2차 대전 당시 가미가제 특공대에 지원한 사람들을 시종일관 미화하는 방식으로 전시내용이 구성되어 있는데, 그 전시의 마지막에는 '평화'를 기원하는 문구가 제시되어 있다. 이 '평화'는 과연 어떤 평화일까?(回天(基地)を保存する會, 1999).

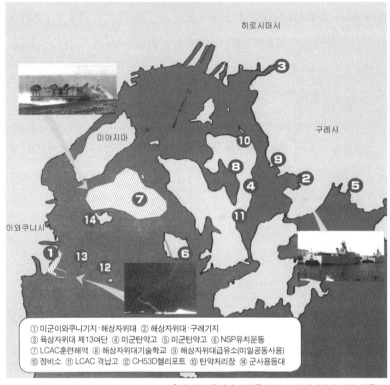

[그림 8-5] 히로시마를 포위하고 있는 미국과 일본의 군사기지

히로시마시

구레시

미야지마

이와쿠니시

① 미군이와쿠니기지·해상자위대 ② 해상자위대·구레기지
③ 육상자위대 제13여단 ④ 미군탄약고 ⑤ 미군탄약고 ⑥ NSP유치운동
⑦ LCAC훈련해역 ⑧ 해상자위대기술학교 ⑨ 해상자위대급유소(미일공동사용)
⑩ 정비소 ⑪ LCAC 격납고 ⑫ CH53D헬리포트 ⑬ 탄약처리장 ⑭ 군사용늘대

출처: 일본공산당 이와쿠니(岩國) 평화위원회 발간 팸플릿.

평화기념자료관보다 먼저 완성된 이 평화의 초석은, 사실 평화기념자료관이 원래 계획했던 대로 전시를 하지 않으면 그 의미가 논란에 싸일 여지가 매우 많은 기념물이었다. 평화의 초석에 누구의 이름을 어떻게 새길 것인가 하는 방식 자체가 낭만화된 평화의 가능성을 내포하고 있었기 때문이다. 평화의 초석에 관한 글을 쓴 많은 사람들은 하나같이 초석에 이름을 새기는 방식이 처음 확정되었을 때 오키나와 현지에서 대두한 비판을 소개하고 있다(石原昌家·大城将保·保坂廣志·松永勝利, 2002; Yonetani, 2003; 保坂廣志, 2004). 그 내용은 현재 평화의 초석에 이름이 새겨져 있는 방식은 모든 전쟁 희생자들을 차별을 두지 않고 강조함으로써 일본의 전쟁책임 문제가 흐려진다는 것이었다. 특히 오키나와 사람들의 관점에서는 일본 출신의 군인 희생자가 오키나와 민간인 희생자 옆에 같이 이름이 새겨지는 것은 적절하지 못하다는 지적도 있었다.[23] 그러나 현재는 이런 비판에 대해 다음과 같이 정리된 것 같다. 호사카 히로시(保坂廣志)의 말을 들어 보자.

건립 당초에는, 전쟁 가해자를 섬기는 것은 새로운 '야스쿠니화'는 아닌가, 적·아군의 구별도 없이 새기는 것은 세계의 각명비(刻銘碑)의 풍조에 반하는 게 아닌가라는 지적도 있었지만, 현재는 그런 반발이나 이론은 나오지 않는 듯 하다. 어쩌면 그것은, 전쟁이라는 냉엄한 사실 앞에서는, 어떤 면에서 사망자는 모두 희생자이고 사람의 생명에 경중은 없다는 것, 혹은 전몰자 다수의 각 명비를 봄으

---

23) 많은 인명 피해를 가져온 비극적인 역사적 사실에 대해 가해자와 피해자를 구분하지 않고 추모하려는 시도는 언제나 논쟁을 불러일으킨다. 1986년 당시 서독 수상 헬무트 콜은 서독을 방문한 당시 미국 대통령 로널드 레이건에게 베르겐벨젠 유태인 강제수용소 자리에 있는 추모지를 방문한 지 단 몇 시간도 지나지 않아서 나치 친위대원들도 묻혀 있는 비트부르크의 독일 전몰장병 묘지를 참배하자고 제안했다. 아마도 콜은 과거 적국이었던 미국과 서독 간의 위대한 화해의 순간에 나치 친위대의 무덤과 다른 전쟁 희생자의 무덤을 구별하는 것은 세련되지 못하다고, 아니 전혀 어울리지 않는다고 생각했을지도 모른다(이안 부루마, 2002: 265). 그러나 콜의 이런 행동으로 인해 독일에서는 새로운 역사논쟁이 발발하였고, 그것은 여전히 진행 중이다. 콜이 취한 방식, 즉, 과거의 피해자와 가해자를 구분하지 않고 추모하는 방식을 지지하는 사람도 있었지만, 다수의 지식인들은 과거 자신들의 선조들이 저지른 가해의 사실을 훨씬 더 깊고 근본적으로 반성하기 위해서 새로운 역사인식이 필요하다고 주장을 확장했다. 권력을 가졌던 사람들뿐만 아니라 평범한 당시 독일 사람들의 책임도 물어야 한다는 것이었다. 그리고 그 방법론으로 '일상사'가 주장되었다. 한편, 한국에도 유사한 사례가 있다. 새롭게 조성된 광주망월동묘지가 국립묘지가 되면서 가해자와 피해자는 같은 지위를 갖게 되었다. 흔히 한국에서 국립묘지 하면 떠오르는, 그래서 국립묘지의 대표라고 할 수 있는 동작동 국립묘지 동쪽 29묘역의 장교묘지에서는 다음과 같은 비문을 발견할 수 있다. "1980년 5월 22일 광주에서 전사"(김종엽, 1999: 203). 이것이 의미하는 바는 명확하다. 1980년 5월 광주에서 시민들을 학살한 사람이, 스스로를 지키기 위해 무장한 광주시민군과의 전투에서 사망해 동작동 국립묘지에 묻힌 것이다. 국가 권력의 피해자였던 광주시민들이 묻혀있던 망월동묘지가 국립묘지가 되자 결국 가해자와 피해자 모두 국립묘지에 묻히는 사태가 발생하게 된 것이다. 결국, 가해자와 피해자 모두 국가를 위해 죽었는데, 이 둘 사이의 시시비비를 가릴 필요가 있느냐는 논리가 승인된 것이다(김민환, 2003: 414). 여기에 대해 비판적인 한국인들은 꽤 많이 있다.

로써 얼마나 이 전쟁이 잔혹의 극한에 이르렀는가가 일목요연하게 알 수 있도록 하는 배치가 되어 있기 때문인지도 모른다(保坂廣志, 2004: 212).

호사카 히로시의 이런 지적 이외에도 평화의 초석에 대한 비판이 수그러든 이유는 아마 평화의 초석과 연계되어 계획된 평화기념자료관의 존재 때문이었을 것이다. 평화의 초석 자체는 일본의 전쟁책임이나 전쟁의 진행상황 등에 대해 이야기하는 역할을 하지 못하더라도 평화기념자료관이 그런 역할을 수행할 것이라는 기대가 있었던 것이다. 그러나 평화기념자료관이 원래의 계획에서 대폭 축소되고 굴절된 형태로 개관하게 되자 평화의 초석은 평화를 탈맥락화시키는 데 일조하는 역할을 담당하게 된 것처럼 보인다. 즉, 결과적으로 평화의 초석은 가해자와 피해자 사이의 차이를 무화시키는 논리에 포섭되어서 특정한 사건을 그것이 발생한 역사적 맥락 속에서 탈각시켜 버리는 효과를 낳고 있는 것이다. 가해자와 피해자 사이의 차이가 지워져버린 그 곳에서는, 즉 과거에 어떤 일이 있었는지를 정확하게 말해지지 않는 곳에서는, 역설적으로 "미래가 망각"(김민환, 2003: 414)될 수도 있는데, 과연 오키나와 평화기념공원이 이런 위험에 처해있는 것이다.

4) 야스쿠니적이지도 않고 히로시마적이지도 않은 오키나와적인 방식

현재 평화기념자료관의 전시 내용 중 상당 부분이 원래의 계획에 비하면 축소되었지만, 결코 축소할 수 없는 것도 존재한다. 그것은 오키나와전을 경험한 체험자들이 직접 구술한 내용을 받아 적은 자료들이다. '영역 1'에서는 지워져 있는 전쟁피해자의 목소리가 확실하고 끈기 있게 흘러나오고 있는 이 구술자료들은 오키나와에서 오키나와전의 '진실'을 알려주는 1차 자료인 셈이다. 그리고 이 구술자료들을 확보하는 과정이 오키나와전의 진실을 알려내는 과정이었기 때문에 이 자료들은 일본 군국주의자들이 억누르고 싶어도 억누를 수 없는 그런 존재인 것이다. 전쟁 기간 동안 고통받았던 사람들의 목소리가 울려나오는 곳에서 어떻게 직접적으로 전쟁을 찬미하고 낭만화할 수 있겠는가?

바로 이 목소리 때문에 오키나와의 보수적인 이나미네 현지사와 그의 지지자들은 "사실이기는 하지만 너무 반일(反日)적이어서는 안 된다. 오키나와도 일본의 현(県) 가운데 하나에 지나지 않기 때문에 일본 전체의 전시에 관해서 생각하지 않으면 안 된다"고 이야기하면서도 감히 '영역 2'를 야스쿠니화할 시도는 생각조차 하지 못한 것이다. 그러나 '영역 2'가 '영역 1'과는 달리 지속적으로 평화를 강조하면서 전쟁의 낭만화를 경계한다고 하더라도 이 '평화를 낭만화'하는 방식, 즉 히로시마적인 방식으로 변할 가능성은 앞으로 훨씬 더 커질 것 같다.

앞에서 지적한 것처럼 야스쿠니적인 방식과 히로시마적인 방식은 분명 차이는 있지만, 대립적인 것은 아니다. 야스쿠니적인 방식과 히로시마적인 방식의 차이는 전쟁의 가해자를 가시화했느냐 아니면 피해자를 가시화했느냐 하는 점이었다. 그러나 이 두 가지 방식에서 공통되는 것은 일본의 전쟁책임 문제를 외면하고 있다는 점, 그리고 기본적으로 일본인만을 위한 기억방식이라는 점이다.

오키나와 평화기념공원의 '영역 2'를 최초로 구상했던 사람은 야스쿠니적인 방식과도 대립적이며 히로시마적인 방식과도 분명 대조되는 오키나와적인 방식으로 오키나와전을 기억하고자 했다. 전쟁의 피해자를 전면적으로 가시화하고자 했으며, 이 피해자의 범위를 일본인뿐만 아니라 조선인, 타이완인 등 일본의 식민 지배를 받던 사람들까지로 확장했다. 게다가 당시 적국이었던 미군들조차도 전쟁의 피해자로서 인식하고자 했다. 또한 일본의 전쟁책임을 명확히 할 기념자료관을 만들고자 계획했다. 피해자를 가장 우선시한다는 면에서 야스쿠니적인 방식과는 대립되고 히로시마적인 방식과는 비슷하다고 할 수 있다. 그러나 일본의 전쟁책임을 명확히 드러내고자 했고, 그랬기에 전쟁의 피해자를 일본인뿐만 아니라 일본 주변의 아시아 민중들과 미군들까지 확장할 수 있었다는 면에서는 히로시마적인 방식과는 분명 달랐다. 그렇지만, 이제 '영역 2'는 히로시마적인 것과 아주 많이 닮게 되었다. 야스쿠니적인 '영역 1'과 히로시마화가 많이 진척된 '영역 2' 사이에서, 원래 계획된 오키나와적인 것이 간신히 숨을 쉬고 있는 셈이다.

'영역 2'를 처음 구상해서 야스쿠니적인 방식에 도전하고자 했던 사람들이 더 주의해서 싸워야 할 것은, '야스쿠니화'의 가능성이 아니라 바로 이 '히로시마화'의 가능성일 것이다. '히로시마화'는, 노골적으로 '야스쿠니화'하는 것보다는 전쟁 체험을 하지 않은 오키나와 사람들[24]과 일본 사람들이 훨씬 더 잘 받아들일 만한 방식일 것이기 때문이다. '영역 2'의 내용변화를 야스쿠니화라고 규정하는 것이 아니라 히로시마화라고 규정하는 것의 중요성은 바로 여기에 있다.

일본에서는 자신들의 전쟁책임을 전시하는 국공립기념관을 거의 찾아볼 수 없다. 그러나 오사카의 '오사카 국제평화센터', 교토의 리쓰메이칸대학(立命館大學) 부설 '국제평화박물관', 나가사키의 '오카 마사하루(岡正治) 기념 나가사키 평화자료관' 등은 드문 예외다(千野香織, 2002: 239~242; 이안 부루마, 2002: 266~281). 이 박물관들은 기본적으로 사립(私立)이며, 지난 전쟁 동안의 일본인의 이미지를 피해자의 이미지에서 침략자의 이미지로 변화시키고 있다. 물론 이 박물관들은 일본인들이 겪은 고통에 대해서도 침묵

---

24) 오키나와 주민들 중 전쟁을 체험하지 않은 사람이 다수가 되어가고 있는 상황에서 오키나와는 새로운 기억의 전쟁에 빠져들 가능성이 매우 많다. 과거에는 정치적으로 보수적인 입장에 있는 사람들도 오키나와 전투에 관해서는 일본 본토에 있는 보수적인 입장의 사람들과는 달랐으나, 지금은 오키나와 내의 보수적인 인사들이 일본 본토의 보수적인 인사들의 입장과 유사해지고 있다는 점이 오키나와 평화기념자료관의 전시 내용 변경 사건에 있어 가장 주목해야 할 점이라는 야카비(屋嘉比收, 2002: 25)의 지적은 시사적이다.

하지 않는다. 오사카 국제평화센터의 한 전시실은 오사카가 소이탄에 의해 어떻게 파괴되었으며, 특히 어린이의 시점에서 폭격 당하는 도시에 있는 것이 어떠했는지를 아주 상세히 보여주고 있다. 전쟁 당시에 한 어린이가 그린 그림은, 폭탄이 떨어져서 한 아기의 떨어져 나간 머리가 피를 뿌리며 공중으로 날아가고 사람들이 겁에 질려 다리 위로 도망가는 모습을 보여준다. 그러나 히로시마 평화박물관과는 달리 여기에서는 이러한 일들이 일본이 일으킨 전쟁의 결과였음을 보여주려는 노력이 엿보인다(이안 부루마, 2002: 279; 千野 香織, 2002: 241)

오키나와 평화기념공원을 히로시마 평화박물관과 연결시키려는 시도에 맞서 오키나와 평화기념공원을, 비록 소수이긴 하지만 이런 박물관들과 연결시키려는 노력이 어떻게 전개되느냐에 따라 오키나와 평화기념공원의 미래 모습이 결정될 것이다.

4. 맺음말

지금까지 오키나와 평화기념공원을 통해서 오키나와전의 기억을 둘러싸고 어떤 긴장이 있는지를 살펴보았다. 오키나와 평화기념공원은 야스쿠니화와 히로시마화 사이에서 아슬아슬한 줄타기를 하고 있다. 물론, 오키나와 평화기념공원의 '영역 2'는 최초에는 야스쿠니화와 히로시마화와는 전혀 상관없이 기획된 공간이었다. 그 공간에는 일본에서는 유일하게 지상전이 벌어진 오키나와인의 기억이 자리를 잡고 있어야만 했다. 그러나 이나미네 현지사(県知事)를 탄생시킨 세력들은 이 공간을 감히 야스쿠니화할 시도는 하지 못한 채, 점차 히로시마화하고 싶은 충동을 느꼈던 것 같다.

분명 오키나와에는 오키나와 평화공원을 히로시마화하는 데 반대하는 강력한 세력이 존재한다. 그러나 그들은 오키나와의 평화를 히로시마의 평화로 바꾸는 데 찬성할, 마찬가지로 강력한 세력과 싸워야 한다. 그들을 지지하면서 그들의 문제를 우리의 문제로 바꿀 수 있는 방법은 없을까? 여기에서 우리는 동아시아적인 시각의 중요성을 발견할 수 있다. 이 문제를 좀 더 검토해 보자.

히로시마와 오키나와에 관해서 들을 수 있는 가장 흔한 말 중 하나는 '유일한'이라는 말이다. 히로시마에서는 히로시마가 세계에서 '유일하게' 원자폭탄의 피해를 입은 곳이라는 말을 곳곳에서 들을 수 있다. 오키나와에서는 일본에서 '유일하게' 지상전이 벌어진 곳이 오키나와라는 말을 쉽게 들을 수 있다. 결국 이 두 '유일한' 사건 사이에서 어떤 입장을 중시할 것인가가 일본에서 과거 태평양 전쟁을 어떻게 기억할 것인가에 대한 입장을 정하는 것이라고 할 수 있다. 히로시마에서 이야기되는 '유일한' 것에 대한 감각은 어쩔 수 없는 것이라고 하더라도 오키나와에서 이야기되는 '유일한' 것에 대한 감각은 동아시아라는, 혹은 아시아라고 하는 더 넓은 맥락 속에서는 유일한 것이 되지 못한다는 사실을 지적할 수 있다. 즉, 일본 영토 내에서 '유일하게' 지상전이 벌어진 곳이 오키나와라고 하는 관점을, 동아시아에서 '유일하게' 지상전이 벌어지지 않은 곳이 일본 본토라고 하는 관점으로 바꾸면 오키나와의 '유일성'에 대한 관념은 사라질 수도 있을 것이다.[25]

주지하다시피 2차 세계대전 동안 일본과 미국 중심의 연합군이 지상전 혹은 해전을 수행했던 곳은 거의 중국 본토를 포함한 아시아 전역이라고 할 수 있다. 여기에 한반도는 한국전쟁을 통해 가혹한 지상전을 경험했다는 사실을 지적할 수 있으며, 베트남전의 경험을 추가할 수도 있을 것이다. 이렇게 본다면 동아시아에서 지상전을 경험하지 못한 유일한 곳이 일본 본토이며,

---

25) 이 관점은 오키나와대학의 야카비 오사무(屋嘉比收) 선생이 2005년 5월 14일 서울대학교에서 있었던 "오키나와와 동아시아 문제"라는 학술회의에서 언급해 주셨다. 야카비 선생께 감사드린다.

또한 유일하게 지상전을 경험하지 않고 원자폭탄이라는 엄청난 피해를 입은 곳이 일본 본토라고 할 수 있다. 그렇다면 오키나와는 일본 본토의 전쟁 체험과 연결된다기 보다는 지상전을 경험한 다른 아시아 지역의 전쟁 체험과 연결되는 것이 자연스러운 것 아닐까? 만약 이런 관점이 오키나와 내부에서 힘을 얻는다면, 전시내용을 교체하면서 이나미네 지사가 했던 말, 즉 "오키나와도 일본의 현(県) 가운데 하나에 지나지 않기 때문에 일본 전체의 전시에 관해서 생각하지 않으면 안 된다"라는 말 대신에 "오키나와도 지상전을 경험한 다른 아시아 전체에 속하기 때문에 아시아 전체의 전시에 관해서 생각하지 않으면 안 된다"라는 말을 할 수 있게 되지 않을까? 그리고 그렇게 되면 일본 내의 또 다른 유일성의 문제, 즉 '히로시마'의 고통도 유일성의 관점이 아니라 또다른 공통의 고통의 기억으로 전환될 수 있을 것이다. 바로 그 순간 히로시마가 이야기하는 평화는 공허한 것이 아니라 미래를 향한 진지한 디딤돌이 될 수 있을 것이다.

마지막으로 바로 이 지점에서 오키나와의 문제는 한국에 사는 우리의 문제가 된다. 한국전쟁이라는 가혹한 지상전을 경험한 한국 사람은 자신들이 경험한 그 전쟁을 어떤 역사적 맥락에서 기억하고 그것을 동아시아의 평화와 어떻게 연계시킬 수 있을 것인지 고민하게 되는 것이다. 또한 우리가 참전했던 또 하나의 전쟁인 베트남전에 대해서는 과연 우리는 어떻게 성찰할 것인가 하는 문제도 오키나와를 경유해서 우리에게 제기되는 절실하고 절절한 문제인 것이다. 우리는 과연 전쟁의 피해자이기만 했을까?

■ 참고문헌

· 1차 자료

1. 오키나와 현청 및 오키나와 현 소속 지방자치 단체 발행 자료

沖繩縣平和祈念資料館. 2001. 『沖繩縣平和祈念資料館 綜合案內』.

2. 기타 자료

韓國人慰靈塔奉安會. 1978. 『鎭魂』.

· 2차 자료

1. 한글단행본·논문

고야스 노부쿠니(子安宣邦). 김석근 역. 2005. 『야스쿠니의 일본, 일본의 야스쿠니』. 산해.

김민환. 2003. 「누가, 무엇을, 어떻게 기억할 것인가」. 김진균 편. 『저항, 연대, 기억의 정치 2』. 문화과학사.

김종엽. 1999. 「동작동 국립묘지의 형성과 그 문화, 정치적 의미」. 한국정신문화연구원 편. 『한국의 근대성과 전통의 변용』. 한국정신문화연구원.

노마 필드(Field, Norma). 박이엽 역. 1995. 『죽어가는 천황의 나라에서』. 창작과비평사.

다카지마 노부요시(高嶋伸欣). 2001. 「일본 평화기념자료관의 형성과 위기」. 동아시아평화인권한 국위원회. 『동아시아와 근대의 폭력 2: 국가 폭력과 트라우마』. 서울: 삼인.

다카하시 데쓰야(高橋哲哉). 현대송 역. 2005. 『결코 피할 수 없는 야스쿠니 문제』. 역사비평사.

리자 요네야마(Yoneyama, Lisa). 2004. 「폐허로부터 - 기억의 정치를 조명하며」. 『민주주의와 인권』 제4권 1호. 전남대학교 518연구소.

미즈모토 카즈미. 2003. 「21세기 히로시마의 역할: 파괴에서 부흥과 화해로」. 『4·3과 역사』 제3호. 각.

이안 부루마(Buruma, Ian). 정용환 역. 2002. 『아우슈비츠와 히로시마』. 한겨레신문사.

이치바 준코(市場淳子). 이제수 역. 2003. 『한국의 히로시마』. 역사비평사.

정호기. 2002. 「기억의 정치와 공간적 재현」. 전남대학교 박사학위논문.

조성윤. 2005. 「기념공간의 상징성: 오키나와현 평화기념공원 공간 변화의 의미」. 한국사회사학회 2005년 정기학술대회 발표문집.

지노 가오리(千野香織). 박소현 역. 2002. 「전쟁과 식민지의 전시: 뮤지움 속의 일본」. 윤난지 편. 『전시의 담론』. 눈빛.

2. 일문단행본·논문

大田昌秀. 2000. 『沖繩の決斷』. 朝日新聞社.

保坂廣志. 2004. 「沖繩戰の記憶と記錄」. 『琉球大學法文學部紀要 人間科學』 第14号.

石原昌家·大城将保·保坂廣志·松永勝利. 2002. 『爭點·沖繩戰の記憶』. 社會評論社.

新崎盛暉・大城将保・高嶺朝一・長元朝浩・山門健一・仲宗根将二・金城朝夫・安里英子・宮城晴美. 1997.『観光コースでない沖縄』. 高文研.

屋嘉比収. 2000. ['ガマ'が想起する沖縄戦の記憶]. 『現代思想』2000年 6月号. 青士社.

屋嘉比収. 2002.「戦没者の追悼と平和の礎」.『季刊 戦争責任研究』第36号. 日本の戦争責任資料センター.

靖国神社國營化反對沖縄キリスト者連絡會. 1983.『戦争讚美に異議あり!-沖縄における慰靈塔碑文調査報告』. 靖国神社國營化反對沖縄キリスト者連絡會.

回天(基地)を保存する會. 1999.『回天記念館概要・收藏目錄』. 回天(基地)を保存する會.

3. 영문단행본·논문

Dower, J.. 1999. *Enbracing Defeat: Japan in the Aftermath of World War II*. New York. Penguin Books.

Figal, Gerald. 2003. "Waging Peace on Okinawa". Laura Hein and Mark Selden eds.. *Islands of Discontent: Okinawan Responses to Japan and American Power*. Lanham. Rowman & Littlefield Publishers, Inc.

Gillis, J. R. et al.. 1994. *Commemorations: The politics of National Idenitity*. New Jersey. Princeton University Press.

Hein, L. & Selden, M. ed.. 1997. *Living with the Bomb: American and Japaese Cultural Conflicts in the Nuclear Age*. New York. M. E. Sharpe.

Holo, Selma R.. 1999. *Beyond the Prado - Meseums and Identity in Democratic Spain*. Washington and London. Smithsonian Institution Press.

Mcdonald, Sharon. 1998. *The Politics of display*. London. Routledge.

Wagner-Pacifici, Robin & Schwartz, Barry. 1991. "The Vietnam Veterans Memorial: Commemorating a Difficult Past". in *AJS,* v.9. n.2.

Yonetani, Julia. 2003. "Contested Memories: Struggles over War and Peace in Contemporary Okinawa". Glenn D. Hook and Richard Siddle eds.. *Japan and Okinawa: Structure and Subjectivity*. London and New York. Routledge Curzon.

Yoneyama, Lisa. 1998. *Hiroshima Traces: Time, Space, and the Dialectics of Memory*. Berkeley. University of California Press.

Young, James. 1993. *The Texture of Memory - Holocaust Memorials and Meaning*. New Haven & London. Yale Univ. press.

3부

지역 문화와 공간 형성

9장

오키나와 도시공간의 문화적 혼종성
· 나하시 국제거리의 역사성과 장소성1)

김백영

1. 머리말: 역사의 단절, 공간의 연속

1) 두 얼굴의 오키나와: 기지의 섬, 관광의 섬

오키나와는 두 가지 이미지로 잘 알려져 있다. 그 하나는 일본인들이 즐겨 찾는 리조트 섬이라는 점이고, 다른 하나는 주민들의 반기지운동으로 유명한 미군의 극동군사기지의 소재지라는 점이다.2) 관광골프와 해양스포츠의 낙원이자 동시에 동아시아 최대의 군사주둔지라는 오키나와의 이중성은 '기지경제'와 '관광경제'가 오키나와 경제에서 차지하는 압도적인 비중을 통해서도 잘 드러난다.3) 일본 규슈 남단에서 타이완의 북단에 이르는 동아시아 해상

---

1) 이 글은 현대일본학회에서 발행하는 『일본연구논총』(제25권, 2007)에 실린 글을 일부 수정한 것이다.
2) 오키나와현의 인구는 일본 전체 인구의 약 1%인 130만 명 정도이며, 면적은 2388㎢로서 전국토의 약 0.6%에 불과하지만 1995년 현재 주일 미군기지 전체 면적의 74.7%가 오키나와에 집중되어 있다. 동시에 오키나와에는 매년 일본 본토 각지로부터 300만 명이 넘는 관광객들이 방문하는 관광지이기도 하다(아라사키 모리테루, 1998: 10~15; 堂前亮平, 1997: 7).
3) 오키나와에서 관광경제가 본격적으로 발전하기 시작한 것은 1972년 본토 복귀 이후의 일이다. 그 이전에는 기지의존경제가 압도적인 비중을 차지했다. 예컨대 1969년 오키나와에서의 기지관

교통의 요지에 긴 열도를 형성하고 있는 도서(島嶼) 오키나와는, 한편으로는 일본인과 일본 국토 전체가 떠안아야 할 미일동맹의 사회적 부담의 압도적 부분을 부당하게 과중 부담하고 있는 일본 주변부 영토의 '버림받은' 지역이자, 다른 한편으로는 미군들과 일본인 관광객들이 뿌리는 달러화와 엔화에 기대어 삶을 영위하고 있는 '특혜 받은' 지역이기도 한 것이다.

'피해자'이기 때문에 '수혜자'인 오키나와의 역설적 현실의 직접적인 역사적 기원을 찾아내는 것은 그다지 어려운 일이 아니다. 2차 세계대전의 막바지 국면에서 오키나와는 제국 일본의 '사석(捨石)' 작전에 의해 버려졌고, 미군이 대대적인 상륙·초토화 작전을 벌이면서 그곳은 태평양전쟁 사상 최악의 지상전장으로 화하여 군인은 물론 섬 전체 민간인의 약 1/4 이상이 몰살당하는 끔찍한 전화(戰禍)를 입었다. 종전 이후 미군은 오키나와를 극동 군사전략상의 '요석(要石)'으로 취하여 섬 전역에 걸쳐 항구적으로 주둔할 군사기지를 건설했을 뿐만 아니라 통치권까지 장악하고 군사우선주의 노선 정책을 집행했다. 27년간 계속된 미국의 지배가 끝나고 1972년 오키나와의 통치권이 일본에 반환된 이후에도 주둔 미군은 철수하지 않고 오키나와현 전체 면적의 10.8%를 점거하고 있다.

복귀 이후, 일본 본토에 비해 심각하게 낙후된 오키나와 경제를 위한 일본 정부의 '부흥' 정책의 성과물 가운데 가장 두드러진 것은 대자본에 의한 리조트 개발이 본격화되기 시작한 것이다. 그 결과 대다수 일본인들에게 오키나와는 '전쟁 폐허'의 참혹한 과거나 '기지촌'의 부조리한 현실은 망각되고 은폐된 채, 누구나 한번쯤은 찾고 싶은 일본 최고의 휴양지 가운데 하나로 광고되고 인지되고 있다. 종전 이후 60여 년, 복귀 이후 30여 년이 지난 현시점, '지옥의 불구덩

계수입은 약 2억 920만 달러로, 같은 해 오키나와의 3대 산업과 비교해보면, 설탕류의 수출액은 4458만 달러, 관광수입은 3317만 달러, 파인애플의 수출액은 1868만 달러에 불과했다(多田治, 2004: 88).

이'에서 '전쟁 폐허'를 거쳐 '관광 낙원'에 이른 오늘, 오키나와가 경험한 과거의 상처와 모순 들은 현재의 오키나와에 어떤 그림자를 드리우고 있을까? 이 글은 오키나와 도시공간의 형성·변화과정에 대한 분석을 통해 그 속에 아로새겨진 오키나와 근현대사의 모순과 단절의 궤적을 분석해보고자 한다.

2) 전후 오키나와의 재건과 '기적의 1마일'의 형성

전후 오키나와 사회의 극적인 변화를 설명할 때 오키나와인들이 가장 대표적인 장소로서 떠올리는 공간이 바로 오늘날 나하(那覇)시의 중심가를 형성하고 있는 국제거리(國際通り; '곡사이도리')다. '오키나와 제일의 번화가', '오키나와 관광 일번지' 등의 광고문구를 통해 잘 알려져 있듯이 국제거리는 나하 시내 한복판에 위치한 입지상의 이점과 더불어, 백화점을 비롯한 대형 쇼핑센터, 가로변에 늘어선 중소 규모의 다양한 기념품 상점들, 흥미롭고 진기한 거리의 구경거리들, 토속요리 전문점에서 고급 레스토랑까지 다양한 음식문화의 공간과 생음악과 무대공연까지 즐길 수 있는 유흥문화의 공간을 고루 갖춘 오키나와를 대표하는 최대의 상점가이자 번화가로 손꼽힌다. 그 결과 국제거리는 오키나와를 방문한 여행객들이 다채롭고 이국적인 오키나와 문화의 진수를 만끽할 수 있는 '오키나와의 얼굴'로서 자리매김되고 있다(沖繩縣對米請求權事業協會, 2000).

하지만 이곳을 방문하는 수많은 관광객들 가운데 이 거리가 '기적의 1마일'[4]이라는 별칭을 지닌, 전후 오키나와인들이 겪은 전쟁의 상흔(傷痕)과 복구·재건 과정에서의 신산(辛酸)한 집합적 기억들이 응축된 역사적 장소성을

---

4) '기적의 1마일'이란 별칭의 유래는 확실치 않다. 『오키나와대백과사전(沖繩大百科事典)』에는 "전전(戰前)에는 습지가 펼쳐진 교외의 현도(縣道, 마키시가도; 牧志街道)이던 곳이 1953~54년 개수되어 그 후 발전하여 일대 번화가가 되어 '기적의 1마일'이라 불리게 되었다. 명칭은 당시의 국제극장(어니·파일 극장)에서 유래했다"고 설명되어있다(大浜聰, 1998: 120~121).

띤 공간임을 알고 있는 사람들은 많지 않다. 이것은 관광객의 시선에 포착되는 소비주의적 스펙터클의 공간, 관광쇼핑가로서의 겉보기만의 장소성과는 전혀 다른 성격을 띤 공간이 국제거리의 이면에 공존하고 있음을 의미한다. 보다 구체적으로 말하자면, 국제거리에는 일본 본토인이나 외국인과 같은 외래인들이 보고 즐길 수 있도록 연출된 표층적 공간과, '야마톤추(大和人)'와는 구별되는 '우치난추(沖縄人)'5)만의 토착 커뮤니티에 의해 형성되어온 이면의 또 다른 사회적 공간이 포개져 있다. 이 양자는 국제거리라는 하나의 공간 속에서 상호 결합하여, 일본 본토와는 매우 이질적인 오키나와의 전통적 토속성과, 동시에 미군기지를 통해 유입된 다인종적 미국 문화의 개방적 분위기가 혼합되어 형성된 듯한 매우 독특한 이국정서(exoticism)를 맛볼 수 있는 오키나와만의 '관광 명물' 국제거리를 연출해낸다.

우리에게 국제거리라는 공간이 문제적 장소로서 떠오르는 것은 단지 그것이 이국적인 관광 스펙터클로 충만한 공간이기 때문이 아니라, 오키나와 근현대사의 모순이 응축된 복합적 장소성을 띤 공간이기 때문이다. 특히 분단과 한국전쟁, 그리고 이후 계속된 미군의 주둔이라는, 오키나와와 유사한 역사적 경험을 공유하고 있는 우리의 관점에서 볼 때, 한반도와 마찬가지로 전후 '제로(zero)로부터의 출발'이라는 뼈아픈 역사를 경험한 오키나와의 재건 과정을 이해하는 것은 한국 현대사를 동아시아라는 보다 거시적인 지평에서 조망하는 데 필요한 중요한 비교사적 참조점을 제공한다. 가령 태평양전쟁 이후 형성된 나하의 '국제'거리와 한국전쟁 이후 형성된 부산의 '국제'시장의 명칭의 중복을 단순히 우연의 일치라고 보고 지나칠 수 있을까? 그 속에는 20세기

---

5) 오키나와 사람들은 오키나와와 일본 본토를 구분하여 '우치나(うちな)'와 '야마토(やまと)'라고 부르며, 오키나와 사람과 일본 본토 사람을 구분하여 '우치난추(うちなんちゅ)'와 '야마톤추(やまとんちゅ)'라고 부른다. 이는 오키나와인들이 일본 본토인들의 국민적 정체성에 통합되지 않는 독자적인 집합적 정체성을 띠고 있음을 의미한다. 이러한 오키나와의 문화적 정체성의 복합성에 대해 소개한 국내의 글로는 아라사키 모리테루(1998), 임성모(2005), 박훈(2007), 주은우(2007) 등을 참조.

동아시아 주변국 도시 형성사에서 공유되는 독특한 역사적·문화적 경험을 추출해낼 수 있는 어떤 실마리가 함축되어 있지 않을까? 그것은 고착화된 국민국가의 경계를 뛰어넘어 전후 동아시아 전역에 걸쳐 광범위하게 존재한 미군과 미국 문화의 강력한 사회문화적 영향력을 상징하는 징후로서 독해될 수 있지 않을까? 만약 우리가 양자 간에 존재하는 공통성과 차이를 보다 세밀하게 포착해낼 수 있다면, 전후 한국과 오키나와, 일본을 비롯한 동아시아에 대한 미국의 정치·군사적 전략과 그것이 전후 동아시아 사회의 재구성 과정에 미친 사회·문화적 효과에 대하여 파악할 수 있는 보다 폭넓고 심층적인 해석학적 지평을 확보할 수 있을 것이다.

본 연구는 오키나와 근현대사에 배태되어있는 정치·군사적 모순이 오늘날 오키나와에서 어떤 양상으로 표출되고 있는지를 국제거리 도시공간에 대한 형성사적 분석을 통해 밝혀보고자 한다. 필자는 이를 위해 2005년 8월과 2006년 2월 두 차례에 걸친 현지조사를 통해 현장 답사와 문헌자료 수집 및 면접조사를 수행했다. 오키나와의 도시화에 대한 연구는 이미 적지 않게 축적되어 있으며, 전후 나하시와 국제거리의 형성사에 대해서도 다양한 선행연구들이 존재한다.[6] 하지만 오키나와의 도시사와 관련한 기존 연구들은 오키나와 도시의 고유한 특성에 대해 언급하면서도, 전반적으로 매우 '탈정치적'인 관점을 견지하고 있다. 때문에 오키나와의 독특한 도시화의 역사적 원인을 전쟁에서 찾는 연구들은 많이 있지만, 그것을 전후 일본의 '정치적 희생양'으로 버림받고 미국의 '군사적 교두보'로 활용되어온 전후 오키나와의 단절과 모순이라는 보다 정치적으로 민감한 설명과 연결해보려는 학적 시도는 찾아보기 어렵다.

---

6) 오키나와 도시공간의 전반적 특징에 대한 연구로는 堂前亮平(1997) 등을, 나하시의 도시공간에 대한 연구로는 山本英治(1975a, 1975b), 吉川博也(1985a, 1985b, 1989) 등을, 국제거리의 형성과정에 서술로는 大濱聡(1998) 등을 각각 참조. 특히 吉川博也(1985b)는 동남아시아 도시들과의 공통점과 차이라는 비교사적 맥락에서 나하를 다루고 있지만 매우 소략하다. 또 大濱聡(1998)는 국제거리 형성사와 관련된 인물과 사건에 대한 상세한 소개가 돋보이지만, 분석적인 연구서와는 거리가 먼, 흥미진진한 에피소드들의 모음집에 가깝다.

하지만 그 단절과 모순의 역사, 배신감과 모멸감의 집합적 경험을 논외로 하고서 전후 오키나와인들이 겪은 수난적 삶의 역사적 공간에 대하여 논할 수 있을까? 이 점에서 본 논문은 오키나와인들의 집합기억에 대한 공간적 독해의 시도이자, 그들의 생활공간의 형성사적 특징에 대한 정치적 독해의 시도이며, 동시에 오키나와의 문화적 정체성에 대한 장소론적 독해의 시도로서 자리매김 된다.

2. 오키나와 도시화의 공간적 · 장소적 특징

1) 오키나와 도시화의 특징과 나하시의 공간적 구성

국제거리 도시공간의 특징에 대한 본격적인 분석작업을 위해서는 우선 오키나와 도시 형성의 전반적 특징에 대하여 간략히 살펴볼 필요가 있다. 오키나와의 도시화는 전반적으로 '다핵적 연담도시화(multicoral cornabation)'로 요약되는 독특성을 띤다. 그것은 일반적으로 다음과 같은 세 가지 요소들의 결합의 산물로서 설명할 수 있다. 첫째, '도서(島嶼)'라는 자연지리적 조건의 영향이다. 일본 규슈(九州) 남쪽으로부터 타이완에 이르는 약 1300km 해상에 길게 늘어선 류큐호(琉球弧) 혹은 류큐열도는 중국과 일본으로부터 거의 등거리상에 위치해 있다.[7] 이러한 지정학적 입지의 영향을 크게 받아서 이 지역은 오래전부터 외부와의 중계무역을 중심으로 도시가 발전해왔으며, 해안선을 따라서 남북으로 길쭉한 형태로 도시 네트워크가 형성되었다.

---

7) 나하시로부터 약 650km의 등거리에 규슈 남단의 가고시마와 타이완의 타이페이가 위치해있다. 또 나하시를 중심으로 동심원을 그리면 반경 2000km 범위에 도쿄, 서울, 베이징, 홍콩, 마닐라 등 동아시아의 주요 도시들이 포함된다(堂前亮平, 1997: 2~3).

[그림 9-1] 오키나와 코너베이션 현상

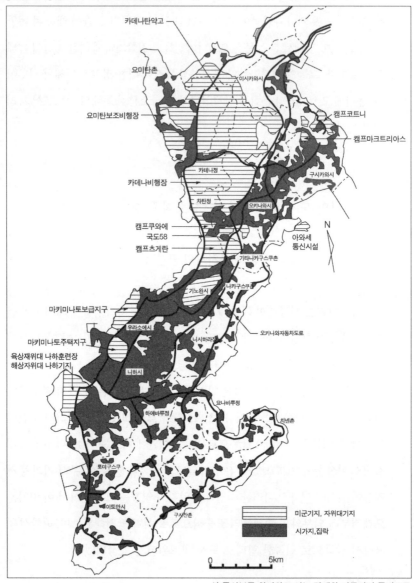

카데나탄약고
요미탄촌
요미탄보조비행장
이시카와시
캠프코트니
캠프마크트리아스
카데나비행장
카테나정
구시카와시
차탄정
오키나와시
캠프쿠와에
국도58
캠프츠게란
아와세
통신시설
N
기타나카구스쿠촌
기노완시
나카구스쿠촌
마키미나토보급지구
우라소에시
마키미나토주택지구
니시하라정
오키나와자동차도로
육상자위대 나하훈련장
해상자위대 나하기지
나하시
요나바루정
하에바루정
친넨촌
토마구스쿠
이토만시
구시찬촌

	미군기지, 자위대기지
	시가지, 집락

0 ____ 5km

섬 중심부를 차지하고 있는 광대한 미군기지 주변으로
시가지가 길쭉한 형태를 띠면서 선형으로 형성되어 있다.
출처: 堂前亮平, 1997: 41.

둘째, 오키나와에는 '시마(シマ)사회'라 불리는 전통적인 공동체사회가 강하게 존속했다. 일본에 의한 식민지적 근대화로 인해 개발과 도시화가 지연되었으며, 이후 오키나와전으로 인해 폐허화된 상황에서 전후 미군기지 주변 기지촌을 중심으로 산업적 기반이 없는 기생적 도시를 중심으로 도시화가 진행되었다.[8] 따라서 도시화가 전통적 촌락조직을 내적으로 파괴·해체시키는 일반적인 사례들과는 달리 오히려 그것을 변용·강화시키는 외적 자극으로 작용하였다.

셋째, 군사도시화와 미국 문화의 영향을 들 수 있다. 전후 재건 과정에서 미군의 영향이 결정적 요인으로 작용한 결과 오키나와의 도시들은 일본 본토의 도시들과는 상당히 다른 공간적·문화적 특징을 띠게 되었다. 예컨대 미군기지 인접지역에 입지한 소비도시화 경향, 일본 본토의 철도중심적 도시네트워크와 대조되는 도로교통 위주의 공간 구성, 그리고 도시민들의 생활양식 곳곳에서 발견되는 다양한 미국식 생활양식의 문화적 영향 등이 그것이다.[9] 이처럼 중계무역 왕국으로 발전한 류큐왕국시대로부터 일본에 의한 식민화, 미국의 군사적 점령에 이르기까지 지정학적 요인이 결정적 변수로서 작용한 것이 오키나와 도시화의 특징이라 할 수 있다.

오늘날 오키나와를 대표하는 대도시로 성장한 나하는 과거 바다 건너 외부세계로부터 류큐왕국의 도읍인 슈리로 진입하기 위한 최단거리 포구에 불과했다. 항구도시 나하가 슈리를 능가하는 오키나와의 대표적 도시로서 성장

---

8) 오키나와를 제외한 일본의 도시화는 1960년대부터 시작된 공업화와 함께 고도경제성장을 추동력으로 하여 이루어졌다. 반면 오키나와의 도시화는 오키나와 본도 중부지구에 건설된 거대한 미군기지와 관련하여 진행되었다(堂前亮平, 1997: 51~52).

9) 오키나와 코너베이션은 국도58호선, 국도330호선, 국도329호선 등 주요 지방도를 따라 도시화가 선상(線狀)으로 이루어진 결과 나타난 현상이다. 전전에는 나하를 기점으로 이토만(糸満)·요나바루(与那原)·카데나(嘉手納) 세 지점을 연결하는 현영(県営)철도가 부설되어 있었으나 전쟁으로 파괴된 이후 전후에 재건된 육상 교통은 자동차 교통이었다. 그 결과 전후 오키나와의 도시화는, 철도망과 긴밀히 연계되어 발전한 일본 본토의 도시들과는 달리 미국식 자동차 문화의 영향을 많이 받았다(堂前亮平, 1997, 53~54).

하게 된 결정적 계기가 된 것은 이같은 입지조건 때문이었다. 나하는 '류큐처분' 이후 메이지 정권에 의해 오키나와가 일본의 영토로 편입되면서 현 중심지로 자리매김된 이래, 특히 미군정을 거치면서 대도시로 성장하기 시작했다. 따라서 나하시는 외적 변수의 작용에 따라 도시공간이 급격한 변화를 경험한 오키나와 도시의 도서도시적 성격을 전형적으로 보여주는 사례라 할 수 있다.

나하시의 시가지 구성형태는 교통체계를 이해하면 한눈에 파악된다. [그림 9-2]를 보면 알 수 있듯이, 시내 간선도로는 남북 방향의 ① 국도 58호와 ② 국도 330호 및 양자를 잇는 동서 방향의 ③ 국도 329호와 ④ 현도 40호선이 있다. 국제거리(현도 39호)는 국도 58호(久茂地)로부터 현도 40호(安里)를 잇는 대각선의 형태를 띠고 있는데, 광역간선도로인 ①, ②와 ③, ④가 시내 중심부를 둘러싼 순환도로의 형태를 띠는 가운데 국제거리를 제외한 나머지 도로들은 대부분 폭이 좁고 굴곡이 심한 가로들이다.[10] 나하시의 용도지구도 이러한 도로체계를 근간으로 하여 형성되어 있다. 업무활동의 중심은 국도58호선과 국제거리가 교차하는 일대로서 시청·현청을 중심으로 행정·업무관계가 밀집해 있다. 58호선 연선에는 오피스가가 형성되어 있으며, 상업활동의 중심은 국제거리와 그 중앙부로부터 남쪽으로 헤와도리(平和通) 일대까지 집중되어 있다. 국제거리는 각종 토산품점을 비롯하여 식료품점, 백화점, 호텔 등이 늘어선 나하시내의 중심 관광코스를 형성하고 있다.

현재 나하의 도시공간을 탐사해보면, 오키나와가 겪은 단절적인 역사적 경험들이 도시공간 속의 이질적인 단층으로 공존하고 있는 양상을 곳곳에서 발견할 수 있다. '기적의 1마일'로 불리는 극적인 반전의 역사를 지닌 국제거리의 도시공간 속에 이러한 오키나와 근현대사의 기억들이 다른 어떤 곳 못지않게

---

10) 때문에 광역 교통과 시역 내 서비스 교통이 뒤섞여 양자가 만나는 교차점 등지에서는 정체가 일상화되고 있는데, 이는 기본적으로 근대 초기 '류큐처분'에 의한 식민지적 도시화와 전후 미군정기의 군사적 도시화로 인한 시가지·가로망 형성과정에서의 무계획성의 결과물이라고 볼 수 있다.

[그림 9-2] 나하시의 교통체계(위)와 용도지구(아래)

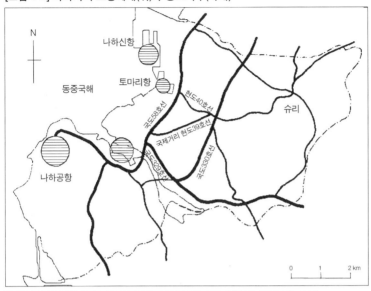

국제거리는 위 그림의 현도39호선 일대에 해당하는 구역으로,
그 용도가 상업지구, 오락·음식집중지구로 지정되어 있음을 아래 그림을 통해 알 수 있다.

출처: 吉川博也, 1989: 47~48.

농축적으로 흔적을 남기고 있음은 두말할 나위도 없다. 국제거리가 관광객들에게 주는 '불가사의한'[11] 매력은 이 역사 속의 '기적'이 단지 사라져버린 역사로서가 아니라, 살아있는 장소성으로 아직도 국제거리의 공간 속에 각인되어 있기 때문이다. 이를 파악하기 위해서는 도시공간 속에 주름과 굴곡으로 아로새겨진 시계열적 단층들에 대한 본격적인 고고학적 발굴과 탐사 작업이 필요할 것이다.

2) 국제거리의 복합적 장소성 분석

이 글에서는 국제거리—및 그 주변부 공간—에서 표출되고 있는 복합적 장소성들을 분석적으로 크게 다음과 같이 세 가지로 구분하여 본격적인 사회사적 형성사 연구의 작업가설로 삼고자 한다. 우선 첫째는 국제거리의 방문자들에게 가장 손쉽게 눈에 띄는 표층적 장소성으로서, 관광객을 위한 매혹적 스펙터클의 장소성이다. 이것은 대체로 국제거리 대로변 양쪽에 선형으로 늘어진 상점가 공간에서 표출되는 장소성이라고 볼 수 있다. 둘째는 국제거리와 국도58호선 사이의 공간에 해당하는 장소적 특징으로서 근대자본주의적 도심업무지구의 장소성이다. 마지막으로 그 반대편 재래시장 아케이드를 중심으로 한, 국제거리와 히메유리거리 사이의 공간에 해당하는 장소적 특징으로서 우치난추의 전통적·공동체적 장소성을 들 수 있다. 본고에서는 편의상 이 세 가지 장소성들을 각각 장소성 A, B, C라고 이름붙일 것이다. 이들 세 가지 장소성 각각의 특성과 이질성을 공간적 특성, 주체의 특성, 사회문화적 특성 등의 세 가지 측면으로 나누어 보다 구체적으로 살펴보면 다음과 같다.

---

11) 나하의 도시공간, 특히 국제거리의 마키시(牧志)시장의 풍경을 '불가사의한 거리(不思議な街), 생활자들의 휴먼스케일의 거리로서 해석한 논의로는 吉川博也(1985a, 64~65)를 참조.

[그림 9-3] 나하시의 현외기업 지사 분포도

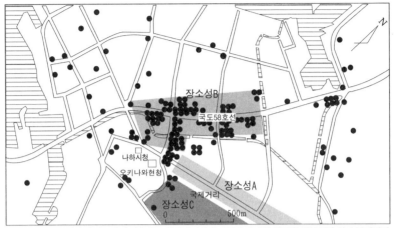

국제거리 가로변이 장소성A, 현외기업체의 사무실이 가장 밀집된 국도58호선과 국제거리
사이의 공간이 장소성B, 그리고 국제거리와 국도330호선 사이의 공간이 장소성C가 각각 가
장 두드러지게 드러나는 공간이다(출처: 堂前亮平, 1997, 50).

　　우선 장소성A의 공간적 특징으로는 대로의 표층에 노출된 표출성을 띤다
는 점과 오키나와 특유의 토산품·기념품점으로 장식된 이국성, 그리고 호객을
위해 고안된 현란한 장식성, 쇼핑가답게 조밀하게 상가건물이 밀집되어 구성
된 상품성 등을 들 수 있다. 반면 장소성B의 공간은 계획적·기능적 공간으로서
격자형태가 일반적이며, 대규모의 정형적 필지에 주차공간이 갖춰진 중고층
형 오피스건물이 들어선 경우가 대부분이다. 장소성C의 공간은 대체로 자연
발생적·무계획적으로 형성된 공간으로서, 미로형 가로망과 소규모의 부정형
적 필지에 들어선 낙후된 건축물들로 특징지어진다.

　　둘째로 각 장소성을 구성하는 주체의 측면에 주목해보면, 장소성A의 경
우는 국내외 관광객들이 중심으로, 일회성 방문객 중심들과의 상거래를 매개
로 한 표피적 인간관계가 주류를 형성하고 있다. 장소성B의 경우는 오키나와
주민 가운데 중상류층, 특히 비교적 젊은 샐러리맨들이 주요 주체들로서 남성
중심적이고 '신세대'적인 합리적 인간관계가 중심이 되는 반면, 장소성C는 오

키나와 주민 가운데 중하류층, 특히 장년층 여성(주부)을 중심으로 한 전통적·심층적 인간관계가 주류를 형성하고 있다.

셋째, 사회문화적 특성에 있어서는 장소성A는 관광상점가를 구성하고 있는 중소규모 소매업이 주종을 이루고 유행에 따른 업종과 품목의 급속한 회전·변화가 특징적이다. 이에 반해 장소성B는 주로 사무실이 들어찬 업무빌딩지구와 중대형 쇼핑공간으로 구성되어있는 공간으로서 외래(일본 본토) 대자본의 공간적 집중이 두드러진다. 장소성C는 아케이드화 된 전통적 재래시장을 중심으로 미로처럼 얽혀있는 공간으로서, 곳곳에 여전히 남아있는 공동체적 상징물들과, '보기 싫지만 살기 편한' 노후한 불량주택가[12]가 이곳의 경관과 주거문화를 특징짓는다. 이상의 내용을 요약해보면 [표 9-1]과 같다.

필자는 현재 관광객들을 매혹시키는 국제거리와 그 주변부 공간의 독특성을 이러한 세 가지 장소성의 중층성과 복합성의 산물로서 파악하고자 한다. 이하에서는 이들 서로 다른 장소성들이 형성되어온 역사적 과정을 국제거리의 형성사에 대한 다음과 같은 세 가지 핵심적 질문들을 중심으로 보다 분석적으로 살펴볼 것이다. 첫째, 하나의 길(road), 도로로서 국제거리는 어떻게 계획되고 만들어졌는가? 둘째, 국제거리 일대에 주거지가 형성되고 시가지의 발전이 이루어진 과정과 양상은 어떠했는가? 셋째, 오늘날 오키나와를 대표하는 관광명소로서의 국제거리의 명성은 어떻게 만들어지게 되었는가?

이들 각각의 질문에 대한 해답은 네 개의 역사적으로 구분되는 시대에 대한 보다 집중적인 분석을 필요로 한다. 우선 첫 번째 문제, 즉 새로운 도로로서 국제거리가 만들어진 것은 전전 일본 정부에 의한 식민지적 도시화의 산물이라고 할 수 있다. 그런데 도로의 신설로 인한 공간구조의 변화를 파악하기 위해서는 그 이전과 이후 양 시기를 모두 파악할 필요가 있다. 따라서 첫 번째

---

12) 국제거리 일대의 "살기 편한 불량 주택가(住みやすい」不良住宅街)"에 대해 자세히는 吉川博也 (1989: 80~106) 참조.

[표 9-1] 국제거리를 구성하는 세 가지 장소성

구분	전반적 특성	공간적 특성	주체적 특성	사회문화적 특성
장소성 A	관광객을 위한 매혹적 스펙터클의 공간	표출성(대로의 표층). 기념성(이국적 토산품·기념품점). 장식성. 상품성. 밀집성.	국내외 관광객. 일회성 방문객 중심. 표피적 인간관계.	소규모 소매업 중심. 유행에 따른 상품과 업종의 급속한 변화/회전.
장소성 B	근대 자본주의적 도심업무지구의 공간	계획적·기능적 공간. 격자형 구성. 대형·정형적 필지.	중상류층, 젊은층, 남성 중심적, '신세대'적·합리적 인간관계.	업무빌딩지구와 중형·대형 쇼핑공간. 외래(본토) 대자본의 공간적 집중
장소성 C	우치난추의 시마공동체적 공간	자연발생적 공간. 미로형 구성. 소형·부정형적 필지.	중하류층, 장년층, 여성 중심적, 전통적·심층적 인간관계.	전통적 재래시장, 공동체적 상징물, '보기 싫지만 살기 편한' 노후한 불량주택가.

문제를 해결하기 위해서는 류큐왕국 시대 나하의 공간구조에 대한 이해와 제국 일본에 의한 식민지적 도시화 양상에 대한 이해가 함께 이루어져야 한다. 두 번째 문제는 전후 국제거리 일대가 난민밀집주거지화 되고 그 일대에 나하 시민들의 생활문화공간이 창출되는 양상을 분석하는 작업과 관련된다. 이는 한편으로는 미군정의 통치전략의 영향력을 파악하는 작업이자, 다른 한편으로는 새로운 외래 지배권력에 대한 주민들의 집합적 경험을 분석하는 작업이기도 한다. 마지막으로 세 번째 문제는 본토 복귀 이후 관광 오키나와의 이미지가 어떻게 기존의 도시공간조직 위에 덧씌워지는가를 분석하는 작업이다. 이것은 한편으로는 도시재생(urban renovation)을 통한 공간적·물질적 변화 양상에 대한 분석을 필요로 하는 작업이자, 다른 한편으로는 동일한 공간의 특정한 속성에 대한 장소적·담론적 재현(discursive representation)의 변화 양상에 대한 분석을 요구하는 작업이기도 하다. 이제 위에서 제시한 세 가지

하위문제들을 핵심 목표로 삼아, 네 개의 역사적 시기에 걸친 나하시 도시공간의 변화 양상에 대한 본격적인 탐사를 시작해보자.

3. 왕조 권력과 식민 권력의 역사적 유산

1) 류큐왕국시대의 슈리와 나하

　본절에서는 국제거리 형성의 전사(前史)로서, 우선 그 도로 자체가 부재했던 류큐왕국 시대 나하(那覇)의 공간구조에 대해 살펴보고자 한다. 당시 나하의 도시공간의 변화 양상을 이해하기 위해서는 하나의 도시로서 나하가 주로 작동한 두 개의 공간적 축을 이해할 필요가 있다. 하나는 대내적인 것으로 슈리와의 관계이고, 다른 하나는 대외적인 것으로서 동아시아 각국으로 향하는 중계무역의 근거지였다는 점이다.

　우선 나하의 발전을 설명하기 위해서는 무엇보다도 슈리(首里)와의 관계를 언급하지 않을 수 없다. "성스러운 슈리, 세속적인 나하(聖なる首里, 俗なる那覇)"(吉川博也, 1989: 137~170)라는 표현이 함축하듯이, 당시 나하는 왕조 수도인 정치도시 슈리의 현관 역할을 하는 항구도시로서, 왕조의 의례공간으로 고안된 상징도시 슈리와 대비되는 실용성과 기능성의 원리에 따라 형성된 도시공간이었다. 슈리가 왕성으로 결정된 것은 1429년 이 지역을 정치적 거점으로 해온 상파지(尙巴志, 재위 1422~1439)에 의해 류큐의 통일이 이루어지면서부터인데, 그는 슈리성의 조영, 안국산·용담지의 조원(造園), 중산문의 건설 등을 통해 왕도 슈리의 기반을 닦았다(吉川博也, 1989, 140). 나하가 개항장이 된 것은 쇼하시 재위기의 일로서, 그 이후 교역항으로서 순조로운 발전을 거듭하게 된다. 그 결과 14~16세기의 약 200년간 류큐왕국은 이른바 '대무역

[그림 9-4] 류큐왕국 시대의 슈리 - 나하 조감도

沖繩縣立圖書館東恩納文庫 所藏 首里那覇鳥瞰圖(출처: 吉川博也, 1989, 138~139).

시대'라 불리는 미증유의 전성기를 구가하게 되는데, 당시 명과의 진공무역은 1년 2~3회로 다른 외국에 비해 단연 1위였으며, 나하에는 진공선을 통해 막대한 중국의 물산이 유입되었다. 류큐왕국은 이것을 일본, 조선, 동남아로 수출하고, 대신 각국의 물산을 수입하여 다시 진공(進貢)무역을 행하는 전형적인 중계무역을 전개하였다. 이 시기 나하는 동아시아 굴지의 무역항으로서 경제적 번영을 누렸는데, 이 대무역시대가 교역·항만도시로서 나하의 역사적 원형을 형성하였다고 할 수 있다. 13)

류큐왕국은 '예의를 지키는 나라(守禮之邦)'라는 별칭답게, 군비다운 군비를 갖추지 않고 해상무역을 통해 평화적으로 번성한 나라였다. 왕도 슈리를 건설하고 통일왕국의 사회체제를 안정화하는 국가적 힘의 원천이 된 것은 폭력이 아니라 나하를 통한 국제무역의 발전이었다. 슈리의 중산왕부(中山王府)에서 실행한 정치와 지배의 전통적 형태는 신에 대한 제사 의례의 집행자, 신의 대리자로서 국왕을 형상화함으로써 신민들의 충성을 확보한 것으로, 그 지배방식은 극히 의례적이고 양식적인 것이었다. 국가의례가 연출되는 핵심적 공간이었던 슈리성은 그 신성과 위엄을 현시할 수 있는 무대장치를 갖추었는데, 슈리 조카마치(城下町)는 고지대·급경사의 입지조건과 이상적 풍수사상의 결합물이었다(渡辺欣雄, 1994; 高橋誠一, 2003; 제2장). 중산왕부는 이처럼 류큐왕국 특유의 제정일치(祭政一致) 정치문화를 완성하였는데, 이 국가형태는 기어츠(C. Geertz)가 말한 잘 알려진 '극장국가'에 흡사한 것이었다. 극장국가의 연출의 장으로서 종교·정치도시인 슈리는 상징공간으로서의 정치체제의 형식성이 높은 반면, 역으로 현실의 정치력은 극도로 빈약했다.

1609년 류큐왕국이 규슈 사쓰마번(薩摩藩)의 시마쓰(島津) 씨족세력이

---

13) 15세기 후반 오키나와는 국제 정세의 급격한 변화를 계기로 하여 중대한 전기를 맞았다. 1368년 정복 국가인 원나라를 대신하여 중국에 명 나라가 건국되면서 명은 오키나와에 대하여 책봉·진공무역정책과 해금정책을 실시했다. 명의 이러한 양대 대외정책의 결과 동아시아 해상무역에서 중국 상인 세력이 후퇴하고 오키나와가 유력한 교역세력으로서의 지위를 구축하게 된다.

파견한 3000명의 무장병력에게 거의 싸워보지도 못하고 정복당한 것은 이 때문이다. 이후 류큐왕국은 도쿠가와 막부의 일본과 중국에 동시에 종속된 관계('日支兩屬') 속에 사쓰마의 실질적인 정치적 지배와 경제적 수탈하에 놓이게 되었다. 그 결과 나하는 재번봉행(在藩奉行)이 설치된 식민지배의 거점지로 전환되었는데, 사쓰마의 지배정책은 수탈을 용이하게 하기 위해 필요한 최소한의 통치기능만을 개혁할 뿐, 외양상으로는 구체제를 그대로 유지하는 표리부동의 형태를 띠었다. 예컨대 토지는 종래대로 왕부(王府)에서 소유하게 하고, 그것을 지와리제도(地割制)에 기초하여 농민에게 공여하였는데, 이는 1903년까지 지속되었다. 그 결과 무역항으로서의 나하는 동아시아 전체의 변화와 막부의 쇄국정책에 따라 교역이 크게 후퇴하여 대외적으로는 상대적인 쇠락의 운명에 처하게 되지만, 류쿠왕국 내에서의 대외교역의 창구로서의 위상에는 식민도시적 기능이 더해졌을 뿐, 기본적으로 변함이 없었다.

메이지 정부가 류큐국을 류큐번(藩)으로 격하한 뒤, 타이완출병(1874)을 통해 류큐에 대한 청의 영향력을 배제하고 마침내 1879년 류큐번을 폐지하고 오키나와현(県)을 설치함으로써 마무리된 일련의 사건, 이른바 '류큐처분(琉球處分)'은 막부체제기 일본이 류큐 지역에 대해 취했던 간접통치를 직접통치로 전환시킨 일대 사건이었다. '류큐처분' 직후, 메이지 정부는 오키나와의 현관으로서의 나하의 항만 기능을 이용하고 구왕부(舊王府)에 대한 통제를 용이하게 하기 위해 나하시에 오키나와현청을 설치하고, 여기에 정치·행정·사법·교육 등 중요한 모든 통치 기능을 집중적으로 배치하였다. 바야흐로 슈리와 나하 간의 전통적인 주종 관계가 역전되고 나하가 명실상부한 오키나와의 중심 도시로 자리매김되기 시작한 것은 이때부터의 일이다.

하지만 메이지 정부의 오키나와 통치는 지극히 식민지적 성격을 띤 것이었다. 메이지 정부는 나하시를 대폭 확대하여 1880년 나하 4정(町)과 쿠메촌(久米村), 쿠모지촌(久茂地村), 토마리촌(泊村)을 합병했지만, 통치에 필요한 교육과 경찰만을 개혁했을 뿐, 계획적인 도시정책의 실행은 거의 이루어지지 않았다. 1896년 나하와 슈리에 구제를 시행하였고, 1903년 마와시촌(眞和志村)의 마키시와 오로쿠촌(小祿村)의 가키하나(垣花)를 편입하고, 1914년에는 매립지인 아사히정(旭町)를 추가하여 나하시의 범위는 24개 정(町)으로 확장되었고 인구도 1920년 5만3000여 명, 1940년에는 6만5000여 명으로 늘어났다. 이러한 도시의 확장은 상당한 사회적 비용의 지출을 야기하였고 그 비용은 기본적으로 오키나와 주민들에게 부담으로 전가되었다. 가령 1907년 나하의 항만시설을 대대적으로 수축하면서 오키나와현은 상당한 중과세를 부과했음에도 불구하고, 국가에 의한 사회자본 투자는 소액에 그쳤다. 결과적으로 전전 나하시의 발전은 대개 자연발생적 요소에 의한 것으로, 전반적으로 행정당국의 무관심 속에 무계획적으로 이루어진 결과, 비좁고 무질서한 도로망과 열악한 상하수도 등 도시시설의 전반적인 미정비 상태가 계속되었다(秋元律郎, 1995: 160).

이처럼 나하는 식민지적 기능은 강화된 반면, 도시기반시설에 대한 정비·확충작업은 거의 이루어지지 않았다. 이점에서 나하는 비슷한 시기에 일본에 편입된 홋카이도의 중심 도시 삿포로(札幌)와는 극히 대조적인 '무계획'적 도시 건설로 특징지어진다. 이는 제국 일본의 대(對)오키나와 정책이 홋카이도와는 대조적인 '구관온존(舊慣溫存)' 정책이었던 것과 무관하지 않은데, 그 결과 식민도시 나하의 도시공간은 대체로 기존 공간의 골격을 유지하면서 새로운 식민도시적 요소를 부분적으로 이식하면서 시가지가 팽창해갔다.[14] 나하시는 도시 발전에 대한 장기적 계획 없이 도시규모가 확대되어, 자체의 산업

---

14) 식민지적 요소로서, 특히 항구에 인접하여 상당한 규모로 형성된 유곽(遊廓) 거리가 눈에 띈다. "나하의 유곽은 세계에서도 유례를 찾을 수 없는 특색을 띠고 있었다. 그곳은 남자의 성욕을 채우는 장소가 아니었다. 요리점, 게이샤점, 여관을 겸했으며, 때로는 첩택(妾宅)이기도 했다. 칠면조의 얼굴처럼 여러 가지 색깔을 띠고 있었다." 나하의 치지(辻)유곽거리에 대해 자세히는 太田良博·佐久田繁 編著(1984) 참조.

적 기반이 결여된 항구 중심의 상업·소비도시로서 점진적인 도시 성장이 이루어지게 되었다.15)

오키나와에 근대적 상업 활동이 이루어지기 시작한 것은 메이지 시대 후반, 즉 19세기 말경부터였다. 폐번치현 이후 오키나와에 들어온 기류상인(寄留商人)들은 최초로 자본주의적 경제활동을 들여왔는데, 이들의 수는 1890년대에 이르면 2500명을 넘어섰다. 이들 외래 기류상인들 가운데에는 관리, 교원 등도 포함되는데, 이들은 상업·금융·무역·광산개발·개간 등 여러 분야에 손을 댔다. 사실상 전전 오키나와 경제는 기류상인의 활동에 의해 형성되었다.16) 그 결과 오키나와 경제는 전근대적 부분이 온존하고, 자본 형성이 미약하며, 일본 중앙정부의 국책과 전국적 경제 동향에 큰 영향을 받게 되었다. 전전의 오키나와 경제가 한마디로 후진성, 영세성, 종속성으로 특징지어지는 식민지적 성격을 강하게 띤 것은 이 때문이다.

2) 전전(戰前) 나하의 식민지적 도시화와 '신현도(新県道)'의 건설

나하시는 전통적으로 항구도시로 성장하였으므로, 원래 나하시의 중심 거리는 항구에 인접한 거리인 히가시정(東町)와 니시혼정(西本町)이었다. 과

---

15) 오타 초후(太田朝敷)는 폐번치현 초기 오키나와에서의 구관온존 정책의 원인을 국제적 사정, 즉 중국(청)과의 외교관계 때문으로 설명한다. "폐번치현 초기의 현치(県治)의 방침은 현의 발전·개발에 있거나, 30여만 현민의 복리증진에 있었던 것이 아니라, 단지 국가의 영토권을 무사히 유지한다는 것 한 가지에 집중된 것 같다. 무엇보다도 번제답습(藩制踏襲), 구관존치(舊慣存置)의 방침을 채택한 것은 곧 이러한 국제사정에 의해 강제된 까닭으로 다른 이유는 없다"(太田朝敷, 『沖縄県政50年』; 金城正篤 外, 2005: 84에서 재인용). 류큐의 귀속을 둘러싸고 중일 간의 외교교섭은 오키나와현 설치 이후에도 류큐 분할 교섭으로서 진행되어 1881년 1월 결국 결렬되었으나 그 후 일청수호조규의 개정 문제와 함께 비밀교섭이 계속되었다.

16) 이들 대다수는 본점을 가고시마에 둔 상인들로서, 1877년 세이난(西南)전쟁의 결과 관리·교육계로부터 추방된 이들이었는데, 점차 나하 시정의 실질적 지배자로 군림하게 된다. 그후 오사카, 나라 등지로부터도 상인들이 진출하여, 현 당국과 결탁하여 사탕 거래를 독점하여 막대한 이익을 취했다(西里喜行, 1982).

거 나하시 외곽의 황량한 저습지대에 불과했던 현재의 국제거리 일대에 새로운 시가지의 조성이 논의되기 시작한 것은 1919년 현청, 1925년에 경찰서가 이즈미자키(泉崎)로 이전해오면서 중심지가 동북쪽(현재의 현청 주변)으로 이동하면서부터였다. 현청의 이전은 항만 지역의 과밀화로 인해 시가지를 내륙으로 확장할 필요가 생기면서 나하와 슈리 일대를 연결하는 대도시 건설 구상의 일환으로 이루어진 것이었다.

[그림 9-4]의 고지도와 [그림 9-2]의 현대 나하시의 간선 도로망을 대비해 보면 할 수 있듯이, 오랫동안 슈리와 나하를 잇는 교통은 소겐지(崇元寺)로부터 쿠모지(久茂地), 미에바시(美榮橋)를 통하거나 토마리다카하시(泊高橋)를 경유하는 길밖에 없었다. 그런데 전자는 우회로이고, 후자는 길이 좁아 불편했으므로 슈리와 나하 간의 거리를 단축하기 위하여 쇼와 초기에 이르러 새 길을 개척하게 되었다. 1932년 6월부터 1934년 5월까지 당시로서는 10여만 엔이라는 거액을 들여 현청 앞에서 마키시의 중앙부를 관통하여 아사토(安里)에 이르는 도로가 건설되었다. 당시 아사토는 아직 나하시가 아니라 마와시촌(眞和志村)의 일부였으며 현재 국제거리의 중심지인 마키시(牧志)와 마쓰오(松尾)는 전전에는 나하의 교외에 지나지 않았다. 새로 개통된 도로는 '신현도(新県道)'라 불렸으며, 콘크리트로 포장하여 근대적 외장을 갖추었다.

건설 당시 신현도가 관통하는 마키시 지역은 나하시와 슈리시, 그리고 마와시촌과 오로쿠촌이라는 네 개의 지역의 한가운데 입지한 지역이었다. 전전 이들 다섯 지역은 각각 행정구역이 다른 별개의 자치체였지만, 신현도의 건설은 나하시를 대도시로 발전시키려던 1930년대 후반 일본의 도시발전계획의 산물이었다. 이 계획은 중일전쟁과 태평양전쟁의 발발로 전시 총력전체제화되면서 중단되지만, 전후의 발전을 예고하는 것이었다. 실제로 이들 다섯 지역은 전후 합병되어 마키시 일대가 나하시의 중심으로 발전하게 되었다.

전전 나하시의 발전에 하나의 전기가 된 것은 1920년 미에바시정(美榮橋

町)에 현청사와 현회의사당의 신축·이전이 이루어진 것이었다. 이듬해인 1921년 5월 20일, 특별구제가 시행되던 나하, 슈리 양 지역에 대하여 본토와 같은 일반시정이 시행되어, 이때부터 나하시는 명실상부한 오키나와현의 수도가 되었다(秋元律郞, 1995: 159). 1937년 도시계획 오키나와지방위원회가 현청에 설치되어 나하시 도시계획지역 및 나하시 도시계획 하수도사업계획안이 결정됨과 동시에 나하·슈리의 합병 문제가 처음으로 의제로 떠올랐으나 '시기상조'로 무산되고 말았다. 이후 1939년 내무성 기타무라 도쿠타로(北村德太郞) 기사가 주도한 제안에 따라 나하를 상공지구로 슈리를 주택지구로 한 이상적 도시건설의 구상이 논의되었으나, 실제로 합병이 이루어지지는 못했다. 1941년에도 '만주국 수도 신징(新京)에서 도시계획 고문을 역임한 마루야마(丸山芳樹)를 초빙하여 「대오키나와시건설계획안」을 만들어 슈리, 마와시, 오로쿠, 도미구스쿠(豊見城)의 2시 3촌을 합병하려는 시도가 있었다. 그러나 이 구상도 나하시 인접 마을 주민들의 반대에 부딪혀 난항을 겪고, 이후 제국 일본이 전면적인 전시체제에 접어들면서 실현되지 못했다. 나하시는 결국 이 상태로 오키나와전을 맞게 되어 1944년 10월 10일 미군의 무차별 폭격에 의해 괴멸되어 도시 인구가 약 8000명으로 격감한 채 종전을 맞게 되었다(那覇市, 1987, 389~392). 결국 '소철지옥'과 '집단자결'의 참혹한 비극만을 남긴 채 '대일본제국'의 오키나와 지배는 패전으로 막을 내리게 된 것이다.[17]

---

17) '소철지옥(ソテツ地獄)'은 대공황기 오키나와 주민 경제의 황폐화를 압축적으로 나타내는 말이다. 이 시기 오키나와 농촌에서는 양식이 결핍되어 인근에 자생하는 유독식물인 소철(蘇鐵)을 독을 뺀 뒤 전분으로 만들어 먹었는데, 너무 굶주린 나머지 독이 채 가시지 않은 소철 전분을 먹고 고통 속에 죽어가는 일이 허다하여 생겨난 말이다(아라사키 모리테루, 1998: 57~58). 전시기 오키나와에서 발생한 '집단자결'에 대해서는 강성현(2006) 참조.

4. 전쟁과 점령, 파괴와 재건

1) 미군정에 의한 전후 나하 시가지의 재건

오키나와전의 참화를 겪으면서 나하시는 전역이 잿더미로 변했다. 전후 나하시의 역사는 실로 '제로로부터의 출발'로서, 미군정하에서 미군의 군사전략을 최우선으로 하는 군사거점도시로서 새롭게 시작되었다. 미군정부는 항만, 공항, 도로, 토지, 상수도 기타 필요한 모든 설비에 있어 군사 목적을 우선으로 하여 특권적으로 사용하였다. 더욱이 군항에는 항만작업을 비롯하여 수많은 고용이 필요했으므로 인구, 생산, 소비, 문화 등 여러 가지 면에서의 집중화가 이루어졌다. 이처럼 미군정하에서 나하의 시가지 확대와 재구조화가 이루어졌으나 이러한 변화는 오키나와의 경제·사회의 생산력, 자립능력의 육성을 거의 고려하지 않고 진행된 것이었다(目取眞俊, 2005).

전후 오키나와에 미군정이 들어선 이래, 1949년 항구적 군사기지 건설이 결정되기 전에 그 배경으로 두 가지 중요한 정치군사적 요인이 작용했다. 1948년 글로리아태풍에 의해 미군기지가 크게 훼손된 것과 중국에서 공산혁명이 일어난 것이 그것이다. 그 결과 미국은 1950년대 예산부터 오키나와군사시설 건설비를 계상하여 1951~53년에 걸쳐 약 5000달러가 넘는 비용을 투입하여 기지 건설에 착수했다. 그 후 군고용자의 소득, 군용지료, 군속(軍屬)의 소비 등의 기지수입이 확대됨에 따라 주변 각지에서 미군기지 주변으로 인구가 집중해왔다.

전후 나하시는 이러한 특이한 도시형성과정에서 한편으로는 발전이 이루어졌지만, 그 심층부에는 군사도시의 유제(遺制)로서의 도시병리가 무수히 남겨졌다. 그 전형이 시 전체의 16%(1986년 3월 현재)에 이르는 군사기지의 존재다. 미군은 오키나와를 점령함과 동시에 군용지를 접수했다. 점령 미군은 전전의 국유지 및 현유지를 무상으로 사용하면서 일부는 유상으로 대여했는데, 그들이 사용하는 군용지에 대한 지료는 지불되지 않았다.[18] 1945년 6월 23일 오키나와전 종결 이후 나하시 구시가지의 대부분은 군용지로 사용되어 전후 구(舊)나하시의 중심지는 대부분 미군의 관리하에 놓여 있었다.[19] 당시 나하의 구시가지의 거의 전역은 출입금지구역(Off Limit Area)으로 많은 미군 시설이 들어서 있었다. 군시설물로부터 1마일 이내에는 어떠한 건물의 건설도 금지되었다(미국군정본부지령 제3호 및 제17호). 또한 전전의 치지 유곽 일대는 전후 미군이 지정한 이른바 'A사인바'[20] 거리로 바뀌어 불야성의 네온사인이 밤거리를 밝혔다.[21]

오키나와 주민들은 미군이 허용하는 나하시 외곽의 주변부 토지에만 자리잡을 수 있었는데, 민간인이 들어갈 수 있는 구역이라고는 츠보야 일대를 중심으로 전전에는 농경지나 목축지로 쓰이던 곳이거나 묘지 인접 지대만이 허용되어 있었다. 1945년 10월 23일 미군정부는 각 부대에 대하여 오키나와주민의 구거주지에의 이동을 지시했는데,[22] 현재의 국제거리 일대, 즉 당시의 츠보야정(壷屋町)에도 도기(陶器)공업 재건을 목적으로 1945년 11월 10일 주민들의 이주 허가령이 내려졌다. 이를 기점으로 하여 마키시로부터 가미사토바루(神

---

18) 그 법적 근거는 헤이그조약 제55조로서, '점령국은 적국에 속하거나 점령지에 있는 공유건물, 부동산, 삼림 및 농장에 대해서는 그 관리자 및 용익권자와 다름없음을 고려하여 그 재산의 기본을 보호하고 용익권의 법칙에 따라 그것을 관리할 것'을 명문화하였다. 미군에 의한 국현유지 관리에 대해 자세히는 나하시(那覇市, 1987: 195~197) 참조.

19) 1945년 10월 23일 미군정부는 각 부대에 대하여 오키나와주민의 구거주지에의 이동을 지시했는데(해군군정부지령 제29호), 입역(入域) 허가 당시 구시가지의 거의 전역은 출입금지구역으로 많은 미군시설이 자리잡고 있었다. 1950년대 초기까지 구시내에는 류큐민정관부, 류큐군사령부 보급부, 수송부대, 물자집적소, 군인가족거주지구, 장교클럽 등 18개의 미군시설이 산재해 있었다. 군시설로부터 1마일 이내에는 어떠한 건물의 건설도 금지되었다(미국군정본부지령 제3호 및 제17호).

20) 미군접객업소에 대하여 미군당국에서 위생 등의 항목에 대한 기준을 마련하여 정기적으로 업소상태를 검열하여 양호하다는 판정을 받은 업소에 대해서만 'A' 표식을 발급해주었다. 'A사인바(A Sign Bar)'는 이 표식을 발부받은 업소를 지칭하는 말이다.

21) 1956년 매춘방지법이 성립하면서 매춘은 불법화되었지만, 기지성매매는 지하화된 채 미군기지 주변에서 여전히 성업하였다(琉球新報社會部 篇, 1986: 222~223; 박정미, 2007).

22) 이는 해군군정부지령 제29호 '구거주지 이주의 계획과 방침'에 따른 조치였다.

里原), 가이난(開南) 등지에 무계획적으로 난민에 대한 수용이 이루어졌으며, 그 결과 자연발생적으로 시가지가 확대되어갔다. 이처럼 전전에 집락이 형성되어 있던 지대를 중심으로 주요 지역에 군시설이 들어섬에 따라 저습지로부터 점차적으로 '해방지'가 형성·확대되어갔다(秋元律郎, 1995: 157~158). 당시 자유로운 이동이 허가되는 구역은 동쪽으로는 구 철도선로(현재의 히메유리 도리(ひめゆり通り) 부근), 서쪽으로는 마키시의 현도(県道; 현재의 국제거리)로 지정되었다. 그 결과 츠보야 일대에 인구가 늘어나 1946년 1월말 현재 남자 478명, 여자 504명 합계 982명으로 하나의 집락이 형성되었다. 그해 4월 츠보야구(壺屋區)는 나하시로 승격되었다. 국제거리가 전후 나하시의 새로운 인구 밀집지역으로 변화되기 시작한 것은 이때부터였다.

[그림 9-5]에 잘 나타나듯이, 드문드문 흩어진 집락의 확대로 특징지어지는 나하시의 도시구조는 이처럼 전후 미군에 의한 산발적이고 부분적인 토지해방에 의해 시가지가 형성될 수밖에 없었던 외적 조건과 동시에, 도시계획이 결여된 채 확대되어간 전후 군정하의 도시 형성과정을 논하지 않고서는 설명될 수 없다. 이러한 미군직접통치기의 계획 부재 현상은 1950년 나하시 도시계획 조례·시가지건축물제한 조례가 제정·고시되고 간접통치가 시작되어 류큐정부에 의해 도시계획관련법이 제정된 이후에도 사실상 지속되었다. 당시 도시계획은 집행할 재정력이 결여되었을 뿐만 아니라, 군사통치로부터 여러 가지 제약을 받았으며 광대한 기지의 존재가 계획상에 큰 저해요인이 되었던 것이다(秋元律郎, 1995: 158).

이러한 상황은 1952년 4월 28일 샌프란시스코강화조약이 발효되어 '전투의 계속으로서의 점령' 상황이 일단락되면서 본격적인 변화의 국면을 맞게 된다. 이 조약의 제3조에 의해 오키나와는 일본과의 행정분리가 국제적으로 결정되어 미국의 전면 지배하에 놓이게 되었다. 이에 따라 군용지에 대해서는 토지소유자와 새롭게 계약을 하거나 강제수용을 하는 방법을 통해 사용권한

[그림 9-5] 나하시 구거주지의 반환추이도(1945~1952)

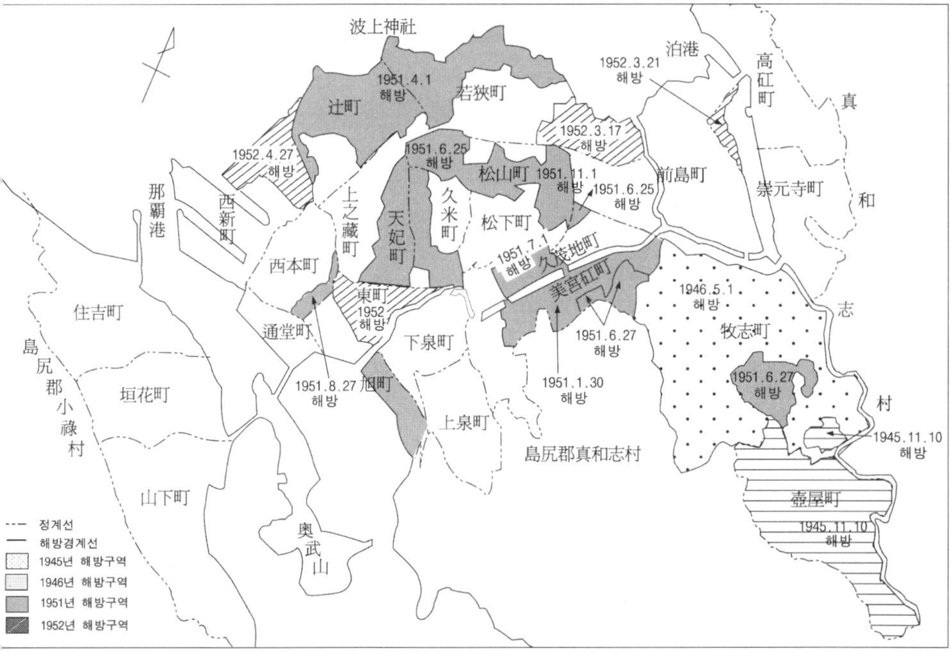
波上神社
1951.4.1
해방
辻町
若狭町
泊港
1952.3.21
해방
高
瓧
町
真
和
志
村
1952.3.17
해방
1951.6.25
해방
松山町
1951.11.1
해방
1951.6.25
해방
前島町
崇元寺町
1952.4.27
해방
那
覇
港
西
新
町
上
之
藏
町
天
妃
町
久
米
町
松下町
1951.7.1
해방
久茂地町
美栄瓧町
西本町
東町
1952
해방
1946.5.1
해방
牧志町
住吉町
通堂町
下泉町
1951.6.27
해방
1951.6.27
해방
島
尻
郡
小
祿
村
1951.8.27
해방
旭町
1951.1.30
해방
垣花町
上泉町
島尻郡真和志村
1945.11.10
해방
壺屋町
1945.11.10
해방
山下町
奥
武
山
정계선
해방경계선
1945년 해방구역
1946년 해방구역
1951년 해방구역
1952년 해방구역

출처: 那覇市(1987: 12~13).

을 취득해야 할 필요가 생겼다. 미군이 취한 법적 조치는 다음의 3단계를 거쳐 실행되었다. 즉 ① 1952년 11월 '계약권'을 공포하고, ② 1953년 4월 '토지수용령'을 공포했으며, ③ 1953년 12월 '군용지역내에 있어서 부동산의 사용에 관한 보상'을 공포하였다. 그렇다면 이러한 미군의 군용지 수용에 따라 전후 나하시의 공간구조는 어떻게 변화하였을까?

2) 국제거리의 난민밀집주거지화

전후 나하시 지역은 전쟁으로 본래의 삶의 터전으로부터 뿌리 뽑힌 난민들로 인해 사상 초유의 인구집중 현상을 경험하게 되었다. 1945년 11월 츠보야 일대

[표 9-2] 나하시의 인구증가

구분	1940	1950	1955	1960	1965
인구수	109,909	108,662	171,682	223,047	257,177
증감수	-	-1,247	63,020	51,365	34,130
증감비율(%)	-	-1.1	58.0	29.9	15.3

출처: 那覇市, 1987, 2.

에 산업부흥의 명목으로 요업(窯業) 관계자 일부가 선견대(先遣隊)로 들어온 이래, 1946년 1월 이토만(糸満)지구 관내 츠보야구청(壺屋區役所)이 설치되면서 전후 나하시의 재건이 시작되었다. 당시 츠보야의 인구는 약 1000명으로, 사방이 미군기지로 둘러싸인 이 집락은 1946년 4월 4일 '나하시'로 승격되어 8월경부터 각지의 수용지구로부터 일반시민들이 들어오기 시작했다. 그 결과 1948년에는 2만 6351명, 1949년에는 10만 9258명으로 인구가 격증하기 시작했는데, [표 9-2]에서 확인되듯이 이러한 폭발적 증가세는 1950년대를 관류한 현상이었다.

　　1950년대 초기까지 나하의 구시가지 지역에는 류큐민정관부(琉球民政官府), 류큐군지령부 보급부, 수송부대, 물자집적소, 군인가족거주구, 장교클럽, 우편국, 소방부대, 제8108중대, 병원 등을 포함하여 18개의 미군시설이 산재해 있었다. 1952년 자료에 따르면 당시 전체 시면적 185만 6401평 가운데 79만 1685평이 군용지이고 나머지 106만 4716평에 6만 1950명이 살고 있었다. 나하시의 도시문제 해결을 위해서는 우선 시역 내에 대부분 자의적으로 들어서 있는 미군용지를 해방시키는 것이 급선무였으나,23) 미군정의 도시정책은 그 역순의 우선순위에 입각하여 시행되었다. 그 결과 전후 나하시의 부흥은 일차적으로 중심부의 구시가지를 공백으로 남겨둔 채 주변부에 자연발생적인 집락이 형성되고, 그 후 미군기지의 정리통합이 이루어짐에 따라 중심부가

---

23) 이밖에 나하시가 군용지를 제외한 시역(민간사용구역으로서의 실질적 시역)을 확장하는 방식으로는 군용지의 해방, 인접행정구의 편입, 공유수면 매립이라는 세 가지 방식이 있었다. 이에 대한 간략한 설명은 那覇市, 1987, 9~10 참조.

메워지는 극히 변칙적인 방식으로 전개되었다.

나하시의 부흥재건은 1947년 말부터 전개되기 시작한 미군의 기지강화 정책과, '민주화' 및 경제부흥을 중심으로 한 민정 안정 정책, 즉 항구기지화에 대한 주민의 지지·승인을 얻어내기 위한 설득의 일환으로 현실화되었다. 이러한 정책을 배경으로 1949년 미군정장관 조셉 시츠 소장은 나하시를 오키나와의 수도로 재건하기 위한 도시계획을 추진되었다―1950년 나하시청에 도시계획과가 신설되었고 1953년 도시계획법이 제정되었다. 1953년 마침내 나하시는 나하·슈리·오로쿠·마와시의 2시 2촌을 합병하여 시역을 대폭 확장하기에 이른다.[24]

그렇다면 전후 폐허가 된 나하에 돌아온 주민들의 생활터전은 어떻게 재건되었을까? 전후 오키나와가 심각한 주택 부족 상태에 놓여 있었음은 두말할 나위도 없다. 오키나와 본도에서만 전체 호수의 95%에 달하는 10만 호를 상회하는 주택들이 전쟁 와중에 파괴되었는데, 최초로 그것을 대체한 것은 '카바야(カバヤー)'와 '규격주택(規格屋; キカクヤー)' 두 가지였다.[25] 나하에서는 규격주택의 건설은 츠보야 일대 지역으로 제한되었는데, 애초에는 주민을 30만 명 정도로 추산하여 1호당 평균 5명씩, 18만 5000호를 건설하여 전 주민에게 주택을 공급할 계획이었으나, 1946년 8월부터 외지인양자(外地引揚者)가 속속 돌아옴에 따라 주택수요가 급증하여, 결국 주택공급은 늘어나는 인구를 감당하지 못하게 되었다. 그 결과 나하시는 주택보급률의 저하와 함께 도시 인프라의 정비가 지연되면서 시내 곳곳에 주거환경이 열악한 불량주택가들이 우후죽순처럼 형성되어갔다. 전후 국제거리 일대는 이처럼 자연발생적으로 형성된 과밀화된 난민촌으로부터 새 삶을 시작했던 것이다. 이제 이들 난민이 어떻게 이 공간에 뿌리내리게

---

24) 1954년 9월 말 현재 인구는 나하시가 7만 2468명, 슈리시가 2만 4037명, 오로쿠손이 14,958명, 마와시손이 5만 4935명이었다(那覇市, 1987, 495~496).
25) 카바야는 미군으로부터 불하받은 텐트를 이용하여 만든 간이주택이고, 규격주택은 주로 미국에서 들어온 2×4인치 건축재를 골조로 하여 벽과 지붕은 텐트나 모기장을 사용한 획일적 목조주택이었다.

되는지, 그 과정에서 이 공간은 어떤 변모를 겪게 되는지 살펴볼 차례다.

5. 난민촌에서 번화가로

1) 점령기 지역주민들의 생활·문화공간 국제거리의 형성

　전쟁 직후 나하시 주민들에게 생활물자 공급의 원천이 되었던 곳은 미군 정하의 암시장이었다. 전후 통제체제하에서 일용필수품이 고갈되어 암거래 가 성행하는 과정에서 1947년 11월경 가이난(開南) 지역에서 자연발생적으로 생긴 것이 암시장였다. 이 암시장은 1948년 4월 마키시공설시장이 합법적으 로 신설됨으로써 발전적으로 해소되었다. 공설시장이 핵심이 되어 그 주변에 상점가가 자연발생적으로 형성되어 상업공간이 급속히 확대되어갔다. 그 가 운데 '헤와도리(平和通り) 상점가'가 시장과 마키시가도를 연결하는 연선에 형성되어 동맥적인 존재가 되었다(金城宏, 1996: 16).

　이 일대에 '국제'거리라는 이름이 붙여지게 된 것도 공설시장의 형성과 밀접한 연관을 맺고 있다. 그것은 타카라 하지메(高良一)[26]에 의해 설립된 '어니·파일(Ernie Pile) 국제극장'에서 기원한다.[27] 국제극장은 처음에는 노천

---

26) 타카라 하지메는 전전에는 모토부에서 해운업, 여관, 극장, 창고, 선박회사 등을 경영했다. 1945년 「우루마신보(ウルマ新報)」의 창간에 참가하여 쿠시(久志; 현재의 나고(名護)시) 지국장 이 되었다가 1개월 후 쿠시 시의회 의원이 되었다. 1946년(그의 나이 39세) 다카라는 우루마신보 나하지국장으로 나하에 이주했다. 그는 매주 슈리성 유적지의 고지대에 올라 나하 시가지를 조망 했는데, 그때 나하, 슈리, 마와시 오로쿠(小祿) 네 지역의 한가운데인 마키시 일대에 주목하게 되었고, 그 결과 국제쇼핑센터 자리를 노리게 되었다고 한다. 당시 그곳은 미군 콜롬보부대의 물자집적소였다(大浜聰, 1998, 20~45).
27) 어니 파일은 이에지마(伊江島)에서 최후를 맞은 미국의 종군기자로서 미군들로부터 압도적인 인기를 얻어 종전 직후 일종의 붐이 일어났다. 어니 파일은 유럽, 아프리카, 태평양 각지의 전선에 참가했으며, 노르망디작전에서 부상당한 이력이 있다. 이에지마는 그가 희생된 3일 후에 완전 함락되었는데, 그 후 그가 전사한 장소에 묘표가 세워져 종전 후인 7월 2일 미군에 의해 제막식이

극장에서 출발했는데, 그 후 본격적인 극장 건물이 들어서면서 연극·영화는 물론, 오키나와의 송·죽·매(松·竹·梅) 세 극단을 비롯한 일본 본토의 유명 예능인들이 출연한 오락의 전당으로서 대중과 친숙한 공간이자, 공적 기관─류큐임시중앙정부, 각 정당 각 단체의 결성·발회식 장소로서 사용되기도 한 명실공히 나하시와 오키나와의 중심적인 문화의 전당으로 유명세를 떨쳤다.

이처럼 어니·파일국제극장으로 대표되는 극장·공연문화는 전후 신산한 난민생활에 시달리던 나하시민들의 문화생활을 담보하는 상징물이었고, 나하시민들을 위한 생활공간으로서의 국제거리를 대표하는 건물이었다. 하지만 이 극장 건물은 1970년 '오키나와 최초의 거대상업지역'이라는 광고문구 하에 지하3층, 지상12층의 '국제관광센터' 빌딩이 건설되면서 철거되고 말았다.[28] 이것은 1970년대, 오키나와가 일본에 복귀한 이후 전개될 국제거리의 성격 변화를 상징적으로 보여주는 것이라 할 수 있다. 그 변화의 양상은 어떠했으며, 그것은 어떤 사회적·역사적 의미를 지닌 것이었을까?

2) 오키나와의 리조트 개발과 국제거리의 관광상품화

1972년 오키나와의 본토 복귀와 함께 현외기업, 즉 일본 본토 자본의 오키나와 진출이 급증하였다.[29] 이후 오키나와의 경제는 일본 정부의 재정원조가 대폭 증가하여 이전의 미군기지 의존형 경제로부터 재정 의존형 경제구조로

거행되었다. 묘비에는 "제77보병사단은 1945년 4월 18일 이곳에서 전우 어니 파일을 잃었다"고 기록되어 있다(大浜聰, 1998, 46~51).

28) 이때 철거된 건물군들 가운데 중심이 된 두 개의 건물이 '국제류영관(國際琉映館)'과 '평화관(平和館)'이었는데, 국제류영관의 원래 명칭이 '어니·파일(Ernie Pile) 국제극장'이었다.

29) 1990년 나하시에 입지한 주요 현외기업의 본사 소재지를 살펴보면, 총 332개사 가운데 도쿄도(東京都)가 압도적으로 많아 약 200개사로 전체의 60%를 점하고 있으며, 오사카부가 53개(16%), 그리고 아이치현, 후쿠오카현 등이 그 뒤를 잇고 있다. 설립 시기를 살펴보면, 오래 된 경우는 메이지 말기까지 거슬러 올라가지만, 전체의 89%에 이르는 296개사는 1972년 이후에 설립되었다(堂前亮平, 1997: 49~50).

[표 9-3] 규슈와 오키나와의 관광 · 리조트 개발계획.

리조트 개발	오키나와	후쿠오카	사가	나가사키	구마모토	오이타	미야자키	가고시마	규슈 전체
건수	60	11	8	12	12	17	8	7	135
면적(ha)	5,573	1,055	1,333	830	1,085	2,755	1,291	960	14,882
투자액 (억 엔)	14,294	4,925	744	2,959	1,079	2,511	1,877	310	28,699

출처: 佐藤誠, 1990: 102~104.

변화했을 뿐만 아니라, 관광객이 급증하여 1990년대 초에는 연간 300만 명이 넘는 수준에 이르러 관광수입도 오키나와 경제를 지탱하는 큰 기둥 역할을 하고 있다(堂前亮平, 1997: 52).

복귀 당시 오키나와의 사회경제 수준은 본토와 비교했을 때 큰 격차가 있어, 현민 소득은 전국평균의 58% 수준에 불과했다. 때문에 일본 정부는 27년간의 '공백'으로 인해 초래된 본토와 오키나와의 사회적·경제적 격차를 만회하기 위한 정책의 일환으로, 본토 일체화와 경제 진흥의 기폭제로서 복귀기념사업으로서 3대 이벤트를 개최했다. 1972년 11월 개최된 복귀기념 식수제(植樹祭), 1973년 5월에 개최된 오키나와특별국민체육대회(와카나쓰고쿠타이; 若夏国体), 그리고 1975년 7월부터 1976년 1월까지 진행된 오키나와 국제해양박람회(이하 '해양박(海洋博)')가 그것이다. 특히 해양박은 바다, 아열대 기후, 그리고 류큐 특유의 토속문화—이것은 오늘날 일본인들에게 관광지 오키나와의 이미지를 대표하는 이른바 '3종의 신기(神器)'로 간주되고 있다—를 결합하는 최초의 계기가 되었다. 이후 이 세 가지 요소의 체계적 결합을 통해 본격적으로 '오키나와스러움(沖縄らしさ)'이 연출되고 대량생산되기 시작했던 것이다(多田治, 2004: 112~113). 해양박을 계기로 한 오키나와의 관광 리조트 개발 붐은 일본 본토의 대자본이 진출하면서 본격화되었다. 단적인 예로 1990년 규슈의 관광 리조트 개발 건수와 투자액을 살펴보면 [표 9-3]과 같은데, 이 가운데 오키나와현이 1조 4294억 엔으로 규슈 7현의 합산액인 1조 4405억 엔에 육박하고 있음을 알 수 있다.

그러나 복귀로부터 30여 년이 경과하고 3차에 걸친 진흥계획사업으로 6조 수천억 원의 국비가 투입되었음에도 불구하고, 현민 소득은 여전히 전국 평균의 70%대에 그치고 있으며, 재정의존도는 23.5%에서 31.7%로 소폭 상승하고, 완전실업률은 3%에서 8%로 상승했으며, 제조업 비율은 10.9%에서 5.5%로 하락하는 등 목표와는 반대 방향으로 변화가 이루어지고 있는 실정이다. 오히려 정부의 시책 가운데 높은 평가를 받고 있는 것은 공항·도로·숙박시설 등의 인프라 정비와 함께 복귀 20주년기념사업으로서 슈리성 정전 복원이나 문화재 복원정비사업, 전통공예의 보존진흥책, 해양박 기념공원의 정비, 컨벤션 시설의 정비, 오키나와 정상회담의 유치, 류큐왕국의 구스쿠 등의 세계유산 등록, 국립극장의 건설 등 문화재·예능·스포츠 등의 정비·진흥책이다. '관광입현(觀光立県)'을 표방한 관광산업에서 두드러진 성장을 거두고 있는 것이다(金城正篤 外, 2005: 268~270).

일본에서 오키나와를 관광지화 하려는 움직임은 메이지 후기부터 생겨났으나(山城·佐久田 篇, 1983: 183), 본격적으로 오키나와를 관광지로 개발하기 시작한 것은 전후, 특히 복귀 이후부터의 일이다(三木健, 1990). 1954년 1월 오키나와관광협회가 발족되고 1960년 1월 류큐 정부 공무(工務)교통국 육운과(陸運科)에 관광계가 신설되었는데, 당시 오키나와에 들어오는 관광객 수는 연간 2만여 명에 지나지 않았다. 그 숫자는 1972년 본토에 복귀하면서 2배 이상 증가했고, 1975년 오키나와 국제해양박람회가 개최되면서 다시 3배 이상 급증하였는데, 이후 오늘날에 이르기까지 그 숫자는 완만한 증가세를 이어오고 있다(渡辺圻雄, 2003: 114~116).

이러한 오키나와의 관광산업의 성장에는 1972년부터 2001년까지 3차에 걸쳐 추진된 오키나와 진흥개발계획이 주요한 정책적 추동력이 되었다. 그 가운데에서도 건설산업에 대한 정책적 지원은 오키나와의 경제성장에 가장 큰 영향력을 미쳤다(蓮見音彦, 1995: 16~44). 그 결과 제조업 기반 산업이 부재

[그림 9-6] 오키나와의 리조트 관련시설의 지역적 분포

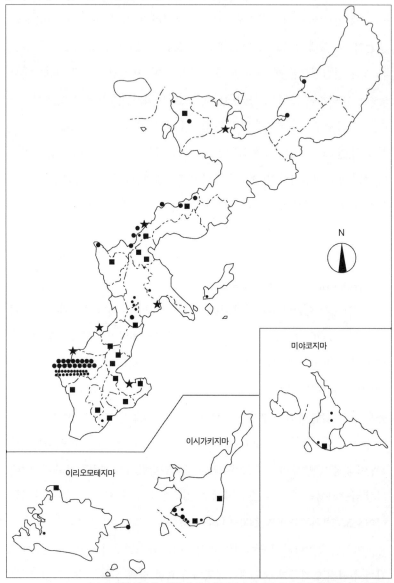

●과 ●은 각각 중소형·대형 숙박시설(각각 수용인원 300인 미만/이상), ■은 골프장,
★은 해양리조트를 나타낸다. 나하시 지역에 숙박업소가 집중되어 있음을 알 수 있다.
출처: 三木健, 1990: 37.

한 오키나와 경제의 현실에서 건설업은 독보적인 지위를 차지하게 되었다. 그 단적인 예로 1989년의 통계자료를 살펴보면, 현내 총생산에서 점하는 건설업의 비율은 15.5%로 전국 평균 9.5%를 훨씬 웃도는 수치로 현별 순위비교에 있어서 압도적 1위인 반면, 제조업은 6.1%로 전국평균 28.9%에 크게 밑돌고 있다. 복귀 이후 오키나와의 건설업체는 점점 늘어 1972~1992년의 20년간 약 2.5배의 증가세를 기록했다.[30] 일본의 전국 건설업체 총수는 1985년을 정점으로 감소되어왔으나, 오키나와의 경우에는 1992~2002까지 사회자본의 충실화를 목표로 한 10년간의 제3차 오키나와 진흥개발계획이 계속되어 '건설왕국'의 명성을 이어오고 있다(朝日新聞西部本社 篇, 1993: 133~137).

이처럼 장기간 지속되어온 오키나와 건설특수의 최대 수혜자가 오키나와를 대표하는 최대 도시인 나하시임은 두말할 나위도 없다. 나하시는 오키나와를 외부세계와 연결하는 현관으로서, 국제거리가 오키나와를 대표하는 관광상품으로 대두된 제1의 요인도 나하 시내 중심가라는 입지상의 이점 때문이었다([그림 9-6] 참조).

1970년 '국제거리'라는 명칭의 뿌리가 되었던 구 어니·파일국제극장의 철거와 '국제관광센터' 빌딩의 건설은 본토 복귀 이후 국제거리의 장소성의 변화를 함축하는 의미심장한 변화였다. 지역주민들을 위한 시장공간에서 출발한 국제거리는 나하시 소매업 발전의 모태로서, "혼란과 혼재 속에서 나하시 상업기능의 분화와 순화, 거점성과 광역성을 형성"(金城宏, 1996: 37)해갔으며, 본토 복귀를 계기로 현외 소매대자본이 투입되면서 상권이 비약적으로 확대되었다. 그 결과 국제거리는 더 이상 '나하의 국제거리'이기를 멈추고 '오

---

30) 특히 오키나와를 대표하는 건설업체인 고쿠바구미(國場組)는 오키나와의 건설업을 상징하는 존재다. 그 성장의 원동력은 본토 복귀 이전의 미군으로부터 수주된 공사로서 카데나 공군기지 공사가 대표적이다. 복귀 이후에는 민생 부문으로 크게 확대되어, 남북을 관통하는 오키나와자동차도로, 나하신항 접안시설, 오키나와 해양박 관련, 리조트 호텔, 오키나와 적십자병원 등등 다방면으로 공사범위를 넓혔다.

키나와의 국제거리'로 변신해갔다. 그 이전까지 인근 주민들을 위한 극장가이 자 생활·문화공간이었던 국제거리는 이제 해외 각지로부터 찾아오는 관광객들을 위한 이국적 소비·유흥공간으로 점차 변화되어간 것이다.

6. 맺음말: 헤테로토피아로서 오키나와 도시공간

국제거리의 형성사에 대한 이상의 논의를 시기별로 간추려보면 대략 다음과 같은 네 가지 역사적 단계의 변화과정을 거쳤다고 볼 수 있다. 첫째, 류큐 왕국 시대 직선도로 그 자체가 부재했던 시기다. 이 시기 슈리와 나하를 연결하는 도로는 성-속의 연결로로서 존재하였으며, 자연적 지형의 굴곡에 적응하여 형성된 구불구불한 우회로만이 존재하였다. 둘째, 신현도의 전설이다. 류큐 처분 이후 제국 일본에 의해 내지 식민지화되면서 식민지 항구도시 나하의 시가지가 내륙 방향으로 공간적으로 확대되는 과정에서 슈리 방면의 최단경로로서 마침내 신현도가 계획되었는데, 그 건설은 1934년에 이르러 직선가도로 실현되었다. 이후 나하시의 시역을 대폭 확대하여 슈리까지 포함하는 '대오키나와시건설계획'까지 입안되었으나, 전쟁으로 인해 실현을 보지 못한 채 종전을 맞게 된다. 셋째, 전후 미군정 시기의 난민거주지화다. 미군이 나하의 구시가지 중심부를 차지한 상황에서 국제거리 일대는 당시 변두리로 간주되어 방치되었는데, 군정 당국이 일대에 난민들의 이주를 허용하면서 무질서한 난민밀집주거지역이 형성되기 시작했고, 그 와중에 자연발생적으로 형성된 마키시 공설시장을 중심으로 국제거리 일대에 소비·유흥·문화공간이 형성되기에 이른다. 넷째, 일본 본토 복귀 이후, 일본 정부는 오키나와를 관광지화하여 대대적으로 개발하기 시작했다. 그 결과 '오키나와의 관문'으로서의 나하시의 입지조건과 '번화가'라는 국제거리의 장소성이 결합하면서 본격적으로 오키나와를 대표하는 관광명소로서 국제거리가 개발되고 연출되었다.

　오늘날 국제거리의 공간 형성에는 이 네 가지 단계의 역사적 요소들이 중첩적으로 작용해왔다. 그 자연적 입지를 잠재적으로 결정한 것이 전통왕조의 풍수적 공간 운영(제1단계)이었다면, 직선대로라는 가로의 형상을 결정한 것은 식민지도시 나하의 발전에 뒤늦게야 착수했던―그 때문에 실질적인 시가지 확장에까지는 미처 이르지 못한 채 패망을 맞이한―제국 일본의 미약한 권력의지(제2단계)였다. 전쟁의 폐허 속에 버려진 변두리였던 그곳을 사람들이 붐비는 공간으로 만든 것이 구시가지로부터 주변부로 주민들을 몰아낸 미군정의 강력한 척력(제3단계)이었다면, 그곳을 국제적인 관광명소, 화려한 스펙터클의 공간으로 연출해낸 것은 일본의 정부와 대자본의 추진력(제4단계)이었다고 할 수 있다. 우리는 이 네 가지 역사적 단계를 거치면서 오늘날의 국제거리가 탄생하였으며, 대체로 제1단계와 제2단계가 그 공간적 틀을 만들어냈고, 제3단계와 제4단계가 그 장소적 내용을 채워 넣었다고 말할 수 있을지 모른다. 하지만 과연 이러한 네 가지 역사적 단계들의 조합을 통해서 나하시 국제거리만이 갖는 독특한 이국적 정서의 역사적 원천을 온전히 규명해내었다고 할 수 있을까? 과연 이들 단계들이 이 글의 서두에서 언급한 국제거리를 구성하는 세 가지 장소성의 표출을 설명할 수 있는 필요충분조건이 된다고 할 수 있을까?

　자본주의 사회에서 건조 환경(建造環境; built environment)의 생산으로 대표되는 도시공간의 물리적 변화를 야기하는 가장 강력한 사회적 힘은 국가와 자본이다. 이 점은 국제거리의 경우에도 예외일 수 없다. 장소성A와 장소성B를 창출해낸 주된 요인은 명백히 오키나와의 리조트화에 투여된 일본의 정부와 대자본의 힘이다. 하지만 이것만으로는 지구상의 다른 어떤 지역의 관광지와도 구별되는 국제거리만의 고유한 분위기, '오키나와스러움'이라 일컬어지는 그 독특한 이국적 정서의 표출까지 해명해낼 수 없다. 이 문제의 해법은 장소성C의 형성 요인을 찾아내는 작업과 직결된다.

장소성C는 장소성A와 B로 대표되는 공간에 비해 상대적으로 오키나와 주민들, '우치난추'의 자생력이 가장 왕성하게 작동해온 공간, 국가와 자본의 압도적 힘이 가장 덜 미친 공간에 근거하고 있다. 그것은 '구관온존' 정책에 의해 식민권력에 의해 무계획적으로 방치된 공간, 기지우선 원칙에 따라 미군에 의해 외곽으로 추방된 난민들의 공간, 격자형의 상점가와 오피스가 건설에 투입된 일본의 건설자본의 손이 미치기 어려운 미로형 공간으로 특징지을 수 있다. 오키나와 도시공간의 고유한 생명력은 이러한 우치난추 시마공동체의 집합적 자생력의 역사적 산물이라고 볼 수 있지 않을까?

오키나와는 그 지정학적 특수성으로 인해 중화제국의 주변부, 제국 일본의 주변부, 그리고 미국의 해외기지라는 대단히 이질적이고 단절적인 국제정치적 위상의 변화를 경험해야만 했다. 그 결과 오키나와에는 류큐의 전통문화, 미국의 외래문화, 그리고 일본의 대중문화라는 세 가지 문화적 요소들이 혼재하게 되었다. 미군기지의 섬이자 해양리조트 섬, '폭력의 섬'이자 '평화의 섬', 그리고 한편으로는 점차 망각되어가는 참혹했던 전쟁에 대한 우치난추들만의 집합기억과, 다른 한편으로는 점점 더 대량생산되어가는 지상낙원의 사적 꿈들이 교차되는 섬 오키나와. 디스토피아(distopia)이자 유토피아(utopia)로서, 부재하는 오키나와의 모순적 이미지들 사이에서 실재하는 오키나와의 공간적 표상인 국제거리. 그 불가사의한 공간은 오늘도 관광객들에게 단절적 시간의 지층들을 켜켜이 내장한 단일한 장소성을 통해 '오키나와스러움'의 고유한 매력을 내뿜는다. 오키나와의 독특한 '참푸루' 문화를 내장한 헤테로토피아(heterotopia)31)로서의 오키나와 도시공간, 그것은 오키나와의 단절적이고 복합적인 역사적 경험이 낳은 문화적 혼종성의 산물인 것이다.

---

31) 복수의 문화적 정체성을 띤 오키나와의 헤테로토피아적 특성에 대해 자세히는 新原道信 (2003) 참조. 이 책에서는 오키나와 사회의 헤테로토피아적 성격을 주로 '인적 구성'의 차원에서 '디아스포라'로 인한 민족적·종족적 혼종성의 문제로서 다루고 있다. 본 논문은 이를 '공간적 구성'의 차원에서 재개념화하려는 시도다.

■ 참고문헌

· 1차 자료
1. 오키나와 현청 및 오키나와 현 소속 지방자치 단체 발행 자료

『沖繩縣史』.

那覇市. 1952. 『那覇市槪觀』. 那覇: 那覇市役所.

那覇市. 1980. 『琉球處分百年記念出版寫眞集 激動の記錄·那覇百年のあゆみ, 1879年~1979年』.
　　　　那覇: 那覇市役所.

那覇市. 1987. 『那覇市史: 戰後の都市建設』資料篇 第3券1. 那覇: 那覇市役所.

那覇市. 1999. 『那覇市都市計劃ますたープラン』. 那覇: 那覇市役所.

社團法人 沖繩縣對米請求權事業協會. 2000. 『いつでもごきげんな-ふぁの町: 花·夢·薰る國際通り』
國際通り觀光案內圖.

首里古地圖.

· 2차 자료
1. 한글단행본 · 논문

강상중·요시미 순야(姜尙中·吉見俊哉). 임성모·김경원 역. 2004. 『세계화의 원근법: 새로운 공공공
　　　　간을 찾아서』. 서울: 이산.

강성현. 2006. 「'죽음'으로의 동원과 이에 저항하는 가능성-오키나와 '집단자결(集團自決)'의 사례
　　　　를 중심으로」. 『민주주의와 인권』 제6권 1호. 5·18연구소.

김백영. 2006. 「서양의 모방과 전통의 변용: 일본 근대 도시 형성과정의 이중적 경향」. 『일본연구논
　　　　총』 23.

박정미. 2007. 「미군 점령기 오키나와의 기지 성매매와 여성운동」. 『사회와 역사』 73.

박훈. 2007. 「同化論과 오키나와 아이덴티티 -太田朝敷의 동화주의를 중심으로」. 『사회와 역사』
　　　　73호.

서연호. 2001. 「일본 나하시의 문화예술프로그램 연구」. 『한림일본학연구』 16.

이리시키 모리데부(新崎盛暉). 김경자 역. 1998. 『또 하나의 일본, 오키나와 이야기』. 서울: 역사비평
　　　　사.

임성모. 2005. 「오키나와. 탈식민주의의 상상력」. 『진리·자유』 56호. 연세대학교.

전상인. 2001. 「沖繩과 韓國: 近現代史의 共有와 有關」. 『한림일본학연구』 16.

주은우. 2007. 「섬의 시선-영화와 오키나와의 자기정체성」. 『사회와 역사』 73.

최인택. 2000. 「한국에 있어서의 오키나와 연구의 과제와 전망」. 『일본학연보』 제9집.

한경구. 2001. 「문화문제로서의 오키나와의 지역만들기」. 『한림일본학연구』 16.

2. 일문단행본 · 논문

高橋誠一. 2003. 『琉球の都市と村落』. 大阪: 關西大學出版部.

高橋勇悅. 1995. 「都市社會の構造と特質-那覇市の「自治會」組織を中心に-」. 山本英治-高橋明
　　　　善·蓮見音彦 篇. 『沖繩の都市と農村』. 東京大學出版會.

久場政彦. 1995. 『戦後沖縄經濟の軌跡—脱基地・自立經濟を求めて—』. 那覇: ひるぎ社.

宮城悦二郎. 1995. 「アメリカ文化と戦後沖縄」. 照屋善彦・山里勝己 編, 『戦後沖縄とアメリカ: 異文化接觸の50年』. 那覇: 沖縄タイムズ社.

吉川博也. 1985a. 「那覇研究. 都市分析の新しい地平(1)」. 『地域開發』1985년 6월.

吉川博也. 1985b. 「那覇研究. 都市分析の新しい地平(2)」. 『地域開發』1985년 7월.

吉川博也. 1989. 『那覇の空間構造: 沖縄らしさを求めて』. 那覇: 沖縄タイムズ社.

金城功. 1982. 「1850年代那覇の交通路と市場の様子:「ペリー來航關係記録」から」. 『沖縄史料編集所紀要』7.

金城宏. 1996. 「那覇市商業の形成過程: 那覇市國際通りを中心に」. 『商經論集』24-1.

金城須美子. 1995. 「沖縄の食生活にみるアメリカ統治の影響」. 照屋善彦・山里勝己 編, 『戦後沖縄とアメリカ: 異文化接觸の50年』. 那覇: 沖縄タイムズ社.

金城正篤 外. 2005. 『沖縄県の百年』. 山川出版社.

多田治. 2004. 『沖縄イメージの誕生: 青い海のカルチュラル・スタデイーズ』. 東洋経済新報社.

堂前亮平. 1997. 『沖縄の都市空間』. 古今書院.

大浜聡. 1998. 『沖縄・國際通り物語:「奇跡」と呼ばれた一マイル』. 沖縄: ゆい出版.

渡辺欣雄. 1994. 『風水: 氣の景觀地理學』. 京都: 人文書院.

渡辺圻雄. 2003. 「旅と観光の民俗學: 沖縄の例」. 『沖縄學』6. 那覇: 沖縄學研究所.

目取眞俊. 2005. 『沖縄「戦後」ゼロ年』. 日本放送出版協會.

山本英治. 1975a. 「沖縄県那覇市の都市構造の特質」. 林武 編, 『發展途上國の都市化』. アジア經濟研究所.

山本英治. 1975b. 「那覇市の都市形成とその構造」. 山本英治・高橋明善・蓮見音彦 篇, 『沖縄の都市と農村』. 東京大學出版會.

三木健. 1990. 『リゾート開發: 沖縄からの報告』. 三一書房.

西里喜行. 1982. 『近代沖縄の寄留商人』. 那覇: ひるぎ社.

石原昌家. 1995. 『戦後沖縄の社會史: 軍作業・戦果・大密貿易の時代』. 那覇: ひるぎ社.

小倉暢之. 1995. 「外人住宅の建設とその内容について」. 照屋善彦・山里勝己 編, 『戦後沖縄とアメリカ: 異文化接觸の50年』. 那覇: 沖縄タイムズ社.

新崎宣武. 1993. 『盛り場の民俗史』. 岩波書店.

新崎盛暉. 2005. 『沖縄現代史』. 岩波書店.

新原道信. 2003. 「ヘテロトピアの沖縄」. 西成彦・原毅彦 編, 『複數の沖縄: ディアスポラから希望へ』. 京都: 人文書院.

蓮見音彦. 1995. 「沖縄振興開發の展開と問題」. 山本英治・高橋明善・蓮見音彦 篇, 『沖縄の都市と農村』. 東京大學出版會.

又吉盛清. 1990. 『日本植民地下の臺灣と沖縄』. 沖縄: 沖縄あき書房.

朝日新聞西部本社 編. 1993. 『沖縄からの報告 復歸世 20年』. 沖縄: Southern Press.

佐藤誠. 1990. 『リゾート列島』. 岩波書店.

中澤孝夫. 2001. 『変わる商店街』. 岩波書店.

川平朝申. 1997. 『終戦後の沖縄文化行政史』. 那覇: 月刊沖縄社.

沖縄タイムス社 編. 1997. 『127萬人の実験』. 沖縄: 沖縄タイムス社.

太田良博・佐久田繁 編著. 1984. 『沖縄の遊廓—新聞資料集成—』. 那覇: 月刊沖縄社.

10장

미군기지 내에서의 농촌자치와 지역문화

· 오키나와 요미탄촌의 사례 분석

임경택

1. 서론

요미탄촌(讀谷村)이 경험한 전쟁 중·전쟁 후의 역사는 오키나와를 상징하고 있다. 이곳은 미군이 오키나와 본도에 최초로 상륙한 지역이었다. 패전 후에 이 지역은 미군에게 접수되었고, 주민들은 마을에서 쫓겨나 고난의 길을 걸어왔다. 현재 일본 내에 있는 미군기지 전체의 75%가 오키나와현 내의 25개 시정촌(市町村)에 흩어져 존재하고 있으며, 이 요미탄촌은 반환 후에도 총 면적의 47%가 여전히 기지로 제공되고 있으며, 특히 마을의 중심부가 기지로 접수되었다.

그러므로 이 요미탄촌의 지역사회는 기지의 존재를 빼놓고는 논의할 수 없으며, 실제로 이 지역의 무라즈쿠리(村づくり, 지역만들기)도 기지반환투쟁을 축으로 하여 전개되어 왔다. 요미탄촌에서 6기 23년간 촌장을 역임한 야마우치 도쿠신(山內德信) 씨는 패전 후의 무라즈쿠리에 대해 "초토 폐허 안에서 살아가기 위한 생활의 장, 생산의 장을 찾아 나선 활동이고, 기지에 둘러싸인 생활 가운데에서 생명의 안전을 확보하기 위한 도정(讀谷村, 1988)"이었다고 술회하고 있다.

이러한 배경을 가진 요미탄촌은 평화를 추구하는 "오키나와의 마음"을 기반으로 삼아 자치와 무라즈쿠리에 임했다고 한다. 생명의 위험을 안고 살아가던 요미탄촌 사람들은 1982년 '비핵선언'을 하였고, 일본국헌법의 평화주의를 철저히 지켜가겠다는 기본자세를 확립하여, 야마우치 촌장은 1991년의 시정방침에서 '평화선언'을 하게 된다.

요미탄촌의 특징은 이러한 직접적인 평화주의와 더불어, 그 평화주의를 기초로 하여 "지역의 역사, 문화, 자연을 발굴해 내고, 오키나와 - 요미탄만의 풍요로운 지역 개성을 가짐과 동시에 세계로 시야를 넓혀 자부심을 가지고 미래를 전망하고자 하는 창조적 주체적 자치방식을 추구하고" 있다. 그것은 역사와 전쟁의 경험을 품에 안고, 지역 내부로부터 아이덴티티를 확립하여 내발적으로 발전해 가고자 하는 지역형성이라고 할 수 있는 것이다. 즉 '주민 전체의 원칙 · 지역 전체의 원칙 · 풍토 조화의 원칙', '인간성 풍부한 환경 · 문화촌'의 원칙과 이념이 형성되어, 그것을 이루기 위한 무라즈쿠리가 지속되어 왔던 것이다.

또한 요미탄의 바다와 유적은 자립된 왕국이 날개를 펴고 전개해 온 아시아와의 교류에 대한 역사를 상기시켜주고, 석양과 산호초로 상징되는 해안의 아름다움은 '니라이카나이'[1)에 대한 꿈을 일깨워주며, 고난의 역사는 인간과 평화에 대한 한없는 존중을 키우는 토양이 되어 왔다. 이러한 풍토 위에서 요미탄촌의 무라즈쿠리는 '21세기 역사의 비판에 견딜 수 있고', '개성적이기 때문에 전 세계에 통용될 수 있는' 형태로 전개되어 왔다. 이러한 이유들로 인해, 요미탄촌의 무라즈쿠리는 단순히 오키나와 뿐 아니라 '지방의 시대'를 목표로 하는 일본 전체의 무라즈쿠리에 있어서 가장 우수한 선진사례라 평가되고 있다.

---

1) 바다 저편의 지상행복의 나라라는 의미.

본고에서는 이러한 요미탄촌 마을의 역사와 지역운동의 과정을 통해 미군기지 내에서의 농촌자치의 방식과 스스로의 정체성 확립과정을 분석하여, 오키나와의 미군기지와 지역문화의 관계 및 그 특질에 대해서 살펴보고 일본국 안에서의 오키나와의 자립운동의 전개과정과 그 가능성에 대해 생각해 보고자 한다.

2. 요미탄촌의 역사적 배경

1) 패전 전의 요미탄촌

요미탄촌은 오키나와의 중심도시인 나하시로부터 북쪽 28km지점, 본도 중부의 서해안에 위치하고 있다. 남쪽은 카데나정(嘉手納町), 북동쪽은 최근 리조트 개발로 유명해진 온나촌(恩納村), 동쪽은 카데나 탄약고지구를 끼고 오키나와시와 카데나정에 인접해 있다. 북서쪽은 동중국해에 면해 있고, 그 끝에 잔파코(殘波岬)가 돌출되어 있다. 남쪽 경계를 서쪽으로 흐르는 히샤가와(比謝川)는 동중국해로 흘러 들어간다. 동부를 국도58호선이 남북으로 달리고 있고, 이 도로에서 서쪽으로 분기한 현도 6호와 12호가 나란히 달리다가 합류하여 온나촌으로 들어간다. 국도58호선을 경계로 동쪽에는 오래된 지층들이 구릉지대를 형성하고 있고, 동중국해 쪽으로 돌출된 서쪽에는 산호초가 융기한 석회암을 주체로 하는 새로운 지층이 형성되어 평탄한 지형을 나타내고 있다.

15세기 중엽에 요미탄자(讀谷山)를 통치한 호좌환(護佐丸)에 의해 축조되었던 자키미구스쿠(座喜味城)의 일부가 남아 있으며, 그 남쪽에 요미탄 보조비행장이 펼쳐져 있다. 남서부의 층을 한 단 더 낮게 한 곳을 동쪽에서 서쪽으로, 그리고 다시 북쪽으로 현도 6호선이 달리고 있으며 이 도로를 따라 취락이 형성되어 있다. 서쪽 해안 가까이의 평야부에는 미군 점령 후 건설된 비행장과 사격장이 있었는데 반환 후에는 토지가 개량되어 리조트지로 변하였다.

1879년에 오키나와현에 속하게 되었고, 1908년의 오키나와현 및 도서정촌제(島嶼町村制) 시행에 따라 요미탄잔촌(讀谷山村)이 되었다. 그 후 1946년에 요미탄촌(讀谷村)으로 개칭하였다.

패전 전의 통계를 보면 산림은 상대적으로 적고 56%가 경지였다. 본도를 종단하는 주 교통편, 풍부한 음식물과 명승지, 왕조시대의 문화유적을 보유한 순농촌이었다. 그러나 현재의 통계로는 경지면적이 약 1/6인 17%로 줄어들었다. 기지 1,649ha가 미군기지로 접수되었기 때문이다. 이처럼 전쟁과 패전 후의 기지화는 요미탄 사람들의 생활과 사회를 결정적으로 전환시키는 계기가 되었던 것이다.

또한 1930년의 국세조사에 의하면, 세대수 3353호, 총인구는 1만 5835명, 취업인구의 86.5%가 농업인구였다. 1911년 호수는 3003호, 인구 1만 4759명이었고, 1940년 3120호, 1만 5883명이었던 걸로 보아도 패전 전에는 큰 증감이 없이 정착성이 강한 사회였다고 볼 수 있다. 이것이 기지반환운동의 숨은 배경이라고도 생각할 수 있을 것이다.

2) 전쟁과 기지화: 지역의 형성

1943년에 당시 일본군이 동양제일이라고 하였던 요미탄 비행장 건설이 시작되었다. 75만 평의 토지가 강제접수되었고, 요미탄촌에서는 하루 평균 약 3000명의 인부가 동원되었다. 게다가 요미탄촌에서 900명이 소집되어 방위대가 조직되었다. 1944년 말부터 미군의 폭격이 시작되어 6390명에 이르는 많은 주민들이 소개(疏開)되었고, 산 속에서 많은 사람들이 굶주림과 질병으로 죽어갔다. 이른바 '소철지옥'도 이 무렵의 일이다.

미군의 맹폭격으로 인해 철저히 파괴된 후인 1945년 4월 1일, 1300척의 함대지원을 받으면서 18만 2800명의 미군이 이 요미탄의 해변으로 상륙을 개시하였다. 오키나와전이 종결되는 것은 6월 23일이었는데, 촌의 공식통계에 의하면 촌민의 전쟁 희생자는 2391명에 이르렀다고 한다. 1944년의 총 호수가 3150호였으므로, 거의 1호당 1명에 가까운 희생이었다. '집단자결'도 여기에 포함되어 있음은 물론이다.

미군은 요미탄촌을 전면 점령하고, 전 주민을 추방하였다. 마을사람들은 수용소에 들어가거나 인근 마을로 분산거주하게 되었다. 그런 상황에서 무라즈쿠리는 우선 마을사람들이 마을로 복귀하는 것이었다. 주민들은 주변지역으로 분산되어 있으면서도 촌장을 선출하여 촌 행정조직을 확립하고 복귀를 준비하였다. 1946년 8월에 요미탄촌건설대가 조직되었다. 1944년의 가옥총수는 3179호였으나, 당시의 잔존가옥수는 132호로 전쟁피해율이 96%에 이를 정도로 철저하게 파괴된 상태였다. 전 촌의회 의원들로 조직된 촌정위원회가 촌명을 '요미탄자(讀谷山)'에서 '요미탄(讀谷)'으로 개명하였고, 흩어져 있는 촌민의 대표를 지구별로 선정하여 상호연락협력을 도모하였고, 건설후원회도 조직되었다.

동년 11월 20일부터 제1차 이동이 개시되어 5000명이 돌아왔다. 그 후에도 이동이 계속되어 1948년 4월의 제5차 이동으로 구(舊) 촌민의 대부분인 1만 5400명의 이동이 거의 완료되었다. 하지만 마을사람들이 모두 구 거주지로 이동한 것은 아니다. 심지어 건축이동 종료 후 재차 퇴거명령을 받은 곳도 있을 정도였다. 그 후 샌프란시스코강화조약의 발효(1952년)로 인해 기지는 점령지에서 정식으로 기지가 되었는데, 그 때에도 20%가 반환된 것에 불과하였기 때문이다. 일본 본토에 복귀하게 된 1972년에 기지면적은 여전히 73%를 차지하고 있었으며, 현재는 마을 면적의 47% 수준이다. 따라서 현재에도 많은 주민들이 분산거주하고 있는데, 요미탄촌의 각 아자(字=행정구)의 구 주민들은 서로 떨어져 살고 있더라도 아자의 결합을 유지한 채 공통의 자치조직에 가입하였다. 즉 요미탄촌은 구 거주지의 결합을 유지하면서 속인적으로 조직되어 있는 것이다. 이렇게 구 주민의 결합을 유지하고 있는 것이 요미탄촌 지역조직의 특질이라 할 수 있다.

3. 패전 후 요미탄촌의 산업구조

1) 인구의 자연증가

요미탄은 나하에서 자동차로 1시간 걸리는 곳에 위치하고 있고, 최근 중부지구의 발전 등으로 인해 주변지역으로 통근하는 사람도 많다. 이곳의 인구는 패전 후 증가하여 복귀직전인 1970년에 이미 4471호 2만 1410명이 되었고, 그 후에도 증가를 계속하여 1990년에는 약 9000명, 3700세대가 증가하여 3만 750명의 인구가 되었다. 이러한 인구증가는 대부분 자연증가에 기초하는 것이 요미탄촌의 인구구조의 특징 중 하나다. 기지면적이 넓어서 외부로부터 인구를 흡인하는 요인도 적고, 또한 주변지역으로 유출되는 인구도 적은 곳이다. 남부지역은 시가지화가 진행되어 급속하게 도시화가 이루어지고 있으며, 농촌이라기보다는 교외시가지의 양상을 띠게 되었다. 그럼에도 불구하고 행정적으로는 여전히 '촌(村)'에 머물고 있다는 사실에 주목해야 한다.

2) 마을의 산업구조와 개발의 특징

요미탄촌의 개발은, 반환기지의 토지이용을 중심으로 지역주의를 관철시키고자 하여, 마을의 자연적·역사적·문화적 자원을 이용하고 농업을 중시하여 마을의 체형에 맞는 내발형의 개발을 도모해 왔다는 것에 그 특질이 있다.

1957년의 통계(読谷村, 1957)에 의하면, 제1차 산업인구는 54%를 차지하고, 총 취업자 중의 30%인 2595명이 군(軍)고용자이며, 촌민소득 중 근로소득은 59.6%, 그 중 72.6%가 군고용 소득이다. 또한 기지임대료를 포함한 개인임대료소득이 15.6%로서 촌민소득의 반 이상이 기지에 의존하고 있었다. 군용지임대료는 1954년 여름 계약 857만 8623엔, 1955년도 여름 계약 2959만 9985엔으로서 1951년의 촌민소득이 2억 2557만 7450엔인 것을 감안하면 매우 높은 수준이라는 것을 알 수 있다. 또한 제1차산업인구가 여전히 높은 데 반해, 경지면적은 기지화로 인해 감소되어 농민들의 영세화가 진행되어 왔다.

그 후 오키나와진흥개발법의 적용을 받아 이라카(伊良香)공업지 24.2ha가 지정되었고, 골프장 건설의 제안도 있었다. 하지만 촌의 방침은 중앙으로부터의 지원에 의존하기보다, 현지자원의 발굴, 현지산업의 발전에 중점을 두고 있어서 1980년대부터는 반환지에서의 농업개발에 주력하게 된다. 1976~1989년에는 농업생산기반의 정비가 실시되었는데, 그 중 비행장이었던 토지 89.8ha의 토지개량사업이 최대 규모로 이루어신 사업이었다. 기지였던 토지를 농지로 전환하기 위해 수자원사업도 시행되어 1995년에는 댐이 건설됨으로써 반환 토지는 농지로 소생하게 되었다. 또한 개량농지에서는 농업의 구조적 전환도 일어나, 전통적인 작물이었던 사탕수수가 1989년에 81%를 차지하였으나 2년 후에는 63%로 줄었고, 그 대신에 부가가치가 높은 붉은 감자, 관엽, 화훼가 증가하기 시작하였다.

또한 쇠퇴해 가던 전통적인 요미탄 하나오리(花織)는 1964년 이후 마을 전체가 합심하여 부흥시켜 1975년에는 무형문화재로 지정되었고, 1990년에는 이미 생산고가 7~9000만 엔을 돌파하였다.

1972년, 인간국보[2]인 가나시로 지로(金城次郎)를 나하에서 이곳의 오래된 도요지로 초빙하여 요미탄 도자기를 생산하기 시작하였다. 군용지반환지에 4개의 공동 가마가 있고, '야치문의 고향(やちむんの里)'[3] 만들기가 시작되었으며, 현재는 20여 개의 가마가 있고 추정 출하액이 2억 엔을 넘고 있다. 또한 군용지였던 곳에 오키햄의 식품가공공장도 유치하였다.

리조트 개발도 요미탄 특유의 방식으로 전개되었다. 오키나와의 리조트 난개발은 유명하지만, 이곳에서는 해안지역을 임대지로 하여 소유권과 지대를 확보하고, 현지 우선 고용 및 현지 농산물 우선 이용을 전제로 하여 계약을 맺었다. 많은 복지시설도 유치하였으며 어느 세탁회사는 50명의 현지 장애인을 고용한 것으로 유명하다.

결론적으로 요미탄촌의 산업개발은 47%의 토지를 군사이용 당하고 있다는 점에서 제약을 받고 있다. 그 제약을 받는 상황하에서 외부자본에 의거하지 않고 농업을 기본으로 하면서, 함부로 대규모 개발을 의도하는 것이 아니라 그 체형에 맞추어 역사나 문화를 포함한 지역자원을 발굴하는 형태의 것이라 하여도 좋을 것이다. 외부자본이 들어오는 경우에도 약탈적이지 않고, '인간성 풍부한 환경·문화촌' 구상에 따라 약자에게도 배려가 이루어지는 내발적이고 자주성 풍부한 주체적인 개발인 것이다. 골프장 개발도 이루어졌지만, 외부자본에 의하지 않고 현지 지주의 공동출자로 회사가 만들어져, 현지인 고용에도 공헌하면서 지역활성화에 공헌하고 있다.

---

2) 우리나라의 인간문화재에 해당.
3) 야치문은 도자기를 일컫는 오키나와어.

4. 문화운동과 농촌자치

1) 기지반환투쟁의 궤적

앞에서 살펴 본 바와 같이 경제구조가 기지에 의존하고 있었음에도 불구하고 요미탄촌에서는 촌 전체가 하나가 되어 기지반환운동을 계속해 왔다. 그 운동의 역사가 바로 무라즈쿠리의 역사인 것이다.

요미탄촌에는 현재 5개의 기지시설이 있다. 카데나 탄약고시설(1145ha), 요미탄 보조비행장(191ha), 도리이 통신시설(198ha), 소베(楚辺) 통신시설(54ha), 세나하(瀬名波) 통신시설(61ha)로 합계 1649ha를 점하고 있다. 요미탄의 기지를 상징하는 것은 소베통신소의 '코끼리 우리'라고 불리는 직경 200m, 높이 30m에 이르는 거대한 원통형의 안테나망이다. 도리이 통신기지에는 오키나와 주둔의 미육군 사령부와 유일한 실전부대는 미육군특수부대가 배치되어 있다.

1972년 복귀시에 73%였던 기지면적은 1978년에 47%가 되었다. 반환에 이르기까지 주민들에 의한 반기지투쟁의 격렬한 과정이 있었다. 우선 불발탄 처리시설 철거가 1970년 무렵부터 본격화하였다. 폭탄 파편의 낙하나 소음, 진동 피해, 독가스 발생에 의한 오염 등에 대한 반대운동이었다. 운동은 관청, 의회, 주민이 일체가 되어 비폭력적으로 전개되었다는 것에 그 특질이 있다. 오랜 투쟁의 결과, 1978년에 결국 철거와 토지의 반환이 결정되었다.

1976년부터 1978년까지 안테나기지건설반대투쟁이 일어났다. '요미탄 비행장용지소유권회복지주회'를 비롯하여, 촌청의 직원조합, 구장회, 촌청, 농협노동조합, 오키나와 교조분회, 고교조합분회, 청년단협의회, 부인연합회, 오키나와버스지부, 촌의회, 사회대중당, 사회당, 공산당, 공명당의 지부 등 광범위한 집단이 '공투회의(共鬪會議)'를 결성하였다. 수일간의 농성 등을 통해 비행장 내의 일부분을 반환하게 하였다.

그 후에도 꾸준히 기지 문제 해결을 위한 노력이 이루어졌는데, 그 내용은 대략 다음과 같다.

1979년 '개발계획에 기초한 해결안'을 참의원 오키나와특별위원회에 제출.

1980년 요미탄비행장전용계획 제출.

(요미탄 보조비행장 내의 낙하산 강하 연습장의 이동에 합의)

1986년 '현지의 토지이용구상을 존중하고 대처하겠다'는 뜻을 국회에 보고.

1990년 미국 국방성은 '오키나와에서 주민과 군과의 관계개선을 위해서도 토지의 반환을 목적으로 기지와 시설의 사용을 합리화해 갈 것'이라는 보고를 상원군사위원회에 대해 행함.

1992년 'Request for the Early Return of the Yomitan Auxiliary Airfield' 작성.

그 외에 각 행정구(=아자)별로 『아자지(字誌)』를 출판하여 전쟁과 기지 반환의 역사를 기록하였다.

이러한 투쟁을 통해 이루어진 무라즈쿠리, 즉 반환군용지의 이용형태를 보면 [표 10-1]과 같다.

2) 기지의 반환과 문화촌만들기의 전개과정과 특징

요미탄촌과 전 촌장이던 야마우치 씨는 기지 문제와 무라즈쿠리 즉 '지역만들기'에 관해 너무나 유명한 존재들이다. 요미탄의 무라즈쿠리를 주도해온 야마우치 촌장의 말을 빌면, "기지는 전쟁을 전제로 한 시설이다. 2차 세계대전에서 모두 상실한 것처럼 파괴로 이어진다. 문화는 창조의 역사다. 창조적이고 낭만을 품을 수 있다면 저절로 지역상과 오키나와상이 나오게 될 것이다(喜久村準 外, 1990:113)"고 한다. 이러한 이념하에 요미탄의 무라즈쿠리는

[표 10-1] 반환군용지의 이용실적

군용지	이용실적(괄호 안은 면적, ha)
요미탄 비행장지역	촌민센터(29), 전망공원 및 예능홀지구(4.2), 선진집단농업지구(20), 국도58호선로드파크예술회랑(35), 大木지구구획정리(상업, 문화, 관광중심지;22), 수도시설(1), 자키미지구농업기반사업(14)
카데나 탄약고지구	나가하마(長濱)댐 건설, 오키나와햄 종합식품
나미히라 육군보조시설	의료복지센터
도리이 통신시설	공공시설, 토지개량종합정비사업(24)
카데나 구 미군주택지구	거주지 정비를 위한 토지구획사업
보로포인트 사격장/비행장	농업생산기반정비(133.8), 취락기반정비사업, 잔파코종합공원정비, 쓰레기 처리장
보로포인트 사격장 A	자키미성터 환경정비사업, 자키미성터 종합공원조성사업

문화촌(文化村)만들기로 전개되어 왔다. 1978년에 제1차 종합계획, 1989년에 제2차 종합계획기본구상, 1991년에 제2차 종합계획·전기기본계획을 책정하였다. 이러한 계획들의 기본이념은 '촌민 주체의 원칙·범 지역의 원칙·풍토 조화의 원칙'이었고, 갖추어야 할 모습으로 '인간성 풍부한 환경·문화촌'을 내걸고 있다. 복지나 공동체를 중시하는 인간성, 풍요로운 바다·산·하천의 자연을 보전하고 함양하는 자세, 문화전통의 보존과 발전을 중심으로 마을의 미래상이 묘사되어 있다. 특히 제2차 기본계획의 기본구상에서 대강은 일본어로 작성되었다. 그 대강의 설명은 오키나와어로 쓰여 있으며, 이를 통해 우리는 전통과 정체성을 중시하고자 하는 행정 자세를 엿볼 수 있다.

20세기에서 21세기로의 교량역할을 할 수 있는 종합계획으로 세워진 무라즈쿠리의 기본계획은 다음의 8가지를 주요 목표로 삼고 있다.

① 풍요로운 자연 속에 성장하는 무라즈쿠리

② 밭밑에서부터 쌓아가는 평화로운 무라즈쿠리

③ 촌민 주체로 활기가 넘치는 무라즈쿠리

④ 지역과 함께 발전하는 산업만들기

⑤ 전통공예를 살리는 무라즈쿠리

⑥ 새로운 문화를 창조하는 무라즈쿠리

⑦ 밝고 쾌적한 무라즈쿠리

⑧ 협력과 신뢰를 통한 무라즈쿠리

이를 실천하기 위한 주요프로젝트는 다음과 같으며 그러한 사업의 결과는 [표 10-1]에 나타난 바와 같다.

① 요미탄비행장 전용사업의 추진

② 고령자복지와 건강사업

③ 자연이 넘쳐나는 무라즈쿠리=녹화추진사업

④ 히샤가와(比謝川)연안정비사업의 추진

이와 같이 요미탄촌의 무라즈쿠리 계획은 반환 혹은 반환을 예정하고 있는 기지를 거점으로 계획되어 왔다. 외부로부터의 기지 반대도 심했으나, '기지 안에 공공시설을 더욱 더 정비함으로써 기지반환의 계기 혹은 발판을 만들어 왔던' 것이다.

미군점령직후에는 요미탄촌의 토지 중 95%가 기지로 강제수용 되었고, 시정권 반환 후에는 73%가 되었으며, 현재에도 47%가 기지로 사용되고 있다. 그로 인해 지역은 완전히 해체되어 버렸고 그 때까지의 사회관계가 불안정한 것이 될 수도 있는 상황이었다. 그리고 주민들의 마음의 근원이었던 우타카나 배소(拜所) 중 일부가 기지 안에 있다. 더욱이 일상적으로는 생명, 생존이 위기에 처해 풍요로운 생활에 대한 전망을 가질 수 없었다. 그만큼 주민들이 인간적으로 살아가기 위해서는 기지의 철거·반환이 무엇보다도 중요한 과제였다. 어떤 의미에서는 요미탄촌의 전후사는 기지철거·반환투쟁·교섭의 역사였다라고 할 수 있다. 게다가 이 투쟁은 극히 교묘하고 독특하며, 또한 그로 인해 큰 성과를 얻어냈다.

예를 들면 "복귀 후 25년간의 싸움은 행정도 의회도 요미탄 비행장지주회, 노동조합, 노인클럽, 청년회, 부인회, 상공회, 농협, 어협 등등, 요미탄촌에서 단체라고 이름붙인 것은 모두, 요미탄 비행장의 반환투쟁에 참가하도록 하였다. 그것은 동시에 기지반환 뿐 아니라, 요미탄촌의 무라즈쿠리를 진척시켜 가는 싸움이라는 자리매김을 해왔기 때문인 것이다. 그러므로 마을의 행정을 책임지고 있는 삼역, 교육장, 촌의회 의장, 의원들, 촌청의 직원들은 항상 이 싸움과 일체였다는 것이다. 삼역(三役)[4]과 의회가 항상 싸움의 선두에 선다. 이것이 기본이다"라고 야마우치 씨가 말하였다.

또한 주목할 점은 이 기지반환투쟁·교섭 이전에 이미 기지터를 이용하여 무라즈쿠리 계획이 책정되어 있었다는 것이다. 다카하시 아카요시는 '요미탄촌의 무라즈쿠리는 기지의 존재를 빼고는 생각할 수 없다 …… 기지의 반환을 통해서만이 장래의 마을의 모습을 그릴 수 있는 것이다. 요미탄촌의 무라즈쿠리는 기지반환투쟁을 축으로 하여 전개되어 왔다'고 한다. 그 전형이 미군기지인 요미탄 비행장 내에 1997년에 촌청을 건설한 것이다. 이것은 바로, 아직 반환되지 않은 기지 안에 청사를 건설한 것이다. 야마우치 씨에 따르면 "요미탄촌의 21세기 마을만들기의 열쇠는 역시 요미탄 비행장의 반환과 반환토지의 유효한 이용에 달려 있다. 1995년 10월, 거기에 자치의 전당, 무라즈쿠리의 거점으로서 대망의 촌청 청사를 착공하였다"고 술회하고 있다.

그 외에도 반환예정지 안에 공공시설을 건립해 갔다. '기지 안에 공공시설을 계속 정비하여, 기지반환의 발판으로 만들어 왔다'는 것이다. 매우 효과적

---

4) 촌장, 조역, 재정역을 말함.

인 기지반환전략이었다. 이와 같이 기지반환과 무라즈쿠리를 세트로 묶어 조합하였던 것이다.

여기에서 특기해야 할 것은, 이러한 기지반환이나 기지 내의 공공시설 건설은 일본 정부나 현 정부에 부탁하기보다는 야마우치 촌장이나 촌청 당국이 주민들의 지지를 기반으로 하여 직접적으로 미 정부나 미군과 교섭하여 실현에 이르게 하였던 것이다. 즉 정치적·행정적 자립이 출현하였던 것이다. 그것은 "나는 '진정한 무라즈쿠리를 지향하기' 위해서는 헌법을 한 가운데에 두고, '자치체 외교', '문화외교'를 한다"고 야마우치 씨가 말한 것처럼, 헌법에 의거하여 정치적·행정적 자립을 추진하려고 하였던 것이다. 그 한도 내에서는 권력적인 일본 정부라 하더라도 노골적으로 간섭할 수는 없었다. 야마우치는 1991년의 시정방침 중에 '일본국헌법의 정신을 주민생활에 뿌리내리게 하여, 이것을 살려 나가는 "평화헌법의 생활화"'라고 하였다.

다카하시에 의하면, "요미탄의 자치형성과 무라즈쿠리는 평화주의를 기초로 하여 지역의 역사, 문화, 자연을 발굴하여, 오키나와 - 요미탄적인 풍요로운 지역 개성을 지님과 동시에, 세계로 시야를 넓혀 자부심을 가지고 미래를 전망해 가자고 하는 창조적 주체적 자치의 방식을 추구해왔다 ⋯⋯ 지역 안에서 아이덴티티를 확립하여 내발적으로 발전해가고자 하는 지역형성이다"라는 것이다.

이것은 촌정에 대한 기본자세에 잘 나타나 있다. ① 평화와 민주주의, 인간존중의 촌정을 기조로 한다, ② 지역의 산업경제의 향상안정을 도모하고, 활력있는 무라즈쿠리를 지향한다, ③ 민주적인 학교교육, 사회교육을 충실히 하고, 문화의 발전을 목표로 한다, ④ 촌민복지의 증진을 지향한다, ⑤ 밝고 살기 좋고 건강한 마을 만들기를 지향한다, ⑥ 자치와 분권의 확립을 목표로 한다고 되어 있다.

이러한 구호의 구체적인 행동 중 하나가 1998년 오조에(大添)구 자치회가 지역공민관을 건설하였을 때 민생안전시설로서 방위시설청의 보조금 4000만 엔을 받기로 내정되었음에도 불구하고 이것을 거부한 사건이다. 그 이유는, 보조금을 받게 되면 여러 가지 제약이 발생하고, 또한 은혜를 입은 것이 될 수도 있기 때문이었다. 그리하여 '무라야(村屋)'라 불리는 과거풍의 건물을 주민들이 모두 나서 갹출하여 건설하였던 것이다.

이러한 정치적·행정적 자립의 움직임과 함께, 기지의존경제에서 탈피하여 경제적인 자립을 위한 시도가 추진되어 왔다. 그 중 하나가 1978년부터 본격적으로 착수한 '야치문의 고향'이다. 여기에는 인간국보인 가나시로 지로를 비롯하여 현재 33개의 도요지가 있고, 또한 유리공예의 제1인자인 이나미네 세이키치(稻嶺盛吉)가 초대되었다. 즉 오키나와에서 도예의 중심지가 되었던 것이다. 그리고 과거 요미탄의 독특한 직물이었던 요미탄 하나오리(花織) 직물사업협동조합을 설립하여, 통산대신지정의 전통공예품으로 전국에 알려지게 되었다. 직물사업소는 101개소, 전통공예센터와 지역공방이 3개소가 있다. 그리고 특산품인 붉은 감자를 가공하여 판매하는 등 지역의 특징을 살린 산업화에 매진하였다.

그 외에 오키나와 햄의 식품가공공장을 유치하였고, 리조트 개발을 추진하는 데 있어서는 소유권은 이전하지 않고 임대로 하였고, 환경파괴에 이르지 않도록 많은 제약조건을 걸었으며, 현지인 우선고용, 현지농산물 우선이용의 계약을 체결하였다. 골프장도 조성되었지만 외부자본이 아니라 현지의 지주들의 공동출자로 현지인 고용으로 이루어졌다.

이렇게 볼 때, 이 경제적 자립은 외부자본이나 일본 정부로부터의 조성금에 의지하는 이른바 대규모 개발이나 틀에 박힌 개발이 아니라 '지역' 안에서 자신들의 특성을 살려 자력으로 꾸려 나가는 것이었다. 그것은 각 지역의 주민들의 역사·문화·자연·생활의 특징을 활용한 정신적인 풍요를 목표로 하는 개별적이고 자립적인 지역계획이었던 것이다.

또한 주목되어야 할 점이 있다. 그것은 요미탄자의 하나오리의 부활에서 볼 수 있는 것처럼 '지역'의 문화적 특성을 창조적으로 발전시키고자 하는 계획이 실행되었다는 것이다. 1975년에는 현내에서 최초로 역사민속자료관이 개설되었고, 1988년에 미술관도 병설되었다. 또한 1975년 이후 매년 "타이키 날개피고, 지금 요미탄의 자립을 찾아서"라는 슬로건을 내걸고 '요미탄 마쓰리'가 열리고, 주민 5000명이 손수 만든 물산품들을 전시하고, 각 지역의 전통예능에 출연하고 있다. 여기에는 촌내외부터 약 10만 명의 인파가 운집한다. 당연히 이 사람들이 떨어트리는 금액은 상당한 것이다. 이 외에 직물, 도기, 회화 등의 미술공예창작활동을 발표할 수 있는 기회로서 '앙데팡당전'이 1981년 이후 매년 개최되고 있다. 야마우치 씨는 '문화(창조)가 없으면 사람들도 오지 않는다. 기업도 오지 않는다. 교류도 이루어지지 않는다'라고 하였다.

3) 자치의 기반이 되는 지역구조＝아자(字)

그런데 이러한 무라즈쿠리의 기초에는 각 아자별로 이루어져 온 공동체적 특성이 자리 잡고 있다. 여기에서는 그 자치의 기반이 되는 요미탄의 아자의 집단성에 대해 살펴보도록 하겠다.

(1) 강력한 아자의 자치조직

농촌부체 시마-부락-아자-행정구가 강력한 조직을 가지고 자치조직을 구성하고 있는 것은 오키나와사회의 특질이라고 할 수 있다. 요미탄촌에서도 모든 아자에 공민관이 설립되어 있고, 구장 외에 서기, 용무원, 회계 등 전속직원을 두고 있다.

야마우치 씨는 '무라즈쿠리의 에네르기는 아자를 중심으로 존재하는 사람들의 공동체 안에서 생겨난다', '우리 지역의 행정구(아자)는 생활공동체 혹은 지역공동체적인 성격을 가지고 있으며 자주적인 조직으로서 활발한 커뮤니티 활동을 전개하여 촌 행정의 첨단을 담당하고 있다[5])고 하였다. 또한 안자토 (安里英子)는 "'시마과'라는 말이 있는데, '과'라고 하는 것은 사람과 물건과 자연이 모두 대등하게 순환하는 세계를 가리키는 것이다. 시마란 사람과 자연과 신이 함께 살아 있는 세계다", "나의 이미지는 부락연합자치공화국이다. 취락 단위가 하나의 독립국으로서 식량을 자급하거나 혹은 자치를 수행하는 데 있어서 최소단위인 것이다"라고 하였다. 이처럼 무라즈쿠리의 기반이 되는 시마가 명확히 자리매김되어 중시되어 왔다는 것이다.

(2) 구 거주민들끼리의 연대유지

앞서 언급한 것처럼 분산되어 살고 있었을 때에도 그들은 아자별로 연대를 유지하고 조직체를 구성하고 있었다. 본인이 어디에 살더라도 원래 속해 있던 아자의 구성원들끼리 긴밀한 협력체제를 유지하고 있었던 것이다. 마쓰리나 운동회, 부인회 등의 단체활동, 전통행사 등도 모두 구 아자단위로 행해져 왔던 것이다.

(3) 연령계급제와 지연을 기본으로 한 조직

아자의 조직편성은 연령계급제와 성별, 지연을 기본으로 이루어진다.

(4) 단체를 단위로 하는 조직화와 활동

아자의 자치활동은 (3)의 원리를 축으로 하여 각각의 단체를 단위로 운영된다. 일본 본토의 농촌이 이에의 대표자로서 세대주를 중심으로 조직되고 활동하는 데 비하여, 오키나와에서는 연령별 조직이나 집단이 분담하여 활동하고 있다. 예를 들면 성소의 청소는 노인회가, 마을 내 도로청소는 부인회가 하는 식이다.

---

5) 1991년의 시정방침연설.

(5) 아자의 회비를 둘러 싼 실질평등원리

일본 본토의 자치회비 산정방식은 대부분 가격(家格)에 기초한 '가부와리(株割)'의 원칙, 즉 소득별, 자산별로 정해져 왔으나, 오키나와에서는 인구별 분할, 실제 일하는 자의 숫자별 분할 등등을 통해 실질적인 평등원리가 적용되고 있다.

(6) 전통행사의 합리화와 마쓰리를 통한 전통문화의 보전과 재생

오키나와에는 기원행사를 비롯한 수많은 종교행사가 행해지고 있는데, 가정이나 문츄(門中)에서 행하는 것들 외의 전통행사는 모두 각 아자별로 행하는 마쓰리에 통합되어 이루어지고 있어서 행사의 복원이나 활성화, 신규기획 등도 모두 이 마쓰리 안에서 이루어지고 있다. 이를 통해 아자의 정체성을 확인할 수 있는 계기가 만들어지고, 지연적 정체성은 더욱 강화되는 것이다.

5.결론: 무라즈쿠리와 '지역', 자립의 전망

이상에서 살펴본 바와 같이, 요미탄촌의 무라즈쿠리의 방향은 오키나와의 자연과 문화와의 조화, 차별과 박해의 역사를 통해 체득한 인권존중, 전쟁경험에 기초한 인권과 평화주의를 기조로 하여 지역에 뿌리를 내렸고, 보기 드문 성과를 올렸다. 또한 중앙을 좇아가는 관리적인 계획수법을 취하지 않고 개성적인 형태로 추진되어 왔다는 사실은 이 무라즈쿠리가 지역 안에서 숨쉬는 지역만들기였고, 지역 내 주민들이 활동하고 창조하는 인간적인 지역만들기였다는 것을 시사해 주고 있다. 이러한 요미탄촌의 사례를 통해 우치나(오키나와)와 야마토(일본국)의 관계 속에서 우치나의 장래=자립을 조망할수 있는 틀을 생각해 보고자 한다.

야마토 국가권력은 '류큐처분' 이래 일관적으로 그 권력적 공적 시스템으로 우치나를 지배하고 차별해 왔다. 특히 2차 세계대전 후에는 미군기지의 유지·강화를 도모하고, 그를 위해 당근과 채찍의 양면정책을 실시해 왔다. 그 가운데 우치난추는 생명·생존·생활의 위기에 직면하고 우치나의 경제적 발전과 자치·자립은 방해받아 왔다. 또한 우치나의 사회구조 전반과 우치난추의 의식의 야마토화가 진행되어, 우치나의 사회적·문화적 특질이 상실되기에 이르렀다. 여기에 대하여 한편으로는 야마토에 스스로 다가가고자 하는 동화주의·종속주의가 강화되고, 또 다른 한편으로는 기지반대투쟁이나 독립론, 반국가·비일본 국민론의 사상 및 상대적 자립론과 그 활동이 나타났다. 하지만 이것들은 야마토 국가권력의 거대한 철판과 같은 벽에 부딪쳐 튕겨져 나오거나 짓뭉개져 버렸다. 그것은 야마토의 공적 시스템에 의한 우치나의 사적인 생활세계의 해체과정이기도 하였다.

이러한 사태에 봉착한 경우, 포기하는 심정으로 야마토에 동화되고 종속되는 길을 택하게 될 것인가? 하지만 그것으로는 우치나의 평화와 풍요로운 생활, 주체성과 자치는 보장되지 않을 것이다. 만일 평화와 자치를 추구하고자 한다면, 어디까지나 기지투쟁을 계속하고, 자립하려는 자세를 추구할 수밖에 없다. 여기에서 이야기하는 자립이란 정치적·행정적 자립과 경제적 자립 및 사회문화적 자립을 세트로 묶어, 그것들의 상호관계로 파악하고자 한다. 하지만 이 경우에 절대적 자립=독립은 먼 장래의 일이 되어버릴 수도 있지만, 그것이 현실적인 과제가 될 수는 없다. 그렇다면 상대적 자립의 확립을 추구해야 하는 것이다. 그것은 공적 시스템의 큰 틀=헌법을 최대한으로 활용하고, 그 외의 법과 제도를 필요에 따라 이용하며(그러한 경우에는 권리로 요구한다) 또한 자치·자립에 잘 맞지 않는 법이나 제도의 개혁을 서두르고 그것을 통해 자치권을 획득해 간다는 것이다.

이러한 자립을 위해서는 특히 지역만들기와 지역의 재편이라는 시점에서 논해야 한다고 생각한다. 왜 지역만들기와 지역재편인가? 그것은 야마토 국가에 대해 정치적·행정적 자립, 경제적 자립을 정면으로 요구하더라도 거의 불가능하기 때문이다. 예를 들면 3차에 걸친 오키나와 진흥계획이나 신진흥계획에서 경제적 자립을 내걸고 있지만, 야마토 국가권력의 입장에서 보면 오키나와가 정말로 경제적인 자립을 달성하게 되면 기지유지정책을 강제할 수 없게 된다. 그래서 자립할 수 없는 범위 내에서 경제의 진흥책을 제시하는 데 그치게 되는 것이다.

　　그렇다면 야마토 국가의 공적 시스템의 제약을 가능한 한 피하고, 재정의 존을 중지하고, 자주적으로 경제적 자립에 임할 수밖에 없는 것이다. 물론 공적 시스템에 따른 정치적·행정적 시책과 재정조치 및 법적·제도적인 조치 안에서 자립적 발전과 결부되는 것은, 당연한 권리로서 강하게 요구하여 확보하여야 한다. 그 이상의 특전을 요구해서는 안 될 것이다. 우치나의 자연자원을 지혜와 인력으로 가능한 한 이용·개발하고, 그 사회문화적 특성을 적극적으로 살려 나가는 것이 중요하다. 이 경우에는 말할 나위도 없이 자연환경이나 사회문화적 특성을 파괴하는 일이 없어야 한다. 즉, 각 지역을 유지 가능한 사회로 만드는 것이다. 만일 이것이 진전되어 각 지역에서 경제적 자립의 전망을 가질 수 있게 된다면, 그 때는 이제 야마토로부터 특별한 조치를 바랄 필요가 없어지고, 따라서 정치적·행정적으로 모두 종속되는 사태는 없어질 것이며, 자치가 가능해 질 것이라 생각된다.

　　다만 여기에서 반드시 유의해야 할 점은 "오키나와 경제는 숫자상으로는 성장을 계속해 왔으나, 그것은 재정투자가 주도한 것이고, 그것만으로는 '산업의 실력'이 성숙되었다는 것이 아니라는 사실이, 오키나와의 풍토적·역사적 체질과의 관련에서 반성해야 할 단계에 이르렀다 …… 오키나와 경제는 이제 확대지향에 종지부를 찍고, 스스로의 발판을 굳혀서 질적인 충실에 매진할 때다 …… 생활에 더욱 밀착된 작은 사업을 세워야 한다"(「沖縄タイムス」,

2001. 5. 17)는 것이다. 즉 경제적 자립에 있어서 야마토와 기타 선진국들에서 볼 수 있는 대규모의 경제개발을 모델로 해서는 안된다는 것이다.

다시 말하면, 무라즈쿠리에 있어서 지역을 단위로 하거나 혹은 그 연합체로 수행하는 것은 무엇보다도 오키나와의 사회문화적 특질을 적극적으로 살려 나가는 것이기도 하다. 일본과는 다른 사회문화적 특질=이질성에 입각함으로써 오키나와의 사회문화적 자립이 가능해지고, 거기에 확실히 뿌리를 내리고 요미탄에서 볼 수 있는 것처럼 그 지역의 연합체로서 경제적인 자립에 힘쓰고, 또한 일본국헌법을 포함한 야마토 권력의 압정에 짓눌리지 않고 정치적·행정적 자립을 도모함으로써, 오키나와다운 자립과 자치에 입각한 '나라'를 전망해볼 수 있지 않을까. 그리고 이 지역의 존재방식을 통해 야마토 국가의 공적 시스템의 변화를 요구할 수 있게 될 것이다. 즉 지역으로부터 국가를 투영하여 변화시켜갈 수 있다는 것이다.

■ 참고문헌

· 1차 자료
1. 오키나와 현청 및 오키나와 현 소속 지방자치 단체 발행 자료
『村の步み 読谷村』. 1957.
『平和の炎1』. 1988.

· 2차 자료
1. 일문단행본·논문
喜久村潬 外. 1990. 『沖縄·基地とたたかう』. 高文研.

11장

촌락공유지의 변천 과정을 통해 보는 지역사

· 오키나와 킨 지역의 사례1)

진필수

1. 머리말

내가 여기서 서술하고자 하는 오키나와 킨(金武) 지역의 촌락공유지 변천 과정은 오키나와 문화 연구에 있어 두 가지의 시사점을 제공하리라 생각된다. 첫째, 전후 산업화와 도시화의 물결 속에서도 오키나와의 촌락공동체가 왜 급격하게 해체되지 않고, 외부 사회에 대해 자율성을 유지하면서 하나의 생활 공동체 내지 독자적인 사회조직으로 지속되고 있는가 하는 문제2)에 있어, 이

---

1) 이 글은 역사문화학회에서 간행하는 『지방사와 지방문화』(제10권 1호, 2007년)에 게재된 것을 일부 수정한 것이다.
2) 근현대의 산업화 및 도시화, 미군기지 건설, 일본 국가체제에의 편입 등의 요인 속에서도 촌락공동체의 전통이 강하게 지속되고 있는 현상을 지적할 때, 오키나와 사람들은 흔히 '시마사회(シマ社會)'라는 표현을 사용하고 있다. 山本英治(2004: 1~25)는 시마의 생활공동체적 속성과 그 말에 담긴 민속 관념을 하버마스(Habermas)의 생활세계 개념을 통해 이해하면서, '시마(シマ)적 성격'은 지금도 농촌이건 도시이건 오키나와 사회 전체에서 사람들의 생활 및 관념의 근저에 지속되고 있다고 보고 있다.
오키나와의 촌락공동체에 대한 고전적 연구는 田村浩(1977[1927]), 仲松弥秀(1990[1975], 1977, 1993)를 참조하였다. 오키나와 촌락에 대한 일반적 호칭으로서, 류큐왕국의 신앙조직을 통한 국가권력이 각 지방에 침투하기 이전까지는 시마(シマ, 島)나 사토(里)라고 하는 말이 사용되고 있었다고 한다. 시마라는 호칭은 고향, 또는 자신의 마을이라는 뜻으로, 바다에 둘러싸인 육지의 호칭인 섬(島)와 똑같이 '島'라는 한자로 표기되어 고문헌에 나타나고 있다. 류큐왕국의 국가권력

러한 경향을 강하게 지지하는 경제적 자원의 존재를 부각시켜 줄 것이다. 둘째, 토지의 소유 및 이용 방식이 촌락공동체, 지역 수준의 정치권력, 국가 권력, 초국가적 권력의 중층적 권력관계 속에서 결정되어온 사실을 통해 근세 이후 오키나와 촌락의 지역사가 거시적 지역체계의 구조 및 변화와 직접적으로 연관되어 왔음을 드러내 줄 것이다.

내가 2003년 4월부터 2005년 8월까지 현지연구를 수행한 킨초(金武町)[3]는 킨(金武), 나미사토(並里), 이게이(伊芸), 야카(屋嘉), 나카가와(中川)의 5개 촌락으로 구성되어 있으며, 이 중 촌락공유지를 가진 전통 촌락은 앞에 나열한 4개 촌락이다. 오키나와에서 킨초는 미군기지가 행정구역의 약 60%를 차지하는 대표적인 미군기지 소재 지역으로 알려져 있다. 2003년 3월 말 현재 킨초의 인구는 1만 502명이고, 각 촌락의 인구를 살펴보면, 킨 촌락이 4606명, 나미사토 촌락이 2542명, 이게이 촌락이 890명, 야카 촌락이 1556명, 나카가와 촌락이 908명이다.

2003년도에 킨초에 유입된 미군기지에 대한 토지 임대료는 36억 5032만 7901엔이었고, 이 중 촌락공유지 부분의 임대료가 21억 668만 214엔으로 약 58%를 차지하고 있다. 그런데 지목이 주로 임야(山原)인 촌락공유지의 지목별 임대료 단가가, 지목이 주로 전답인 사유지의 그것보다 훨씬 낮게 책정되는 점을 감안하면, 킨초의 미군기지 부지에서 촌락공유지가 차지하는 면적 비율은 적어도 80%를 상회하는 것으로 추산된다. 이 글에서는 이러한 촌락공유지가 어떻게 형성되었으며, 어떻게 이처럼 막대한 수입을 낳는 촌락의 경제적 자원으로 자리잡게 되었는지를 서술하고자 한다.

이 지방에 침투함에 따라, 촌락에 대한 일반적 호칭으로서 마키요(マキヨ)라는 말이 출현했다. 그리고 1609년 사쓰마번(薩摩藩)의 류큐(琉球) 정복 이후, 무라(村)라고 하는 호칭이 도입되는 동시에 촌락의 실질적 형태도 무라 단위로 새롭게 재편되었다. 현재까지 지속되고 있는 오키나와 촌락의 기본 구조는 늦어도 근세의 무라 이전에 형성된 것으로 인식되고 있다(仲松弥秀, 1993:144~147).

3) 이 책의 다른 논문에서는 '金武町'을 '킨정'으로 표기했으나, 이 글에서는 인류학적 '필드'의 특수성을 강조하기 위해 저자의 지역표기 방식을 최대한 존중하기로 하여 '킨초'로 표기하였다. '킨초'를 구성하는 다섯 개의 구도 역시 '쿠'로 표기한다. 즉, '킨구'가 아니라 '킨쿠'이다.

2. 근세의 촌락공유지: 소마야마를 중심으로

오키나와의 촌락공유지는 근세 지와리(地割) 제도에 그 연원을 두고 있다. 지와리(地割) 제도는 류큐왕국의 토지 및 조세 제도로서, 경작 가능한 농지와 그에 부과된 조세를, 류큐왕부는 각 마기리(間切, 근세 오키나와 본도의 행정단위)와 주변 섬(島)에, 각 마기리와 섬은 다시 각 무라(村, 근세 오키나와의 촌락)에, 각 촌락공동체는 다시 각 쿠미(組, 촌락 내 근린 지연조직)를 거쳐 개인별로 혹은 가족별로 할당하는 제도였다. 할당된 토지는 조세의 공평성을 기하기 위해 각 촌락공동체가 정기적으로 혹은 부정기적으로 재배분하는 방식을 취했다(沖繩文化振興会 編, 2000: 36; 田村浩, 1977 참조).

촌락공동체의 토지 공유를 기반으로 해서 성립된 지와리 제도의 기원에 대해서는 두 가지 설이 대립하고 있다. 하나는 고류큐 시대 이전 원시사회의 토지공유제에서 그 연원을 찾는 설이고, 다른 하나는 1609년 사쓰마번(薩摩藩)의 류큐 정복 이후 과중한 공조(貢租)를 공평하게 부담하기 위한 방편으로서 발생했다고 보는 근세기원설이다. 고문서 자료에 따르면, 지와리 제도는 1734년 이전부터 이미 존재하고 있었던 것으로 확인되고 있다(安良城盛昭 1980: 130~133, 154~156).

지와리 제도하에서는 하나의 촌락공동체가 농지를 비롯하여 영역 내에 사용가능한 모든 토지를 공유하면서 촌락구성원들에게 경작지를 균등하게 배분하는 것을 원칙으로 하고 있었다. 촌락공동체가 일정 기간마다 토지의 등급을 재산정하여 경작지를 재배분하는 것은 이러한 균등 배분의 원리를 철저화하기 위한 것이었다. 사적 소유의 성격이 강한 가옥 부지(屋敷地)는 재배분 대상에서 제외되어 가산 상속이 이루어지기도 하였으나, 분가한 가족의 가옥 부지나 묘지의 신설을 위해서는 촌락구성원들의 총의를 묻는 과정이 필요하였다.

그런데 본고에서 문제시하는 촌락공유지는 촌락구성원들의 가옥과 경작지가 밀집된 집락(集落)과 전답(田畑) 이외의 토지 영역이다. 대표적으로 산림과 어장이 있었는데, 특히 산림공유지의 형성과 변천에 초점을 맞추어 서술하고자 한다. 근세 류큐왕국의 지배 영역인 오키나와 제도(沖繩諸島)와 미야코·야에야마 제도(宮古·八重山諸島) 내에서는 오키나와 본도(本島) 북부와 야에야마 제도의 일부 지역에 산악 지형이 발달하여, 이른바 소마야마(杣山)라고 하는 산림공유지가 존재하였다. 본고의 사례 지역인 킨 지역은 이러한 소마야마의 형성과 변천에 있어 전형성을 나타내는 곳이다.

킨 지역의 산림공유지의 역사를 살펴보기 위해서는 우선 촌락의 전체적 공간구조를 상정할 필요가 있다. 오랜 역사에 걸쳐 오키나와 촌락의 공간구조는 다양한 형태로 변화해 왔지만, 본고에서 그 원형으로서 상정하는 것은 1730~50년대 채온(察溫)의 임야 정비의 결과로 형성되었던 근세 오키나와 촌락의 공간구조다([그림 11-1] 참조). 채온이 임야 정비를 수행하기 전까지 소마야마(杣山)는 인접한 마을들에 의해 공동으로 이용되고 있었지만, 1736년경 오키나와 본도 지역에서부터 소마야마의 측량이 행해져, 각 마기리(間切)의 소마야마의 경계가 명확해지는 한편, 마기리 내의 소마야마는 각 구역별로 무라(村)에 할당되었다. 킨 지역은 소마야마의 경계가 무라별로 분할된 전형적인 예이다(仲間勇栄, 1984 :31~36). 따라서 [그림 11-1]은 하나의 무라(村)의 공간구조를 나타내는 것으로 간주할 수 있다.

소마야마[4]라고 하는 것은 1730년대 이후 류큐왕부가 어용목(御用木:궁정 및 관청 소비용의 목재)의 공급을 위해 벌채조림지로 지정한 산을 말한다

---

4) 소마야마(杣山)의 '杣'라는 한자는 10세기 경부터 일본 본토의 문헌에서 나타나기 시작해, 절(社寺)의 건축용 재목의 벌출지(伐出地)를 가리키는 뜻으로 사용되고 있었던 것으로 보인다. 그것이 소마야마로 변화된 경과는 명확하지 않지만, 근세기에 이르면, 식재(植材)의 요소가 가미되어, 수목을 심어서 재목을 얻는 산이라는 의미로서, 소마야마의 단어가 각종 문헌에서 좀 더 뚜렷하게 나타나게 되었다. 류큐에 있어서 소마야마라는 단어는 1707년의 공문서에 의해 그 이전부터 사용되고 있었다는 것이 증명되었으며, 1730년대 채온의 삼사관(三司官) 시대가 되면, 일반적으로 목재의 벌출과 조림의 두 가지 의미를 포함하는 단어로서 사용되고 있었다(仲間勇栄, 1984: 22~25).

[그림 11-1] 근세 지와리 제도하에서의 오키나와 촌락의 공간구조와 촌락공유지

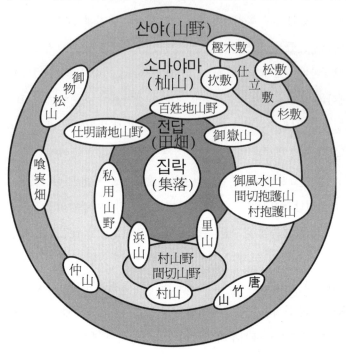

*仲間勇栄(2002: 43)로부터 전재.
소마야마(杣山), 산야(山野), 전답(田畑), 집락(集落) 4개 부분에 주목할 것.

(앞의 책, 22~31). 그런데 소마야마를 실제로 관리하고 이용하는 주체는 소마야마의 구역을 할당받은 특정 촌락공동체였다. 근세기 촌락공동체의 농민적 토지이용에 있어서 소마야마는 조림과 부역의 의무가 지워지는 토지인 동시에, 무라내법(村內法)의 규제 속에 무라 사람들이 사용재목(私用材木)과 땔감을 채취하는 이리아이지(入会地)[5]로 존재하였다(앞의 책: 49~100 참조). 근세기 소마야마의 존재 양상은 류큐왕부와 촌락공동체의 양 측면에서 이해하는 것이 가능하며, 양자의 관계를 나타내는 것이기도 했다. 즉 각각의 촌락공

---

5) 이리아이(入会)라고 하는 것은 일정 지역의 주민이 특정의 권리를 가지고 일정 범위의 삼림 및 들, 또는 어장에 들어가 공동용익(목재, 땔감, 가축용 풀 등의 채취)하는 것이다(広辞苑 : 193).

동체는 류큐왕부의 제도적 지배를 받으면서도 공조와 부역의 의무를 다하는 한 내적 자율성을 확보할 수 있었던 것으로 생각된다.

무라내법의 규제 속에 무라 사람들이 사용재목과 땔감을 채취하는 이리아이지로는 소마야마만 있었던 것은 아니다. [그림 11-1]에서 산야(山野)의 부분, 특히 무라산야(村山野)와 마기리산야(間切山野)의 토지도 이리아이지로서 동일한 기능을 하고 있었다. 단지 류큐왕부의 영주적 임야 소유의 외피가 씌워져 있지 않아, 조림과 이용의 권한이 촌락공동체에 완전히 맡겨져 있었다는 점이 소마야마와 다른 점이다. 킨 지역에 있어서는 무라산야에 해당하는 임야가 곳곳에 존재하여, 사토야마(里山) 혹은 아자유(字有)로 불려지고 있는데, 본고에서는 소마야마와 병렬시키기 위해 아자야마(字山)라고 부르기로 한다.

본고에서 킨초의 산림공유지라고 지칭하는 것은 각 촌락에 존재하고 있었던 소마야마와 아자야마를 합쳐서 가리키는 것이다. 근세 류큐 촌락의 토지가 대부분 공유였다는 것은 상술(上述)한 대로이며, [그림 11-1]에 표시되어 있는 토지는 대부분 촌락공유였다. 집락(集落)과 전답(田畑)으로 표시되어 있는 부분은 지와리제도(地割制度)에 기초해서 각 가구 혹은 각 개인에게 할당되고 있었고, 소마야마(杣山)와 산야(山野)로 표시되어 있는 부분은 이리아이라고 하는 형태로 촌락공동체가 정한 규칙에 따라서 공동 이용되고 있었다.

1673년 이전 킨마기리(金武間切)는 지금의 킨초(金武町), 기노자촌(宜野座村), 온나촌(恩納村), 나고시(名護市)의 쿠시(久志)와 헤노코(辺野古) 지역을 포괄하고 있었지만, 1673년과 1719년에 마기리의 분리·재편이 이루어져, 지금의 킨초(金武町)와 기노자촌(宜野座村)의 영역으로 축소되었다. 이때 킨마기리에는 7개 내지 8개의 무라(村)가 있었다(金武町誌編纂委員会, 1983: 10~11; 津波高志, 1994: 22~31). 이러한 무라들은 [그림11-1]과 같은 공간구조를 가지면서 서로의 경계를 명확히 하는 각각의 촌락공동체를 형성하여 지금

[그림 11-2] 근세 촌락의 공간구조 모델을 적용해서 본 킨촌락과 나미사토촌락의 공간구조6)

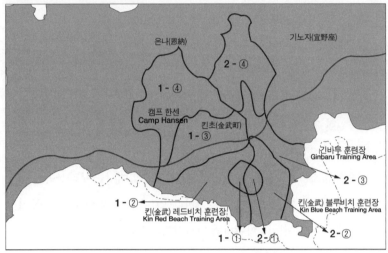

온나(恩納)

기노자(宜野座)

2 - ④

1 - ④

캠프 한센
Camp Hansen

킨초(金武町)

1 - ③

긴바루 훈련장
Ginbaru Training Area

2 - ③

1 - ②

킨(金武) 블루비치 훈련장
Kin Blue Beach Training Area

킨(金武) 레드비치 훈련장
Kin Red Beach Training Area

1 - ① 2 - ①

2 - ②

* 1-① 킨촌락의 집락(集落), 1-② 킨촌락의 전답(현재 일부가 군용지), 1-③ 킨촌락의
산야(아자야마: 대부분이 군용지), 1-④ 킨촌락의 소마야마(전부가 군용지), 2-① 나미사토촌락의
집락, 2-② 나미사토촌락의 전답, 2-③ 나미사토촌락의 산야(아자야마: 대부분이 군용지), 2-④
나미사토촌락의 소마야마(전부가 군용지).

까지도 일정 정도의 독자성을 유지하고 있다.

각각의 촌락을 열거해 보면, 킨(金武), 나미사토(並里), 이게이(伊芸), 야카(屋嘉), 간나(漢那), 소케이(そ慶), 기노자(宜野座), 마쓰다(松田, 과거에는 고치야:古知屋)인데, 킨과 나미사토는 때로는 하나의 촌락으로, 때로는 별개의 촌락으로 존재했었다고 한다(津波高志, 1994). 지금도 킨과 나미사토는 하나의 아자(字)의 행정 단위를 구성하고 있는데, 촌락생활과 주민의식의 실정을 통해 미루어 볼 때, 완전히 두 개의 촌락으로 나누어져 있다. 특히, 소마야마와 아자야마의 산림공유지의 경계는 명확히 구분되어 있고, 그 공유재산의 관리와 운영도 완전히 따로 이루어지고 있다([그림 11-2] 참조).

6) 이 그림은 킨초 나미사토쿠(並里区) 사무소로부터 제공받은 자료에 근거하여 작성되었다. 각각의 경계선은 개략적인 윤곽을 표시한 것이며, 집락의 부분은 그림에 표시된 것보다 훨씬 넓게 퍼져 있다.

3. 1899년 토지정리법의 시행과 소마야마의 불하

근세기에 있어서 킨 지역 8개 촌락의 공유지와 그것의 공간구조는 대체로 [그림 11-1]과 같이 형성되었다. 이러한 촌락공유지는 1879년 폐번치현(廃藩置県)으로 류큐왕국이 멸망하고 일본의 근대국가에 편입된 이후, 1899년 메이지 정부(明治政府)가 오키나와현(沖縄県)에 토지정리법을 시행하면서 급격한 변화를 겪기 시작한다. 토지정리법의 시행으로 [그림 11-1]에 표시된 네 부분의 토지는 소유형태에 있어서 차이가 발생하기 시작했다. 우선 지와리(地割)의 대상이 되었던 집락(集落)과 전답(田畑)의 토지는 사유지가 되었다. 그 이외의 토지는 대체로 촌락공유지로 남게 되었지만, 소마야마는 강바닥, 제방부지, 도로부지 등과 함께 관유지(국유지)가 되었다.

소마야마의 관유화(官有化)는 토지정리사업이 시작되는 단계의 잠정적 조치였다고는 하지만 종래 촌락공동체가 갖고 있었던 이리아이권(入会権)을 일방적으로 부정했다는 점에서 큰 문제를 안고 있었다. 자하나 노보루(謝花昇)가 주도하는 당시 오키나와의 민권운동 세력과 농민들의 강력한 반발에 부딪치자, 이 조치는 1906년 오키나와현 소마야마 특별처분규칙(沖縄県杣山特別処分規則)으로 대체되었다. 1906년 소마야마 특별처분에 의해, 소마야마는 종래 그것을 이용하고 있었던 촌락공동체, 또는 토지정리법 시행 이전부터 관청의 허가를 받아 개간사업을 수행하고 있던 사람들에게 유상으로 불하되었다(仲間勇栄, 1984: 130~153).

1899년 토지정리법의 시행과 1906년 소마야마 특별처분은 킨 지역의 산림공유지의 변화에도 직결되었다. 소마야마와 아자야마로 나누어서 검토해 보면, 우선 킨 지역의 소마야마는 1899년 일단 국유지로 되었다가, 1906년 원래의 이용주체인 8개 촌락공동체에 대한 불하 대상지가 되었다. 킨마기리의 8개 무라(1908년 시정촌제(市町村制) 시행 이후 킨손(金武村)의 8개 쿠(区)로 명칭이 변경)는 1908년 현지사(県知事)에게 소마야마의 불하를 정식으로 신청했다. 그 명의인은 마기리장(間切長:1908년 이후는 村長)과 각 무라(1908년 이후 쿠)의 대표자의 연명으로 되어 있어서, 소마야마의 불하에 응한 주체는 마기리가 아니라, 각 무라라고 보는 것이 타당하다(那覇地方裁判所, 1982: 31~32, 37~38). 불하 대금으로서 킨마기리의 8개 무라는 총액 8328엔을 30년간 분할 납부하여(金武町誌編纂委員会, 1983: 85), 1937년 최종적으로 소유권을 취득했다.

불하 대금은 각 무라별로, 각 무라의 소마야마 임산물을 처분한 대금의 일부와 사람 수에 따라 할당된(人頭割) 납부금 등으로 모아졌고, 마기리의 수입역(収入役)은 이를 취합하여 국가에 납부하였다(那覇地方裁判所, 1982: 32). 그 결과 1937년의 시점에서 킨 지역의 소마야마는 완벽한 무라유지(村有地) 혹은 부락유지(部落7)有地)가 되었다. 이것은 8개 촌락공동체가 소마야마에 대해 근대적 소유권을 획득했다는 것을 의미하고, 1899년 이전의 이리아이권(入会権)보다 훨씬 더 강력하고 명확한 권리를 획득한 것을 의미한다. 즉 1899년 이전에는 류큐왕부에 대한 공조와 부역의 의무를 수행하는 조건으로 촌락구성원들의 소마야마 이용이 이루어졌지만, 1908년부터는 무라내법(村內法)이 허용하는 범위 내에서, 촌락구성원들이 자유롭게 소마야마를 이용할 수 있게 되었다.

그런데 1937년경 킨 지역의 8개 부락의 소마야마는 킨손(金武村; 과거의 金武間切에 해당하는 행정단위)의 공유재산(公有財産)으로 통합되어 법적 등기가 이루어졌다(앞의 글: 32~34). 1910년경부터 메이지 정부는 부락유지

---

7) 부락이라고 하는 용어를 피차별부락에만 연결시켜 사용하는 연구자도 있지만, 부락은 메이지(明治) 시대 이후 일본의 국가정책과 관련되어 촌락을 지칭하는 용어로 폭넓게 사용되어온 경위가 있고, 공적 용어상에서는 사라졌음에도 불구하고 습관적 호칭으로서 여전히 전국적으로 사용되고 있다(津波高志, 2004: 45). 킨 지역에서도 부락은 촌락을 지칭하는 용어로 지금까지 널리 사용되고 있다.

(部落有地) 임야의 통일 사업을 추진해서 부락할거주의의 해체와 정촌(町村)의 지방자치체 강화를 도모하고 있었다. 부락유지 임야를 정촌의 공유지(公有地), 또는 개인의 사유지로 전환시키는 이 사업은 오키나와현에서도 큰 영향을 끼쳐, 1911~36년에 당시 오키나와현 부락유지 임야의 90%가 정촌의 공유지, 또는 사유지로 전환되었다(仲間勇栄, 1984: 157~159).

부락유지인 소마야마가 법적으로 킨손(金武村)의 공유지가 된 것은 킨 지역 8개 촌락공동체의 실용적 선택에 따른 결과였다. 1937년경 킨손이 각종 사업을 수행하는 데 있어 현(県) 또는 정부로부터 보조금을 얻기 위해서는 각 부락의 소마야마를 킨손의 공유지로 통일할 필요성이 생겼다라고 한다(那覇地方裁判所, 1982: 34). 당시 각 부락의 유력자들과 킨손 사이에 협의가 이루어져, 소마야마에 대한 각 부락의 이용 권리, 즉 이리아이권(入会権)을 보장하는 약속하에 소마야마의 소유권을 킨손에 이전·통일하고 등기를 경유하게 되었다. 그리고 임야조례를 제정해서 손(村)에는 기술지도원을, 각 쿠(区: 부락)에는 임야순수(林野巡守)을 두고, 기술지도원이 임야순수를 지도함으로써 소마야마의 조림 및 보호를 철저히 하기로 하였다.

소마야마의 통일 후 킨손에서는 분수(分收)제도가 정착되었다. 소마야마의 임산물로부터 얻어지는 수익에 대해, 통일 이전에는 각 쿠(区)가 전부를 취득했지만, 통일 후에는 손(村)이 소마야마의 조림 및 보호에 지도를 수행하게 되었다는 등의 이유 때문에 손(村)과 각 쿠가 분할해서 취득하였다. 분수제도는 1937년경부터 1945년 오키나와전이 일어날 때까지 지속되었다.

그러나 소마야마가 손(村)의 공유지로 통일되었다고는 하지만 소마야마의 이용 형태는 종전과 같은 양상을 띠어, 각 부락은 여전히 소마야마에 대한 실질적 소유권을 행사하고 있었던 것으로 보여 진다. 각 부락에 있어서 소마야마의 통일은 당시 행정 측의 요구에 응한 형식적 조치였고, 손(村)이 가져가는 분수금(分收金)은 각 부락이 법률상 명의인, 또는 행정상 대리인에게 주는 보수 내지, 지방자치체에 납부하는 재정부담금과 같은 것이었다고도 해석할 수 있다.

소마야마의 관리주체는 여전히 각 부락이었다. 손(村)으로부터의 기술적 지도는 받고 있었지만, 각 쿠(부락)에서 조림 및 보호를 수행하고, 쿠민(区民)의 소마야마에의 출입 및 벌채를 허가하고 관리하는 것은 쿠(区)의 임야순수(촌락 내에서는 야마카카리(山係)라고 불리고 있었다)였다. 위반자에게는 쿠로부터 제재금이 부과되었고, 각 쿠(区)의 쿠민(区民)은 다른 쿠(区)의 소마야마에 들어가는 것이 금지되어 있었다(앞의 글: 35).

한편 킨 지역의 아자야마는 현재 각 촌락의 유식자의 공동명의로 등기되어, 촌락의 총유지가 되어 있다. 언제 부락유지(部落有地)가 되었는지는 명확하지 않다. 다양한 정보들을 종합해 보면, 오키나와 지역의 각 부락의 아자야마는 1899년 토지정리법의 시행과 함께 민유지(民有地)로 분류되어 그대로 부락의 공유지(共有地)가 되었을 가능성이 높다(仲間勇栄, 1984: 150 참조). 킨 지역의 각 촌락의 아자야마도 1906년 소마야마의 불하와 상관없이 1899년부터 부락유지가 되었다고 추측할 수 있다.

요약해서 말하면, 1899년 토지정리법의 시행 이후 킨 지역의 소마야마와 아자야마는 각각 유상과 무상으로 부락유지가 되어, 1945년까지 촌락공동체를 떠받치는 경제자원으로서 기능하였다. 곤궁한 생활 속에서도 이때가 산림공유지에 대한 촌락공동체의 지배력이 가장 높았던 시기라고 생각된다. 산림공유지에 대해서 근대적 소유권을 획득했을 뿐만 아니라, 류큐왕국 시대의 공조와 부역으로부터 벗어나 촌락공동체가 자주성을 가지고 산림자원을 관리·이용했던 시대라고 할 것이다.

4. 패전과 미군기지의 건설

1945년 오키나와전과 그에 이은 미군의 전시점령으로 킨 지역의 토지공간을 지배하는 주체는 촌락공동체에서 미군으로 일거에 교체되었다. 미군은 군사 전략과 점령 정책의 견지에서 오키나와 본도 전역을 공간적으로 재편하였으며, 킨 지역의 토지공간도 예외가 될 수는 없었다. 미군은 킨 지역의 토지공간을 군사시설의 배치와 난민수용소의 설치라는 두 가지 용도에 맞춰 전면적으로 재편하였다.

1945년 4월 1일 오키나와 본도에 상륙한 미군은 4월 6일 킨손(金武村) 전역을 제압하고 점령을 시작했다. 미군은 점령의 시작과 함께, 당시 킨 촌락 주민들의 전답이 있었던 곳에 일본 본토 폭격용의 비행장을 만들기 시작했다. 겨우 10일 정도에 이 비행장은 완성되어, 4월 하순부터 미군에 의해 사용되었다(金武町企画開発課, 1991: 24~25). 그리고 야카쿠에는 4월 하순 포로수용소가 설치되어, 5월 초순부터 일본군 포로의 수용이 시작되었다.

1945년 6월 하순, 중남부로부터 밀려온 피난민과 함께 생활하고 있었던 킨 지역 사람들은 미군의 명령에 따라 인근의 난민수용소로 이동하게 되었다(앞의 책: 48). 킨쿠와 나미사토쿠의 주민은 간나(漢那) 지구에, 이게이쿠와 야카쿠 주민은 이시카와(石川) 지구에 수용되었다(金武町史編纂委員会, 2002: 332). 그리하여 이 4개 촌락은 이듬해 주민들이 자신들의 거주지에 돌아올 때까지 미군들의 무법천지가 되었다.

이에 비해, 킨손의 8개 촌락 가운데서도 기노자쿠(여기서는 소케이쿠를 포함함), 고치야쿠, 간나쿠의 4개 촌락에는 미군점령 후 난민수용소가 생겨서 인구가 폭발적으로 증가하였다. 이러한 상황은 킨손(金武村)의 분손(分村)을 재촉하는 계기를 마련하였다. 미군의 점령 정책에 따라 기노자쿠(宜野座区)가 새로운 행정중심지로 부상한 가운데, 1946년 3월, 행정사무가 재개되었을 때, 킨손사무소(金武村役場:행정관청)가 원래의 소재지인 킨쿠(金武区)가 아니라 기노자쿠에 설치되었다. 이를 계기로, 종래 킨손의 위쪽 4개 촌락(간나, 소케이, 기노자, 고치야:上四ケ)과 아래쪽 4개 촌락(나미사토, 킨, 이게이, 야카: 下四ケ)은 양측 대표들이 공유재산에서부터 경계구분에 이르기까지 자세한 협의를 거친 끝에, 1946년 4월, 각각 기노자촌(宜野座村)과 킨손(金武村)으로 분리되었다(金武町史編纂委員会, 2002: 182~184).

전후 새롭게 탄생한 킨손은 손(村)행정기구 정비에 나서, 새로운 행정구로서 나카가와쿠(中川区)를 신설했다. 나카가와쿠는 1938년부터 개간사업을 위해 이주해 온 이주민과, 전전(戰前) 나미사토쿠에 소속되어 있던 겐바루쿠미(源原組)라고 불렸던 주민들을 통합해서 만든 행정구로 알려져 있다(金武町誌編纂委員会, 1983: 727). 그래서 전후 킨손은 다섯 촌락으로 재편되었는데, 나카가와쿠가 신설될 때, 산림공유지를 비롯해 공유재산의 배분에 관한 협의가 생략되어 이후 분쟁을 낳는 씨앗이 되었다.

미군은 1947년 7월부터 킨손(金武村)과 기노자촌(宜野座村)의 산림공유지, 즉 소마야마와 산야에서 사격연습을 실시하기 시작했다. 초기의 사격연습은 소총, 카빈총 등의 소화기(小火器)를 사용한 것이었지만, 1949년부터는 바주카포, 박격포, 보병포 등 대포의 사격연습이 빈번히 행해지게 되었다. 그리고 1950년 6월, 한국전쟁이 발발하기 전후, 미군은 킨손의 소마야마 지대인 온나다케(恩納岳)와 부도다케(ブード岳)를 향해 육해공의 사격연습을 하기 시작했다. 산의 능선이나 중턱에 놓여진 고물 트럭이나 버스를 표적으로 해서, 육상에서는 기관총 사격·포격, 해상에서는 함포사격, 상공에서는 총격·폭탄투하의 방식으로 격렬한 연습을 수행하였다. 게다가 킨손의 해안인 블루비치에서는 상륙연습을 반복하고 있었으며, 레드비치에서는 보급함(補給艦)을 빈번히 접안해서 군사물자를 날랐다(앞의 책: 26~28).

광대한 사격연습장 부지와 전쟁 직후 비행장이 만들어졌던 부지는 1957

년 2월, 미군에 의해 접수되어 캠프 한센이라는 이름의 미군기지가 되었다. 캠프 한센은 1959년 6월부터 내부의 시설 공사가 시작되어 800ha에 달하는 부지에 일반병 숙사와 장교전용 숙사가 130동, 1000명 수용 규모의 메스홀(mass hall) 4동, 모터 풀(motor pool), 급수용 댐, 사격장, 극장, 볼링장 등 근대적 생활 설비를 갖춘 기지로 건설되었다(金武町企画開発課, 1991: 33). 2003년 3월 말 현재, 캠프 한센의 총면적은 5118만 3000㎡이며, 킨초, 기노자촌, 온나촌(恩納村), 나고시(名護市)의 4개 시정촌(市町村), 23개 아자(字)에 걸쳐 있다(沖縄県総務部, 2003: 233). 킨초(金武町) 구역 내의 캠프 한센의 면적은 2144만 8000㎡이고, 킨초의 총면적 3776만㎡의 56.8%를 차지하고 있다(金武町企画課, 2003: 11).

킨초 구역 내의 면적 2144만 8000㎡ 가운데, 1462만 1000㎡가 킨초의 전통적인 4개 촌락(킨, 나미사토, 이게이, 야카)의 소마야마이고, 소유형태는 초유지(町有地)가 되어 있다. 그리고 639만 7000㎡는 전전(戦前)의 킨 촌락과 나미사토 촌락의 전답과 묘지, 그리고 킨 촌락의 아자야마로 구성되어 있으며, 소유형태는 법률적 차원에서 모두 사유지로 구분된다. 그 외 42만 9000㎡의 면적은 국유지와 현유지(県有地)이다.

1950년대 후반부터 킨손에는 캠프 한센 외에 세 개의 미군기지가 더 설치되었다. 1957년 11월, 킨손 나카가와쿠(中川区) 구역의 일부가 긴바루 훈련장으로서 신규 접수되었다. 동훈련장의 면적은 2003년 3월 말 현재 60만 1000㎡이다. 그 대부분이 나미사토 촌락의 아자야마(현재 나미사토쿠의 쿠유지)이고, 소유형태는 사유지로 구분된다. 1996년 12월, 오키나와에 관한 특별행동위원회(SACO)의 최종보고에서 긴바루 훈련장은 1997년까지 전면반환하기로 합의되었으나(沖縄県総務部, 2003: 244~245), 반환 조건과 반환지 이용에 관한 협의가 2006년 6월 말 현재까지 진행되고 있어, 실제의 반환은 2007년 이후가 될 것으로 보인다.

1959년 3월부터 킨손 나미사토쿠 구역의 일부 해안이 미군의 오락시설로서 사용되기 시작했는데, 1963년 7월 그 구역이 잘려져 나가 킨 블루비치 훈련장이 되었다. 2003년 3월 말 현재 킨 블루비치 훈련장의 면적은 38만 1000㎡이다. 그 대부분은 나미사토 촌락의 아자야마(현재 나미사토쿠의 쿠유지)이고, 소유형태는 역시 사유지로 구분된다(沖縄県総務部, 2003: 249).

1962년 7월, 킨손·킨쿠 구역의 일부 해안은 킨 레드비치 훈련장으로 사용되기 시작했다. 2003년 3월 말 현재 킨 레드비치 훈련장의 면적은 1만 7000㎡이다. 킨 레드비치 훈련장만은 촌락공유지와 관계가 없고, 개인 지주의 사유지와 일부의 국유지만 있을 뿐이다.

2003년 3월 말 현재 킨초에 있는 4개 미군시설의 면적은 전부 합쳐서 2244만 7000㎡이고, 킨초의 총면적 3776만㎡의 59.4%를 차지하고 있다. 1957년부터 시작된 미군기지의 건설은 킨손의 토지공간을 미군이 지배하는 영역과 촌락공동체가 지배하는 영역으로 양분하는 결과를 가져 왔다. 킨손의 촌락공동체의 입장에서 보면, 미군기지 건설로 59.4%의 토지공간이 상실되었다. 임대차계약이 맺어져 소유권은 그대로 유지되었지만, 군사시설이라는 특수성 때문에 개인 지주들과 촌락구성원들이 자신의 토지에 자유롭게 들어가는 것조차 불가능하게 되었다. 그리하여 전전까지 형성되어 있던 촌락의 토지공간에 대한 촌락공동체의 지배력은 붕괴되었다고 할 수 있다.

[그림 11-1] 및 [그림 11-2]로 돌아가서 생각해 보면, 기지건설이 완료된 1963년의 시점에서, 소마야마와 산야의 부분은 거의 대부분 미군에 접수되었고, 전답도 킨쿠의 경우에는 적지 않은 부분이 캠프 한센의 부지로 접수되었다. 그대로 남은 토지공간은 전쟁으로 파괴되었다가 겨우 복구되기 시작한 집락의 부분뿐이었다. 킨손의 촌락 주민들은 자신들의 거주지와 농지만을 유지한 채 촌락공동체의 중요한 경제자원인 산림공유지를 상실함으로써 전쟁 직후 더욱 심한 경제적 궁핍에 시달리게 되었다. 촌락공동체의 인적 집단은

전전으로부터의 연속성을 유지했지만, 산림공유지의 상실에 따른 임업과 농업의 쇠퇴로 촌락공동체의 사회적 결속력과 문화적 자율성은 약화의 일로에 접었다.

5. 미군정기의 토지투쟁과 촌락공동체

　미군에 의한 토지의 박탈은 해당 지역 주민들에게 큰 불만을 갖게 하는 근원이 되었다. 전시점령 상태에서 미군의 토지접수는 초법적 권한을 갖는 것이어서 오키나와 지역 주민들이 거기에 저항하는 것은 불가능한 일이었다고 해도 과언이 아니다. 그러나 이후 미군정의 토지정책이 오키나와 주민들의 생계를 더욱 더 위협하는 방향으로 전개되자, 오키나와 지역 주민들의 불만은 일시에 폭발하여 토지를 지키기 위한 대대적인 투쟁이 오키나와 본도 전역에서 일어나게 되었다. 이 토지투쟁은 반기지운동(反基地運動)을 통해 전후 오키나와 지역의 정치 세력이 형성되어 가는 흐름의 시발점이 되는 것이었다.

　1952년 4월 28일 미일강화조약이 발효되기 이전까지, 미군의 군사연습이나 기지건설에 수반된 주민생활의 침해는 패전국가의 국민으로서 묵인할 수밖에 없는 것이었다. 그러나 동조약의 발효와 함께 전시점령은 끝나고, 오키나와는 정식으로 미국 정부의 통치하에 놓이게 되었다. 이러한 체제변화에 의해 미군정은 군용지로 사용하는 토지에 대해 새롭게 종래의 토지소유자와 임대차계약을 맺고, 법률상의 토지사용권을 획득하지 않으면 안 되게 되었다.

　미군정은 1952년 11월, 임대차계약에 관한 포령을 발포했지만, 20년이라는 긴 계약 기간이나 평당 연간 임대료가 콜라 1병 값에도 미치지 못하는 값싼 사용료 때문에 9할 이상의 군용지 지주가 계약을 거부하는 사태에 직면했다 (沖縄文化振興会, 2000: 77). 1953년 4월, 미군정은 토지수용령을 발포하고,

협의로 임대차계약이 체결되지 않은 지주의 토지에 대해 강제적으로 그 사용권을 획득하는 길을 열었다. 이 강경책은 그때부터 기지건설을 위해 새롭게 접수되는 토지에 적용되어, 무장병이 농민지주의 항의를 묵살하고 총칼과 불도저를 앞세워 토지를 접수하는 장면까지 연출되었다. 1953년 12월, 미군정은 지주로부터 계약을 거부당한 종래의 군용지에 대해서 장기에 걸친 사용의 사실 등을 근거로 이미 묵계(黙契)가 성립하였다고 선언했다. (隅谷三喜男, 1998: 141~142; 沖縄文化振興会, 2000: 77).

지주와의 긴장된 관계를 타개하기 위해 미군정은 1954년 3월, 토지수용 정책이라는 것을 발표했다. 그것은 미군이 장기간 사용할 토지에 대해 미군이 정한 차지료(지가의 6%)의 16.6년분, 말하자면 지가상당액을 한 번에 지불하고 영구적 토지사용권을 취득한다는 내용으로, 이후 일괄지불 방식(一括払い方式) 또는 군용지료 일괄지불(軍用地料一括払い)이라고 불리게 되었다. 이 정책은 군용지주 뿐만 아니라, 오키나와 전도민(全島民)에게 큰 충격을 주었다. 그들에게 있어 일괄지불 방식을 받아들이는 것은 토지를 완전히 잃는 것과 마찬가지로 생각되었다.

1954년 4월, 당시 오키나와 주민들의 입법기관이었던 입법원은 미군정의 방침을 어기고, 일괄지불 반대, 적정보상, 손해배상, 신규접수 반대의 네 가지 요구로 정리되는 청원결의를 채택했다. 이후 이 네 가지 요구 조건은 '토지를 지키는 네 원칙(土地を守る四原則)'으로 불리게 되었다. 입법원의 결의 이후 오키나와 주민들의 토지투쟁은 전도(全島)로 확대되어 갔다(隅谷三喜男, 1998: 139~154; 沖縄文化振興会, 2000: 77).

'섬 전체의 투쟁(島ぐるみ闘争)'이라고 불리는 이 토지투쟁은 미본국 정부까지 개입시키면서 3년 반 여의 기간 동안 계속되었다. 우여곡절 끝에, 1958년 11월, 미 본국 정부는 신토지정책을 발표해 일괄지불의 방침을 철회하고, 매년 지불에 5년마다 임차권을 갱신하는 방식을 새롭게 채택했다. '섬 전체의

투쟁'의 결과, 임대의 조건이나 군용지료의 수준 등은 상당 정도 개선시키는 성과를 얻었지만, 미군의 토지사용과 신규접수를 거부하지 못하는 상황은 그대로 지속되었다(隅谷三喜男, 1998: 151~153).

한편 이 시기 킨 지역의 움직임은 '섬 전체의 투쟁'과 다른 방향으로 흐르고 있었다. 1956년 6월, 미군정의 일괄지불 방식을 지지하는 미 본국 의회조사단의 보고서, 소위 '프라이스권고'가 제출되자, '토지를 지키는 네 원칙'을 관철시키려는 오키나와 주민들의 투쟁은 한층 더 강화되어 갔다. 이에 대해 미군정 측은 군용지료의 인상과 재평가 방침을 발표하는 한편, 미군의 일본인(오키나와인) 상점에의 진입을 금하는 '오프 리미츠(off limits)' 선언을 내어 토지투쟁의 진정과 주민 측의 분열을 꾀했다(앞의 책: 147~148). 이러한 상황하에서 킨 지역에서는 '토지를 지키는 네 원칙'으로부터의 이탈이 나타나기 시작했다.

"일괄지불로도 괜찮은 것 아닌가"하는 의견과 신규 토지접수를 용인하는 지주가 생겨나는 등 군용지 문제에 대한 인식에 변화가 생기고 있었다. 그 발단이 된 것이 구(舊)쿠시촌(久志村) 헤노코(辺野古) 지역의 상황이었다. 1956년 12월, 미군은 헤노코의 지주와 신규 접수한 토지에 대해 임대차 계약을 맺고, '토지를 지키는 네 원칙' 관철 운동의 일각을 붕괴시켰다. 쿠시촌 쿠시·헤노코 촌락의 산야는 기지가 되었고, 환락가도 출현했다. 각지에서 미군 상대의 업자들도 몰려들었다. 킨손(金武村)과 기노자촌(宜野座村)에서는 촌(村)의회 의원을 비롯해 유지들이 쿠시·헤노코 지역의 시찰에 나섰다.

"킨에는 탄알은 떨어지지만, 달러는 떨어지지 않는다", "연습은 킨에서 하고, 유흥은 헤노코와 고자. 군용트럭의 왕래로 아이들의 통학도 위험하다", "그러나 토지를 지키는 네 원칙은 어떻게 할 것인가?" 등등, 시찰을 마치고 돌아온 킨손 유지들은 격론을 펼쳤다. 실태상으로는 사격연습장이 되어 있어서 산림도 이용할 수 없는 상태이고, 위험에만 노출되어 있을 뿐이어서, 어떤 이득도 없는 미군기지의 현실에 그들은 고뇌했다. 부락총회를 몇 번이고 열어난상토론을 벌인 끝에 나온 결론은 신규접수를 받아들여 기지를 유치하는 것이었다. 기노자촌(宜野座村)도 신규접수에 동조해서 킨·기노자에 있어서의 본격적인 미군기지(캠프 한센) 건설로 사태는 귀착되었다(金武町企画開発課, 1991: 32~33).

킨과 같은 주변부 지역의 주민들에게 있어, 지배자인 미군도 타자였지만, '섬 전체의 투쟁'을 주도하고 있던 오키나와 중심부의 정치 세력도 마찬가지로 타자였다. 그들에게 있어, 운명공동체는 오로지 촌락공동체 밖에 없었으며, 생명을 유지하기도 힘든 궁핍한 생활로부터 벗어나는 길은 촌락공유지를 잃는다 해도 촌락의 부흥자금을 구하는 것이라고 생각되었다. 그래서 킨 지역 주민들의 일각에서는 일괄지불 방식을 받아들이자는 의견까지 등장하였다.

당시 킨 지역의 촌락공동체들은 아무런 방패막이도 갖지 못한 채 미군의 폭정과 마주하고 있었다. 자신들의 억압적 상황을 대변해 주거나 그 상황을 개선해 줄 자는 미군정하의 류큐민 정부도 아니고, 패전국 일본의 정부도 아니고, 킨손의 주민들 자기 자신밖에 없었다. 킨손의 소마야마는 이미 미군의 군사연습이 제 멋대로 행해지는 토지가 되어, 그것을 기지로 등록해 군용지료라도 받지 않으면 아무런 쓸모가 없는 땅이 되어가고 있었다. 킨손에 있어서의 문제는 다른 지역과 달리, 부당한 토지수용이 아니라, 미군이 자기들 필요할 때 사용만 하고 접수해야 마땅한 토지를 접수하지 않는 상황에 있었다.

킨손 인근지역의 주민들이 대열에서 이탈하기는 했지만, '섬 전체의 투쟁'은 미군의 폭정에 맞서 분절화 된 오키나와 지역 주민들을 통합하고 정치적 이익을 대변하는 새로운 지역 권력이 형성되는 계기가 되었다. 미군기지의 문제는 이제 당해 지역의 촌락공동체와 미군의 양자 관계의 문제가 아니라, 오키나와 지역 수준의 정치 조직을 더한 삼자 관계의 문제가 되었다.

역설적이게도 1950년대 토지투쟁의 성과는 이탈자인 킨손 지역의 주민들에게도 커다란 이익을 안겨다 주었다. 킨손은 당초 군용지료의 일괄지불에 의해 소마야마의 이용권을 영구적으로 상실할 지도 모르는 상황에 놓여 있었지만, 매년 지불방식이 확정되어 소마야마에 대한 법적 권리를 온전하게 유지할 수 있었다. 군용지료의 금액도 1952년 11월 최초 제시액에 비해 약 6배 정도 인상되었으며, 촌락공동체의 지위도 미군의 폭정에 시달리는 피해자에서 군용지주로 격상되었다. 결국 킨손의 소마야마는 미군기지 건설로 주민생활의 영역에서 떨어져 나갔지만, 매년 군용지료의 형태로 변환되어 돌아오는 촌락공동체의 경제자원으로 부활하였다.

6. 일본 복귀와 군용지료의 상승

킨초의 군용지료는 거의 대부분 킨초군용지등지주회(金武町軍用地等地主会)를 통해 유입되고 있다. 킨초군용지등지주회는 1953년 6월 6일 설립되어, 현재까지 50년이 넘게 이어져 오고 있다. 동지주회는 상위 단체로서 오키나와현군용지등지주회연합회(沖縄県軍用地等地主会:약칭 土地連)와 연계되어 있고, 회원으로서 킨초사무소(金武町役場)를 비롯해 킨, 나미사토, 이게이, 야카의 4개 촌락의 부락민 단체와 개인지주들을 포괄하고 있다.

킨손 주민들은 미군기지의 유치를 통해 빈곤 탈피와 경제 부흥을 도모하였지만, 1960년대까지만 해도 농지를 잃어버린 농민들로서 매일의 생계를 꾸려가는 것도 힘든 상황이었다. 군용지료 수입이 별다른 도움을 주지 못하는 상황에서 킨손 주민들은 미군의 원조물자에 의지하거나, 미군기지의 종업원으로 일하거나, 미군상대의 상점을 열거나 하면서 수많은 궁리와 임기응변을 통해 생계를 이어갔다. 미군에 대한 경제적 의존성은 심화되어 갔지만, 경제생활의 개선은 더디게 진행되었다.

킨손 주민들은 1962년 캠프 한센 앞에 신카이치(新開地)라는 미군상대의 상점가 및 유흥가를 건설함으로써, 새로운 돌파구를 마련했다. 킨손의 원주민들은 가게를 직접 경영하지는 않고, 외지인들에게 토지를 분양하거나 임대하여 수입을 올렸다. 신카이치는 베트남 전쟁에 따른 특수로 1970년대 초까지 크게 번영하면서 막대한 소득을 안겨다 주었다. 그러나 그 번영의 주역은 어디까지나 신카이치에서 상점과 술집을 직접 경영하는 외지인이었고, 킨손의 원주민들은 그 소득의 일부만을 나누어 받을 수 있을 뿐이었다. 이때까지 킨 지역의 기지의존 경제는 신카이치의 현금수입을 중심으로 구축되어 있었고, 킨손의 원주민들은 현금수입을 올리는 외지인들에게 경제적으로 의존되어 있었다.

킨손에서 군용지료 수입이 신카이치의 현금수입을 비롯하여 다른 기지 관련 수입을 압도하게 된 것은 1972년 오키나와의 일본 복귀 이후의 일이다. 군용지료의 상승은 미군기지 문제에 있어 복귀 이후 새로운 당사자 관계를 형성하게 된 미군, 일본 정부, 오키나와현 사이의 복잡한 역학관계 속에서 이해될 필요가 있다. 킨손 주민들은 이 삼자 관계의 타협의 산물인 군용지료의 상승을 통해 막대한 반사이익을 얻게 되었다.

1960년대 오키나와의 대중 정치세력들은 미군정의 억압으로부터의 탈피와 미군기지의 철거를 위해 일본복귀운동을 전개하였다. 1960년대 후반 일본과 미국이 오키나와 반환 협상을 벌이는 과정에서 오키나와의 여론은 '본토수준(本土並み)'이라는 슬로건을 내걸고 미군기지 문제에 대한 해결을 촉구하였다. 즉 오키나와도 일본 본토와 마찬가지로 비핵화되어야 한다는 것과 미군기지가 일본 본토 수준으로 축소되어야 한다는 것이 반환의 조건으로 제시되었다. 그러나 1972년 5월, 오키나와는 일본에 반환되었지만, 미군기지는 그대로 남았다.

일본 정부는 미국과의 협상에서 미일안보조약과 미일지위협정을 변경 없이 오키나와에도 적용하고, 오키나와에 대한 미군의 기득권을 보장한다는 조건으로 오키나와의 반환을 실현할 수 있었다. 일본 정부가 오키나와 측의 요구를 수용하는 방식으로서 선택한 길은 경제적 보상이었다. 복귀 후 일본 정부의 대오키나와 경제지원책은 미군기지의 과중한 부담과 피해, 오키나와 전에서의 전쟁 피해, 그동안의 홀대와 차별에 대한 정치적 보상의 의미를 지니고 있었다.

일본 정부가 오키나와현 주민들에게 가진 일종의 부채의식은 오키나와 경제진흥책을 필두로, 군용지료의 대폭 인상과 기지소재 시정촌(市町村)에 대한 각종 재정지원으로 연결되었다. 그리고 일본 정부는 복귀 후에도 지속적으로 전개되어온 오키나와의 다양한 정치세력들의 반기지운동(反基地運動)에 대한 대응 전략으로서 오키나와에 대한 경제지원책을 미군기지 정책과 연계시켜, 반기지운동에 대한 위협으로 경제지원을 동결하거나, 기지용인에 대한 보상으로서 경제지원을 확대하는 방식을 취해 오고 있다(高橋明善, 2001). 이러한 일본 정부의 경제주의적 대응책은 오키나와 경제 및 사회의 기지의존성과 재정의존성을 심화시키는 결과를 초래하고 있다.

미군, 일본 정부, 오키나와 정치세력의 미군기지 문제를 둘러싼 갈등과 타협은 킨 지역 주민들에게 군용지료의 상승이라는 반사이익을 가져다주었다. 오키나와의 일본 복귀 직후 1973년에서 1975년까지 군용지료는 급격히 상승되었다. 지목(地目)에 따라 상승률은 다소 다르지만, 캠프 한센의 경우 1973년 지목에 따라 18~27%, 1974년 지목에 따라 42~72%, 1975년 전답과 임야(山原)의 토지가 25~31%의 상승을 기록했다. 1972년도에 군용지료를 포함해서 킨초군용지등지주회가 수령한 임대료의 총액은 4억 1840만 1139엔이었고, 2003년도 임대료 총액인 36억 5032만 7901엔의 약 1/9이었다. 이것이 2년 후인 1974년에 2배를 넘어 9억 3661만 6330엔이 되었다. 1975년 임대료는 10억 8799만 3920엔이었고, 이것이 다시 2배가 되는 데는 15년의 시간이 걸려 1988년에는 20억 1602만 5995엔을 기록했다.

1976년 이후에도 1992년까지 군용지료는 매년 대체로 4~7%의 상승을 계속했다. 1980년도까지의 상승률은 물가상승률과 별 차이가 없는 수준이지만, 그 이후의 상승률은 물가상승률을 약간 상회하고 있다(沖縄県総合事務局, 2000: 19). 1993년부터의 군용지료 상승률은 오키나와현의 군용지료 총액을 기준으로 해서 보면, 매년 3~4%를 유지하고 있는데(沖縄県総務部, 2003: 156~157), 1990년대 이후 일본 경제가 장기침체에 들어간 와중에서도 높은 수익률을 기록하고 있다.

복귀 후 계속적으로 인상되어온 군용지료 덕분에 킨 지역 주민들은 1980년대 중반 이후 경제적 안정과 풍요로움을 맛보기 시작하였다. 킨 지역의 기지 의존경제도 기지 앞 상점가 및 유흥가인 신카이치(新開地)의 현금수입에서 군용지료 수입을 중심으로 재편되었다. 킨손사무소(金武村役場), 부락민 단체, 개인지주들에게 유입되는 군용지료는 건설업과 서비스업 부문 등으로 순환하면서 지역경제를 활성화시키는 디딤돌이 되고 있다. 1970년대 중반 이후 미군들의 소비력이 줄어들면서 쇠퇴의 길에 들어선 신카이치의 외지인 경영자들에 대해, 킨 지역의 원주민들은 새로운 고객 및 소비자로 등장하여 경제적으로 우월한 지위에 설 수 있게 되었다. 결국 복귀 후 군용지료의 상승에 의해 촌락의 산림공유지는 토지 임대라는 측면에서 일종의 산업적 효과를 가지게 되었고, 군용지료를 배분받는 원주민 집단의 사회경제적 지위를 강화하는 기반이 되고 있다.

7. 맺음말

지금까지 살펴본 킨 지역의 촌락공유지의 변천 과정은 오키나와의 문화와 사회를 이해하는 데 있어 다음의 세 가지 논점을 제시해 주고 있다. 첫째, 오키나와에서 '시마사회(シマ社会)'라는 말로 흔히 표현되는 촌락공동체 전

통의 지속 양상은 그것을 가능하게 하는 경제적 기반과의 관련성 속에서 이해될 필요가 있다. 이러한 경제적 기반은 촌락공유지라는 오키나와의 독특한 역사적 산물로서 존재하고 있으며, 외부 권력의 끊임없는 침탈 속에서도 촌락공동체가 내적 자율성을 유지하는 근간을 마련해 주었다. 오키나와의 촌락공유지는 근세 촌락공동체의 토지공유 제도를 통해 형성되었고, 이후 그것과 대응관계에 있는 촌락공동체가 촌락공유지의 소유 및 이용을 위해 인적 집단, 사회조직, 생활관습에 있어 연속성을 유지하도록 하였다. 쉽게 말해서 촌락공유지라는 경제적 자원이 있으면, 그 촌락에 살던 원주민들은 쉽게 외지로 떠나가지 않으며, 그것을 소유하고 관리하는 사회조직을 운영하게 되고, 그것을 이용하는 관습과 규칙을 만들어 낸다.

둘째, 킨 지역의 촌락공유지, 특히 소마야마의 존재 양태가 촌락공동체를 둘러싼 외부 권력들의 변화와 역학관계, 그리고 지배 방식을 드러내 왔다는 점에 주목한다면, 오키나와 지역사에 대한 연구가 동아시아 지역체계의 구조와 역사, 그리고 전후 동아시아를 지배해온 미국의 군사적 패권주의에 대한 연구와 연결될 수 있음을 새삼 인식할 수 있다. 위에서 서술한 것처럼, 소마야마의 소유 및 이용 방식은 근세에는 류큐왕국에 의해, 근대에는 일본 국가권력의 지배와 민권운동세력이라는 변수에 의해, 전후에는 미국의 초국가적 군사권력의 지배와 오키나와의 대중 정지세력이라는 변수에 의해, 일본 복귀 후에는 미군, 일본 정부, 오키나와 중심부 정치권력의 역학관계에 의해 결정되어 왔다. 이러한 와중에서 킨 지역의 촌락구성원들은 외부권력으로부터 자신들의 내적 자율성을 방어하고 경제생활의 개선을 위해 촌락의 경제적 자원에 대한 지배력을 유지하려고 노력해 왔다. 이 과정에 대한 서술은 근대적 민족국가를 이루지 못한 채 소수민족으로 남은 집단을 국가체계나 이보다 큰 거시적 지역체계의 일부로만 놓고 이해하는 것이 아니라, 주변화된 인간 집단을 중심에 놓고 거기에 영향력을 행사하는 지배 집단의 힘과 논리를 비추어보는 의미를 갖고 있다.

셋째, 본고의 사례는 오키나와 촌락 사회의 이해에 국한되는 것이 아니라, 오키나와 사회 전체를 조망하는 관점에서 위치지워질 필요가 있다. 촌락공유지는 소마야마 뿐만 아니라, 다양한 형태로 현재 오키나와 각지에 산재해 있다. 촌락공유지는 전후 크게 두 가지의 유형에 따라 경제적 가치가 상승되어 왔다. 하나의 유형은 산업화 및 도시화에 따른 지가의 상승이며, 다른 하나의 유형은 본고에서 서술한 것과 같이 미군기지로의 편입 이후 발생한 군용지료의 상승이다.

전후 오키나와 사회의 특수성은 통상적인 산업화로부터 이탈시키는 요인으로서, 미군기지의 요인이 주민생활에 얼마나 큰 영향을 미쳐왔는가에 대한 분석에 기초하여 논의되어 왔다. 그러나 촌락공유지의 경제적 가치 상승으로 촌락공동체의 구성원들이 처분할 수 있는 경제적 자원의 양이 확대되어온 점에서는 양자의 요인이 유사한 효과를 나타내고 있다. 즉 촌락공유지의 이용과 보전을 위한 인적 집단, 사회조직, 전통적 관습의 유지는 촌락 사회이건, 도시 사회이건 공통적으로 나타나는 현상이다. 단순화시켜서 말한다면, 산업화 및 도시화, 그리고 군용지료의 상승으로 인해, 킨 지역 뿐만 아니라 오키나와 지역 전체에서, 1980년대 중반 이후 전통적 사회조직이 강화되거나 전통예능과 축제가 활성화되는 방식 등으로 촌락공동체의 전통이 새롭게 강화될 수 있는 경제적 조건이 형성되었다.

본고에서는 이러한 경제적 조건 위에서 촌락의 전통적 사회조직이 실제로 강화되어 가는 양상과 촌락의 전통예능 및 축제가 활성화되는 양상에 대해서는 미쳐 분석을 수행하지 못했다. 이 두 가지 부분에 대한 연구는 이후의 과제로 설정하고자 한다. 그리고 오키나와 지역 전체 수준에서의 체계적 연구는 다음 단계로의 연구의 확장이 될 것으로 생각된다.

■ 참고문헌

· 1차 자료

1. 오키나와 현청 및 오키나와 현 소속 지방자치 단체 발행 자료

沖縄県総務部基地対策室編. 2003.『沖縄の米軍基地』. 那覇: 沖縄県.

沖縄文化振興会公文書管理部史料編纂室編. 2000.『概説 沖縄の歴史と文化』. 南風原: 沖縄県教育委員会.

沖縄総合事務局総務部. 2000.『沖縄県経済の概況』. 那覇: 沖縄総合事務局.

金武町企画課編. 2003.『統計きん』. 金武: 金武町役場.

金武町企画開発課. 1991.『金武町と基地』. 金武: 金武町役場.

金武町誌編纂委員会編. 1983.『金武町誌』. 金武: 金武町役場.

金武町史編纂委員会編. 2002.『金武町史: 第二巻戦争本編』. 金武: 金武町教育委員会.

2. 기타 자료

新村出編. 1998.『広辞苑』. 東京: 岩波書店.

· 2차 자료

1. 일문단행본 · 논문

高橋明善. 2001.『沖縄の基地移設と地域振興』. 日本経済新聞社.

那覇地方裁判所. 1982.「判決」. 昭和52年(行ウ)第5号.

山本英治. 2004.『沖縄と日本国家―国家を照射する地域』. 東京出版会.

安良城盛昭. 1980.『新沖縄史論』. 那覇: 沖縄タイムス社.

隅谷三喜男. 1998.『沖縄の問いかけ: 苦難の歴史と共生の願い』. 四谷ラウンド.

田村浩. 1977.『琉球共産村落之研究』. 至言社.

仲間勇栄. 1984.『沖縄林野制度利用史研究』. 那覇: ひるぎ社.

仲間勇栄. 2002.「村落環境の管理システムとしての山林風水の意義」.『人間・植物関係学会雑誌』. 2(1).

仲松弥秀. 1977.『古層の村: 沖縄民俗文化論』. 那覇: 沖縄タイムス社.

仲松弥秀. 1990.『神と村』. 梟社.

仲松弥秀. 1993.『うるまの島の古層』. 梟社.

津波高志. 1994.『金武町の村落と聖地: 金武区と並里区の場合』. 金武: 金武町教育委員会.

津波高志. 2004.「済州島―海村における家族」. 佐藤康行(編).『変貌する東アジアの家族』. 早稲田大学出版部.

4부

오키나와의 정체성

우치나와 일본 사이에서

12장

동화론과 오키나와 아이덴티티

· 오타 초후의 동화주의를 중심으로1)

박훈

1. 머리말

근대는 '네이션 형성의 역사'라고 일컬어진다. 네이션의 탄생지인 유럽은 말할 것도 없고, 아시아를 비롯한 여타지역에서도 경로와 시기는 다양하지만 네이션을 형성하려는 노력은 계속되었고 많은 경우 실현되었다. 네이션을 형성하는 데 공통적인 요소 중의 하나는 '잊을 수 없는 타자'의 존재다(三谷博, 1997: 23). 즉 자기네이션을 위협하고, 위기감을 조성하여, 그것을 특성화시키고, 단결시키는 외부의 존재다. 일본에게 서양, 한국·중국에게 일본이 그것이다.

이것을 다른 말로 하면 '세로벽'의 설정이다. 즉 기존에 존재했던 국경, 혹은 정치체(왕조)를 뛰어넘는 엘리트 간의 문화의 공유와 국제질서의 서열의 인정 대신에 새롭게 명확하게 설치된 국경을 경계로 벽을 쌓는 과정이 네이션형성사라고 할 수 있다. 물론 이 때 벽 바깥과의 이질성을 강조하기 위해

---

1) 이 글은 한국사회사학회에서 간행하는 『사회와 역사』(통권 제73집, 2007년 봄호)에 게재된 것을 수정·보완한 것이다.

벽 안쪽의 동질성, 균질성을 위한 작업이 추진된다. '가로벽'의 파괴가 그것이다(木村幹, 2000: 서장).

그런데 오키나와의 근대사는 이런 점에서 볼 때 예외적이다. 그것은 오키나와네이션의 형성과 일본에의 동화주의가 동시병렬적으로 진행된 사례다. 다시 말하면 '세로벽'의 설정은커녕 강력한 타자에 자신을 일치시켜나가려고 노력하면서(동화주의), 아니 노력하면 할수록 '우리 오키나와'가 형성되어가는 과정이었다. '오키나와인이여, 일본인이 되자'라고 하는 순간, 아직 일본인이 되지 못한 '오키나와인'이라는 새로운 범주의 설정이 필요해지는 것이다. 그것은 동화주의의 제창과 동시에 '오키나와'가 탄생한다는 역설의 과정이었다.

일본인이 되려고 하면 할수록 오키나와인으로서의 자신이 새롭게 '발견'되는 상황, 근대 오키나와 지식인들의 고뇌는 바로 이곳에 있었다. 본고는 이런 관점에서 근대 초기 오키나와 지식인의 동화주의를 이해해보려고 하는 작은 시도인데, 주로 오키나와의 정치가, 실업가이자 언론인이었던 오타 초후(太田朝敷)를 통해 살펴보고자 한다.

오타 초후는 1865년 류큐왕국의 수도였던 슈리(首里)의 사족집안에서 태어났다. 1882년 오키나와 사범학교에 입학하여, 제1회 현비유학생으로 학습원 한학과 입학했다가 3년 후 중퇴하고, 1886년 게이오의숙(慶應義塾)에 입학하였다. 여기서 그가 후쿠자와 유키치의 영향을 받았을 것은 쉽게 짐작할 수 있다. 1893년 그는 오키나와에서 「류큐신보(琉球新報)」를 창간하여 주필로 활동하면서 정력적으로 언론활동을 펼친다. 그의 글을 묶은 『오타 초후 선집(太田朝敷選集)』(比屋根照夫·伊佐眞一編, 1993~1996, 이하 『상권』, 『중권』, 『하권』으로 약칭)의 대부분이 이 신문에 쓴 논설로 채워져 있는 것만 봐도 그것을 짐작할 수 있다. 1929년에는 「류큐신보」의 사장에까지 오른다. 그는 저널리스트뿐 아니라 제당회사의 사장으로 또 1933년까지는 슈리시장으로 활발한 사회활동을 펼치다 1938년 사망했다.

근대 오키나와의 지식인에 대한 연구는 주로 이하 후유(伊波普猷)를 중심으로 이루어져 왔다. 그러나 1990년대 들어 이하 후유 이전 세대인 오타 초후나 자하나 노보루(謝花昇)에 대한 기초자료(伊佐眞一編, 1998)가 정비되면서, 연구가 활발해지기 시작했다. 90년대 이전 연구에서는 초후에 대해 일본에의 맹목적인 동화를 주창하여, 오키나와의 정체성을 상실케 했다는 류의 '악평'이 많았다(石田正治, 2001: 5). 초후의 동화론은 황민화로서의 동화론의 하나이며, 일본 측의 동화론을 오키나와 측에서 보완하는 논리였다는 것이다(屋嘉比收, 2000: 5). 다시 말하면 일본으로의 몰주체적인 동화, 또는 황민화를 선도하여, 결국 오키나와전의 비극에까지 연결되는 사상적 근원을 제공했다는 평가가 정설화 되어왔다.

90년대 이후 전개된 연구들은 이에 대해 일제히 비판적인데, 초후의 동화주의가 오키나와 아이덴티티를 포기한 일방적인 일본에의 동화를 말한 것이 아니라는 점을 지적하고 있다. 즉 "오타의 동화론은 결코 몰주체적, 종속적인 형태의 타자에의 모방, 매몰을 의미하는 것이 아니라, 오히려 위로부터의 동화론을 역이용하면서 오키나와의 주체성의 확보·유지에 힘쓰려고"했다거나(比屋根照男, 1996a: 134), "초후의 동화론은 단순히 몰주체적인 타자의존, 아이덴티티를 포기한 타자에의 일체화는 아니라"며, 타이완 자치주의자인 채배화(蔡焙火, 1889~1983)의 '적극적 동화론'과의 유사성을 지적하기도 한다. 그러면서 『류큐교육』, 『타이완교육회잡지』의 동화론이 지역적, 민족적 특성이나 개성을 전면적으로 없애야한다는 주장과 대비시키고 있다(比屋根照男, 1996a: 82, 86).

다시 말하면 이 최근의 초후 연구들은[2] 초후 사상의 복권을 시도하고 있는

2) 이밖에 초후 관련 연구들을 소개하면 다음과 같다. 石田正治는 초후 동화론의 목적이 야마토와의 대등성의 획득에 있었으며, 그 수단으로서 일류동조론과 천황제와의 일체화를 주장했다고 지적하면서, 이 주장은 결과적으로는 제국의 내셔널리즘과 접합하게 되었다고 했다(石田正治, 1997). 가노 마사나오는 1890년대에서 1910년대에 걸쳐 초후의 역점이 동화론―산업개발론―정

셈인데, 본고는 이러한 초후에 대한 포폄의 자세를 벗어나 그와 이하 후유 등 오키나와 지식인들의 동화론이 근대 네이션 형성사에서 갖는 특성을 밝혀냄으로써 내이션형성사의 내용을 좀 더 다양화시켜보고자 하는 목표를 갖고 있다.

2. 오키나와 아이덴티티의 위상과 특성

근대 초기 일본에 편입된 지역/국가의 지식인들은 일본이 자신들의 사회를 압박했을 때, 이에 대해 다양한 대응을 보였다. 이를 유형화해보면[표 12-1] 과 같은데, 이 속에서 오키나와 동화주의의 위상을 먼저 검토해보자.

먼저 독립주의다. 이것은 독립된 국민국가의 수립에 어디까지나 집착하며, 선진문명을 흡수해도 이를 통해 한다는 것이다. 이 입장은 토착 정권의 유지를 절대시하며, 이민족 정권에 의한 문명화라는 발상을 거부한다. 이들에게는 토착 정권이 추진하는 문명화가 최선의 길인데, 때로 토착 정권이 무능하여 문명화가 지체될 때에도 토착 정권에 집착한다. '문명'보다는 '독립'에 중점이 두어져 있는 것이다[3]. 19세기의 일본, 1930년대의 아일랜드가 걸었던 길이며, 비록 실패로 끝났으나 신채호, 상해임시정부, 조선사회주의자들 등 조선의 독립파가 실현하려고 했던 노선이다. 이 노선을 지탱하는 것은 강렬한 민족주

치적 자치론으로 이동했다는 견해를 밝혔다(鹿野政直, 1996). 한편 오구마 에이지는 比屋根照夫가 초후의 문명화 측면만을 강조하고 있다고 비판하면서, 본래 문명화를 지향하고 있던 초후가 지배측이 설정한 일본화의 언설에 흡수되어가는 프로세스를 주목해야 한다고 지적했다. 아울러 오구마는 초후 문명관이 변화하는 것은 내발적 사상의 변화라기보다는 오키나와의 발전을 위해 우선되어야만 하는 것은 무엇인가라는 정세판단에서 나온 것이라며, 그는 어디까지나 오키나와의 발전을 목적으로 하고 사상은 그 수단으로 생각한 타입의 내셔널리스트 정치가라고 평가하였다(小熊英二, 1998: 714).
3) "지금의 일본 국민을 문명으로 나아가게 하려는 것은 이 나라의 독립을 지키기 위한 것일 뿐이다. 따라서 나라의 독립이 목적이고 국민의 문명은 그 목적에 도달하기 위한 술(術)이다"라는 후쿠자와 유키치의 말은 그 대표적인 예이다.

[표 12-1] 근대 초기 일본에 편입된 지역/국가 지식인들의 대응유형.

	오키나와	조선	타이완
병합주의	오키나와 교육회 (『류큐교육』)	일진회	『타이완교육회잡지(臺灣敎育會雜誌)』
동화주의	오타 초후, 이하 후유, 자하나 노보루	윤치호, 이광수(30년대이후)	
자치주의	공동회(公同會)운동 (1895~1897)	20년대 자치주의자들	임헌당(林獻堂), 채배화(蔡焙火), 임정록(林呈祿)
독립주의		신채호, 상해임시정부, 사회주의자들	

의다. 1945년 조선의 해방은 결과적으로 이 노선에 역사적 정당성을 일거에 부여하였고, 현대 한국은 이 노선을 교설적 위치에 올려놓고 19세기 후반 이래의 역사를 해석하여 왔다. 이 경우는 고유문명의 아이덴티티를 강조하고 때로는 과장까지 하여 확고부동한 것으로 만들기 때문에 아이덴티티를 둘러싼 고민은 적다.

그러나 선진문명의 압박 앞에서 도저히 자기사회의 독립과 문명화가 불가능해 보일 때, 또는 실제로 식민지화되어 버렸을 때, 그에 대한 대응양태는 몇 가지로 나뉜다.

먼저 병합주의. 이것은 선진문명의 압도적 우월성을 인정하고, 자기사회의 자주적인 발전가능성을 인정하지 않는 입장이다. 이들은 자기사회가 고유의 아이덴티티를 잃고 정치적, 제도적, 문화적으로 선진문명에 완전히 병합되는 길을 선택한다. 고유문명의 흔적은 발전에 장애일 뿐이며, 선진문명으로의 전면적인 동화를 주장한다. 이것은 많은 경우, 식민지 본국의 지식인이나 정치가들이 주장했고, 식민지의 이익보다는 식민본국의 이익이 우선되었다. 이 경우 자기아이덴티티의 해소를 주장하므로, 아이덴티티를 둘러싼 고민은 적다.

다음으로 자치주의가 있다. 이것은 문화적으로 고유문명의 아이덴티티를 지켜나가면서 선진문명을 받아들이려는 태도다. 정치적, 제도적으로는 식민본국과는 구별되는 법률과 제도를 시행하고, 식민지의 자치의회를 설치할 것을 주장한다. 이것은 식민지의 역사적, 문화적 독자성을 주장하면서, 식민본국과의 차이를 인정할 것을 요구하는 것이기도 하지만 그에 따른 차별을 수용하는 것이기도 하다. 1920년대 조선의 자치주의자들, 타이완의 자치주의자들, 그리고 일본의 식민정책학자들이 이에 해당한다.

마지막으로 동화주의이다. 이 글에서 다루려고 하는 오타 초후 등 오키나와 지식인들이 이에 해당한다. 이 입장은 법률적 동화주의와 문화적 자치주의로 요약할 수 있다. 오키나와의 경우, 1879년 '류큐 병합'으로 일본의 한 현으로 편입된 지 20년만인 1899년에 징병제가 실시되었고, 1899~1903년 사이에 토지정리사업이 이뤄져 일본과 같은 세제가 시행되었다. 또 1912년 오키나와 본도, 1919년 야에지마, 미야코지마에 중의원선거가 실시되었고, 1920년에 지방특별제도 폐지됨으로써 법률적 동화주의는 표면적으로는 거의 달성되었다고 할 수 있다[4].

이 입장은 문화적 동화에는 소극적이며 자기사회의 아이덴티티를 지키려는 경향이 있다. 오키나와의 경우 '일류동조론(日琉同祖論)'은 인정하나 류큐왕국 역사의 인멸에는 반대하거나, 일본어 보급은 인정하나 오키나와어 박멸에는 반대하는 것이다. 이하 후유(伊波普猷)의 '개성론'이 그 대표적인 예라고 할 수 있을 것이다. 후술하는 것처럼 이하 후유는 '일류동조론'의 대표적인 논자이고, 일본에 의한 류큐 병합을 '해방'이라고 표현했던 인물이다. 그는 일본으로부터의 '독립'이나 일본에 대한 폭력적 저항을 강하게 반대했다. 오키나와의 생존과 발전을 위한 첩경은 일본국의 헌법과 법률의 적용을 받는

---

4) 물론 표면적인 법률적 동화 속에서도 차별은 존재했다. 예를 들면 일본제국이 1945년 붕괴할 때까지 오키나와 출신 현지사는 단 한명도 배출되지 못했고, 오키나와인이 내지에서 취직을 할 때도 많은 차별이 있었다.

일본 국민이 되는 것이라는 것이 그의 생각이었다. 그러나 후유는 그것이 일본 국민 모두가 '야마톤추(大和人)'가 되는 것이라고는 생각하지 않았다. 일본 국민 속에는 다양한 개성이 존재해야 하며, 그것이 '대국민'이라는 것이다. 따라서 야마톤추와는 다른 개성을 가진 '우치난추(沖繩人)' 역시 일본 국민의 훌륭한 일부분이 될 수 있는 것이었다.

오키나와 아이덴티티 형성과 그 동화주의가 차지하는 위치를 이상과 같이 파악할 수 있다면, 이번에는 그것의 특성을 검토해보기로 하겠다.

전근대 오키나와에는 류큐왕국이 존재했다. 류큐왕국은 오키나와 본도의 슈리성을 중심으로 한 왕가와 사족층이 지배층을 이루는 왕조였다. 류큐왕국은 1609년 사쓰마가 아마미군도를 직접 지배한 이래, 오키나와 본도와 미야코지마군도, 야에야마군도를 그 영역으로 하여 왔다. 그러나 오키나와 본도와 미야코지마, 야에야마는 상당히 떨어져 있어 이 섬들에 있는 지배층조차도 류큐왕조에 강한 일체감을 갖고 있었을 거라고는 생각할 수 없다.

메이지유신 이후 일본 정부가 류큐 병합을 시도하자 류큐왕조의 지배층은 이에 강력히 반발하여 청나라에 구원요청을 끈질기게 행한다. 이른바 '탈청(脫淸)운동'이다.[5] 이 운동의 주도자들은 류큐왕조가 중국의 조공책봉체제 하에서 오랫동안 왕호와 국호를 유지해 왔으며, 오키나와 본도, 미야코지마군도, 야에야마군도, 그리고 지금은 일본의 영토가 되었지만, 아마미군도까지도 왕조의 판도임을 주장했다. 임세공(林世功) 같은 사람은 우국의 시를 남기고 베이징에서 자결하기도 했다.

그러나 이런 왕조 지배층의 반일운동과 그 의식은 상씨(尙氏)왕조의 보존의식에 기반한 것이지, '우리 오키나와인'을 지키기 위한 네이션 의식에서 나온 것이라고는 볼 수 없다. 하물며 민중들이 이 운동에 참여한 흔적은 매우 미약하며, 그들에게 네이션 의식이 존재하지 않았음은 쉽게 짐작할 수 있다.

---

5) 이에 대해서는 이 책 3장을 참조.

이런 현상은 단지 류큐왕조에만 국한된 것은 아니며, 전근대 왕조체제에서 공통적으로 보여지는 것이다.

일반적으로 전근대 왕조들이 외부의 네이션 스테이트(nation-state)로부터 공격이나 압력을 받았을 때, 그 지배층들은 왕조수호운동, 또는 근왕운동의 형태로 반외세투쟁을 전개한다. 그러다가 투쟁의 과정에서 상대의 체제를 모방하여 네이션의 형성과 네이션 스테이트의 수립으로 나아가게 된다. 그래서 비교적 순탄하게 네이션 스테이트를 수립하는 데 성공하기도 하고(일본), 네이션 의식은 성립하나 좀처럼 네이션 스테이트 건설에 성공하지 못하고 오랫동안 분열상태를 겪기도 하고(중국), 네이션 의식이 성립된 상태에서 식민지로 전락하는 경우(조선)도 생겨난다.

그러나 류큐의 특성은 네이션 의식이 성립되기 전에 외세의 지배를 받았다는 데 있다. 다시 말하면 외부의 네이션 스테이트의 일부로 편입된 상태에서 네이션 의식이 형성되어 간다는 특이한 경로를 겪게 되는 것이다.

메이지 정부는 1871년 류큐왕국을 류큐번으로 삼았고, 1879년에는 오키나와현으로 만들어 중앙정부의 직할지임을 분명히 했다. 이에 대해 류큐왕조의 지배층은 전술한 대로 '탈청운동'을 통해 강력히 반발하는데, 이 운동은 1880년대 중반까지 계속된다. 그러나 앞에서 말한대로 이 운동을 지탱했던 의식은 왕조·왕국수호의식이었다. 그들이 남긴 수많은 문장 어디에서도 네이션 형성을 향한 지향의 뚜렷한 흔적을 찾기란 어렵다. 그들이 중국에서 반일운동을 전개하고 있는 동안에도 '오키나와현'에서는 일본의 초등교육이 급격히 보급되고 있었고, 오키나와어, 류큐 역사는 망각되어 갔다. 그리고 이런 환경 하에서 '근대교육'을 받은 새로운 오키나와 지식인들이 성장하고 있었다.

1895년 청일전쟁의 패배로 그때까지도 근근이 명맥을 이어오던 근왕운동의 잔영은 완전히 사라졌다. 그리고 오키나와의 신지식인들은 일본으로의 동화를 적극 주장하고 나선다.

그런데 동화주의의 제창과 함께, 오키나와 지식인들은 오키나와 문제에 대한 새로운 접근법을 가지고 나온다. 바로 오키나와 문제를 민족이라는 개념으로 접근하여 '오키나와 민족'을 창출하고 그것과 일본 민족은 동일한 조상을 갖고 있다는 '일류동조론'을 적극적으로 주장하는 것이다. 최근의 연구에 따르면(與那霸潤, 2006a; 2006b), 류큐 병합과 청과의 류큐분할협상 등에 임하는 메이지 정부 측은 민족 개념이나 일류동조론을 가지고 류큐 병합의 정당성을 주장하지 않았다. 메이지 정부 측이 류큐 병합을 정당화하기 위해 내세운 근거 중 가장 중점을 둔 것은 1609년 사쓰마가 류큐를 정복했고, 이후 징세를 해왔다는 점, 즉 만국공법에서 영토인지 아닌지를 구분할 때 적용하는 것이었다. 이 연구는 류큐(오키나와) 민족이나 일류동조론을 주장한 것은 오히려 일본에 유학한 이하 후유(伊波普猷), 히가시온나 간준(東恩納寬淳) 등 오키나와의 신지식인들이라고 지적했다. 그리고 오타 초후도 이들과의 공감 속에서 일류동조론을 내세우기 시작했다는 것이다.

3. 오타 초후의 동화론

1) 동화론의 내용

1895년 청일전쟁이 일본의 승리로 끝나자 류큐 내의 친청파는 크게 타격을 받고 점점 자취를 감추게 된다. 이후 오키나와에서는 일본제국으로의 동화를 주장하는 논조가 주류를 점하게 되는데, 이에도 두 가지 유형이 있다. 하나는 황민화적 동화론이라고 부를 수 있는 것으로, 오키나와어를 비롯한 일체의 전통문화를 제거하고 일본에 동화하는 것이다. 이 입장은 천황이나 일본국가에 대한 내면적 충성심을 양성하는 것을 가장 중요한 것으로 보고, 이를 위해 천황제이데올로기 교육에 주력한다. 오키나와 교육회가 대표적인 세력이다. 다른 하나는 수단적 동화론인데, 일본으로의 동화에는 이의가 없으나 그 목적은 제국 일본을 위한 것이 아니라, 동화가 오키나와의 근대화·문명화였다. 따라서 이들에게는 천황제 교육이나 제국 일본의 영광도 중요한 것이었지만, 그보다는 오키나와인의 삶을 개선시킬 수 있는 구체적인 방책, 그 중에서도 오타 초후의 경우에는 경제발전이 더욱 중요하였다. 이에 역행하는 정책이나 논설을 펴는 세력은 언제나 공격해마지 않았고, 천황이나 제국 일본에 대한 충성도 이를 달성하기 위한 수단으로 생각했다.

오타 초후는 1890년대 말부터 적극적으로 동화론을 주장하기 시작한다. 일본 정부에 오키나와의 자치를 요구한 「공동회취의서」(1897년)에서 그는

> 오키나와인민이 영구적인 행복을 보지(保持)하기 위해서는 일반인민에게 속히 일본 국민의 성격을 구비시키는 것뿐이다. 환언하여 말하면 40여만 명의 인민으로 하여금 가능한 한 빨리 내지에 동화시키는 것이다. 만약 그것을 자연의 추세에 맡겨 한두 세대 후를 기다린다면 아직 동화하는 데 이르지도 못하고 사회가 하층에 침륜하여 다시는 구할 수 없는 상태에 이를 것은 아마도 필지일 것이다 …… 오키나와인민이 내지에 얼마나 빨리 동화하느냐에 따라 행불행이 갈릴 것이고 사회전반의 이해득실 모두가 그에 달려있는 것이다(『중권』: 1).

라고 주장했다. 동화를 해야 한다는 것은 말할 것도 없고, 그것도 자연의 추세에 맡길 것이 아니라 오키나와 인민 스스로가 능동적으로 나서야 한다는 것이다. 그것도 하루빨리 해야 하며, 동화의 속도가 오키나와의 행불행에 큰 영향을 끼칠 것이라는 것이다. 그러면 무엇을 어디까지 일본과 동화해야 하는가. 초후의 주장은 일견 보기에는 마치 1920년대 중국 호적(胡適)의 '전반서화론(全般西化論)'을 연상시키는 것이었다. 1899년 초후는 "나는 사교의 상태, 가

[표 12-2] 문화적 아이덴티티에 대한 입장

	황민화적 동화론	수단적 동화론
자기사(自己史)	독자적 류큐사 부정	해양왕국 류큐사의 경험은 제국의 역사에 풍부함을 더해주는 것
모어(母語)	공통어의 강제적 보급을 추진	공통어 장려, 오키나와어 보존(논자에 따라 차이)
신도(神道)	신도장려	특별히 장려하지 않음
성명(姓名)	개성개명(改姓改名) 적극 추진	개성개명(改姓改名) 적극 추진
동조론(同祖論)	지지	지지

족의 체제로부터 기거진퇴(起居進退)에 이르기까지 선이든 악이든 빨리 내지를 모방해야한다는 급격한 사회개조주의를 갖고 있는 자"(『중권』: 35)라며 스스로 '급격'하다고 인정했다. 정치경제적 동화는 물론이고, 사회문화적으로도 일본을 빨리 모방해야한다는 것이다. 이런 연장선상에서 유명한 '재채기'론이 등장하는 것이다. 초후는 1897년부터 3년간 「류큐신보」의 통신원으로 도쿄에 체류하다 1900년 귀현(歸縣)했는데, 이 해 10월 「여자교육과 오키나와현」이라는 강연에서 다음과 같은 발언을 했다.

금일의 오키나와의 급무가 무엇인가하면 하나에서 열까지 다른 부현(府縣)을 닮아가는 것입니다. 극단적으로 말하면 재채기하는 것까지 타부현대로 하는 것입니다. 전국의 1/100정도밖에 안 되는 지역이기 때문에, 그 정도의 세력으로는 도저히 종래의 풍습을 유지할 수가 없습니다. 유지할 수 없다면 스스로 나아가 동화하든가, 아니면 자연의 세에 맡기든가 취할 길은 이 두 가지입니다. 즉 적극적으로 하는가 소극적으로 하는가 두 가지입니다. 만일 소극적으로 동화하려고 한다면 우승열패의 법칙에 지배되어 수많은 불리를 감수하지 않으면 안 되게 됩니다. 큰 나무의 밑에 있는 작은 나무가 성장하지 못하는 것과 같은 이치이므로 이런 경우에는 오히려 인위로라도 잡아 늘려서 큰 나무에 압도되지 않도록 하지 않으면 안 된다고 생각합니다(『중권』: 58~59).

재채기까지 내지를 따라 가야한다는 선정적인 표현으로 이 문장은 초후 연구자들에게 자주 인용되었고, 맹목적인 일본동화주의자로 초후를 비난하는 데 좋은 재료로 쓰여 왔다. 이에 대해 최근의 연구들은 이 강연이 문명화가 가장 뒤처져 있는 여자교육에 대해서인 것에 주목해야 한다며, '재채기'만을 강조하여 초후를 비난할 것이 아니라 전후 문맥을 잘 살펴봐야 한다고 지적했다. 그러나 필자는 당시 30대 중반의 초후가 절망적인 동포의 상황을 지켜보면서, 여기서 탈출하기 위해 모든 복고적인 주장을 경계하여 이런 주장과 표현을 했다고 생각한다.[6] 그리고 위 강연내용에서 중요한 것은 '재채기론'보다 그 다음에 나오는 그의 생각이다. 즉, 왜 오키나와는 일본에 동화해야 하는가? 바로 일본의 1/100밖에 안 되는 약소민족이기 때문에 도저히 고유풍습을 유지할 수 없다는 것이다. 어떤 자세로 동화에 임해야하는가? 자연의 추세에 맡겨 소극적으로 동화하려고 한다면 오키나와 발전은 기대할 수 없고, 적극적으로, 즉 능동적으로 동화에 임해야만 '큰 나무에 압도되지 않'을 수 있다는 것이다.

동화론을 이렇게까지 주장하기 위해서는 일본과 오키나와와의 역사적 일체성에 대한 신념을 갖고 있어야만 한다. 초후의 동화론을 지탱하고 있는 것은 일류동조론, 류큐 병합의 정당성이라는 역사의식이었다. 그가 일류동조론을 직접 언급하는 것은 1906년 10월 하순이지만, 그가 주필로 있는 「류큐신보」는 이미 1901년에 이하 후유의 일류동조론을 게재했다.[7] 그는 최근 인류학 연구로 인종, 언어, 풍습면에서도 오키나와와 내지가 동일하다는 것이 확인되었다고 주장했다(『중권』: 259). 일류동조론에 기반하여 초후는 류큐의 역사가 천손 씨가 시작한 것으로 인식했고(『중권』: 5), 류큐 병합도 문명의 영역을 향하

---

6) 3년 후인 1903년에도 그는 "유형무형을 불문하고 하나에서 열까지 내지각현에 동화하는 것"이 오키나와가 뒤처지지 않는 방법이라며 여전히 자극적인 표현을 쓰고 있다(『상권』: 56).
7) 이하 후유는 「류큐사의 별견(瞥見)」이라는 이 논설에서 "내가 유사 이전을 짐작하여, 오늘날 류큐 주민의 대다수가 천손인종이 대이동을 하는 도중에 이별하여 남은 자의 후예일거라고 추측하는 것도 역시 이유 없다고는 할 수 없을 것이다"(伊波普猷, 1974: 526).

여 첫발을 내디딘 것으로 평가했다(『중권』: 100).

초후의 오키나와에 대한 자기인식은 매우 엄격하고 현실적인 것이었다. 그에게서 내셔널리스트가 자기 네이션에 대해 갖는 환상적 이미지나 과대평가를 찾기란 어렵다. 오키나와에서 도덕적 습성으로 평가할 만한 것이 거의 없다며 입묵, 모유(毛遊, 야외교제)를 '만풍(蠻風, 야만스런 풍습)'이라고 비판하는 등 오키나와의 고유풍속에 대한 그의 시선은 차갑다. 오키나와의 프라이드를 칠기, 반포 등 전통산업에서 찾으려는 시도에 대해서도 이 산업의 수준조차도 내지가 낮다며 "시골뜨기의 향토자랑은 우물 안 개구리를 면치 못한다. 이것은 진보의 큰 장애물"(『중권』: 19)이라고 잘라 말한다. 1900년 그는 "이 이종이양의 습속을 버리고 국민보통의 습속을 양성하는 것이야말로 우리들이 오키나와로 하여금 일본국으로 되게 하는 유일한 방책"(『중권』: 49)이라고 했다.

그가 일본화를 강조한 것도 사실이다. 예를 들어 일본인의 인사말습관이 사회교제를 원활하게 한다며 이를 배울 것을 주장하였고, 장례식도 일본화할 것을 주장했다. 사교상태, 가족체제에서부터 기거진퇴에 이르기까지 선이든 악이든 모두 내지를 모방해야 한다는 것이다(『중권』: 32~35).[8] 그는 내지여행 중 가고시마의 한 선착장에서 만난 오키나와 쿠메무라의 여인들의 복장이 일본화되지 못하고 전통복장을 그대로 하고 있는 것을 비판하면서, 이래서는 내지인이 '특별한 류큐'로 보는 것을 면하기 어렵다며 "본현인 머릿속에서 내지라는 관념을 없애버리는 것은 물론, 타부현인 머릿속에서도 류큐라는 관념을 없애버리지 않으면 안 된다(『중권』: 59)"고 말했다.

그러나 일본화가 근대화·문명화와 배치될 때는 일본화에 대해서도 비판적 자세를 감추지 않았다. 예를 들어 축첩공창 등의 일본 풍속에 대해서는 그 수용을 거부했고, 일본의 요리야는 오키나와와 마찬가지로 불건전하므로 이를 배척했다(『상권』: 252~255). 또한 사교상태는 내지도 별로 맘에 안 든다며

---

8) 그는 다른 부현풍(府県風)의 가정을 만들자고 주장하기도 했다(『중권』: 59).

서양풍으로 개량할 것을 주장하기도 했다(『상권』: 262). 문명화와 일본화가 충돌할 때는 서양화를 채택하는 것이다(小熊英二, 1998: 283). 즉 그에게 신오키나와 건설의 대원칙은 일본 국체에 어긋나지 않으면서도 세계대세에 적합한 것이어야 했다. 이런 맥락에서 오키나와 현청이 영어교육을 폐지하려고 했을 때 이를 차별정책이라며 격렬히 저항했던 것이다(『상권』: 266~267).

그의 사상의 특징 중의 하나는 질서주의와 능력주의(실력주의)다. 그는 질서를 흔들려는 자들을 '자코뱅이'라고 비난하면서, 질서는 인체에 혈액순환과 같다며 준법정신의 중요성을 강조하고 처사횡의(處士橫議)의 무모성을 지적했다(『중권』: 84~85). 그렇다면 질서는 무엇을 기준으로 유지되는가. 초후는 무조건적인 평등주의를 반대하면서 능력에 따른 차별은 당연한 것이고, 계급철폐 운운하는 일부세력에 대해서도 능력과 자본을 새로운 지배계급으로 해야 하고, 이렇게 필요한 계급은 폐지할 것이 아니라 오히려 건설하는 것이 당연하며, 계급은 사회의 질서라고 주장했다(『중권』: 82~83).

초후는 오키나와어, 풍속습관의 폐지와 내지화를 강력히 주장하면서도, 오키나와 역사에 대해서는 강한 프라이드를 느꼈고 그 현창과 교육을 주장했다. 그래서 류큐왕국의 자치, 독립정신을 칭양하면서(比屋根照夫, 1996b: 144) 오키나와현청이 오키나와 역사를 제대로 교육하지 않는 것에 대해 '역사인멸정책'이라며 강하게 항의했다. 이같은 류큐 역사에 대한 프라이드와 애착은 일본 제국 내에서 오키나와의 개성을 주장하는 디딤돌 중의 하나가 되었다.

2) 수단적 동화론: 오키나와 발전주의

그렇다면 초후의 동화론의 목적은 무엇인가. 그것은 '오키나와 발전주의'라고 이름할 만한 것으로 철두철미 오키나와의 발전을 목표로 한 것이었다.[9]

---

[9] 比屋根照夫는 이를 오키나와지위의 향상, 발전을 목표로 한 세력발전론이라고 했다.

내 안중에는 어떻게 하면 오키나와현으로 하여금 타부현과 동등한 세력을 갖게 하는가 하는 것 말고는 어떤 문제도 없다. 만약 편발(片髮)을 묶고 대대(大帶)를 매어서 전 국민과 어깨를 나란히 할 수 있다면 우리는 억지로 산발(散髮)을 권하지 않을 것이다. 사서오경의 지식을 갖고 전국민과 어깨를 나란히 할 수 있다면 우리는 감히 신교육을 장려하지 않겠다(『상권』: 277).

즉 우선 일본 내지의 여러 지역과 대등한 힘을 갖게 하는 것이 동화의 목적이다. 나아가 내지보다 모범사회를 건설하는 것이었다(石田政治, 2001: 70). 그리고 가능하다면 일본을 넘어 미국, 유럽의 수준까지 올라가는 것이 초후의 목표였다(『중권』: 19).[10] 그렇다면 어떤 것이 오키나와의 발전인가? 사탕공장 사장을 역임한 적도 있는 초후는 우선 경제발전을 가장 중시했다. 그 중에서도 특히 오키나와의 주력산업이라고 할 수 있는 사탕업(砂糖業)의 발전이야말로 오키나와 발전의 핵심이라고 생각해서 스스로도 이에 관한 조사와 논설발표 등 맹렬한 활동을 전개했다. 특히 타이완 사탕업이 오키나와를 위협하고 있는 데에 두려움을 느끼고, 오키나와 사탕업이 세계시장에서 경쟁할 수 있는 힘을 길러야 하고, 오키나와의 유식자도 이를 위해 노력할 것을 촉구했다(石田政治, 2001: 2장, 3장).

초후에게 있어 내지의 어떤 가치도 오키나와의 경제력 향상에 우선하는 것은 없었다. 일본 정부는 러일전쟁의 군비조달을 위해 사탕소비세를 배증시켰는데, 초후는 이것이 오키나와 당업가, 즉 사탕을 생산하는 농가에게 전가되는 일을 극히 경계했다. 그는 일본이 전국일치의 태도로 러시아와 대항하는 것과 같이 오키나와의 당업가도 일치협력하여 전체의 이익을 계산하여 대처해야 한다고 주장했다. 1904년 11월 정부가 사탕소비세와 함께 주세를 올리자

---

10) 이와 관련해 오구마 에이지는 초후는 문명화와 일본화가 충돌할 때, 즉 일본화가 문명화를 방해할 때는 문명화를 택했다고 지적했다(小熊英二, 1998: 283).

이에 맹렬히 반대했다. 러일전쟁 후 들뜬 사회분위기 속에서 사람들이 '전후경영'을 거창하게 이야기할 때도 초후는 오키나와의 전후경영은 당업진흥밖에는 없다는 냉정하고 현실적인 주장을 계속했다(石田政治, 2001: 88~91). 물론 그는 러일전쟁을 적극 환영하고, 이것이 제국 일본의 국운을 상승시켜 줄 것이라 기대한 사람이었으나, 그 내실은 오키나와의 경제력향상에 연결되어야만 하는 것이지, 오키나와의 희생을 바탕으로 한 제국 일본의 흥륭이라는 발상은 그에게는 희박했다.

초후의 이런 자세는 천황과의 관계에서 더욱 극명하게 나타난다. 그는 시종일관 메이지 천황에 대해 깊은 존경심을 표현했다. 그러나 그는 오키나와의 이익을 지키기 위해 메이지 국가의 천황 이데올로기를 거꾸로 이용했다고 볼 수 있다. 그는 천황의 일시동인을 강조하면서, 일본 정부의 오키나와 차별정책이 천황의 의사에 반하는 것이라는 논법으로 공격했다. 따라서 그에게 있어 천황의 존재, 일시동인의 방침은 일류동조론을 현실적으로 표현하는 것이었고, 정부의 차별정책에 항변할 수 있는 든든한 후원자였던 것이다. 이렇게 볼 때, 1912년 메이지 천황의 갑작스런 죽음에 대해 초후가 깊은 애도의 뜻을 표한 것은 자연스런 일이다. 그런데 주목할 것은 그가 주장한 메이지 천황에 대한 보은의 방식이었다. 그는 이해 농촌 청년들에게 행한 연설에서 메이지 천황에 대한 보은과 새로운 천황에 대한 봉공을 위해 할 일이 있는데, 그것은 바로 산업을 발달시키는 것이라고 했다(石田政治, 2001: 145~146). 즉 초후는 천황의 죽음에 대한 애도와 새로운 천황에 대한 충성조차도 오키나와의 산업발전으로 연결시키려고 했던 것이다[11].

---

11) 이런 점에서 오구마 에이지가 초후는 어디까지나 오키나와의 발전을 목적으로 하고, 사상은 그 수단으로 생각하는 타입의 내셔널리스트 정치가라고 한 지적은 수긍할 만하다. 한편, 오구마는 초후를 '오키나와의 후쿠자와'라고 한 太田良博의 견해를 지지하고 있는데, 후쿠자와가 일본의 발전을 목적으로 하고, 그를 위해 자신의 사상을 변화시켰다는 점에서 초후와 유사점을 지적할 수 있겠으나, 후쿠자와의 최고목적은 일본의 독립이었다는 점에서 그와 결정적인 차이점이 있음을 무시할 수 없다고 생각한다.

3) 동화를 위한 방책

　　일본으로의 동화를 통해 오키나와의 발전을 이루고자 하는 초후의 노선이 실현되기 위해서는 무엇을 해야 할 것인가. 오키나와 발전에 방해 또는 장애라고 판단되는 것은 모두 초후의 공격 대상이었다. 그는 그럴 경우 대외적으로는 일본 정부, 또는 오키나와현청을 공격했고, 대내적으로는 오키나와인의 풍습, 기질, 태도를 비난했다.

　　그가 정부나 현청에 대해 어떤 입장을 취하느냐는 그들이 오키나와의 발전에 어떤 태도를 취하느냐에 달린 것이었다. 오키나와 발전에 긍정적인 역할을 한다면 현청 아니라 자하나 노보루(謝花昇)일지라도 편들 것이며, 현청이 부당한 조치를 취할 때는 용서없이 비판한다는 게 그의 입장이었다(『중권』: 47). 이에 따라 그는 시종일관 류큐 병합 후부터 청일전쟁 직후까지 현청이 취한 구관온존 정책이 오키나와의 발전을 얼마나 지체시켰는가를 누누이 규탄했다. 그는 구관온존 정책의 결과 오키나와는 일본의 '식객' 또는 '계자(繼子)'로 되었다며 오키나와의 질서를 파괴한 것은 정부이니 정부에게는 신질서를 건설해야 할 의무가 있다고 했다(『중권』: 240).12) 야에지마, 미야코지마에서의 인두세 실시 등, 일본 정부의 각종 차별 정책도 강력히 비판했고, 1903년 인류관(人類館)사건에서도 볼 수 있는 것처럼 내지인들이 오키나와인에게 갖고 있는 뿌리 깊은 경멸, 그리고 그에 따른 차별관도 그는 공격했다13).

---

12) 초후는 귀족원, 중의원 600명의 의원 중 십중팔구는 무주의 무방침의 사무라이들로 국가영원의 대계가 없는 부평초같은 자들이고, 이들의 정책에 따라서는 현의 진보발달은 무망하다며 일본의 중앙정치가를 격하게 비난하기도 했다(『중권』: 123).

13) 1903년 오사카에서 열린 권업박람회 주변에서 영리목적의 여러 행사가 열렸는데, 그 중에 아이누, 타이완 고산족, 조선인, 자바인, 터키인, 아프리카인 등과 함께 오키나와인을 '구경거리'로 전시한 '학술인류관'이라는 곳이 있었다. 「류큐신보」를 중심으로 한 오키나와 지식인 들은 '같은 일본인'을 열등한 '아이누', '생번(生蕃)'등과 함께 구경거리로 삼은 내지인들의 의식을 강하게 비판하였다. 그러나 이는 오키나와인의 존엄을 유지하기 위해 다른 인종에 대한 차별을 정당화한 자세였다. 그들은 오키나와보다 뒤늦게 일본에 편입된 타이완, 조선인에 대해서 '신부(新附)의 민(民)'

대내적으로 오키나와인에 대해서도 초후는 엄격한 요구를 했다. 1900년 오키나와 여자의 취학률이 33%로 전국 평균에 크게 못 미치자, 오키나와가 전국 평균을 까먹고 있으니 일본 문명을 오키나와가 훼손하고 있는 것이라고 신랄하게 비판하여 분발을 촉구했다(『중권』: 58). 그는 발전에 방해가 되는 풍습은 제거하는 것이 바람직하다며 1916년에도 복장이나 언어면에서 동화가 덜 되어 있다고 오키나와인을 질타했다. 그는 또 이제 능력과 자본이 새로운 지배계급이 되었고, 능력에 의한 차별은 당연한 것이라며 능력주의, 실력주의의 가치를 부식하려고 했다.

4. 오키나와 동화주의의 정위(定位)

이상에서 살펴본 것처럼 오타 초후에게 동화란 일본화임과 동시에 근대화였다. 그리고 그 중에서 강조점이 두어진 것은 근대화였다고 보여진다. 그가 일본에의 동화를 통해 이루려고 했던 덕목들은 위생, 청결, 규율, 질서, 경제적 윤택 등이었고 일본의 언어, 종교(신도), 역사와 스스로를 일체화시키는 데에는 소극적이었다.

그러나 이러한 일본에 대한 동화의 노력은 역설적으로 '오키나와 민족'의 발견과 '오키나와 동포의 일체감'을 초래했다. 이런 현상은 이하 후유에게서 더욱 뚜렷하게 나타난다.

특히 우리들은 <u>오키나와인이라는 자각 위</u>에서(밑줄은 인용자, 이하 같음) 이대로 단순히 내지인을 모방하는 데 그칠 것인가 하는 의문이 있다 …… 요컨대 10년

이라며 곧잘 오키나와인의 우월성을 주장하기도 하였다. 이하 후유가 훗날 홋카이도 아이누와의 접촉을 통해 이런 차별의식을 철저히 반성하는 데 비해, 초후에게 그런 흔적은 별로 보이지 않는다.

전까지는 단순히 구물파괴(舊物破壞), 일본 모방의 단순한 사회였지만, 오늘날은 <u>오키나와인으로서의 자각이 싹터서</u> 구물보존(舊物保存) 모방배척의 단서를 열어젖혔던 것이다(比屋根照夫, 1981: 171에서 재인용).

문화의 정도가 진보하여 <u>동류의식(同類意識)이 강해진</u> 오늘날 피정복자가 기꺼이 정복자와 결혼하거나 자신의 신화전설을 쉽사리 버릴 거라고는 생각할 수 없다. 또한 불교나 기독교신앙으로 인해 저들 정복자에 대해 갑자기 동포의식을 가질 거라고도 생각되지 않는다(比屋根照夫, 1981: 159에서 재인용).

이하 후유는 '동포'라는 말을 자주 사용하고 있는데, 이는 물론 오키나와 현민을 대상으로 한 것이었다. 일류동조론을 선창하고 일본에의 동화를 주창하면서 동시에 일본인과 구별되는 '동포'가 출현하는 상황, 이것이 동화주의자들이 직면한 역설적 상황이었던 것이다.

그렇다면 '오키나와 민족' '동포'에 대한 자각은 이들을 네이션 스테이트 수립의 길로 이끌었는가. 그러기에는 상황은 너무도 절망적이었다. 이런 점에서 오키나와 지식인들은 현실적이었다. 그렇다면 자각하기 시작한 민족의식 위에서 자민족을 어떻게 위치지울 것인가. 그들의 대답은 오키나와를 '다민족국가, 대일본 제국하에서의 개성 집단'으로 위치지우는 것이었다. 이하 후유의 '개성론'은 그 대표적 담론이었다. 그는 "일본국에는 무수한 개성이 있습니다. 또 무수한 새로운 개성이 생겨나고 있는 것입니다. 이와 같이 각각 다른 개성의 인민을 포함하는 여유가 있는 국민이 즉 대국민입니다"라며 '대국민'이라는 범주를 제시했다. 그는 지역적·민족적 편차나 차이를 승인하고 전국에 산재해있는 무수한 개성, 각종의 서로 다른 개성의 인민을 느슨하게 포괄하는 다원적 통합을 주장하며, 개성을 무시하는 것은 '국가의 손실'이라고 지적했다(比屋根照夫, 1981: 198~199).

그는 나아가 다음과 같이 주장했다.

일본 국민이 해외에서 다른 구미인과 마찬가지로 대우받을 것을 희망한다면 먼저 일본 영토 내의 이민족, 즉 조선인, 타이완인 등의 인격을 존중하여 그들을 우등한 대화민족(大和民族, 일본 민족)과 동등하게 보고, 이들을 동등하게 대우해야만 한다.[14].

여기서 우리는 이하 후유가 조선인, 타이완인까지를 포함하는 '다민족 제국'을 구상하고 있음을 확인할 수 있다. 그러나 필자가 더욱 주목하고 싶은 것은 '우등한 대화 민족'에 '오키나와 민족'은 포함되는가 하는 것이다. 문맥상 오키나와 민족은 '우등한 대화 민족' 바깥에 놓여 있는 듯하며, 조선인, 타이완인 쪽에 다가가 있는 듯하다.

그렇다면 초후의 경우는 어떤가. 먼저 초후는 후유처럼 문필가, 사상가라기 보다는 언론인, 기업인, 정치인이었다는 점을 염두에 둬야 할 것이다. 그만큼 이들사이에는 공통점도 많지만 상이점도 존재한다. 먼저 초후는 이미 청일전쟁 무렵 오키나와가 내지와 동원동종(同元同種)이며 풍속도 근원을 같이한다는 일종의 일류동조론을 주장했고(『상권』: 263), 이하 후유가 발표한 일류동조론의 논설을 「류큐신보」에 적극적으로 게재했다. 이로 보았을 때 내지인에 앞서 일류동조론을 적극 주장했다는 오키나와의 지식인들에(與那覇潤, 2006a; 2006b) 초후도 포함되어야 할 것이다. 이런 면에서 그가 이하 후유와 마찬가지로[15] 1879년의 류큐 병합을 "문명의 영역을 향하여 처음으로 길을 나선 것"(『중권』: 100)이라고 인식한 것은 당연한 것이었다.

그러나 초후에게도 동화론 주장의 전제로서 일본에 동화되어야 할 집단으로서의 '우리 오키나와'라는 범주가 등장하고, 선명해지는 것을 피할 수 없었다.

---

14) 이하 후유의 「1914년 오키나와마이니치의 익명칼럼」, 比屋根照夫(1981: 212)에서 재인용.
15) 류큐 병합을 가리켜 후유는 "이제야 우리들은 2000년 전에 헤어졌던 형제와 해후하여 동일한 정치하에서 생활하게 되었다"고 말했다(小熊英二, 1998: 296에서 재인용).

그는 '동포' '민족'이라는 말 대신 '현민(県民)'이라는 말을 사용하면서,[16] 이를 끊임없이 '타부현(他府県)'과 대비시키고 있다. 현민을 향하여 낙후된 관습, 낮은 취학율, 저열한 위생상태, 방언사용 등을 비판하면 할수록, 타부현과 대비되는 오키나와의 존재는 더욱더 또렷해졌다. 그가 오키나와아이덴티티에서 중시한 것은 류큐왕국의 역사였다. 초후는 오키나와현청의 류큐왕국 역사 인멸정책에 항의하였고, 그 해양성 짙은 역사에 자부심을 가질 것을 촉구했다. 그는 1903년 「류큐신보」에 게재된 이하 후유의 논설 「바다의 오키나와」인을 병상에서 읽고 "문득 냉수를 뒤집어쓴 듯한 기분이 들었다"며 "우리들은 이렇게 용감한 선조의 피를 받고 있다"고 말하고 이제야말로 타종적(他動的)인 습관을 버리고 '오키나와 종족'의 본연의 능력을 발휘할 때라고 주장했다(『하권』: 11).

그러나 이하 후유는 이런 자각 위에서 다민족국가 대일본제국하에서 오키나와개성의 존중을 강하게 주장했으나, 초후에게서는 이런 주장이 잘 보이지 않는다. 반대로 그는 국민성의 고취를 강조하면서, 그 국민성은 인종이라든가 다른 무엇보다도 역사에 의해 만들어지는 것이라고 주장했다. 나아가 "만세일계의 황실을 받들어 5000여만의 국민이 일대가족인 우리 일본 제국은 고금에 유례없는 강국이 될 자격을 충분히 갖추고 있는 것이다. 백색인종이 세계의 우량인종이라고 자랑한다면 일본 국민은 신종(神種)이라고 할 정도의 자부심을 갖지 않으면 안 된다(『하권』: 137)"고 말하고 있다. 그리고 1909년부터 오키나와에 지방자치가 실시된 것에 대해 동양에서는 일본만이, 그리고 일본에서도 조선, 타이완, 사할린은 아직 실시되지 않고 있는데 오키나와만이 여기까지 도달했다며 강한 자부심을 표시했다(『상권』: 326).[17]

---

16) 그도 역시 오키나와인을 가리켜 '동포' '종족'이라는 말을 사용하고 있기는 하다. 예를 들면 "호놀룰루에서 동포제군과 헤어질 때부터"(『하권』: 334)라든가, "우리 동포의 번식력의 강대함, 생활 상태에서 타 지방인과 차별 없음"(『하권』: 335) 등이다. 그러나 이 경우는 해외 오키나와인을 가리킨 것이고, 일본 내의 오키나와인을 가리키는 말로는 압도적으로 '현민(県民)'이 많다. 한편 '오키나와 종족'이라는 표현은 『하권』 11쪽에 보인다.
17) 그는 또 "우리들은 세계에서도 가장 명예 있는 자치민이다. 국민으로서는 또한 세계에서 겨우

결국 오키나와아이덴티티의 자각이 선명해지는 가운데 그 정위(定位)를 둘러싸고, 같은 동화론 가운데서도 오키나와의 개성을 강조하는 이하 후유와, 일본(근대 문명)에의 일치를 강조하는 오타 초후 간의 차이를 확인할 수 있겠다. 동화론자들 사이에서도 간극은 존재했던 것이다.

5. 맺음말

오키나와의 동화주의는 '오키나와 민족'의 생존과 발전을 위한 절박한 선택이었다. 류큐왕조의 무기력한 멸망과 청의 일본에 대한 패배로 오키나와인들의 대다수는 네이션 스테이트 건설이라는 지향을 거의 상정조차 하지 않았다. 그들에게 일본의 류큐 병합은 이미 기정사실이며, 바람직스러운 일이었다. 그들에게 과제는 일본으로부터의 독립이 아니라, '일본의 근대적인 부분'과 열심히 동화하여, 타부현과 같은 차원의 일본 국민이 됨으로써 차별을 방지하고, 오키나와의 발전을 도모하는 것이었다. 오키나와 지식인의 대부분을 차지했던 동화론자들이 목표로 한 바는 바로 여기에 있었다.

그렇다면 오타 초후에게 동화란 무엇인가. 똑같은 일본 국민으로 취급받기 위해서는 대일본제국의 헌법과 법률의 동일한 적용을 받는 것이다. 선거권, 피선거권, 토지조사, 호적, 징병제 등 제도적, 법률적 측면에서의 동화를 주장했던 것이다. 이런 것들은 대체로 20세기 시작을 전후로 하여 실현되었고, 이후 오키나와에서 자치의회나 독자적 법률시행의 주장은 거의 나타나지 않았다.

문화·사회적 면에서 동화는 어떤가. 청일전쟁 후 오키나와 지식인들은 근대일본의 문화사회적 우수성과 오키나와 문화, 사회의 저열성을 통론(痛論)하며, 일본으로의 급격한 동화를 제창했다. 근대 일본은 위생, 청결, 규율,

---

4, 5개국에 불과한 일등국의 국민이다"라고 말했다(『상권』: 329).

근면, 예절, 국가의식, 충성, 공공심 등으로 예찬되었고, 오키나와는 불결, 시간 안 지키기, 국가의식 부재, 파당심 등으로 공격했다. 이것은 생활습관, 관습의 동화 주장으로 연결되었다. 오타 초후도 그 대표적 주창자 중의 한사람이다. 그러나 '오키나와'의 타부현(他府県)으로의 동화를 주장하는 것은 동시에, 그렇다면 '오키나와'란 무엇인가를 묻지 않을 수 없는 역설의 과정이었다. 이른 바 '오키나와 내셔널리즘'의 탄생은 이런 특이한 과정을 거쳤던 것이다.

철저한 동화에 의해 차별받지 않는 '일본 국민'의 일원으로서의 지위 획득에 대한 지향, 그리고 새롭게 형성되는 '오키나와인'으로서의 자각에 대한 지향이 혼효하는 가운데, 오키나와 아이덴티티를 어떻게 위치지을 것인가를 둘러싸고 다양한 사상들이 전개되었고, 이장의 3절에서 다룬 초후와 후유에 대한 비교검토도 그 중의 하나이다.

이런 특이한 과정을 거쳐 형성된 오키나와 아이덴티티를 오타 초후 한사람에 대한 연구만으로 이해하려고 하는 것은 무모한 일일 것이다. 그것은 이하 후유 등 오키나와 지식인들에 대한 섭렵, 1930년대 황민화 과정에서 동화론자들이 보인 반응에 대한 검토, 그리고 미군정기와 일본 반환 과정에서 보여지는 오키나와인들의 일본에 대한 인식분석 등을 거쳐야만 해결할 수 있는 문제이기 때문이다. 따라서 본고는 그런 작업과정의 작은 디딤돌에 불과하다는 점을 밝혀두고 싶다.

필자는 이 글을 준비하면서 식민지 조선의 윤치호의 일기를 읽을 기회가 있었는데, 그 주장하는 내용이 오타 초후와 매우 흡사함에 놀랐다. 그러나 일본으로부터의 독립을 상정하지 않은 오키나와 사회와, 독립 세력이 강한 정통성과 여론지지를 얻고 있었던 식민지 조선 사회에서 이 동화론자의 평가와 위상은 크게 차이가 난다. 식민지 조선의 동화론자들을 연구하는 데 근대 오키나와 연구는 많은 시사를 줄 수 있으리라고 생각한다.

■ 참고문헌

· 1차 자료

1. 오키나와 현청 및 오키나와 현 소속 지방자치 단체 발행 자료

『沖繩県史』.

2. 자료집 및 전집

比屋根照夫・伊佐眞一編. 1993~1996. 『太田朝敷選集』 上中下. 第一書房.

伊波普猷. 1974, 『伊波普猷全集』 1, 平凡社.

· 2차 자료

1. 한글단행본 · 논문

박훈. 2005. 「류큐처분기 류큐지배층의 자국인식과 국제관」. 『역사학보』186집. 역사학회.

2. 일문단행본 · 논문

木村幹. 2000. 『朝鮮/韓国ナショナリズムと‘小国’意識』. ミネルヴァ.

富山一郎. 1997. 「‘琉球人’という主体」. 『思想』878.

比屋根照夫. 1981. 『近代日本と伊波普猷』. 三一書房.

比屋根照夫. 1982. 『自由民権運動と沖繩』. 研文出版.

比屋根照夫. 1996a. 『近代沖繩の精神史』. 社會評論社.

比屋根照夫. 1996b. 「沖繩一自立・自治への苦闘」. 『世界』625.

三谷博. 1997. 『明治維新とナショナリズム』. 山川出版社.

西里喜行. 1981. 『論集沖繩近代史』. 沖繩時事出版.

石田正治. 1997. 「沖繩における近代化の希求」. 『法政研究』(九州大学) 64권 1호.

石田正治. 2001. 『沖繩の言論人大田朝敷』. 彩流社.

小熊英二. 1998. 『「日本人」の境界』. 東京: 新曜社.

安里進 外. 2004. 『沖繩県の歴史』. 山川出版社.

與那覇潤. 2006a. 「‘民族問題’の不在-あるいは‘琉球処分’の歴史/人類學」. 『文化人類学』70-4.

與那覇潤. 2006b. 「戰前期琉球弧における‘民族’概念の展開-その‘起源’を語る学知を中心に一」.
  『沖繩文化研究』32.

屋嘉比收. 2000. 「基礎資料整備と方法的模索」. 『史料編纂室紀要』25.

伊佐眞一編. 1998. 『謝花昇集』. みすず書房.

伊波普猷. 2000. 『古琉球』. 岩波書店.

波平恒男. 2003. 「戰後沖繩とアイデンティティをめぐる政治」. 『政策科學・國際關係論集』6.

13장

근대국가와 시티즌십

· '류큐인'에서 '일본인'으로1)

최현

1. 머리말

1) 연구의 목적

본 연구의 목적은 근대적 시티즌십(citizenship)이 오키나와인들을 어떻게 류큐왕국의 신민에서 근대 일본의 국민으로 변모시켰는가를 살펴보는 것이다.2) 오키나와는 19세기 말까지 독립국으로 존재하다가 근대 일본에 병합되었지만, 비슷한 시기에 일본에 병합된 조선과는 달리 독자적 민족운동이

---

1) 이 글은 역사문화학회에서 간행하는 『지방사와 지방문화』(제10권 1호, 2007년)에 게재된 것을 일부 수정한 것이다.

2) 시티즌십(citizenship)은 번역이 불가능하다. 왜냐하면 우리말에서는 완전히 다른 몇 가지 개념을 포함하고 있기 때문이다. 시티즌십이 포함하고 있는 개념을 정리해 보면 다음과 같다: 가) 법적 지위로서의 시티즌십(근대국가가 제도적으로 보장한 시민의 지위): ① 국적, 또는 특정 국가에 대한 소속, ② 시민이 갖는 권리와 의무, ③ 사회적 약자인 시민을 보호하는 제도, 그리고 나) 바람직한 시민의 의식·태도·활동으로서의 시티즌십(시민의 민주적 역량 또는 시민의 공적 활동 능력과 책임감): ① 시민의식과 시민으로서의 덕성, ② 시민의 참여와 ③ 시민의 정체성. 이 논문에서는 시티즌십을 주로 가)의 의미로 사용하며 문맥에 따라 시티즌십, 시티즌십 제도, 시민권 또는 시민권 제도라는 용어를 비슷한 의미로 사용하기도 한다. 시티즌십 개념에 대한 보다 자세한 논의는 최현(2003; 2006)을 참조하시오.

거의 없이 일본의 일부로 자리 잡았다. 본 연구는 오키나와에서의 근대적 정체성 형성을 시티즌십 발전과 연관 속에 살펴봄으로써 근대적 시티즌십 제도와 정체성의 밀접한 연관관계를 밝히는 것을 목적으로 한다. 또한 오키나와의 경험은 한국에서의 근대국가와 시티즌십 제도, 그리고 민족의 형성 경험이 가지는 독특성을 올바르게 이해하는 데 도움이 될 것이다.

2) 연구의 필요성

최근 급격한 세계화가 진행되고, 서유럽에서 유럽공동체가 형성되면서 동아시아 공동체에 대한 고민이 본격적으로 제기되고 있다(백영서 외, 2005). 하지만 동아시아 근대 국민국가의 과거와 현재를 충분히 이해하지 않는다면, 동아시아 공동체를 실현하는 문제에 과학적으로 접근할 수 없다. 왜냐하면 지역 공동체를 형성한다는 것은 사실 근대 국민국가를 지양하는 과정이기 때문이다. 따라서 동아시아 국민국가의 역사를 살펴봄으로써 현재 국민국가의 구조와 역할, 그리고 그 안에 내재하는 모순을 이해하는 것은 동아시아 평화공동체를 모색하기 위해 제일 먼저 딛어야 할 첫걸음이다. 그리고 시티즌십은 국민국가가 작동할 수 있도록 만드는 핵심적 기제(the linchpin of the nation-state)로서 국민국가의 구조와 역할을 이해하기 위해 무엇보다 먼저 분석해야 할 대상이다(Jacobson, 1997: 7).

본 연구는 오키나와가 일본에 편입되고 류큐인이 오키나와의 일본인으로 변모하는 과정을 분석함으로써 오키나와의 사례를 통해 동아시아에서 근대적 국적 및 시티즌십 제도가 어떻게 근대 국민의 형성에 이바지해왔는가를 분석한다. 이것은 정치·경제적 공동체로서의 근대국가와 문화 공동체로서의 근대국가가 어떻게 서로를 전제하면서 동시에 서로 갈등하고 있는가를 보여주는 것이기도 하다. 오키나와는 일본과 구분되는 정치적·문화적 공동체를 형성·유지해 왔지만, 근대가 시작될 무렵 일본제국이라는 정치적·문화적 공동체에 편입되었다. 정치·경제적 공동체로서의 오키나와가 보다 확대되고 근대화된 정치·경제적 공동체에 일원이 되는 것은 오키나와에 유익한 것일 수 있지만, 문화적 공동체인 오키나와가 이질적 문화 공동체인 근대 일본에 편입되는 것은 오키나와인들에게 고통을 주고 저항을 불러일으킬 수 있었다. 문화적 공동체로서의 근대 국민국가는 대개 정복되거나 유입된 소수민족에 대한 동화정책을 통해 문화적 단일성을 유지해왔으며, 문화적 정체성을 훼손시키는 동화정책은 소수민족에게 대단히 고통스러운 과정이기 때문이다. 그런데도 조선에서와는 달리 오키나와에서 이러한 동화정책은 커다란 저항 없이 류큐인을 일본인으로 변화시키는 데 성공했다.

동아시아에 국민국가를 뛰어넘는 정치 공동체를 형성할 때 얻을 수 있는 정치적·경제적 혜택은 이루 헤아릴 수 없을 만큼 많다. 하지만 동아시아 국가들이 가지는 문화적 정체성을 고려하지 않는다면 이러한 공동체를 형성할 수도 없을 것이며, 비록 이러한 공동체가 형성된다고 해도 거기에 포함된 어떤 민족들이 문화 정체성을 훼손당하고 있다고 느끼거나 자신들의 정체성 때문에 차별당한다고 느낀다면 이러한 공동체는 유지될 수 없다. 그 민족은 그 공동체를 깨뜨리기 위해 전력을 다할 것이기 때문이다. 따라서 문화적 소수자의 보호와 문화적 다양성의 수용 없이 정치·경제적 이익만을 위해 만들어진 지역 공동체는 실패할 수밖에 없다. 이것은 이른바 '대동아 공영권'을 외치며 추진했던 일본의 지역 공동체 방안이 조선인들이나 중국인들의 강력한 저항에 부딪혀 실패했던 역사적 경험을 통해서 더욱 명백해진다. 그런데 중국이나 한국과 달리 오키나와에서 '대동아 공영권'적 병합이 성공했던 이유는 무엇인가? 오키나와와 일본이 가지는 문화적 유사성 때문인가? 아니면 오키나와가 독자적인 근대적 시티즌십의 경험이나 민족주의의 성장 없이 일본에 병합되었기 때문인가? 또는 일본이 중국이나 조선에서와는 달리 오키나와인들에게 참정권을 보장하는 등 일본 본토와 유사한 시티즌십 제도를 마련했기 때문인가? 오키나와의 통합 경험은 다른 사회에도 적용될 수 있는가 아니면 적용할 수 없는 것인가? 이러한 질문에 대답하는 것은 동아시아 공동체를 모색하는 데 직접적인 도움을 줄 수 있다. 본 연구는 이런 문제의식에서 추진되었다.

3) 왜 오키나와인의 시티즌십을 연구하는가

(1) 근대 국민과 시티즌십

근대국가의 구성원은 권리의 주체로서 국민(nationals) 또는 시민(citizens)으로 불리며 이와 구분해서 봉건적 국가, 절대 왕정 국가 등 전근대적 국가의 구성원은 국가에 대해서 조용조(租庸調)의 의무만을 지고 있는 통치의 대상이나 국왕의 재산으로 백성 또는 신민(subjects)이라고 불린다. 이러한 차이는 근대국가의 형성과정에서 전근대국가에서 통치 대상에 지나지 않던 신민이 국가를 통치할 수 있고 국가의 봉사를 받을 수 있는 주인인 시민으로 거듭났다는 것을 의미한다. 그리고 이러한 변화를 가능하게 했던 근대적 국가제도가 바로 시티즌십 제도다(크리스토퍼 피어슨, 1998; Jacobson, 1997). 근대국가는 시티즌십 제도를 통해 배타적으로 국민을 규정·등록·관리함으로써 한편으로는 국가의 유지를 위해 필요한 자원을 마련하고, 다른 한편으로는 그 자원을 이용해서 국민으로서의 평등한 권리를 보장하고 모든 국민에게 다양한 기회·문화적 동질성·안전을 제공함으로써 동료 시민들과의 동질감과 국가에 대한 소속감과 충성심을 가진 국민을 재생산한다. 따라서 근대국가는 국민이라는 공동체를 형성하고 집단으로서의 국민이 국가와 자신을 동일시(identify)할 수 있는 조건을 마련했다. 이 때문에 시티즌십은 근대적 국민 정체성(identity) 형성의 핵심토대(the cornerstone of national identity)로 평가하며, 시티즌십을 통해 근대국가에서 비로소 국가와 국민의 동일시가 이루어졌기 때문에 근대국가를 국민국가라고 규정한다(Jacobson, 1997: vii). 하지만 국민 정체성 형성 과정은 '국민국가가 외국인과 국민의 경계를 분명히 하고 외국인을 소유권, 선거권, 피선거권, 사회보장 등 국민의 권리로부터 배제하는 과정이기도 하다(Brubaker, 1992). 따라서 국민의 범위를 확정하고 국민과 비국민을 구분하는 신분증, 외국인등록증, 여권이나 국경을 넘나드는 이동에 대한 통제수단은 근대적 시티즌십을 유지하기 위해서 필수 불가결한 요소로서 근대적 국가의 등장과 함께 발전했다(Torpey, 2000). 신분증과 등록제도의 발전은 국가가 국민을 확인하고 자국의 시민들에게는 교육, 복지, 정치적·사회적 권리 등을 보장하고 납세의 의무, 국방의 의무 등을 부과하는 시티즌십 제도를 공고하게 만들었다. 시티즌십 제도에는 신분등록제, 시민들 사이의 법적 평등, 표준어 교육, 역사·지리 교육, 전통 문화 보호제도, 상호부조와 복지 서비스 등이 포함된다. 시티즌십 제도는 평등한 기회, 법적 지위, 교육의 제공을 통해 생활 속에서 국민 공동체 이미지를 만들어내고 표준어 보급과 전통적 대중문화의 보호를 통해 표준어에 익숙해진 국민들에게 언론 출판 등 대중매체를 통해 이러한 공동체 이미지를 각인시킴으로써 근대적 국민을 형성·재형성한다(Brubaker, 1992).

(2) 오키나와가 흥미로운 이유

　　동아시아에서는 중앙집권적 국가가 유럽에 비해 비교적 일찍 발전했고 국가 간의 영토적 경계도 비교적 일찍 확정되었다고 할 수 있다.[3] 그 결과

---

3) 물론 전근대적 국가 간 경계인 변경(frontier)은 근대적 경계인 국경(border)만큼 분명한 것은 아니었다. 전근대국가는 국경을 확정·관리하고 출입국을 통제할 수단을 가지고 있지 못했다는 점에서 근대 이전에는 애매모호한 경계인 변경이 있었을 뿐이고 이러한 전근대적 경계의 애매모호함은 거기에 속한 사람들이 가지는 정체성의 경계도 애매모호하게 했다. 전근대적 경계와 근대적 경계의 차이, 그리고 근대적 경계가 가지는 특성에 대해서는 임지현(2004)을 참조하기 바란다.

동아시아에서 근대 국민국가의 국경이 전통적인 경계와 상당히 일치한다고 할 수 있다. 그리고 이것은 동아시아에서 전통적인 문화 정체성과 근대적 국민 정체성이 비교적 일치하도록 만들었다. 그런데 오키나와는 국민국가를 기본 단위로 하는 근대적 세계질서가 동아시아에까지 확대되기 시작했던 19세기 말까지 독자적인 문화 정체성을 유지하면서 독립국으로서의 지위를 유지하다가 1879년 일본 제국에 편입되었다. 19세기 말까지 독립국으로서 미국(1854), 프랑스(1855), 네덜란드(1859) 등과 근대적 조약을 맺기도 했던 오키나와는 오키나와인들이 근대의 공기를 들이마시기 직전에 일본 제국에 병합되었던 것이다(Okinawa Prefectural Board of Education, 1999). 따라서 전근대적인 신민으로서의 류큐인과 근대적 시민으로서의 오키나와인 사이에는 정체성 면에서 상당한 틈이 존재할 수밖에 없고, 류큐인으로서의 문화 정체성이나 정치적 충성심은 오키나와의 일본인으로서의 근대적 국민성 또는 민족성으로 자연스럽게 이어질 수 없는 조건에 있었다. 따라서 류큐인이 일본인이 되는 과정을 살펴보면 근대국가 일본이 일본인과 문화적으로 명확히 구분되었던 종족을 어떻게 일본 국민 또는 일본 민족으로 변모시켰는가를 볼 수 있다. 그리고 이러한 변모가 상당히 성공적이었다는 것은 미군정하에서 광범위하고도 강력하게 전개되었던 오키나와인의 일본복귀운동을 통해 알 수 있다. 근대적 국민 형성에 관한 논의에서 최근에 매우 중요한 이론으로 받아들여지고 있는 스미스의 종족상징주의(ethno-symbolism)는 종족과 근대적 국민의 연속성을 강조하고 있는데, 이 이론은 오키나와의 경우에는 적절하지 않는 것처럼 보인다(Smith, 2000). 오키나와의 사례는 오히려 종족과 국민의 차이를 강조하면서 근대 산업과 평등한 시민을 양산한 근대적 시티즌십 제도가 근대적 국민을 만들어 냈다는 앤더슨(Anderson)과 겔너(Gellner)의 입장을 뒷받침하는 사례인 것처럼 보인다(베네딕트 앤더슨, 2002; 어네스트 겔너, 1988). 이러한 입장에서 따른다면 국민국가를 뛰어넘는 지역공동체

(예를 들면, 동아시아 정치 공동체 등)도 문화적 다양성을 수용할 수 있을 만큼 정치적 동질성을 강화할 수 있는 정교한 정치체제와 시티즌십 제도의 발전에 의해 가능하다고 추론할 수 있다. 따라서 오키나와인이 누렸던 시티즌십과 법적 지위가 어떻게 변화했으며 그것이 오키나와인의 정체성에 어떤 영향을 미쳤는가를 추적하는 것은 국민국가의 형성을 이해하고 그것을 뛰어넘는 공동체를 모색하는 데 도움을 줄 수 있다. 우선 이 논문에서는 오키나와에서 근대적 시티즌십의 형성과정을 살펴보고, 이러한 근대적 시티즌십과 시민으로서의 지위가 오키나와인의 정체성을 어떻게 변화시켜왔는가를 살펴보고자 한다.

2. 류큐인에서 일본인으로: 1872년 류큐처분과 1879년 일본 편입

류큐왕국은 제2 상씨 왕조의 3대 왕인 상진(尙眞, 1465~1526)의 재위기간에 남쪽 섬들인 미야코와 야에야마까지 영토를 확장하고, 영주·사무라이·농민의 세 신분으로 이루어진 신분 제도를 확립했으며, 세제를 개편하고, 지방의 토호들을 수도에 불러 왕의 직접적 통제하에 두면서 중앙집권적인 국가체제를 확립했다(Okinawa Prefectural Board of Education, 2000). 이러한 제도의 개편은 호적 제도라는 인구등록 제도에 의해 뒷받침되었다. 평화가 오랜 동안 지속되면서 류큐왕국은 군사를 유지할 필요가 없었고 점차 비무장 국가가 되었다.

도쿠가와 막부가 성립된 얼마 후인 1609년 사쓰마군의 공격을 받고 군대와 무기를 가지고 있지 않던 류큐는 변변히 저항도 하지 못하고 사쓰마군에게 항복을 한 후 사쓰마번의 실질적 속령이 되었다. 그러나 막부는 조선 침략으로 외교관계가 단절된 중국과의 무역에 이용하기 위해 류큐의 형식적 독립을

1872년까지 유지시켰다. 그 결과 1872년까지도 류큐는 일본과 중국 양국에 조공을 바치는 독립국으로 남아있었다.[4] 뿐만 아니라 막부는 막부의 권위를 높이기 위해 류큐인들이 에도로의 조공사절(에도 노보리)을 요구했으며 조공 때 중국옷을 입도록 했다. 이러한 조공은 1850년까지 이어졌고, 이 때문에 일본인들을 19세기 중반까지도 류큐인들을 서양인이나 조선인 같은 외국인으로 인식했다(沖縄県教育委員会, 2001). 류큐국은 1637년까지 토지세 형식으로 쌀, 옷감, 가죽 등을 거둬 사쓰마번 정부에 조공으로 보냈으며, 그 이후에는 인두세 형식으로 쌀, 옷감, 가죽과 함께 설탕을 거둬 조공을 납부해야만 했다. 이러한 세금은 호적 제도를 근간으로 해서 매겨졌으며, 오키나와의 경제를 피폐하게 만들었다.

메이지 유신을 통해 근대국가 건설의 길로 들어선 일본은 조공 무역이 필요 없게 되면서 류큐국의 독립성을 인정할 필요가 없어졌다. 그 결과 일본은 1872년 '류큐처분'을 통해 류큐가 일본 제국의 일부임을 천명하고 류큐가 외국과 맺은 외교관계를 일본이 승계한다고 선언한다. 1875년에는 마쓰다 미치유키를 류큐청산관으로 류큐에 파견했다. 마쓰다는 1879년에 류큐의 왕이었던 상태를 폐위시켜 토쿄로 유배하고 류큐를 일본제국의 오키나와현으로 재편한다. 동아시아에서 최초로 근대국가 수립의 길에 들어선 일본 정부는 근대적 국적법을 만들어 일본 국민의 범위를 확정하는 과정에서 오랜 봉건주의적 전통과 오키나와인, 아이누인 등 종족적 다양성 때문에 속지주의를 채택해야 한다는 강력한 주장에 직면했다. 하지만 일본 정부는 전근대 일본의 인구를 가장 포괄적으로 기록하고 있는 문서가 호적이고 호적이 기본적으로 속인주의와 호환 가능하다는 점 때문에 속인주의를 채택한다. 그리고 이러한 일본의 경험은 뒤이어 근대국가 수립의 길로 들어선 중국과 한국에도 결정적인 영향

---

4) 이런 맥락에서 중국은 2차 세계대전 이후 류큐에 대한 영유권을 주장했다(GHQ/SCAP, 1948~1972).

을 미치게 된다. 곧 중국과 한국 역시 두 나라의 종족 구성의 중대한 차이와 상관없이 호적과의 호환성 때문에 속인주의를 근간으로 하는 국적제도를 도입했던 것이다(최현, 2003).

근대적 국적 제도와 시민권의 확대, 그리고 근대적 언론·교육·징병·조세 제도의 도입은 류큐인들을 오키나와의 일본인으로 변화시켜 갔다. 오키나와의 사례는 전통적인 문화적·정치적 공동체가 근대적 시티즌십의 도입과 정착을 통해 근대적인 국민으로 변모하는 과정을 적나라하게 보여준다. 우리는 이를 통해 동아시아 근대 국민의 형성을 좀 더 사실적으로 이해할 수 있다.

1) 근대적 교육과 언론: 시민권과 상상의 공동체

근대 교육은 근대적 국민을 형성하는 데 있어 결정적인 역할을 했다(베네딕트 앤더슨, 2002). 류큐 병합 이후 류큐의 급속한 사회적·정치적·경제적 개혁을 시도하지 않았던 일본 정부도 이러한 점을 잘 알고 있었기 때문에 오키나와에서 교육 개혁은 적극적이고도 급속하게 단행했다. 일본 본토에서도 1872년에 비로소 근대 교육 기관이 나타나기 시작했고, 1879년에 처음으로 교육법을 제정하고 그 법을 개정하여 1880년이 되어서야 비로소 전국의 부와 현에 초등학교와 중학교 등을 설립하면서 근대 교육 제도를 갖추기 시작했을 뿐이다. 메이지 정부는 류큐 합병 이후 즉각적으로 오키나와에 근대 교육 제도를 도입했다. 곧 오키나와현에 합병 직후인 1880년부터 초등·중등·보통 학교를 세우기 시작했고 1945년 무렵에는 본토와 똑같은 교육 제도를 오키나와에 갖추었다(眞榮田義見, 1966). 류큐인과 일본인들은 통역 없이 의사소통이 불가능한 상태였기 때문에 일본어 교육은 류큐인을 일본인으로 변화시키는 전제 조건이었다. 이런 조건을 마련하기 위해 일본 정부는 1880년 2월 우선 '일본어 회화 교육장'을 세워 행정기관에서 일할 사무원과 통역사들을 양성하기 시작했고 이를 위해 곧 교과서도 마련했다. 같은 해 6월에는 초급 학교 교원을 양성하기 위해 보통학교를 설립했다. 교육 기관의 설치는 빠른 속도로 진행돼서, 그 해 말에 이미 슈리에 중학교 1개교와 초등학교 3개교가, 오키나와 본섬의 남부인 시마지리 지역에 초등학교 10개교가, 그리고 본섬의 북부 지역에 초등학교 1개교가 설치되었다(Kerr, 2000: 412~413).

류큐왕국에서 글을 읽고 쓸 수 있도록 교육을 받는 것은 상류층 자녀들의 특권이었다. 그런데 류큐가 오키나와현으로 일본에 편입된 이후 교육은 모든 국민들이 누릴 수 있는 권리이자 국민의 의무가 되었다. 사실 교육은 근대적 시티즌십의 중요 요소며, 이러한 점 때문에 일본에 의한 류큐 병합과 그에 따른 근대적 변화를 이하 후유(伊波普猷) 같은 오키나와 지식인들은 해방으로까지 생각했던 것이다(박훈, 2007). 교육 분야에서 시티즌십 제도가 어떻게 확립되었는가를 좀 더 구체적으로 살펴보자. 1879년 상층 계급 자제들에게 유학을 가르치는 30개 정도의 서당과 학교가 있었는데, 이러한 서당과 학교들이 류큐인들을 일본의 국민으로 변화시키는데 적합하지 않다는 것을 간파한 일본 정부는 근대적 교육기관을 세우거나 재능 있는 학생들을 일본에 국비유학을 보내 류큐왕국에 대한 충성심을 일본제국에 대한 충성심으로 바꾸려고 노력했던 것이다. 결과적으로 일본 정부는 대부분의 오키나와 어린이들에게 초등 교육의 기회를 제공하기 위해 노력했고, 교육의 기회는 오키나와 주요 섬들뿐만 아니라 주변도서로까지 확대되어 갔다. 불과 5년 후인 1885년 오키나와현에 속하는 도시와 농촌 그리고 주변 도서지역에 57개의 초등학교가 세워져서 대략 2천 명 가량의 류큐 어린이들을 일본 국민으로 길러내고 있었다(Kerr, 2000: 412~415). 1882년에는 5명의 청년을 국비유학생으로 일본 본토에 보내 교육시켰고 이들은 돌아와서 오키나와의 지배 엘리트로 성장했다(Kerr, 2000: 427). 일본 중앙정부는 각 현의 교육 재정을 각 현에서 책임지도록 하였지만, 오키나와현은 예외적으로 1908년까지 교육 재정의 대부분을 중앙정부가 지원했다. 세제가 개편되고 토지조사가 이루어지면서 오키나와인들 스스로가 부담하는 교육 재정의 비중이 점차 높아졌지만, 1935년에도 오키나와 교육 재정의 40% 가량을 중앙정부가 지원했다. 1941년에 이르면 오키나와현은 296개의 초등학교, 6개의 남자중학교, 8개의 여자고등학교, 9개의 전수학교, 2개의 사범학교를 가지게 되었고, 오키나와 전체 취학연령 아동의 99%가 학교에 다닐 만큼 근대적 교육이 뿌리내렸다(Kerr, 2000: 441).

학교는 오키나와의 변화의 중심에 있었다. 전통에 따라 상투를 틀고 있던 보통학교 학생들과 초등학교 학생들이 1888년부터 다른 일본 학생들처럼 머리를 짧게 깎았다. 바로 그 다음 해에는 중학생들이 허리띠, 머리띠, 전통의상을 벗어던지고 교복을 입기 시작했으며, 교사들도 공무원용 제복을 입어야만 했다. 그리고 같은 해 교육부는 오키나와의 모든 학교에 일왕과 왕비의 사진을 걸게 했다(Kerr, 2000: 414~415). 일본 국민의 단결과 국가 존엄성의 상징에 대한 경외심을 불러일으키려고 노력했던 교사들이 이 사진들을 신성한 것으로 정성스럽게 다뤘고 이러한 교사들의 행동은 어린 학생들이 도쿄와 일본 왕에게 충성심을 갖도록 하는 데 크게 기여했다. 류큐 왕이 폐위를 당한지 겨우 10년밖에 지나지 않은 1889년 교육은 류큐인들의 언어와 가치관을 변화시킴으로써 류큐인들을 점차 오키나와의 일본인으로 변모시켜가고 있었다(眞榮田義見, 1966). 이처럼 근대적인 보편적 교육이라는 근대적 시티즌십의 핵심적 제도가 오키나와에서 새로운 일본 국민의 정체성을 형성해 갔다.

또 한 가지 류큐인들을 오키나와의 일본인으로 변모시키는 데 큰 역할을 한 것은 신문이었다. 1892년 「류큐신보」가 발간되기 시작했는데 이 신문은 일본 정부의 지도력(leadership)을 강화하고 오키나와 주민들에게 영향을 미치는 여러 가지 문제들에 대한 정돈된 여론을 형성하는 데 크게 기여했다(Kerr, 2000: 423). 뿐만 아니라 신문은 일본 전체에서 일어나고 있는 사건과 일본이 직면하고 있는 국제적 도전들을 오키나와의 지식인들에게 전달함으로써 오키나와 지식인들이 일본의 지식인들과 관심을 공유할 수 있는 중요한 매개가 되었다. 1차 세계대전이 끝날 즈음에 오키나와의 젊은이들은 지방 풍습을 유지하기는 했지만 정치·경제적으로 일본의 국익과 자신들의 이해를 동일시했다. 그들은 자신의 미래를 도쿄나 오사카에서 찾았던 것이다(Kerr, 2000: 448). 오키나와에서도 앤더슨이 지적했듯이 신문은 오키나와주민이 일본 본토의 주민들과 관심사를 공유하게 만들었고 이것이 그들을 일본이라는 상상의 공동체에 편입시키는 데 있어 매우 중요한 역할을 했다(베네딕트 앤더슨, 2002).

2) 법의 보호를 받는 오키나와인

앞서 언급했듯이 류큐 병합 이후 한 동안 메이지 정부는 오키나와현에 대해서 교육제도 이외의 어떤 변화도 시도하지 않는 정책을 채택했었다. 예를 들면 일본 본토에서는 1868년 메이지 유신 직후에 지세 개혁을 단행했지만, 오키나와에는 20세기에 들어서서야 비로소 새로운 지세 제도를 도입했다. 이것은 급격한 사회변화가 오키나와 사회에 갈등과 폭력 사태를 불러일으킬 것을 두려워한 메이지 정부가 현상을 유지하는 데 주로 관심을 두었기 때문이었다. 그 결과 오키나와인들은 명목상으로 일본인이 되었지만, 다른 일본 시민들처럼 근대적 법 제도, 예를 들면 지세 제도에 따라 보호를 받지 못하고 병합 이후에도 수십 년 동안 봉건시대와 마찬가지로 고율의 세금을 부담해야 했다. 하지만 교육 제도 개선을 시작으로 몇몇 근대적 시민권 제도가 오키나와에 도입되면서 오키나와인들도 점점 근대적 법의 보호를 받게 되었다. 봉건적 조세제도를 근대적 조세제도가 대신함에 따라 세금 부담이 점차 줄어들었고, 낡은 신분 제도가 철폐되어 농노 상태에 있던 하층민들을 해방되었으며, 사법제도의 개혁을 통해 법 앞의 평등이 확립되었다. 사적 소유권과 상속제도가 낡은 공동체적 소작제를 대체하면서 대다수 농민들이 소작인에서 토지 소유자가 되었고 일본 정부는 그들의 소유권을 보호했다 (Kerr, 2000: 424~426).

학교가 오키나와의 중심지인 슈리와 나하뿐만 아니라 주변지역으로 확대됨에 따라 일반 농민들의 자녀들도 교육의 기회를 가지게 되었다. 또한 1891년에는 지방 법원이 오키나와의 여러 지역에 세워져서 법의 지배하에 놓이게 되었고 이것은 다른 한편으로는 근대법에 따라 재산과 생명 등 기본권을 보장받게 되었다는 것을 의미한다. 또 1879년 류큐 병합으로 일본의 한 현으로 편입된 지 20년만인 1899년에 징병제가 실시되어 오키나와인들이 일본인으로서의 시민권을 인정받을 수 있는 토대가 마련되었다. 1899~1903년 사이에 토지 정리 사업이 이뤄져 일본과 같은 세제가 시행되면서 전근대적인 과중한 세금 부담으로부터 벗어나게 되었다(Kerr, 2000: 426). 그러나 1938년 통과된 국민총동원법은 오키나와인들에 대한 법의 보호에 커다란 변화를 가져온다. 이 법이 통과됨에 따라 일본의 다른 지역과 마찬가지로 오키나와인들의 시민으로서의 기본권을 제한받게 되었다. 전시 동원 체제 아래서 최전선에 위치한 오키나와에서 때로는 방어선 구축과 전쟁 물자 동원을 위해 주민들의 재산권이 침해되기도 했고 주민들이 강제 노역에 동원되기도 했던 것이다(Kerr, 2000: 462~463). 더 나아가 일본 정부는 본토의 보호라는 전략적 목적에 따라 오키나와주민들의 생명을 대가로 지불했다. 그 결과 오키나와는 2차 세계대전의 최대 피해지역이 되었다(Kerr, 2000: 468~472).

3) 정치적 권리의 주체로서의 오키나와인

1893년 오키나와 지역 예산에 발언권을 가지고 오키나와 지역의 이해와 관련된 정책과 행정에 오키나와의 여론을 반영할 수 있는 마을 회의 체제가 생겨났는데, 이러한 체제는 오키나와 시민들이 중앙정부에까지 영향을 미칠 수 있는 정치권을 갖는 첫걸음을 시작했다는 것을 보여준다(Kerr, 2000: 400). 여러 가지 제약 속에서도 오키나와인들은 근대적 시민으로서 정치권을 확보해 갔다. 메이지 헌법에 따라 1890년부터 일정한 재산세를 납부하는 일본 국민은 기본권(civil rights)뿐만 아니라 선거권, 피선거권 등 정치권(political rights)도 가지게 되어 신민(subjects)에서 시민(citizens)이 되었다 (Kerr, 2000: 420). 오키나와의 주민들은 이 보다 대략 2~30년가량 늦게 일본의 시민이 되었다. 즉 1909년 처음으로 현 의회가 소집되었고 1882년 국비유학생으로 도쿄에 보내졌던 5명의 학생 중의 한 명이었던 다카미세 조교가 의장으로 선출되었다. 당시에는 매년 10엔 이상의 재산세를 내는 남성들에게만 선거권을 인정했다. 그리고 지역 문제에 주로 관심을 가지 일종의 정당 조직이 2개 생겨나서 선거에 참여하기 시작했다. 1910년에는 국회의 하원에 2명의 대표를 파견할 수 있게 되었고, 1912년에는 오키나와 본도, 1919년에는 야에지마, 미야코지마에서 중의원선거가 실시되었다. 이에 따라 1912년에 전국적 정당인 헌정회(憲政會)가 오키나와에 지부를 두었다. 1920년에 지방특별제도 폐지되고 입법부인 하원에 5명의 대표를 파견할 수 있게 됨으로써 법률적으로 오키나와인과 다른 일본인들 사이의 법률적 지위는 거의 차이가 없게 되었다(Kerr, 2000: 427~428). 다시 말해 1920년에 이르면 오키나와인은 적어도 법률적으로는 거의 완전한 일본 국민으로서의 지위(full citizenship)를 가지게 되었다. 일본의 정치인들이나 일반인 모두 오키나와인들의 정치적 권리나 복지에 관해 관심이 없었지만, 자국에 속한 한 지역 또는 그 지역 주민들을 자신들의 행정체계에서 배제할 수 없었던 것이다. 의회에서 법률이 통과되면 특별히 예외 조항을 만들지 않는 한 그 법률은 오키나와에도 적용되어야만 했다. 따라서 오키나와인에게 본토인들과 같은 시민적 지위와 권리를 인정하지 않는 상태는 오래 동안 지속될 수 없었던 것이다. 1925년 성인 남성들에게 보통 선거권을 인정하는 법이 일본 의회에서 통과되자 오키나와의 모든 성인 남성들은 정치적 시민권을 확보하게 되었다(Kerr, 2000: 448).

4) 경제생활과 근대적 경제 주체로서의 오키나와인

일본에 편입되기 이전에 류큐는 과중한 세부담과 조공으로 인해 생산력이 낮고 경제 활동도 활력이 상당히 떨어진 상태였다. 토지의 76%는 공동 소유지였으며, 겨우 24%정도만이 사유지였다. 5ha(1만 5300평) 이상의 땅을 가진 지주도 불과 4~5명에 불과했다. 따라서 100석 정도의 지대 수익을 올릴 수 있는 지주는 대단한 부자로 생각될 정도였다. 이런 상황에서 자본 축적도 매우 열악해서 1880년 당시 2000엔 이상의 자산을 가진 오키나와인은 2~3명에 불과했던 것으로 추산된다(Kerr, 2000: 404). 따라서 토착 자본이라는 것은 거의 존재할 수 없었고 기존 경제체제를 유지하기 위해 변화에 저항할 만한 이렇다 할 세력도 존재하지 않았다.

그럼에도 불구하고 일본 정부는 류큐 사회가 병합 이후 급격한 변화를 겪으면서 지배층의 지위가 흔들리게 되면 기존 지배층이 저항할 것을 우려해서 류큐 병합 이후 청일전쟁(1894~1895)까지 구관온존(舊慣溫存) 정책을 폈다. 하지만 청일전쟁에 승리한 이후 류큐를 둘러싼 중국과의 분쟁이 정리되고 류큐 내부의 친중파의 입지가 사라지자 오키나와에서 조세 제도를 개혁하고 근대적인 사적 소유권을 광범위하게 도입하는 등 개인적 이익을 가져다 줄 수 있는 사기업을 권장하기 위해 실제적 정책을 펴기 시작했다. 1879년 은행이 처음으로 생겨났고 엔화가 유통되기 시작했다. 하지만 오키나와 주민들이 전통적인 화폐를 선호했기 때문에 엔화가 광범위하게 통용되기까지는 3년 이상의 세월이 필요했다. 일본 본토에서 산업이 발전함에 따라 값싼 소비재들이 오키나와에 흘러들어 왔고 이것은 일본의 다른 지역에서처럼 오키나와 주민들의 생활을 향상시켰다. 오키나와 주민들은 소비재를 사들이기 위해 벼 대신에 사탕수수를 대규모로 경작하게 되었다. 오키나와 경제는 자립적인 성격을 잃고 점점 일본 본토의 경제에 종속되어 갔으며, 오키나와인들은 일본의 경제 정책에 영향을 미칠 수 없었기 때문에 시장의 확대와 상업의 발달에도 불구하고 대부분의 이익은 가고시마, 오사카의 대규모 상인들의 몫이 되었다. 경제적으로 오키나와는 낙후지역으로서 일본의 식민지적 성격을 띠게 되었고 오키나와 주민들은 경제적 시티즌십을 충분히 향유하지 못하는 상황에 처했다(Kerr, 2000: 408).

오키나와는 일본 정부나 기업에게 그렇게 매력적인 투자처는 아니었다. 오키나와는 홋카이도처럼 자원이 풍부한 곳이 아니었으며, 나하 항은 산호초와 퇴적물로 막혀 배들의 접근로가 매우 좁아 대규모 항구로 개발하기 부적합했다. 따라서 일본 정부나 기업 모두 오키나와의 경제 개발에 적극적이지 않았고 이것은 오키나와 주민들이 근대 일본의 국민이 됨으로써 누려야 할 경제적 기회를 제한했다. 하지만 근대국가체제의 일부가 됨에 따라, 근대국가 이전에는 불가능했고 또 근대국가에는 반드시 필요한 시티즌십 제도의 영향으로 오키나와 주민들의 경제적 삶은 다양한 측면에서 개선되었다.

1898년에야 비로소 76%에 달하는 공유지를 사유지로 변화시키는 만만치 않은 임무를 수행하기 위해 임시 토지 정리국이 설치되었다. 공유지를 사유지로 바꾸는 것은 사기업을 일으키고, 개인에게 세금을 부과하며, 근대적 행정을 집행하기 위해서 반드시 필요한 일이었다. 또한 토지 정리 사업은 토지 소유자인 독립적 개인이라는 근대적 주체를 형성하기도 했다(미야지마 히로시, 1991). 토지 정리 사업은 오키나와에 엄청나게 큰 변화를 가져왔기 때문에 고도카이(故土會)라는 저항운동 조직이 만들어지기도 했지만, 일본 정부는 근대적 경제체제의 토대가 되는 토지 개혁은 멈출 수 없었다. 일본 정부는 고도카이를 깨부수면서 마침내 1903년 토지 개혁을 완수한다. 토지 개혁 이후 토지는 개인에게 분배되고 세금은 현물이 아니라 현금으로 내도록 되었다. 세금도 대폭 줄어들어 이전에는 46만 엔의 세금이 걷히던 지역에서 12만 6000엔의 세금이 걷혔다(Kerr, 2000: 425~426).

현 정부는 필요한 재정을 충당하기 위해 오키나와의 설탕 산업 등을 진작시키기 위해 다양한 노력을 경주했다. 여기에는 새로운 작물, 우수한 가축, 농업 기술의 보급 등이 포함되어 있었다. 1879년부터 1919년까지 오키나와의 사탕수수 경작지는 10배 증가했고 설탕 생산량도 10배가량 증가했다. 다른 지역 출신 일본인들이 오키나와에 있는 대규모 생산 시설의 대부분을 소유하고 있었기 때문에 생산의 증가에 따른 이윤 중 많은 부분이 오키나와 밖으로 유출되기도 했지만, 농업 생산 증가가 워낙에 컸기 때문에 오키나와 주민들의 생활수준이 눈에 띄게 향상되었다. 1918년경에 오키나와에서 매년 생산되는 상품의 총 가치는 8000만 엔을 넘어섰고, 은행 잔고는 9600만 엔을 넘어섰다. 비록 일본 내에서 오키나와현의 경제 발전은 가장 뒤처져 있었고 평균소득도 현들 중에서 가장 낮은 편이었지만, 이러한 부의 축적은 1853년 총칼로 위협하는 페리의 함대에게 내놓을 것이라고는 겨우 한줌의 동전밖에는 없을 만큼 가난했던 류큐왕국이 축적했던 부와는 비교가 되지 않을 만한 것이었다. 일본을 통해 오키나와인들은 근대적 부를 경험하게 되었던 것이다. 이어 근대적 교육을 받은 오키나와 지식인들과 기업인들을 중심으로 오키나와인들 스스로의 기업을 육성하고 사탕수수 재배 농민조합을 결성해서 부의 유출을 줄이려는 시민운동이 나타났다(Kerr, 2000: 430~434).

5) 근대적 교통 및 통신 시설의 발전과 오키나와인

현 정부나 중앙 정부가 교통 통신망 건설을 통해 몇 가지 가시적인 성과를 가져옴으로써 오키나와 주민들은 근대 시민으로서의 혜택을 경험하기도 했다. 정부와 주민 모두 해상 운송 수단에 주로 의존하기는 했지만, 1885년 바퀴 달린 교통수단이 다닐 수 있도록 오키나와 여기저기를 가로지르는 도로가 생겨났다. 그 후 10년 동안 사회 간접자본의 확충 측면에서 큰 진전이 없었지만, 청일전쟁(1894~1895) 이후에는 다시 도로망 등 사회 간접 자본의 확충이 일어났다(Kerr, 2000: 403). 특히 오키나와와 일본 본토를 연결하는 교통망이 청일전쟁 이후 급속히 확충됐다. 1894년에는 오키나와와 일본 본토를 정규적으로 연결하는 배편은 오키나와의 나하항과 가고시마의 고베 항을 오가는 것이 18일마다 한 번 있었을 뿐이었다. 하지만 청일전쟁 이후 타이완이 일본의 영토가 되면서 오키나와는 일본 본토와 타이완을 연결하는 거점이 되었다. 따라서 청일 전쟁 전쟁 직후 가고시마와 오키나와, 그리고 오키나와의 주요 섬을 잇는 정규노선이 만들어지고 그 노선에 취항하는 배편이 급속히 늘어났다. 또한 가고시마를 통해 오키나와를 본토에 연결하는 해저케이블이 개설되었고 곧이어 이 해저케이블은 타이완과 연결되었으며, 오키나와현의 주요 섬들을 연결하는 해저케이블도 가설되었다. 그리고 무선 통신 기술이 개발되자 오키나와현에 속한 작은 섬들에까지 무선 통신국이 설치되었다. 그리고 이러한 통신 기술의 발전은 태풍의 영향을 받는 오키나와 주민들의 안전과 복지 증진에 크게 기여했다(Kerr, 2000: 432). 이러한 복지의 증진은 오키나와인들이 류큐 왕조 시대에는 경험할 수 없는 것이었다. 이와 같이 안전과 복지가 실질적으로 증진되었기 때문에 오키나와인들이 큰 저항 없이 일본인으로 통합될 수 있었을 것이다.

도로망도 정비되었다. 1915년에 나하와 오키나와 본도 북부에 위치한 농업 중심지인 나고를 연결하는 고속도로가 완공되었다. 나하와 그 주변 지역에 중앙 정부의 지원을 받아 말이 끄는 패도열차망도 개설했다. 얼마 안 가 오키나와현에는 도로, 철도, 우편, 전신, 라디오 방송, 기상대 등 근대적 농업 경제를 위한 물적 토대가 대체로 마련되었다(Kerr, 2000: 434). 교통·통신망의 발전은 오키나와와 일본 본토의 인적·물적 교류를 엄청나게 증가시켰다. 그리고 라디오 방송은 일본어와 신문의 보급과 함께 상상의 공동체를 공고히 하는 데 매우 중요한 기여를 했다. 오키나와인들은 일본어 신문과 일본어 라디오 방송을 통해 본토의 일본인과 같은 관점에서 국내 및 국제 문제를 인식하게 되었고 이것은 일본 국민으로서의 정체성을 형성하는 매우 중요한 조건이 되었던 것이다.

6) 근대적 행정, 의료와 복지와 오키나와인

일본에 병합되었을 당시 본도는 그 나마 나았지만, 미야코나 야에야마 등 부속 도서의 전통적 행정 체제는 거의 무너져 있었고 주민들의 생활도 매우 궁핍했다. 1881년 조사에 따르면 이들 도서 지역 주민들 가운데 병 든 사람의 비율이 매우 높았고 사망률도 매우 높았다. 행정기구의 붕괴로 주민들은 지리적·기후적 요인 때문에 자주 겪어야 했던 태풍의 피해에 방치된 채 기근에 시달려야 했고 그로 인해 주민들의 건강 상태가 매우 열악했던 것이다. 조사에 따르면 1885년 식량부족으로 많은 사람들이 굶주리고 허약해졌으며, 그 결과 1886년에는 유행성 전염병이 창궐해서 5000명 이상이 천연두에 걸렸고 1500명 이상이 콜레라로 고생했으며, 대략 2500명이 죽었다. 뿐만 아니라 행정력의 부재 속에 부족 간의 갈등도 매우 심각해서 때로는 유혈사태로 이어지기도 했다. 일본 정부는 이러한 문제를 해결하기 위해 1891년까지 오키나와 각 지역의 행정 조직을 정비하고, 여러 수준의 지방법원을 설치했으며, 주변도서들에 대한 조사를 실시하고 실제적인 행정력을 미칠 수 있도록 조치했다(Kerr, 2000: 400~402).

1880년부터 공공 의료와 복지 프로그램도 시작했다. 초기 예산은 일본 황실에서 제공한 1000엔이었으며, 이것은 오키나와인들이 겪고 있는 의료 문제를 해결하는데 턱없이 모자라는 액수였다. 적은 예산 때문에 극히 초보적인 의학 지식만을 가진 겨우 56명의 의사가 오키나와 주민 전부의 건강을 돌보아야만 했다. 하지만 이 프로그램을 통해 예방접종 등 근대적인 의료 프로그램이 소개되면서 오키나와현 주민들의 건강 상태는 괄목할 만큼 개선되었다. 의료 프로그램의 집행은 경찰이 맡고 있었으며, 경찰은 주민들을 정기적으로 동원해서 슈리와 나하의 주택 지역과 거리 청소를 했고 시계(市界) 안에서 돼지나 개를 기르는 것을 금지했으며, 공동 화장실을 만들었고 공동 목욕탕과 사창가 위생 감독을 수행하고 음료와 음식을 다룰 때 지켜야할 규칙을 제정했다. 1885년에는 오키나와현 병원을 건립했다. 이러한 근대적 행정, 의료, 복지 체제의 정비는 오키나와 주민들의 건강과 삶을 느리긴 했지만 전반적으로 개선해 나갔다(Kerr, 2000: 401~402). 그 결과 1879년 35만 1374명으로 추산되었던 오키나와 인구가 1903년에는 48만 명으로 늘어났고, 1940년에는 75만 명으로 2배 이상 불어났다(Kerr, 2000: 426~436).

7) 소결

일본 정부는 류큐 왕정이 활용할 수 없었던 근대적 과학 기술, 의료 기술, 정치·법·행정 체제, 교육 제도, 그리고 근대적 산업이 가져온 부를 사용할 수 있었다는 점에서 류큐왕국의 신민을 일본의 국민으로 변화시키는 데 많은 이점을 가지고 있었다. 앞에서 언급했던 것처럼 일본 본토와 오키나와의 생산이 증대되고 오키나와의 근대적 행정체계가 갖추어지자 일본 정부는 류큐 왕정과는 달리 지속적으로 반복되는 태풍, 지진, 전염병 등 자연 재해의 피해를 줄이기 위해 다양한 대책을 마련하는 한편, 피해를 입은 오키나와의 주민들에게 적극적인 구호를 펼 수 있었던 것이다. 그리고 이러한 구호 자금의 대부분은 중앙 정부의 지원으로 충당되었다. 오키나와 주민들은 왕정에 대해서 단순히 의무만을 가진 전근대적 신민에서 납세·병역 등의 의무를 짊어지지만 동시에 국가로부터 다양한 형태의 교육, 행정, 복지, 의료 서비스를 제공받을 수 있는 근대적 시민으로의 변화를 경험하였다. 그리고 이러한 근대적 시민됨을 오키나와인들은 제국 일본 안에서 처음 경험했던 것이다.5) 이것은 이미 신문 등 근대적 언론 매체와 한글이 보급되고, 민족국가의 수립을 위한 민족주의 운동이 시작되었으며, 독립적 지배 엘리트들에 의해 근대적 시민권 제도가 도입되고 있던 조건에서 일본에 의한 식민화를 경험했던 한국의 경험과는 상당히 다른 경험이었다고 할 수 있다. 독립적 지배 엘리트에 의한 시민권 도입과 그 잠재적 확대 가능성을 이미 확인했던 한국인들은 일본의 병합을 민족문화와 민족주의에 대한 억압과 영토적 침략으로 간주했던 것이다.6) 따라서 인구 규모 등 또 다른 중요한 몇몇 원인들이 지적될 수 있겠지만, 이러한 경험의 차이가 한국에서와는 달리 오키나와인들이 저항 없이 일본 시민으로 변모하는 데 매우 크게 기여한 요인이었다고 이야기할 수 있다. 그리고 이러한 한국과 오키나와의 차이는 동아시아에서 근대적 시티즌십 제도의 경험이 국민적 정체성의 형성에 얼마나 심대한 영향을 미쳤는가를 보여주는 구체적인 사례가 될 수 있다. 유럽과 남아메리카, 서남아시아의 시티즌십과 국민정체성 간

---

5) 한영혜(2001: 69~70)가 지적하고 있듯이 일본 제국의 시티즌십은 '근대적 주체'인 시민 대신 '통치의 객체'인 신민을 형성하려 했다는 점에서 많은 한계가 있었다. 하지만 이러한 한계에도 불구하고 근대 일본의 시티즌십은 오키나와인들에게 류큐 왕정의 신민으로서 꿈도 꿀 수 없었던 권리들을 보장함으로써 그들에게 근대적 시민 됨의 경험을 최초로 제공했다.
6) 야카비 오사무(2005)처럼 오키나와인들 사이에도 일본을 침략자 또는 점령자로 보는 시각이 있기는 하지만 이러한 견해는 그다지 대중적인 영향력이 없으며, 이런 이유에서 야카비 오사무 스스로도 오키나와가 일본의 일부라는 것을 부정하지 않는다.

의 관계에 관한 연구들도 이러한 추론을 뒷받침한다(어네스트 겔너, 1988; 베네딕트 앤더슨, 2002; Brubaker, 1992).

3. 미군정하의 피점령인, 1945년부터 1972년까지

미군이 오키나와를 점령한 것은 세계대전 이후 소련을 새로운 가상 적국으로 상정한 세계전략에 따라 동아시아에서 소련과 중국의 팽창주의를 저지하는 군사적 요충지로 활용하기 위해서였다. 처음에 미군정은 점령지 주민들과의 관계 개선을 위해 교육과 경제활동을 지원하는 등 많은 노력을 했지만, 냉전체제 성립과 한국전쟁 이후 군사주의와 반공주의가 강화되면서 오키나와주민의 시민권을 제한하는 정책들을 사용했다(고쿠바 고타로, 2001; 아라사키 모리테루, 1998). 여러 가지 권리를 빼앗긴 오키나와 주민들은 미군정에 대해 강한 반감을 갖게 되었다. 이것은 일본 본토에서 매우 호의적이고 짧은 군정이후 평화헌법에 기초해서 시민권이 전전에 비해 대폭 확대되었던 사실과 극적인 대조를 이뤘다(정영신, 2006; 한영혜, 2001). 따라서 일본으로의 반환은 오키나와인들에게 군정에서 벗어나 빼앗긴 권리들을 확보할 수 있는 확실한 길이었다. 이러한 조건에서 일본 제국의 시민으로 근대화를 경험하여 일본인으로서의 정체성을 형성했던 오키나와인들이 일본반환운동을 강력하게 전개하게 하는 것은 너무나도 당연한 것이었다. 1950년대에 오키나와 전체에서 일본반환운동이 벌어졌고 1972년 마침내 오키나와는 일본에 반환되었다.

1) 미군정하 오키나와인들의 국적

미군정하의 오키나와인은 매우 특이한 법적 지위를 가지고 있었다. 오키나와가 미국의 주권이 미치는 영역이 되었지만, 오키나와인들이 미국 국적을 획득한 것은 아니었다. 그렇다고 오키나와인들이 일본 헌법의 보호를 받는 것도 아니었기 때문에 일본 시민권을 가진 것도 아니었으며, 오키나와가 독립국으로 인정받지 못한 상황에서 오키나와의 국적을 가진 것도 아니었다. 따라서 매우 예외적인 상황이기는 하지만 오키나와인들은 명목적으로는 일본 국민이지만 실질적으로는 미국의 점령지역의 주민일 뿐 어느 나라의 시티즌십도 가지지 못한 무국적자였다고 볼 수 있다.[7]

이러한 지극히 예외적인 상황은 미군정의 포고령에도 나타나 있다. 포고령은 미군요원, 군속(미국국적의 군무원 또는 현지 피고용인, 은행 등 미군 편의시설 근무자 등), 그리고 그들의 가족과 함께 류큐열도 거주자를 오키나와의 주민으로 규정하고 있다. 오키나와 주민 이외의 사람들이 오키나와에 들어오려면 미군에게 입역(入域) 사유를 설명하고 체류기간을 정하는 신청서를 제출해서 일종의 사증인 입역허가를 받아야만 했다. 따라서 일본 국적자도 오키나와에 들어가기 위해서는 오키나와에 본적이 있다는 것을 증명하거나 다른 외국인과 마찬가지로 입역허가를 받아야만 했다. 오키나와 주민들이 일본에 가기 위해서도 역시 일종의 여권이었던 도항증을 가지고 출역신고를 해야만 했다. 그리고 도항증에는 국적 대신 류큐열도 거주자라는 매우 기괴한 법적 신분이 적혀 있었다(米國民政府, 1972; GHQ/SCAP, 1948~1972).[8] 100

---

7) 일본 본토에 거주하는 오키나와인들뿐만 아니라, 오키나와 출신의 유학생들, 일본 본토에 잠시 다니러간 오키나와인들은 일본 국민으로서 시민권을 인정받았다(아라사키 모리테루, 1999).

8) 미국정부에 따르면 2차 세계대전 직후 오키나와를 통치했던 미군정은 일본 정부에게 본토에 거주하고 있던 오키나와인을 조사하도록 했고, 종전 직후부터 1949년 3월 15일까지 오키나와인으로 등록된 사람들은 미군이 마련한 배편으로 오키나와로 돌아올 수 있었다(GHQ/SCAP, 1948~1972, Travel To Ryukyu Islands For Compassionate Reasons, 14 March 1949). 그 후에는 오키나와 출신이라도 특별한 이유(재산 정리, 부모상 등)가 있을 경우에만 개인적으로 여행비용을 지불하고 들어올 수 있었다. 그러나 1954년 이후에는 새로운 군정 포령에 따라 오키나와가 본적지인 것을 입증할 수 있는 사람들은 이른바 류큐열도 거주자로 인정되어 미군정이 발행한 오키나와 신분증과 도항증을 받을 수 있었던 것으로 보인다(米國民政府 1972; GHQ/SCAP, 1948~1972).

만 명에 이르는 거대한 규모의 무국적자들이 1945년부터 1972년까지 거의 40년간이나 오키나와에 존재했던 것이다. 무국적 상태로 인한 오키나와인들의 애매모호한 지위는 그들이 누려야 했던 다양한 권리들의 유보와도 연관되어 있었다.

2) 미군정하에서의 교육

2차 세계대전 직후 오키나와의 교육 시설은 대부분 파괴되어 있었다. 예를 들어 1944년 2300개에 이르렀던 교실의 대부분이 파괴되어 1946년 초에 사용할 수 있는 교실은 겨우 562개에 불과했다. 그렇지만 미군정은 1948년부터 미국 정부의 지원을 받아 학교를 세워 10년 후인 1958년 교실 수는 전전 교실 수의 2배가 넘는 5480개에 이르렀다. 교육은 미군정이 가장 먼저 제공한 공공서비스 가운데 하나였던 것이다. 더욱이 1948년 3월 미군정은 6년제 초등학교, 3년제 중등학교, 3년제 고등학교 구성된 새로운 교육 체제를 도입하면서, 동시에 초등학교부터 중등학교까지의 교육을 의무교육으로 운영하는 교육제도를 마련했고 덕분에 교육의 기회가 급격히 확대되었다. 오키나와에서 대학 이외의 각 급 학교에 다니는 학생은 1953년 16만 1154명에서 1958년 21만 1333으로 급격히 불어났다. 새로운 교육제도를 뒷받침하고 불어나는 학생들의 요구를 충족시키기 위해 1948년 8월에는 교과서 편찬국을 마련하고 오키나와 교육자들을 지원해서 교과서를 준비하고 보급했다. 또한 1950년 3월에는 역사상 처음으로 오키나와에 류큐대학이 설립되었고 매년 550명의 입학생을 받았다. 그리고 이러한 교육제도의 운영에 필요한 예산의 대부분은 미군정의 지원으로 충당되었다. 예를 들어 1957년 교육 예산의 83%정도가 미군정의 지원에 의해 충당되었다. 하지만 미군정에 의해 교육제도가 확립된 1948년부터 오키나와 각 급 학교에서 사용된 교과서는 일본에서 출판되고 사용되는 교과서와 내용이 거의 동일하거나 똑같았다(GHQ/SCAP, 1948~1972, Education in the Ryukyu Islands). 따라서 미군정에 의한 교육은 처음부터 일본인이 된 오키나와 주민들의 정체성을 변화시킬 수 있는 그런 교육이 될 수 없었다.

3) 미군정하에서의 정치 활동

미군정은 오키나와의 정치·행정기구를 정비했다. 아마미·오키나와·미야코·야에야마의 4개 군도에 각 군도 정부와 군도 의회를 세우고, 그 위에 행정부·입법부·재판소의 세 기관으로 구성되는 중앙정부로서 류큐 정부를 세웠다. 1950년 5월부터 군도 정부 지사, 군도 의회 의원, 입법원 의원을 주민들의 선거로 선출했다. 류큐 정부 행정주석 및 입법원 의원은 미국의 연방제 정부 형태를 본 떠 정치기구를 만듦으로써 류큐를 '민주주의의 쇼윈도'로 활용하려 했던 것이다(고쿠바 고타로, 2001: 141). 하지만 오키나와 주민과 정치가들이 '일본 복귀 운동'을 벌이는 등 미군정의 계획에 반하는 활동을 전개하자, 미국은 오키나와 주민들의 정치활동을 규제했다. 우선 1952년 류큐 정부의 출범을 맞아 초대 행정주석을 민의와 상관없이 미군정 임의로 임명했으며, '일본 복귀 운동'의 소굴이 됐다는 이유로 주민들이 선출한 군도 정부와 군도 의회를 폐지했다. 한국전쟁 이후 보수적 아이젠하워 정권이 들어서면서 오키나와의 미군정은 정치적 반대파에게 더욱 가혹한 정책을 사용했고 이러한 정책은 1960년까지 사용되었다. 1954년 1월부터는 '복귀운동' 자체를 불법화했다. 1954년 3월에는 입법원 선거 과정에서는 좌파 정당들에 대해 탄압을 가하는 한편 게리맨더링을 비롯한 다양한 공작을 통해 친미적인 민주당을 지원했다. 또한 '복귀운동'에 적극적인 좌파 인민당을 불법화하기 위해 노력했다(고쿠바 고타로, 2001: 144~147). 하지만 류큐의 정당과 주민들은 미군정의 정치권에 대한 제한에 맞서 지속적으로 싸웠고 마침내 미군정은 1958년부터 1961년에 걸쳐 오키나와 주민들의 정치적 권리를 인정하는 방향으로 정책을 바꾸게 되었다. 그 결과 입법원의 제1당에서 행정주석을 임명하도록 하는 등 가시적인 정치제도의 변화가 있었다(고쿠바 고타로, 2001: 167).

4) 미군정하에서의 기본권

미군정은 포령 144호 형법 및 소송 수속 법전을 발포했는데, 이 포령은 오키나와에 적용되는 형법을 포괄적으로 규정하고 있다. 미군정은 이 법에 따라 공산주의를 막는다는 이유에서 언론·출판·결사의 자유 등 기본권을 침해하고, 오키나와 주민들의 대중운동과 정치활동을 억압했다. 심지어는 인민당 간부를 변호사도 없이 즉결 군사 재판에 회부하여 투옥한 경우도 있었고 정치적 반대자들을 포령 144호에 따라 합법적으로 납치·고문하기도 했다(고쿠바 고타로, 2001: 147). 기본권 침해는 정치적 반대자들에게만 한정되지 않았다. 미군기지 설치를 위해 이에야마·이사하마에서 농민의 경작 토지를 강제 수용하고 사는 집을 파괴하는 등 기본적 재산권을 침해하기도 했다. 그밖에도 고철을 줍기 위해 미군 탄약집적지에 들어갔던 32살의 주부가 군사 기지 불법 침입을 이유로 사살되거나 강제 수용된 밭을 경작하던 농민이 사살되거나 군사재판에 회부됐던 사례도 있었다(고쿠바 고타로, 2001: 160~162). 뿐만 아니라 앞에서도 살펴봤듯이 미군정은 일본 본토에서 귀환하고자 하는 오키나와 출신들의 입역을 엄격히 통제하거나 오키나와인과 일본 본토인의 접촉을 통제함으로써 오키나와 주민들의 반감을 샀다. 곧 냉전의 영향하에서 오키나와 출신이라고 해도 좌파 정당에 가입한 경험이 있었던 사람들은 오키나와 입역을 제한했고 일본 내 좌파 정당과의 접촉을 막는다는 명분으로 오키나와 주민들이 미군정의 허가 없이 일본에 나가는 것도 막는 등 다양한 방식으로

시민들의 기본권을 제약했다. 전시에나 가능한 군정이 오키나와에서는 전후 27년간 지속되면서 오키나와 주민들은 다양한 방식의 기본권 침해를 경험해 야만 했던 것이다(고쿠바 고타로, 2001: 162). 미군정에 대한 불만은 오키나와 인들이 일본과 자신들을 동일시하는 경향을 강화했고 이것은 앞서 이야기한 것처럼 강력한 일본 복귀 운동으로 나타났다.

5) 미군정하에서의 경제활동

미군정은 공산주의 봉쇄 전략에 따라 오키나와를 항구적인 군사기지로 배타적으로 사용하기 위해 오키나와를 친미적으로 변화시키려 했다. 오키나 와인들의 일본 반환운동으로 정치적 정당성을 확보하기 힘들었던 미국은 특 히 경제 원조를 통해 미군정에 대해 우호적인 분위기를 만들려고 했다. 따라서 미군정 초기에 군정청은 오키나와 주민의 생활수준을 전쟁 전 수준 이상으로 끌어올리는 것을 목표로 경제 정책을 운용했다(고쿠바 고타로, 2001: 141). 우선 미국은 '점령지역 구호원조(GARIOA: Government Aid and Relief in Occupied Area)' 프로그램으로 1947년부터 1953년까지 오키나와에 1억 5천 800만 달러를 무상으로 제공했다. 미군정청은 1948년 류큐은행을 설립했으 며, 미군정은 점령지역 구호원조를 통해 들어온 자금으로 오키나와 경제 개발 을 위해 류큐은행이 운용하는 '류큐 재건 재정 기금'을 만들었다. 류큐은행은 이 기금을 운용해 오키나와 농업을 근대화시키기 위해 최신 설탕원심추출시 설 등 인프라를 건설하였으며, 산업구조를 고도화하기 위해 상당한 투자를 했다. 또한 이 기금은 매우 좋은 조건으로 오키나와의 주민들에게 주택을 공급 하는 데에도 사용되었다(Klein, 1972: 5~7).[9] 1954년부터 1962년까지도 비슷

---

9) GARIOA프로그램의 일환으로 종전 직후부터 미국은 식량, 비료, 종자, 의약품 등을 공급해서 오키나와인들이 전쟁의 폐허 속에서 기아와 전염병으로 고통 받지 않도록 돕고 농사를 지을 수

한 규모의 경제 원조가 오키나와 경제 재건을 위해 투입되었다. 전체적으로 1947년부터 1972년까지 미국이 오키나와에 무상으로 제공한 원조금액은 5억 달러에 육박했다. 이러한 경제 원조는 오키나와의 경제를 빠른 속도로 발전시켰다. 오키나와 주민의 1인당 소득을 비교해 보면 이러한 사실을 확인할 수 있는데, 전쟁의 피해를 입기 전인 1935년경에 25달러에 불과했던 1인당 소득이 1955년에는 147달러로, 1970년에는 770달러로 증가했다(Klein, 1972: 2~3). 미군정이 적어도 오키나와 주민들의 경제적 삶의 수준을 높이기 위해서 많은 지원을 했으며 그 성과도 매우 컸다는 사실을 부인할 수 없을 것이다.

그러나 미군정이 기지 건설을 위해 강압적으로 토지를 수용했기 때문에 엄청난 경제 원조와 강력한 경제재건 정책에도 불구하고 오키나와 주민들은 1950년대 초반부터 일본복귀운동을 강력하게 벌여나갔다. 미군은 1945년 4월 1일 오키나와에 상륙했고 3개월에 걸친 치열한 지상전을 거쳐 오키나와를 점령했다. 점령군으로서 미군은 '육상전의 법규관습에 관한 규칙(헤이그육전법규)'을 근거로 필요한 토지는 어디든 마음대로 접수해서 기지를 만들고 사용료 없이 기지를 사용했다(임경택, 2004). 이런 상황에서 1949년 중국이 공산화되고 1950년 한국전쟁이 터지자 오키나와의 군사적 중요성은 더욱 커졌고 오키나와의 미군은 더 넓은 지역을 군용지로 접수해서 사용했다. 오키나와 주민들의 불만이 커져가는 것은 당연했다. 1952년 샌프란시스코강화조약을 맺어 전쟁 상태가 종료됨에 따라 미군정은 시민정부(civil government)로 이름을 바꾸고 군용지를 임차해야만 계속해서 사용할 수 있게 되었다. 이에 따라 미군정은 지주와의 계약조건에 관한 '계약권'이라 불리는 포령 제91호를 발포했다. 하지만 이 포령이 제시한 계약조건은 1평의 1년 사용료를 1엔 8전으로 터무니없이 싸게 책정하고 있었으며, 17년 사용료를 일시에 지불하면 미군이 토지에 대한 영구사용권을 갖는다는 내용을 담고 있었기 때문에 오키나와

있도록 지원하기도 했다(Klein, 1972: 9).

주민들의 강력한 반발을 가져왔다(고쿠바 고타로, 2001). 그러자 미군은 1953년 '토지수용령'(포령 109호)을 발포하고 미군이 필요하면 임대차계약이 채결되지 않더라도 강제적으로 토지 접수가 가능하도록 했다. 오키나와 주민들은 격렬히 저항했지만, 미군은 군대와 불도저 등 중장비를 동원해서 나하시를 비롯한 여러 지역에서 토지를 강제로 접수하기 시작했다. 접수된 토지는 오키나와 본도 전체 면적의 20%인 242.97㎢였다. 이와 같은 오키나와에서의 미국의 토지강탈은 법적 뒷받침도 없이 미군의 포고령에 의해서 이루어졌는데, 이것은 일본 정부가 시민들의 재산권을 보호했던 본토와 크게 다른 것이었다(전상인, 2004: 24). 미군정과 오키나와 주민들 사이의 골은 더욱 깊어갔고 오키나와주민은 '섬 전체 투쟁'에 이어 강력한 일본복귀운동을 벌여나갔는데, 이것은 복귀한다면 다른 일본 시민들처럼 보호받을 수 있다는 강렬한 기대를 반영한 것이라고 할 수 있다(고쿠바 고타로: 2001).

6) 소결

미국은 오키나와가 가지는 군사적 의미를 잘 알고 있었기 때문에 오키나와를 '태평양의 요석(Keystone of the Pacific)'이라고 부르면서 영구히 점령하고 싶어 했지만, 미군정은 오키나와 주민들의 강력한 일본 복귀운동에 직면하게 되고 마침내 1972년 '오키나와 반환협정'을 통해 오키나와를 일본에 돌려줄 수밖에 없었다. 일본인들이 성공했던 오키나와 병합에 미국이 실패한 원인은 무엇일까? 두 가지 점을 지적할 수 있을 것이다. 첫 번째는 오키나와인들이 근대 시민으로서의 경험을 일본 국민으로서 이미 시작했으며, 이러한 경험은 오키나와인들의 정체성에 지울 수 없는 흔적을 남겼다는 것이다. 두 번째는, 미군정이 오키나와 주민들에게 제공한 시티즌십의 한계 역시 오키나와인들이 일본인으로서의 정체성을 강화하는 데 기여했다는 것이다. 미군정은 군사적 목적에서 오키나와를 점령했고, 그러한 목적 때문에 오키나와인들에게 완전한 시티즌십을 보장하지 않았다. 경제적 지원은 했지만, 소유권을 침해하고 정치적 권리를 제한했으며, 미국식 교육을 통해 오키나와 주민들이 미국인으로서 혹은 오키나와인으로서의 정체성을 갖도록 노력하지도 않았다. 오키나와 주민들이 미군정하에서 경험하고 누렸던 시티즌십은 2차 세계대전 동안이나 그 이전에 일본의 시민으로서 누렸던 시티즌십보다 나아졌다기보다 오히려 나빠졌다고 할 수 있다. 반면에 본토의 일본인들은 전전에 비해 크게 개선된 시티즌십을 향유하고 있었다. 이러한 두 가지 조건이 오키나와인들의 일본인으로서의 정체성을 고착시키거나 강화했다. 오키나와 주민들이 일본복귀운동을 얼마나 적극적으로 펼쳤는가를 살펴보면 이점이 분명하게 드러난다.

4. 일본 반환 후의 오키나와인

오키나와의 강력한 일본복귀운동과 함께 일본의 경제적·정치적 지위가 상승하면서 1960년에 미일안보조약이 편무적 형식에서 쌍무적 형식으로 개정되고 1960년대 후반 베트남전쟁에서 미국의 패색이 짙어지자 오키나와의 일본복귀가 본격적으로 논의되기 시작했다. 1969년 11월에 발표된 미일공동성명서는 미국이 기존의 대일평화조약에 의해 획득했던 오키나와의 '유일한 시정권자'로서의 권한을 포기하고 1972년까지 오키나와를 일본에 반환한다는 내용을 포함하였다. 마침내 1972년 5월 15일 오키나와는 일본에 반환되었다(고쿠바 고타로, 2001; 아라사키 모리테루, 1998; 전상인, 2004; Okinawa Prefectural Government, 1992).

오키나와의 반환으로 오키나와에서 27년 만에 군정이 종식되었고 오키나와인들을 일본인으로서 1947년부터 시행된 일본의 이른바 '평화헌법'이 보장하는 시민권의 주체가 되었다. 언론·출판·결사 및 사상의 자유 등 기본권이 완전히 보장되었고, 일본뿐만 아니라 해외출입도 자유롭게 할 수 있게 된 것은 너무나 당연했다. 경제적·사회적 측면에서도 시민권의 확대가 이루어졌다. 미군정 아래 방치되었던 오키나와와 일본 본토의 경제적·사회적 격차를 줄여나가기 위해 1972년부터 1차 10개년 '오키나와 진흥개발 계획'을 세우고 오키나와에 거액의 공공 자금을 투자해서 도로·항만·항공시설·상하수도·댐·학교 등 사회적 인프라를 크게 개선했다(Okinawa Prefectural Government, 1992). 반환되던 해인 1972년 오키나와 총생산에서 차지하는 1차 산업의 비율이 5.5%, 2차 산업의 비율이 27.8%, 3차 산업의 비율이 67.3%였는데, 1987년에는 이 비율이 1차 산업 3.8%, 2차 산업 21.1%, 3차 산업 77.8%로 변화했다. 1972년부터 1998년까지 26년간 오키나와의 경제는 본토의 2배가 넘는 6.4%의 실질성장률을 보이며 빠르게 성장했고 그 결과 같은 기간에 실질소비도 5배 이상 늘었다. 그에 따라 오키나와 주민들의 사회적·경제적 삶의 질이 크게 향상되었다(구리야 마야쓰오, 2004; 오석필, 2004).

하지만 일본 정부와 미국 정부는 오키나와의 군사적 중요성에 합의하고 있었고 일본 정부는 오키나와에서 미군에게 안정적으로 기지를 제공할 것을 약속했다. 이를 위해 일본 정부는 오키나와에서 미군기지로 사용되고 있던 토지를 반환 후 5년 동안 지주들의 동의 없이 사용할 수 있도록 하는 '공용지법'을 제정·집행하는 대신 지대를 반환 전보다 6배 높게 책정해서 주민들의 반발을 줄이려고 노력했다. 오키나와에만 적용되는 이 법은 1977년 5년 간 유효기간이 연장되었고, 1982년에 오키나와 주민들의 반발에 부딪쳐 연장이 어려워지자, 1952년에 일본 본토에서 제정됐던 '미군용지 특별조치법'을 적용해 군용지를 강제로 사용하고 있다(아라사키 모리테루, 1998). 미군기지를 존속시킨 가운데 이루어진 본토 복귀는 일본이 오키나와를 일본 방위를 위해 이용하고 있다는 오키나와인들의 인식을 다시 한 번 강화시키는 계기가 되었다. 이것은 2차 세계대전 당시 일본 본토와 천황제를 보호하기 위해 오키나와를 희생시킨 일본 정부의 사석작전(捨石作戰)으로 일본 내 최대 피해를 봤던 경험과 미군정에 방치되어 큰 고통을 받았던 경험과 함께 일본 정부가 오키나와인들을 희생시키고 있다는 인식이 대중적으로 확산되게 했고 그에 따라 일본 정부에 대한 오키나와 주민들의 반감도 거세졌다(아라사키 모리테루, 1998; 정영신, 2006).

일본에 대한 반감은 오키나와인들의 히노마루(일본국기)·기미가요(일본국가)에 대한 태도에서 나타난다. 미군정기에는 오키나와에서 군정에 대한 저항의 표시로 히노마루 게양운동과 일괄구입운동이 전개되기도 했지만, 일본에 반환된 이후에는 오키나와에서 히노마루·기미가요에 대한 거부가 광범위하게 나타나고 있는 것이다. 1985년 문부성 조사에 따르면 오키나와의 졸업식이나 입학식에서 히노마루를 게양하는 경우는 거의 없고(소학교 6.9%, 중학교 6.6%, 고등학교 0%) 기미가요를 제창하는 학교는 하나도 없었다. 더욱이 1987년에는 오키나와에서 개최된 전국체전의 소프트볼 개회식장에서 지역주민이 게양대에 걸려있던 히노마루를 끌어내려 소각한 사건이 일어나기도 했다(한영혜, 2001: 113~115). 오키나와인들의 대부분은 여전히 자신을 일본의 일부로 위치지우고 있기는 하지만 일본 정부에 의해 여러 차례 희생양으로 이용되었던 경험 때문에 오키나와인들은 독특한 정체성을 형성하고 있는 것으로 보인다. 이러한 정체성은 일본의 정책에 따라 일본으로부터 더 멀어질 수도 혹은 더 가까워 질 수도 있다. 현재 오키나와인의 독특한 정체성은 일본 안에서 오키나와의 전통적 문화를 유지하고 자치권을 확대하는 방향으로 나타나고 있다(아라사키 모리테루, 1998; Okinawa Prefectural Government, 1992).

5. 맺음말

본 논문은 오키나와인들의 정체성을 오키나와인들이 경험했던 근대적 시티즌십과의 관계 속에서 살펴보고 설명하고자 했다. 오키나와인들에게 시티즌십은 일본이라는 근대국가를 통해 제도화되었다. 근대 교육제도와 학교, 신문과 라디오 등 언론 매체, 활자로 고정된 표준어, 왜곡되고 불완전한 형태이기는 하지만 전근대국가가 보장하지 못했던 복지 등 다양한 근대적 권리에 의해 류큐왕국의 신민은 일본의 국민으로 변모했다고 할 수 있다. 일본이 조선과는 달리 오키나와를 성공적으로 일본에 편입할 수 있었던 이유가 무엇인가는 이후의 연구 과제가 되겠지만, 조선보다 30년가량 일찍 병합함으로써 조선과는 달리 류큐에서 독자적인 근대화를 처음부터 차단했던 것이 매우 중요한 요인이었던 것으로 보인다. 류큐가 조선에 비해 문화적으로 일본에 가까웠다는 근거는 받아들이기 어려운데, 그것은 류큐어를 일본인들이 그리고 일본어를 류큐인들이 거의 이해할 수 없었다는 사실에서 알 수 있듯이 일본과 류큐인들 사이의 문화적 차이는 류큐가 독자적 국가를 형성할 수 있을 만큼 충분히 컸기 때문이다. 그리고 인구가 적었기 때문에 독자적 국민국가를 형성할 수 없었다는 주장도 받아들이기 어려운데, 왜냐하면 인구가 27만 명에 불과한 아이슬란드처럼 오키나와보다 인구가 훨씬 적으면서도 국민국가로 살아남은 사례가 여럿 있기 때문이다. 앞에서 제안했듯이 근대 시티즌십의 도입 시기와 과정에 결부시켜서 오키나와인들의 정체성을 설명하는 것은 한국인과 오키나와인들의 차이뿐만 아니라 미군 점령 기간에 벌어졌던 '일본복귀운동'을 설명하는 데도 도움이 된다. 즉 미군정하 오키나와의 복귀운동은 일단 시티즌십 제도에 의해 근대적 국민 정체성이 형성되면 그것을 다시 변화시키는 것이 매우 어렵다는 것을 보여준다.

따라서 국민국가를 뛰어넘는 지역 공동체의 형성은 지난한 과정이 될 것이다. 하지만 국민국가를 뛰어넘는 지역 공동체가 완전히 불가능한 것은 아니라는 사실도 알 수 있다. 미군정하에서의 오키나와인의 시티즌십과 정체성, 그리고 일본 반환 후의 오키나와인의 시티즌십과 정체성에 관한 분석을 통해 알 수 있듯이 시티즌십이 정체성을 변모시킨다. 시민들이 누리는 실제적인 시티즌십에 의해 집단의 내부와 외부가 결정되고 정체성이 규정되었다. 오키나와인들의 피해의식은 오키나와인의 정체성을 미군정 시기에는 일본에 강력하게 결합시켰고, 반환 후에는 일본으로부터 분리시켰던 것이다. 여기서 얻을 수 있는 교훈은 소수자들에게 피해의식을 주지 않을 수 있을 만큼 공정하고 다양성을 포용할 수 있는 시티즌십이 지역 공동체를 위한 전제조건이라는 것이다. 또 왕조에 대한 전근대적 충성심을 근대국가의 시티즌십이 국민적 정체성으로 대체했다는 것 역시 지역 공동체를 모색하는데 중요한 시사점을 준다. 곧 지역 공동체는 국민국가의 시티즌십보다 폭넓은 문화적 포용력을 가지고 있어야할 뿐만 아니라 수준 높은 시티즌십을 보장해야한다는 것이다. 이것은 지역 공동체가 기본권, 정치권, 사회권을 확장시키고 평화와 쾌적한 환경 등을 제공할 수 없다면 현실화되기 어렵다는 것을 의미한다. 이러한 이유에서 동아시아 공동체 모색은 동아시아의 근대적 시티즌십에 대한 분석 없이 불가능하다. 그런데 동아시아 공동체를 모색하는 한국 학계의 기존연구는 동아시아 시티즌십에 관한 연구를 결여하고 있다. 이 때문에 동아시아 공동체가 공상적인 기획에 그치고 있는 것은 아닌가하는 의구심이 든다.[10] 시티즌십을 매개로 동아시아 공동체가 모색될 때 보다 생산적인 논의가 이루어질 것이라 확신하며, 이 글이 그러한 모색과 연구를 촉진하기를 기대한다.

---

10) 김교빈(2006)과 김성국(2006), 이유선(2006) 등의 동아시아 공동체에 관한 논의는 동아시아 문화적 공통점과 오랜 역사적 관계에 대한 강조에 그치고 있다. 백영서 외(2005)의 책은 동아시아 국민국가와 그 관계를 분석함으로써 지역 공동체에 관한 논의를 진전시켰지만, 동아시아 공동체를 현실화시키기 위해 국가 간, 그리고 국민 간의 이해충돌을 조정할 수 있는 공동체의 원리와 제도라는 실제적 문제에 대해서는 논의를 진전시키지 못하고 있다.

■ 참고문헌

· 1차 자료

1. GHQ 문서 및 기타 미군정 자료

GHQ/SCAP(General Headquarters/Supreme Commander for the Allied Powers) 1948~1972.
    GHQ/SCAP Documents Concerning the Ryukyu Islands and Okinawa. Okinawa
    Prefectural Archives.

米國民政府. 1972. 「琉球列島出入管理令」, 南方同胞援護會 編. 『沖繩復歸の記錄』. 南方同胞援護會.

· 2차 자료

1. 한글단행본 · 논문

고쿠바 고타로(國場幸太郎). 2001. 「1950년대의 오키나와—미군정 시기 민중 투쟁의 발전」. 동아
    시아평화인권한국위원회. 『동아시아와 근대의 폭력 1: 전쟁. 냉전과 마이너리티』. 삼인.

구리야 마야쓰오. 2004. 「일본 복귀 전후의 오키나와 경제」. 양기호 편. 『일본지역연구(上): 오키나
    와 오이타 가나자와 지방을 중심으로』. 소화.

김교빈. 2006. 「한국의 동아시아공동체론 - 동양철학의 관점으로 본 동아시아공동체론」. 『오늘의동
    양사상』 15.

김성국. 2006. 「동아시아의 근대와 탈근대적 대안: 동아시아 공동체론의 심화를 위하여」. 『사회와
    이론』 9.

미야지마 히로시(宮嶋博史). 1991. 「토지조사사업과 근대적 토지소유권의 성립」. 『법사학연구』
    12권.

박훈. 2007. 「同化論과 오키나와 아이덴티티 -太田朝敷의 동화주의를 중심으로」. 『사회와 역사』
    73호.

백영서 외. 2005. 『동아시아의 지역질서: 제국을 넘어 공동체로』. 창비.

베네딕트 앤더슨(Anderson, Benedict). 윤형숙 역. 2002. 『상상의 공동체: 민족주의의 기원과 전파
    에 대한 성찰』. 나남.

아라사키 모리테루(新崎盛暉). 김경자 역. 1998. 『또 하나의 일본, 오키나와 이야기』. 역사비평사.

아라사키 모리테루(新崎盛暉). 1999. 「오키나와의 반기지투쟁과 동아시아의 평화창조」. 제주4·
    3연구소 엮음. 『동아시아의 평화와 인권』. 역사비평사.

야카비 오사무(屋嘉比収). 2005. 「오키나와전에 있어서 주민학살의 논리」. 『계속되는 동아시아의 전쟁
    과 전후—오키나와전, 제주4·3사건, 한국전쟁』. 국제공동심포지엄 자료집. 서울대학교 사회
    발전연구소 부설 동아시아센터 · 東京外國語大學 전후 동아시아 연구팀.

어네스트 겔너(Gellner, Ernest). 이재석 역. 1988. 『민족과 민족주의』. 예하.

오석필. 2004. 「오키나와 발전에 관한 고찰」. 양기호 엮음. 『일본지역연구(上): 오키나와 · 오이타
    · 가나자와 지방을 중심으로』. 소화.

이유선. 2006. 「동아시아 공동체의 가능성과 시민사회」. 『사회와 철학』 11.

임경택. 2004. 「오키나와본도의 군용토지접수와 촌락사회의 변용」. 『2004년도 기초학문육성 지원 사업 인문사회분야 중간보고서: 오키나와 미군기지의 정치사회학』. 서울대학교 사회발 전연구소.

임지현. 2004. 『근대의 국경, 역사의 변경』. 서울: 휴머니스트.

전상인. 2004. 「오키나와 한국-근·현대사의 공유」. 양기호 엮음. 『일본지역연구(上): 오키나와 ·오이타·가나자와 지방을 중심으로』. 소화.

정영신. 2006. 「동아시아 점령문제의 인식을 위한 고찰」. 『민주주의와 인권』 제6권 1호. 5·18연구소.

최현. 2003. 「시민권, 민주주의, 국민-국가 그리고 한국사회」. 『시민과 세계』 4호.

최현. 2006. 「한국 시티즌쉽(Citizenship): 1987년 이후 시민권 제도의 변화와 시민의식」. 『민주주 의와 인권』 제6권 1호.

크리스토퍼 피어슨(Pierson, Christopher). 박형신·이택면 옮김. 1998. 『근대국가의 이해』. 일신사.

한영혜. 2001. 『일본사회개설』. 서울: 한울아카데미.

2. 일문단행본·논문

眞榮田義見. 1966. 「沖繩教育槪說」. 『沖繩縣史4 教育』. 琉球政府 編. 東京: 國書刊行會.

沖繩縣教育委員會. 2001. 『沖繩縣史ビジュアル版: 江戶上り(the Edo-Nobori. Ceremony and Triangular Politic)』.

3. 영문단행본·논문

Brubaker, Rogers. 1992. Citizenship and Nationhood in France and Germany. Cambridge, Mass. Harvard University Press.

Jacobson, David. 1997. Rights across borders: immigration and the decline of citizenship. Baltimore. Johns Hopkins University Press.

Kerr, George H. 2000. Okinawa: The History of an Island People. Boston. Tuttle Publishing.

Klein, Thomas M. 1972. "The Ryukyus on the Eve of Reversion". Pacific Afairs 45(1).

Okinawa Prefectural Board of Education. 1999. Modernization: Perry and Ryukyu. Naha City, Okinawa. Okinawa Prefectural Government.

Okinawa Prefectural Board of Education. 2000. The History and Culture of Okinawa. Naha City, Okinawa. Sun Printing.

Okinawa Prefectural Government. 1992. Keys to Okinawan Culture. Naha City, Okinawa. Okinawa Prefectural Government

Smith, Anthony D. 2000. The Nation in History: Historiographical Debates About Ethnicity and Nationalism., The Menahem Stern Jerusalem Lectures. Hanover, NH. University Press of New England.

Torpey, John C. 2000. The Invention of the Passport: Surveillance, Citizenship, and the State. Cambridge & New York. Cambridge University Press.

14장

섬의 시선

· 영화와 오키나와의 자기 정체성1)

주은우

1. 오키나와와 정체성의 문화정치

오키나와는 지금 정체성을 둘러싼 활발한 문화정치의 장으로서 주목받고 있다. 전통적으로 '기지의 섬'으로 알려져 오던 오키나와를 바라봄에 있어 이렇게 문화 혹은 문화정치의 측면이 부각된 것은 무엇보다 오키나와가 "최근 수년간 강렬한 문화적 창조성과 문화적 갈등의 장소"(Hein and Selden, 2003: 1)가 되어왔다는 인식 때문이다.

이런 인식이 부상하게 된 데에는 1972년 미군의 배타적 통치하에 있던 오키나와가 일본으로 '복귀'하고 난 후 일본 정부와 오키나와현 모두 힘을 기울여 조성해낸, 푸른 바다와 리조트로 상징되는 '관광의 섬' 이미지,2) 그리고 1980년대 후반~1990년대 일본 '본토'에서의 '에스닉 붐(ethnic boom)'과 오키나와 민요나 류큐(琉球) 전통문화 등에 대한 이국취미적 소비3) 등도 한 몫 했을

---

1) 이 글은 한국사회사학회에서 간행하는 『사회와 역사』(통권 제73집, 2007년 봄호)에 게재된 것을 약간 수정 · 보완한 것이다.
2) 여기에 대해서는 타다 오사무(多田治, 2004), 맥코맥(McCormack, 2003: 101~102), 아사토 (Asato, 2003: 234~237) 등을 참조.

터이다. 그러나 더 중요한 것은 자기 고유의 자연풍광과 문화적 전통 및 역사적 경험에 기초하여 분출해 나오는 오키나와 자신의 문화적 저력과 창조력이다. 예를 들면, 오키나와 문학은 일본과 미국 사이에 낀 오키나와의 역사와 기억을 바탕으로 한 탈식민주의적 상상력과 정체성의 문제제기로 일찍부터 주목받으며 아쿠타가와상(芥川賞) 수상 작가를 지금까지 4명이나 배출했는데, 이 일본 최고 권위의 문학상은 특히 1990년대 들어 오키나와 작가 2명에게 연거푸 돌아가기도 했다.[4] 또 미군기지와 그 주변에 넘쳐나던 재즈·록과 '전통적인' 류큐 민요의 중첩과 혼합으로 특징지울 수 있을 오키나와 대중음악 혹은 오키나와 출신의 대중가수들은 일본 본토에서도 일찍부터 커다란 인기를 끌어왔다. 그런데 오키나와 음악 역시, 때로 일회적 소비 대상으로 전락할 우려에 시달리면서도 지방적 차이와 혼성성을 표현하거나 경우에 따라선 세계(성)/국가(성)/지방(성)의 경계 자체를 초월하기도 하면서 오키나와(와 일본)의 정체성에 대한 언급을 강하게 담아왔다.[5]

---

3) 아라사키 모리테루(1998: 11~12), 강상중·요시미 슌야(2004: 219~222) 등을 참조.

4) 오키나와 출신 작가로서는 1967년 오시로 타츠히로(大城立裕)가 소설 『칵테일파티(カクテルパーティー)』로 처음 아쿠타가와상(제57회)을 받았고, 1972년에는 히가시 미네오(東峰夫)가 『오키나와 소년(オキナワの少年)』으로 수상했다(제66회). 특히 1996년 마타요시 에이키(又吉栄喜)가 『돼지의 응보(豚の報い)』로 제114회 상을 수상한 다음에는, 다시 이듬해인 1997년 메도루마 슌(目取真俊)이 『물방울(水滴)』로 제117회 아쿠타가와상을 받았다. 오키나와 문학에 대해서는 몰래스키(Molasky, 1999; 2003), 임성모(2005) 등을 참조하라.

5) 지방적 차이와 혼성성, 순수성에의 호소, 저항가요 등 다양한 '우치나 팝' 음악('오키나와'를 오키나와식으로 발음한 것이 '우치나'다)과 그 정체성 정치에 대해서는 로버슨(Roberson, 2003)을 보라. 본토에 진출한 오키나와 출신 아이돌스타의 경우에도 겉보기에 비해선 정체성 정치와 전혀 무관하지 않다(혹은, 무관할 수 없다). 전후의 나카소네 미키(仲宗根美樹)는 일본 국민이 아닌 시대에 일본국의 가요가수로서 자기표현을 해야 했기 때문에 일본가요를 망설임 없이 섭취·소화한 가수로서 미디어에서 재현된 반면, 오키나와의 본토 복귀 직후 등장한 미나미 사오리(南沙織)는 자신의 혼혈성을 전면에 내세웠고, 1990년대 아무로 나미에(安室奈美惠)는 복귀 후 일본화가 충분히 진행된 이후 오키나와적인 미국 취향을 무기로 삼아 일본가요계에 파고들었다고 한다. 특히 90년대 스타들은 '오키나와다운 것에서의 탈피'를 지향하는데, 이는 과거처럼 '오키다와다움'을 버리고 '일본화'하는 것이 아니라 "오히려 '오키나와/일본'이라는 구도 자체가 의미를 상실한 전 지구적 소비공간 속에서 그녀들이 얼마나 스스로를 국적 없는 순수 상품으로 만들어낼 수 있는지를 시험하고" 있다는 것이다(이때 오키나와는 "그 차이화의 기호로서 효과적으로 연출되는 것"이어야 한다). 이상의 내용에 대해서는 강상중·요시미 슌야(2004: 221~222)를 보라.

이와 같이 오키나와의 문화적 창조력은 그 많은 부분 오키나와의 정체성을 표현하는 문제와 씨름해왔다. 이 정체성은 한편으로는 일본 문화와 사회라는 맥락, 그리고 다른 한편으로는 미국의 권력과 군사력이라는 맥락 속에서 형성/변형되며 표현되는 것이다. 특히 본토 일본과의 관계에서 현대 오키나와의 문화적 표현들은 본토인과 구별되는 오키나와인이자 동시에 일본인으로서 받아들여지기를 바라는 오키나와 사람들의 정체성 의식을 드러낸다.[6] 따라서 오키나와의 문화적 창조성은 종종 오키나와의 문화적 차이와 특수성을 존중받기 위한 투쟁이자 일본인으로서의 완전한 시민권을 획득하기 위한 투쟁이 된다. 이런 면에서 오키나와는 정체성 정치란 저항의 정치를 함축한다는 점을 잘 드러내주는 곳이며, 따라서 오키나와에서 정체성을 둘러싼 문화정치는 곧 일본 사회와 일본의 문화적 동질성이라는 강력한 신화에 대한 저항이자 미국의 군사력에 대한 저항이기도 하다(Hein and Selden, 2003: 2~4).

바로 이런 점이 오키나와의 문화적 창조성을 그토록 강렬한 것으로 만드는 이유 중 하나이기도 할 텐데, 이렇게 오키나와의 문화적 창조력과 표현들을 치열한 정체성 정치와 투쟁으로 만드는 원인은 무엇보다도 오키나와가 겪어온 그 고단한 역사에 있다.[7] 일본 규슈(九州) 남쪽에서 타이완에 이르는 약 1300km 해상에 일련의 섬들이 활처럼 연결된 류큐호(琉球弧) 혹은 류큐열도는 일본과

---

6) 아직도 많은 오키나와인들은 자신을 일본인이자 오키나와인으로 규정하며, 둘 중 하나를 선택해야 할 때는 일본인보다는 오키나와인으로서의 자기 정체성을 내세운다. 2004년 2월 20일자 『오키나와타임스(沖縄タイムス)』에 보도된, 오키나와 사람들을 대상으로 한 설문조사 결과에 따르면 "당신은 누구인가?"라는 질문에 대해 자신이 '오키나와인'이라고 대답한 사람은 응답자의 27.5%, '일본인이면서 오키나와인'이라고 대답한 사람은 41.8%인 반면, 자신을 '일본인'이라고 대답한 사람은 28.8%에 머물렀다(잘 모른다는 대답 1.9%). 70%에 가까운 사람들이 자신을 '일본인' 보다는 '오키나와인'으로 규정하는 셈이다. 하지만 동시에, 대다수는 자신을 '오키나와인'으로만 규정하기보다는 '오키나와인이자 일본인'으로 규정함을 보여주는 결과이기도 하다. 이 조사 결과는 MBC, 「3·1절 특집 다큐멘터리 오키나와: 1부. 우치난추, 일본 속의 타인들」(2005년 3월 3일 방영)을 참조.

7) 오키나와의 역사에 대해서는 아라사키 모리테루(1998), 타이라(Taira, 1997), 몰래스키(Molasky, 1999: 1~22), 나카자토 외 편(Nakazato, et al., eds., 2003: 92~105) 등을 참조하라. 토시아키(Toshiaki, 2003)는 이를 세계체제론의 관점에서 정리하고 있다.

는 다른 독자적인 류큐문화권, 그리고 독자적인 국가로서 류큐왕국을 형성하고 있었다. 15세기경 최초로 통일왕조를 이룬 류큐왕국은 이미 14세기부터 중국과 진공무역과 책봉의 관계를 맺고 있었고, 일본과 조선 및 동남아시아 나라들과의 중개무역을 통해 번성하고 있었다. 그러나 1609년 규슈 사쓰마번의 시마즈(島津) 씨족에게 정복당함으로써 류큐왕국은 도쿠가와 막부 통치하의 일본과 중국에 동시에 종속된 관계('日支兩屬') 속에 사쓰마의 실질적인 정치적 지배와 경제적 수탈에 시달리게 되었다. 그리고 1864년의 개항과 뒤이은 메이지유신으로 일본을 천황제 중앙집권국가로 통일하고 폐번치현(廃藩置県, 1871년), 지조개정(地租改正, 1873년), 질록처분(秩禄処分, 1876년) 등의 조처를 통해 근대국가의 기틀을 다져나가던 메이지 정부는 1872년 류큐국(国)을 류큐번(藩)으로 격하한 뒤, 그 전해에 태풍으로 조난당한 류큐열도 미야코지마(宮古島)의 주민들이 타이완 원주민에게 살해당한 사건을 구실로 삼은 타이완출병(1874년)을 통해 청의 영향력을 배제하며 1879년 류큐번을 폐지하고 오키나와현을 설치함으로써 소위 '류큐 처분(琉球処分)'을 완료하였다.

'대일본제국' 아래서 오키나와인들의 삶은 '생활 개선'과 황민화, 오키나와 바깥으로의 노동력의 이주와 '소철지옥'[8]으로 대표되는 궁핍과 경제적 황폐화, 징집과 체계적인 전쟁동원으로 점철되었다. 그리고 1945년, 일본 영토에서 벌어진 유일한 지상전이자 태평양전쟁에서 마지막이자 가장 격렬한 전투였던 오키나와전투를 거쳐 오키나와는 미국의 점령하에 들어갔다. 특히 1951년 샌프란시스코강화조약의 체결로 이듬해부터 일본 본토에서는 미군정이 끝났음에도, 오키나와는 미일안보조약을 성립시키는 핵심고리로서, '잠

---

8) '소철지옥(ソテツ地獄)'은 대공황기에 오키나와 경제사회의 황폐화를 상징하는 용어이다. 이 시기 오키나와 농촌에서는 먹을 것이 없어 유독식물인 소철(蘇鐵)을 독을 뺀 뒤 전분으로 만들어 식용으로 삼을 지경에 이르렀는데, 너무 배가 고픈 나머지 독이 채 가시지 않은 소철 전분을 먹고 죽어가는 일이 허다하여 생겨난 말이다(아라사키 모리테루, 1998: 57~58).

재주권(潛在主權 residual sovereignty)'9)론이란 "곡예와도 같은 법 해석"(강상중·요시미 슌야, 2004: 200~201) 아래 미국의 시정권(施政權)하에 남겨져 "'굴욕의 시대'라 불리는 27년에 걸친, 기본적 인권도 없는 이민족의 군사독재 지배를 강요"(치바나 쇼이치, 2001: 56)당하게 되었다. 미군정하에서 오키나와인들의 삶은 표현과 결사의 자유와 같은 기본권의 제약, 군사기지 건설을 위한 토지의 강제수용과 같은 재산권의 박탈, 기지건설과 훈련으로 인한 환경 파괴와 소음공해, 성폭행을 비롯하여 인종차별과 결합된 갖가지 종류의 일상화된 미군범죄 등 고통과 자존감의 침해로 특징지어지는 것이었다. 국내외 정세의 변화와 오키나와인들의 저항에 힘입어 1972년 오키나와는 마침내 일본으로 반환되었으나, 지금까지도 '오키나와 문제'는 근본적으로 변한 것이 없다. 오키나와현의 면적은 일본 전체 국토의 0.6%에 지나지 않지만 현재 일본 주둔 미군이 배타적으로 사용하는 기지 시설의 약 75%가 오키나와에 집중되어 있으며(아라사키 모리테루, 1998: 13; 찰머스 존슨, 2003: 76),10) 기지와 공공사업 및 리조트에 경제적으로 의존하고 있는 오키나와는 현 정부와 중앙 정부의 여러 정책에도 불구하고 여전히 일본에서 가장 가난한 현으로 남아 있다(McCormack, 2003; Asato, 2003; Hein and Selden, 2003: 5).11)

---

9) 혹은 '잔존주권(殘存主權)'으로 번역되기도 한다. 예컨대, 강상중·요시미 슌야(2004: 200)를 볼 것.

10) 오키나와가 "미국방성에 의해 직접 통치되던" 1960년대에는 117개의 기지가 있었고, 미군의 12세 소녀 강간 사건이 오키나와 전체를 격앙시키고 본토에서도 여론이 들끓었던 1995년에도 42개의 기지가 있었다(찰머스 존슨, 2003: 76). 이 가운데 32개 기지는 오키나와 본섬의 20%, 중앙 및 가장 인구밀도가 높은 남부 지역을 차지하고 있는 바(Hein and Selden, 2003: 5), 카데나 지역의 82.9%, 킨 지역의 59.6%, 차탄 지역의 56.4%, 기노완 지역의 51.4% 등을 차지하고 있다(Hook and Siddle, 2003: 3~4). 오키나와 전체 면적에서는 10.5%가 미군기지이다(Asato, 2003: 229). "오키나와를 찾기 위해서는 미군기지들 사이를 살펴보라"(Hook and Siddle, 2003: 3)는 절규가 나올 정도로 오키나와에서 미군기지의 현전은 집약적이고 무겁다.

11) '기지(基地, kichi)', '공공공사(公共工事, kōkyō kōji)', '관광(觀光, kankō)'으로 상징되는 오키나와 경제는 '3K'경제로 불리기도 하는데(Hook and Siddle, 2003: 3), 이는 중앙정부의 보조금과 토지보상금 및 본토 자본에의 의존성을 심화시킨다. 맥코맥(McCormack, 2003: 93)은 오키나와 경제를 네 가지 형태의 의존성으로 특징짓는다. 고도로 중앙집중화된 국민국가 일본의 한 현으로

이와 같이, 오키나와의 역사는 '희생자화의 서사(narrative of victimization)'로 특징지어진다(Hook and Siddle, 2003: 11). 이 지배적인 역사적 서사는 19세기 말 일본에 의한 오키나와의 '내부식민지화'(임성모, 2005: 60), 1945년 이후 도쿄가 스스로 선택한 미국과 일본의 중심 - 위성 관계에 의한 오키나와의 '이중식민지'화(McCormack, 2003: 93)가 부과하는 구조적 제약의 소산이다. 그러나 "오키나와인들은 자신들이 누구이며 어떻게 행동해야 하는가에 대한 미리 결정된 구조적 명령을 받아들이기를 거부해왔다"(Hook and Siddle, 2003: 9). 1950년대에는 언론자유와 조합결성권 및 지사의 직접선거를 요구하고 미군의 토지 강제수용에 반대한 전면적 투쟁이 있었고,[12] 베트남 폭격을 위한 카데나(嘉手納) 공군기지에서의 B52 폭격기 발진과 기지 근처 흑백 격리 매음굴, 미군범죄 등에 의해 촉발된 1960년대 말의 투쟁은 1970년 '코자(コザ, Koza) 폭동'에서 정점에 달해 결국 일본 '복귀'로 귀결되었으며, 1995년에는 세 명의 미군 병사가 12세의 초등학교 여학생을 강간한 사건에 항의해 8만 5000명의 인파가 '미군에 의한 소녀폭행사건을 규탄하고 일미지위협정의 개정을 요구하는 오키나와 현민 총궐기대회'에 모였고 오타 마사히데(大田昌秀) 당시 현지사는 미군용지 강제사용절차를 위한 대리서명을 거부했다(아라사키 모리테루, 1998: 94~97, 113~126; 찰머스 존슨, 2003: 95; 임성모, 2005: 63~65). 이러한 저항들은 "오키나와에 특별한 정치문화를 선사했다". 사실, "전후 연합군 점령군이 위로부터 주민에게 민주주의와 '평화헌법'을 선사했던 일본 본토의 섬들과 달리, 오키나와는 주민이 지금 그들이 향유하고 있는 민주주의를 위해 투쟁한 일본 유일의 공동체"(찰머스 존슨, 2003: 95)였던 것이다.

이러한 투쟁들은 현재 미군기지 반대투쟁뿐 아니라 오키나와의 역사와

서의 의존성, 미군의 현전이 집중된 '기지 지대'로서의 의존성, 공공건설 집중적인 지역적 정치경제로서의 의존성, 일본 제일의 '리조트 지대'로서의 의존성.

12) 이 투쟁은 1956년 6월 자신들의 이해관계와 상관없이 모든 오키나와인들이 들고 일어난 '섬 전체 투쟁(島ぐるみ鬪爭)'으로 발전했다(아라사키 모리테루, 1998: 82~84, 131~135).

기억을 둘러싼 투쟁, 또한 자신들의 관점에서 오키나와의 정체성과 문화를 정의하려 시도하는 본토 문화산업들에 대한 투쟁으로까지 이어지고 있다 (Hook and Siddle, 2003: 9). 즉, 오키나와의 역사와 미국-일본의 전략적 관계 속에서의 오키나와의 위치는 오키나와인들의 정치적·사회적 저항을 동시에 정체성의 문화정치로 만들며 또 정체성의 문화정치를 곧 실질적인 저항의 정치로 만든다. 요네타니(Yonetani, 2003a: 245)가 지적하듯이, 오키나와의 고통과 저항의 역사, 오키나와가 처한 구조적 상황으로 인해 오키나와의 정체성과 역사에 대한 주장, 그 모든 문화적 표현들은 '항상 이미' 정치화될 뿐 아니라, 역으로 미국의 군사력에 대항하고 일본과의 관계 속에서 자신의 위치를 정의하기 위한 오키나와의 투쟁 역시 필연적으로 문화적 투쟁, 역사 투쟁이 되어온 것이다.[13] 지금까지 다소 긴 서론을 경유해온 이 글은 바로 이러한 맥락에서, '항상 이미' 정치화된 정체성의 문화정치의 장 가운데 하나로서 오키나와에서 생산된 영화 문화에 주목하고자 한다.

2. 오키나와와 영화, 그리고 정체성의 정치

오키나와의 대표적인 전방위 비평가이자 시나리오 작가, 사진작가로서 '문화공작자(文化工作者)'(가베 사토시, 2005: 11)로도 불리는 나카자토 이사오는 오키나와를 '영화적인 섬(映画的な島)'이라 할 수 있다고 말한다. 하나의 지역 단위로서 볼 때 오키나와를 배경으로 제작된 영화의 수가 다른 지역과 비교할 수 없을 정도로 많기 때문이기도 하지만 "영화의 질적인 측면에서도 류큐·오키나와에 관한 영화가 진취적인 요소를 내포하고 있기 때문"이라는

---

13) 오타 전 지사 역시 기지 문제—그가 '오키나와 문제'라고 부르는—와 정체성, 자율성, 문화적 다양성을 둘러싼 투쟁을 연결시킨다(Yonetani, 2003a: 245).

것이다. 그에 따르면 "지속적으로 영화의 대상이 된다는 것은 그만큼 이 섬들의 무리에 '매력'이 있기 때문"이다(나카자토 이사오, 2005a: 3).

실제로 오키나와와 연관된 영화는 적지 않다. 예를 들어 제8회째를 맞던 2003년 야마가타 국제다큐멘터리영화제(山形国際ドキュメンタリ映画祭 2003)에서 영상을 통해 오키나와의 역사를 반추하고 미일관계 속에서의 오키나와의 위치를 고찰하는 것을 겨냥하여 마련된 특집프로그램「류큐전영열전 (琉球電影列伝—境界のワンダーランド)」에서는 극영화, 다큐멘터리, 뉴스릴, TV 드라마와 보도물 등 다양한 장르에 걸친 약 67편의 영상물들이 상영되었다(YIDFF Organizing Committee, 2003: 95~124; Nakazato, et al., eds., 2003). 오키나와 출신의 작가가 만들었건 아니건, 또 오키나와의 자본에 의해 만들어졌건 본토의 자본과 영화사에 의해 만들어졌건 상관없이, 오키나와를 배경으로 하였거나 오키나와를 제재로 삼아 제작된 영화들을 통상 '오키나와 영화(沖縄映画)'라 부르는 것으로 보이는데 그 목록은 상당히 길다.[14] 이 글은 그 중에서도 오키나와 사회 내부에서 만들어진, 오키나와 자신의 시점(視點)에서 만들어진 영상문화, 특히 영화를 중심으로 그 속에 표현되고 반영된 오키나와의 자기 정체성 문제를 검토한다. 여기서 오키나와 사회 내부에서 오키나와 자신의 시점에 입각하여 만들어진 영화를 이 글에서는 오키나와 출신의 감독이나 제작자를 포함하여 '오키나와인들 자신이 만든 영화', '오키나와가 만든 영화'로 규정한다.

일본의 영화사들이 오키나와에서 영화를 찍기 시작한 것은 대략 1930년대부터라 할 수 있으며, 민속 기록영화들[15] 외에 1937년 도요다 시로(豊田四郎)가 감독한「오야케 아카하치(オヤケアカハチ)」는 도쿄의 스튜디오가 오

---

14) 『沖縄通信 うるま』1999년 2월호의 특집「沖縄映画—Okinawa Nouvelle Vague 1999」, 제로우(Gerow, 2003: 306~307)의 목록, 이키 이치로(壱岐一郎, 2000: 55~57)의 목록 등을 참조하라.
15) 이에 대해서는 나카자토 외 편(Nakazato, et al., eds., 2003: 18~23) 등을 참조하라.

키나와현에서 만든 최초의 영화다(Gerow, 2003: 276). 그런데 오키나와에서는 이보다 먼저 오키나와인들 자신에 의해 영화가 이미 만들어졌던 듯하다. 1931년 요시노 지로는 「집념의 독사(執念の毒蛇)」를 감독했는데, 이는 오키나와인에 의해 오키나와에서 만들어진 최초의 영화일 것이다(Gerow, 2003: 276).[16] 오키나와인들이 만든 영화는 끈질기게 그 맥을 이어왔으며, 오키나와의 문화적 창조성과 갈등이 특히 눈에 띄게 된 1990년대부터는 '오키나와가 만든 영화'들이 더욱더 주목을 받고 있고 본토에서 상업적 성공을 거둔 영화도 심심찮게 등장하고 있다.

　이러한 '오키나와가 만든 영화'들에서는 오키나와의 역사, 그리고 미국-일본의 관계 속에서 오키나와가 처한 위치를 바라보는 오키나와의 시선과 그에 의해 형상화된 오키나와의 자기 정체성이 반영 혹은 재현되어 있을 것으로 예상할 수 있다. 영화장치 전체가 환유적으로 카메라로 집약되듯이, 영화라는 매체/텍스트 속에서 이루어지는 정체성의 형성/변형에 있어서 '시선'은 결정적인 심급이다. 알튀세르(Althusser, 1971) 식으로 보아 이데올로기(의 큰 주체 the Subject)의 호명과 그에 대한 응답, 여기에 결부된 상호인정들의 복합적인 교차에 의해 결정되는 주체의 위치에서 주체의 정체성이 형성되는 과정은, 라캉(Lacan, 1979: 67~119) 식으로 보자면 상징적 현실을 구성/재현/대리하는 큰 타자(the Other)의 응시/시선 아래서 이루어지는 동일시의 과정, 즉 자기 자신을 바라보는 큰 타자의 응시/시선에 주체가 자신의 시선을 일치시키는 (근본적으론 불가능한) 과정이기도 하다.[17] 미국과 일본의 군사·정치·경제적 관계에 포박되어 있는, 미국과 일본 사이에 끼어 있는 오키나와의 자기 정체성 형성/변형의 동학에 있어 이 큰 타자의 응시는 곧 미국의 응시와 일본의

---

16) 아론 제로우가 나카에 유지와 나카에 모토코를 인용하면서 기록한 이 영화는, 그러나 이 글에서 참고한 다른 자료들에서는 발견되지 않았다. 앞으로 더 조사가 필요하다.
17) 알튀세르의 이데올로기 이론, 라캉의 시각 이론, 그리고 그것들의 영화이론과의 관계에 관한 하나의 논의로는 주은우(2003: 59~136, 479~503)를 참조하라.

응시이며, 오키나와는 자신을 바라보는 이러한 응시/시선들 아래서 그것들과 동일시하거나 그것들과 대결하며 스스로를 바라본다.

그러므로 영화가 또 하나의 중요한 정체성 정치의 장이라면, 그것은 무엇보다 '시선의 정치'의 장이다. 오키나와에서 촬영되고 오키나와의 쟁점을 다루는—혹은 그것에 대해 언급하는— 영화들에서의 이 정체성 정치/시선의 정치는, 오키나와의 문화적 창조성과 갈등, 즉 정체성 정치의 과정이 강렬한 그만큼 더 강렬하다. 나카자토 이사오가 오키나와를 '영화적인 섬'이라고 말할 때 정작 지적하고 싶었던 것은 바로 이 점이다.

> 촬영 대상이 된다고 하는 것은 그만큼의 '무엇인가'가 있기 때문이라는 것은 언급할 필요도 없이 자명한 일이다. 그러나 그 '무엇인가'라는 것은 '매력'이라는 단어만으로는 명료하지 않은 '시선의 정치'와 연관된 것을 내포하고 있을 터이다. 남들에게 보여진다는 것은 노출된다는 것을 의미한다. 이 보여짐, 노출이라는 의미는 대중적인 이미지 생산과 권력의 시선 배치를 빼고서는 이야기할 수 없다. '영화적인 섬'이라고 할 때의 '영화적'이라는 말은 이러한 이중적인 의미를 함포하고 있다는 사실을 잊어서는 안 될 것이다(나카자토 이사오, 2005a: 3).

시선의 정치란 측면에서 보았을 때, '오키나와가 만든 영화'(들)를 정의하는 핵심은 스스로를 바라보는 오키나와 자신의 시선이다. 비록 이 시선이 오키나와 자신을 바라보는 미국의 시선과 일본의 시선이라는 큰 타자의 응시 아래 위치하며 그 응시로부터 자유로울 수 없다 하더라도, 스스로를 바라보는 오키나와 자신의 시선과 그 시선에 의해 형성된 오키나와의 자기 이미지는 미국 혹은 점령군으로서의 미군의 응시, 그리고 일본 본토 즉 '일본국(日本国)'이라는 국민국가의 응시에 종속된 일방적인 시선의 대상으로서의 오키나와(의 이미지) 및 그 정체성과는 일정한 차이가 있을 것이다.

오키나와를 바라보는 미국 혹은 미군의 시선은 무엇보다 군사적·전략적 ·지정학적 시점에 입각한 것이다. 그 시선이 바라보는 오키나와 혹은 오키나와의 이미지는 "태평양의 요석(要石)(Keystone of the Pacific)", "동양의 파타고라스(Oriental Patagolas)"[18]라는 표현으로 압축된다. 여기서 오키나와는 군사기지와 휴양지—특히 전투와 훈련을 마친 병사들이 휴식과 오락을 취하는 휴양지—로서 정의되고 있다. 미군은 오키나와에 상륙할 때부터 일본 본토 공략을 위한 발판으로서의 오키나와의 전술적 중요성을 숙지했을 뿐 아니라 냉전체제하에서의 공산주의 봉쇄와 전 세계적 차원에서 수행될 미국의 군사전략을 위한 거점으로서의 오키나와의 중요성을 충분히 인식하고 있었다.[19] 이러한 인식은 "태평양의 지브롤터(Gibraltar of the Pacific)"나 "태평양의 초석(the Cornerstone of the Pacific)"이란 말로 표현되었으며 "태평양의 요석"이란 이름으로 집약되었던 것이다.[20]

다른 한편, 오키나와를 바라보는 일본의 시선은 국민국가 일본의 민족/국가/국민적 정체성(national identity)의 관점에 입각한 것이다. 나카자토 이사오는 이를 세 가지로 분류한 바 있다(나카자토 이사오, 2005a: 3). 하나는 민속학적·언어학적 시선으로서, 국민국가 일본의 이러한 시선은 오키나와를 "민속과 언어의 보고(民俗と言語の宝庫)", "잊혀진 일본(忘れられ日本)", "남겨진 원일본(殘された原日本)" 등으로 정의한다. 이는 주변 지역을 병합하여 종

---

18) 파타고니아(Patagonia)와 갈라파고스(Galapagos)를 합친 말이다(Nakazato, et al., eds., 2003: 35).

19) 바로 이 때문에 미군부는 처음부터 오키나와를 일본과 분리하여 미국이 배타적으로 점령·통치할 것을 주장하였다. 이러한 국방성의 직접 점령 방침은 전후 국제관계를 고려하여 국제연합의 신탁통치안을 입안하고 있던 국무부와 갈등을 야기하기도 했으나, 오키나와는 결국 미군의 직접 점령하에 들어가게 되었다. 이에 대해서는 엘드리지(Eldridge, 2001)를 보라. 다른 한편, 오키나와 점령 문제를 동아시아의 맥락에서 분석하는 것으로는 정영신(2006)을 참조하라.

20) 이렇게, "본다는 것은 또한 명명하는 것이기도 하다"(Nakazato, et al., eds., 2003: 3). 미군에 의해 부여된 이러한 명칭들에 대해서는 나카자토 외 편(Nakazato, et al., eds., 2003: 3, 35)을 보라. 한편, 군사 휴양지로서의 오키나와의 중요성은 한국전쟁과 특히 베트남전에서 톡톡히 발휘되었다.

속시켜온 일본의 식민지주의적 전개를 정당화한 '일류동조론(日琉同祖論)' 등의 동화정책과 연결되어 있다.[21] 두 번째는 국민국가의 역사의 시점에서 '일본 국민'의 속죄를 표현하는 시선으로서, 이 시선 속에서 오키나와는 "비극의 섬(悲劇の島)"으로 표현된다.[22] 이 '비극의 섬'이란 표상은 오키나와전투가 '국체호지(国体護持)'를 위한 강제동원과 주민학살 등 근대 일본이 강요한 구조적 폭력, 그리고 황민화와 동화론이 내면화된 극단적 결과로서의 '집단자결'과 같은 역사적 진실을 은폐하고 있다. 세 번째는 관광주의(tourism)의 시선이라 할 수 있다.[23] 가장 최근의 것인 이 시선은 여행과 소비주의의 관점에서 오키나와를 "노래와 춤의 섬(歌と踊りの島)"으로서 바라보며, '누이의 힘(妹の力)'을 변용시킨 듯한 '건강한 할머니(元気なオバア)'의 이미지를 가공하여 "장수와 휴식의 섬(長壽と癒やしの島)"이란 표상을 탄생시켰다. 하지만 나카자토 이사오에 따르면 이 "장수와 휴식의 섬"은 "화창한 열대의 하늘 아래, 형언할 수 없는 폐쇄감에 스스로의 몸과 마음을 묻어버린 남자들의 자살을 희뿌연 베일로 감싸버린다"(나카자토 이사오, 2005a: 3).[24]

---

21) '일선동조론(日鮮同祖論)'도 이와 같은 흐름에 있다. 이런 시선에 입각하여 오키나와의 풍광과 민속을 담은 기록영화 제작 전통은 1930년대까지 거슬러 올라간다. 앞의 각주 15를 참조하라.
22) 일본인들에게 있어 '비극의 섬' 오키나와를 집약하는 대표적―그리고 속 편한―상징은 아마도 오키나와전투에 동원된 여학생 종군간호부대 '히메유리(ひめゆり)'일 것이다. '히메유리'란 이름은 이 부대에 동원된 2개 명문 여학교의 동창회 회지 이름이 '히메(아가씨)'와 '유리(백합)'였던 데서 유래한다(노마 필드, 1995: 102). 그런데 히메유리 부대의 비극적 최후는 오키나와인 자신들에 의해서도 오키나와의 고통을 기억하고 표현하고 항의할 때마다 되풀이 환기되었다. 예를 들어 1995년 여학생 강간사건 당시 오키나와의 무력감과 희생자 의식과 관련하여서도 '히메유리'의 표상이 불러내어졌다(Angst, 2003: 142~143). 그러나 히메유리 부대원들의 죽음을 미군에 의한 일본 국민의 희생으로만 보려 하는 일본 본토의 시선과 그 여학생들의 죽음에서 대일본제국의 황민화 정책과 체계적인 전쟁동원 및 그 귀결로서의 오키나와 민간인들의 '강제적 집단자살'(노마 필드, 1995: 76)을 읽어내는 오키나와의 시선은 같을 수 없다. 히메유리 부대는 지금까지 유명한 것들만 4편이나 영화화된 바 있는데, 그 효시이자 가장 성공적인 작품은 1953년 이마이 타다시(今井定)가 감독한 「히메유리의 탑(ひめゆりの塔)」이다. 이 영화 제작의 후원 활동을 계기로 도쿄의 오키나와현 학생회는 오키나와의 일본 복귀 운동에 오키나와 출신자를 보혁의 구별없이 결집시키는 데 성공했다고 한다(고쿠바 고타로, 2001: 140).
23) 이에 대해서는 타다 오사무(多田治, 2004)를 참조. 일본 본토에서 제작된 영화들에 나타난 관광(주의)의 시선에 대해서는 제로우(Gerow, 2003)를 참조하라.

그러므로 자기 자신의 독자적인 시선으로, 혹은 자기 자신의 독자적인
시선을 만들어내면서 자기 정체성을 고민하고 모색하는 오키나와 영화인들
에게 있어 가장 중요한 과제는 미국과 '일본국'의 시선들로부터 탈피하여 스스
로를 바라보고, 이 두 가지 시선들이 일방적으로 대상화하면서 형성하고 강요
해온 스테레오타입적인 오키나와 이미지를 해체하는 것이다. 예를 들어, 앞에
서도 언급한 바 있는 2003년 야마가타 국제다큐멘터리영화제의 특집프로그
램 「류큐전영열전」의 코디네이터 역할을 맡았던 나카자토 이사오가 이 프로
그램을 조직할 때 출발점으로 삼았던 것이 바로 이와 같은 특정 종류의 시선,
응시의 대상으로서 오키나와의 스테레오타입 이미지에 대한 문제제기였
다.[25] 그는 「류큐전영열전」에서 상영될 영화들을 다음과 같은 원칙에 의거하
여 범주화하였다. 첫째, 오키나와의 주변적인 지역성에 주의를 기울인다. 일
련의 여러 섬들로 이루어진 이른바 '류큐호'의 경계는 주변국들간의 역관계에
따라 반복해서 다시 쓰여 왔으며, 오키나와는 하나의 '경계지(borderland)'다.

---

24) 이러한 미국의 응시/시선과 일본의 응시/시선에 대해서는 나카자토 외 편(Nakazato, et al.,
eds., 2003)도 참조할 것.
25) 다른 한편, 「류큐전영열전」이 마련된 영화제가 '야마가타 국제다큐멘터리영화제'라는 사실
또한 결코 작지 않은 의미를 갖는다. 야마가타 영화제는 미일안보조약개정반대투쟁과 학생운동
이라는 시대적 맥락 속에서 일본의 개발주의에 반대하는 시각의 다큐멘터리 영화들을 독특한
방식으로 제작했던 오가와 신스케(小川神介)의 정신을 잇는 영화제이기 때문이다. 오가와 신스케
는 1968년 나리타(成田) 국제공항건설에 따른 토지강제수용에 저항하던 산리츠카 지역 농민들의
입장에서 촬영한 「일본해방전선─산리츠카의 여름(日本解放戦線─三里塚の夏)」을 발표했다.
당시 농민들의 투쟁은 국가권력 대 민중운동의 대결을 상징적으로 보여주는 사건이었다. 오가와
의 '산리츠카' 연작은 1973년의 「산리츠카─헤타부락(三里塚─邊田部落)」 등 7부작으로 이어진
다. 오가와와 그의 스탭들은 이후 야마가타현(山形県)의 산간마을로 이주하여 민속학적 환상과
근대 일본에 대한 역사적 비판의식의 교차점에 서서 1982년 「일본 후루야시키 마을(ニッポン国
・古屋敷村)」, 1986년 「100년을 새긴 해시계─마키노 마을 이야기(100年刻みの日時計─牧野村物
語)」를 만들었다(요모타 이누히코, 2001: 222~223, 234~235; 이시자카 겐지, 1998). 1989년 야마
가타현의 주민들은 당시 현 내 카미노야마(上山)시에 거주하던 오가와의 조언과 노력에 힘입어
야마가타 국제다큐멘터리영화제를 개최했고, 오가와는 1992년 세상을 떠났지만 영화제는 이후
에도 2년마다 계속 개최되었다(YIDFF Organizing Committee, 2003: 4; Cazdyn, 2002: 165~166).
오가와는 한 글에서 이 영화제의 추동력의 일부는 "국제 관객들이 마을의 문제들에 관해 듣도록
끌어들이고, 궁극적으로는 자본주의적 개발의 보다 파괴적인 효과들을 진지하게 공부하고 그에
저항하는 국제운동을 출범시키는 것"이라고 설명했다(Cazdyn, 2002: 166).

둘째, 오키나와를 향한 응시와 그것이 창조해낸 이미지들의 역사적 변천 과정을 검토한다. 셋째, 오키나와 내부로부터 나온 서사를 제시한다. 특히 이와 관련하여 오키나와에서 태어난 영화감독 타카미네 츠요시(高嶺剛)의 작품들은 명백히 '봄'과 '보여짐'의 관계를 천착하고 있다. 넷째, 오키나와전투, 미국의 점령, 일본으로의 복귀 등과 같은, 오키나와 역사에서 시대전환적 중요성을 가진 사건들을 영화를 통해 검토한다(Nakazato, et al, eds., 2003: 3).[26]

  그런데 시선의 정치에서 '오키나와가 만든 영화'들이 더 깊게 얽혀 교전하고 있는 시선은 미국의 응시보다 일본의 응시인 것 같다. 이는 우선, '오키나와가 만든 영화'나 나아가 '오키나와 영화'가 현재의 국민국가 체계 내에서는 '일본 영화'의 일부로서 존재하고 제작되기 때문일 것이다. 또한 앞에서도 언급된 바 있듯이, 오키나와가 일본이라는 국민국가 내의 한 현으로서 존재하는 한, 현재 오키나와의 정체성 정치가 오키나와인인 동시에 일본인이라는 오키나와 사람들의 자기의식을 표현하고 오키나와의 문화적 특수성을 인정받는 동시에 일본인으로서의 시민권의 완전한 향유를 실현하고자 하는 열망을 목표로 하고 있기 때문이기도 하다. 아론 제로우(Gerow, 2003)에 따르면, 일본 본토에서 제작된 영화들이 오키나와를 거론할 때는, 국가/민족주의(nationalism)적 시점에서든 관광주의적 시점에서든 오키나와를 일본의 일원인 동시에 일본의 타자(other)로 재현함으로써, 즉 동화의 대상으로 재현함으로써 그러한 동화의 과정을 통해 '일본'을 하나의 공동체로서 포착하고 재확인하는 장치로 위치 짓는다.[27] 따라서 '오키나와가 만든 영화'는 이러한 시선과 씨름할 수밖에 없다.

---

26) 이러한 원칙에 따라 선택되어 상영된 영화들은 통상 '오키나와영화'라 지칭되는 것들보다 더 넓은 범위의 작품들이다(YIDFF Organizing Committee, 2003: 97). 「류큐전영열전」의 의미에 대한 오키나와에서의 평가에 대해서는 야카비 오사무 외(屋嘉比收 外, 2004)를 참조하라.
27) 그러나 1995년 한신대지진(阪神大地震), 옴진리교에 의한 도쿄지하철에서의 독가스 테러 사건, 그리고 거품경제의 붕괴 등으로 인한 일본 사회 전반에 걸친 위기의식의 만연(여기에 대해서는 개번 맥코맥, 1998: 21~47 참조) 이후 오키나와를 일본이라는 공동체의 이질성을 부각하고 그 해체를 위한 장소로 삼는 영화들도 등장하였다. 제로우는 사이 요이치/최양일(崔洋一) 감독의 영화들과 기타노 다케시(北野武)가 감독한 영화들을 그 예로 든다(Gerow, 2003: 288~296).

둘째, 오키나와를 응시하는 '일본국'의 시선은 미국의 시선보다 역사가 훨씬 오래되고 또 오키나와인들의 삶에 미친 영향력이 더 강력한 것이었기 때문이다. 이와 관련하여 오키나와가 일장기와 천황의 초상을 전국 어느 곳보다 먼저 받았다는 사실을 상기할 필요가 있다(노마 필드, 1995: 84). 메이지 정부는 이른바 '국체(国体)'를 확립하는 과정에서 천황의 초상인 '어진영(御眞影)'을 측근 정치가나 고급관료, 지방관청에 내려보내다가 메이지 23년(1890년)부터 전국의 소학교에까지 내려보냈다. 이 어진영은 초상화를 찍은 사진이었으며, 따라서 시뮬라크르로서 다량 유통되며 천황의 이미지를 만들어내면서 '국민'으로부터 응시됨을 통해 '국민'을 널리 응시하는 자의 존재를 현재화시키고 의식시켰다(이효덕, 2002: 299~304).[28] 즉, 일본 국민들은 그 개개인이 초월적 주체의 자리에서 자신의 시선을 일일이 되돌려주는 어진영/천황의 시선, 즉 '일본국가'라는 큰 타자의 시선에 예속된 것인데, 오키나와는 일본에 가장 늦게 편입되었다는 바로 그 이유 덕분에 어진영을 가장 빨리 받아 일찍부터 천황/일본국의 시선에 종속되었던 것이다. 이 시선의 종속은 오키나와의 일본 편입이 완료되는 1879년 이전에 이미 이루어졌다. 즉, 류큐왕국이 폐지되고 류큐번이 설치된 이듬해인 1873년에 외무부는 7개의 히노마루(日の丸)를 "일출부터 일몰까지" 류큐번 각지의 청사에 게양할 것을 명령했고 같은 해 겨울에는 천황과 황후의 사진이 류큐번에 하사되었던 것이다(아니야 마사아키, 2001: 21~22).[29]

---

28) 전국에 내려보내진 어진영은 1888년 이탈리아 화가 에두아르도 키오소네가 그린 초상화를 찍은 사진이다. 천황의 복사본(초상화)의 복사본(사진)인 이 천황의 '공식 초상'은 이전에 찍은 천황의 사진에서보다 메이지 천황을 훨씬 더 위엄있고 군인화되고 남성화된 인물로 만들어냈다(다카시 후지타니, 2003: 222~226). 근대사회의 형성기 군주의 시선의 논리에 대해서는 주은우(2003: 326~350) 참조.
29) 이는 청나라와 외국에 대해 류큐가 일본의 판도임을 기정사실화해 버리는 동시에 류큐번에 대해서는 명실공히 일본령이 된 것을 승복시키려는 의도에 따른 것이었다(아니야 마사아키, 2001: 22). 어진영의 전달과 보관·관리는 정해진 의식에 따라 엄격하게 이루어졌다. "오키나와전투 때 민간인들이 살상되는 와중에도 어진영은 안전한 곳을 찾아 북쪽으로 북쪽으로 조금씩 이동

셋째, 국민국가 일본의 시선은 일본인으로서 차별 받지 않고 완전한 시민권을 향유하고자 하는 오키나와인들의 욕망에 귀기울이지 않으며 도리어 고통과 좌절과 배신감만 안겨주는, 문자 그대로 라캉적인 큰 타자의 응시였기 때문이다. 오키나와가 일본에 편입되고 난 뒤에도 오키나와는 메이지 정부의 '내부식 민주의'(Hook and Siddle, 2003: 12)에 의해 전 영역에서 차별을 받았다. 이는 일본이 서양의 오리엔탈리즘에 대항해 스스로를 근대 서양에 대립시키면서도, 서양에 대한 열등감 속에 서양의 시각과 동일한 논리로써 자신 이외의 아시아를 열등한 타자로 설정함으로써 자신이 지도하는 '대동아공영권'의 구상을 정당화한 '내면화된 오리엔탈리즘'에 따른 것이기도 했다(강상중, 1997). 국민국가 일본의 이러한 타자화하는 시선은 1903년의 이른바 '인류관(人類館) 사건'이 단적으로 보여준다.[30] 또 오키나와전투가 벌어질 무렵 천황과 군부 및 내각은 이미 전세가 돌이킬 수 없는 지경에 이르렀음을 알고 있었음에도 불구하고 오키나와를 단지 미군의 본토 상륙을 최대한 늦추고 '국체'를 보존할 수 있는 시간을 벌기 위한 '사석(捨石)'으로 취급했고,[31] 오키나와의 민간인들은 자신들을 지켜줄 '우군'이라 믿었던 '황군(皇軍)'으로부터 학살과 집단자결을 강요당했다.[32] 오키나와를 버렸던 히로히토 천황은 다시 종전 후에는 맥아더에게 미군에 의한

되었다. 그 취급자들이 행여 그것을 비에 젖게 하거나, 혼란의 와중에 잃어버리거나, 미군에게 뺏기는 날에는 사형을 각오해야 했다"(노마 필드, 1995: 84).

30) 1903년 오사카에서 열린 제5회 내국박람회(内国博覧会)에 개설된 '인류관'의 기획자인 도쿄대학 인류학 교수 쓰보이 쇼고로(坪井正五郎)가 문명인과 구별되는 '최근의 이인종(異人種)'(식민지의 '미개인')으로서 아이누, 타이완의 생번(生蕃), 류큐, 조선, 중국, 인도, 말레이 등의 '7종의 토인(七種の土人)'을 전시하려 했다가 중국, 조선, 류큐인들로부터 격렬한 항의를 받은 사건이다. 미야기 기미코(宮城公子, 2002: 117~122), 와이너(Weiner, 1997; 11) 참조.

31) 오키나와 수비대 지휘관들은, 오키나와 결전이 있었을 때 본토로부터 오는 직접적인 지원은 거의 없었고, 그것은 전쟁을 지연시키기 위한 작전으로 이용된 데 불과했던 것을 아주 괴로운 마음으로 회상하고 있다. 예를 들면, 오키나와 수비대 참모(대좌)였던 야하라 히로미치(八原博道)는 『오키나와 결전: 고급 참모의 수기(沖縄決戦: 高級參謀の手記)』(1972)에서 도쿄에서 지령이 있었다고 해도 그것은 비참한 전멸로 이어지는 것이었을 뿐이었다고 지적하고 있다(마리우스 잰슨, 2002: 31).

32) 오키나와에 주둔했던 32군 참모장 초 이사무(長勇)는 1945년 초의 인터뷰에서 "군의 중요한 사명은 전쟁에서 승리하는 것이다. 우리는 민간인들을 구하기 위해 전쟁에서 패배해도 좋다는 허락을 받지는 않았다"고 말했다(Allen, 2003: 48~49).

일본의 방위를 요청하면서 1947년 9월 미국에 의한 오키나와 군사 점령이 "25년에서 50년, 또는 그 이상에 걸친 장기간의 대여라는 픽션" 안에서 행해지는 것이 "미국의 이익이 됨과 동시에 일본의 방위에도 이바지할 것이다"라는 '오키나와 메시지'를 발표하여 공산주의 및 국내의 도전으로부터 자신의 안위를 지키기 위해 오키나와를 팔아넘겼다(고모리 요이치, 2004: 229~231; 아라사키 모리테루, 1998: 75). 뿐만 아니라 오키나와와의 '조국복귀운동' 과정에서 지원을 요청받았을 때 일본 정부는 미국과의 관계를 해칠까 두려워하여 사태를 '좌시'하는 방침을 택하였고(Toshiaki, 2003: 31), 1995년 강간사건 이후에도 G-8 정상회담(2000년)을 오키나와에 유치해 "과거 열강이라 불리던 정상회담 구성국가들에 의한 오키나와 미군기지 재확인"(다카라 데츠미, 2001: 257)을 달성하고 주민의 반대 여론을 무시하며 헤노코(辺野古) 해안에 후텐마(普天間) 공군기지를 대체할 새로운 '헬리포트' 기지 건설 추진을 강행하고 있다.

이처럼 고통과 상처로 점철된 오키나와의 고단한 역사는 또한 배신과 좌절의 역사이기도 하다. 그러므로 "많은 오키나와인들은 1945년 히로히토 천황이 연합국으로부터 좀 더 유리한 항복 조건을 이끌어내기 위해 의미없는 전투에 자신들을 희생시켰으며, 1952년 도쿄가 다시 자신들을 희생시켜 나머지 일본이 독립을 얻고 경제번영을 누릴 수 있게 되었다고 믿고 있다"(찰머스 존슨, 2003: 78). 일본에 대한 오키나와인들의 이러한 배신감은 다음과 같은 말로 집약될 수 있을 것이다. "지금까지 일본 정부는 가장 원거리에 위치한 오키나와 현을 미일안보조약의 '쓰레기 하치장'으로 만드는 데 성공했다"(찰머스 존슨, 2003: 81).[33] 바로 이런 이유 때문에 오키나와인들은 '불완전한 일본인'(Hein and Selden, 2003: 3)의 지위에서 벗어나 완전한 일본 국민의 시민권을 향유하고자 열망함에도 불구하고 국민국가 일본의 응시를 흔쾌하게 받아들이고 마냥 자신의 시선을 거기에 일치시킬 수만은 없게 되는 것이다.

---

33) 1995년 여학생 강간사건 이후 탄생한 여성단체 지도자 에츠코 미야기 우츠미가 한 말이라 한다.

3. 오키나와가 만든 몇 가지 영화들의 세 가지 경향

　이 장에서는 이와 같은 맥락 속에서 '오키나와가 만든 영화'들의 경향을 '1피트 운동'이라는 다큐멘터리 영화운동, 「나비의 사랑」이라는 성공한 대중 상업영화, 그리고 타카미네 츠요시의 실험성 짙은 작가주의 영화 「몽환류큐·츠루헨리」를 중심으로 살펴볼 것이다. 이 세 가지 범주의 선택은 근본적 차원에서 자의적인 것이다. 이 자의성이 이 장에서 이루어지는 논의에 근본적 한계를 설정하며, 이 장에서 시도하는 '오키나와가 만든 영화'들에 대한 구분을 잠정적인 것으로 만든다. 그러나 영화를 통한 정체성 정치란 견지에서 보았을 때 이러한 선별이 완전히 자의적인 것만은 아닐 것으로 판단되는데, 그것은 영화가 직접 다루거나 간접적으로 지시하거나 혹은 의존하고 있는 제재의 측면에서, 또 정체성의 형성/변형에 결정적인 시선과 동일시의 역학이란 측면에서 보았을 때 그렇다.

　먼저, 제재의 측면을 보자. 하인과 셀든에 의하면 지금 오키나와의 두드러진 문화적 창조성의 많은 부분은 '과거에 대한 새로운 이해'에 연결되어 있으며, 오키나와 정체성을 둘러싼 많은 서사들은 특히 류큐왕국, 오키나와전투, 그리고 전후 현재까지의 오키나와와 본토 일본의 관계라는 세 가지 과거에 대한 기억에 집중되어 있다. 14세기에서 17세기까지 류큐왕국의 경제적 번영과 문화적 광휘의 역사는 가장 널리 환기되는 자랑스런 과거의 요소이고, 오키나와 전투는 오키나와 역사에서 가장 외상적인(traumatic) 사건이며 현대 오키나와에서 가장 논쟁적인 기억의 자리이며, 일본에 배신당했다는 오키나와인들의 감정은 전후의 역사에서도 쭉 이어져왔다(Hein and Selden, 2003: 3, 9~23). '1피트 운동'은 오키나와전투의 기억과 재현을 재조직하려는 영상운동이고, 「나비의 사랑」은 전통적인 류큐 문화와 그에 대한 이미지에 기대고 있으며, 「몽환류큐·츠루헨리」는 전후 오키나와의 현실에 대한 언급이란 점에서, 이

세 영화 범주들은 이 같은 세 가지 과거의 요소와 기억에 각각 상응하고 있다.

두 번째로 시선과 동일시의 역학이란 측면을 보자. 알튀세르의 이데올로기 이론과 푸코의 담론 이론을 결합시키고자 시도한 페쇠는 주체의 형성 양식을 동일시와 대항동일시 및 탈동일시의 세 가지로 구분하였다(Pêcheux, 1982: 156~159). 동일시(identification)는 이데올로기의 전형적인 기제로서 주체와 큰 주체―페쇠가 '보편적 주체'라 부르는―의 중첩(이중인화)으로 구성되며, 이 중첩은 '좋은 주체'의 담론을 특징짓는다. 시선의 장에선 주체의 시선과 큰 타자의 응시의 일치가 여기에 해당할 것이다. 대항동일시(counter-identification)는 '나쁜 주체'의 담론을 특징짓는 양식으로서, 여기서 주체는 거리짓기, 의심, 심문, 도전, 반역 등과 같은 '분리'의 위치를 취함으로써 큰 주체로부터 등을 돌린다. 탈동일시(disidentification)는 단순한 주체의 폐지가 아니라 주체 형식의 변형/전치를 구성한다. 여기서 이데올로기는 사라지지 않지만 이데올로기 구성체들의 복합체 및 그것과 미늘달린 담론구성체들의 복합체의 전복/재배치를 통해 역으로, 즉 자신에 대해서 또 자신에 반해서 작동한다. 결론적으로 말하자면, '1피트 운동'은 시선과 동일시의 양식에 있어 대항동일시에, 「나비의 사랑」에서의 시선과 동일시 양식은 동일시에, 「몽환류큐·츠루헨리」의 그것은 탈동일시에 상응한다. 물론 이 상응관계는 잠정적이며 매우 거친 것이다.

1) 1피트 운동

'1피트 운동(1フィート運動; the One-foot Film Movement)'은 '오키나와전 기록필름 1피트 운동회(沖縄戦記録フィルム1フィート運動の会)'에 의해 전개된, 일종의 풀뿌리 시민운동으로서의 성격을 갖는 영상운동이다. 이 운동회의 원래 완전한 이름은 '어린이들에게 필름을 통해 오키나와전투를 가르쳐주기 위한 모임(子どもたちにフィルムを通じて沖縄戦を伝える会)'이다. 이

단체는 미군의 시점에서 촬영된 기록 필름을 주민의 손으로 되찾아 주민의 시점에서 영화를 제작하고, 아이들에게 오키나와 전쟁의 실상을 알리고자 1983년 12월 발족하였다(10周年記念誌編集委員会, 1993).

1945년 3월 26일 미군이 게라마(慶良間)군도에 상륙한 것을 시작으로 미일 간 최대 지상전이 오키나와에서 벌어졌다. 4월 1일에는 오키나와 본섬 동해안의 요미탄(読谷)촌부터 차탄(北谷)정에 걸친 지점에 상륙했다. 18만 명 이상(최종적으로 54만 명 이상)의 미군과 11만 명의 일본군이 전투에 투입되었으며, '철의 폭풍(鉄の暴風)'이라 불리는, 2차 세계대전 중 가장 치열했던 이 전투는 본토 출신 군인 약 6만 5000명, 오키나와 출신 군인 약 3만 명, 민간인 약 9만 4000명, 그리고 군부(軍夫) 또는 종군위안부로서 한반도에서 강제로 끌려온 조선인 약 1만 명의 희생자를 낳았다(아라사키 모리테루, 1998: 67~71). 하지만 자료에 따라서는 13만 명 혹은 14만 명의 민간인이 사망한 것으로 평가되기도 하는데, 이 숫자는 당시 오키나와 인구의 1/4 이상에 해당하며, 따라서 오키나와에서 오키나와전투의 영향을 받지 않은 가족이란 거의 없다고 할 수 있다(Hein and Selden, 2003: 13). 하여튼 오키나와전투는 정규군보다 민간인이 훨씬 더 많이 희생된 전투라는 특징을 갖고 있다.

그런데 미군은 오키나와전투의 양상을 철저히 기록하여 막대한 양의 기록 필름을 남겼으며, 그 기록 필름은 약 2000편 이상이라고 한다. 미군은 각 부대에 전속 카메라맨을 배치하여 '아이스버그작전(Operation Iceberg)'—오키나와 침공—과정의 모든 것을 카메라에 담았다.[34] 미군이 제작한 다큐멘터리 중 「오키나와의 제6해병사단(The 6th Marine Division on Okinawa)」(1945)의 도입부 내레이션에 따르면, "오키나와는 공격의 대상인 동시에 촬영

---

34) 오키나와전의 촬영은 정보전의 일환인 동시에 선전의 도구이기도 했는데, 그 선전의 목적은 전의고양, 국민의식 동원에도 있었지만 새로운 냉전의 적대세력인 소련과 동구 국가들을 염두에 둔 것이기도 했다(YIDFF Organizing Committee, 2003: 101).

의 대상이었다"(Nakazato, et al, eds., 2003: 27).[35] 이 필름이 상영된 「류큐전영열전」의 코디네이터 나카자토 이사오가 말하듯이, "미군에게 오키나와는 태평양전쟁의 마지막 전투 장소였을 뿐 아니라 자신들이 가진 시각 테크놀로지를 위한 완벽한 대상"(Nakazato, et al, eds., 2003: 24)이었던 것이다.

이에 비해 오키나와전투에 관한 일본 측 영상기록물은 거의 남아 있지 않았다. '15년 전쟁' 기간 동안 전쟁보도 경쟁을 벌였던 아사히(朝日), 마이니치(每日), 요미우리(読売)신문사가 1940년에 합병되어 창립된 국책회사 일본뉴스영화사(日本ニュース映画社)는 1000명의 스태프를 국내외에 파견했고, 「일본뉴스(日本ニュース)」는 전시 프로파간다를 지휘하였으나, 오키나와전투와 관련해서는 「오키나와 결전(沖縄決戦)」과 「의열공정부대(義烈空挺部隊)」라는 단 두 편의 필름만 남아 있을 뿐이었다. 게다가 실제로는 이 두 영화에서도 내레이션은 오키나와에 관한 것이지만, 이미지들은 오키나와전투와는 상관이 없는 것들이었다(Nakazato, et al, eds., 2003: 24).

따라서 오키나와전투의 영상기록과 관련해서, 필름으로 접할 수 있는 오키나와전투의 유일한 기록물은 미군에 의해 촬영된 필름들뿐이었다. '1피트 운동'은 이러한 현실에서 출발했다. 1피트 운동은 시민들이 자신들의 돈으로 미군이 찍은 오키나와전투 필름을 구입하여 다음 세대에게 전쟁의 진실을 전하기 위해 그들 자신의 관점에서 영화를 제작한다는 아이디어를 실천에 옮긴 것인데, 1980년 히로시마에서 시작된 10피트영화운동(10フィート映画運動)에서 영감을 받은 운동이라 할 수 있다.

1983년 6월 우에하라 마사토시(上原正稔)와 당시 류큐대학 교수였으며 나중에 오키나와현지사가 되는 오타 마사히데는 미국 국립공문서관(the U.S.

---

35) "Okinawa was simultaneously the object of both attack and filming." 나카자토 이사오는 이 내레이션과 관련하여 비릴리오(폴 비릴리오, 2004)의 『전쟁과 영화』를 상기시킨다. "영화는 전쟁이며, 전쟁은 곧 영화다"(나카자토 이사오, 2005a: 4).

National Archives and Records Administration)에 오키나와전투를 기록한 필름에 대해 조회했으며, 미국 국립공문서관은 7월 하순 오키나와전투에 관한 100여 편의 필름 목록을 보내왔다. 이에 의거하여 12월 8일 히메유리 학도대를 인솔했던 나카소네 세이젠(仲宗根政善)이 대표로 선출되어 운동이 본격적으로 출범되었다. 1피트 운동회는 가능한 많은 시민들이 참여할 수 있도록 하기 위해 1피트 당 100엔으로 결정하고 모금운동을 시작했는데, 이듬해인 1984년 1월에 이미 500명의 시민으로부터 102만 5000엔을 모금하여 2월에는 미국 국립공문서관에 1차 발주를 할 수 있었다. 1984년 5월, 드디어 12편의 1차 발주 필름이 도착하였고, 운동회는 5월 16일 나하시민회관에서 최초로 이 필름들을 공개하였다. 장마로 인한 폭우에도 불구하고 수많은 시민들이 회관 밖에서 2시간 동안 기다릴 정도로 상영회는 대성황이었다. 보도에 따르면 이날 상영회에 약 2500명의 관객이 몰려들었고, "관객들은 필름에서 자신들의 옛 모습을 찾아내려 애쓰면서 스크린에 붙박여 있었다."[36]

　　상영회의 큰 성공으로 필름 상영과 기금조성이 계속될 수 있었지만, 운동회는 오키나와 주민들의 관점에서 영화를 '제작'해야 할 필요성이 더욱 명백해졌다고 느꼈다. 그 필름들은 어디까지나 전쟁의 승리자이자 섬에 기지를 건설하여 계속 점령하고 있는 정복자의 시점에서 촬영된 것이었기 때문이다. 1985년 2월 4일부터 계속된 토론을 거쳐 운동회는 미국 국립공문서관에서 구입한 필름들을 이용해 새로 영화를 제작하기로 결정하고, 영화는 오키나와에서 주체성을 갖고 제작하며, 스스로 제작비를 마련하고, 주민 입장에서의 해설을 하며, 본토로 운동을 확대할 수 있도록 시야를 확대하고, 더 많은 필름을 입수하며, 필름 이외의 정보도 포함시킨다는 제작 원칙을 확립했다. 이러한 원칙

---

36) 가자 유키오(我謝幸男), 「未來への證言のために」(Nakazato, et al, eds., 2003: 28). 1피트 운동의 경과 과정에 대해서는 이 글과 10周年記念誌編集員会(1993), 沖縄戰記錄フィルム一フィート運動の会(1986)를 보라.

에 의거하여 1986년 「오키나와전·미래에의 증언(沖縄戦·未來への証言)」,
(愛川直人 감독)이 제작되어 5월 22일 나하시민회관에서 최초로 공개되었
고,[37] 1피트 운동 10주년을 맞아서는 「1피트 영상으로 말하는 기록 오키나와
전(1フィート映像でつづるドキュメント沖縄戦)」(1995)이 새로 제작되었
다. 2003년 현재 1피트 운동은 상영시간 약 56시간에 이르는 12만 4405피트의
필름을 확보하고 있다(Nakazato, et al, eds., 2003: 29).

　「오키나와전·미래에의 증언」과 「1피트 영상으로 말하는 기록 오키나와
전」은 1944년 10월 10일 나하를 중심으로 한 미군의 대공습('10·10 공습')을
시작으로 오키나와전투의 전개 양상을 미군이 촬영한 기록 필름과 도표, 내레
이션을 통해 차근차근하게 설명해간다. 영화들은 미국의 선전영화에 등장하
는,[38] 군복에 말을 타고 사열을 받는 히로히토 천황의 모습을 보여줌으로써
오키나와전투의 원인을 분명히 '천황(제)'에 귀속시키고 있다. 또한 학생들이
군사훈련을 받는 사진 등을 보여줌으로써 미군의 영상기록에 잡힌 전쟁의 참
상, 특히 민간인들의 무고한 희생의 뿌리가 전투 이전에 오키나와 전역에서
몇 년간에 걸쳐 시행된 '황민화'에 있음을 분명히 하고 있다. 오키나와전투로
인한 오키나와인들의 고통과 수난에 관한 영상은 미군에 의해 구출되어 구사
일생으로 살아난 뒤 오들오들 떨리는 것을 멈추지 못하는 어린 소녀의 가녀린
몸과 커다란 눈망울로 대표된다. 한편, 오키나와전의 원인·전개양상·참상의
진실을 전하는 데 집중하고 있는 「1피트 영상으로 말하는 기록 오키나와전」
과 달리 「오키나와전·미래에의 증언」은 오키나와전투 이후 미군 통치하에서

---

37) 운동회는 이 영화의 16mm 32분판, VHS 55분판, 32분판, 그리고 55분 영어판을 제작하여
판매하였는데, 특히 영어판은 2000년 오키나와에서 열린 G-8 정상회담 전에 참가국 지도자들에
게 발송되기도 했다.
38) 운동회는 2차대전 당시 프랭크 카프라(Frank Capra)가 감독한 미국의 선전영화 「너의 적 일본
을 알라(Know Your Enemy: Japan)」, 「전쟁에의 서곡(Prelude to War)」 역시 구입했는데, 이
영화들의 일부 장면들은 「오키나와전·미래에의 증언」 및 「1피트 영상으로 말하는 기록 오키나와
전」에도 포함되어 있다.

전개된 오키나와인들의 저항, 일본 복귀 이후 지속된 반기지투쟁, 그리고 평화에 대한 오키나와인들의 염원과 시민운동의 영상을 보여줌으로써 평화의 메시지를 전달하면서 끝나고 있다.

2) 「나비의 사랑」

「나비의 사랑(ナビィの恋)」은 나카에 유지(中江裕司)가 감독한 대중상업영화이다. 이 영화는 1999년 12월 4일에 개봉되어, 상업적·비평적으로 큰 성공을 거두었다. 일본 전국에서 30만 관객을 동원했으며, 2000년 일본의 권위 있는 영화잡지 『키네마 준보(キネマ旬報)』가 선정한 베스트 10에 올랐고, 일본 영화(邦画) 부문 제2위에 선정되기도 했다. 뿐만 아니라 베를린 영화제 포럼에도 참가하여 호평을 받았다(增渕あさ子, 2004: 40).

이 영화의 원안, 각본, 감독을 맡은 나카에 유지는 교토에서 출생했으나, 대학시절 오키나와로 이주하여 류큐대학 영화연구부에서 활동하면서 영화제작의 길로 접어들었다. 1980년대에는 70년대에 설립된 류큐대학 영화연구부의 활동이 활발했으며 본토 출신의 학생감독이 다수 8mm '아마추어 자주제작영화'를 만들어 오키나와의 소극장(ミニシアター)에서 상영했는데, 나카에도 그중 한 사람이며 타카미네 츠요시의 영향을 받았다고 한다(增渕あさ子, 2004: 42~43). 나카에 유지가 처음으로 만든 극장용 영화 「파인애플 투어즈(パイナップルツアーズ)」(1992)는 세 명의 감독(中江裕司, 真喜屋力, 當間早志)이 공동연출한 옴니버스 영화였는데, '오키나와가 만든 영화' 혹은 '오키나와현산 영화(沖縄県産映画)'로서 전국적으로 선풍을 일으켰다(Nakazato, et al, eds., 2003: 89). 또 이 영화에는 일본 영화감독협회 신인상과 선댄스영화제 심사위원특별상이 수여되기도 했다. 이어 만든 「파이 파티 로마(パイパティローマ)」(1994) 역시 화제를 모았으며, 나카에 유지는 계속 오키나와에서 살며 활동하고 있다(『沖縄通信 うるま』1999年 2月 号: 12, 16~17).

나카에 유지의 영화들은 1990년대 일본에서의 '오키나와 붐' 속에서 만들어져 수용된 영화들의 대표적인 사례라 할 수 있다. 오키나와 본도(本島)에서 서쪽으로 좀 떨어진 아구니지마(粟国島)를 무대로 한 영화「나비의 사랑」역시 이런 문화적 분위기 속에 미디어에 의해 조성된 오키나와 이미지를 적극 활용하고 있다. 즉, "노래와 춤의 섬"과 같은 류큐의 문화와 전통을 강조한 이미지와 "푸른 하늘, 푸른 바다"—"오키나와를 형용하는 관광포스터의 호메로스적 상투구"(노마 필드, 1995: 54)—와 같은 아열대 관광 리조트의 섬 이미지가 그것이다. 이는 1972년 일본 '복귀' 이후 오키나와 국제해양박람회(1975) 등을 통해 한편으로는 토건경제화, '리조트화'³⁹⁾와 더불어 조성된—기지의 섬이 아니라—평화의 섬, 푸른 바다의 섬이라는 오키나와의 관광주의적 이미지에 부합한다(多田治, 2004).⁴⁰⁾ 또한 90년대 '에스닉 붐'과 더불어 오키나와에 부착된 소비문화적, 웰빙적 이미지도 여기에 가세하고 있다. 즉, '장수', '휴식', '건강한 할머니' 이미지가 그것인데, 이는 무엇보다 주인공 '나비'에 집약된다. 다른 한편, 민속학적 시선에 의한 오키나와 이미지, 즉 손대거나 변형되지 않은, 현대 일본은 상실한 '원일본(原日本)'의 이미지 역시 영화가 묘사하고 있는 오키나와인의 생활상에 투영되어 있다.

---

39) 획일적인 리조트화는 1980년대 이래 일본 전역에서 진행된 전국적인 현상이다. 나카소네 야스히로(中曾根康弘) 수상은 새로운 시장 창출을 위해 '리조트 열도' 처방을 고안했으며 1987년에는 리조트법이 제정되었다(개번 맥코맥, 1998: 128~132).

40) 현재 관광은 오키나와의 주요 산업이다. 해양박람회 이후 오키나와 관광산업의 성장은 눈부신 바가 있는데, 일본에 반환되던 해의 방문객 수 40만 명은 1975년 150만 명, 1998년 410만 명으로 증가했고 2002년에는 500만 명 방문을 목표로 삼고 있다(McCormack, 2003: 101). 그러나 주요 리조트 호텔의 80% 이상이 본토 자본의 소유이며 현지인의 고용 비율은 호텔 피고용인의 12%에 불과하다(Ibid.). 또 미군기지의 존재는 그 자체가 관광객 유인에 불리한 요소로 작용할 뿐 아니라, 9·11테러 직후의 본토인들의 반응에서 알 수 있듯이 많은 사람들에게 오키나와는 여전히 위험한 곳이라고 인식되게 하고 있다(Hook and Siddle, 2003: 7). 그러나 오키나와 관광산업의 성장은 여전히 사실이며, 필자가 잠시 일본을 방문했던 2007년 1월 23일에는 그때까지 오키나와 관광객 수가 1억 명을 돌파했다는 보도가 방송되었다.

「나비의 사랑」이 이러한 기존의 오키나와 이미지에 기대고 있다는 것은 특히 제작사의 배급 전략에서 명확히 나타난다. 이 영화의 제작과 오키나와에서의 배급은 감독인 나카에 유지가 대표로 있는 파나리혼포(パナリ本舗)가 맡고 일본 전국 배급은 도쿄에 소재한 오피스 시로우즈(オフィス・シロウズ)가 맡았는데, 특히 오피스 시로우즈는 번잡한 도시에 지쳐 고향의 편안함으로 돌아간다는 문구를 동원해 '치유의 섬(癒しの島)', '돌아갈 곳(帰の場所)'이라는 오키나와 이미지를 강조하였다. 또한 포스터에는 붉은 꽃들 속에 드러누운 전라의 여성과 반쯤 가린 몸의 남성을 그려놓음으로써 '남국(南国)'과 "성적 개방성=문명화되지 않음"이라는, 오키나와를 타자화하는 '오리엔탈리즘'적인 이미지를 부각시켰다.[41] 이런 식으로 배급사는 영화의 선전에 '남국', '후진', '치유'와 같은 기존 오키나와 이미지를 전략적으로 활용했다(増渕あさ子, 2004: 40).

이에 비해 감독의 의도는 '본토 출신으로 오키나와에서 살아가는 사람'의 입장에서 '외부'에서가 아니라 오키나와 '내부' 관점에서 '오키나와다움'의 핵심으로서 '압도적인 생활감(圧倒的な生活感)', '생명력'을 표현하는 것이었다고 하며, 오키나와 '내부의 다양성'에 보다 착목했다고 한다. 이는 외부에서 부과되는 일방적인 스테레오타입과는 미묘한 차이가 있는 것이다. 하지만 그렇다고 해서 이를 두고 감독의 의도가 제작사와 배급사의 전략에 의해 왜곡되었다고 평가하기는 어려운데, 감독은 영화 제작의 전반에 관여하는 위치에 있을 뿐만 아니라 실제 「나비의 사랑」이라는 영화 텍스트가 곳곳에서 관광과

---

41) 강상중에 따르면, 근대국가 확립기/제국주의 팽창기 일본의 오리엔탈리즘에서 식민지는 '성적인 기대', '싫증나지 않는 관능성, 질리지 않는 욕망'을 도발하는 장소였다. "식민지는 일본 본토에 이익을 제공하는 장소였을 뿐 아니라, 감당하기 어려운 '방탕아들', 곧 범죄자, 빈민, 그 밖의 바람직하지 않은 과잉 인구를 보내는 장소로서 유용했고, 그래서 일본 본토에서는 가질 수 없는 '성적인 체험'을 유발하는 장소이기도 했던 것이다". 아시아 식민지와 타자에 대한 이러한 성적 판타지는 불평등한 시선의 구도 및 젠더의 구도 속에 펼쳐진 것이었다. 즉, '보는 쪽'='대표하는 쪽'='보호하는 쪽'과 '보이는 쪽'='대표되는 쪽'='보호받는 쪽'의 이항대립은 '남성'='식민자'='제국'과 '여성'='피식민자'='종속국(薔国)'의 이항대립과 연속적이다(강상중, 1997: 89~90 참조).

소비, 나아가 민속학적 견지에서 형성된 오키나와의 기존 이미지를 재생산하고 있는 것은 분명한 사실이기 때문이다(增渕あさ子, 2004: 43~44).

도쿄에서의 직장생활을 그만둔 나나코가 자신이 태어나 자랐고 할머니 나비와 할아버지 케사츠가 살고 있는 섬으로 돌아오면서 시작되는 이 영화는 전쟁 이전 세대의 삼각관계와 90년대 젊은 세대의 삼각관계의 병행을 중심으로 전개된다. 결국 나비는 옛날, 마을 무녀와 집안 어른들에 의해 쫓겨나 브라질에서 살다가 돌아온 옛 연인 선라와 함께 떠나고, 나나코는 본토의 젊은이 후쿠노스케와 맺어지며, 두 젊은이는 결혼하여 섬에 정착한다. 이야기가 전개되면서 영화는 스테레오타입적이지만 설득력 있는 섬의 일상생활 이미지를 펼쳐내는데, 그 속에서 오키나와 사회는 포용력 크고 국제적인 평화공동체로 그려진다. 섬 주민들은 본토인인 후쿠노스케를 기꺼이 받아들일 뿐만 아니라, 이 평화로운 공동체에는 인종적 타자까지 포함되어 있기 때문이다(오키나와까지 사랑하는 여인을 쫓아온 아일랜드 출신 백인은 시종 바이올린을 켜며 켈트 음악을 연주한다).

오키나와를 국제적인 평화공동체로 재현하는 것은 스스로를 바라보는 오키나와인 자신들의 시선에 따른 것일 수 있다. 오키나와에 현전하는 미국의 군사력과 오키나와-일본의 관계에 대한 항의들은 대부분 오키나와인들이 평화롭고 순수하고 무구하며, 따라서 미국과 일본에 대해 더 나은 대우를 요구할 강력한 도덕적 권위를 가지고 있다는 생각을 강조하고 있기 때문이다(Hein and Selden, 2003: 22). 또한 오키나와는 평화기념공원(平和祈念公園) 내에 조성된 '평화의 초석(平和の礎)'에 "국적과 인종·종족에 상관없이" 오키나와 전투에서 사망한 24만 명 이상의 인명을 새겨 넣었고(Figal, 2003: 70), 미래의 새로운 비전으로서 자유무역지대와 '코스모폴리탄 도시'로서의 오키나와를 꿈꾸었기도 하다(McCormack, 2003: 106~107; Yonetani, 2003a). 하지만 「나비의 사랑」이 오키나와를 국제적인 평화공동체로 재현하는 방식은 류큐 문화에 대한 관광주의적이고 민속학적인 시선에 입각한 측면이 더 커 보인다. 그 가장 중요한 매개체는 음악이다. 영화는 마치 뮤지컬처럼 끊이지 않는 음악과 춤이 곳곳에서 튀어나오며, 그 음악은 전통악기 산신(三線)과 오키나와 민요에서부터 바이올린과 켈트 음악, 오페라 아리아에까지 이른다. 이러한 음악은 오키나와의 일상생활을 일종의 유토피아로 재현하는 역할을 한다. 따라서 이 영화에서 오키나와 음악과 춤은 지친 일본인 관광객의 응시에 봉사하는 관광주의적 심급이기도 하고 자부심을 갖거나 목표로 삼아야 할 이상적인 심급이기도 하다(Gerow, 2003: 306).[42]

유토피아 역시 현대 일본 영화가 오키나와를 타자화하는 동시에 동화하는 한 방식이다.[43] 그것은 소비하기 편한 타자의 이미지를 만드는 계기이기도 하다. 외부에서 바라보는 시선은 오키나와를 종종 예전의 시절로 격세유전적으로 돌아가는 방식으로 평화를 사랑하고 목가적이며 조화로운 공동체로서 이상적으로 그려낸다. 그곳은 사람들이 건강하고 장수하며 행복하게 살고 있는 '현실의 샹그릴라'다(Hook and Siddle, 2003: 9). 이렇게 이상화하는 시선은 오키나와 문화를 살아있는 공동체의 표현이라기보다는 상품화된 대상으로 취급한다. 그럼으로써 오키나와인들은 위협적이지 않고 뒤처져 있으며 언제나 노래하고 춤출 수 있고 본토와 '따뜻한' 관계를 맺을 수 있는 '이국적인' 섬주민이 된다(Hook and Siddle, 2003: 6). 「나비의 사랑」을 채우고 있는 오키나와인들은 바로 이러한, 위험하지 않고 편안한 타자들이다. 그들은 분명히 '야마톤추'와 자신들을 구별하지만 앞에서도 이야기되었듯이 춤과 노래를 즐기고 너그러우며 성적으로도 개방적이다.[44] 이 평화롭고 즐거운 타자들을

---

42) 영화 「나비의 사랑」에는 실제 오키나와의 음악인들이 대거 출연하였다. 나나코의 할아버지 케사츠 역을 연기한 노보리가와 세이진(登川誠仁), 나나코의 본가의 장로 역을 맡은 카데가루 린쇼(嘉手苅林昌), 장로의 처 역의 오시로 미사코(大城美佐子)는 모두 오키나와의 유명한 민요가수들이다. 특히 카데가루 린쇼는 이 영화가 그의 유작이 되었다.

43) 이와이 슌지(岩井俊二) 감독의 「릴리슈의 모든 것(リリイシュシュのすべて)」(2000)에서의 오키나와가 그 한 예이다(增渕あさ子, 2004: 40).

재현하는 것은 기존의 미디어에 의해 생산된 오키나와의 이미지들이지만, 「나비의 사랑」에서 그 핵심은 산신과 민속음악이 대표하듯 류큐의 전통적인 문화다. 이 영화가 입각하고 있는 관광주의적 시선이 민속주의적 시선인 것은 이 때문이다.[45] 그리고 이 모든 시선은 결국 타자와 그 이질적인 문화를 편안한 소비의 대상으로 만드는 자본의 상업주의적 시선으로 귀결된다.

3) 「몽환류큐 · 츠루헨리」

「몽환류큐 · 츠루헨리(夢幻琉球 つるヘンリー)」(1998)는 현대 일본 영화사에서 가장 중요한 오키나와 출신 감독인 타카미네 츠요시(高嶺剛)가 감독하고, 나카자토 이사오가 타카미네와 공동으로 각본 작업을 한 영화이다.[46] 타카미네 츠요시는 지속적으로 오키나와의 역사와 정체성을 스크린에서 탐색해 왔는데, 대표작으로는 「사싱구와(サシングワー)」(1973), 「오키나와 드림 쇼(オキナワンドリームショー)」(1974), 「오키나완 치루다이(オキナワンチルダイ)」(1976~), 「파라다이스 뷰(パラダイスビュー)」(1985), 「운타마기루

---

44) '야마톤추(ヤマトンチュ: 大和人, 혹은 야마툰추)'는 오키나와인들이 본토인을 지칭하는 말이다. 오키나와인 스스로를 지칭하는 말은 '우치난추(ウチナンチュ: 沖縄人)'이다. 영화의 초반부에 섬으로 돌아온 나나코가 직장을 떠났다고 하자 할아버지 케사츠가 대뜸 "임신했니?", "야마톤추의 아이냐?"라고 묻는 장면이 나온다. 이 대사는 오키나와인들의 본토인과의 구별의식과 성적 개방성을 잘 표현한다. 「나비의 사랑」에서 케사츠는 수시로 손녀에게 성적인 농담을 자연스럽게 또 순진무구한 방식으로 건네며, 후쿠노스케로 하여금 나나코의 성적 매력에 주의를 기울이도록 촉구하기도 한다. 특히 이 마지막 부분은 영화가 오키나와인의 성적 개방성이 본토인에게도 허용되는 것으로 묘사하고 있음을 잘 보여준다.
45) 나비와 그 연인의 사랑이 맺어지지 못한 옛날 이야기를 전달하는 곳에서 영화는 류큐 문화와 전설(의 이미지와 분위기)에 준거하고 있는 듯한 제스처를 강하게 취하며, 형식적으로도 무성영화의 극중극 형식을 취하고 있다. 또한 나비의 능동성이나 나나코의 능동성, 그리고 섬사람들의 온순함은 타자를 여성화하는 시선과도 연관되어 있는데, 이로써 오키나와는 여성성으로 표상되며, 이는 희생자로서의 오키나와 이미지(Angst, 2003) 외에 전통적으로 여성만이 성스러운 숲 '우타기'에 들어갈 수 있고 종교적 의례를 여성들이 집전했던 오키나와의 민속(Asato, 2003: 238~239)과도 연관성을 가지고 있는 것으로 보인다.
46) 이 영화의 각본은 나카자토 이사오 편(仲里効 編, 1999, 56~71)을 보라.

(ウンタマギルー)」(1989) 등이 있다(Nakazato, et al, eds., 2003: 78~85).「나비의 사랑」의 감독 나카에 유지가 본토에서 태어나 오키나와에서 살고 있는 것과 반대로, 타카미네는 오키나와에서 태어났지만 30여 년 훨씬 이상을 본토에서 거주하고 있다.[47]

나카자토 이사오는 타카미네 츠요시의 등장이 오키나와를 다루는 영화의 화법을 변화시켰다고 지적한다. 그에 따르면 타카미네에 의해 처음으로 오키나와 내부로부터 하나의 영화적 문체가 출현했다는 것인데, 이 영화적 문체(스타일)는 먼저 오키나와 풍경에 내재한 시간과 공간의 공명으로서 나타나고, 다음으로는 언어적 자율성으로서 선택된다. 그리고 타카미네는 연기자의 신체성에 주목한다. 타카미네의 이러한 문체와 주목은 영화 전체를 오키나와에서 로케이션 촬영하고, 모든 대사를 오키나와어로 발음하며, 오키나와 연극 배우들을 등장시키는 것을 통해 실현된다. 여기에 타카미네는 일본어 자막을 첨가한다. 그럼으로써 "번역이라는 언어와 언어의 계단과 사이"가 작동하게 되며, 이는 일본과 오키나와의 동일성에 근본적인 회의를 던져주게 된다(Nakazato, et al, eds., 2003: 78).

이러한 스타일로 만드는 타카미네의 영화 화법의 특징은 "대중의 집합적 의식/무의식 속에 스티그마(stigma)화되어 있는 우의적인 것들(allegories)"의 이용이다. 따라서 타카미네는 오키나와 민담, 신화, 전설, 연극과 섬의 노래들을 적극적으로 활용한다. 이렇게 창조되는 타카미네의 세계는 집합의식을 영화적으로 재해석하고 통상 오키나와를 재현하는 스테레오타입들을 해체한다. 그리고 중첩되는 알레고리들은 꿈과 현실의 경계를 흐리고, 그럼으로써 관객에게 경계들을 위반하고 넘어서는 감각을 선사한다(Nakazato, et al, eds., 2003: 78).

---

47) 타카미네 츠요시는 오키나와현의 이시가키(石垣) 출신이지만 교토─공교롭게도 나카에 유지가 태어난 도시─에서 30년 이상 거주하고 있다. 물론 영화를 촬영할 때는 오키나와로 돌아간다(『沖縄通信 うるま』1999年 2月号: 9).

「몽환류큐·츠루헨리」는 타카미네의 이러한 영화 화법과 문체가 정점에 도달해 있는 영화라 할 수 있다. 나카자토 이사오에 의하면, 「몽환류큐·츠루헨리」는 "이야기하기의 지형학(topography of storytelling)을 완전히 다시 쓴다"(Nakazato, et al, eds., 2003: 79). 이 영화는 "텍스트성과 재현의 문제를 전경화하며, 그럼으로써 연행(performance)의 문제로서의 오키나와를 강조한다"(Gerow, 2003: 298). 그리고 제로우에 따르면, "타카미네의 콜라주의 정치 속에서 역사적 현실들과 오키나와의 기억들은 재결합되어 민족/국가주의적 담론과 관광주의적 담론을 모두 회피하는 반항적인 주체성을 생산한다"(Gerow, 2003: 298). 그런데 타카미네가 이 영화에서 자신의 영화 화법과 문체를 통해 현실과 기억을 다루고 이러한 주체성을 생산하는 방식은 예전보다 훨씬 더 다중성과 혼성성을 강조하는 방식이다. 나카자토에 따르면, 타카미네의 이전 작품들인 「파라다이스 뷰」와 「운타마기루」에서 서사의 추동력은 "오키나와와 일본의 관계, 그리고 피와 땀, 지혜와 어리석음이 서로 얽힌 공간에 있는 오키나와라는 환영"이었던 데 반해, 「몽환류큐·츠루헨리」는 "오키나와를 둘러싼 복수의 계보에 다점중층화"까지 더해 새로운 여행의 서사를 창조한다(Nakazato, et al, eds., 2003: 83).

비디오 촬영으로 제작하여 극장에서 상영한 「몽환류큐·츠루헨리」는 오키나와 민요 편력가수인 츠루[48]와 그녀의 아들인 카라데 선수 헨리가 우연히 「러브의 사랑(ㅋ ブ ー の戀)」이란 영화 각본과 만나 감독이 흥미를 잃어버린 이 영화를 자신들이 제작하기로 결심하면서 벌어지는 로드무비 형식의 영화로서 "사람들의 신체와 오키나와라 불리는 땅에 새겨진 기억과 낙인에 관한 이야기"(Nakazato, et al, eds., 2003: 83)이다. 이 영화는 하나의 이야기라기보다는 텍스트성의 본성 자체를 질문하는 서로 뒤엉킨 텍스트들의 한 세트다

---

48) 츠루 역은 이듬해 개봉된 나카에 유지의 「나비의 사랑」에도 출연하는 오키나와 민요가수 오시로 미사코(大城美佐子)가 연기했다. 앞의 각주 42를 참조하라.

(Gerow, 2003: 298). 영화가 진행되면서 「몽환류큐·츠루헨리」와 「러브의 사랑」이 겹쳐지고 서로 구별불가능해진다. 「러브의 사랑」의 주인공인 제임스는 미군 류큐민정부(USCAR)[49] 고등판무관이었던 아버지와 오키나와인 어머니 사이에서 태어난 혼혈아로서 아버지를 찾기 위해 미국 유학을 갔다가 아버지가 사실은 반미활동가였음을 알게 되고 CIA에 의해 기억이 말살된 채 귀향하는데, 제임스를 연기하기로 한 헨리의 아버지 또한 츠루의 설명에 따르면 류큐민정부 고등판무관이었다. 이와 같이 영화와 영화 속 영화는 서로 혼용되며, 제목 그 자체처럼 현실과 텍스트, 현실과 꿈은 구별불가능하게 된다.

그러한 혼용과 경계위반 속에서 「몽환류큐·츠루헨리」는 오키나와 정체성을 다중적인 계보들의 교차 속에 위치시킨다. 무엇보다 이러한 면은 영화 「몽환류큐·츠루헨리」의 주인공 헨리와 영화 속 (영화)각본 「러브의 사랑」의 주인공 제임스, 이 두 혼혈인에서 명백하게 표현된다.[50] 영화의 제목 '츠루헨리' 역시 츠루의 일본식 이름과 아들 헨리의 영어식 이름을 병치하고 있으며, 영화 속 시나리오의 제목 「러브의 사랑」은 영어와 일본어를 각각 가타카나와 한자로 병치하고 있다. 이런 혼용과 다중성은 사운드에서도 구사된다. 예를 들어 츠루가 시도하는 라이브 '게릴라' 라디오 방송 장면에서는, '코끼리 우리'[51] 앞에서 부르는 그녀의 오키나와 민요와 베이징 국제방송, 미군방송의

---

49) The U.S. Civil Administration of the Ryukyu Island. 점령 오키나와에 설치된 미군정부.
50) 이들은 물론 오키나와의 고단한 역사의 산물이다. "오키나와가 미군기지를 수용함에 따라 지불해야 하는 비용 가운데 하나는 오키나와에 있는 약 1만여 명의 혼혈아들(누구인지 모르거나 멀리 떠나버린 미국인 아버지와 오키나와인 어머니 사이에서 태어난 자손들)과 이들을 지원하고 교육해야 하는 비용이다"(찰머스 존슨, 2003: 100).
51) 요미탄촌에 위치한 소베 통신기지의 별칭이다. 이 기지는 대잠수함 통신 및 일본을 비롯한 주변국의 전화 감청, 정보공작을 위한 중심기지 역할을 하는데, 그 거대하고 기이한 안테나 때문에 '코끼리 우리'라 불린다. 이 기지 안에 자기 집안의 땅이 있었던 유명한 반전지주 치바나 쇼이치(知花昌一)는 임대계약이 만료되었을 때 계약갱신을 거부했고, 오키나와 경찰의 결정을 이끌어내 1996년 5월 14일 29명의 친구들과 함께 '합법적으로 소베 통신기지에 들어가 잔디 위에서 소풍을 즐겼고, 오키나와 노래를 불렀으며, 할아버지와 아버지에게 제사까지 지냈다." (찰머스 존슨, 2003: 76, 97).

'사이공 뉴스' 등이 서로 뒤섞인다.52)

　　다중성과 혼종성에 의해 이 영화는 자아와 타자의 어떤 단순한 구별도 교란시키면서 오키나와의 이질성을 강조한다. 예를 들어 영화 속에서 츠루는 '우리'와 '그들'의 이분법적 구분을 거부하고 여러 주체 위치와 정체성 사이를 자유롭게 오간다. 이런 상황은 사실 많은 오키나와인들 자신들이 필연적으로 처해 있는 상황이기도 한데, 타카미네는 그들이 이런 상황을 전략적으로 이용할 수 있다고 주장하는 듯하다(Gerow, 2003: 298~299). 따라서 이질성과 다중성, 혼성성의 추구는 오키나와의 어떤 동질적이고 단일한 정체성의 신화도 부인하고 해체한다. 타카미네 츠요시의 다큐멘터리 터치 「오키나와 드림 쇼」에서도 이런 경향은 이미 나타나고 있었는데, 오키나와에서 태어났으면서 본토에서 살고 있는 타카미네 감독의 실존적 조건과 합치하는 것일지도 모른다.53)

4. 영화, 기억투쟁, 정체성 정치

1) 시선과 동일시

　　폐쇄의 구분을 적용할 때, 지금까지 살펴본 것처럼 「나비의 사랑」, '1피트 운동', 그리고 「몽환류큐·츠루헨리」의 시선들은 각각 동일시의 시선, 대항동일

---

52) 타카미네 츠요시의 작품에서 음악은 중요한 역할을 하는데, 「몽환류큐·츠루헨리」에서 음악은 다른 요소들과 불협화음을 일으키며, 음악의 이런 비유토피아적 사용은 나카에 유지의 「나비의 사랑」에서의 음악의 유토피아적 사용과 대조를 이룬다(Gerow, 2003: 300, 306). 타카미네는 나카자토 이사오와의 공동작업으로 오키나와의 괴짜 가수 카데가루 린쇼의 노래와 인터뷰로 구성된 「카데가루 린쇼: 노래와 이야기(嘉手苅林昌 唄と語り)」(1994)를 만들기도 했다. 카데가루 린쇼는 「나비의 사랑」에도 출연하였다(앞의 각주 42 참조).
53) 다중성과 혼성성은 공동으로 이 영화의 각본을 집필했던 나카자토 이사오의 사진 작업이 다루는 주된 문제이기도 하다. 예를 들면, 그는 자신의 사진집 『라운드 보더』에서 오키나와의 '복수의 경계'에서 오키나와의 '복수의 정체성'을 묻고 있다(仲里効, 1999).

시의 시선, 그리고 탈동일시의 시선에 대응하는 것으로 생각할 수 있을 것이다.

　노래와 춤 등 평화로운 류큐 문화의 여러 요소를 적극 활용하고 있는 「나비의 사랑」은 외부, 즉 본토의 관광주의적이고 민속적인 시선에 의해 생산된 기존의 스테레오타입 이미지들을 적극 구사한다.54) 이렇게 본토 일본의 응시와 자신의 시선을 일치시킴으로써 이 영화는 본토에서 제작된 영화들에서 오키나와를 재현하는 것과 거의 동일한 방식으로 오키나와를 이국적인 타자, 그러나 위협적이지 않고 공존할 수 있으며 일본에 동화할 수 있는 타자로 재현한다. 「나비의 사랑」의 시선이 외부의 시선이라는 것은 무엇보다 영화의 오프닝 장면과 엔딩 장면이 웅변해준다. 영화는 무대가 되는 섬으로 다가가는 카메라의 시점으로 시작했다가, 섬을 떠나가는 카메라의 시점으로 차츰 멀어지는 섬을 보여주면서 끝난다. 이 '방문자'의 시점은 관객의 시점과 일치하며, 섬에 사는 주민들을 타자로 설정해준다(增渕あさ子, 2004: 46).

　이에 비해 '1피트 운동'은 일본 본토의 민족/국가주의적 응시에 대한 대항 시선인 동시에 미국의 제국주의적 응시에 대한 대항 시선이기도 하다.55) 그러나 '1피트 운동'이 만들어낸 영상에서 더 두드러지는 것은 국민국가 일본의 응시에 대한 오키나와의 대항시선이다. 이것은 전쟁에 대한 오키나와 사람들의 기억이 미국의 역할에 초점을 두지 않고 일본군에 의해 자행된 만

---

54) 이는 어떻게 보면 본토 일본인들뿐만 아니라 오키나와 주민들 가운데 대다수가 거부감 없이 받아들일 수 있는 이미지일지도 모른다. 이 영화에 대해 오키나와 출신의 한 여학생은 이런 이미지가 오키나와인들에게도 편하게 받아들여졌음을 지적한다(增渕あさ子, 2004: 49). 일본 본토로의 동화와 동시에 오키나와 타자의 차이와 특수성이 공존할 수 있는 시선과 이미지는 오늘날 자신을 일본인이면서 동시에 오키나와인으로 규정하고 싶어하는 오키나와인들 자신의 정체성 의식과도 상통하는 면이 있다. 본토의 시선에의 종속은 특히 젊은 세대일수록 커지는 문제인데, 그들은 이전 세대가 가지고 있던 전쟁의 경험을 공유하고 있지 않으며, 오키나와에 대한 일본의 배신과 무관심, 미군의 횡포 등에 대한 체험이 아직 많지 않기 때문이다. 오키나와의 사진작가 히가 토요미츠(比嘉豊光)는 2006년 1월 20일 필자와의 대화에서 감독이 오키나와 태생이 아니라는 점을 지적하기도 했다.

55) 후자의 성격은 「1피트 영상으로 말하는 기록 오키나와전」에서보다는 후반부에 반(反)기지와 평화의 메시지를 전달하려 하는 「오키나와전·미래에의 증언」에서 더 두드러진다.

행과 주민들에게 강요된 집단자살을 더 강조하는 경향이 있기 때문으로 보인다. 심지어 오키나와전투에서의 미군의 독가스 사용과 같은 전쟁범죄에 가까운 행위도 잘 거론되지 않으며, 오히려 많은 오키나와인들은 미군을 오키나와 민간인들에 치명적인 위협을 가하는 구체적인 인격체—황군 병사들과 같은—로서보다는 일본 군국주의 논리가 빚어낸 치명적이고 익명적인 결과로서 회상한다(Hein and Selden, 2003: 18; Allen, 2003).[56] 그러므로 '1피트 운동'의 시선은 국민국가 일본의 응시에 대한 대항시선, 국민주의 이데올로기 담론에 대한 대항동일시의 성격이 더 큰 것이다. 따라서 영상을 통해 일본 군국주의에 의해 희생된 오키나와 사람들의 고통과 죽음을 희생자 자신의 시점(으로 전유된 또 다른 타자의 시점)으로 보여주는 '1피트 운동'의 시선은 "오키나와전은 태평양전쟁에서 유일한 국내 지상전이며, 오키나와 현민은 신명을 바쳐 조국방위의 방패가 되었다"는 속설(아니야 마사아키, 2001: 23)에 대한 전면 부정이다.

다른 한편, 「몽환류큐·츠루헨리」의 시선은 탈동일시의 시선으로 특징지을 수 있을 것으로 보인다. 오키나와의 기억과 주체성을 다중적 계보들의 이질성과 혼성성에 얽어매는 그 시선은 무엇보다 '본질화된 정체성'을 비판하는 것이기 때문이다. 특히 제임스의 정체성의 결여를 생각할 때, 이 영화에서 재현되는 오키나와는 "그 정체성이 재현불가능한 오키나와, 자신의 타자성을 보존하고 있으면서도 그것을 멀리서 바라보는 주체를 단언하지도 않고 관객을 그 주체의 자리에 정렬시키지도 않는 오키나와일 뿐"이다. 제임스의 보이스오버는 이러한 정체성의 결여를 표현한다. "나는 미국인이 아니다. 나는 일본인이 아니다. 나는 심지어 오키나와인도 아닐지 모른다"(Gerow, 2003: 300).[57]

---

56) 그렇다고 해서 오키나와전투에서의 미군의 행위와 그에 대한 공포가 완전히 망각되거나 회피되는 것은 아니다. 2006년 1월 14일부터 2월 5일까지 오키나와현 평화기념자료관에서 열린 제2회 「체험자가 그린 오키나와전의 그림」전(「体験者が描く沖縄戦の絵」展)에는 일본군의 만행을 묘사한 그림 못지않게 미군의 공격이나 그에 의해 희생된 가족들을 그린 그림이 다수 전시되었다.

그러나 이상과 같은 상응관계는 배타적인 범주들간의 상응관계로 볼 수 없다. 특히 '오키나와가 만든 영화'들에서는 각각의 동일시 유형들이 최소한 부분적으로라도 서로 교차하고 얽히는 것을 볼 수 있다. 그리고 이 각각의 동일시 과정에서 신체화된 언어와 그것에 의해 운반되는 기억이 매우 중요한 역할을 한다고 할 수 있는데, 어떻게 보면 세 가지 동일시 유형들의 배타적 범주화를 방해하고 교란하는 것이 바로 공식적 역사의 틈새를 뚫거나 비집고 나오는 오키나와 사람들의 기억이라 할 수 있을지도 모른다. 이런 의미에서 영화는 푸코(Foucault, 1989)가 말하는 '민중적 기억(popular memory)'과 깊게 얽히게 된다. 58)

2) 기억

시선과 이미지를 둘러싼 정체성 정치에서 기억의 정치는 특히 중요한 문제다. 오키나와의 정체성 정치에서 기억투쟁은 그 핵심에 있으며, 그것은 또한 영상문화의 장에서 특히 치열한 경향이 있다. 예를 들어 "2003년 야마가타 다큐멘터리영화제에서 오키나와 특집 「류큐전영열전」의 코디네이터로 일할 무렵, 나카자토 이사오는 이미 '기억을 둘러싼 전쟁'이 시작되었으며, 「류큐전영열전」을 통해 오키나와 전쟁의 '보복전쟁'을 준비하는 한편, '일본복귀운동'을 포함한 오키나와 전후를 다시 한 번 심판대에 올릴 것이라고 서술하였다"(가베 사토시, 2005: 12). 59)

---

57) 감독 타카미네 츠요시의 위치 역시 이와 같을 수 있다. 30여년 이상을 교토에서 산 타카미네는 때때로 오키나와인들에 의해서는 본토인으로, 본토인들에 의해서는 오키나와인으로 묘사되기 때문이다(Gerow, 2003: 300).
58) 하지만 푸코가 이 인터뷰에서 더 무게를 싣고 있는 것은 영화가 공식 역사와는 다른 민중적 기억을 억압하거나 대체할 수 있는 가능성에 대한 경고이다.
59) 오키나와전투나 일본 본토와의 관계 등 일련의 역사적 과정에 대한 오키나와 민중들의 기억과 일본(이라는 상상적 공동체)의 (공식적) 역사를 대비시키는 문제의식은『沖繩の記憶/日本の歷史』(上村忠男 編, 2002)라는 책제목에서도 명확하게 표명되고 있는데, 여기서도 영상문화는 기억

기억의 정치가 "누가, 무엇을, 어떻게 기억할 것인가?"(김민환, 2003)라는 질문으로 압축될 수 있다면, 오키나와인 자신이, 오키나와전투를, 오키나와 자신의 시점에서 기억하고, 그 기억을 자라나는 세대에게 전해주는 것을 목표로 하는 '1피트 운동'과 그 운동이 만들어낸 영상은 기억의 정치의 정수를 보여준다고 할 수 있다. 그것은 오키나와전에 대한 '기억을 둘러싼 전쟁'의 일환이며, 예를 들면 오키나와현 평화기념공원(沖縄県平和祈念公園) 안에서, 또 오키나와현 평화기념자료관(沖縄県平和祈念資料館)의 전시를 둘러싸고 벌어지는 기억투쟁(다카지마 노부요시, 2001; Figal, 2003; Yonetani, 2003b; 김민환, 2006)과 연속성을 이루는 것이다. 특히 '1피트 운동'은 앞에서 거론된 바 있는, 오키나와전에 대한 본토의 국가주의적, 애국주의적 시선에 대한 전면부정 위에, 오키나와전과 그 전투에서의 일본국과 일본군의 행위에 대한 오키나와인들의 기억에 입각하여 "왜 일본군은 오키나와에서 그랬던 것처럼 본토를 위한 싸움에 일본인 민간인들을 참여시키지 않았는가?"(YIDFF Organizing Committee, 2003: 98)라는 질문을 던지는 것이기도 하다. 따라서 국가의 기억이 아닌 아래로부터의 기억과 그에 따른 질문은 그 자체가 하나의 대항동일시이다(심문).

물론, '1피트 운동'의 기억의 정치에는 근본적인 한계가 있다. '1피트 운동'이 만들어낸 영상들의 질료(즉, raw film footage) 자체가 미군의 시점에서 촬영된 것이란 사실이 그것이다.[60] 지상전을 수행하는 미군의 카메라에 의해 촬영된 필름들이기 때문에, 예컨대 가마(ガマ)[61] 속에서 일본군의 학대와 학

투쟁의 중요한 장을 구성한다(仲里効·港千尋·西谷修·上村忠男, 2002). 또, 『EDGE』—나카자토 이사오가 1996년에 창간하여 편집책임을 맡고 있는 오키나와의 문예비평지—12호(2001년)의 특집 "상상의 공동체 '일본'(想像の共同体 '日本')"은 일본국에 의해 주조되어온 집합기억의 해체를 겨냥하고 있다(『EDGE』, 2001).

60) 필자와의 대화에서 히가 토요미츠는 이 점 역시 지적해주었다.
61) 오키나와 곳곳에 산재한 자연동굴로서, 전쟁기간 동안 군대와 주민들이 대피해 있으면서 수많은 민간인 학대와 '집단자살'이 발생한 곳이다. '집단사' 혹은 '집단자살', 또는 '강제적 집단자살'에 대해서는 노마필드(1995), 도미야마 이치로(2002), 야카비 오사무(2005), 강성현(2006) 등을 보라.

살의 위협에 처해 있던 오키나와인들의 곤경과 죽음,·징용노동자나 종군위안부 등으로 끌려왔던 식민지 조선인들의 실태 역시 카메라에 잡히지 못하는 것이다.[62] 다시 말해, 전후 후속세대에게 있어서는 미군에 의해 남겨진 다큐멘터리 필름들이 오키나와전투의 생생한 장면들을 처음으로 경험할 수 있게 해주는 자료들이라는 아이러니컬한 상황에 오키나와인들이 처하게 되었지만, 그 필름들은 오키나와전투의 승리자가 남겨놓은 기록물로부터 전쟁의 패배자, "죽음의 심연을 방황"한, "생존의 영도"를 겪은 사람들의 시선과 목소리를 얻는 것은 불가능할 것이라는 문제를 제기하는 것이다(Nakazato, et al, eds., 2003: 24). 하지만 그러한 근본적 한계에도 불구하고 '1피트 운동'의 영상들은, "만약 상상력을 동원하여 편집되지 않은 필름들의 행간을 볼 수 있다면, 미편집 상태의 필름 러시들에서 그 부정형의 단편들에 찍힌 사람들의 공포와 절망이 느껴질 수 있다면, 그 필름들을 '승자의 기록'이 아니라 '패자의 기억'으로 다시 읽는 것이 가능하다"(Nakazato, et al, eds., 2003: 24)[63])는 가능성을 보여주고 실현하려는 시도이기도 하다.

한편, 「나비의 사랑」이 기억하고자 하는 것이 있다면, 그것은 아마 일차적으로 류큐 문화에 대한 기억일 것이다. 그러나 스테레오타입적 표상들을 통해 '노래와 춤'과 '건강'을 "강요당하는" 오키나와 이미지는 오키나와 사회가

---

62) 「오키나와전투·미래를 위한 증언」이나 「1피트 영상으로 말하는 기록 오키나와전투」에서 오키나와에 있었던 조선인 이미지는 미군이 게라마 군도에 상륙하여 촬영한 포로 장면 뿐, 조선인 징용노동자나 종군위안부에 대해서는 내레이션상의 언급 외에 이미지로는 잘 표현되지 않는다. 마찬가지로 가마와 관련해서도 미군이 동굴 안으로 수류탄을 집어넣는 장면이나, '황군'이 백기 들린 어린 소녀를 앞세우고 동굴 밖으로 투항해 나오는 장면들은 나오지만, 동굴 속 그 암흑 속에서의 고통과 공포는 이미지로 표현되지 못한다. 다른 한편, 젊은 독립영화인들이 다큐멘터리 터치로 '집단자결'에 접근을 시도한 작업들이 있다. 이에 대해서는 나카자토 이사오(2005b: 3~5)를 보라.
63) 이것이 1피트 운동회가 단순히 미군 촬영 필름들을 구매하여 수집하기만 하지 않고, 스스로 제작 원칙을 세워 영상물을 만든 이유일 것이다. 나카자토 이사오를 비롯하여 야마가타 영화제에서 이 필름들을 상영한 관계자들의 생각 역시 그러했으며, 이러한 의도에 따라 「류큐전영열전」에서는 1피트 운동이 수집한 120분 가량의 16밀리 필름들을 미편집판으로 상영하기도 했다(Nakazato, et al, eds., 2003: 24, 26).

당면한 현실의 사회문제들을 가리고, 미군기지의 존재나 전쟁의 상처 같은 것에 대한 기억을 억압한다(增渕あさ子, 2004; Hook and Siddle, 2003: 9~10). 이런 의미에서도 본토의 시선과 동일시하는 경향이 있는 이 영화는 본토에서 생산된 일본 영화들처럼 관광주의적 시선을 통해 일본이라는 국민국가의 통합에 기여함으로써(Gerow, 2003), 민족/국가주의적 시선에 종속될 수 있다. 르낭이 지적했듯이, 무엇을 기억하는가에 못지 않게 무엇을 망각하는가 역시 민족/국가 정체성에 중요하기 때문이다.[64]

그러나 「나비의 사랑」에서 이 망각이 완벽할 수는 없다. '평화의 섬', '노래와 춤의 섬'은 '기지의 섬', '비극의 섬'을 억압할 수는 있으나 결코 무화시킬 수는 없다. 억압된 것은 반드시 귀환하는 것이다. 「나비의 사랑」에서도 미군의 존재와 전쟁의 체험에 대한 기억은, 비록 흔적으로만 남아 있으나 분명히 존재하며 끊임없이 환기된다. 나비의 남편/나나코의 할아버지 케사츠는 군복을 입고 다니고, 산신으로 미국 국가를 연주한다. 푸른 바다의 섬에는 동시에 카키색의 섬이 어른거리는 것이다. 이 기억의 무화/삭제의 불가능성은 오키나와의 역사적 경험이 너무나 고통스러웠고 독특한 것이었기 때문일 것이다.

하지만 「나비의 사랑」에서 군복을 입고 아내에게 오키나와 방언과 영어를 섞어 말을 하며 산신으로 미국 국가를 노래하는 할아버지의 모습은, 영화의 그 너무나도 '참을 수 없는' 세계의 온화함과 유쾌함으로 인해, 억압된 기억을 일깨우는 위험한 타자가 되기에는 너무 약하다. 오히려 그러한 모습은 소비주의적 다중성과 혼성성의 이미지를 재생산하면서 정치적 함의가 탈각되고, '오

---

64) "민족의 정수는 모든 개인들이 많은 것들을 공유하고 있다는 것, 그리고 또한 그들이 많은 것들을 망각하고 있다는 것이다." 르낭(Ernst Renan)이 「민족/국민(nation)이란 무엇인가?」라는 고전적인 글에서 한 말로, 여기서는 몰래스키(Molasky, 1999: 196)에서 재인용. '기억의 정치'에 있어 '망각'의 중요성, 혹은 기억과 망각의 밀접한 관계에 대해서 김민환(2003), 도미야마 이치로 (2002: 91~129)를 참조할 것.

키나와 문제'를 억압하고 그 기억을 망각시키는 데 더 기여한다는 혐의를 지우기 어렵다.

기억의 정치란 차원에서 보아 '1피트 운동'의 영상에 대응하는 것이 기억이고, 「나비의 사랑」에 대응하는 것이 망각이라면, 제로우(Gerow, 2003: 301)의 논의에 따를 때 「몽환류큐·츠루헨리」에 대응하는 것은 기억상실이다. 기억, 특히 잃어버린 기억은 타카미네의 영화들에서 자주 중요한 주제이지만, 「몽환류큐·츠루헨리」에서 기억상실은 영화의 중심에 있다. 전후 오키나와인들의 삶의 궤적에서 전쟁과 미군 점령에 대한 기억뿐만 아니라 오키나와의 문화적 유산 역시 점차 사라져왔다는 것을 타카미네는 날카롭게 인식하고 있으며, 「몽환류큐·츠루헨리」는 바로 그러한 기억의 사라짐, 기억상실에 대한 발언인 것이다.

그러나 「몽환류큐·츠루헨리」가 '1피트 운동'과 다른 점은, 제로우(Gerow, 2003: 301)에 따르면 그 영화가 심각한 역사적 회상의 프로그램을 의식적으로 피하고 있으며, 오히려 일본적 정체성 및 미국적 정체성과의 유희를 벌이고 있다는 것이다. 이것은 순수히 '오키나와적인 것'을 추구하던 타카미네의 전작들과 이 영화를 구별시켜주는 지점이기도 하다. 「몽환류큐·츠루헨리」에 있어 기억은 절대적 필요가 아니라 과거에 대한 투쟁 속에서 이루어지는 실용적인 선택이다.

3) 목소리

「나비의 사랑」에서 케사츠는 아내 나비에게 오키나와 방언으로 말을 하며, 때에 따라서는 영어를 섞어 하기도 한다. 뿐만 아니라 이 영화에서 오키나와인들은 자기들끼리 말을 할 때 오키나와어로 하며, 나나코 집안의 장로 역시 조상들에게 고할 때 오키나와어를 사용한다. 그리고 영화는 그때마다 일본어 자막을 삽입하고 있다.

오키나와가 일본에 편입되었을 때부터 생활개선운동과 더불어 학교 등에서 오키나와어 사용을 금지하고 표준어 사용이 강요되거나 자발적으로 호응되었고(도미야마 이치로, 2002: 42~57), 오키나와전 당시에는 오키나와어 사용이 금지되고65) 오키나와어를 사용하는 자가 발각되면 스파이로 몰려 죽음을 당했다는 사실(야카비 오사무, 2005: 5; Allen, 2003: 55),66) 또 과거 많은 오키나와 가수들이 본토에서 활동할 때 오키나와어로 음반을 취입하기를 꺼려하고 일본어로 노래해야 했다는 사실(Roberson, 2003: 203) 등을 고려한다면, 오키나와어의 사용은 일본의 국가주의적 시선과 담론에 저항이나 해체적 효과를 발휘한다고 할 수 있다. 오키나와어 대사와 일본어 자막은 오키나와 정체성, 오키나와와 일본 본토의 차이를 명확히 하고 일본의 동질성 신화에 균열을 낼 수도 있기 때문이다. 그러나 「나비의 사랑」이 내면화한 오리엔탈리즘적인 관광주의 시선 속에서 오키나와어 대사는 오히려 맛깔스럽게 상품화된 차이에 불과한 것으로 보인다.

다른 한편, '1피트 운동'의 영상들은 미군이 촬영한 필름에 기초한 것이기 때문에 오키나와어의 회복, 결국 오키나와의 기억에 자기 목소리를 돌려주는 일은 처음부터 한계에 처해 있다. 그러나 미군이 촬영한 필름을 가공하여 전혀 다른 오키나와 주민 자신의 관점과 목소리를 표현한다는 재현적 실천의 의미가 적극적으로 해석될 여지는 있을 것이다. 이는 문화적 질료와 텍스트의 주체적 전유이며 시선의 역전이라고도 할 수 있다(물론, "얼마나 성공적인가?"는 다른 문제다).

이와 관련하여 「섬 언어로 말하는 전세(島クトゥバデ語る戰世)」(2003)가 가지는 의미를 짚어볼 필요가 있을 것 같다. 이 영화는 사진작가 히가 토요

---

65) 1945년 4월의 군령은 공공장소에서 오키나와 방언의 사용을 금지하였으며, 이를 어기는 것을 사형에 처할 수 있는 범죄로 규정했다(Allen, 2003: 48).
66) 영어를 이해하고 있다는 것도 스파이 혐의의 이유가 되었다. 즉, 오키나와 주민을 '비국민'으로 인종화할 때 그 기준은 '비일본어', '비국가어' 사용이었던 것이다(야카비 오사무, 2005: 5).

미츠(比嘉豊光)가 주도하여 '류큐고를 기록하는 모임(琉球弧を記録する会)'
이 오키나와 주민들이 오키나와어로 자신들이 겪은 전쟁 경험을 말하는 이야
기와 모습을 영상에 담은 6부작, 6시간에 달하는 기록영상이다. 이른바 '시마
쿠투바(島クトゥバ; 섬 언어)'로 말했을 때, 이 주민들은 보통 거의 말하는
일이 없는 전쟁 체험을 그야말로 입에서 '흘러나오듯이' 말했다. 즉, 섬 언어를
통해 체험과 기억이 발화될 수 있는 '목소리'가 발견된 것이다. 이같이 국민국
가에 의해 억압되어온 목소리를 다시 발견하는 것은 신체의 언어, 기억과 이
를 운반하는 단어를 되찾는 것이기도 하다(나카자토 이사오, 2005a: 9; 나카
자토 이사오, 2005b: 4~5). 스스로 말하고 기억함의 문제는 기억의 재구성과
자기 정체성의 형성에 결정적인 것이며, 야카비 오사무가 지적했듯이 이 과정
에서 오키나와 주민 자신들의 학살에 대한 기억이 자연스럽게 증언된 것이다
(屋嘉比収, 2006).[67]

이런 맥락에서, 항상 오키나와어로 영화를 만들고 일본어 자막을 다는
타카미네 츠요시의 영화들은 각별한 면이 있을 것이다. 그의 극영화들은 '지배
적인 언어로 글쓰기의 불가능성'으로 특징지을 수 있는 소수집단의 문학에
비유될 수 있을지 모른다. 들뢰즈와 가타리에 따르면, 소수집단의 언어는 지
배 아래 살아가기 불가능함을 표현하기 위해 스스로를 외국어로 창조해야만
한다. 이렇게 본다면, 타카미네의 영화들 속의 다중적, 혼성적 정체성의 오키
나와인들, 특히 「몽환류큐·츠루헨리」의 그들은, 독일어 외의 다른 언어로
글을 쓸 수 없는 동시에 독일어로도 글을 쓸 수 없기 때문에 다수 집단으로부터
단절된 언어를 사용하는 억압받는 소수집단, 곧 탈영토화된 독일민족으로 남
는 프라하의 유태인(질 들뢰즈·펠릭스 가타리, 1992: 34)처럼 탈영토화된 일
본인으로 남는 존재들이라 할 수 있을지도 모른다.[68]

---

67) 야카비 오사무에 따르면 이는 점점 더 주민들의 자율적이고 주체적인 참여에 기초하게 되는
시정촌사(市町村史) 제작 과정의 변천 문제와도 연관성을 갖고 있다(屋嘉比収, 2006).

4) 동일성과 다중성/혼성성

'1피트 운동'은 기억의 정치의 정수를 보여주지만, 일본이 태평양전쟁,
나아가 '15년 전쟁', 더 나아가 자신의 제국주의적 침략의 전 역사를 부정하고
책임을 회피하는 데 이용해온 전쟁의 '희생자' 담론을 오키나와의 자기 정체성
의 이미지로서 공유하고 재생산할 수도 있다는 문제를 안고 있다. 물론 오키나
와의 그것은 본토와 다른 맥락, 다른 체험에 입각한 것임은 분명하지만 희생자
담론만의 부각은 전쟁의 체험의 진실에 접근하는 데 한계로 작용할 수도 있다.
이 점에서 1피트 운동이 일본 전체를 일거에 피해자로 만드는 데 유리하게
이용되곤 하는 원폭의 도시 히로시마에서 시작된 10피트영화운동에서 영감
을 받았다는 것은 의미심장한 일일 수도 있다.[69]

　　예를 들어 '집단자결'에 대한 해석과도 관련해서 15년 전쟁 당시 일본
제국과 마찬가지로 '가해자'로서 역할 했던 체험 역시 가지고 있으며, 일본국

---

68) 본질주의적 정체성 개념에 반(反)하는 「몽환류큐·츠루헨리」는 오키나와의 원래 언어와 신화
라고 주장되는 것으로 돌아가려 하지도 않는다는 점에서도 소수집단의 문학에 비견될 수 있다.
그런데 타카미네 영화에서 오키나와어 대사와 일본어 자막은 이중의 측면에서 소수적이다. 그
자막은 일본인 관객을 위한 것인 동시에 오키나와어를 할 줄 모르는 젊은 사람들에게 필요한 것이
기도 하기 때문이다(高嶺剛, 「映画は沖縄を演じない」, Nakazato, et al., eds., 2003: 85). 요모타
이누히코의 다음과 같은 평가 역시 타카미네 영화와 소수집단 문학의 유사성을 암시해준다. "타카
미네 츠요시는 자신의 고향인 오키나와를 무대로 전편이 거의 오키나와 사투리로 되어 있는 「운타
마기루」(1989)를 만들고 상영할 때는 일본 표준어로 자막을 넣었다. 1980년대는 웨일즈, 부르타
뉴, 타이완 등 세계 각지에서 소수민족 언어로 영화가 제작된 시기였다. 오키나와에서 옛날부터
전해져 온 의적 이야기를 피카레스크극으로 멋지게 새로 꾸며서, 오키나와 반환에 대한 오키나와
주민들의 반대 의사를 표명한 이 영화는 프레드릭 제임슨이 말하는 '민족적 알레고리'의 실례라고
할 수 있다"(요모타 이누히코, 2001: 231~232).
69) 이런 점에서 '1피트 운동'의 정체성 정치와 오키나와현 평화기념공원의 공간 정치를 비교해보
는 것이 의미있을 것이다. 평화기념공원은 오키나와 수비대 총지휘관이었던 32군사령관 우시지
마(牛島)가 자결한 장소인 마부니(摩文仁) 언덕을 중심으로 조성된 국립오키나와전몰자묘원(国
立沖縄戦没者墓苑)을 축으로 한 '야스쿠니(靖国)화'와 오키나와현 평화자료관 및 평화의 초석을
중심으로 한 '히로시마(広島)화' 사이의, 오키나와전을 둘러싼 기억의 정치의 장이 되고 있다
(Figal, 2003; 김민환, 2006). 김민환은 특히 히로시마화와 그 탈맥락화된 평화주의에 대해서도
경계할 것을 촉구하고 있다.

의 한 현으로서 복속되고 난 이후 줄곧 계속된 본토와의 적극적 동일시, 내면
화의 노력을 했던 오키나와의 역사를 어떻게 짚을 것인가?[70] 이러한 체험은
1피트 운동회가 제작한 영상에서는 표현되기 어렵다. 그러나 더 근본적인
문제는 표현의 기술적 어려움보다는, '1피트 운동'의 영상과 그 기억의 정치
가 의존하고 있는 일본 국가주의에 대한 대항시선과 대항동일시에 있지 않
은가 생각해볼 수도 있다. 대항시선과 대항동일시는 대항의 대상에 대한
거울상적 대립쌍을 만들어냄으로써, 자신도 모르게 대항의 대상(과 그 논
리)에 닮아갈 위험을 안고 있기 때문이다. 다시 말해 여기서 형성된 (나쁜)
주체 역시 결국 (큰) 주체 자체와 마찬가지로 일괴암적이고 닫힌 동일성(정
체성)의 주체인 것이다.

　　그렇다면 자연스럽게 다중적이고 혼성적이며 열린 정체성과 그 주체가
주목을 받게 된다. 그러나 문제가 그리 단순한 것만은 아니다. 대항동일시와
마찬가지로 닫힌 동일성의 주체를 형성할 수 있는 동일시의 텍스트 속에서도
다중성 혹은 혼성성은 발견될 수 있기 때문이다. 예를 들어 「나비의 사랑」에서
오키나와에 부착되는 이미지들은 혼성적이다. 앞에서도 지적했듯이 케사츠
는 오키나와 민요와 산신의 달인이지만 군복을 입고 있고 자신의 아내 나비에
게 영어를 섞어가며 말을 한다.

　　다중성과 차이, 특히 혼성성은 경계를 넘나들고 동일성들의 이항대립적
인 질서를 거부하고 교란시키는 탈식민주의 정체성을 상징한다(호미 바바,
2002). 따라서 다중성, 혼성성, 혹은 차이의 강조는 의미의 고정성을 해체하므
로 일본'국'의 국가주의적 응시에 의해 규정되는 오키나와 정체성, 즉 동일성
으로 귀속되는 차이/타자성으로서의 정체성을 교란하고 해체시킬 수 있
다.[71] 그러나 그 계기는 오키나와 전통문화의 고유성—이는 일본이라는 동일

---

70) 여기에 대해서는 도미야마 이치로(2002)를 볼 것. 중국 등 식민지에서의 가해자 경험과 오키나
와전투 당시 일어난 집단자결간의 상관관계에 대해서는 강성현(2006)을 참조하라.

성의 체계로 귀속된다—이라기보다는 미국·일본·동아시아와의 연계성 속에서 형성되는 혼성성, 탈식민주의적 시간성, 식민지적 체험과 기억이다.[72] 그렇지 않다면 그것은 「나비의 사랑」에서처럼 결국 상업화를 거쳐 (국가 공동체의) 동일성의 질서 속으로 흡수/귀속되어 버리는, 그래서 그 동일성의 한 계기를 구성하는 차이/타자성으로 환원되어 버릴 것이다.

이와 관련하여 오키나와가 유일한 체험의 장소인 것이 아니라 일본이 유일한 체험의 장소라는 시각의 전환이 필요하다는 지적(김민환, 2006: 27)은 영화와 관련해서도 타당성을 갖는 것으로 보인다. 그때 오키나와 정체성의 고정된 동질성 뿐만 아니라 그 유일성에의 집착도 극복될 수 있고, 오키나와와 동아시아의 기억과 체험의 공유 가능성이 모색될 수 있다. 물론 그 공유의 성격은 복합적일 것이다. 즉, 제국주의 전쟁의 희생자로서의 경험을 공유하는 것만이 아니라, 오키나와가 그 제국의 '내지 속의 변방'인 동시에 '외지'에 대해서는 제국의 일원이기도 했다는 점에서 그 경험의 공유는 복합적이고 다층적인 관계에 기초한 경험의 공유일 것이기 때문이다.[73]

나카자토 이사오(2005a: 7~8)가 소개하고 있는 타이완의 왕통(王童) 감독이 만든 「말없는 언덕(無言的山丘)」(1992)은 이런 점에서 함축하고 있는 바가 많은 영화인 것으로 보인다. 「류큐전영열전」에서 상영되기도 했던 이 영화는 1920년대 일본의 식민지인 타이완을 배경으로 일본인 광산 감독, 팔려온 류큐인 처녀, 타이완인 광부 형제(농부 출신) 등을 등장시켜 일본 식민지체제하에서의 일본인,

---

71) 등장인물들이 오키나와어로 말하고 일본어 자막을 다는 타카미네 츠요시의 영화는 일본의 국가 정체성에 대해서와 마찬가지로 일본 영화에 대해서도 해체적 효과를 발휘한다. 요모타 이누히코는 자신의 일본 영화사 책 서두에서 일본 영화의 정체성(동일성) 문제를 거론하며 그 하나로 "일본인이지만 타카미네 츠요시와 같이 오키나와 말로 제작하고 일본어 자막을 넣은 영화는 어떻게 분류해야 하는가"라는 질문을 던지고 있다(요모타 이누히코, 2001: 21).
72) 혼성성 혹은 차이 자체만으로는 「나비의 사랑」에서 알 수 있듯이 한편으로는 쉽게 상품화된다는 문제뿐만 아니라, 다른 한편으로는 「몽환 류큐·츠루 헨리」에서의 그것들처럼 난해한 실험성과 대중성의 결여라는 문제를 안고 있기도 하다는 점을 간과해서는 안 된다.
73) 오키나와를 바라보는 이와 상통하는 비전으로서 강상중·요시미 슌야(2004: 228~229) 참조.

류큐인, 타이완인 간의 관계구조를 탐색하고 있다. 나가자토에 따르면 영화의 후반부에서 류큐인 처녀 토미코(富美子)와 타이완인 광부 아(阿)가 맺어지는 장면에서는 일본어와 중국어의 대화가 이루어진다. 토미코와 아는 서로의 말을 알아듣지 못하면서도 서로의 감정과 생각을 공유하면서 맺어지는데, 이런 식으로 영화는 식민지 민중간의 대화/체험의 가능성과 불가능성을 탐구하고 있다는 것이다.

5. 맺음말

벤야민은 이렇게 말한 바 있다. "지나간 과거의 것을 역사적으로 표현한다는 것은 '그것이 도대체 어떠했던가'를 인식하는 것을 뜻하는 것이 아니다. 그것은 어떤 위험의 순간에 섬광처럼 스쳐 지나가는 것과 같은 어떤 기억을 붙잡아 자기 것으로 만드는 것을 의미한다"(발터 벤야민, 1983: 345~346). '민중적 기억'이란 바로 그런 방식으로 생성되고 작동할 것이다. 그리고 '오키나와가 만든 영화'들은 그것들이 생산된 오키나와의 고단한 역사 바로 그 때문에 어떠한 방식으로든 이러한 기억의 생산과 전유의 정치에 연루될 것이다.

그런 의미에서 '오키나와가 만든 영화'들 가운데 동일시의 시선과 관련하여 짧은 한 마디를 덧붙이면서 이 글을 끝맺고자 한다. 「나비의 사랑」은 앞에서 충분히 살펴보았듯이 관광주의 시선에 따라 오키나와를 휴식과 치유의 섬으로 재현함에도 불구하고, 관광주의 시선의 영화들을 특징짓는 본토인의 '자기 갱신/회춘'의 서사(Gerow, 2003) —궁극적으로는 전쟁기 제국주의 서사(마이클 배스킷, 1999)와 연결되는—와는 어떤 차이를 보인다. 결정적으로, 본토의 청년("야마톤추") 후쿠노스케는 본토에서 돌아온 처녀와 결혼하여 오키나와 사회에 동화되어 버린다. 즉, 관광주의 영화에 필수적으로 요구되어온 '(본토로의)돌아감'이 없는 것이다. 영화의 엔딩 부분에서 카메라는 떠나지만 본토인은 남는다(앞에서 말한 것처럼 「나비의 사랑」은 방문자의 외부적 시점으로 시작하고 끝나지만, 결혼한 후쿠노스케와 나나코가 케사츠 및 섬 주민들과 함께 노래하고 춤추는 모습을 보여준 뒤 카메라는 혼자 섬을 떠난다).

이런 면들에서 「나비의 사랑」에 대한 적극적 해석의 가능성은 없는지 모색해볼 필요가 있을지도 모른다. 예를 들면 그것은 1980년대 이후 꾸준하게 지속된 '일본의 오키나와화'가 징후적으로 암시되는 것은 아닌가? 즉, 미일동맹의 성격 변화에 따른 미일 일체화가 진행됨에 따라 미일관계를 격리하면서 드러내주는 '기지의 섬' 오키나와에 일본 본토 자체가 근접해가는데(강상중·요시미 슌야, 2004: 198 이하), 「나비의 사랑」에서 후쿠노스케의 결혼과 섬에의 정착은 바로 이런 사실을 징후적으로 재현하고 있는 것은 아닐까? 만약 그러한 해석이 전혀 허황된 것만은 아니라면, 나카소네의 '불침항공모함(不沈航空母艦) 일본' 발언이 40년 전 오키나와 지상전을 눈앞에 두고 오키나와를 일컬어 불침항공모함이라 했던 일본 군부의 선언과 판박이 꼴이라는 사실은 결코 우연이 아닐 것이다.[74]

---

74) 1945년 4월 14일 「류큐신보」를 통해 "오키나와는 불침항공모함"이라는 일본군의 선언이 공표되었다(Allen, 2003: 48). 약 40년 뒤인 1983년 나카소네 야스히로 수상은 일본이 자유진영을 수호하기 위한 불침항공모함이라고 공언했다(개번 맥코맥, 1998: 251).

■ 참고문헌

1. 한글단행본 · 논문

가베 사토시(我部聖). 2005.「나카자토 이사오―식민지적 신체를 자유롭게 하는 표현자」.『계속되
　　는 동아시아의 전쟁과 전후―오키나와전, 제주4 · 3사건, 한국전쟁』. 국제공동심포지엄
　　자료집. 서울대학교 사회발전연구소 부설 동아시아센터 · 東京外國語大學 전후 동아시아
　　연구팀.

강상중(姜尙中). 이경덕 · 임성모 역. 1997.『오리엔탈리즘을 넘어서』. 이산.

강상중 · 요시미 순야(姜尙中 · 吉見俊哉). 임성모 · 김경원 역. 2004.『세계화의 원근법: 새로운 공공공
　　간을 찾아서』. 이산.

강성현. 2006.「'죽음'으로의 동원과 이에 저항하는 가능성―오키나와 '집단자결(集團自決)'의 사례
　　를 중심으로」.『민주주의와 인권』제6권 1호. 5 · 18연구소.

개번 맥코맥(McCormack, Gavan). 한경구 · 이숙종 · 최은봉 · 권숙인 역. 1998.『일본, 허울뿐인
　　풍요』. 창작과비평사.

고모리 요이치(小森陽一). 송태욱 역. 2004.『1945년 8월 15일, 천황 히로히토는 이렇게 말하였다』.
　　뿌리와이파리.

고쿠바 고타로(國場幸太郎). 2001.「1950년대의 오키나와―미군정 시기 민중 투쟁의 발전」. 동아시아
　　평화인권한국위원회.『동아시아와 근대의 폭력 1: 전쟁, 냉전과 마이너리티』. 삼인.

김민환. 2003.「누가, 무엇을, 어떻게 기억할 것인가」. 김진균 편.『저항, 연대, 기억의 정치 2』.
　　문화과학사.

김민환. 2006.「일본 군국주의와 탈맥락화된 평화 사이에서―오키나와 평화기념공원을 통해 본
　　오키나와전(戰) 기억의 긴장」.『민주주의와 인권』제6권 1호. 5 · 18연구소.

나카자토 이사오(仲里 効). 2005a.「류큐 전영 열전(琉球電影烈伝)/기억과 꿈의 혼재(오키나와타임
　　즈 연재)」.『계속되는 동아시아의 전쟁과 전후―오키나와전. 제주4 · 3사건. 한국전쟁』.
　　국제공동심포지엄 자료집. 서울대학교 사회발전연구소 부설 동아시아센터 · 東京外國語
　　大學 전후 동아시아 연구팀.

나카자토 이사오(仲里 効). 2005b.「오키나와 전쟁과 영상과 언어―「섬 언어로 말하는 전세(島ク
　　トゥバで語る戰世)」에 관하여」.『계속되는 동아시아의 전쟁과 전후―오키나와전, 제주
　　4 · 3사건, 한국전쟁』. 국제공동심포지엄 자료집. 서울대학교 사회발전연구소 부설 동아시
　　아센터 · 東京外國語大學 전후 동아시아 연구팀.

노마 필드(Field, Norma), 박이엽 역. 1995.『죽어가는 천황의 나라에서』. 창작과비평사.

다카라 데츠미(高良鐵美). 2001.「오키나와에서 본 일본의 우경화와 동아시아 평화와 인권」. 동아시
　　아평화인권한국위원회.『동아시아와 근대의 폭력 2: 국가 폭력과 트라우마』. 삼인.

다카시 후지타니(Fujitani, Takashi). 한석정 역. 2003.『화려한 군주: 근대일본의 권력과 국가의례』.
　　이산.

다카지마 노부요시(高嶋伸欣). 2001.「일본 평화기념자료관의 형성과 위기」. 동아시아평화인권한
　　국위원회.『동아시아와 근대의 폭력 2: 국가 폭력과 트라우마』. 삼인.

도미야마 이치로(富山一郎). 임성모 역. 2002.『전장의 기억』. 이산.

마리우스 잰슨(Jansen, Marius B.). 지명관 역. 2002.『일본과 동아시아 이웃 나라들』. 소화.

마이클 배스킷(Baskett, Michael). 1999. 「제국의 외지—일본 영화 속의 동남아시아 재현」. 『트랜스』. 한국종합예술학교 영상원/씨앗을뿌리는사람.

발터 벤야민(Benjamin, Walter). 반성완 편역. 1983. 「역사철학테제」. 『발터 벤야민의 문예이론』. 민음사.

아니야 마사아키(安仁屋政昭). 2001. 「천황제와 동아시아」. 동아시아평화인권한국위원회. 『동아시아와 근대의 폭력 1: 전쟁, 냉전과 마이너리티』. 삼인.

아라사키 모리테루(新崎盛暉). 김경자 역. 1998. 『또 하나의 일본, 오키나와 이야기』. 역사비평사.

야카비 오사무(屋嘉比収). 2005. 「오키나와전에 있어서 주민학살의 논리」. 『계속되는 동아시아의 전쟁과 전후—오키나와전, 제주4·3사건, 한국전쟁』. 국제공동심포지엄 자료집. 서울대학교 사회발전연구소 부설 동아시아센터·東京外國語大学 전후 동아시아 연구팀.

요모타 이누히코(四方田犬彦). 박전열 역. 2001. 『일본 영화의 이해』. 현암사.

이시자카 겐지(石坂健治). 1998. 「적풍에서 시로미나미로」. 『필름컬처』 2호. 한나래.

이효덕(李孝德). 박성관 역. 2002. 『표상 공간의 근대』. 소명출판.

임성모. 2005. 「오키나와, 탈식민주의의 상상력」. 『진리·자유』 56호. 연세대학교.

정영신. 2006. 「동아시아 점령문제의 인식을 위한 고찰」. 『민주주의와 인권』 제6권 1호. 5·18연구소.

주은우. 2003. 『시각과 현대성』. 한나래.

질 들뢰즈·펠릭스 가타리(Deleuze, Gilles and Felix Guattari). 조한경 역. 1992. 『소수 집단의 문학을 위하여-카프카론』. 문학과지성사.

찰머스 존슨(Johnson, Chalmers). 이원태·김상우 역. 2003. 『블로우백』. 삼인.

치바나 쇼이치(知花昌一). 2001. 「광주항쟁과 오키나와와 천황제」. 동아시아평화인권한국위원회. 『동아시아와 근대의 폭력 2: 국가 폭력과 트라우마』. 삼인.

폴 비릴리오(Virilio, Paul). 권혜원 역. 2004. 『전쟁과 영화: 지각의 병참학』. 한나래.

호미 바바(Bhabha, Homi K.). 나병철 역. 2002. 『문화의 위치: 탈식민주의 문화이론』. 인간사랑.

2. 일문단행본·논문·잡지

10周年記念誌編集委員会. 1993. 『1フィート運動十周年記念誌』. 那覇市: 子どもたちにフィルムを通して沖縄戦を伝える会(通称: 沖縄戦記録フィルム1フィート運動の会).

宮城公子. 2002. 「語られる「沖縄」—外部と内部から」. 上村忠男 編. 『沖縄の記憶/日本の歴史』. 未来社.

多田治. 2004. 『沖縄イメージの誕生: 青い海のカルチュラル・スタディーズ』. 東洋経済新報社.

琉球弧を記録する会. 2003. 『島クトゥバで語る戦世—100人の記憶 / ナナムイ・神歌』. 琉球弧を記録する会.

上村忠男 編. 2002. 『沖縄の記憶/日本の歴史』. 未来社.

屋嘉比収. 2006. 「沖縄戦体験記録調査の変遷—市町村史戦争編を中心に」. '東アジアと沖縄問題' 国際共同研究学術会議(2006년 1월 23일~24일) 발표문. 琉球大学研究者交流施設·50周年記念館.

屋嘉比収 外. 2004. 「「琉球電影烈伝」の波動: 映像とコトバのリバウンドカ」. 『EDGE』 第13号.

仲里効 編. 1999. 『夢幻琉球・つるヘンリー』. 岡山市: 市民プロデューサーシステム.

仲里効. 1999. 『ラウンド・ボーダー Round Border』. 那覇市: Art Produce Okinawa.

仲里効・港千尋・西谷修・上村忠男. 2002. 「沖縄 記憶と映像」. 上村忠男 編. 『沖縄の記憶/日本の歴史』. 未來社.

増渕あさ子. 2004. 「映画『ナビィの恋』における沖縄の「他者性」」. 岩渕功一・多田治・田仲康博 編. 『沖縄に入ちすくむ―大学を越えて深化する知』. せりか書房.

沖縄戦記録フィルム一フィート運動の会. 1986. 『沖縄戦・未来への証言』. 那覇市: 一フィート運動事務局.

壱岐一郎. 2000. 『映像文化論・沖縄発』. 那覇市: 編集工房 東洋企畵.

『沖縄通信 うるま』 1999年 2月号.

『EDGE』. 2001. 第12号.

3. 영문단행본·논문

Allen, Matthew. 2003. "Wolves at the Back Door: Remembering the Kumejima Massacres". Laura Hein and Mark Selden eds.. *Islands of Discontent: Okinawan Responses to Japan and American Power*. Lanham. Rowman & Littlefield Publishers, Inc.

Althusser, Louis. 1971. "Ideology and the Ideological State Apparatuses". Louis Althusser. *Lenin and Philosophy and Other Essays*. New York and London. Monthly Review Press.

Angst, Linda Isako. 2003. "The Rape of a Schoolgirl: Discourses of Power and Women's Lives in Okinawa". Laura Hein and Mark Selden eds.. *Islands of Discontent: Okinawan Responses to Japan and American Power*. Lanham. Rowman & Littlefield Publishers, Inc.

Asato, Eiko. 2003. "Okinawan Identity and Resistance to Militarization and Maldevelopment". Laura Hein and Mark Selden eds.. Islands of Discontent: Okinawan Responses to Japan and American Power. Lanham. Rowman & Littlefield Publishers, Inc.

Cazdyn. Eric. 2002. *The Flash of Capital: Film and Geopolitics in Japan*. Durham. Duke University Press.

Eldridge, Robert D.. 2001. *The Origins of the Bilateral Okinawa Problem: Okinawa in Postwar U.S.-Japan Relations, 1945~1952*. New York and London. Garland Publishing, Inc.

Figal, Gerald. 2003. "Waging Peace on Okinawa". Laura Hein and Mark Selden eds.. *Islands of Discontent: Okinawan Responses to Japan and American Power*. Lanham. Rowman & Littlefield Publishers, Inc.

Foucault, Michel. 1989. "Film and Popular Memory". Michel Foucault(Sylvère Lotringer ed.). *Foucault Live(Interviews. 1966~84)*. New York. Semiotext(e).

Gerow, Aaron. 2003. "From the National Gaze to Multiple Gazes: Representations of Okinawa in Recent Japanese Cinema". Laura Hein and Mark Selden eds.. *Islands of Discontent: Okinawan Responses to Japan and American Power*. Lanham. Rowman & Littlefield Publishers, Inc.

Hein, Laura and Mark Selden. 2003. "Culture, Power, and Identity in Contemporary Okinawa". Laura Hein and Mark Selden eds.. *Islands of Discontent: Okinawan Responses to*

Japan and American Power. Lanham. Rowman & Littlefield Publishers, Inc.

Hook, Glenn D. and Richard Siddle. 2003. "Introduction: Japan? Structure and Subjectivity in Okinawa". Glenn D. Hook and Richard Siddle eds.. *Japan and Okinawa: Structure and Subjectivity*. London and New York. Routledge Curzon.

Lacan, Jacques. 1979. *The Four Fundamental Concepts of Psycho-Analysis*. London and New York. Penguin Books.

McCormack, Gavan. 2003. "Okinawa and the Structure of Dependence". Glenn D. Hook and Richard Siddle eds.. *Japan and Okinawa: Structure and Subjectivity*. London and New York. Routledge Curzon.

Molasky, Michael. 1999. *The American Occupation of Japan and Okinawa: Literature and Memory*. London and New York. Routledge.

Molasky, Michael. 2003. "Medoruma Shun: The Writer as Public Intellectual in Okinawa Today". Laura Hein and Mark Selden eds.. *Islands of Discontent: Okinawan Responses to Japan and American Power*. Lanham. Rowman & Littlefield Publishers, Inc.

Nakazato, Isao. et al.. eds.. 2003. 『琉球電影列伝: 境界のワンダーランド / *Okinawa—Nexus of Borders: Ryukyu Reflections*』. Yamagata International Documentary Film Festival Organizing Committee.

Pêcheux, Michel. 1982. *Language. Semantics and Ideology*. New York. St. Martin's Press.

Roberson, James E.. 2003. "Uchinā Pop: Place and Identity in Contemporary Okinawan Popular Music". Laura Hein and Mark Selden eds.. *Islands of Discontent: Okinawan Responses to Japan and American Power*. Lanham. Rowman & Littlefield Publishers, Inc.

Taira, Koji. 1997. "Troubled National Identity: The Ryukyuans/Okinawans". Michael Weiner ed.. *Japan's Minorities: The Illusion of Homogeneity*. London and New York. Routledge.

Toshiaki, Furuki. 2003. "Considering Okinawa as a Frontier". Glenn D. Hook and Richard Siddle eds.. *Japan and Okinawa: Structure and Subjectivity*. London and New York. Routledge Curzon.

Weiner, Michael. 1997. "The Invention of Identity: 'Self' and 'Other' in Pre-war Japan". Michael Weiner ed.. *Japan's Minorities: The Illusion of Homogeneity*. London and New York. Routledge.

YIDFF Organizing Committee. 2003. *Yamagata International Documentary Film Festival 2003*. Yamagata International Documentary Film Festival Organizing Committee.

Yonetani, Julia. 2003a. "Future "Assets," but at What Price? The Okinawa Initiative Debate". Laura Hein and Mark Selden eds.. *Islands of Discontent: Okinawan Responses to Japan and American Power*. Lanham. Rowman & Littlefield Publishers, Inc.

Yonetani, Julia. 2003b. "Contested Memories: Struggles over War and Peace in Contemporary Okinawa". Glenn D. Hook and Richard Siddle eds.. *Japan and Okinawa: Structure and Subjectivity*. London and New York. Routledge Curzon.

나미히라 츠네오(波平恒男)

현재 류큐대학 법문학부 교수(서양정치사상, 정치사회학)
주요 논저는『沖縄の占領と日本の復興』(2007, 공저),「沖縄から見た戦後60年」(2005),
「大城立裕の文学にみる沖縄人の戦後」(2001)
· 전자우편 namihira@ll.u-ryukyu.ac.jp

강상규

현재 서울대학교 국제문제연구소 연구원
서울대학교 외교학과졸업, 도쿄대 정치학박사(동아시아 국제정치사, 한국 정치외교사)
주요 논저는「조선의 유교적 정치지형과 문명사적 전환기의 위기」(2005),『19세기 동아시아
의 패러다임 변환과 한반도』(2008),『19세기 동아시아의 패러다임 변환과 제국 일본』(2007)
· 전자우편 hangang@snu.ac.kr

박훈

현재 국민대 국제학부 교수
서울대 국사학과 석사, 도쿄대 박사(일본근대사)
주요 논저는「『대일본사』편찬에서 '藤田派'의 역할재고」(2007),「근대초기 한중일에서
헌정의 수용양태 비교시론」(2007),「덕천시대 막부와 번 재정의 특색」(2005)
· 전자우편 ticotahiti@hanmail.net

신주백

현재 국민대학교 연구교수
성균관대학교 사학과 석사, 박사(동아시아 5개국 역사교육, 일본군사사, 한국근현대사)
주요 논저는『8·15기억과 동아시아적 지평』(2006, 공저),「용산과 일본군 용산기지의
변화(1884~1945)」(2007),「韓日間의 流動하는 國民的 記憶」(2007)
· 전자우편 sinjb81@hanmail.net

야카비 오사무(屋嘉比収)

현재 오키나와대학 법경학부 조교수(오키나와 근현대사상사, 역사학)
주요 논저는『沖縄の占領と日本の復興』(2007, 공저),『継続する植民地主義 - ジェンダー/民族/人種/階級』(2005, 공저),『琉球·沖縄と海上の道』(2005, 공저)
· 전자우편 yakabi@okinawa-u.ac.jp

강성현

현재 서울산업대학교, 숙명여자대학교 강사
서울대 사회학과 석사, 박사 수료(역사사회학, 정치사회학)
주요 논저는『죽엄으로써 나라를 지키자: 1950년대 반공, 동원, 감시의 시대』(2007, 공저),「'지연된 정의'와 대면하기: '보도연맹 사건'과 '과거청산'」(2005),「'4.3'과 민간인학살 메커니즘의 형성」(2002)
· 전자우편 newleft7@dreamwiz.com

정근식

현재 서울대학교 사회학과 교수
서울대학교 사회학과 석사, 박사(역사사회학, 사회운동론, 몸의 사회학)
주요 논저는『식민지의 일상: 지배와 균열』(2006, 공저),『고통의 역사: 원폭의 기억과 증언』(2005), *Colonial Modernity and the Social History of Chemical Seasoning in Korea*(2005)
· 전자우편 ksjung@snu.ac.kr

김민환

현재 순천향대학교 강사
서울대학교 사회학과 석사, 박사과정 수료(문화사회학)
주요 논저는「한국의 국가기념일 성립에 관한 연구」(2000),「누가, 무엇을, 어떻게 기억할 것인가」,『저항, 연대, 기억의 정치 2: 한국사회운동의 흐름과 지형』(2003)
· 전자우편 ursamajor@dreamwiz.com

김백영

현재 광운대학교 교양학부 교수
서울대학교 사회학과 석사, 박사(역사사회학, 도시사회학)
주요 논저는『공간 속의 시간』(2007, 공저),『식민지의 일상, 지배와 균열』(2006, 공저)「일제하 서울에서의 식민권력의 지배전략과 도시공간의 정치학」(2005)
· 전자우편 kimby@kw.ac.kr

임경택

현재 전북대학교 일어일문학과 교수

서울대학교 인류학과 석사, 도쿄대 박사(일본문화, 일본의 가족, 일본의 상업)

주요 논저는『한일사회의 중심과 주변』(2007, 공저),「일본의 천황제와 촌락사회구성에 관한 사회민속학적 고찰」(2004),「야나기타쿠니오의 일국민속학과 문화내셔널리즘」(2005)

· 전자우편 yimkt02@chonbuk.ac.kr

진필수

현재 서울대 비교문화연구소 연구원

서울대 인류학과 석사, 박사(문화인류학, 오키나와문화론, 일본문화론)

주요 논저는「촌락공유지의 변천과정을 통해서 보는 지역사」(2007),「미군기지와 오키나와 촌락공동체: 지속과 재편」(2008),「군용지료 재판을 통해서 보는 오키나와 촌락공동체의 구조와 변화」(2008)

· 전자우편 jpslalala@naver.com

최현

현재 제주대학교 사회학과 교수

서울대학교 사회학 학사, 캘리포니아대학교 사회학 박사(정치사회학, 문화 사회학)

주요 논저는 South Korean National Pride: Determinants, Changes, and Suggestions(2008),「한국인의 다문화 시티즌십(multicultural citizenship): 다문화 의식을 중심으로」(2007),「한·일 시티즌십(citizenship) 비교: 시민의식의 공적 영역 지향성과 능동성을 중심으로」(2007)

· 전자우편 nuni85@naver.com

주은우

현재 중앙대학교 사회학과 교수

서울대학교 사회학과 박사(문화사회학, 영상사회학, 사회이론)

주요 논저는『시각과 현대성』(2003),「미국 무성영화와 백인 국가의 탄생」(2006),「라깡과 영화 이미지」(2005)

· 전자우편 ewjbat@cau.ac.kr

찾아보기

■ 오키나와 전도

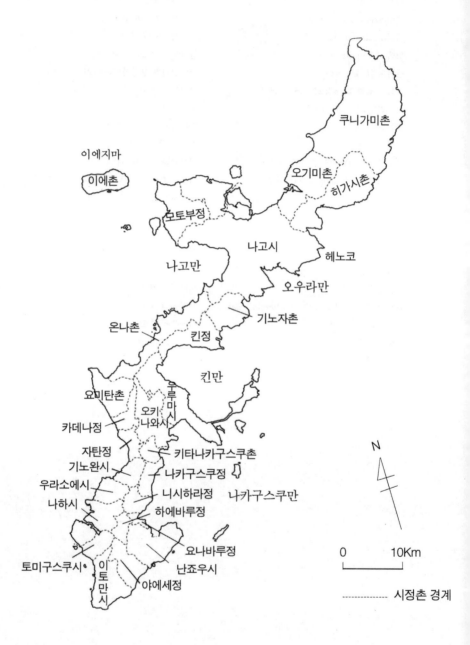

쿠니가미촌

이에지마

이에촌

오기미촌

히가시촌

모토부정

나고시

헤노코

나고만

오우라만

기노자촌

온나촌

킨정

킨만

요미탄촌

우루마시

오키나와시

카데나정

자탄정

키타나카구스쿠촌

기노완시

나카구스쿠정

우라소에시

니시하라정

나카구스쿠만

나하시

하에바루정

토미구스쿠시

요나바루정

이토만시

난죠우시

야에세정

N

0   10Km

··········· 시정촌 경계